신탁통치 2
미국의 한반도 신탁통치안

AKS 사회총서 29

신탁통치 2
미국의 한반도 신탁통치안

지은이 이완범

제1판 1쇄 발행일 2023년 12월 30일

발행인 임치균
발행처 한국학중앙연구원 출판부

출판등록 제1979-000002호(1979년 3월 31일)
주소 경기도 성남시 분당구 하오개로 323
전화 031-730-8773
팩스 031-730-8775
전자우편 akspress@aks.ac.kr
홈페이지 www.aks.ac.kr

ⓒ 한국학중앙연구원 2023

ISBN 979-11-5866-752-8 94340
   978-89-7105-771-1 (세트)

- 이 책의 출판권 및 저작권은 한국학중앙연구원에 있습니다.
  이 책 내용의 전부 또는 일부를 재사용하려면 반드시 서면 동의를 받아야 합니다.
- 값은 뒤표지에 있습니다. 잘못된 책은 바꿔드립니다.
- 이 책은 2017년 한국학중앙연구원 연구사업 모노그래프과제로 수행된 연구임(AKSR2017-M01).

AKS
사회총서
29

신탁통치 2
미국의 한반도 신탁통치안

이완범 지음

한국학중앙연구원출판부

책머리에

    필자는 특수한 국지적 차원의 신탁통치안 연구 사례로 한반도를 주목하고, 한반도 신탁통치안의 국제정치적 형성 과정을 통해 신탁통치의 의미를 고찰했다.
    자세히는, 먼저 서론에서 연구 목적과 기존 연구 및 자료에 대해 살피고, 1장에서 미국의 탁치안 입안에 대해 고찰했다. 2장은 루스벨트의 한반도 4개국 탁치안 합의 도출에 대해 알아보았다. 3장은 미국의 한반도 탁치를 전제로 한 점령 구상에 대한 서술이다. 4장은 루스벨트의 사망 전후로 검토된 미 국무부의 유엔하 신탁통치 구상이며, 5장은 4대국 합의와 스탈린의 한반도 탁치안에 대한 소극적 태도를 다루었다. 6장은 포츠담회담에서 미국의 한반도 신탁통치안 논의 유보를 분석했다. 7장은 1945년 8월 소련 참전과 미국의 38선 확정을 다루었으며, 8장에서는 1945년 12월 모스크바3상회의의 한반도 탁치안 결정과 그 의미를 천착했다.
    이 책은 2017~2018년 진행했던 한국학중앙연구원의 단독저술형 과제로 2018년 말 연구 결과를 제출한 게 발단이 되었다. 이후 2023년까지 수정·보완하면서 본래 원고의 3배로 늘어났고, 『신탁통치 1: 이론과 글로벌 사례』, 『신탁통치 2: 미국의 한반도 신탁통치안』, 『신탁통치 3: 한국 정치세력의 인식과 대응』 등 3종으로 펴내는 데 이르렀다. 이는 신탁통치라는 주제 아래 기획한 책들로, 순서대로 읽어도 좋고 관심 세부주제에 따라 순서와 관계없이 읽어도 좋다. 한반도 탁치안을 둘러싼 국제정치를 다룬 이 책 『신탁통치 2』는 국내 정치를 다룬 후속권 『신탁통치

3』과 유기적으로 결합될 수 있으며, 『신탁통치 1』의 글로벌 사례까지 결합된다면 필자의 집필 의도인 '글로벌과 로컬의 유기적 종합'을 달성할 수 있을 것이다.

한국현대사의 핵심 주제인 '신탁통치' 문제에 천착한 이 세 권의 책이 독자의 관심을 불러일으킨다면 더할 나위 없는 영광일 것이다. 학계는 물론 일반 독자들의 지적 욕구도 충족시킬 수 있기를 기대한다.

이 연구는 필자 혼자만의 것은 아니기에 여러 분들께 감사를 드린다. 우선 필자를 오늘 이 자리에 있게 해주신 은사님들께 한없는 존경심을 표한다. 곁에서 지켜봐주신 동료 선생님들께도 분에 넘치는 신세를 졌다는 사실을 고백한다. 주위 벗들, 선후배 동학들의 많은 격려도 큰 힘이 되었다. 또 한국학중앙연구원의 물심양면 지원에 고마움을 표한다. 필자의 지속적인 수정을 감내해야 했던 한국학중앙연구원 출판부 직원분들의 노고에도 감사드린다. 마지막으로, 필자의 게으름을 가까이서 인내해준 가족에게 무한한 고마움을 전한다. 이렇듯 이 책은 필자를 둘러싼 환경의 산물이지만, 넘치는 오류와 잘못된 부분은 오로지 천학비재(淺學非才)인 필자의 몫이다.

2023년 12월 태봉산 우거에서

이 완 범

차례

책머리에 | 4

서론 · 9

1장 미국의 한반도 신탁통치안 입안

1 미국의 한반도 신탁통치안의 근거 · 41
2 미 국무부의 한반도 신탁통치 추진 의도, 1942~1943년 · 92
3 신탁통치 초기 구상과 국제적 협의 시작, 1942~1943년 · 100
4 카이로회담의 한국 독립 결정과 신탁통치 · 141
5 테헤란회담의 한반도 신탁통치 문제 · 257
6 미국의 한반도 신탁통치 입안 의도 · 261

2장 루스벨트의 한반도 신탁통치안 4대국 합의 노력, 1944~1945년

1 1944년, 유동적인 한반도 신탁통치 · 287
2 얄타회담의 한국 독립과 신탁통치 문제 · 288

3장 미국의 신탁통치를 전제한 한반도 점령 구상, 1944년 3월~1945년 7월

1 미 국무부의 한반도 점령안 조기 검토: 점령과 신탁통치가 양립된 3단계 구상, 1944년 · 303

2　힘의 공백지대화 전략 추진, 1944년 10월 · 322
　　　3　링컨 준장의 점령 · 군정안 실무 기안, 1945년 2~7월 · 325
　　　4　일본 대신 한반도 분할 검토: 한 · 일교환설 · 349
　　　5　공동점령에서 분할점령으로, 점령안의 성격과 그 변화 · 367
　　　6　미국의 한반도 탁치형 점령 · 368

4장　미 국무부의 신탁통치 구상, 1945년 5~6월

　　　1　미 국무부의 유엔하 신탁통치 구상, 1945년 5월 15일 · 373
　　　2　냉전 출범기 런던외상회의에서 논의되지 못한 한반도 신탁통치 문제,
　　　　　1945년 9월 · 378
　　　3　유엔헌장 중 탁치 목표 규정의 결정 과정 · 379

5장　4대국 합의와 스탈린, 1945년 5~6월

　　　1　미 · 소 · 영 · 중 4대국의 한반도 신탁통치 합의, 1945년 5월 28일 · 385
　　　2　신탁통치안에 대한 스탈린의 태도 · 390

6장　미국의 한반도 신탁통치안 논의 유보, 1945년 7월 하순

　　　1　루스벨트 사망과 트루먼의 대통령직 승계 · 399
　　　2　포츠담에서 미국의 소련 참전 배제 노력과 38선안 검토 · 401
　　　3　포츠담회담의 이탈리아 식민지 논의와 자연스럽게 회피된 한반도
　　　　　신탁통치 논의 · 407
　　　4　미국의 소련 배제 기도와 소련의 예견된 대일전 참전 · 431

7장 소련의 참전과 미국의 38선 확정, 1945년 8월

　1 미국의 원폭 투하와 소련의 참전 · 435
　2 한반도 점령안의 기원 · 436
　3 미국의 분할점령 결정 · 438
　4 소련의 38선 수락 · 444
　5 탁치에서 분할점령으로 · 447

8장 모스크바3상회의의 한반도 신탁통치안 결정,
　　 1945년 10~12월

　1 모스크바3상회의 직전까지 미국의 신탁통치 구상: 유엔하 신탁통치안 · 451
　2 일본 항복 직후 소련 외무성의 보고서, 1945년 9월 · 460
　3 모스크바3상회의 개막 직전 소련의 입장: 말리크 보고서 · 463
　4 모스크바3상회의의 한반도 신탁통치안 결정 과정 · 471
　5 주도자의 관점에서 본 신탁통치안의 형성 과정 · 491

결론 · 495

참고문헌　｜ 530
찾아보기　｜ 550

서론

1. 문제 제기와 연구 목적

　한국인의 지상 과제인 통일을 달성하기 위해서는 한반도 분단 연구가 필수적이다. 상식적이라 다소 진부하게 들리지만, 분단은 곧 통일의 부정이기 때문에 그러하다. 그런데 한국 분단은 한반도를 둘러싼 대내외적 차원이 얽혀서 형성되었다.
　분단 과정을 민족 내부의 차원에서 조망할 때 해방 직후 8년의 정치사[1]에서 좌·우익 이데올로기 대립[2] 과정을 해명해야 할 필요성이 있다. 해방 전

---

[1] 한국현대사 연구 경향이 1980년대에 해방 후 3년사나 해방전후사에 집중되다가 1990년대에는 해방 후 5년사(1945~1950)나 해방 후 8년사(1945~1953)까지 확장되었다. 한반도 분단의 기본구조가 해방 후 3년 동안 형성되어 1953년 6·25전쟁이 종료될 때 고착화되었으므로 1945년부터 1953년까지를 하나의 시기로 연결시키는 시각은 일견 타당하다. 또한 해방후사를 해방전사와 연결시켜 1940년대를 하나의 독립된 시기로 보는 시각도 유용하다. 즉 '1931년 만주사변 → 1937년 중일전쟁 → 1941년 태평양전쟁 → 1945년 해방 → 1948년 분단 → 1950년 6·25전쟁 → 1953년 정전' 등 일련의 역사적 사실을 해방과 분단의 문제로 귀착시켜 1940년대의 의미를 되새길 수 있을 것이다.

[2] 서울대학교 인문대학 한국현대사연구회 편, 『해방정국과 민족통일전선』(世界, 1987), 10쪽에서는 좌우의 극한적인 대립을 강조하는 시각을 '몰가치론적인 해방정국의 묘사'

후 시기가 중요한 것은 한반도 분단의 대내외적 구조의 원형이 1940년대에 거의 결정되었다고 해도 과언은 아닐 것이기 때문이다. 제2차 세계대전 발발 이후 80여 년이 지났고, 20세기 후반의 냉전시대가 종언을 고해 이데올로기적 제약도 현저히 줄어들었으므로 현 시점에서는 객관적인 연구가 가능한 시차가 확보되었다고 할 수 있다.

그런데 국내 정치세력의 이데올로기적 대립이 최초로 명백하게 표출된 것이 신탁통치(약칭 탁치, 혹은 신탁) 문제를 둘러싼 논쟁이었다. 따라서 이 논쟁은 분단의 내적 구조와 직접적으로 연관된다.[3] 또한 국제정치 차원에서 탁치 문제는 한반도에서의 미·소관계에 한 획을 긋는 이슈였다.[4] 신탁통치를 둘러싼 민족 내부의 논란은 냉전체제가 형성되던 중인 1946년 초에 미·소 합의로 이루어진 모스크바3상회의 의정서(1945년 12월 말 발표) 중의 한국 문제 결정을 파기하는 데 중요한 역할을 했다. 따라서 탁치논쟁은 미·소대립을 격화시켰고 분단의 외적 구조인 냉전 형성을 재촉했다. 또한 탁치논쟁이 등장한 이후 미국과 소련은 각각 주둔지에 단독정부를 수립할 계획을 본격적으로 구체화했다. 따라서 탁치 논쟁은 남북분단의 국제적·국내

라고 비판하면서 건준-인공-민전으로 이어지는 좌익 중심의 합의를 통일전선운동으로 평가했다. 이는 1980년대의 '진보적' 연구 경향을 반영한 평가이다.

3   박태균은 모스크바3상회의에 대한 성급한 대응이 분단이라는 결과를 낳았다고 평가했다(박태균, 「한·일협정 문서 추가 공개해야」, 『중앙일보』, 2005년 1월 19일자). 이는 당시 한국인들이 모스크바결정을 정확히 인식하지 못한 상태에서 주로 언론기관에 의해 주입된 선입견에 따라 반탁운동을 벌였기 때문에 통일의 길이었던 모스크바결정을 실천하지 못했다는 인식이 깔려 있는 판단이다. 그런데 모스크바결정을 받아들였다면 과연 통일이 되었을까? 통일의 가능성은 더 커졌겠지만 그렇다고 각기 좌·우익을 기반으로 했던 미·소가 과연 좌우를 이간시키지 않고 순순히 물러갔을까 하는 의문이 남는다. 따라서 우선 미·소의 분할점령에 분단의 근본적 책임이 있으며 이러한 조건하에서 민족 내의 좌우가 한목소리를 내지 못했던 것은 분단의 부차적인 책임이라고 할 것이다.

4   Bruce Cumings, *The Origins of the Korean War: Liberation and the Emergence of Separate Regimes, 1945~1947*, vol. 1 (Princeton, N. J.: Princeton University Press, 1981), p. 225; 브루스 커밍스 저, 김주환 역, 『한국전쟁의 기원』 下(靑史, 1986), 36-37쪽.

적 단초를 형성한 것이라 할 수 있다. 단연코 신탁통치논쟁은 국내적·국제적 갈등관계의 분수령[5]을 이루고 분단으로 치닫게 한 결정적인 이슈였던 것이다. 이렇듯 탁치안이 한반도 분단의 대내외적 측면에 모두 작용했으므로 분단을 연구하기 위해서는 탁치를 살펴볼 필요가 있다. 해방 직후 신탁통치 문제는 한국인의 '목구멍에 걸린 가시'였으며 동시에 1946~1947년 진행된 미·소공동위원회에 임했던 미국 대표단에 고통을 더하는 이슈였다.[6]

그런데 한반도 분단 과정의 국내적(domestic; 민족 내부의) 차원과 국제정치적 차원이 실제로는 서로 유기적으로 얽혀 있어서 이를 엄격하게 분리하는 것은 현실적으로 어렵다. 이 글의 논제인 한국 신탁통치 문제는 국내외 양쪽에 중첩되어 있는 대표적인 이슈 중 하나이다. 국내 정치 세력의 갈등 구조와 국제정세가 종합적·유기적·복합적으로 결부되어 있다. 이렇게 양 차원이 매우 복잡하게 얽혀 있어 객관적으로 기술·평가하는 것은 어렵다. 이 책에서는 한반도 탁치 문제를 편의상 국제적 차원(국제정치적 형성 과정)과 국내적 차원(국내 정치세력의 탁치에 대한 반응 과정)으로 분리하여 기술한 후 양자의 유기적 결합을 시도하고자 한다. 이 책만으로 탁치 문제가 누구나 만족할 정도로 해명될 수 있다고는 기대하지 않는다. 단지 이를 정리하여 토론의 장으로 이끌어내려는 것이 이 책을 집필한 의도임을 밝혀둔다. 이 책에서는 우선 루스벨트[Franklin Delano Roosevelt; 약칭 FDR][7]의 보편적 탁치안이 한국이라는 특수한 지역에 적용되는 과정을 고찰했다.

---

5   오코노기 마사오 저, 류상영 외 역, 『한반도 분단의 기원』(나남, 2019)의 제6장 "냉전의 시작과 분단으로 가는 길: 단독행동과 새로운 정치통합" 2절에서는 모스크바 외상회의를 분단으로 가는 분수령으로 파악했다.
6   Charles W. Thayer, *Hands across Caviar* (Philadelphia: J. B. Lippincott, 1952), p. 237.
7   미국 제32대 대통령, 재임 1933~1945. 이 책에서 '루스벨트'로만 지칭한 인물은 '프랭클린 루스벨트'이고, 시어도어 루스벨트(미국 제26대 대통령, 재임 1901~1909)는 풀네임을 모두 썼다.

2. 선행연구와 다른 점

신탁통치 문제에 대한 한국을 비롯한 세계의 다양한 연구를 점검하면 세계적이며 보편적인 차원의 신탁통치에 대한 종합적인 연구가 아직 없으며 한국 내 연구는 주로 한반도에 국한하는 국지적인 차원에 머물러 있다는 점이 눈에 띈다. 보편적이고 세계적인 차원에 대한 신탁통치 연구 공백은 물론 한반도 특수 상황에 대한 연구도 충분하지는 않은 편이다. 따라서 우선 한반도 탁치에 대한 선행연구를 살필 필요가 있다.

1945년 12월 모스크바3상회의에서 미국의 주도와 소련의 동의에 의하여 한반도 신탁통치가 실시될 것이 결정되었지만 국내외의 복잡한 상황 때문에 실시되지 못했다. 제2차 세계대전 당시 신탁통치 방식을 전후 한국에 적용하려 하는 데 미국이 주도적인 역할을 담당했다. 그 중심에는 루스벨트 대통령이 있다.

현재 미국의 한반도 탁치 구상만을 집중적으로 연구한 단일주제논문(monograph)은 거의 없다. 기존의 연구는 미국의 전시 대한구상(對韓構想)과 전후 대한정책(對韓政策)을 함께 다루었기 때문에 구상의 다양성과 독창성을 경시하고 정책에 대한 기원론적이고 근본적인 해석을 불가능하게 한다. 이들 연구의 대부분은 전후에 시행된 정책의 맥락에서 대한구상을 결과론적으로 재단하여 전시 구상의 근원적인 중요성을 희석시키고 있다. 복잡한 정책의 경우 다양한 구상 단계를 거치지 않고는 산출되는 것이 불가능하다. 실행된 정책 자체만을 분석하는 것보다 이전부터 논의된 정책 구상을 심층적으로 분석하는 것이 정책에 대한 본질적 이해를 더욱 심화시킬 수 있다. 따라서 내부 기획문서까지도 고려하여 정책의 입안 과정을 연구해야 미국의 한국 인식을 원초적인 것까지 있는 그대로 파악할 수 있을 것이다.

1945년 12월 모스크바3상회의에서 미·소 간의 조정에 의하여 결정된 한국 탁치 정책에는 소련 측 구상이 보다 더 많이 반영되었다. 따라서 미국의 대한(對韓) 탁치안은 구상 단계에 그쳤고 권위 있는 정책으로 산출되지 못했다. 또한 미·소 간에 합의된 탁치 정책도 실제로 시행되지 못했으므로 이 문제는 구상의 차원에서 접근해야 한다.

위와 같은 문제의식을 견지하면서 미국과 소련의 대한구상의 동태성을 분할점령과 탁치의 문제를 중심으로 역사적으로 해명하는 것이 본 연구의 중요한 목적 중 하나이다. 이 책은 한반도 신탁통치안을 사실적으로 규명하려는 시도인 것이다.

한반도 신탁통치에 대한 기존 연구를 보다 구체적으로 살펴보면 탁치 문제는 국제적 차원과 국내적 차원이 복잡하게 얽혀 있어 객관적으로 기술하고 평가하는 데 어려움이 있는 것이 사실이다. 그럼에도 불구하고 이 문제의 중요성이 심대하므로 1970년대 이후 수준 높은 관련 업적이 양산되었다.

선구적 국내 연구로는 최상룡,[8] 이호재,[9] 송건호,[10] 심지연,[11] 김학준[12]

---

[8] 최상룡, 「미군정의 초기점령정책: 신탁통치안과 분할점령의 현실」, 『서울평론』 40(1974), 14-26쪽; 최상룡, 「미군정기 한국: 아시아 냉전의 초점」, 『한국사회연구』 1(1983), 351-367쪽; 최상룡, 「분할점령과 신탁치: 해방한국의 두 가지 외압」, 한국정치학회 편, 『현대한국정치론』(법문사, 1986), 107-132쪽; 최상룡, 『미군정과 한국민족주의』(나남, 1988), 167-281쪽. 마지막 저서는 1971년 일본 동경대학교에 제출한 박사학위논문을 기초로 한 것이다.

[9] 이호재, 『한국외교정책의 이상과 현실(1943~1953): 이승만 외교와 미국』(법문사, 1969); 이호재, 「한국신탁통치안과 미소협상의 결렬」, 『한국외교정책의 이상과 현실: 해방8년 민족갈등기의 반성』 제5판(법문사, 1986), 138-202쪽.

[10] 송건호, 「탁치안의 제의와 찬반탁 논쟁」, 변형윤 외, 『분단시대와 한국사회』(까치, 1985), 39-64쪽.

[11] 심지연, 「신탁통치문제와 해방정국: 반탁과 찬탁의 논리를 중심으로」, 『한국정치학회보』 19(1985), 147-161쪽; 심지연, 「반탁에서 찬탁으로: 남한 좌익진영의 탁치관 변화에 관한 연구」, 『한국정치학회보』 22-2(1988), 225-242쪽.

[12] 김학준, 「한국신탁통치안과 그것을 둘러싼 초기의 논쟁」, 『한국문제와 국제정치(全訂

의 저작이 있다. 후속연구로 주목할 만한 것은 이동현의 국내대학 학위 논문을 기초로 한 저서[13]와 이우진의 미국 대학 정치학 박사학위논문을 기초로 한 논문,[14] 이원설[15] · 차상철[16]의 미국 대학 사학 박사학위논문을 기초로 한 저서 등을 들 수 있다.[16] 이재도,[18] 이형철,[19] 이강수,[20] 이주

版)』(박영사, 1987), 369-385쪽.

13 이동현, 『한국신탁통치연구』(평민사, 1990). 1989년 제출했던 같은 제목의 건국대학교 박사학위논문을 수정·보완한 연구이다. 후속연구로는 李東炫, 「미·소 공동위원회의 쟁점과 결말」, 『韓國史市民講座』 38(2006)이 있다.

14 U-Gene Lee, "American Policy toward Korea, 1942~1947: Formulation and Execution," Ph.D. dissertation, Georgetown University (1973). 후속연구로 李愚振, 「獨立運動에 대한 美國의 態度: 루스벨트의 信託統治構想을 中心으로」, 韓國政治外交史學會 編, 『獨立運動과 列强關係』(평민사, 1985); 「韓國의 國際信託統治: 그 構想 및 挫折의 記錄」, 『解放5年史의 再照明: 韓國現代史의 政治社會史의 認識』(國土統一院, 1987) 등이 있다.

15 이원설, 『미국과 한반도 분단』(한남대학교 출판부, 1989); Won Sul Lee, *The United States and the Division of Korea, 1945* (KyungHee University Press, 1982). 이는 저자의 1961년 미국 웨스턴리저브대학교 사학 박사학위논문 "The Impact of the United States Occupation Policy on the Socio-Political Structure of South Korea"를 기초로 한 연구이다.

16 차상철, 『해방전후 미국의 한반도 정책』(지식산업사, 1991). 저자의 미국 마이애미대학교 1986년도 사학 박사학위논문인 "The Search for a 'Graceful Exit': General John Reed Hodge and American Occupation Policy in Korea, 1945~1948"을 수정·보완한 연구이다. 이 책에 기반해 차상철, 『미군정시대 이야기』(살림출판사, 2014)를 출간했다.

17 또한 백범 김구의 반탁운동에 대한 기존 연구로 특기할 만한 것은 신용하, 「열강의 한국남북분단 및 신탁통치 정책과 백범 김구의 노선」, 백범기념관 개관 2주년기념 학술회의: 광복직후의 건국운동과 백범 김구, 2004년 10월 1일; 신용하, 「열강의 한국남북분단 및 신탁통치 정책과 백범 김구의 노선(1943~45)」, 『백범과 민족운동 연구』 3(2005) 등이 있다.

18 李在都, 「모스크바信託統治協定과 韓半島政治變化에 관한 硏究」, 동국대학교 박사학위논문(1988).

19 이형철, 「미국국무성의 한국신탁통치계획(1942~45)」, 『한국정치학회보』 21-2(1987), 275-289쪽.

20 李剛秀, 「三相會議決定案에 대한 左派政黨의 대응」, 국민대학교 석사학위논문(1994); 李剛秀, 「三相會議決定案에 대한 左派3黨의 대응」, 『한국근현대사연구』 3(1995).

천,[21] 이수인,[22] 유병용[23]의 저작도 있다. 최영호는 세부적인 주제를 천착한 각론적 연구를 담은 논문을 집필했다.[24]

21세기의 새로운 연구인 하지은과 강성현[25]의 논문은 한반도라는 일국적·국지적 차원에서 민족주의적으로 조망된 기존 신탁통치 연구를 비판하면서 세계사적·보편적 차원과 현재적 맥락이라는 대안적 접근을 제시한 역작으로, 미국의 국제신탁통치 구상을 미국의 세계전략과 연결해 심층적으로 천착한 심화 연구이다.[26] 특히 하지은은 국제적 신탁통치 구상을 설명하는 분석의 층위를 ① 전 지구적 차원의 구조변동, ② 미국의 구 식민지 처리 관련 정책, ③ 소련·영국 등 연합국과의 협조체제, ④ 미국의 한반도 신탁통치 정책과 ⑤ 남한 현지 상황으로 구분

---

[21] 이주천, 「루즈벨트 행정부의 신탁통치 구상과 對韓政策」, 『미국사연구』 8(1998).
[22] 이수인, 「한국 신탁통치안의 세계사적 배경구조」, 『사회과학연구』 8-1(1998).
[23] 兪炳勇, 「二次大戰中 韓國信託統治問題에 대한 英國의 外交政策 硏究」, 『歷史學報』 134·135(1992).
[24] 최영호, 「한반도 신탁통치 문제의 로컬리티: 해방 직후 재일조선인 사회를 중심으로」, 『한국민족운동사연구』 70(2012).
[25] 강성현의 학위논문은 다음과 같다. 강성현, 「한국 사상통제기제의 역사적 형성과 '보도연맹 사건', 1925~50」, 서울대학교 박사학위논문(2012).
[26] 하지은, 「국제적 신탁통치구상과 냉전적 변형: 한국 사례를 중심으로」, 서울대학교 석사학위논문(2015); 강성현·하지은, 「미국의 점령형 신탁통치에 관한 비교역사사회학: 한국, 오스트리아, 오키나와를 중심으로」, 서울대학교 아시아연구소 국제학술회의, 2014년 12월 12~13일(2014); 강성현·하지은, "Comparative Historical Sociology of the United States 'Occupational Trusteeship': Focusing on Korea, Austria and Okinawa," *Continuous Wars in East Asia, Post Colonial State Formation and the Cold War*, Seoul National University Asia Center (2015); 강성현, 「전후 미국의 '점령형 신탁통치'의 성립과 냉전적 변형: 조선, 미크로네시아, 류큐제도를 중심으로」, 『사회와 역사』 112(2016), 49-99쪽; 강성현, 「태극기 포위한 '신탁' 깃발들: 1947년 중앙청에 내걸린 미·소·영·중 국기: 사진 속 역사, 역사 속 사진」, 『한겨레21』 1210(2018), 72-74쪽; 강성현, 「미국의 '점령형 신탁통치'와 냉전적 변형: 조선, 미크로네시아, 류큐제도를 중심으로」, 강성현·백원담 공편, 성공회대학교 동아시아연구소 기획, 『종전에서 냉전으로: 미국 삼부조정위원회와 전후 동아시아의 '신질서'』(진인진, 2017), 65-110쪽.

했다. 결론적으로 신탁통치 기획의 형성과 변형, 그리고 실천에 이르는 일련의 과정은 다양한 수준의 상호작용에 의해 '중층결정'된 결과라고 주장했다.[27] 필자는 역사적 사실에 대해 단선적·일원적이 아니라, 복합적으로 해석해야 한다는 입장을 견지하고자 한다. 필자의 복합적 해석은 '중층적 시각'이라는 용어로 변용될 수 있다.

이외에 정용욱의 학위논문과 저술[28]도 주목해야 한다. 또한 광범위한 1차 자료를 활용한 신복룡의 역작이 있다.[29] 개괄적이면서도 심층적인 연구의 모범을 보여주는 구대열의 저서도 참고해야 한다.[30]

일본의 선구적 연구로는 오누마 히사오(大沼久夫)[31]와 오노다 모토무(小野田求)[32]의 논문이 있으며, 후속연구로서 재일교포 오충근의 논문[33]은

---

27 하지은(2015), 앞의 글, 22쪽.
28 鄭容郁, 「1942~47년 美國의 對韓政策과 過渡政府形態 構想」, 서울대학교 박사학위논문(1996); 정용욱, 「1945년 말 1946년 초 신탁통치 파동과 미군정」, 『역사비평』 62(2003); 정용욱, 「모호한 출발, 저당 잡힌 미래, 발목 잡힌 역사: 21세기에 되돌아본 해방 전후사의 역사인식」, 이병천 외 편, 『다시 대한민국을 묻는다: 역사와 좌표』(한울, 2007), 60-95쪽; 정용욱, 「신탁통치 파동과 하지: 하지와 김구, 박헌영」, 『존 하지와 미군 점령통치 3년』(중심, 2003); 정용욱, 『해방 전후 미국의 대한정책』(서울대학교출판부, 2003); 정용욱, 「미·소 군정의 對 한국정책, 1945~48」, 『백범과민족운동연구』 3(2005).
29 신복룡, 「한국 신탁통치의 연구: 미국의 구도와 변질을 중심으로」, 『한국정치학회보』 27-2, 상(1993); 신복룡, 『한국분단사연구 1943~1953』(한울, 2001).
30 구대열, 『한국 국제관계사 연구』 전2권(역사비평사, 1995).
31 大沼久夫, 「朝鮮信託統治構想: アメリカ外交文書に基づいて」, 『法政大學院紀要』 第1號(1978), 165-179쪽; 大沼久夫, 「朝鮮の解放·分斷と國內勢力: 信託統治問題を中心として」, 『朝鮮史研究會論文集』 第2輯(1984), 107-129쪽; 大沼久夫, 「한국의 해방·분단과 국내세력: 신탁통치 문제를 중심으로」, 김동춘 편역, 『한국현대사연구』 I(이성과현실사, 1988).
32 小野田求, 「第2次世界大戰中における朝鮮獨立政策: 國際的信託統治政策の本質」, 『朝鮮歷史論集』 下卷(東京: 龍溪書舍, 1979), 519-532쪽.
33 吳忠根, 「朝鮮半島をめぐる米ソ關係」, 『共産主義と國際政治』 第7卷 2號(1982); 「한반도를 둘러싼 미·소관계: 소련의 대일전 참전을 중심으로」, 김동춘 편역, 『한국현대사연구』 I(이성과현실, 1988), 290-323쪽 및; 「戰時米ソ交涉における朝鮮問題: ポツダム會談を中心に」, 『法學研究』, 第56卷 6號(1984), 36-64쪽.

소련 측 자료를 광범위하게 활용했으므로 주목할 가치가 있으나 학계에 큰 반향을 일으키지는 못했다. 미국의 비밀해제문서를 참조하지 못했다는 것이 한계로 지적될 수 있다. 히라야마 타쯔미(平山龍水)의 논문[34]은 노터파일(Notter Files) 등을 비롯한 미국 자료들을 광범위하게 활용한 모범적 연구이다. 2014년에 출간된 이케가미 다이스케(池上大祐)의 저서는 태평양 도서지역에 신탁통치를 적용하려 한 미국의 구상을 면밀하게 검토한 수작이라고 할 것이다.[35]

미국의 선구적 연구로는 모리스(William G. Morris)[36]와 커밍스(Bruce Cumings)[37]의 것을 들 수 있으며 후속연구로는 샌더스키(Michael C. Sandusky; 연방정부 행정관 역임)의 저서[38]에 주목할 필요가 있다. 다소 저널리스트적이므로 연구의 엄밀성 면에서는 한계가 있다는 평가를 받기도 하지만 방대한 1차 자료 활용으로 풍부한 자료적 준거를 제공하고 있다. 미국의 돕스,[39] 메트레이,[40] 스브레가,[41] 김승영[42]의 저작 등도 좋은 참고자료를 제공하고 있다.

네덜란드의 에릭 반 리(Erik Van Ree)의 저서[43]는 상당히 수준 높은 소련 연구서로서 학계의 집중적인 주목을 받지는 못했지만, '소련에서 간

---

34 平山龍水,「第二次大戰中のアメリカの對朝鮮政策: 信託統治制度適用の經緯について」,『筑波法政』第13號(1990), 181-205쪽; 히라야마 타쯔미(平山龍水) 저, 이성환 역,『한반도 냉전의 기원: 미국의 대한국 정책, 1942~1946년』(중문, 1999).

35 池上大祐,『アメリカの太平洋戰略と國際信託統治(American Pacific Strategy and International Trusteeship): 米國務省の戰後構想 1942~1947』(京都: 法律文化社, 2014).

36 William G. Morris, "The Korean Trusteeship, 1941~47: The United States, Russia, and the Cold War," Ph.D. dissertation, Department of History, The University of Texas at Austin (1974).

37 Bruce Cumings(1981), 앞의 책; 브루스 커밍스(1986), 앞의 책.

38 Michael C. Sandusky, *America's Parallel* (Alexandria, Virginia: Old Dominion, 1983).

행된 자료는 볼 것이 없다'는 기존 인식이 수정될 수 있는 유용한 연구라고 할 수 있다.

비교적 시기적으로 앞선 연구에서는 주로 국제정치적 영역에서만 연구가 이루어졌으나(모리스, 1974년의 최상룡, 1978년의 오노다), 최근의 저작에서는 국제정치적 형성과 국내 정치적 반응 양자를 모두 고려하는 경향이 있다(1983·1986년의 최상룡, 1986년의 이호재·송건호, 1985년의 심지연·김학준).

3. 연구 범위와 방법

이 책은 1942년 한반도 탁치안이 국제적으로 논의될 때부터 1945년 12월 모스크바3상회의에서 그 안이 마련될 때까지를 연구의 주된 시간

---

39 Charles M. Dobbs, *The Unwanted Symbol: American Foreign Policy, the Cold War, and Korea, 1945~1950* (Kent, Ohio: The Kent State University Press, 1981). 1978년 인디애나대학교 박사학위논문을 출판한 것이다.

40 James Irving Matray, *The Reluctant Crusade: American Foreign Policy in Korea, 1941~1950* (Honolulu, Hawaii: University of Hawaii Press, 1985). 1977년도 버지니아대학교 박사학위논문을 출판한 것이다.

41 John J. Sbrega, "Anglo-American Relations and the Politics of Coalition Diplomacy in the Far East during the Second World War," Ph.D. dissertation, Georgetown University (1974). 후속연구로는 "The Anticolonial Policies of Franklin D. Roosevelt: A Reappraisal," *Political Science Quarterly*, vol. 101, no. 1 (1986), pp. 65-84; "Determination versus Drift: The Anglo-American Debate over the Trusteeship Issue, 1941~1945," *Pacific Historical Review*, vol. 55 (1986), pp. 256-280 등이 있다.

42 Seung-Young Kim, "The Rise and Fall of the United States Trusteeship Plan for Korea as a Peace-maintenance Scheme," *Diplomacy & Statecraft*, vol. 24, no. 2 (2013), pp. 227-252.

43 Erik Van Ree, *Socialism in One Zone: Stalin's Policy in Korea, 1945~1947* (Oxford: Berg, 1989)은 네덜란드 암스테르담대학교 박사학위논문을 출간한 것이다.

적 범위로 한정하고자 한다. 또한 공간적 연구 범위는 미국의 외교정책 주로 한정하고자 한다. 문제를 보다 객관화하고 엄밀히 연구하기 위해서 영국, 중국, 소련의 외교정책도 보완하는 정도로 살펴볼 것이다. 소련 정치는 자료 제약 등의 문제가 있지만 도외시할 수만은 없을 것이다.

기존 연구가 가지고 있는 가치지향 면의 편향성을 극복하기 위하여 가급적 편향되지 않은 관점을 세워 연구를 진행하고자 한다. 이런 맥락에서 전통주의·수정주의 양자의 편향성을 극복하고자 했던 후기 수정주의적(post-revisionistic) 관점에 주목했다. 최대한 균형 있는 시각을 견지하고자 노력하겠지만 불편부당한 객관적 시각은 처음부터 달성 불가능한 이상일 것이다.

문헌자료에 주로 의존하고 역사적 방법을 동원하여 이 문제에 관련된 당시의 역사적 사실을 최대한 규명하고자 한다. 신탁통치를 최대한 객관적·가치중립적으로 기술(記述; description)[44]하려고 시도할 것이다. 이 연구에서는 역사적 접근법(historical approach)을 채용해 이 시기의 국제관계사와 정치사를 재조명할 것이므로 사료의 분석을 통한 실증 이외에 다른 방법론의 적용은 시도하지 않을 것이다. 다만 국제관계사적 방법론에서 발견할 수 있는 중요한 시사점을 원용할 뿐이다.[45]

---

[44] 이러한, 기술에 의한 방법을 고전적인 '이야기체식[narrative; 서사(敍事)적] 서술(敍述) 방법이라고 한다. 이에 대비되는 접근으로 (사회)구조적(structural) 접근이 있다. Lawrence Stone, "The Revival of Narrative: Reflection on a New Old History," *Past and Present*, no. 85 (1974), p. 3; E. J. Hobsbawm, "The Revival of Narrative: Some Comment," *Past and Present*, no. 86 (1980), p. 308.

[45] 국제관계사적 방법론의 입문서라고 할 수 있는 Pierre Renouvin et Baptiste Duroselle, *Introduction à l' Histoire des Relations Internationales* (Paris: Libraire Armand Colin, 1964); 李基鐸 譯, 『國際政治史理論』(博英社, 1987), v쪽에 의하면 외교사는 정부 간의 관계에 치중하는 데 비해 국제관계사적 방법은 외교에 심층적으로 작용하는 영향력, 즉 심층동인[Les forces profondes; 직역하면 '심오한 세력'이지만 르누뱅의 의도에 충실하게 '국가의 저력'이라고 의역할 수 있다. 洪淳鎬, 「國際關

사료들을 연대기적으로 조직화하여 기술한 뒤 이를 비판적으로 분석하는 역사적 접근 방법을 채용하여 문제에 접근할 것이다.

4. 연구 자료

자료에 대해 언급하면 미국 측 자료는 다양하게 공개되었지만 소련 측 자료의 경우 6·25전쟁 시기를 제외하고는 거의 발굴되지 않은 것이 중대한 난관이었다. 그러나 탈냉전기 이후 러시아 측이 중대한 증언의 청취를 '허용'했으며 군사·외교자료를 공개하기 시작한 것[46]은 이 연구를 가능하게 한 요인이기도 하다. 따라서 소련은 물론 중국, 영국[47]의 외교정책에 관련해서도 1차 자료를 발굴하고자 노력할 것이다.

係史硏究의 方法論」, 『韓國國際關係史理論: 時代狀況의 力學構造』(大旺社, 1993), 56쪽]을 중시한다. 르누뱅이 저술한 『국제관계사개설』의 전반부에서는 지리적 요인, 인구의 제 조건, 경제적 요인, 국민과 국가의 집단적인 특성들과 여론 등의 요인으로 구성된 구조적 저력을 분석하고 있다. 위 요인들을 분석해야만 역사적인 국제관계를 전체적이며 체계적·거시적으로 파악할 수 있다는 것이다. 또한 뒤로젤이 저술한 후반부에서는 정치인['정치인'은 정치가뿐만 아니라 정부의 고위관직자 또는 외교관 등을 포함하는 포괄적 개념이다. 洪淳鎬(1993), 위의 책, 37쪽 참조]의 역할이 강조되고 있다. 또한 국제관계 연구의 기본 틀을 불가분의 관계인 저력과 정치인으로 정립하여 정치인은 주도권 행사에 있어 국가의 저력에 광범위하게 영향받는다고 주장한다. 洪淳鎬(1993), 위의 책, 37쪽, 57쪽. 그런데 프랑스 학파는 역사를 통해 이론화만을 추구하는 미국식 국제정치학을 비판한다. 그들은 역사를 그 자체로서 중시하며 국제관계사를 국제정치학의 한 분과라기보다는 오히려 이를 포괄하는 독자적 학문 영역으로 탐구하고 있다. 이런 맥락에서 국제관계사는 외교사·국제관계학·국제정치학을 포괄·접목하는 것이다.

46 稻葉千晴·D. B. パヴロフ, 「ロシアにおける軍事·外交資料の公開狀況」, 『國際問題』, 第三九二號(1992), 42-57쪽.

47 미국의 공식외교문서집 FRUS에 비견되는 영국의 자료는 왕립국제문제연구소(Royal Institute of International Affairs)가 발간하고 있는 『외교문서(Documents on International Affairs)』와 『국제문제조사(Survey of International Affairs)』이다. 영국은 해당 연도 문서의 일부를 5년 이내에 공개한다. 미국·프랑스의 '25~30년 원칙'보다 빠른 편이다. 한국전쟁 관련 자료집이 마이크로피시(Microfiche)와 책 형태로 출간되었다.

미국 자료 중에는 메릴랜드주 칼리지파크(College Park)의 국립문서보관소(NA; National Archives)[48]와 메릴랜드주 수틀랜드(Suitland) 워싱턴국립기록센터(WNRC; Washington National Records Center)의 한국 관계 기밀문서,[49] 미국 국무부가 편집·공간한 문서집『대외관계자료집 (FRUS; Foreign Relations of the United States, Diplomatic Papers)』, 대외관계협의회(Council on Foreign Relations) 문서[50] 등이 대표적이다.

FRUS는 대략 15~25년이 경과된 후에 공간된다. 현재 미국은 행정부별로 자료를 모아 이 공간자료집을 발간하고 있다. 세계제국인 미국이기에 수요가 꾸준하며 문서를 정선해 질도 양호한 편이다. 그런데 FRUS를 전적으로 신뢰할 수 있는 것은 아니다. 이 자료집은 기본적으로 없는 사실을 허위로 만든 책은 아니지만 미국의 자료 공개 원칙상 모든 것을 공개하는 것은 아니므로 한계가 있다. 자료적 가치의 저급성 때문에 누락한 부분과 생략한 부분은 "not printed"라고 표기하며, 미국의 안보 문제에 악영향을 끼칠 수 있는 부분은 공개하지 않는다. 따라서 이 공간된 기록에만 의존한다면 촘스키(Noam Chomsky)의 표현대로 미국의 국익에 유해한 요소들을 모두 삭제하여 구성한 "위생적으로

---

[48] *Guide to the National Archives of the United States* (Washington, D.C.: National Archives and Records Administration, 1987).

[49] Jack Saunders, "Records in the National Archives Relating to Korea, 1945~1950," Bruce Cumings, ed., *Child of Conflict: The Korean-American Relationship, 1943~1953* (Seattle: University of Washington Press, 1983), pp. 309-326에 개괄적으로 소개되어 있다. 申福龍과 李吉相은 이 자료의 일부를 활용하여 각각『韓國分斷史資料集』全8卷(原主文化社, 1991);『解放前後史資料集』全2卷 (原主文化社, 1992)을 편집·간행했다. 이외에도 미주리주 인디펜던스의 트루먼 기념도서관, 미 의회도서관 등을 비롯한 여러 기관에 자료가 산재해 있다. 또한 미국 내 현대사 자료에 대한 일반적 소개는 다음에 있다. 방선주,「미국의 한국관계현대사자료」, 한국사학회 편,『한국현대사론』(을유문화사, 1986), 281-292쪽.

[50] 미국대학출판물상사(University Publications of America)가 1990년 마이크로피시화했다.

처리된 역사(sanitized history)"를 신봉해 사실을 왜곡할 뿐이다. 미국이 자신들의 실제 의도가 드러나는 주요한 외교문서를 역사 기록에서 삭제함으로써 실제로 세계에서 일어났던 많은 일이 역사적 필연이었음에도 불구하고 마치 우연적 사건의 연속이었던 듯 위장하고 있다는 것이다.[51] 또한 각 문서마다 미국인의 편견이 개재되어 있다는 사실도 간과해서는 안 된다. 따라서 *FRUS*를 인용할 때는 반드시 사료 비판을 수 반해야 한다.[52]

---

[51] Noam Chomsky, *On Power and Ideology : The Managua Lectures* (Boston, Mass. : South End Press, 1987), p. 18.

[52] 그러나 *FRUS*만큼 중요한 자료를 한곳에 모아 정선한 자료집도 없으며, 먼저 읽어야 할 기초 자료집이라는 데는 이견이 별로 없을 것이다. *FRUS* 시리즈의 사료적 문제점을 지적한 연구로 Richard W. Leopold, "The Foreign Relations Series: A Centennial Estimate," *Mississippi Valley Historical Review*, vol. 49 (1963), pp. 595-612; Richard W. Leopold, "The Foreign Relations Series Revisited: One Hundred Plus Ten," *Journal of American History*, vol. 59 (1973), pp. 935-957; Gordon S. Wood, "Review Essay: Historians Documentary Editing," *Journal of American History*, vol. 67 (1981), pp. 871-877; Lorraine M. Lees and Sandra Gioia Treadway, "Review Essay: A Future for Our Diplomatic Past?-A Critical Appraisal of the Foreign Relations Series," *Journal of American History*, vol. 70, no. 3 (1983), pp. 621-629; 이상민, 「미국 국무부의 외교사료집 편찬과 기록학적 쟁점」, 『한국기록관리학회지』 13-1(2013) 등이 있다. 미 국무부 산하 역사과(Office of the Historian)가 책임을 맡아 발간하기 시작한 이 문서집은 약 450권이 간행되었다. 당초 미국 의회가 국무부에 필요한 자료의 제공을 요청하면서 시작되었는데, 그 연원은 남북전쟁 시기까지 거슬러 올라간다. 미국 외교사 연구에서 "상세하며, 정확한 그리고 믿을 만한 자료"를 제공해주었다면서 "가장 믿을 만한 세계 최고 수준의 역사서"라고 자찬된다. 고지훈, 「한국사DB에 수록된 미 국무부 외교문서(FRUS) 국역본 소개」, 『역사의 창』 45(2017), 15쪽. 또한 양성철은 "회의기록의 경우 완벽한 것은 없다"라고 주장한다. 양성철, 「카이로, 테헤란, 얄타, 포츠담과 모스크바삼상회의」, 『민족지성』(1988), 228-229쪽. 국제경영학 연구의 개척자 로빈슨(Richard D. Robinson)은 미간행 "주한미군사(HUSAFIK)"에서 한국정치의 이념적 스펙트럼을 극우, 중도우, 중도좌, 극좌로 구분해 평가했다[US Army Forces in Korea XXIV Corps, "History of the United States Armed Forces in Korea," manuscript of OCMH(약칭 "HUSAFIK"), Seoul, 1947~1948, part Ⅱ, chapter Ⅱ, pp. 11-14]. 그런데 미군정에 비판적이었던 그는 미간행 저서 *Betrayal of a Nation*에서 미군정이 본국에 보고한 문서와 미 행정부 외교관계 문서의 진실성 여부는 극히 회의적이라고 평가했다[리차드 D. 로빈슨 저, 정미옥

한편 미국은 문서의 비밀해제 과정에서 국가안보에 해가 될 만한 사항, 외국 원수의 안위에 직접적으로 해가 될 수 있는 사항, 핵무기(원자력 에너지 포함) 관련 사항, 적대국이 미국을 위협하는 데 이용할 수 있는 정보 등은 공개하지 않는다.[53] 또한 개인의 사생활을 보호하기 위해 공개하지 않는 부분도 있고, 공개를 담당하는 기록물관리사(Archivist)의 일손이 딸려 공개하지 못하는 경우도 있다. 그러나 FRUS가 기초자료라는 사실을 부인할 수는 없다.

미국 위스콘신대학교 매디슨 캠퍼스 도서관은 1861~1960년 사이의 FRUS를 영인해 인터넷에 서비스하고 있다.[54] 트루먼 행정부 이후의 FRUS는 디지털화해서 미 국무부 산하 역사과(Office of the Historian)가 인터넷에 제공하고 있다.[55] 또한 국사편찬위원회는 2016년부터 한국 관계 FRUS 자료를 국역하고 있다.[56]

미국 국립문서보관소의 방대한 비밀해제문서 중 먼저 '국무부 일반 자료군(General Records of the Department of State)'인 Record Group(약칭 RG) 59를 살펴볼 필요가 있다. 방대한 자료군인 RG 59의 극히 일부분을 이루는 노터파일(Notter file)은 미국의 전후 구상과 관련된 특히 유용한 자료 중 하나이다. 내부 정책 기획문서를 모아놓은 이러한 포괄적인 자료철은 정책의 입안 과정을 솔직하게 보여준다는 점에서 회고록의 자의성과 국무부 문서집이 가지는 '가공성(加工性)'의 한계

역, 『미국의 배반: 미군정과 남조선』(과학과사상, 1988), 13쪽].
53 이흥환, 『대통령의 욕조: 국가는 무엇을 어떻게 기록해야 하는가』 (삼인, 2015), 162쪽.
54 digicoll.library.wisc.edu/cgi-bin/FRUS/FRUS-idx?type=browse&scope=FRUS.FRUS1.
55 history.state.gov/.
56 고지훈(2017), 앞의 글, 15쪽.

를 극복할 수 있도록 도와주는 자료이다.⁵⁷ 특히 탁치안의 입안 과정에 관한 한 어느 문헌보다 활용 가치가 높다.⁵⁸

또한 RG 59의 십진분류철(Decimal File) 740.00119 중 Box 3823은 1945년 8월부터 1946년 3월 30일까지의 기록을 포괄하고 있다. 895 · 795 · 995(Internal Affairs of Korea) 시리즈는 1910~1959년에 해당하는 부분이 마이크로필름화(81롤)되어 있다. 본 연구와 관련되는 부분은 1940~1944(마이크로필름 번호 S1509) 3롤⁵⁹과 1945~1949(마

---

57 Eduard Mark, "History and Significance of the Records of Harley A. Notter, 1939~1945," in *Post World War II Foreign Policy Planning: State Department Records of Harley A. Notter, 1939~1945*, volume I: Bibliography (Bethesda, MD: Congressional Information Services, 1987), p. viii.

58 노터파일은 1937년부터 1950년까지 국무부 직원이었던 노터(Harley A. Notter)가 국무부 전후대외정책자문위원회(The Advisory Committee on Post-War Foreign Policy; 1942년 2월 설치) 행정서기관(Executive Secretary)과 국제안보·기구부 (Division of International Security and Organization)의 부장, 유엔 담당 차관의 자문위원 등을 역임하면서 수집했던 총 306상자에 달하는 문서 모음으로서, 1939~1945년 의 시기를 포괄하는 전문(cables), 급전(dispatches), 서신, 메모, 국무부의 실무적 정책 건의서 등으로 구성되어 있다. 이는 1970년 국립문서보관소의 국무부 종합문서기록인 RG 59로 소속되었으며 1974년 ①Draft of "Foreign Policy Preparation, 1939~1945," ②Miscellaneous Subject Files, ③Records of Economic Committees, ④Records of the Advisory Committee on Post-War Foreign Policy, ⑤Records of the Policy and Planning Committees, ⑥Policy Summaries, ⑦Division of International Security and Organization Documents, ⑧Records Relating to the Dumbarton Oaks Conversations, ⑨Records of the US Delegation to the San Francisco Conference, ⑩Records Relating to the San Francisco Conference, ⑪Records Relating to the UN Preparatory Commission 등의 항목으로 소분류되었다. 이 가운데 ④항목인 전후대외정책자문위원회의 자료(Box 54·55·63)와 ⑤항목인 '정책·기획위원회' 자료(Box 117·118·119·131)가 활용도가 높다. 노터는 이 자료를 토대로 *Postwar Foreign Policy Preparation: 1939~1945*, Department of State Publication 3580 (Washington, D.C.: USGPO, 1949)을 집필했다. *Post World War II Foreign Policy Planning: State Department Records of Harley A. Notter, 1939~1945*, volume I: Bibliography (Bethesda, MD: Congressional Information Services, 1987), pp. 67-164. 이외에 Box 19·56·58·61·79·108·109·115·116·141·142·157·183·273 등에도 가치 있는 자료가 산재되어 있다.

59 「미 국무성 한국관계 문서: Internal Affairs of Korea: 1940~1944」, 전4권(원주문화

이크로필름 번호 S1510) 12롤[60]로서, 모두 895 시리즈이다(1950~1963년까지 795가 Internal Political and National Defense Affairs가 되었다). 미국 스칼러리 리소시즈(Scholarly Resources) 사(社)가 제작한 이 필름에는 각각의 유용한 목록과 안내가 첨부되어 있다. 그런데 광대한 십진분류철에는 중요한 극비문서 등은 거의 없으며 대부분 자료적 가치가 떨어지는 문서로 채워져 있다.

같은 RG 59의 'Records of the Yalta Conference, San Francisco, and Potsdam(Box 2~Box 8)'과 'Records of the Office of the Assistant Secretary and Under Secretary of State Dean Acheson, 1941~1948, 1950(Box 12)'도 매우 유용한 자료이다.

국무부의 특별수집 자료로서 '부간(部間)·국간(局間)위원회 기록군[Records of Interdepartmental and Intradepartmental Committees (State Department)]'인 RG 353 가운데 국무·육군·해군 조정위원회(State-War-Navy Coordinating Committee; 약칭 SWNCC 혹은 삼부조정위원회) 문서도 특기할 만하다.

군부 쪽 자료 중 가장 중요한 것은 '육군부 일반참모본부·특수참모본부 문서군'인 RG 165 중 일반참모본부의 작전국 문서(OPD; Operation Division)이다. 이는 'OPD 문서철'과 작전국 '전략정책단(S&P; Strategy and Policy Group)' 문서인 '미·영연락장교단(ABC; American-British Conversation) 문서철' 등으로 나누어져 있다. 특히 ABC 문서철은 군부의 핵심 기획집단인 작전국 전략정책단 자체 문서뿐만 아니라 미 합동참모본부(JCS; Joint Chiefs of Staff; '합참'으로도 약칭) 문서와 연합참모본

사, 1993)로 간행되었다.
[60] 『미 국무성 한국관계 문서: Internal Affairs of Korea: 1945~1949』, 전23권(국학자료원, 1998)으로 간행되었다.

부(CCS; Combined Chiefs of Staff) 문서, SWNCC 문서 등이 한곳에 집중되어 있기 때문에 우선적으로 활용할 만하다.⁶¹

RG 218의 JCS문서군 중 46개 상자가 한반도 관련 부분이다. 지역 문서철인 CCS 383.21 Korea, Section I, II, III, Box 658~659가 1945년 3월부터 1946년 1월까지의 시기를 포괄하고 있으며 삼부조정위원회 등 각 기관과 교환된 여러 문서가 수집되어 있다. 이외에도 십집분류 문서철이 있다.

워싱턴국립기록센터의 자료 중에는 '미국의 전역(戰域) 기록·제2차 세계대전 기록군'인 RG 332의 주한미군·제24군단 항목에 한국 관계 기록이 포함되어 있다.

그런데 위와 같은 비밀해제문서들은 각 파일마다 중복된 자료가 많다. 한 문서가 작성되면 여러 관계 기관으로 발송하면서 회신된 자료도 함께 철하기 때문에 내용상 별 차이 없는 자료를 여러 번 색인하는 번거로움을 감수해야 한다.

주요 매뉴스크립트를 열거하면 다음과 같다.

- U.S. Department of Defense, "The Entry of the Soviet Union into the War Against Japan: Military Plans, 1941~1945," manuscript, Washington, D.C., U.S. Department of Defense, 1955.
- 맥그래쓰(Paul C. McGrath)의 "U.S. Army in the Korean Conflict," RG 407(육군 참모부장 문서철), Office of the Chief of Military History(군사실 문서철), Department of Defense, 1953.
- 호그(C. Leonard Hoag)의 "American Military Government in Korea:

---

61 Ray S. Cline, *United States in World War II: Washington Command Post-The Operation Division* (Washington, D.C.: Department of the Army, 1951), p. 383.

War Policy and the First Year of Occupation, 1941~1946," Department of the Army, 1970 등.

또한 2차 자료이지만 1차 자료의 성격도 부분적으로 갖고 있는 '정책 결정에 참여한 정치가·외교관 개인의 회고록'도 유용한 사료이다.[62] 소련 자료는 공간된 것이 중심으로 다음 자료가 있다.

• Ministry of Foreign Affairs of the U.S.S.R., ed., *Correspondence between the Chairman of the Council of Ministers of the U.S.S.R. and the Presidents of the U.S.A. and the Prime Ministers of Great*

---

[62] 특기할 만한 회고록은 미국의 트루먼[Harry S. Truman, *Memoirs by Harry S. Truman*, 2 vols, vol. I: *Year of Decisions, 1945*; vol. II: *Years of Trial and Hope, 1946~1952* (New York: Doubleday, 1955~1956)], 번스[James F. Byrnes, *Speaking Frankly* (New York: Harper & Brothers, 1947); James F. Byrnes, *All in One Lifetime* (New York: Harper & Brothers, 1958)], 러스크[Dean Rusk, *As I Saw It*, by Dean Rusk as told to Richard Rusk, edited by Daniel S. Papp (New York: W. W. Norton, 1990)], 레히[William D. Leahy, *I Was There* (New York: McGraw-Hill, 1950)], 헐[Cordell Hull, *The Memoirs of Cordell Hull*, 2 vols (New York: The Macmillan, 1948)], 포리스털[Walter S. Millis, ed., *The Forrestal Diaries* (New York: The Viking, 1951)], 킹[Ernest J. King & Walter Muir Whitehill, *Fleet Admiral King: A Naval Record* (New York: W. W. Norton, 1952)], 그루[Joseph Grew, *Turbulent Era: A Diplomatic Record of Forty Years, 1904~1945*, edited by Walter Johnson, assisted by Nancy C. Hooker, 2 vols. (Boston: Houghton Mifflin, 1952)], 스팀슨[Henry L. Stimson and McGeorge Bundy, *On Active Service in Peace and War* (London: Hutchinson, 1947)], 맥아더[Douglas MacArthur, *Reminiscences* (New York: McGraw-Hill, 1964)], 딘[John R. Deane, *The Strange Alliance: The Story of Our Efforts at Wartime Co-operation with Russia* (New York: The Viking, 1946)], 셔우드[Robert E. Sherwood, *Roosevelt and Hopkins: An Intimate History* (New York: Harper & Brothers, 1948)], 스테티니어스[Edward R. Stettinius, Jr., *Roosevelt and the Russians: The Yalta Conference*, edited by Walter Johnson (New York: Doubleday, 1949)] 등이 있다. 또한 영국 자료로 처칠[Winston S. Churchill, *The Second World War*, in six volumes(Boston: Houghton Mifflin, 1948~1953)] 등이 있다.

Britain during the Great Patriotic War of 1941~1945 (Moscow: Foreign Languages Publishing House, 1957).

· Soviet Union, Ministry of Foreign Affairs, ed., *The Soviet Union and the Korean* (Question: Documents, London: Soviet News, 1950).

· 소련과학아카데미가 간행한 *Освобождение КОРЕИ: ВОСПОМИНАНИЯ И СТАТЬИ*(*МОСКВА: НАУКА*, 1976; 군부 지도자·역사가의 회고록)[63]·*ОТНОШЕНИЯ СОВЕТСКОГО ССЮЗА С НАРОДНОЙ КОРЕЕЙ:* 1945~1980 (1981; 자료집).[64]

· 그로미코(Andrei Andreevich Gromyko)의 『그로미코 회고록』(박형규 역, 文學思想社, 1990).

· 소련과학원이 1974년 간행한 역사서, 『한국통사』(이용권 외 역, 대야, 1990).

일본 자료 중 모리타 요시오(森田芳夫)가 편집한 『朝鮮終戰の記錄: 米ソ兩軍の進駐と日本人の引揚』(東京: 巖南堂, 1964)과 모리타가 나가타 가나코(長田かな子)와 공편한 『朝鮮終戰の記錄: 資料篇』 전3권(東京: 巖南堂, 1979~1980)이 활용 가치가 있다.

---

[63] 다음 두 가지 방역본이 있다. 『조선의 해방』(국토통일원, 1988); 소련과학아카데미 편, 『레닌그라드로부터 평양까지: 조선해방에 있어 소련장성 11인의 회고록』(함성, 1989). 와다 하루끼, 에릭 반 리, 서대숙 등의 연구에서 이 자료를 비롯한 다른 군부 지도자들의 회고록을 인용하고 있다. 와다 하루끼, 「소련의 대북한정책」, 일월서각 편, 『분단전후의 현대사』(일월서각, 1983); Erik Van Ree, *Socialism in One Zone: Stalin's Policy in Korea, 1945~1947* (Oxford: Berg, 1989); 서대숙 저, 서주석 역, 『북한의 지도자 김일성』(청계연구소, 1989) 참조.

[64] 『소련과 북한과의 관계, 1945~1980: 문헌 및 자료』(국토통일원, 1987)라는 번역본이 있다. 별도의 책으로 1985년 소련과학아카데미에서 간행하고 국토통일원이 번역한 『조선민주주의 인민공화국』(국토통일원, 1988) 등도 있다. 그런데 이들 번역은 정확도가 떨어지므로 원문과 대조하여 검토해야 한다.

한편 이 책과 함께 『신탁통치 3』에서 주로 인용한 당시 국내 자료로는 남북에서 간행한 신문과 잡지, 단행본 등을 들 수 있다. 특히 남한의 자료는 상당히 풍부한 편이다. 북한 자료는 몇 개의 연감 및 자료집[65]이 있다. 이외에 워싱턴국립기록센터 RG 242의 「한국전쟁 당시 미군이 노획한 문서」(1977년 이후 비밀해제)[66]가 특기할 만하다. 이것은 북한이 중요 문건을 챙긴 후에 노획된 문서들이어서 비교적 저급(低級)의 공간자료가 중심이다. 그러나 이 노획문서는 세계 어디에서도 볼 수 없는 귀중한 자료를 포함하고 있는 '북한연구의 보고(寶庫)'라고 할 수 있다. 역

---

[65] 『해방후 4년간의 국내외 중요일지, 1945.8.~1949.3.』, 증보판(평양: 민주조선사, 1949); 북조선민주주의민족통일전선 중앙위원회 서기국 편, 『쏘·米 공동위원회에 관한 제반자료집』(평양: 북조선중앙민전서기국, 1947); 조선중앙통신사 편, 『조선중앙연감』, 1949년판(평양: 조선중앙통신사, 1949).

[66] 이에 대한 해제로는 다음과 같은 것이 있다. 김학준, 「정권 형성기와 정권 초창기의 북한연구 I: 한국전쟁기에 미군이 노획한 문서에 관한 소개를 중심으로」, 『국제정치논총』 24(1984); Dae-Sook Suh, "Records Seized by U. S. Military Forces in Korea, 1921~1952," *Korean Studies* II (1978); Thomas Hosuck Kang, "North Korean Captured Records at the Washington National Record Center, Suitland, Maryland," A Paper Presented at the 7th Annual Meeting of the Mid-Atlantic Region of the Association for Asian Studies, Held at George Washington University, Washington, D.C., Oct. 28~29, 1978; *Committee on East Asian Libraries Bulletin*, no. 58 (1979); 방선주, 「노획 북한필사문서 해제1」, 『아시아문화』 창간호(1986); 櫻井浩, 「朝鮮戰爭における米軍の捕獲資料について」, 『アジア經濟』 第24卷 3號(1983); 山極晃, 「現代朝鮮史(1945~1950年)の史料について: アメリカ軍の押收文書から」, 橫濱市立大學經濟硏究所, 『經濟と貿易』 第129號(1980); 김학준, 「노획된 북한문서」, 『한국정치론사전』(한길사, 1990), 331-357쪽. 기존 해제된 선별노획문서가 아니라 연합군번역통역국(ATIS; Allied Translator & Interpreter Section)의 "적의 문건"에서 발췌된 자료가 국방부 군사편찬연구소 『한국전쟁 자료총서: Enemy documents, North Korean Forces.1-2 / [미 극동군사령부 연합군번역통역국]』 73~74권(국방부군사편찬연구소, 2020)에 수록되었다. 이상호, 「북한군 노획문서 자료집 해제」, 『군사』 115(2020), 252쪽; 이상호, 「한국전쟁기 연합국번역통역국(ATIS)과 북한문서의 노획」, 『역사와 현실』 109(2018), 493-525쪽. 이 문건의 출처는 "RG 6, General Headquarters Far East Command" Translated from the Korean, some Chinese and Russian이다.

사를 현재의 입장에서 합리화하는 북한의 경우 비교적 비자주적이었던 이 시기의 문서를 소각했거나 이용을 통제하고 있기 때문이다.[67] 노획문서는 주로 광복 후 생산된 것이다.

남한의 국내 정치를 살펴볼 때 미군정 등 현지 주둔 미국 기관이 산출한 1차 자료도 중요하다. 미군정 공간자료[68]·미간행 원고,[69] 서울에 주둔했던 미국 정보담당부서의 보고서[70] 등이 있다. 남한 내의 것으로는 신문, 잡지에 실린 정치평론, 당시 간행된 정치적 저술과 연감 등이 있다. 남한의 국내 정치에 대해서는 비교적 풍부하게 남아 있는 국내와 미군정의 1차 자료에 의존할 수 있다.

중국 자료로는 『蔣介石日記』[71] 등이 유용하다. 또한 공간자료집으로는 다음이 있다

- Chi-yun Chang(張其昀), *Record of the Cairo Conference* (開羅會議紀實)(Taipei: China Culture Publishing Foundation, 1953).[72]

---

67 이 시기 자료들의 면면은 『조선민주주의인민공화국 도서목록, 1945~1960』(평양: 출판인쇄과학연구소, 1963)을 통하여 간접적으로 확인할 수 있다.
68 대표적으로 1945년 10월부터 매월 간행한 Summation 시리즈를 들 수 있다.
69 전술한 "HUSAFIK"과 United States Armed Military Government in Korea, "History of the United States Army Military Government in Korea, Period of September 1945 to 30 June 1946," Manuscript in Office of the Chief of Military History, Washington, D.C., Seoul: Office of Administrative Service, Statistical Research Division, 1946, 1947. (약칭 "HUSAMGIK").
70 "G-2 Periodic Report"; "G-2 Weekly Summary."
71 이상철, 「〈현대사 사료발굴〉〈蔣介石일기〉에 나타난 한국독립운동 관계 사료: "한국혁명당원들이 조국에 돌아가게 된 것은 내가 받들고 세워서 된 일"」, 『월간조선』 11월 (2010). 이 일기는 미국 스탠퍼드대학교 후버연구소(1919년 설립)에 76상자로 보관되어 있다. 1943년 12월부터 1944년 12월까지 일기가 43번째 상자에 24개 폴더로 보관되어 있다[林孝庭, 「胡佛研究所檔案館所藏蔣中正相關史料與分析」, 黃克武 主編, 『海外蔣中正典藏資料硏析』(臺北: 國立中正紀念堂管理處, 民國102年), 12쪽].
72 Chi-yun Chang, *Record of the Cairo Conference*(開羅會議紀實)(Taipei: China

- 中國國民黨 黨史委員會 主編·秦孝儀 編, 『中華民國重要史料初編: 對日抗戰時期』, 第3編 戰時外交(3)(臺北: 中國國民黨中央委員會黨史委員會, 1981).
- 秦孝儀 總編, 『總統蔣公大事長編初稿』, 5(上)(臺北: 財團法人中正文敎基金會, 1978).

이러한 자료로 연구할 때 사료에 대한 비판적 인식이 필요하다. 당시 사료들은 각기 자신들의 입장에 기초하여 작성되었다. 따라서 기술 내용을 직접 차용하면 작성자의 의도에 말려들 수 있다. 직접 차용하는 대신 사료 뒤에 숨겨진 보다 중요한 의미를 알아낼 수 있다면 사실에 더 다가갈 수 있다. 객관적 사실 기술 뒤에 숨어 있는 의미를 캐는 방법은 연구자가 해석학(Hermeneutics)적 방법에서 인센티브를 얻은 것이다. 즉, 경험적 사실 뒤에 숨은 의도나 이데올로기, 선입견·편견을 캐내야만 있는 그대로의 역사를 보다 심층적으로 인식할 수 있을 것이다.

가령 미국 자료들은 일정한 한도의 자민족 중심적인(ethnocentric) 편견들이 개재되어 있는 것이 사실이다. 특히 공간된 자료 중에서 극비(top secret)를 위시한 관련 자료 전체가 공개된 상황이 아니며 공개된 자료 또한 공개 과정에서 미국 관리에 의하여 취사선택된 것이다. 따라서 이에 전적으로 의존하면 미국 외교정책을 합리화만 할 우려가 있으며 그 문제에 대한 전체상을 파악하는 데 한계가 있는 것이 사실이다.

또한 『신탁통치 3』에서 주로 인용할 국내 자료의 경우에도 당시 신문과 잡지 등은 정치적 성향에 따라 좌익지·중립지·우익지로 뚜렷하게

Cultural Publishing Foundation, 1953), pp. 1-16. 16쪽짜리 팸플릿인 이 자료의 한국 관계 부분 번역문과 중국어 원문은 張其昀, 「카이로會談記錄」, 한국정신문화연구원 편, 『한국독립운동사자료집: 중국인사증언』(박영사, 1983), 231-241쪽에 있다.

구별되어 있어서 어느 한편의 신문·잡지에 의존하다가는 그 정향을 합리화해주는 결과를 초래할 위험이 있으므로, 좌익지·중립지·우익지 등 모든 성향의 자료를 균형 있게 대조하여 살펴보도록 노력하고자 한다.[73]

이렇듯 1차 자료라고 해도 전적으로 신뢰할 수 있는 것은 아니다. 특히 회고록 등은 자신의 입장을 정당화하기 위하여 이데올로기적으로 채색된 경우가 있으며, 소련과 북한 자료의 경우 선전성이 강하기 때문이다. 따라서 자료를 인용할 때에는 사료 비판이 수반되어야 하며 다른 자료에 의한 상관적 검토가 행해져야 한다.

기존 연구와 자료 그리고 방법론에 대한 예비적 검토를 통하여 자료의 방대함과 연구의 심화를 확인할 수는 있었지만, 두 가지 문제점을 지적할 수 있다. 우선 이 시리즈 1권에서 다루는 세계적 탁치에 대한 종합적인 연구가 그간 없었다는 점이다. 제2차 세계대전 후 11개 지역에서 탁치가 실시되었으며 1994년 팔라우의 독립으로 그 시정(施政)이 완료되었음에도 불구하고 이에 대한 평가가 내려지지 않고 있다. 실시되지 못했던 한반도 탁치안을 실제로 시행된 탁치안과 비교한다면 한반도 탁치안에 대한 보다 폭넓은 인식이 가능할 것이다.

둘째로 노터파일과 같은 핵심적인 1차 자료에 토대한 탁치 문제 연구가 그렇게 많지 않다는 것이다. 따라서 아직도 자료를 통해 확인하고 평가해야 할 부분들이 남아 있으며 '연구과제가 거의 해명되어 정설이

---

[73] 당시 주요 신문을 정향별로 분류해보면 좌익지로는 『해방일보』, 『조선인민보』, 『독립신보』, 『현대일보』, 『중외신보』, 『노력인민』, 『우리신문』, 『조선중앙일보』 등이 있으며, 중립지에 『서울신문』, 『자유신문』, 『신조선보』, 『조선일보』, 『경향신문』, 『중앙신문』 등이 있다. 우익지로는 『동아일보』, 『대동신문』, 『민중일보』, 『한성일보』 등이 있다. 또한 국사편찬위원회가 중립·우익지 중심으로 편년체로 편집한 국사편찬위원회 편, 『자료대한민국사』 1~7(탐구당, 1968~1974)도 있다.

확립되었다'고 단정할 수는 없는 상황이므로 역사적 방법으로 본 주제에 접근하여 사실 규명에 노력하면 그 자체로서 의미 있는 작업이 될 수 있을 것이다. 선행연구의 문제점을 해결하기 위해 가급적 1차 사료에 의존해 사실 확인(Fact Finding)에 우선 집중한 연후에 해석에 나서는 것이 어떨까 한다.

미국의 한반도
신탁통치안 입안

1 장

한반도 신탁통치 문제에 관한 한 최고 정책 결정자였던 미국 제32대 대통령 루스벨트(Franklin D. Roosevelt; FDR; 재임 1933~1945)는 한국을 필리핀과 동일시했다. 윌슨 위임통치안의 이상주의적 성격에 매료되었던 루스벨트는 필리핀과 같이 모범적인 '인본주의적 훈정(정치적 훈련)'을 통하여 한국인에게 자치능력을 키워주기 위하여 한반도에 신탁통치를 적용하려 한다고 1940년대 초반부터 주장했다. 그런데 '인본주의'라는 표면적 이념은 본질적 의도를 은폐하기 위한 수사(修辭)였을 가능성이 있다. 심층적인 본질은 수사적인 현상에 의하여 왜곡되고 은폐될 수 있다. 필리핀의 예는 모범적인 훈정이라기보다는 '변형된 식민지배'였던 측면이 더 강하므로 한반도 탁치안도 현실주의적·전략적 세력 확보 조치로서 파악할 수 있다. 필리핀의 훈정 경험에서 착상한 루스벨트의 대한(對韓) 국제 탁치안이 자국의 과다한 군사력 지출 없이도 친미 정부 수립을 가능케 하는 효과적인 지배 양식으로 이해될 수 있는 소지가 여기 있다. 이 단락에서는 이러한 문제의식에 입각하여 미국의 한반도 신탁통치 추진 의도를 우선 그 초기 형성 과정을 중심으로 원초적으로 고찰하고자 한다.

한반도 분단 구조가 형성되는 1945년 12월 직후의 상황에서 신탁통치 논쟁은 중요한 역할을 했기 때문에 한반도 신탁통치안의 최초 입안 시기를 확인하는 것은 중요한 연구 과제 중의 하나이다. 따라서 한반도 신탁통치에 대한 미국의 초기 구상을 그 원초적인 형태부터 살펴보는 것은 분단의 극복을 위해서도 매우 중요하다고 할 수 있다.

미국의 보편적 신탁통치 구상은 루스벨트에 의하여 이미 1939년경에 창안되기 시작했지만, 이것이 한반도에 적용된 것은 1942년경부터이다. 그런데 기존 연구에서는 보편적 신탁통치 구상과 그 구상의 특수한 형태인 국지적인 한반도 신탁통치안을 구분하지 않는 경우가 많다. 이런 맥락에 따른다면 한반도 신탁통치안이 이미 1930년대 말부터 입안되었던 것처럼 간주될 수도 있다. 그러나 위와 같은 해석은 글로벌한 차원(보편)과 국지적 차원(특수)을 혼동하는 것이다. 이러한 점들이 기존 연구가 가진 엄밀성 측면의 한계이므로 이 책에서는 보편적 신탁통치 구상이라는 일반론을 『신탁통치 1: 이론과 글로벌 사례』에서 논했으며 이를 보다 구체화하여 한반도에 적용하려 했던 특수 구상을 이 책에서 구별하여 논의를 진행하고자 한다.

1. 미국의 한반도 신탁통치안의 근거

1) 표변한 미국의 한국인 자치능력 평가

(1) 일본의 선전과 미국 내 한국인 자치능력 평가

대통령 재임 중인 1905년 7월 27~29일 작성된 가쓰라-태프트 비망록을 승인한 친일파 시어도어 루스벨트(Theodore Roosevelt)는 뉴욕 주지사로 부통령 후보가 되었을 때인 1900년 8월 친구에게 보낸 편지에서 "한국인은 자치나 독립에 절대 적합하지 않은 민족이므로(부패하고 무능하며 자치능력이 없으므로) 일본이 한국을 손에 넣는 것을 보고 싶다"라고 적었다.[1]

이렇듯 미국 조야에서는 한국의 자치능력에 대해 오랫동안 회의적이었다. 한국의 식민지화 전후 '조선이 열등하고 자치능력이 없어 일본과 같은 선진문명국의 보호와 통치를 받아야 한다'고 일본이 국제사회에 끊임없이 전파했던 노력의 결실이었다고 할 수 있다.

그런데 시어도어 루스벨트의 12촌 프랭클린 루스벨트(FDR)도 미 대통령이 된 이후 자치능력이 없는 한국이 즉시 독립하는 것은 불가능하며 신탁통치를 적용해야 한다고 생각하기에 이르렀으므로 일본의 선전과 시어도어 루스벨트의 한국 인식에 직·간접적으로 영향받았다고 할 수 있다.

---

1 강준만, 「왜 시어도어 루스벨트는 일본의 한국 지배를 원했는가? 가쓰라-태프트 비밀협약」, 『미국은 세계를 어떻게 훔쳤는가』(인물과사상, 2013); History2, "한국을 극도로 비하했던 시어도어 루스벨트와 망나니 미국공주 엘리스의 만행!", 〈히스토리의 역사산책〉(blog.naver.com/joonho1202/222249006350, 검색일: 2021년 7월 22일); History2, "한국과 한국인을 극도로 비하했던 테어도어 루스벨트", 〈히스토리의 역사산책〉(blog.naver.com/joonho1202/221845472995, 검색일: 2021년 7월 22일).

(2) 1942년 한국인 '자치능력 부족'이라는 평가

　미국 국무부 극동국 소속 랭던(William R. Langdon)은 1942년 2월 20일자 비망록(memorandum)에서 "37년 동안 자치하지 못했던 한국인들은 가난과 문맹·정치적 미숙·경제적 후진성에 처해 있으며 조기 독립을 향유할 수준에 있지 못하다. 따라서 적어도 한 세대 정도는 강대국들의 보호와 지도·원조를 받아야 한다"[2]라고 주장했다. 이 비망록은 워싱턴 고위층에게 전달되었으며,[3] 루스벨트가 신탁통치안을 한국에 적용하는 데 중요한 영향을 미친 것으로 추정된다. 비록 '신탁통치'라는 용어가 사용되지는 않았지만,[4] 보호, 지도, 원조라는 말은 그 유사어이다. 또한 그 내용과 맥락은 후일 루스벨트가 탁치를 한반도에 적용하려 했을 때와 부합한다. 한반도에 신탁통치안을 적용하려 한 이유를 알 수 있는 최초의 내부 문서였던 이 비망록은 한국 임시정부의 승인 문제가 제기되었을 때 대한(對韓) 일반정책을 입안하기 위하여 국무부 극동국장 해밀턴(Maxwell Hamilton)이 전 주중·주한 영사관 직원 랭던에게 의뢰

2　William R. Langdon, "Memorandum: Some Aspects of the Question of Korean Independence," 20 Feb. 1942, Internal Affairs of Korea, 895.01/79, RG 59, General Records of the Department of State, Box 5292, US National Archives; 정용욱, 「해방 이전 미국의 對韓構想과 對韓政策」, 『한국사연구』 83(1993), 102쪽; 정용욱, 『해방 전후 미국의 대한정책』(서울대학교 출판부, 2003), 40-41쪽; James I. Matray, *The Reluctant Crusade: American Foreign Policy in Korea, 1941~1950* (Honolulu, Hawaii: University of Hawaii Press, 1985), p. 9; 제임스 I. 메트레이 저, 구대열 역, 『한반도의 분단과 미국: 미국의 대한정책, 1941~1950』(을유문화사, 1989), 20-21쪽.

3　Sumner Wells, *The Time for Decision* (New York: World Publishing Company, 1945), pp. 300-301; James F. Byrnes, *Speaking Frankly* (New York: Harper & Brothers, 1947), p. 221; William G. Morris, "The Korean Trusteeship, 1941~47: The United States, Russia, and the Cold War," Ph.D. dissertation, The University of Texas at Austin (1974), p. 15.

4　김계동, 「한반도 분단·전쟁과 한미관계의 새로운 지평」, 김계동 외, 『한미 관계론』(명인문화사, 2012), 7쪽.

하여 작성했던 것으로 국무차관 웰스(Sumner Welles)를 비롯한 고위관리들이 열람했으며 루스벨트도 참고했다. 랭던은 일제시대인 1933년 11월부터 1936년까지 서울 주재 미국영사관에 근무하면서 여운형의 존재 등 한국인들의 동태를 잘 알고 있었으므로 미 국무부 내에서 한국통으로 인정받았다.[5]

1942년 2월 23일 라디오 연설에서 루스벨트는 일본에 의한 한국인들의 '노예'[6]적 경험에 대하여 동정과 관심을 표명하면서도 중국·소련과 협의를 거치지 않은 상태에서 '장래 한국의 독립'을 천명하기보다는 대서양헌장(1941.8.14.)에 따라 "민족자결주의 원칙이 전 세계에 적용될 것"이라고 선언하는 데 그쳤다.[7] 루스벨트가 한국 독립 대신 두루뭉술한 일반원칙을 천명한 것은 아직 한국인들의 독립 준비가 미흡하다고 평가했던 랭던의 3일 전 비망록을 참조한 결과라고 할 수 있다.[8]

그렇지만 루스벨트 연설의 성사 과정 및 방송 내용을 보다 구체적으

---

[5] 김지민, 「해방 전후 랭던의 한국문제인식과 미국의 정부수립정책」, 『한국사연구』 119(2002), 168쪽. 랭던은 해방 후 하지의 정치고문으로 부임했고 여운형 등을 지원해 좌우합작위원회 구성을 성사시켰다. 그의 이념적 성향은 리버럴(liberal)에 가깝다고 할 수 있다. 정용욱, 「1945~1950년대 국내 정치에 대한 미국의 개입: 1947년 김규식 대통령 옹립계획과 한국전쟁기 이승만 제거계획을 중심으로」, 『현대사연구』 14(2005), 51쪽; 정용욱(2003), 앞의 책, 325쪽.

[6] '노예'라는 단어는 카이로선언 한국 조항에 '노예상태(enslavement)'라는 말에도 들어갔다. 노예라는 표현은 한국을 강점한 일본인들이 사용한 것이었고 영·미계 기자들이나 재한 선교사들이 한국의 상황을 서구에 고발할 때 사용하기도 했다. 카이로선언을 기초한 홉킨스(Harry Hopkins)와 루스벨트가 선교사들의 주장에 영향받아 노예 표현을 삽입했다는 주장이 있다[김명구, 『한국 기독교사 2: 복음주의자의 시각으로 보는 한국의 기독교 역사』(연세대학교 출판부, 2020), 22-23쪽].

[7] *Department of State Bulletin*, Feb. 28, p. 183. 그러나 이러한 숨겨진 의미를 모르는 중국 국민당 정부의 행정원 정치국장 蔣廷黻는 환영 의사를 표시하고 한국 독립에 대한 중국의 열망을 공식적으로 표명했다. 『大公報』, 1942年 2月 25日; 오코노기 마사오 저, 현대사연구실 역, 『韓國戰爭: 美國의 介入過程』(청계연구소, 1986), 314쪽 참조.

[8] James I. Matray(1985), 앞의 책, p. 9; 제임스 I. 메트레이 저, 구대열 역(1989), 앞의 책, 21쪽 참조.

로 살펴보면, 그가 한국 독립을 무시하지는 않았으며 장기적인 과제로 고려했다고 평가할 수 있다. 1942년 1월 7일 장제스는 루스벨트에게 미국이 아시아에서 광대한 식민지를 보유하고 있는 영국 및 런던주재 네덜란드 망명정부와 함께 '대서양헌장(Atlantic Charter)'의 민족자결 원칙(8개조의 대서양헌장 중 제3조는 식민지 문제와 관련하여 명시하기를, "양국(미국과 영국-인용자)은 모든 주민집단[9]이 자기네 정부 형태를 스스로 선택할 권리를 존중하며, 주권과 자치권을 강제로 박탈당한 주민집단들에게는 그들의 주권과 자치권이 회복되기를 염원한다"라고 함)을 아시아 식민지에 적용하도록 선언할 것을 촉구했다.[10] 이에 루스벨트는 2월 23일 4,216개의 단어로 이루어진 비교적 장문의 라디오 연설을 하면서 한국과 만주를 짧게 언급해 장제스의 요구에 호응했다고 할 수 있다. 루스벨트는 "한

---

9   원문은 다음과 같다. "Third, they respect the right of all peoples to choose the form of government under which they will live; and they wish to see sovereign rights and self government restored to those who have been forcibly deprived of them." 여기서 peoples는 people의 복수형으로, '사람들'이라는 뜻이 아니다. 단수 people은 흔히 '민족'이라 번역되나, 대서양헌장의 저 부분은 '주민집단'을 뜻한다. 전후 식민지 해방이 이 약속에 근거하지 않았다는 의견도 있는데, 그러한 의견은 이 속에 식민지라는 말이 없다는 사실에 기초한다. 그러나 그 다음을 보면 그것이 식민지 이야기임이 분명해진다. "넷째, 양국은 상대국의 현존하는 의무를 당연히 존중하며, 양국은 대국이든 소국이든 승전국이든 패전국이든 모든 국가가 자국의 경제적 번영을 위해 평등한 조건으로 무역에 접근하고 평등한 조건으로 세계의 원자재에 접근할 권리를 향유하도록 추진하기 위해 노력할 것이다(Fourth, they will endeavor, with due respect for their existing obligations, to further the enjoyment by all States, great or small, victor or vanquished, of access, on equal terms, to the trade and to the raw materials of the world which are needed for their economic prosperity)." SANG MOK AHN, 「772. 팽창주의와 대서양헌장」(blog.naver.com/samahncpa/222875963711, 검색일: 2023년 11월 25일).

10 「蔣委員長自重慶 致美國總統羅斯福申論對殖民地態度與戰爭之關係請其勸勉英, 荷 改變舊日對殖民地 之態度電」(1942.1.7.), 秦孝儀 主編, 『中華民國重要史料初編: 對日抗戰時期』 第三編, 戰時外交 1(臺北, 臺灣: 中國國民黨中央委員會黨史委員會, 1981), 154-155쪽.

국인과 만주인은 일본의 가혹한 전제정치를 몸소 체험하고 있다"[11]라면서 "우리 유엔은 우리가 추구할 광범위한 평화의 원칙에 대해 합의했다. 침략자의 무장해제(disarmament of aggressors), 국가와 인민의 자결, 그리고 4대 자유(언론의 자유, 종교의 자유, 궁핍으로부터의 자유, 공포로부터의 자유)를 내용으로 하는 대서양헌장은 대서양 지역만이 아니라 전 세계에 적용될 것이다"라고 말했다. "민족의 자결권이 전 세계에 적용될 것"이라는 공약 속에 한국도 포괄적으로 포함될 것이므로 한국이 장차 독립될 것임이 시사되었다고 해석될 여지는 있다.

미 정부는 태평양전쟁 발발 이후 일본과 적대관계를 형성하자, 한인들을 대일 항전에 투입하는 것이 자국의 국익에 유리하다고 판단해 기존의 일본 편향적 대한(對韓) 정책(미국과 중국 내 임시정부 인사들의 승인 요구에 무반응으로 일관한 것)을 재검토하기 시작했다. 이 과정에서 미 정부는 임시정부에 대한 중국 국민정부의 입장을 먼저 참고하고자 했다. 1941년 12월 18일 미 국무부는 충칭 주재 미국대사 고스에게 임시정부의 세력과 군대 병력, 임시정부에 대한 국민정부의 태도 및 양자 간의 관계를 조사하여 보고하라고 지시했다.[12] 이에 고스는 1942년 1월 3일 보낸 보고서에서 충칭 내에는 약 200여 명 정도의 소수의 한국인이 있으며, 중국군 휘하에 소규모 한인으로 구성된 의용대(Korean

---

[11] Franklin D. Roosevelt, "Fireside Chat 20: On the Progress of the War," 23 February 1942, Miller Center of Public Affairs, University of Virginia. Transcript and Adobe Flash audio(millercenter.org/the-presidency/presidential-speeches/february-23-1942-fireside-chat-20-progress-war, 검색일: 2023년 11월 25일).

[12] "Hull to Gauss," December 18, 1941, RG 59, General Records of the Department of State, Decimal Files, 895.01/54, US National Archives; 박다정, 「태평양전쟁 초기 중국의 팽창주의와 미국의 한반도 신탁통치 결정(1941~1943)」, 『역사학보』 256(2022), 364쪽.

volunteers)가 있다고 설명하면서, 임시정부에 대한 국민정부의 태도 역시 적극적이지 않아 보인다고 분석했다.[13]

임시정부에 대한 고스의 부정적인 보고에 따라 미 정부는 한국의 독립과 임시정부에 관한 논의 자체를 보류하기로 결정했으며, 영국 정부에도 이러한 입장을 통보했다. 2월 10일, 미 국무부는 "현재 미국이 한국의 특정한 혁명단체의 승인을 고려하고 있지 않으며 … 한국의 장래 지위에 관한 어떠한 약속도 하지 않을 것"임을 영국 정부에 통보했다. 이에 영국 정부 또한 2월 28일 미국에 보낸 회신에서 국민정부로부터 "한인 당파 간의 통합이 이루어지기 전에는 어떠한 승인도 고려하고 있지 않다"라는 입장을 전달받았다고 전하면서 미국 정부와 입장을 같이한다고 답했다. 또한 "지금처럼 일본이 계속해서 승리하는 한 (한국 장래에 대한) 미국과 영국의 정식 선언이 … 한국인들의 효과적인 대일 항전을 유발할 수 없을 것"이라고 덧붙였다. 국무부 또한 영국의 의견에 동의를 표하면서 한국 문제에 있어 중국과 보조를 같이하는 것이 바람직하다고 강조했다.[14] 즉 태평양전쟁 발발 직후 미국과 영국은 한국의 장래에 대한 어떠한 선언 혹은 입장 표명을 하지 않기로 했다. 그 주된 이유는 전황이 불리한 상황에서 한국의 독립 선언을 통해 군사적 효과를 기대할 수 없다는 판단과 임시정부에 대한 국민정부의 미온적인 태도 때문이었다.[15]

---

[13] "Gauss to Hull," January 1, 1942, RG 59, General Records of the Department of State, Decimal Files, 895.01/56, US National Archives; 박다정(2022), 위의 글, 364쪽.

[14] "The Acting Secretary of State to the Ambassador in China (Gauss)," March 20, 1942, FRUS, 1942, vol. I, General, the British Commonwealth, the Far East, pp. 862-864.

[15] 영국과 미국은 당시 한인 조직의 전쟁 수행 능력과 기여도에 대해 회의적이었다. 전술한 랭던의 1942년 2월 20일자 보고서에는 조선의용대가 병력이 적고 믿을 수 없으며,

한편 1942년 3월 14일 장제스는 쑹쯔원에게 임시정부 내 김구 중심의 한국독립당과 김원봉 중심의 조선민족혁명당 사이의 분열이 심각하므로 현재로서는 임시정부를 승인할 수 없다는 입장을 전달했다.[16] 따라서 1942년 3월 중순까지 국민정부는 '선(先) 통합 후(後) 승인' 방침을 가지고 있었다. 그런데 1941년 12월 11일 국민당 정보기관 중앙집행위원회 통계국(中統局) 부국장 쉬언쩡(徐恩曾)은 "소련 극동군 내에 잘 훈련된 조선인 적군 3~4만 명이 있으며, 일·소전쟁 발발 즉시 소련은 (이들을 중심으로-인용자) 소비에트 정부를 조직할 가능성이 있다"라고 과대평가하면서(실제로는 150명에 불과), 이를 방지하기 위해 중국이 신속하게 임시정부를 승인해야 한다고 국민당 조직부장 주자화(朱家驊)에게 건의했다.[17] 이렇게 중국은 소련이 중경임시정부와 경쟁적인 '노령임시정부'를 조직할지 모른다는 우려가 이미 있었으므로, 영원한 숙적 소련의 영향력을 견제할 필요성을 느꼈다. 이에 미국이 임시정부에 관심을 갖자, 국민정부는 미국이 중국의 임정 승인을 지지할지도 모른다는 헛된 낙관적 전망을 하여 4월 초 임정에 대한 '즉각승인' 노선으로 전환했다.[18]

결국 4월 8일 쑹쯔원은 루스벨트에게 "독립에 대한 한국인의 열망을 자극하기 위해 적절한 시기에 (다국적 기구인-인용자) 태평양전쟁협의회(Pacific War Council)는 전후에 한국을 독립시킨다는 선언을 하고, 이와

　　대부분이 '불량배(rascals)'이거나 일본의 주구(running dogs)'라고 분석하면서, 이들에게 기대할 것이 없다고 나와 있다.
[16] 「對韓菲越關係(二)」, 『蔣中正總統文物』(1942.3.14.), 國史館藏, 002-090103-00010-011, 17-18쪽.
[17] 中央研究院近代史研究所, 『國民政府與韓國獨立運動史料』(臺北, 臺灣: 中央研究院近代史研究所, 1988), 562-563쪽.
[18] 박다정(2022), 앞의 글, 361-362쪽.

동시 혹은 일정 기간이 지난 후에 임시정부를 승인"하자고 제안했다.[19] 중국 국민당 정부는 임정에 대한 다소 미온적인 태도에서 적극적인 승인 노선으로 변화했던 것이다.

이에 따라 4월 15일 루스벨트는 제3차 태평양전쟁협의회에서 한국의 독립과 임시정부의 승인을 촉구하는 쑹쯔원의 비망록과 이에 대한 미국의 견해를 담은 국무차관 웰스의 논평(한국 독립에 관해서는 아시아에서 인도를 포함한 다수의 식민지를 보유한 영국의 이익을 고려해야 하며, 임시정부 승인 문제에서는 중국과 소련의 이익을 동시에 고려해야 한다고 보았다)을 소개하면서 "본래 인도 문제의 해결과 동시에 한국 독립을 승인할 예정이었지만, 인도의 (독립-인용자) 협상이 결렬되었을 뿐만 아니라 일본군이 창궐하고 있는 현시점에서 한국의 독립을 단독으로 승인하는 것은 현실적이지 않다"라고 설명했다.[20] 당시 미국의 한국 독립 불승인 이유는 자치능력결여라는 명분이 아니라, 국제역학관계를 고려해 이익을 확보하려는 현실적 동기 때문이라는 설명이 가능하다.

이에 4월 17일 국민당 외교부 정무차장 푸빙창(傅秉常)은 장제스의 지시에 따라 고스에게 임시정부 승인에 관한 중국의 의견을 다시 전달했다. 푸빙창은 "장제스 총통이 (인도와 버마에서-인용자) 충칭으로 돌아온 이후 임시정부 승인 문제를 추가로 검토했으며, 임시정부를 지체 없이

---

[19] "President Roosevelt to the Acting Secretary of State, April 8, 1942", *FRUS, 1942*, vol. I, General, the British Commonwealth, the Far East, pp. 868-869; RG 59, General Records of the Department of State, Decimal Files, 895.01/96-1/3, US National Archives; 박다정(2022), 앞의 글, 362쪽.

[20] "Pacific War Council Meeting," April 19, 1942, A-16 Pacific War Council (March, 1942~April 1944), Folders 1 and 2, Box 168, Map Room Files; "Memorandum from the White House (Elsey)," D/S File #895 .01/8-648;「蔣介石致傅秉常電」(1942.4.22.), 정용욱·이길상, 『해방전후 미국의 대한정책사 자료집 1: 해방이전 미국의 대한 정책구상 자료』(다락방, 1995), 53-54쪽; 박다정(2022), 앞의 글, 366-367쪽.

(without delay) 승인하는 것이 바람직하다는 결론을 내렸다"라고 강조하면서, 이와 관련한 주된 고려사항은 "첫째, 중국이 한국뿐만 아니라 태국, 미얀마에 대한 영토적 야심이 있다는 의심을 불식시키고, 둘째, 대서양헌장의 원칙을 충실히 고수할 것임을 입증하기 위한 것"이라고 설명했다. 그는 마지막으로 임시정부 승인에 대한 미국 정부의 신속한 답변을 요청했다.[21]

이에 국무장관 헐은 1942년 5월 1일 고스에게 훈령을 보냈다. 한국인이 독립을 달성해 그들의 손으로 정부를 고를 권리를 가지고 있다면서, 장차 유엔의 회원이 되어야 하는데 그럴 권리가 위험에 빠지는 것을 방지(eliminate the danger)하기 위한 방안을 모색해야 한다고 했다. 헐은 ① 당시 한국 독립을 추구하는 독립운동가 조직 사이에 단결성이 부족하며, ② 해외에 있는 조직들이 한국 내 한국인과 별다른 연결성이 없다는 점 등 근거까지 제시하며 중국의 임정 승인을 충칭 주재 미 대사인 고스를 통해 말리려 했다.[22]

미 국무장관의 승인을 거쳐 5월 6일 주중대사 고스가 최종적으로 중국 국민정부에 전달한 답변 내용은 헐의 위 훈령을 기반으로 하고 있다.

미국인들은 한국인들의 자유에 대한 열망에 점점 더 큰 동정과 지지를 표하고 있다. … 그러나 미국 정부는 한국의 독립을 옹호하는 선언과 어느 특정 단체를 임시정부로 승인하는 문제는 구분되어야 한다고 생각하며 … 어느 특정 단체를 임시정부로 즉각 승인할 의도는 없다. 그 이유는 첫째, 한국의

---

21 "The Ambassador in China (Gauss) to the Secretary of State," April 18, 1942, *FRUS, 1942*, vol. I, General, the British Commonwealth, the Far East, p. 873.
22 "The Secretary of State (Hull) to the Ambassador in China (Gauss)," Washington, May 1, 1942-1 p. m., *FRUS, 1942*, vol. I, General, the British Commonwealth, the Far East, pp. 874-875.

독립 쟁취에 관심이 있는 기존 한인 단체들 사이의 단결이 부족하고, 둘째, 현재 해외에 있는 한인 단체들은 국내의 한국 민중과 연계가 없기 때문이다. … 또한 한국 문제가 미국 내 승인을 요구하고 있는 기타 수많은 자유 운동단체들에 미칠 영향에 대해 미국 정부는 특별히 주의하고 있다. … (그러나-인용자) 미국 정부는 지리적·인종적으로 한국 문제는 미국보다 중국의 직접 관심사임을 잘 알고 있으므로 중국이 충분한 고려 후에 취한 어떠한 조치에 대해서도 방해할 의도가 없다. … 만일 중국이 임시정부에 대한 승인을 결정한다면, 미국 정부는 이 새로운 상황을 고려하여 입장을 재검토할 것이다.[23]

미 정부는 이와 같이 한국인의 독립 열망에는 동정과 지지를 표하고 전후 한국의 독립에는 어느 정도 동감하면서도, "특정 한국 단체(중경 임정)에 대한 승인 의도는 없다"라는 입장을 분명히 밝히려고 했다. 반면에, 인도 문제의 해결을 한국 독립 승인의 전제조건으로 삼았던 기존 입장에서 벗어나 한국의 독립에 대해서는 기본적으로 동의한다는 입장을 간접적으로나마 밝혔다. 아시아-태평양전쟁에서 주로 의지해야 할 동맹국 중국의 임시정부 승인 요구를 계속 무시할 수 없는 미국이 영국과의 아시아 식민지(인도) 문제 선(先) 조율 전제를 버리고 중국의 요구를 어느 정도 반영해 '중경임정 불승인 조건하에서의 한국 독립 동의'를 표명했던 것이다(만약 중경임정을 승인하면 즉시독립 승인과 연결될 수 있으므로 미국은 임정 승인과 독립을 분리했다). 따라서 미국은 중국에 임정 승인을 하지 말라고 요구하지는 않았으며, 대신 미국은 승인하지 않지만 만약 중국이 승인한다면 재검토하겠다는 식으로 중국의 입장을 최대한

---

[23] 「中美關於韓國問題會談紀要; 我 與英、美討論韓國問題」, 『外交部』(1942.5.6.), 中央研究院近代史研究所 檔案館藏, 11-EAP-05862, 6-7쪽; 박다정(2022), 앞의 글, 368-369쪽.

고려하여 자극하지 않는 온건하고 신중한 외교적 입장을 표명해 중국을 끌어안으려 했다.

그런데 미국이 국민정부에 설명한 단결성(과 자치능력) 부족 및 임시정부의 한국 내 대표성 문제 등은 임시정부 불승인의 표면적인 이유, 명분에 불과하며, 그 근본적 원인은 외세의 이익이 교차하여 "복잡하고 민감한(complicated and delicate)"[24] 한반도 문제에서 중국은 물론 소련의 개입을 고려해 미국의 이익을 확보해야 했기 때문이다. 명분(이상)이 아니라 현실에 입각해 정책 결정이 이루어지고 있는 국제정치의 냉혹한 현실이 확인되는 부분이다. 한국인의 자치능력 부족에 대한 평가가 매 국면마다 달라지고 있다는 사실에서 이는 역시 신탁통치를 실시하기 위한 비현실적 명분에 불과했다는 것을 확인할 수 있다.

중국외교부는 미국의 불승인 방침에 실망하여, 1942년 5월 6일 "더 적절한 시기가 올 때까지 임시정부의 승인을 보류할 것"이라고 미국에 통보했다.[25]

장제스는 임정 승인이 영토적 야심이 없다는 증거라고 설명했지만, 미국은 이를 액면 그대로 받아들이지 않고 오히려 중국이 임정 뒤에 숨어 영향력을 행사하려 한다고 평가했다.

이렇듯 루스벨트와 헐은 1941년 12월 태평양전쟁이 발발한 이후 중국 국민당 정부의 임정 승인 요구 전후인 1942년 상반기에 한국의 전후 지위 문제를 고려하기 시작했지만, 즉시독립은 아니었으며 장기

---

[24] "Memorandum by the Secretary of State to President Roosevelt," April 29, 1942, *FRUS, 1942*, vol. I, General, the British Commonwealth, the Far East, pp. 448-449.

[25] 「中美關於韓國問題會談紀要; 我與英, 美討論韓國問題」, 『外交部』(1942.5.6.), 中央研究院近代史研究所 檔案館藏, 11-EAP-05862, 6-7쪽; 박다정(2022), 앞의 글, 363쪽.

적인 과제로 간주하면서 전후 즉시독립으로 오인할 근거가 될 수 있는 임정 승인에는 부정적인 태도를 견지했다고 할 수 있다. 따라서 미국은 1942년 당시 한국의 독립을 명시적으로 공약하지는 않았지만 (이는 1943년 11월 카이로회담에서 공약됨) 루스벨트는 민족자결로 에둘러 독립을 암시했으며(1942.2.) 헐은 한국 독립운동가를 언급하여 (1942.5.) 역시 한국이 전후에는 독립될 것임을 간접적으로 시사했다. 랭던의 1942년 2월 20일자 보고서의 제목도 "Some Aspects of the Question of Korean Independence"이었으므로 한국 독립이 당시 정책결정자들 사이에서 논의되었다고 할 수 있다.

한편 같은 해인 1942년 8월 1일 웰스가 주관한 비밀회의에 참석한 미 국무부 관리들은 "한국이 해방 직후 그들의 문제를 독자적으로 해결할 수 있을지 의문이다. 아마 국제적 원조나 후견제(international assistance or tutelage)의 방식을 부여해야 할 것 같다"라는 의견을 피력했다.[26] 1942년 8월 8일 같은 회의에 참석한 미 국무부 관리는 한국, 인도차이나, 말라야, 버마, 네덜란드령 동인도, 포르투갈과 네덜란드령 티모르(동티모르는 포르투갈령, 서티모르는 네덜란드령), 오스트레일리아의 위임통치령 (동북)뉴기니 등을 신탁통치령 대상 지역으로 분류했다.[27] 이 당시 국무부 극동 문제 당국자는 한국을 제일 먼저 언급했으며 제국주의적 착취가 가장 심한 지역으로 분류할 정도로 한국에 관심이 있었다. 1942년 국무부는 주로 전후 세계의 보편적 미래 구상을 신탁통치

---

[26] "Far Eastern Problems," P Minutes 20, August 1, 1942, RG 59, Records of Harley A. Notter, 1939~45, Records of the Advisory Committee on Post-War Foreign Policy, Box 55, p. 2, US National Archives.

[27] "Far Eastern Problems," P Minutes 21, August 8, 1942, RG 59, Records of Harley A. Notter, 1939~45, Records of the Advisory Committee on Post-War Foreign Policy, Box 55, p. 3, US National Archives.

안의 글로벌한 적용 차원에서 논의했는데 국지적인(local) 한반도 신탁통치안에 대해서도 논의하기 시작했던 것이다.

미국은 한국을 필리핀과 동일시하면서 자치능력이 결여된 나라로 평가했다. 미국 언론은 '부패한 이조(李朝)에 대신하여 자치능력이 없는 조선인을 가부장적으로 보호하고 있는 것이 바로 일본이다'라는 식으로 보도했다. 일본 정부의 선전에 영향받았던 미국 언론들이 한국인의 자치능력 부족을 같은 맥락에서 홍보했으므로 결국 미국 정부 담당자들이 신탁통치 실시를 건의하는 배경을 언론들이 만들었다고 할 수도 있다.²⁸

1944년 11월 27일 국무부 한국 관계 담당자가 작성한 한 보고서에서는 "문자 해득률과 교육 수준이 자치를 저해할 정도의 수준은 아니"라고 주장하면서도 "높은 정도의 문자 해득률과 충분한 교육 수준은 아니므로 독립국가의 민주적 기초는 아직 제한적"이라는 단서를 붙였다.²⁹

(3) 해방 전후, 한국인 '자치능력 충분'으로 표변

그러나 일부 인사의 경우에는 위와 같은 한국인의 자치능력 부족설이 확실히 검증되지 않은 것이라는 사실을 인식하고 있었다. 우선 랭던의 1942년 2월 20일자 비망록에서도 "40년간 일본의 지배를 겪으면서 단지 노년층만이 자유가 무엇인지 기억한다"라고 평가되었으므로 일제 지배 전 독립국가가 있었다는 사실은 알고 있었음이 확인된다. 랭던은 일제강점기 3년 동안 한국의 영사관 근무 경험에 더하여 1945년 10월

---

28 William G. Morris(1974), 앞의 책, pp. 49-50, p. 53. 미국 대학교수를 대상으로 한 한반도의 장래에 대한 여론조사에 의하면 52명 중 27명이 한반도에 국제적 지도가 필요하다고 대답했다.

29 "Korea: Capacity for Independence," H-204 Preliminary, November 27, 1944, RG 59, Records of the Office of the Assistant Secretary and Under Secretary of State Dean Acheson, 1941~48, 1950, Box 12, US National Archives.

20일 하지(John Reed Hodge)의 정치고문대리로 한국에 부임해[30] 한 달 정도 관찰했다(12월 18일부로 정치고문으로 승진했으며 공식 직함으로 서울 주재 총영사를 부여받았다). 그 결과 1945년 11월 20일 "한국인은 일본 치하의 35년을 제외하고는 항상 분명한 국가체계를 유지했으며 일본의 항복 이후 권력을 장악하기 위하여 자치적인 정부와 공화국 등을 구성했다"라고 평가했다.[31] 이는 3년 9개월 전과는 완전히 다른 평가였다. 한때 한국인의 자치능력 부족설을 주장해 루스벨트에게까지 영향을 미쳤던 랭던은 이러한 자치능력 충분설에 기반해 급기야 신탁통치 폐기를 주장하는 모순된 상황을 만들었다.

또한 미 군부의 정보기관에서 1945년 4월에 발행한 연구서에는 "한국이 자치의 장구한 전통을 가지고 있다"라고 기술되었다.[32] 한편 하워드(Harry Paxton Howard)는 한국이 비록 일제 치하이지만 일본 자유주의자들과 같은 수준으로 교육받은 인사가 상당수 있으므로 전쟁 직후 안정된 정부를 수립할 수 있다고 예견했다.[33] 맥큔은 1947년에 발표한 글에서 "한반도에서 미군정과 소련의 통치 경험은 한국인들이 긴 훈련 기간 없이도 스스로를 통치할 수 있다는 것을 증명해주고 있다"라고 주장했다.[34] 이렇듯 일제강점기에 주로 풍미한 한국인의 자치능력 부족설

---

30 *FRUS, 1945*, vol. Ⅵ, p. 1117.
31 "The Acting Political Adviser in Korea (Langdon) to the Secretary of State," 20 November, 1945, 740.00119 Control (Korea), RG 59, General Records of the Department of State, US National Archives; *FRUS, 1945*, vol. Ⅵ, pp. 1130-1131; "Trusteeship: Third Draft," [June or July 1946], RG 332, Records of the United States Theaters of War, World War Ⅱ, Box 29, p. 6, US National Archives.
32 JANIS # 75: Joint Army-Navy Intelligent Study of Korea (Including Tsushima and Quelpart), April 1945, RG 407 Box 2101, chapter X: People and Government, p. 21, US National Archives.
33 William G. Morris(1974), 앞의 책, pp. 58-59.
34 George M. McCune, "Korea: The First Year of Liberation," *Pacific Affairs*, vol.

에 뒤이어 해방 전후에는 자치능력 충분설이 공존하는 모순적인 상황이었다(또한 한국인들의 반대로 신탁통치안을 폐기하고 독립을 부여해야 하는 상황에서는 자치능력 충분설이 그 합리화의 근거로서 주류적 평가이론으로 등극했다).

위와 같이 랭던은 3년여 만에 표변하여 일관성이 결여된 행태를 보였다. 그의 표변을 통해 '자치능력 부족'과 '자치능력 충분'이라는 평가 자체는 중요한 것이 아니라는 판단에 도달할 수 있다. 보다 심층적으로 보면 표피적 현상 이면에 미국의 이익 확보라는 본질적 목적이 숨겨져 있다는 사실을 캐낼 수 있다. 즉 이러한 양극단의 평가는 미국의 국가 이익 확보를 위한 수단이다. 미국 외교정책의 최고 목표인 이익 확보에는 일관성이 있으며 목표 달성을 위하여 융통성을 보였다고 평가할 수 있다.

랭던의 1942년 논리는 '자치능력은 있으나 자치경험이 부족한 것'이 문제라는 식으로 합리화되기도 한다. 실제로 그는 "자치하지 못했던(자치경험이 없는) 한국인들"이라고 표현해 자치능력이 없다고 단정하지는 않았다. 미 국무부는 1944년 5월 한반도 신탁통치를 준비한 흔적을 남겼는데[35] 이어 1944년 11월에 작성한 정책 보고서에서는 자치경험 부족이 곧 자치능력 부족은 아니라는 논리를 개진하기도 했다.[36] 그런데

20(1947), p. 3.

[35] "Korea: Political Problems: Provisional Government," Memorandum Prepared by the Inter-Divisional Area Committee on Far East, May 4, 1944, *FRUS, 1944*, vol. V, pp. 1239-1242; 구대열, 『한국 국제관계사 연구 2: 해방과 분단』(역사비평사, 1995), 277쪽.

[36] "Korea: Capacity for Independence: Liberty and Education," November 27, 1944, H-204 Preliminary, RG 59, Records of Harley A. Notter, 1939~45, Records of Policy and Planning Committee, Box 117, US National Archives; 구대열(1995), 위의 책, 277-278쪽.

자치경험 부족과 자치능력 부족이라는 두 평가를 앞에 놓고 차이점보다는 유사점을 부각해 보는 것이 더 합리적인 평가가 아닐까 한다. 한국인은 자치경험 부족과 자치능력 부족을 다르게 보지 않았던 것이다. 당시 한국인은 미국인 정책 결정자들의 정확한 인식이 아니라 실제 자신들이 느끼는 감정이 중요했다. 실제로 광복 후 반탁운동을 주도했던 인사들은 미국의 한국에 대한 자치경험 부족 평가를 자치능력 부족이라고 인식해 수천 년 동안 자치해 온 한국인들을 능멸하는 것이라고 보았다. 반탁운동가들은 1945년 12월 모스크바에서 한반도 신탁통치안을 결정한 인사들이 한국사에 대한 이해가 부족했다고 비판했다. 반탁운동가들은 모욕감을 느끼면서 감정적인 반탁운동을 펼쳤던 것이다.

2) 한반도 신탁통치의 이상적 명분[37]과 현실적 이유

미국의 국가이익 관철이라는 관점에서 보면 그들이 내린 한국에 대한 평가가 모순된 것이 아니라 충분히 일관성이 있다는 위와 같은 평가는 현실주의에 바탕을 두고 있다. 비슷한 맥락에서 한반도에 신탁통치안을 적용하는 근거가 된 한국인의 '자치능력 부족설'만 분리하여 현실주의적으로 다음과 같이 파악할 수 있다. 자치능력 부족설은 미국의 안보적 필요와 자본주의적 이익을 충족하려는 새로운 지배의 합리화 수단

---

[37] 명분은 합리화의 수단일 수 있다는 점에서 고매한 성격을 가질 수 있는 이상과는 대비된다. 이상을 폄훼하는 현실주의자들은 종종 이상이 명분에 불과하다고 비판하지만 이상과 이념은 명분의 차원을 뛰어넘어 현실을 이끄는 등대와 같은 역할을 한다. 따라서 필자는 이상론이 단순한 명분론으로 비판되는 것을 경계하고자 한다. 그렇지만 이상과 명분이 결합되는 경우도 있으므로 '이상적 명분'이라는 표현이 형용모순은 아니다. 명분은 부정적 의미를 내포하기도 하지만 '이상적 명분'이라는 구절에서 쓰인 명분은 부정적이지만은 않다.

(표면적 명분)이며, 인종·문화·체제적 우월감에 바탕을 둔 편견이다. 그렇다면 미국의 한반도 신탁통치안은 무원칙적인 평가에 기반했다고 할 수 있다. 신탁통치라는 것은 그 자체가 목적이 아니라 미국이 자국에 우호적인 정부를 수립하기 위하여 봉사하는 수단, 즉 미국의 세력 확보 수단이자, 국가이익 확대(본질) 수단이며, 이러한 목적 달성이 어렵다고 판단될 때는 가차 없이 철회할 수밖에 없는 것이라는 사실도 간과할 수 있다. 이러한 우호적 정부 수립을 위한 비밀공작이 현상적으로는 일관성이 없어 보이는 것이 오히려 당연한 일인지도 모른다.

자치력 평가 면에서 일관적이지 않았기 때문에 자치능력(혹은 경험) 부족이 탁치 적용의 이유가 될 수 없다는 주장도 가능하다. 미국이 한반도에 신탁통치안을 적용하려 한 것은 자치능력 부족 때문이 아니라 미국 국가이익의 관철을 위한 것이라는 주장이다. 자치능력 부족이라는 평가에 따라 훈정을 적용하려 했다는 것은 명분에 불과했으며 실제 원인(본질)은 세력 확대라는 것이다.

또한 훈정 실시의 근거인 한국인 자치능력에 대한 미국의 불신 이면에는 식민지 민족주의에 대한 견제가 중첩되어 있다. 그 근거는 루스벨트가 1942년 6월 1일에 소련 외상 몰로토프(V. M. Molotov)와 가진 회담에서 "해방 추구 독립전쟁은 세계평화를 교란시킬 것이므로 식민지 인민들의 자치능력 배양 때까지 국제적 탁치가 필요할 것이다"라고 말하여 식민지 민족주의에 대한 뿌리 깊은 불신을 이미 표출했다는 사실이다.[38]

이렇듯 루스벨트가 자국의 세력 확보를 위해 식민지 민족주의를 견제

---

[38] Robert Dallek, *Franklin Roosevelt and American Foreign Policy, 1932~1945* (London: Oxford University Press, 1979), p. 342. 소련을 의식해 한반도를 구체적으로 거명하지는 않았다.

하고(반민족주의) 일종의 제국주의적(신식민주의적) 입장을 취했다는 학계의 정설은 현실주의적 관점이다. 이와 더불어 미국은 아시아에서 제국주의 체제를 구축하고 있던 일본에 대한 비판과 유럽의 전통적 식민제국에 대한 견제 필요성 때문에 신탁통치안에 반식민주의적 외피를 씌워야만 했다는 식의 보완적 관점이 제기되어 있다.

그런데 반식민주의적 외피가 단순한 외피나 수사이기만 했을까? 필자는 루스벨트의 반식민주의를 외피나 수사를 넘어선 이상적 구상으로 보고자 한다. 미 국무부와 루스벨트는 기존 식민지민들의 자치능력을 불신했지만 그렇다고 유럽의 전통적 식민제국처럼 전쟁이 끝난 이후에도 식민통치를 무기한 연장해야 한다고 보지는 않았던 것이다. 루스벨트의 생각은 훈정을 통해 자치능력을 배양한 후 독립시킨다는 시한부 연장안(과도기 설정안)이었다. 따라서 루스벨트의 훈정 실시 후 독립보장안은 이상주의적인 반식민주의가 어느 정도 반영된 구상이었으므로 미국의 신탁통치안이 반민족주의적 세력 확보책에 불과했다는 현실주의적인 해석은 수정·보완되어야 한다. 물론 루스벨트 사후(死後) 실제 현실에서 추진된 신탁통치안은 세력 확보책으로 귀착되었지만 루스벨트가 처음 추진했을 때의 훈정안은 식민지의 독립을 도와주는 이상적 안이었다는 사실은 지적되어야 한다. 따라서 이상적인 시한부 훈정안과 현실적인 세력 확보책이 결합된 안이 신탁통치안이었다고 잠정적으로 결론 내릴 수 있다. 신탁통치안에 민족자결주의(반식민주의)와 반민족주의(제국주의) 요소가 혼재한다는 모순된 해석으로 비쳐질 수도 있지만 사물에 내재한 양가적인(ambivalent) 측면으로 간주될 수도 있을 것이다.

미국이 한국에 신탁통치를 적용하려 한 주된 원인이나 동기는 현실주의적인 세력 확장이지만 그것만으로는 부족했다. 명분이 필요했다. 그 명분은 자치능력이 부족하므로 정치적 훈정이 필요하다는 이상주의적인 데서 나왔다. 따라서 명분을 제공한 자치능력 부족 평가가 탁치 적용의 주된 이유는 아니었다고 하더라도 하나의 배경으로서는 충분했다고 할 수 있다. 주된 이유(본질)는 국가이익 확대이며 명분과 배경은 자치능력 부족 평가라고 현실적 이유와 명분(이상)을 결합시키는 복합적 시각을 제시한 것이다.

3) 미국의 필리핀 '훈정' 경험: 자치능력 부족설의 허구

루스벨트는 제1차 세계대전 후 근절되지 못한 전통적 식민제국의 존재가 장래 전쟁의 원인이 될 것이라고 예측하여 전통적 식민지(구 식민지)의 존속에 반대했다.[39] 루스벨트는 18세기 독립전쟁 당시 '조지 3세식 영국 식민통치'와 제2차 세계대전 중 영국의 식민제도를 거의 동일시했던 것이다.[40] 영국식 식민주의에 대해 강한 거부감을 가졌던 미국은 제2차 세계대전 이후에 영국 등 서구열강의 식민지에 독립을 부여하려 했다. 따라서 제2차 세계대전 전후 시기에 미국과 영국의 동맹 내부에서 갈등이 표출되었다. 이는 1948년 한국 독립 과정에서 유엔한국임시위원단 내부에서 발생했던 영연방국가와 미국의 대립, 1950년 6·25전쟁 당시 유엔군의 일원이었던 미국과 영국의 갈등[41]으로 연결되었다.

---

[39] Wm. Roger Louis, *Imperialism at Bay: The United States and the Decolonization of the British Empire, 1941~1945* (New York: Oxford University Press, 1978), p. 3.
[40] Wm. Roger Louis(1978), 위의 책, pp. 147-150.
[41] Ian McLaine, *A Korean Conflict: The Tensions between Britain and America* (London: I.B. Tauris, 2015).

서구의 식민지제도를 폐지하려 할 때 루스벨트는 필리핀의 예를 1920년대부터 상기했다. 윌슨식 이상주의의 신봉자이며 윌슨 행정부에서 해군차관(1913~1920)을 역임한 루스벨트[42]는 일찍이 1928년에 민주당원 자격으로 쓴 논문에서 '자치능력을 기르기 위하여 훈정을 행한 필리핀의 경우'를 위임통치의 선구적 모델로서 언급했다.[43] '후진국 주민이 자립하기 위해서는 필리핀처럼 훈정을 거쳐 자치능력을 배양해야 한다'는 인식을 이미 1920년대에 정립했던 루스벨트는 이후에도 계속 필리핀의 경우를 인용했다.

1942년 11월 15일에 행한 라디오 연설에서 루스벨트는 44년간의 자치훈련 기간을 거친 필리핀의 사례가 여타 식민지에 대한 모형이 되어야 한다고 공개적으로 역설했으며, 미국이 필리핀에 자치교육을 시켜 독립을 가능하게 했다고 누차 자랑삼아 말했다.[44] 미국은 자신들의 유일한 식민지 필리핀을 영국이나, 프랑스, 독일, 러시아, 이탈리아, 스페인, 포르투갈, 일본이 직접 침략해 만든 식민지와는 다르다고 평가했다. 파나마에서 스페인과 충돌한 미국이 전쟁에서 승리한 결과 1898년 필리핀을 식민지로 확보했으나 필리핀 인민들의 강력한 독

---

[42] 한편 루스벨트(FDR)의 먼 친척인 시어도어 루스벨트도 해군차관을 역임했다. 1898년 미·서전쟁 개전과 동시에 홍콩에 머물러 있었던 제독 듀이(George Dewey) 휘하의 해군파견대는 미 해군차관 시어도어 루스벨트의 명령을 받고 마닐라의 스페인 해군기지를 기습 공격했다. 듀이는 4월 30일 야간공격으로 쉽게 마닐라만을 장악하고 스페인 군함을 모두 격파했다. 지상군이 준비되지 않은 상태에서 그는 제7군단이 도착할 때까지 기다리다가 8월 14일에야 마닐라를 함락시키고 전쟁을 종결지었다. 정토웅, 『세계전쟁사 다이제스트 100』(가람기획, 2010).
[43] Franklin D. Roosevelt, "Our Foreign Policy: A Democratic View," *Foreign Affairs*, vol. 6, no. 4 (1928), p. 574.
[44] Franklin D. Roosevelt, *The Public Papers and Addresses of Franklin D. Roosevelt, 1942*, vol. XI, edited by Samuel I. Rosenman (New York: Harper & Brothers, 1950), p. 475; Robert E. Sherwood, *Roosevelt and Hopkins: An Intimate History* (New York: Harper & Brothers, 1948), p. 777.

립 의지에 직면하자 1907년 필리핀 인민들에게 자치권을 허용하여 필리핀인들에 의한 입법의회가 구성되었고, 독립을 겨냥한 정당도 창당하게 했다는 것이다. 결국 미 의회가 1934년 필리핀 독립법을 통과시킨 후 1935년 케손(Manuel Quezon)을 대통령으로 하는 필리핀 연방정부(commonwealth)가 1946년 완전 독립을 목표로 발족했다. 당시 제국들이 독립운동을 철저히 탄압하며 식민지 확장에 국력 대부분을 쏟아붓던 것에 비하면 미국 행정부와 의회의 조치는 제국주의 범주에 두기가 어렵다는 것이다. 미국은 스스로가 식민지배를 받은 경험이 있어 식민제도에 부정적이었고, 19세기 중후반까지는 자국 문제로 인해 외부로 눈을 돌리기가 어려웠던 데다 민주주의가 가장 발달된 국가였던 것 등이 종합적으로 작용해 유럽의 제국주의를 백안시한 것으로 판단된다.

그렇다면 과연 필리핀이 식민지 독립의 모범적이며 이상적인 전형인가? 현실주의적 시각에서 보면 미국의 필리핀 지배는 필리핀 인민을 교육시킨다는 이상주의·인본주의적 목표를 달성하기 위하여 행해진 것이 아니라, 미국의 이익을 확보하기 위하여 시행된 것이다. 따라서 미국은 자신들의 식민통치 양식이 전통적 식민제국인 유럽제국의 통치 양식에 비하여 더 많은 참여를 유도하고 상대적으로 덜 강압적이었다고 주장하지만 이도 역시 '수탈을 위한 식민통치'였다는 면에서는 구 식민지와 본질적으로 다를 바 없다. 또한 필리핀인이 과연 미국의 인본주의적 훈정에 교화되어 독립을 '부여'받았는가에도 의문의 여지가 있다. 필리핀인이 독립을 전취(戰取)했던 것은 아닌가 하는 문제를 제기할 수 있다.[45] 이

---

[45] 미국의 필리핀 지배에 관해 다음 세 가지 이데올로기적 시각에 따른 해석이 있다. 먼저 자유주의자들은 그 지배를 훈정으로 평가하면서 '평화의 추구'라는 선한 의도를 구현하기 위하여 미국이 필리핀에 들어왔다고 주장한다. 사회주의자들은 미국이 전통적 식민제국보다 더 교묘한 지배를 자행했다고 비판한다. 미국이 식민지배의 효율성을 위하여 꼭두각시를 내세워서 신식민지를 구축했다는 것이다. 세 번째 중도적 시각에서는 미국

사실을 개괄적으로 규명하여 루스벨트가 거론한 이상주의적 '필리핀 신화'의 숨은 뜻을 합리적이며 본질적 그리고 현실주의적으로 탈각하고자 한다. 필리핀은 한반도 신탁통치안 입안 과정에 하나의 준거로 작용했으므로 이를 살펴보는 것은 의미가 있다.

(1) 미국의 필리핀 획득 과정

필리핀은 19세기 말부터 20세기 초까지 국내적으로는 혁명이 발발한 동시에 대외적으로는 외세의 침탈을 겪었다.[46] 필리핀은 '스페인 → 미국 → 일본 → 미국'에 의해 식민지배를 받은 경험이 있다.[47]

1521년 마젤란(Fernão de Magalhães)이 도래한 필리핀에 스페인 식민지가 건설된 것은 1565년이었다. 16세기부터 300여 년간 스페인의

이 전통적 식민제국보다 상대적으로 온건한 정치적 지배를 베풀었다는 사실은 인정하지만 이는 미국이 원래 선해서가 아니라 필리핀 독립운동 세력의 투쟁이 얻어낸 결과였다고 풀이한다. 이 책에서는 제3의 시각을 채용하고자 한다.

[46] 이에 대해서는 이완범, 「국제정치 속의 필리핀: 필리핀과 미국, 1896~1946」, 한국정치학회 연례학술대회 발표문, 지역정치연구위원회 패널 1, 1995년 12월 9일; 이완범, 「필리핀혁명과 美比戰爭, 1896~1902」, 『한국정치학회보』 30-1(1996), 439-457쪽 참조.

[47] 권오신, 『미국의 제국주의: 필리핀인들의 시련과 저항』(문학과지성사, 2000)은 한국 학계 유일의 필리핀사 저서라고 해도 과언이 아니다. 이 책은 15쪽에서 미국의 식민지배 관점에서 필리핀 근현대사를 ① 1899~1902년 식민지배 준비기, ② 1902~1916년 식민지배 확립기, ③ 1916~1934년 식민지 자치 확대와 독립 가능성 제시 및 번복기, ④ 1935~1945년 독립과도정부인 공화체제 시기로 구분했다. 이 책에 대한 서평으로는 김진웅, 「서평: 권오신, 미국의 제국주의: 필리핀인들의 시련과 저항」, 『미국사연구』 12(2000), 215-220쪽이 있다. 필리핀에서 출간된 연구물은 물론 많지만 국내에서 발표된 것은 권오신의 저작물[『외세지배에 대한 필리핀인들의 시련과 저항』, 『의암학연구』 2-2(2004)] 외에 그렇게 많지 않다. 여타 연구물로는 신윤환, 「인도네시아와 필리핀의 독립운동」, 국사편찬위원회 편, 『한민족독립운동사』 10(국사편찬위원회, 1991); 김진희, 「백인의 의무: 19세기 미국 오리엔탈리즘과 미국의 정체성」, 『미국사연구』 19(2004), 23-49쪽; 밀라그로 게레로(Milagro C. Guerrero), 「필리핀 식민지의 민족주의자들과 독립운동(1895~1935)」, 광복60주년 기념 국제학술회의: 세계 식민지 해방운동과 한국독립운동, 독립기념관 한국독립운동사연구소, 서울 한국언론재단 국제회의장, 2005년 8월 11일 등이 있다.

식민지로 전락했던 필리핀은 일찍이 19세기 말인 1896년 독립을 위한 무력혁명을 감행했으며[48] 1898년 5월 24일 아기날도(Emilio Aguinaldo)는 '독재 정권' 수립을 선언하고, 6월 12일 독립 선언을 발표하면서, '독재 정부' 대통령에 취임했다. 이렇듯 일찍이 독립정부 수립을 선언할 정도로 아시아에서는 선진적인 국가였다. 또한 1899년 1월 21일 아시아 최초로 공화국 헌법을 기초했다(1월 23일 필리핀 제1공화국 수립 선언).

그런데 당시 스페인과 전쟁 상태[미·서전쟁(美西戰爭)]에 있었던 미국은 필리핀의 정부 수립 선언을 무시하고 스페인으로부터 정권을 탈취해 1898년 필리핀에 개입하기 시작했다. 1898년 12월 10일 미국은 스페인과의 '파리강화조약'을 맺어, 2000천 만 달러를 지급하고 필리핀, 푸에르토리코, 괌을 할양받았다. 또한 12월 21일 미국 제25대 대통령 매킨리(William Mckinley; 재임 1897~1901)가 '은혜로운 동화정책

---

[48] 스페인 지배 당시 필리핀에는 스페인 지배계층, 스페인과 필리핀 원주민의 혼혈이자 식민지배의 중간계층으로서 성장한 일루스트라도, 남부에서 강세를 보인 이슬람, 필리핀으로 진출한 화교가 공존했다. 처음에는 다인종, 다문화로 구성된 피지배층 구성은 식민지배를 수월하게 도왔다. 매개체가 되어 강력히 저항할 구심점이 없었기 때문이다. 실제로 18세기까지 산발적으로 일어났던 반란은 결국 스페인 사람들에 의해 진압되는 결과론적 최후를 맞았다[권오신, 「스페인지배 말기의 필리핀 독립운동: 미완의 혁명(1896~1898)」, 『아시아연구』 11-3(2009), 47-76쪽]. 민족의식이 형성되지 않았던 상황에서 1820~1830년대 중남미 식민지의 연이은 독립과 1854년 마닐라 개방이 촉진한 일루스트라도의 경제적 성공, 그럼에도 불구하고 존재하는 차별에 대항하기 위해 다양한 인종과 문화를 모두 필리핀인이라는 정체성으로 통일하기에 이르렀다. 한편 1492년 1월 이베리아 반도 남부에 남아 있던 이슬람 지역인 그라나다를 정복해 800년간의 이슬람 지배로부터 레콩키스타(국토회복운동)를 완결한 스페인 왕실은 16세기 세계 최초의 '해가 지지 않는 제국'으로 등극했지만 점차 쇠퇴하여 필리핀을 지배할 여력을 잃어가고 있었다. 유럽에서 가장 부유한 북이탈리아 지역과 저지대(오늘날의 베네룩스 지역)를 보유하고 신대륙에서 생산되는 막대한 재원에도 불구하고, 넓은 전선과 비관용적인 스페인의 정치체제는 그 한계를 드러낼 수밖에 없었다. 이에 필리핀의 사상가 리살(José Rizal) 등이 참여한 필리핀 독립운동(필리핀 혁명)이 1896년부터 1902년까지 전개되었다. 그러나 쇠약해진 스페인을 상대로 독립을 쟁취하려는 필리핀에 미국이라는 새로운 변수가 나타났던 것이다.

(Benevolent Assimilation)'을 발표해 필리핀 독립을 부정했던 것이다. 1897년 11월 3일 아기날도 진영의 아곤실로(Felipe Agoncillo)가 홍콩 주재 미국 총영사 와일드먼(Rounseville Wildman)에게 접근했다.[49] 이에 싱가포르 주재 미국영사 프래트(W. Spencer Pratt)는 본국 정부의 허가도 받지 않고(미·서전쟁을 수행 중인 미국은 쿠바가 주 전장이었으므로, 미 국무부는 동아시아 지역의 미국 영사들이 필리핀에 대한 개입을 종용했음에도 불구하고 태평양 건너 약 9,65km나 떨어져 있는 이 지역에 대한 개입을 무시했다고 한다. 이에 현지 영사와 미 해군차관 시어도어 루스벨트와 미 해군제독 듀이 등은 독단적으로 필리핀 침공 계획을 주도했다) 영국인 브래이(Howard W. Bray)의 주선과 통역에 의지하여 1898년 4월 독립운동가 아기날도에게 접근했다. 결국 24일과 25일 두 차례 비밀회담이 이루어졌다. 이 회담에서 아기날도는 미국의 필리핀 독립 승인을 조건으로 미·서전쟁 중인 미국을 지원할 것에 합의했다.[50] 이 회담의 결과에 대하여 아기날도는 프래트가 필리핀의 독립을 사실상 약속했다고 주장했지만, "필리핀 반도와의 자의적인 교섭을 중지하고 아기날도에게 어떤 희망도 주어서는 안 된다"라는 6월 16일자로 프래트에게 보낸 뒤늦은 훈령에 의거해 프래트는 독립 협조를 한 사실이 없다고 발뺌했다.[51] 회담일자에 대하여도 아기날도는 4월 20일, 프래트는 22일이라고 주장했는데, 프래트의 주장은 '발뺌성 조작'으로 추정된다. 듀이도 아기날도에게 '미 해군의 보호'라는 전제조건하에서 필리핀 독립을 승인할 것이라고 약속했다.[52] 1913년에 발간된 회고록에서 듀이는 다음과 같이 진술했다. "미

---

[49] Alejandro M. Fernandez, *The Philippines and the United States: The Forging of New Relations* (Quezon City: NSDB-UP Research Program, 1977), p. 65.
[50] Gregorio F. Zaide, ed.(1990), 앞의 책, pp. 113-116.
[51] 최문형, 『列强의 東아시아政策』(일조각, 1979), 111쪽.
[52] Teodoro A. Agoncillo and Oscar M. Alfonso(1960), 앞의 책, p. 235.

국은 스페인의 속박에서 필리핀인들에게 자유를 주기 위해 필리핀에 왔다. … 미국에 의한 필리핀 독립 인정이라는 문제에 대해 의심할 아무런 이유도 없다." 그러나 같은 책에서 다음과 같이 엇갈리게 진술했다. "스페인에 대항한 작전에서 나에게 유리하도록 아기날도나 그의 동포들을 이용할 때를 제외하고는 나는 그를 아군으로 간주하지 않았다. … 공동의 적에 대처키 위해 필리핀 혁명군을 동조자로 간주했을 뿐이다."[53] 결국 미국은 이러한 약속을 공식적으로 부인했다.[54] 1898년 5월 18일 미국 대통령 매킨리(William McKinley; 공화당)가 제독 메릿에게 보낸 지시문에 의하면 필리핀 독립에 대한 언급은 전혀 없으므로 그가 애초부터 필리핀의 병합을 의도했음을 확인할 수 있다.[55] 이에 필리핀 자치정부를 중심으로 한 혁명군은 새로운 지배자에 적극적으로 저항할 태세를 갖추었다. 결국 1899년 2월 4일 미군은 혁명군에 대한 기습공격을 단행하여 미·비전쟁(美比戰爭)을 개시했다. 미국은 대량학살을 저지르는 동시에 회유를 시도하는 등 강온 양면작전을 구사했다. 이러한 미국의 침략 앞에 많은 수의 필리핀 지배계급이 투항하고, 1901년 아기날도가 필리핀인 용병에게 생포되어 혁명정부는 무력화되어, 1902년에는 미국의 승리가 굳어졌다.[56] 전쟁 결과 미국은 20여만 명의 필리핀인을 희

---

[53] George Dewey, *Autobiography of George Dewey, Admiral of the Navy* (New York: Charles Scribner's Sons, 1913); 권오신, 「미국·필리핀전쟁(The American-Philippine War, 1899.2.~1902.4.)에 관하여」, 『강원사학』 9(1993), 156쪽에서 재인용.

[54] John H. Esterline and Mae H. Esterline, *How the Dominoes Fell: Southeast Asia in Perspective* (Lanham, MD: Hamilton Press, 1986).

[55] "President McKinley's Instructions to General Merritt," May 18, 1898, Gregorio F. Zaide, ed.(1990), 앞의 책, p. 163; 이완범, 「필리핀혁명과 미국, 1896~1902」, 『한국정치학회보』 30-1(1996), 445-447쪽.

[56] 아기날도 정부는 와해되었으나 모든 지역에서 무장저항이 계속되고 있었다. 예를 들어 민다나오에서는 1902년부터 1916년까지 15년 동안이나 토착민의 투쟁이 지속되었다.

생시키고 식민통치를 구축했다.

미국 남북전쟁이 끝난 1865년 이후 미국 정규군 규모는 계속 감축되어 2만 5,000명까지 축소되었다. 군대의 임무는 42개 주에 흩어져 주둔하면서 단순히 요새를 수비하고 서부 변방지대에서 정부의 토착 인디언 격리 정책을 집행하고 그들의 간헐적 습격을 막는 일 정도에 불과했다. 미국이 지속적인 철도 개발과 서부 확장 정책으로 토착인들의 땅을 모두 점령해가면서 서쪽의 이른바 프론티어(Frontier; 경계선)가 사라지고 19세기 말경 산업력이 강대국 수준에 오르자, 미국 각계에서는 유럽의 다른 나라처럼 미국도 식민지를 거느려야 한다는 제국주의적인 목소리가 높아지기 시작했다. 여기에 미국 서해안을 방어하기 위해 하와이 등을 소유해 '태평양 제국(Pacific power)'이 되어야 한다는 미 해군제독 머핸(Alfred Thayer Mahan)의 바다 장악 주장이 한층 더 불을 지폈고, 언론은 보다 적극적인 대외정책으로 제국주의를 추구해야 한다는 식의 논설을 서슴없이 내놓았다.[57]

결국 1890년대 미국이 역사상 처음으로 북아메리카 대륙 너머를 식민화할 준비를 마치자 미국인들은 공화국이 과연 제국이 될 수 있는지를 놓고 격렬한 논쟁을 벌이기 시작했다.[58] 1890년의 미국 관세법 개정으로 제당업이 타격을 받자 하와이에 와 있던 미국인이 중심이 되어 미국과 하와이왕국의 합병운동을 벌였다. 이런 분위기 속에서 1891년에 즉위한 여왕 릴리우오칼라니가 미국 농장주들의 면세 혜택을 폐지하는 헌법개정을 시도하자, 1893년에 하와이혁명이 일어나서 하와이 왕

---

[57] 정토웅(2010), 앞의 책.
[58] Odd Arne Westad, *The Global Cold War: Third World Interventions and the Making of Our Times* (Cambridge, UK: Cambridge University Press, 2007); 오드 아르네 베스타 저, 옥창준 역, 『냉전의 지구사: 미국과 소련 그리고 제3세계』(에코리브르, 2020).

국은 1894년 공화국이 되었다. 이어 1897년 6월 16일 미 대통령 매킨리(William McKinley)가 하와이공화국과 미국의 합병조약이 체결되도록 요청했으나 상원의 의결정족수 3분의 2 벽을 넘지 못했다. 그런데 1898년 4월 미·서전쟁이 발발하면서 하와이가 필리핀으로 가는 중간 기항지 역할을 충실히 하고 있다는 여론이 조성되었다. 이에 민주당 하원의원 뉴랜즈(Francis G. Newlands)가 조약 체결을 가능하게 하는 결의안을 발의했다(Newlands Resolution). 하원의원 입법의 경우 대통령 발의 입법보다 용이한 상하 양원 과반수 지지가 필요했는데, 하원에서 209대 91, 상원에서 42대 21로 통과되어 1898년 7월 7일 비준되었다. 조약의 효력이 발생한 날짜는 1900년 4월 30일이다.

평화적인 하와이 합병은 미국의 태평양 진출을 용이하게 했다. 한편 남미로 진출하는 대서양의 관문인 카리브해의 장악은 미국인의 숙원사업이었는데, 결국 1898년 미·서전쟁에서 미국이 승리함으로써 카리브해의 푸에르토리코와 태평양의 필리핀, 괌 등이 미국의 식민지가 되었다(쿠바는 보호령이 됨). 미·서전쟁 승리로 미국은 머핸의 소원대로 카리브해를 '미국의 호수'로 소유하게 되었을 뿐만 아니라 태평양 너머 아시아까지 세력을 뻗치게 된 것이다.

미국은 이런 배경 아래 필리핀을 식민화했다. 유럽의 왕국과는 달리 공화국에 의한 식민화였으므로 유럽식 식민주의와는 다소 결이 다른 식민지를 구축했고 이후 필리핀의 경우에 결국 자치를 허용하고 독립시켰지만 식민화 자체만으로 볼 때 유럽식 식민주의와 본질적으로는 큰 차이가 없었다.

(2) **미국의 필리핀 식민통치 과정: 유럽식 식민통치에서 '자치' 허용으로**

필리핀 식민 초기 미국은 유럽제국과 같은 탄압과 착취를 자행했다.

그러나 지속적인 무력저항에 직면한 미국은 민족주의를 의식하여 '당근과 채찍'을 교묘히 배합하는 특유의 식민지 경영 방식을 채택하고 제한된 자치를 '허용'할 수밖에 없었다. 미국은 1898년 혁명에 참여했거나 지지했던 거의 모든 민족주의 세력의 충성심을 자치를 약속하는 식민정부로 돌리게 만들려고 노력했다. 이에 순응하는 경우 그들의 협조적 태도를 유지하기 위하여 필리핀인의 정치 참여 기회와 갖가지 복지정책을 꾸준히 확대할 수밖에 없었다.

1902년 미국의 '필리핀안(the Philippine Bill)'에 따라 1903년 첫 지방선거가 실시되고 1907년 국회의원 선거가 실시되었다. 자치권을 부여받고 입법의회가 구성되는 유화 국면이 전개되자 일루스트라도[ilustrados; 스페인어로 '계몽된 사람들(enlightened ones)'이라는 뜻[59]; 말 그대로는 지식인이라고 할 수 있으며 스페인과 필리핀 원주민의 혼혈로서 식민지배의 중간계층으로 성장했다]를 중심으로 적극적으로 대응하여 '즉각적인 절대독립을 쟁취하자'는 슬로건 아래 국민당(나쇼날리스타당: Partido Nacionalista)을 결성했다. 1907년의 선거에서 국민당은 연방당의 후신인 진보당(미국이 규정한 체제 안에서의 '궁극적인 독립'을 표방)과 경쟁하여 압도적 승리를 거두었다.[60] 이러한 미국의 전술은 개량주의자들을 내세워 절대독립을 주장하는 민중의 요구를 개량적으로 발산시키는 효과적인 통치기술이었다.[61] 만약 이렇게 개량화하지 않았으면 이후 40년간의

---

[59] David J. Steinberg, *The Philippines: A Singular and a Plural Place*, 3rd ed. (Boulder: Westview, 1994), p. 49.

[60] Bonifacio S. Salamanca, *The Filipino Reaction to American Rule, 1901~1913* (Quezon City: New Day, 1984).

[61] 필리핀 의회의 상부조직인 '필리핀 위원회'가 자치론자·개량주의자들의 집합소인바 이 위원회를 이끌고 있는 것은 바로 미국인 총독과 기타 미국 관료들이었다. 공산당원인 구에레로(Amado Guerrero)의 주장에 의하면 1907년부터 1922년까지 필리핀 의회의 의장을 역임한 나쇼날리스타당의 지도자 오스메냐(Sergio Osmeña)는 미국의 괴뢰라

지배가 불가능했을 것이며 스페인 지배하의 무장투쟁이 재연되었을 가능성도 있다. 빈부격차가 심화되자, 가난한 이들의 지지를 받아 공산당 정치세력인 후크발라합(Hukbalahap)이 만들어지기도 했다. 1934년 격해진 민중들의 개혁 요구에 직면한 루스벨트는 10년 후 필리핀의 독립을 승인했다. 불평등이 필리핀 독립의 한 요인으로 작용한 아이러니한 경우이다.

1910년대 중반부터 이른바 '필리핀화(Filipinization)'가 시작되어 1934년 필리핀 독립법이 미 의회를 통과했으며 '미국인 고등판무관의 감독하에 연방으로서 자치가 시행된다'는 내용을 골자로 하는 헌법이 미 대통령 승인하에 제정되었다. 1935년에는 케손을 수반으로 하는 필리핀 연방정부[필리핀 자치령(Commonwealth of the Philippines)]가 1946년 독립을 목표로 출범했다. 이것은 미국 민주당 정부가 주도했다. 또한 민주당은 필리핀인들과 함께 공화당을 상대로 줄다리기를 해 결국 코먼웰스(Commonwealth; 자치령)를 만들었다.

는 것이다. 또한 필리핀 독립운동의 기수인 것처럼 행세하는 케손(Manuel Quezon)도 역시 미국의 괴뢰인바 그는 1916년 상원의장을 역임했고 1922년에는 오스메냐와 함께 나쇼날리스타당 후보로 필리핀 상원의장선거에 나서 당선되었으며 이로써 식민정권의 '수반' 위치에 올랐다[아마도 구에레로 저, 정종길 역, 『필리핀 사회와 혁명』(공동체, 1987), 53쪽]. 그러나 보다 온건한 민족주의적 좌익에서는 케손을 단순한 괴뢰로 간주하지는 않는다[James S. Allen, *The Radical Left on the Eve of War* (Quezon City: Foundation for Nationalist Studies, 1985), p. 27]. 또한 자치권의 향유는 미국의 배타적인 제국주의적 이해가 침해받지 않는 범위 내에서 지주와 매판 부르주아 계급에게 허용한 정치적 자유의 외연에 불과하다는 견해도 있다. 이러한 정치적 자유의 외연은 필리핀 민중들에게 자국인에 의해 통치된다는 환상을 심어줌으로써 미 제국주의에 대한 불만의 직접적 분출을 완화하는 기능을 해온 것이라는 주장이다[공제욱 외, 『필리핀 2월혁명』(민중사, 1987), 60쪽 참조].

가. 무장투쟁에 밀린 자치 '허용'

필리핀인들이 무력까지 불사한 저항을 계속하자 미국은 민족주의를 의식하여 제한된 자치를 '허용'하는 방향으로 나아갈 수밖에 없었다.[62] 이 과정에서 스페인에 저항했던 급진적인 민족주의운동을 잠재우고 모든 중요한 독립운동세력을 제도권 내로 포섭하는 데 성공했다.[63] 스페인보다 상대적으로 온건한 식민모국의 통치를 접한 필리핀 독립운동가들은 스페인 지배 당시 전개했던 무장투쟁식 독립운동 방식을 개량화했다. 미국은 일련의 조직법(the Organic Act)에 의거하여 1902년 필리핀을 '합병되지 않을 미국의 속령(unincorporated US Territory)'으로 만들었다.

그런데 미국의 필리핀 지배 정책에는 정파 간에 불일치가 있었으므로 정책의 연속성을 기하는 데 어려운 점이 있었다. 미 공화당은 주권이 희박한 자치권을 확대해나갈 것을 공약했고, 미 민주당은 독립을 약속했다. 1913년 민주당의 윌슨(Woodrow Wilson)은 대통령이 되자 필리핀 독립을 추진했다. 1916년의 '존스법(the Jones Act; 필리핀 자치법)'의 실행이 그것이다. 이 법은 1913년부터 시작된 '필리핀화'의 결실이었는데 자치를 위한 선거가 시행된다는 것이 핵심 내용이었다. 결국 필리핀 위원회가 필리핀 상원으로 교체되었는데, 자치에 대비하여 미국에서 교육받은 필리핀인이 이 시기에 등용되었다. 또한 두 명의 필리핀 의원이 미국 의회에서 의결권 없이 토론에 참여해 필리핀을 대변했다.[64]

그러나 1921년 공화당이 다시 집권해 우드(Leonard Wood) 장군을 총독으로 임명하면서 독립을 향한 진전 속도는 늦춰졌다. 어려운 재

---

[62] Teodoro A. Agoncillo and Oscar M. Alfonso, *A Short History of the Filipino People* (Quezon City, Philippines: University of Philippines, 1960), pp. 319-344.
[63] 신윤환(1991), 앞의 글, 183쪽.
[64] 조병욱, 『역사와 문화를 알면 필리핀이 보인다』(해피&북스, 2008), 222쪽.

정 형편 때문에 필리핀 독립이 연기된다고 발표되자 필리핀 지도자들은 실망했다. 1923년 7월 23일 필리핀 입법부 지도자인 상원의원 케손(Manuel Quezon)과 대변인 오스메냐(Sergio Osmeña)가 우드의 전횡에 반대해 의원직을 사퇴했는데 이것이 1923년 '위기의 각료' 사건이다.[65]

1933년 6월 민주당 출신 대통령 루스벨트는 강력한 필리핀 독립론자인 머피(Frank Murphy)를 총독으로 임명했다. 머피와 케손 간의 뛰어난 친화가 워싱턴의 상원의원 타이딩스(Milliard Tydings)의 능란한 정치적 수완과 결합하여 1934년 필리핀 독립법인 타이딩스-맥더피법(the Tydings-McDuffie Act)이 미 의회에서 통과되었다.[66] 이 법은 오스메냐와 로하스(Manuel Roxas)가 1933년 미 의회에서 통과시켰던 헤어-하위스-커팅법(HHC; The Hare-Hawes-Cutting Independence Law)을 약간 수정한 것이었다.[67] 필리핀 상원의장이었던 케손은 HHC법에 미국이 임의대로 미군기지를 설치하는 규정이 있으며 필리핀 이민자에 대한 강제추방 조항, 무역 조항의 문제 등과 독립을 조정하는 고등판무관의 권한이 막강하다는 이유를 들어 이 법안을 1933년 10월 17일 거부한 후[68] 워싱턴으로 직접 날아가 타이딩스-맥더피법을 1934년 3월에 통과시키는 데 성공했다.[69]

---

65 조병욱(2008), 위의 책, 223-224쪽.
66 *Philippines: A Country Study, Area Handbook Series* (Washington, D.C.: Department of Army, 1983), p. 37.
67 두 법안의 실질적인 내용에는 큰 차이가 없다. 권오신, 「미국-필리핀 간의 군사기지 협정 개정문제: 아이젠하워 대통령 재임기간(1953~1961)을 중심으로」, 『강원사학』 11(1995), 162쪽.
68 *Philippines: A Country Study, Area Handbook Series* (Washington, D.C.: Department of Army, 1983), p. 37.
69 Renato Constantino, *The Making of A Filipino: A Story of Philippine Colonial Politics* (Quezon City: Malaya Books, 1969), p. 99; Stanley Karnow, *In Our Image: America's Empire in Philippines* (New York: Random House, 1989), pp.

필리핀 독립운동가들은 1919년부터 1934년까지 독립사절단을 미국에 보내 직접 호소했다. 1919년 케손을 단장으로 한 독립사절단이 방미하자 대통령 윌슨은 1920년 12월 20일 의회 작별 연설에서 필리핀을 독립시키자고 제안했다. 그러나 공화당 지배하의 의회는 윌슨의 제안을 받아들이지 않았다.[70] 그래도 계속된 독립사절단 파견이 미국의 여론을 움직였다.

타이딩스-맥더피법에 의하면 "미국인 고등판무관[71]이 감독하는 자치령(Commonwealth; 연방체; 국방과 외교를 제외한 모든 분야에서 자주적 결정을 할 수 있음)하에서 자치가 10년 기한으로 행해지며 1946년 7월 4일에 독립을 부여(granting)한다"라는 것이었다. 또한 미국 대통령의 승인하에 필리핀 헌법이 제정될 예정이었다. 1935년 5월의 국민투표에서 이러한 공작을 지지했던 대중은 9월의 선거에서 케손(오스메냐와의 연합정당 소속)을 아기날도(Emilio Aguinaldo)와 아글리페이(Bishop Aglipay)에 대항하여 압도적인 표차로 대통령에 당선시켰다.[72] 케손은

253-254; Sonia M. Zaide, *The Philippines: A Unique Nation* (Quezon City: All-Nations, 1994), pp. 314-315. 필리핀 역사에 관련된 원자료는 '필리핀 역사가의 태두(the dean of Filipino historiographers)' 격인 자이드(Gregorio F. Zaide)가 필생의 업을 다하여 모았다. 그의 사후인 1990년에 그의 해설을 덧붙인 자료집이 자이드(Sonia M. Zaide)의 보완을 거쳐 다음과 같은 제목으로 편집·간행되었다. Gregorio F. Zaide, ed., *Documentary Sources of Philippine History*, in 12 volumes (Manila: National Book Store, 1990).

70 조병욱(2008), 앞의 책, 239-240쪽.
71 Lewis E. Gleeck, Jr., *The American Governors General and High Commissioners in the Philippines: Proconsuls, Nation-builders and Politicians* (Quezon City: New Day, 1986).
72 Teodoro A. Agoncillo, *Filipino Nationalism, 1872~1970* (Quezon City: R. P. Garcia Publishing, 1974), pp. 397-398. 케손에 대해서는 연방 자치 정부의 대통령 재임 시절 일본인에 의하여 작성되어 일본에서 출간된 다음과 같은 흥미로운 전기가 있다. G. H. Enosawa, *Manuel L. Quezon: From Nipa House to Malacanan* (Tokyo: Japan Publicity Agency, 1940). 한편 케손은 영국과 연합하려고 1933부터 비밀리

11월 15일 부통령 오스메냐와 함께 필리핀 자치정부의 수반으로 취임했다.[73]

그런데 1941년 8월 일본이 미국의 식민지 필리핀을 공격하기 시작하고[74] 그해 12월 태평양전쟁이 발발하자, 미국의 계획은 잠시 중단되었다. 일본군은 1942년 1월 2일 마닐라에 입성했고 필리핀군과 미군은 바탄(Bataan)반도로 퇴각해 마닐라만 입구의 코레히도르(Corregidor)섬에 진지를 구축했다. 루스벨트는 케손과 오스메냐에게 미국으로 망명할 것을 명령했다.[75] 케손은 1942년 2월 2일 코레히도르섬을 떠나 오스트레일리아에 도착했으며 5월 8일 샌프란시스코에 당도했다. 장군 맥아더도 3월 12일 초계어뢰정(Patrol Torpedo Boat; PT Boat) 편으로 코레히도르섬을 떠나 민다나오섬 북부 카가얀(Cagayan)에 도착한 후 군용기 편으로 3월 13일 오스트레일리아에 당도해 사령부를 이동시켰다. 일본군은 1942년 4월 바탄반도 전투에서 수많은 전쟁포로를 잡아 이 중에서 필리핀군 2만 2155명과 미군 2,000명을 죽이면서 점령에 성공했고 5월 6일 코레히도르섬을 함락시켰다.[76] 아기날도의 측근으로 미군에

에 접촉했으나 이를 알아차린 미국이 영국 정부에 접촉하지 말 것을 권고했다. 영국과의 접촉이 무산되자 케손은 일본과 동맹하려 했다. 이에 미국은 1941년 7월 일본과 비밀협정을 체결해 필리핀을 스위스와 같은 중립국가로 만들려는 계획을 고려했다. 조병욱(2008), 앞의 책, 242-243쪽.

73 *Philippines: A Country Study*, Area Handbook Series (Washington, D.C.: Department of Army, 1983), p. 37.
74 1940년 11월에도 일본의 필리핀 공격이 점쳐지던 상황이었다. *FRUS, 1940*, vol. Ⅳ, p. 208. 따라서 일본은 진주만 습격 이전에도 아시아에서 미국과 대립하는 상황이었고, 진주만 공습이 의외의 일은 아니었다. 미국은 진주만 공습을 예견하고 있었으며 일본에 대한 석유 금수 조치 등으로 일본의 미국 공습을 유발했다는 견해가 있다.
75 밀톤 W. 마이어 저, 김기태 역, 『동남아사 입문』(한국외국어대학교 출판부, 1991), 131쪽.
76 조병욱(2008), 앞의 책, 252-253쪽; 요시다 유타카 저, 최혜주 역, 『아시아·태평양전쟁』(어문학사, 2012), 71쪽.

게 항복하는 대신 일본으로 망명했던 장군 리카르테(Artemio Ricarte)는 일본군의 마닐라 진주 4일 후인 1942년 1월 6일 일본군과 함께 마닐라 시내로 들어왔다가 미국과 결탁하여 일본에 격렬하게 저항하는 새로운 세대와 맞닥뜨렸다. 자신을 해방자로 반길 줄 알았으나 돌아온 것은 배신자를 바라보는 싸늘한 시선이었다.[77]

필리핀을 점령한 일본군은 미국의 1946년 독립 부여 계획에 맞서 선수를 치기 위하여 1943년 10월 14일 최고법원 사법관(Supreme Court Justice)이었던 라우렐(Jos P. Laurel)을 꼭두각시 대통령으로 옹립했다(필리핀 제2공화국). 그러나 이날 열린 대통령 취임식에서 국민집회(의회) 의장(로하스 하원의장)은 일본 군정은 철수하라면서 필리핀의 독립을 외쳤다.[78] 미국뿐만 아니라 일본에서도 독립하고자 하는 필리핀인들의 의중을 반영한 것이었다. 이 허수아비 괴뢰정부는 자신들을 인정하지 않는 미국에 대하여 선전포고했다.[79] 케손을 비롯한 상층부의 지도자들 중 많은 수가 워싱턴으로 도피하거나 일제에 타협했음에 비하여 일부의 민중과 '후크단(후크발라합; 항일인민군; Hukbalahap 또는 Hukbong Bayan Laban sa Hapon)' 등을 비롯한 게릴라 26만 명은 적극적으로 저항하여 필리핀 해방에 기여했다.[80] 후크발라합 같은 공산당세력과 우익 민족주의 세력의 독립운동가가 연대해 항일투쟁을 벌였던 것이다. 일본

---

[77] 알프레도 로체스·그레이스 로체스 저, 이은주 역, 『필리핀: 지구촌 문화충격 탈출기』(휘슬러, 2005), 176쪽. 리카르테는 미국의 재점령 직후인 1945년 7월 31일 루손섬 북부 산간 지역에 피신해 지내던 중 사망했으며, 1954년 거의 잊힌 무덤이 발견되어 영웅묘지에 이장되었다.

[78] 조병욱(2008), 앞의 책, 259쪽.

[79] Theodore Friend, *Between Two Empires: The Ordeal of the Philippines, 1928~1946* (Manila: Solidaridad, 1969).

[80] '필리핀을 해방시킨 것이 미국이냐 아니면 국내의 독립운동 세력이냐'에도 논쟁의 여지가 있다. 아마도 구에레로 저, 정종길 역(1987), 앞의 책, 61쪽.

은 1942년부터 1945년까지 지속된 필리핀 통치 기간 동안 서구 제국주의 속박에서 필리핀을 해방시켰으며 '위대한 아시아 제국(대동아)'을 건설한다며 '아시아를 하나로, 필리핀은 필리핀인으로'라는 표어를 내걸고 선전(宣傳)했는데, 이는 일본의 침략과 새로운 식민화(일본화)를 위장하려고 만든 구호에 불과했다. 필리핀 지도자들은 일본에 협력하는 체하면서 실제로는 게릴라를 지원했다. 필리핀인들 중 일부는 일본의 포악무도한 폭정에 정면으로 도전하며 더 많은 고통을 감내해야 했다. 그들은 고문당하고 일부는 죽임을 당했다.[81] 이로 인해 수많은 독립 게릴라들이 활동했으며 민심은 갈수록 악화되었다.

일본의 필리핀 점령은 3년여의 비교적 짧은 세월이었지만, 필리핀인들의 생활 양식에 적잖은 영향을 끼쳤다. 필리핀 사회의 미국화 현상에 충격받은 일본이 아시아적 뿌리를 되살리려고 했기 때문이다. 일본은 타갈로그어에 바탕한 언어를 공식어로 지정했다. 거기다 전쟁 초기 일본의 군사적 승리는 미국의 취약한 군사력을 드러내 보였다. 그뿐이 아니었다. 일본은 필리핀이 혈연관계(가족 구성원 사이의 끈끈한 유대관계)를 절대적으로 생각하는 아시아적 특성을 가지고 있음에 비해 그간 통치했던 미국은 식민지 필리핀의 혈연관계를 비합리적인 것으로 간주해 이를 파괴하고 서구화(동화)시키며 태평양을 미국의 호수로 만들려는 자국의 국가이익 실현에 관심이 있다고 고발했다. 이에 반서구적 저항인 민족주의가 다시 고개를 들었다.

1944년부터 필리핀 재점령을 시도하기 시작한 맥아더 부대는 10월 20일 레이테만의 타클로반(Tacloban; 레이테섬의 북동해안에 있는 도시로 레이테주의 주도)에 상륙해 필리핀 탈환의 첫걸음으로 삼았다. 10월

---

[81] 조병욱(2008), 앞의 책, 254쪽.

23일 맥아더는 오스메냐와 함께 도착했다. 이후 레이테섬 전역에서 전투가 벌어졌다. 일본군은 물자 보급 수송선이 도중에 침몰되어 보급 중단 등으로 8만 명 이상의 군인이 전사하거나 아사하여 거의 전멸했다. 루스벨트는 필리핀 탈환의 전기를 열었던 레이데섬 승리를 필리핀인의 자유에 대한 투쟁 의지의 표현이라며 거듭 칭찬했다.[82] 1944년 12월 21일 대통령 라우렐과 각료들은 바기오(Baguio)로 피신했다. 12월 5일 미군은 민도로(Mindoro)에 상륙했고 1945년 1월 9일 맥아더는 루손 지역의 일본군을 패배시키며 링가옌(Lingayen)에 상륙했다. 1945년 2월 마닐라에서 전투가 벌어지자 일본군은 2월 7일 무고한 사람들을 살해하는 만행을 저질렀다. 맥아더가 북에서 마닐라 시내로 들어오며 2월 23일 마닐라 혈전이 끝났다. 3월 1일 팔라완을 정복하고 3월 18일 파나이(Panay)부터 5월 4일 다바오(Davao)까지 모든 지역을 미국이 점령한 후 맥아더는 7월 5일 필리핀인이 자유를 되찾았다고 선포했다.[83] 미국의 계획은 재개되고 일제에 저항하던 필리핀인들은 무장해제됐다. 제2차 세계대전의 예기치 않았던 결과로 미국에 의한 대규모 원조가 불가피해짐에 따라 필리핀은 경제·군사적인 면에서 더욱 미국에 의존하게 되었다.

  1946년 4월 총선이 실시되어 일본 점령 당시에 하원의장으로 일본에 협력(일본 점령 당시 미국에 대한 선전포고에 서명)했던 자유당의 로하스(Manuel Roxas)가 대통령에 당선되었다. 로하스는 일단 필리핀 자치령의 대통령으로 취임하여 1946년 7월 4일 독립국가 필리핀공화국의

---

[82] 필리핀 독립에 대한 루스벨트의 약속은 후임 대통령 트루먼에 의해 충실히 계승되었다. 정일화, 『카이로선언: 대한민국 독립의 문』(선한약속, 2010), 473쪽.
[83] 조병욱(2008), 앞의 책, 261-264쪽.

초대 대통령이 되었다.[84] 이때부터 1965년까지 필리핀 제3공화국이 지속되었다[마르코스(Ferdinand Emmanuel Edralin Marcos)의 제4공화국(1965~1983)과 아키노(Corazon Aquino) 이후의 제5공화국으로 이어짐].

특이한 사실은 맥아더와 마닐라 지배 엘리트의 대부분이 로하스의 친일행위를 불가피했던 것으로 간주하여 두둔했다는 것이다. 맥아더는 자신의 참모 역에 전 필리핀 육군 준장 로하스를 뽑았는데, 그의 전시 부역 문제는 그가 새 독립공화국의 초대 대통령으로 선출됨으로써 유야무야 감춰지고 말았다. 1944년 일본 도쿄로 도망갔다가 1946년 7월 귀국한 라우렐은 반역 혐의로 체포되었지만, 계속 국내에 거주했던 로하스는 맥아더의 친구였으므로 맥아더의 복귀와 함께 사면될 것이라는 소문이 돌았다.[85] 또한 아기날도도 몇 달 투옥되는 데 그쳤다. 전후 필리핀은 영웅과 배반자, 애국지사와 부역자가 뒤바뀌는 혼돈의 시대였다고 평가

---

84 Steven Warshaw, *Southeast Asia Emerges: A Concise History of Southeast Asia From Its Origin to the Present* (Berkeley: The Diablo, 1975), p. 282.
85 1942년 맥아더가 필리핀에서 도망갈 때 케손 대통령으로부터 거액의 자금을 받은 비밀을 로하스가 알고 있었기에 맥아더가 사면시켰다는 설도 있다. 그런데 로하스의 경우 미국 점령 당시 맥아더의 자문 역할을 충실히 수행했기에 사면된 측면이 더 강하지만 최선봉에 섰던 라우렐의 적극적 친일과 로하스의 '어쩔 수 없는 친일'을 구별할 여지도 전혀 없는 것은 아니다. 미국으로 망명하지 못했던 로하스는 일본의 협조 요청에 병을 핑계로 적극적으로 나서지는 않았다는 것이다. 라우렐도 재판을 받지는 않았으며 1948년 4월 사면되어 1949년 대통령 선거에서 국민당 후보로 출마하여 낙선했고 막사이사이(Ramon Magsaysay)를 옹립하기까지 했다[Keith T. Carlson, *The Twisted Road to Freedom: America's Granting of Independence to the Philippines* (Quezon City: University of Philippines Press, 1995), p. 24]. 투옥과 사면의 비원칙적인 교차에 대하여 위 책의 저자는 '혼란'으로 규정하고 있다. 라우렐의 할아버지는 스페인 통치 당시 주총독이었으며 아버지는 타나우안의 초대 시장이었고 아들은 정치가가 되었다. 이렇게 필리핀인들이 친스페인, 친일 등의 과거 전력을 크게 문제 삼지 않을 정도로 명문 가족의 영향력은 뿌리 깊다고 할 수 있다. 필리핀인들은 역대 대통령의 과오보다는 공적을 부각하는 긍정적인 사관에 경도되어 있다고 할 것이다. 라우렐이 국민집회(의회)에서 미국과의 전쟁을 승인했지만 전쟁 선포에 나서지는 않았다면서 미국에 대항하는 일본에 협조하지 않았다는 해석도 있다. 라우렐은 용감한 애국자이며 현명한 정치인이라고까지 긍정적으로 평가되었다[조병욱(2008), 앞의 책, 261쪽].

된다.[86]

 여기서 필리핀인들이 식민세력과의 타협을 크게 문제 삼지는 않는다는 사실을 알 수 있다. 그들의 독립운동은 미국 점령 이후 타협적이고 평화적인 형태로 변질되었기 때문에 또 다른 지배자이자 외세인 일본에 타협했던 것을 치명적인 오점으로 받아들이지는 않았던 것이다.[87] 따라서 필리핀은 독립 후에도 다른 식민지 독립국과는 달리 식민모국 미국과 우호적인 관계를 유지했으며, 이런 맥락에서 미국의 신식민주의적 식민통치는 상당히 효과적이었다고 평가할 수 있다. 필리핀 상하원의 구성원 중 상당수가 부역행위를 했던 상황에서 미국은 공산주의자들을 이데올로기적으로 받아들일 수 없었기에 로하스를 선택했던 것으로 추정된다. 또한 유력한 경쟁자였던 케손이 미국 망명 중 1944년에 병사한 것도 로하스에게 유리한 요인이 되었다.[88]

 결국 필리핀은 정치적으로 독립했다. 그러나 경제적·군사적으로는 미국에 종속적일 수밖에 없었다. 1949년 라우렐을 근소한 표차로 꺾고 대통령에 당선된 키리노(Elpido Quirino)의 통치시대에도 필리핀인은 미국의 도움 없이 살 수 없었다.[89]

 미국은 1945년 필리핀 땅에 복귀하자마자 필리핀의 독립을 선포했지만 완전히 놓아주지는 않았다. 미국은 새로 제정된 필리핀 헌법에서

---

[86] 알프레도 로체스·그레이스 로체스 저, 이은주 역(2005), 앞의 책, 177쪽.
[87] 일례로 일본 점령하에서 일제 정책을 충실하게 대변했던 '새로운 필리핀 건설을 위한 봉사회(Society for Service to the New Philippines; Kapisanan ng Paglilingkod sa Bagong Pilipinas; 약칭 KALIBAPI)'의 사무총장이었던 아키노(Benigno S. Aquino)의 친일 전력을 문제 삼은 일부 정파들도 있었지만 그의 아들인 니노이 아키노(Benigno Aquino, Jr.)를 '친일파의 아들'로 인식하는 사람은 거의 없었으며 니노이가 야당 지도자로 성장하는 데 큰 문제는 없었다. Gregorio F. Zaide and Sonia M. Zaide, *History of the Republic of the Philippines* (Manila: National Book Store, 1987), p. 348.
[88] 케손의 사망으로 대통령이 된 오스메냐는 1946년 필리핀 독립 이후 정계에서 은퇴했다.
[89] Steven Warshaw(1975), 앞의 책, p. 287.

국가안보와 관련된 어떠한 상황에도 개입할 수 있는 동등권을 보장받는 동시에 99년간의 군사기지 임대 계약을 따냈다. 해방자 자격으로 돌아온 미국은 일본의 핍박에 시달리던 필리핀 국민들로부터 환대를 받았다. 제자리를 되찾자 미국 행정관들은 필리핀 지도자를 선별하여 국정운영을 맡겼다.

나. 필리핀 독립운동에 대한 평가

결과적으로 보면 필리핀인의 독립운동[90]이 미국으로 하여금 필리핀화 정책[91]을 채택하게끔 만들어 '주어진 독립'을 쟁취한 것이다.[92] "초기에는 미국 정부를 필리핀인이 후원하는 형태"(1904년 미 대통령 시어도어 루스벨트의 표현)였다가 후기로 들어서면서 필리핀 정부를 미국인이 후원하는 형태로 발전했다.[93] 초기의 '합병되지 않을 미국의 속령(unincorporated US Territory; 1902)'에서 후기에는 이른바 자치령(Commonwealth; 1935; 연방체; 국방과 외교를 제외한 모든 분야에서 자주적인 결정을 할 수 있음)으로 전환되었다.[94]

필리핀의 독립운동은 필리핀인들이 무력항쟁까지 불사하기도 했지만 결과적으로는 미국의 개량화 전략이 성공하여 미국으로부터 독립을 부여받은 것이다. 미국이 유럽 식민제국이나 일본과 달랐기 때문일 수도 있지만, 미국의 온건한 식민통치 방식은 무력항쟁까지도 불사한 필리핀

---

90 Teodoro A. Agoncillo and Oscar M. Alfonso(1960), 앞의 책, 369-392쪽.
91 Teodoro A. Agoncillo and Oscar M. Alfonso(1960), 앞의 책, 345-368쪽.
92 Teodoro A. Agoncillo and Oscar M. Alfonso(1960), 앞의 책, 504-508쪽.
93 Teodoro A. Agoncillo and Oscar M. Alfonso(1960), 앞의 책, 344쪽.
94 *Philippines: A Country Study, Area Handbook Series* (Washington, D.C.: Department of Army, 1983), pp. 26-37에 의하면 1899~1935년은 초기이며 1935~1941년은 공화국 시기이다.

인의 투쟁으로 얻어낸 것이라는 평가는 반드시 부기해야 한다. 1898년부터 1907년까지 미국의 식민정책이 전통적인 식민제국들의 정책, 특히 스페인의 필리핀 지배 양식과 거의 차이가 없었으며 오히려 무력 수단까지 사용해 강력한 탄압을 행했던 점이 이를 방증한다.

한편 필리핀인들은 미국의 정책 수정에 유연하게 대처하여 미국에 사절을 파견하는 등 개량화된 방법까지도 폭넓게 수용했던 점이 특기할 만하다. 이 사절단은 1918년부터 1934년까지 수차례에 걸쳐 파견되어 필리핀 독립법이 미 의회에서 통과되는 데 결정적인 기여를 했다.[95] 1932년 필리핀 독립을 위한 사절단을 인솔한 오스메냐와 로하스는 미국 의회가 처음으로 필리핀 독립일자를 확정하도록 했다. 그러나 후일 필리핀 공산주의자들은 이러한 행위를 미국의 괴뢰들이나 하는 '독립 구걸' 행위라고 비판했다.[96] 1933년 케손은 연설을 통해 '독립을 위한 평화적 투쟁'의 가능성을 역설했는데[97] 이는 미국 점령하의 필리핀인들이 자치론에 얼마나 경도되었는지를 보여주는 자료이다.

(3) 미국의 필리핀 식민통치에 대한 평가: 선의의 훈정인가, 힘에 밀린 타협인가

미·서전쟁과 미·비전쟁의 결과로 수많은 양민을 학살하면서 획득한 필리핀의 시정(施政)에 대해 루스벨트는 무정부 상태를 바로잡고 후진국에 정치적 훈련 기회를 제공해주는 선한 의도에서 시작되었으며 문화적

---

[95] Bernardita Reyes Churchill, *The Philippine Independence Missions to the United States: 1919~1934* (Manila: National Historical Institute, 1983), pp. 9-293.
[96] 아마도 구에레로 저, 정종길 역(1987), 앞의 책, 53-54쪽.
[97] Manuel L. Quezon, "Our Peaceful Struggle for Independence," Teodoro A. Agoncillo(1974), 앞의 책, pp. 398-423.

'개화(Civilize)'와 종교적 '개종·기독교화(Christianize)'를 위한 은혜로운 동화정책(Benevolent Assimilation)이었다고 주장했다.[98]

그런데 미국은 일찍이 원료 생산지, 잉여 생산품의 판매시장, 잉여 자본의 투자를 위한 장으로서 필리핀에 눈독을 들이고 있었다. 그뿐만 아니라 필리핀은 태평양을 '미국의 호수'로 만들고 중국 및 아시아에서 수탈을 강화하려는 미국의 팽창정책을 수행하기 위한 전략적 발판으로서의 가치도 가지고 있었다.[99]

필리핀의 역사가들은 이데올로기적 입장 차이에 관계없이 미국의 초기 정책이 "자신들의 민족주의를 억압하는 것이었다"라는 견해에 공감하고 있다.[100]

따라서 미국이 식민화 초기에는 전통적 식민제국인 유럽제국과 같은 논리를 가지고 거의 동일한 탄압과 착취를 행했으므로 식민지 확보 이상의 의미를 가지는 것으로 해석하기 어려운 측면이 있다. 필리핀의 경

---

[98] 필리핀 민중을 교육하기 위하여 파견된 미국의 교사들은 자신들이 민주주의를 전하고 필리핀 민중으로 하여금 '자치정부'를 준비토록 하기 위하여 왔다고 선전했다. 이에 대해서는 김진희, 「백인의 의무: 19세기 미국 오리엔탈리즘과 미국의 정체성」, 『미국사연구』 19(2004), 23-49쪽 참조. 그런데 미국이 지배하기 전 필리핀인들의 80%가 가톨릭 신자였으므로 기독교화라는 명분은 빛이 바랜다는 평가가 가능하다.

[99] 1893년 심각한 불황을 맞은 미국 경제는 이를 극복하기 위하여 과잉 생산된 상품을 판매할 수 있는 외국 시장을 필요로 했다. 이러한 제국주의적 필요 때문에 필리핀 식민지를 획득한 측면이 있다. 쿠바와의 갈등에서 스페인 식민지의 허약함을 이미 확인한 미국은 시장·원료 공급지와 중국 시장 침투를 위한 군사기지 확보를 위하여 필리핀을 식민지로 개척한 것이다[Daniel B. Shirmer and Stephen Rosskamm Shalom, eds., *The Philippines Reader: A History of Colonialism, Neocolonialism, Dictatorship, and Resistance* (Boston: South End Press, 1987), pp. 5-7]. 또한 공산주의의 팽창을 저지하는 반공의 보루로서 성격과 기독교 국가로 개종시킨 '기독교의 방벽'으로서의 성격을 가지고 있었다고 주장된다["General MacArthur's Address to the Congress, April 19, 1951," in William Appleman Williams, ed., *The Shaping of American Diplomacy* (Chicago: Rand McNally, 1956)], p. 1116.

[100] Teodoro A. Agoncillo and Oscar M. Alfonso(1960), 앞의 책, pp. 293-318.

우는 제국주의자들의 식민지 쟁탈전 과정에서 획득한 전리품에 불과했으며,[101] 적어도 초기에는 억압적 방법으로 통치되었던 것이다. 선한 의도가 아니라 세력 확보라는 현실적 의도에서 식민통치를 시작했다는 해석이다. 그러한 과정에서 토착인들의 강력한 저항에 밀려 자치 부여라는 개량적 방법으로 어쩔 수 없이 전화(轉化)·변형된 것이다. 따라서 '자비로운' 미국이 후진국을 자발적·일방적으로 도와준 것(훈정; 정치적 훈련을 베풂)이 아니라 민족주의가 강한 나라에서 구시대적인 방법으로는 식민지 경략(經略)이 불가능했기에 어쩔 수 없이 택한 진퇴양난의 개량적 발산이요 타협이었다. 즉 '민족주의 고양'이라는 세계사적 조류 속에서 개량적 발산인 자치마저 용인하지 않으면 새롭게 얻게 된 식민지를 유지할 수 없는 추세였던 것이다. 후기에 들어서 다른 유럽 국가들의 전통적 식민통치에 비하여 융통성을 발휘하여 자치를 보다 더 많이 허용했다는 것은 인정할 수 있지만 이는 수단의 차이일 뿐 본질 면에서는 차이가 없다. 더구나 이러한 자치는 미국이 선해서 자발적으로 부여한 것이 아니라 필리핀 민족주의가 강해서 어쩔 수 없이 시행된 것이다. 식민통치의 유화적 변화는 자신들의 효율적 지배를 위한 교묘한 타협이었던 것이다.

또한 당시 미국 내 일각에서 제기되었던 반제국주의운동이 미국의 제국주의적 행동을 순화시키는 작용을 한 측면도 있다. 19세기 말~20세기 초 미·서전쟁의 결과로 미국은 윌슨과 루스벨트가 훗날 공식적으로는 혐오한다던 유럽식 제국주의와 닮아갔다. 즉 미국판 제국주의 시대였다고 할 수 있다. 당시 미국의 일부 지식인들은 미국식 제국주

---

[101] 이완범(1996), 앞의 글, 439-457쪽 참조.

에 대항했다. 이것이 최초의 반제국주의 저항기이다.[102] 트웨인(Mark Twain)과 카네기(Andrew Carnegie) 같은 저명한 미국인은 미국의 식민지화와 전쟁에 반대해 '미국 반제국주의 연맹'을 결성했다. 이렇듯 미국 일각에서 제기된 반전운동은 제2차 세계대전의 유럽전선에 미국의 보다 적극적이며 조속한 개입을 요구하는 영국의 소망을 실망시키는 데 일부 작용했고 결과적으로는 영·미 동맹관계가 부분적으로 손상되었다. 이렇듯 반제국주의 압력은 필리핀에서 미국의 제국주의적 행동을 순화시키는 데도 일조했으며, 제2차 보어전쟁[103]에서 미국을 영국과 대립하게 했다.

미국 내 반제적 분위기에 더하여 미국이 통제할 수 있는 지도자를 옹립하여 간접적으로 통치하는 양식인 '자치'를 통해 막대한 군사력과 억압적 수단 없이도 경제적 잉여를 수탈할 수 있었으므로 식민지 관리비용을 줄일 수 있었다는 면에서는 자치 부여가 가장 효율적인 지배 양식이었다. 의회제도는 필리핀 지배 장기화의 틀을 마련했으며 또한 교육에서 영어를 공용어로 함으로써 필리핀의 민족의식을 약화 내지는 말살시킬 수 있었다.[104] 따라서 후기의 미국식 식민지배에 들어 있는 인본주의나 계몽주의적 요소를 완전히 무시할 수는 없겠지만 그것은 구호나 수사에 불과한 측면이 있다.[105]

---

[102] 다음 반제국주의 운동기는 1960~1970년대 미국의 베트남전 개입에 반대한 반전운동의 시기이다.

[103] 1899년부터 1902년까지 전개된 네덜란드계 보어인과 영국 사이의 전쟁으로 전력이 압도적으로 우세한 영국이 승리함에 따라 보어인의 영토는 영국의 식민지가 되었다.

[104] 권오신, 「미국에 의한 필리핀 植民化의 初期政策: 태프트(William Howard Taft)의 政策과 役割을 중심으로」, 『강원사학』 8(1992), 172쪽.

[105] 물론 전체주의적 이데올로기로 무장된 일본의 식민지배에 비해서는 불완전한 지배였다고 할 수 있다. 미국의 식민지배는 자유주의 이론으로 채워지고 있으며 '자유를 수호한다'는 명분이 있기 때문이다.

자치능력이 부족했기에 훈정을 행할 수밖에 없었다는 합리화도 미국 침략 전 필리핀인의 자치능력을 증명해주는 중앙정부가 있었다는 사실로 반박될 수 있다. 필리핀은 1898~1899년 아시아에서 최초로 공화주의 국가를 선포한, 사상적으로는 깨어 있는 나라였다. 한편 미국의 훈정 이후, 즉 자치능력 배양 이후 독립된 필리핀이 과연 서구 민주주의적 시각에서 봤을 때 자치능력이 확실하게 배양되었다고 보기는 어렵다. 따라서 '자치능력 부족'이라는 구실은 미국의 식민지배 합리화 의도를 은폐하기 위한 수사 내지는 미국의 이상일 뿐이라는 것이 명백하다.

미국은 필리핀의 독립 달성 과정을 '민주주의의 쇼윈도'라고 극구 찬양했지만 그것은 어디까지나 과장에 불과한 측면이 있다. 특히 경제적인 면에서는 다른 유럽 식민지의 경우와 마찬가지로 본국의 경제적 이익에 봉사하는 식민지 경제를 형성시켰을 뿐이다. 독립으로 이행하는 과정에서 열대 특산물, 천연자원 개발이 주로 추진되었을 뿐, 농업이나 민생에 필요한 하부구조(infrastructure)의 형성은 최소한으로 억제되었다. 유통 부문도 주로 화교들이 지배하게 되었다. 또한 필리핀은 식민 모국 미국이 생산하는 공산품의 시장으로 간주되었으므로 필리핀의 제조업은 발달하지 못했다. 이 결과 필리핀에는 식민지 특유의 기형적 경제구조가 형성되었다. 이는 정치적 독립을 달성한 후에도 경제적 종속관계를 존속시키고자 했던 미국의 의도가 관철된 결과였다.[106] 독립 후 신식민지까지는 아닐지라도 대미종속은 상당 기간 유지되었다.

그런데 1953~1957년 막사이사이(Ramon Magsaysay)가 지배했던 필리핀의 경제는 토지 분배 등으로 인해 아시아-태평양 지역에서 가장

---

[106] 레나토 콘스탄티노·레티샤 콘스탄티노 저, 김호철 편, 『필리핀 민중운동사』(동녘, 1985), 27쪽.

근대화된 선진 경제로 평가되기도 했다. 그렇지만 이것은 미국의 전시 (展示) 효과가 잠시 돋보였던 결과일 뿐이어서 이런 평가는 오래 지속되지 못했다.[107] 전임 자유당 키리노 정권의 부패를 청산하기 위한 국민당 막사이사이 정권의 노력을 미국이 후원한 결과이기도 했다. 이렇게 개혁을 단행하려 한 미국 주도형의 정권도 국내 정치세력에 기반을 두지 못했기 때문에 정치적 선진화를 산출해내지는 못했다.[108] 특히 1965년 국민당의 마르코스가 집권했을 때 경제개혁을 추진하여 1969년 재선되었지만 1986년 물러날 때까지 독재체제를 이어나갔다.[109]

필리핀 아시아태평양대학교 교수 듀몰(Paul Dumol)은 미국의 필리핀 통치가 미국의 식민지화(American colonization)가 아니고 미국식 훈정(American tutelage or American apprenticeship)이라고 긍정적으로 평가했다. 미국은 1907년부터 선거를 통해 필리핀 의회를 구성했고 1935년에는 대통령까지 선출한 이른바 코먼웰스(필리핀 자치령; Commonwealth of the Philippines) 시대를 거쳐 제2차 세계대전 직후인 1946년 정식 독립국이 될 때까지 의회 구성부터 정식 독립까지 민주주의 수습 기간이 약 40년 걸렸으므로 미국 지배는 민주주의 훈련기였다는 것이다. 이는 루스벨트가 40년간 미국의 필리핀 지배를 탁치로 간주해 한반도 탁치에 적용하려 했다는 근거가 되었다고 할 수 있다. 그런데 미국은 1902년 필리핀을 '합병되지 않을 미국의 속령

---

[107] 미국의 육군부가 펴낸 *Philippines: A Country Study*, Area Handbook Series (Washington, D.C.: Department of Army, 1983), p. 45에도 막사이사이 정부하의 '제한적(limited)' 개혁이라고 서술되어 있다.
[108] Carl H. Lande, "The Philippine Political Party System," *Journal of Southeast Asian History*, vol. 13, no. 1 (1967).
[109] Carl H. Lande, "Parties and Politics in the Philippines," *Asian Survey*, vol. 13, no. 9 (1968).

(unincorporated US Territory)'으로 분류하면서도 식민화를 꾀했고 실제로 자치를 허용해 독립을 부여하기로 결정한 것은 1913년 미 민주당 집권 이후였으며 그 이후 공화당 집권기에 이 정책이 후퇴하기도 했다. 따라서 미국은 필리핀에 40년 동안 일관되게 독립(준비)을 위한 훈정을 실시하지는 않았으며 필리핀인들의 독립운동에 떠밀려 식민지화에서 자치 허용으로 변화했다고 보는 것이 더 타당할 것이다.

(4) 필리핀과 한국

1940년대 루스벨트는 한반도에 다국적 신탁통치(약칭 탁치)가 적용되어야 한다고 주장했다. 그는 자치능력이 없는 후진국의 인민들을 훈련시키기 위하여 훈정(탁치)이 필요하다고 보았다. 이러한 훈정의 모범적인 예로서 미국이 40여 년간 지배하고 있던 필리핀을 떠올렸던 루스벨트는 자치능력이 부족한 한반도도 신탁통치를 통하여 필리핀처럼 선진국의 지도를 받아야 한다고 주장했던 것이다. 그러나 미국의 필리핀 지배가 필리핀인들의 정치적 훈련을 도모하기 위한 것이라는 해석은 이상주의에 치우친 것임이 판명되었다. 보다 현실주의적 측면에서 필리핀 지배가 미국의 이익에 따라 시행된 것이었다면 미국의 식민지배는 필리핀을 수탈하기 위한 것이었다는 해석이었다. 이 책에서는 현실주의적 문제의식에 의거하여 미국의 식민통치 과정과 필리핀인들의 이에 대한 항쟁을 연관해서 검토했다. 1898년 미국이 '자명한 신의 뜻(Manifest Destiny)'이라는 기치 아래 필리핀 정치에 개입하고[110] 1899~1902년의 미국·필리핀전쟁에서 승리하여 1902년 식민통치를 개시할 때부터 1946년 필리핀이 독립을 얻을 때까지 미국의 식민통치 양상과 필리핀

---

[110] 알프레도 로체스·그레이스 로체스 저, 이은주 역(2005), 앞의 책, 172쪽.

인들이 어떻게 대응하여 독립하려 했는지를 역사적으로 고찰하려 했다.

필리핀인들은 외세 지배에 맞서 아시아에서는 최초로 공화국을 수립했을 정도로 일찍이 반식민운동을 전개했다. 1896년에 스페인에 대항하여 무력항쟁을 전개해 1899년에는 '필리핀제1공화국'을 수립하는 등 어느 정도의 성과를 달성했다. 당시 미·서전쟁을 수행했던 미국은 필리핀과 연합하여 스페인을 제압했다. 그러나 미국은 곧 필리핀인을 배제하고 스페인과 흥정하여 스페인을 대신한 식민지배자가 되었다. 결국 필리핀인들은 미국에 대항할 수밖에 없었다. 1899년 미국은 필리핀 혁명군에 대한 공격을 단행하여 미·비전쟁을 감행했고 필리핀 독립운동을 무력으로 진압하여 식민체제를 구축했다.

그 후 미국은 1910년대 중반부터 '필리핀화' 정책을 실시하여 자치를 추구했으며, 극단적인 독립운동을 전개하고자 했던 부류(절대독립론-무력항쟁론자)는 자치에 참여하려 했던 인사(자치론자)들에 의하여 점점 밀려났다.

필리핀은 제국주의자들 사이에 벌어진 식민지 획득 전쟁의 결과 미국이 얻어낸 전리품이었다. 19세기 말 국제정치의 소용돌이 속에 있던 필리핀은 혁명과 식민종주국의 교체를 거쳐 결국 1946년 미국으로부터 독립을 '부여'받았다. 미국은 필리핀과의 전쟁을 거쳐 이 지역을 점령했으며 초기에는 유럽 식민제국의 식민지 경략 방법과 큰 차이가 없는 식민지 경략 방식을 채택했다. '미·비전쟁과 식민체제의 구축'이라는 초기(1898~1912) 상황만 놓고 본다면 미국의 필리핀 지배는 '수탈을 위한 식민통치'였다고 판단할 수 있다.

필리핀 제1공화국은 미국의 개입으로 인해 필리핀 전체를 통괄하지는 못했다. 그러나 이러한 혁명적 열기를 바탕으로 40여 년간의 미국 지배를 거친 후 자치를 얻어냈으며 결국 미국으로부터 독립을 전취(戰

取)하는 데 성공했다.

1946년 필리핀 독립 후 자치에 참여했던 인사가 정권을 장악했다. 결과적으로 자치론자가 정권을 장악했으므로 미국의 지배가 자치를 위한 훈정이었다는 견해가 설득력을 가질 수 있다는 주장도 있다. 미국의 필리핀 개입 정책은 미국 외교정책의 기저를 이루는 고립주의적 문호개방 방안에 부합하는 것이었으므로 미국의 식민지 경영은 서구 열강의 전통적 팽창정책보다 온건한 방식이었다고 볼 수도 있다는 것이다.

그러나 서구 열강이 행한 것과 동일한 단순한 식민지배였다는 견해가 설득력을 가지는 부분도 있다. 우선 무력항쟁을 진압하고 필리핀공화국의 존재를 인정하지 않으면서 강제된 초기의 지배는 식민지배와 다르지 않았다. 또한 왜 미국의 식민통치가 유화적으로 변했는지를 살펴보면 미국이 유럽 식민제국보다 선해서가 아니라 필리핀인들의 독립 의지가 강했기 때문이었으며 그 결과 필리핀인들이 독립을 전취했다고 할 수 있다. 또한 식민지의 독립은 역사적으로 볼 때도 당시의 지배적인 흐름이요, 대세이기도 했다. 독립 후 미국 의존적인 역사가 상당 기간 지속되었던 역사적 사실에 비추어볼 때, 미국의 필리핀 지배가 자치보다는 의존과 종속으로 향하지 않았는가 하는 의문도 제기할 수 있다.

1776년 독립한 미국은 1823년 먼로 독트린(Monroe Doctrine)을 통해 고립주의 외교 노선을 천명했으며, 1850년대부터 본격적인 해외 진출의 기미를 보였다. 알래스카 매입, 경제난을 극복하기 위한 외부 진출 필요성의 대두, 중남미 일대의 영향력 확대 등 미국은 이미 팽창할 준비를 마치고 있었다. 실제로 미국은 1897년 하와이를 점령하여 태평양 제해권 장악 기반을 마련했으며, 1898년에는 미·서전쟁을 개시해 카리브해에서 스페인을 몰아냈다. 미·서전쟁의 승리로 미국은 쿠바를 보호령으로 삼고 괌과 푸에르토리코를 할양받았다.[111]

미국은 쿠바와 필리핀의 독립을 천명하며 이를 명분으로 삼아 미·서 전쟁을 개시했는데, 쿠바와 다르게 필리핀은 조기에 독립을 이루지는 못했다. 미 해군제독 듀이(George Dewey)는 1898년 6월 27일 홍콩에서 해군장관에게 보낸 편지에서 필리핀인이 쿠바인보다 자치능력이 더 있다고 보고했지만 필리핀을 병합하려 했던 사람들은 이에 별로 주목하지 않았다.[112] 하와이-괌-필리핀에 이르는 거점을 확보하여 태평양을 온전히 장악하려 했던 미국은 필리핀 제1공화국의 독립운동가들을 이용만 하고 필리핀인들의 독립 열망을 강압적으로 제어했다. 필리핀제도에 군대를 파견해 군정의 형태로 필리핀을 지배하기 시작한 것이다. 여기서 군정이란 총독 파견에 따른 직접적인 식민통치를 말한다. 1898년 8월 14일 대통령 매킨리의 명령에 따라 소장 메릿(Wesley Merritt)을 군정총독으로 하는 미군정이 설립되었다[113](1898~1935년 필리핀 미군정과 1899~1902년 쿠바 미군정, 그리고 1945~1948년 남한 미군정은 모두 점령 관리라는 면에서 공통점이 있으며 탁치형 점령으로 간주될 수 있다). 이후 필리핀은 필리핀 자치령(1935), 필리핀 제2공화국(1943)을 거쳐 제2차 세계대전 당시 일본의 압제까지 겪은 후에야 독립할 수 있었다. 신생 독립국 필리핀은 독재, 경기 침체, 사회통합 등 여러 과제 중 21세기에도 여전히 해결하지 못한 문제들이 산적해 있다. 필리핀은 스페인의 오랜

---

[111] 강택구, 「19세기 말 20세기 초 미국 제국주의의 역사적 성격과 동향」, 『경주사학』 26(2007), 183-198쪽.
[112] "Dewey's Memorandum to Secretary of the Navy," Hong Kong, June 27, 1898, Gregorio F. Zaide, ed.(1990), 앞의 책, p. 278.
[113] 이 명령은 행정부 내부의 한 소그룹의 독단적 주장에 의해 성립되었다. 이후 윌슨 행정부 시대에도 '엘리트주의'가 미국 외교정책을 지배했다. 따라서 윌리엄스는 매킨리의 명령이 미국 외교정책을 지배하는 '엘리트주의'의 서막을 연 사건이라고 비판했다. William Appleman Williams, *The Tragedy of American Diplomacy*, 2nd rev. and enlarged ed. (New York: A Delta Book, 1972); 윌리엄 애플맨 윌리엄스 저, 박인숙 역, 『미국 외교의 비극』(늘함께, 1995), 13쪽.

식민지배를 겪으며 독립국가를 세우려고 했으나 미·서전쟁 후 다시 미국의 지배를 받게 되어 독립은 더 늦어졌다. 루스벨트의 주장처럼 훈정을 통해 독립국이 된 것이 아니라 미국의 식민지배가 반대로 독립을 지연시킨 것이다.

한국은 1919년 3·1운동을 통해 일본의 식민정책을 무단통치에서 문화통치로 변화시켰다. 그러나 이것은 어디까지나 '변형된 무장통치'에 불과했으므로 기만적인 변화였다. 일본의 강압적인 통치 방식은 1945년 해방 때까지 지속되었으며 일부 지식인들에 의하여 제기되었던 자치론[114]은 굴종 이상의 것이 아니었다. 필리핀의 독립운동가는 독립이냐 굴종이냐를 놓고 미국과 타협하는 제3의 길을 택할 수도 있었지만, 한국의 독립운동가는 독립과 굴종 양극단밖에 없어 타협이 불가능했다. 독립운동가와 식민모국 일본의 관계는 적대적일 수밖에 없었는데, 이는 일본의 식민통치가 미국의 필리핀 지배와는 달리 시종일관 강압적이었으며 실질적인 자치를 허용하지 않았던 데 기인한다. 일본의 식민지배와 한국의 독립운동은 서로 영향을 주고받는 관계가 아니라 수직이며 일방적인 관계였으며,[115] 다른 외세의 개입이 없었다면 독립이 거의 불가능한 상황이었다.

19세기 말 한국과 필리핀의 역사적 상황을 '혁명론'에 입각하여 비교할 때 특색 있는 시사점을 발견할 수 있다. 필리핀의 경우 스페인의 식

---

[114] 신윤환은 한국 독립운동 연구에서 무장투쟁에 대한 강조를 주의주의(主意主義; voluntarism; 한 나라의 독립의 성취가 독립운동의 결과였다거나 혹은 독립운동이 가장 큰 요인이라고 보는 시각)적 경향과 함께 비판하고 있다[신윤환(1991), 앞의 글, 154-155쪽]. 그는 무장투쟁보다 타협적이며 평화적인 독립운동이 더 보편적이고 효과적인 독립운동 양식이라고 주장한다. 그는 온건한 독립운동조차 억압받았던 한국의 특수한 상황에도 주목했다.
[115] 이렇게 일방적인 관계가 설정된 것은 주로 일본의 통치 양식 때문이지만 한국 독립운동 세력의 책임도 극히 일부분 있다고 할 수 있다.

민지배를 통해 서구 문물을 접할 수 있었고 통일적인 중앙조직이 없었기에 혁명을 통해 공화국을 수립하는 등 서구 지향적 개혁을 비교적 성공적으로 수행할 수 있었다. 그에 비해 한국의 경우 조선왕조가 비록 쓰러져가고 있었음에도 불구하고 아직 중앙집권적인 힘을 발휘했으며 서구 문물을 거의 접하지 못했던 상황이었으므로 동학농민운동이나 갑신정변과 같은 혁명적인 정치 변화가 시도되었지만 성공하지는 못했다.[116]

미국이 필리핀을 비록 '합병되지 않을 미국의 속령'이라고 규정했지만 그래도 한때 합병을 고려했던 것은 사실이다. 그러나 점차 그 유지 비용이 만만치 않을 것이라고 예측해 종국에는 포기했다. 하와이의 경우는 원주민의 강력한 저항에도 불구하고 준주에서 주(State)로 합병했으므로 필리핀과 대비된다. 필리핀보다 그 크기가 현저히 작았고 미국 본토에 비교적 근접해 있던 하와이는 주 통합 비용이 필리핀보다 훨씬 적었으므로 통합된 경우이다.

미·서전쟁 이후 1902년 미·비전쟁 승리까지 필리핀 민족세력이 무장 독립운동을 전개함에 따라, 미국은 이를 진정시키는 데 비싼 대가를 치러야 했다. 필리핀인들은 낮에는 미국 통치자들에게 우호적인 태도를 보이고 밤에는 게릴라 활동을 전개하는 식으로 미국 통치에 저항했다. 미군들은 자신들이 장악하고 있다고 생각하는 마을에서도 매일 싸워야 했고, 본국에서는 반제국주의자들에게 비판받았다. 미국은 평정작전의 일환으로 10만 명에 이르는 필리핀인을 고용하고 10조 달러나 되는 막대한 자금을 투자했다. 이렇듯 제국주의는 이익만 가져오는 것이 아니

---

[116] 한국의 경우 만약 국내 무장투쟁(의병)이 지속되었다면 이를 통해 독립을 쟁취했든가, 별도의 타협적 운동이었던 자치론이 명실상부한 자치를 구현시켜 독립을 얻어냈을 가능성이 있다.

라, 엄청난 책임과 비용을 수반한다는 사실을 절감했던 것이다.[117] 필리핀을 식민지로 만든 이후에도 주둔 비용 등 식민지 경영 비용(cost)이 막대하다는 것을 깨닫고 이렇게 먼 지역에 과연 식민지를 가져야 하는지 그 필요성에 대해 회의하는 분위기가 미국인 사이에서 조성되었으며 이것이 점차 주류적인 견해가 되었다.

제2차 세계대전 당시 일본의 무단점령에서 회복한 미국령 괌(Guam)과 신탁통치를 거쳐 미국 속령(territory)이 된 북마리아나제도(Northern Mariana Islands)의 경우는 원주민의 저항이 크지 않았으나 주(state)로 전환하기에는 그 규모가 하와이에 비해 작아 주가 되지는 않았다.

2. 미 국무부의 한반도 신탁통치 추진 의도, 1942~1943년

미 국무부는 1942년 8월부터 자치능력 부족설에 입각한 한반도 신탁통치안을 본격적으로 구상하기 시작했다. 그 추진 의도를 보다 본질적으로 고찰하고자 한다.

1) 미국의 대중(對中) 의존과 견제의 착종

미국은 제2차 세계대전 중 한반도 구상의 입안 초기에 중국이 전후 한반도에서 절대적 영향력을 행사할 가능성이 있다고 판단했다. 중국의 장제스(蔣介石)가 한국에 대해 전통적인 패권의식을 가지고 있었기 때문이다. 1942년 8월 1일 국무차관 웰스(Sumner Welles)가 주관한 미 국

---

[117] 정토웅(2010), 앞의 책.

무부 정치국의 극동관계 비밀회의에서 다음과 같은 분석이 있었다.

> 한국과 가장 밀접한 관계를 가지고 있는 러시아와 중국은 국제적인 신탁통치나 후견제가 실시될 경우에 특별한 책임을 떠맡으려 할 것이다. 또한 미국도 발언권을 가져야 할 것이다. 중국의 경우는 느슨한 연방을 원할 것이며 한국은 아마 이 연방에 포함될 것이다.[118]

위와 같은 맥락에서 웰스는 8월 8일 소련, 중국, 미국을 신탁통치의 3대 시정국으로 지명했다.[119] 이렇게 미국은 중·소를 의식했으며 한국이 중국 연방의 일원이 될 가능성이 있다고 예측하는 등 초기에는 중국을 견제했다.[120] 그런데 미국은 한때 국민당 정부가 소련을 견제해줄 것을 기대하기도 했다. 이런 구상대로라면 한반도는 중국의 영향력 아래 놓일 수밖에 없었을 것이다. 미국은 한반도가 중국과 경제적 관계를 돈독히 하면서 국제기구의 도움을 받아야 한다고 주장하기까지 했다.[121]

---

[118] "Far Eastern Problems," P Minutes 20, August 1, 1942, RG 59, Records of Harley A. Notter, 1939~45, Records of the Advisory Committee on Post-War Foreign Policy, Box 55, p. 2.

[119] "Far Eastern Problems," P Minutes 21, August 8, 1942, RG 59, Records of Harley A. Notter, 1939~45, Records of the Advisory Committee on Post-War Foreign Policy, Box 55, p. 7, p. 13.

[120] P Document 31, August 6, 1942, RG 59, Records of Harley A. Notter, 1939~45, Records of the Advisory Committee on Post-War Foreign Policy, 1939~45, Box 54; "Tentative Views of the Subcommittee on Political Problems: March 7-October 10, 1942," P Document 121, October 22, 1942, RG 59, Records of Harley A. Notter, 1939~45, Records of the Advisory Committee on Post-War Foreign Policy, Box 54, p. 8; ["Tentative Views of Each of the Subcommittees"], P Document 151, December 7, 1942, RG 59, Records of Harley A. Notter, 1939~45, Records of the Advisory Committee on Post-War Foreign Policy, Box 54, p. 11.

[121] "International Trusteeship," Annex Ⅲ, P-236, December 8, 1942, RG 59,

1942년 12월 7일 작성된 국무부의 신탁통치안은 전후 한국의 독립을 전제로 하는 구상이었다.[122] 그런데 루스벨트는 한국의 즉시독립 문제는 제쳐두고, 어떻게 하면 한국에 대한 역할과 영향력을 부여하여 전후 아시아에서 중국을 안정시킬 수 있는가에 관심을 가졌다. 이렇듯 미국이 신탁통치안을 처음 구상할 때는 중국의 독점적 지배를 의식하여 견제하면서도 중국 의존적인 방식을 고려하는 모순된 입장이었던 것이다.

그러나 1942년 이후 국민당 정부의 영향력이 약해지자 중국 의존적 구상을 포기하고 미국 자신이 국민당 정부 대신 소련을 견제하고자 했다.

Records of Harley A. Notter, 1939~45, Records of the Advisory Committee on Post-War Foreign Policy, Box 54, p. 2; "An International Trusteeship for Non-Self-Governing Peoples (as considered to October 8, 1942)," P Document 118, P-I.O. Document 95, October 21, 1942, RG 59, Records of Harley A. Notter, 1939~45, Records of the Advisory Committee on Post-War Foreign Policy, Box 55, p. 7.

[122] "The Far East: Japan, Imperial Powers and International Trusteeship," P Document 151, December 7, 1942, RG 59, Records of Harley A. Notter, 1939~45, Records of the Advisory Committee on Post-War Foreign Policy, Box 54; "International Trusteeship," P-123b, December 8, 1942, RG 59, Records of Harley A. Notter, 1939~45, Records of the Advisory Committee on Post-War Foreign Policy, Box 54; 정용욱·이길상 편(1995), 앞의 책, 243-246쪽. 1943년 2월 22일 루스벨트는 국무부 탁치안에 공감해 동아시아에서 만주와 대만은 중국에 반환되고, 한국은 신탁통치되며 인도차이나는 프랑스에 반환되지 않지만 전후 지위는 미정이라고 말했다고 한다. 이러한 방안은 3월 27일 이든 영국 외상과의 면담에서 루스벨트의 발언으로 이어졌다. Memo, "Indications of Contact with President on Post-War Matters," n. d., Notter File; Xiaoyuan Liu(치晓原), "Sino-American Diplomacy over Korea during World War Ⅱ," *The Journal of American-East Asian Relations* vol. 1 no. 2 (Summer 1992), p. 244(www.jstor.org/stable/23613301; www.jstor.org.ssl.openlink.aks.ac.kr:8080/stable/pdf/23613301.pdf?refreqid=fastly-default%3A042a95317262f00ff625afe875f90630&ab_segments=&origin=&initiator=&acceptTC=1, 검색일: 2023년 11월 24일); 박다정(2022), 앞의 글, 350쪽, 383쪽.

2) 미국과 중국의 대소 견제 전략

보편적 신탁통치안은 미국이 구상했지만, 한반도 신탁통치안의 경우에는 중국이 미국보다 적극적이었다. 따라서 미국은 입안 초기부터 중국의 복안을 의식했다.

1943년 3월 13일 미 국무부 정치국 비밀회의에서 웰스는 다음과 같이 언급했다.

한국에 관해서 중국 정부는 가능한 한 빨리 독립이 회복되기를 희망하고 있다. 이를 위해서는 한국인들을 자립할 수 있게 하는 국제적 신탁통치가 효과적인 방법이라고 생각한다. 중국 정부가 상정하는 가장 바람직한 국제적 신탁통치는 중·미·소 3국의 복합체가 시정하는 형태이다. … 데이비스(국무부 관리)가 중국이 영국의 개입을 원하지 않느냐고 문의했을 때, 웰스는 단호히 아니라고 대답한 후 다음과 같이 중국의 의중을 추측했다. 중국 정부는 25년 이내의 한반도 신탁통치를 통하여 독립이 달성되어야 한다고 생각할 것이다. 중국은 소련에 대하여 의구심을 가지고 있는데, 소련이 미국과 중국에 의하여 훌륭하게 제어될 수 있다고 생각하고 있다. 중국은 자국이나 미국 중 어느 일국에 의한 단독신탁통치에 대하여 소련이 다음과 같은 태도를 가질 것이라고 추측할 것이다. "소련은 거부하는 대신 독자적인 목소리를 가지기를 희망할 것이다."[123]

위 글에서는 중국이 신탁통치안을 채택한 이유로 소련 견제를 언급하

---

[123] Department of State, Division of Political Studies, P Minutes 47, March 13, 1943, RG 59, Records of Harley A. Notter, 1939~45, Records of the Advisory Committee on Post-War Foreign Policy, pp. 8-9.

고 있다. 이것은 미국이 한반도에 신탁통치를 적용하려는 주요한 목적 중 하나이기도 했다. 이러한 맥락에서 미국의 신탁통치안 채택 의도는 중국과 비슷했다고 할 수 있다.

또한 중국과 미국의 단독신탁통치 희망을 암시하면서 논의를 전개하고 있다. 1943년 11월 말 카이로회담에서 장제스는 한반도 독립을 선호했고 루스벨트는 신탁통치를 적용하려 했다고 하는데, 위 자료에 따르면 중국도 한반도에 대한 신탁통치 적용을 고려했다고 할 수 있다.

3) 미국의 대소 견제 점증과 그 귀결

소련 극동정책에 대한 미국의 회의적 태도는 신탁통치의 필요성에 대한 미국의 신념을 더욱 강화했다.[124] 1942년 가을 미 국무부 극동국은 중국, 뉴질랜드, 미국 대표들로 위원회를 구성해 전후 한국의 주권을 보장하기 위하여[125] 그 나라에 대한 국제 신탁통치 정책을 개발한다는 계획을 제출하면서 소련과도 협력해야 한다고 지적했다. 여기서 미국이 소련을 의식했음이 확인된다.

국민당이 대표하는 중국의 강대국 지위는 이미 붕괴되기 시작했으며 만약 소련이 대일전에 참전한다면 새로운 강자로서 부각될 것이므로 신탁통치안의 중국 견제적 성격은 거의 희석되고 소련 견제적 성격이 보다 뚜렷하게 나타났다.[126]

---

[124] William George Morris(1974), 앞의 책, p. 36.
[125] 그런데 그 주권이 문자 그대로 모든 나라에 대하여 무제한적으로 보장되는 것은 아니었다. 당시 약소국의 경우 모든 강대국에 주권이 보장되지 않았다. "중국과 소련의 단일 지배를 방지하고 미국의 상업적 권리가 보장되는 한국 주권이 확보된다"라는 문호개방식의 '미국에 우호적인 것을 전제로 하는 주권 보장'이었던 것이다.
[126] "Occupation and Control of Japan in the Post-Defeat Period, 16 Feb 1945," Declassified Material in National Archives, ABC 014, RG 165, p. 11. 한편 전후

결국 1945년 7월 4일 미 육군부 작전국의 전략정책단은 "소련의 지배를 방지할 수 있는 4개국 신탁통치안을 지지해야 한다"라고 주장하기에 이르렀다. "만약 미국이 한반도에서 영향력을 행사할 수 있는 지위를 (전쟁 중에) 얻지 못한다면 신탁통치안에 대한 사전 협정을 만들어서 소련의 일국지배를 방지해야 한다"라는 것이었다.[127] 여기서 미국이 한반도에 대한 독점을 원하고는 있지만 현실적으로 불가능하므로 소련의 일국지배를 방지하기 위한 차선책으로 신탁통치를 입안했다는 사실 또한 간파할 수 있다. 미국이 신탁통치안에 집착한 이유는 단지 소련의 지배를 방지하고 한반도에 영향력을 행사하려는 데 있었다. 따라서 신탁통치안의 가장 중요한 목적은 '소련의 지배 방지와 자국의 세력권 확

한반도에 대한 지배권을 두고 중국과 소련이 충돌할 것을 우려한 미국이 이를 방지 혹은 조정하기 위해 4대 강국이 모두 참여하는 신탁통치를 결정했다는 해석도 있다. 박다정, 「미국의 38선 획정 원인과 목적(1943~1945)」, 『역사학보』 260(2023), 115-116쪽, 144-145쪽. 그렇다면 중국과 소련을 동시에 견제할 수 있는 방안이 양국을 모두 참여시키는 다국적 탁치안이었다는 해석도 가능하다. 종합적·결과적으로 보면 그렇지만, 매 국면마다 혹은 정책 결정에 참여한 인사의 시각에 따라 중국견제안, 소련견제안으로 그 성격이 다르게 구현되었으므로 상이하게 해석되는 것이다. 실제로 메트레이는 중국견제안으로, 유효원은 소련견제안으로 해석했다고, 박다정은 평가했다. James I. Matray, "An End to Indifference: America's Korean Policy During World War Ⅱ," *Diplomatic History*, vol. 2, no. 2 (Spring 1978), pp. 181-196; Xiaoyuan Liu, *A Partnership for Disorder: China, the United States, and Their Policies for the Postwar Disposition of the Japanese Empire, 1941~1945* (Cambridge, UK: Cambridge University Press, 1996); 박다정(2022), 앞의 글, 351쪽. 그런데 심층적으로 미국의 탁치안을 보면 미국의 국익 확보 수단이라는 것이 가장 근본적이며 공통적으로 적용될 수 있는 해석이다. 박다정의 주장처럼 중·소를 조정한다고 했을 때 미국이 얻을 수 있는 소득은 전시라면 모를까 전후에는 미미하다고 할 수 있다. 그것보다는 미국이 중·소를 동시에 견제하기 위해서 탁치안을 입안했다는 필자의 해석이 더 설득력이 있다.

[127] S & P Group, OPD, WDGS, "Occupation and Control of Japan in the Post-Defeat Period," 4 July, 1945, Records of the War Department General and Special Staffs, RG 165, National Archives, Washington,D.C., ABC 014 Japan (13 Apr 44), Sec 4, p. 11, p. 3.

보'이다. 신탁통치안은 이러한 목적을 위하여 봉사하는 수단에 불과했다. 만약 다른 어떤 효율적 방식을 통하여 이를 달성할 수 있다면 신탁통치안은 언제라도 기각될 수 있었으며 이는 이후 역사에서 실증되는 바이다.

4) 국무부의 2단계 구상, 1943년 5월

1943년 5월 19일·25일과 26일 국무부 전후대외정책자문위원회 내의 패전국 영토 등 국경선 분쟁을 다루는 영토소위원회(Subcommittee on Territorial Problems) 위원장 보튼(Hugh Borton)[128]은 한국 독립과 관련된 문제점을 살핀 「한국: 국내정치구조」, 한국의 역사적·지리적 조건을 분석한 「한국: 영토와 국경의 제 문제」와 전후 처리안을 논한 「한국: 독립 문제」라는 3편의 보고서를 작성하여 회람했다. 이 문서들에 의하면 신탁통치체제 아래서 자치가 훈련된 후 독립이 실현되어야 한다는 것이었다.[129] 1943년 5월 19일 안보기술위원회(Security Technical Committee)에 참석한 보튼은 한국인들의 자치능력부족설은 통설이 되었다면서, 만약 유엔의 승전국들이 한국을 독립이 이루어지기 전까지

---

[128] 미국 국무부 내부에서 한반도 처리 문제를 주도한 보튼은 한반도 전문가가 아닌 자신이 그 일을 맡게 된 것은 자신보다 아는 사람이 없었기 때문이라고 증언했다. 이 증언은 이 오키베가 직접 보튼에게 인터뷰한 것의 소산이었다[五百旗頭眞, 『米國の日本占領政策 戰後日本の設計圖 上』(東京: 中央公論社, 1985), 244쪽]. 보튼은 컬럼비아대학교 교수로서 일본 정치 전반에 관한 전문가인데 이 일을 기화로 한국 문제 전문가까지 되었다.

[129] "Korea: Internal Political Structure," T 318, May 19, 1943, RG 59, Records of Harley A. Notter, 1939~45, Records of the Advisory Committee on Post-War Foreign Policy, Box 63; "Korea: Territorial and Frontier Problems," T 316, May 25, 1943, RG 59, Records of Harley A. Notter, 1939~45, Records of the Advisory Committee on Post-War Foreign Policy, Box 63; "Korea: Problems of Independence," T 319, May 26, 1943, RG 59, Records of Harley A. Notter, 1939~45, Records of the Advisory Committee on Post-War Foreign Policy, Box 63.

통제한다면 과연 어느 나라가 통치할지가 중요한 문제라고 했다. 이 대목에서 보튼은 특히 중국과 소련의 한국에 대한 야욕을 견제하는 방안을 구상해야 한다는 주장을 개진했다. 양국은 상대방이 전후 한국에서 우월한 지위를 가지는 것을 용인하지 않을 것이므로 "국제적 관리를 위한 모종의 기구(some machinery for international control; 구체화된 것이 국제탁치-인용자)"가 유일하고 안전한 방안이라고 주장했던 것이다.[130] 따라서 당시의 국무부 국제탁치안은 중국과 소련의 한반도 독점을 견제하는 방안이었다.

만약 한국이 전후 즉시독립된다면 중국은 임시정부를 내세울 것이고, 소련은 재소한인들을 내세워 혼란이 조성될 가능성이 있었다. 하여 다국적 신탁통치(한국의 독립 유예)는 중국과 소련의 이익을 제어하고, 당시에 상대적으로 떨어졌던 미국의 이익을 최대한 확보하려는 방안이었다.

이 시점까지 대한정책 구상은 '신탁통치 → 독립'의 2단계 방안으로 단순한 편이었다. 가까운 시일 내로 일본이 항복할 것 같지 않았으므로 신탁통치에 대하여 시급히 준비할 필요는 없었다. 따라서 이를 실현하기 위한 구체적인 구상은 없었다. 일본 항복 후 신탁통치 실시 전에 선행되어야 할 군사작전(예를 들면 항복 접수를 위한 점령)에 대하여 고려할 상황은 아니었던 것이다. 이후 국무부는 '점령 → 신탁통치 → 독립'이라는 보다 구체화된 3단계 방안을 제시했다. 그런데 이러한 구체화는 1943년 12월 1일 카이로에서 미·영·중 간에 약속된 'in due course' 구절을 보다 세밀화하려 했던 1944년 3월에야 가능했다.[131]

---

[130] ST(Security Technical Committee) Minutes-18, 19 May 1943, RG 59, Records of Harley A. Notter, 1939~45, Box 79; Xiaoyuan Liu(刘曉原)(1992), 앞의 글, p. 245.
[131] 이완범, 「미국의 38선 획정과정에 대한 연구(1944~1945)」, 한국국제정치학회 연구발표회 발표문, 1995년 3월 18일, 10-12쪽.

3. 신탁통치 초기 구상과 국제적 협의 시작, 1942~1943년

1) 신탁통치에 대한 각국의 반응

(1) 신탁통치를 국제적으로 논의하기 시작한 루스벨트, 1942년

　루스벨트는 1942년 중반부터 유럽 식민지가 독립국가들의 연합과 신탁통치령들로 대체되어야 하고, 이를 체계적으로 관리할 새로운 기구를 수립해야 한다고 주장하기 시작했다.[132] 1942년 6월 1일 소련 외상 몰로토프와의 면담에서 한국을 예로 들지는 않았지만 국제적 논의를 개시한 것이 그 예이다.[133]

　그런데 독립을 위한 훈정 기간을 거친 필리핀의 경우도 역시 제국주의적인 식민통치의 성격을 가지고 있었다. 미국은 이타주의, 선의, 은혜로운 정책을 표방했지만 그것이 실제 현실세계에서는 퇴색되거나 변질되어 수사에 그친 측면이 없지 않았다. 자치를 표방한 의회제도는 식민지 통치를 장기화하는 데 기여했으며 교육에서 영어를 공용어로 함으로써 필리핀의 민족의식을 약화·말살시켰다.

　한편 1943년 3월 미 국무장관 헐도 영국 외상 이든과 장기간에 걸친 회담 끝에 식민지와 신탁통치에 대한 원칙적인 동의를 얻은 다음 과거의 위임통치에서 진보된 제도를 수립할 수 있었다고 기록했다.[134] 탁치는 위

---

[132] Paul Orders, "'Adjusting to a New Period in World History': Franklin Roosevelt and European Colonialism," in David Ryan and Victor Pungong, eds, *The United States and Decolonization: Power and Freedom* (New York: St. Martin's, 2000), pp. 63-68.

[133] 당시 루스벨트는 한반도가 소련의 접경지역이라 그들의 관심지역이 될 수 있어 거명하지 않았던 것이다.

[134] 구대열(1995), 앞의 책, 257쪽.

임통치에서 착상되어 그 제도를 진보시킨 성격을 가지고 있음을 확인할 수 있다.

미국은 만약 한국을 독립시킨다면 왕조체제가 다시 복구될지도 모른다고 판단했다. 자치능력 결여가 신탁통치라는 과도기적 훈련의 필요성을 뒷받침하는 미국의 주요한 이유였지만, 왕조체제의 복구 우려도 그 부분적 이유 중의 하나였다. 임시정부 등 한국의 독립운동세력이 복벽(復辟) 운동과 이미 절연했음을 미국은 몰랐다.

(2) 대한민국임시정부의 즉각적 반대, 1942년~1943년 3월

중국 충칭에 있던 대한민국임시정부(약칭 임시정부 혹은 임정) 주석 백범 김구는 전시 연합국과의 외교를 비중 있게 고려했다. 그 결과 1941년 6월 전후 한국의 독립 보장과 임시정부의 승인을 중국 총통 장제스와 미국 대통령 프랭클린 루스벨트에게 요청했다. 1941년 12월 7일 일본의 진주만 공습으로 태평양전쟁이 발발하자 임정의 대미승인 외교가 본격화되었다. 이에 1941년 12월 22일 미 국무부가 충칭 주재 미국대사 고스(Clarence E. Gauss)에게 임정의 실제 세력과 조직, 그리고 임정에 대한 중국 국민당 정부의 태도 등에 대해 즉각 조사하여 보고하도록 지시하는 등[135] 미국도 임정에 주목해 평가 작업에 착수했다. 1942년 2월 12일 보내서 3월 12일에 접수된 회신에서 고스는 임정 외교부장 조소앙과의 만남을 통해 임정이 다른 독립운동가들을 이끄는 유일한 구심점이라는 조소앙의 확신 외에 다른 객관적인 증거를 발

---

[135] 고정휴, 「해제」, 대한민국임시정부자료집 편찬위원회 편, 『대한민국임시정부자료집 26: 미국의 인식』(국사편찬위원회, 2008), p. viii. 이하 대한민국임시정부자료집 편찬위원회 편, 『대한민국임시정부자료집』 1~45(국사편찬위원회, 2005~2011)은 책명과 권수만 기재함.

견하지 못했다고 술회했다.[136] 이에 1942년 3월 17일 미 국무부 극동국은 임정이 구체적인 조직력(concrete organization)이나 프로그램(precise program)이 없으며, 리더십 면에서 국내외 동포들에게 거의 영향력을 행사하지 못하는 평균연령 62세의 노쇠한 망명가 집단이라고 평가했다.[137]

미국은 영국의 의견도 물었는데, 영국은 한국 독립이 인도 독립을 자극할 것이라고 보아 임정 승인에 동의하지 않는다는 태도를 보였다. 이에 장제스도 임시정부 승인을 유보했다. 그렇지만 김구는 포기하지 않았다. 김구는 1942년 충칭에서 열린 3·1절 기념대회에 각국 기자들과 외국인들을 초청해 공개적으로 중국·미국·영국·소련에 한국 독립 보장, 임시정부 승인, 한국의 27번째 참전국 인정 등을 요구했다.

중국 측이 맨 처음 반응을 보여 입법원장(국회의장) 쑨커(孫科)가 이를 지지하고 공개적으로 미국과 영국에 그 승인을 요청했다.[138] 쑨커는 1942년 3월 22일 강연에서 한국 독립과 임시정부의 승인을 강조했다.

---

[136] "The Ambassador in China (Gauss) to the Secretary of State (Hull)," 895.01/81, Chungking, February 12, 1942, *FRUS, 1942*, vol. I: General; the British Commonwealth; the Far East, p. 861.
[137] "FE Memo," 17 March 1942, attached in "The Ambassador in China (Gauss) to the Secretary of State (Hull)," 895.01/81, Chungking, February 12, 1942; William G. Morris(1974), 앞의 책, p. 13.
[138] 신용하, 「(다시 보는 한국역사 10·끝)카이로선언과 김구」, 『동아일보』, 2007년 6월 9일자. 신용하는 김구가 외교적으로 미숙했으며 국제정치의 냉혹한 현실에 대해 잘 인식하지 못했다는 평가에 대해 "중국 국민당과 군사 협력 관계에 있었던 상황에서 백범이 공산당과 공식 관계를 모색하기는 어려웠다"라며 "당시 장제스를 설득해 카이로회담에서 한국의 독립을 명문화한 것은 백범 외교의 진가"라고 반박했다. 한시준도 "백범이 광복군의 연합군 OSS부대 참가를 주도한 것은 승전 후 연합국의 지위를 획득하려 한 것"이라며 "이는 백범이 외교에서 상당한 전략을 구사했음을 보여준다"라고 반론을 제기했다[『백범 김구 탄생 130주년… "나라가 혼란할 때 필요한 지도자"』, 『동아일보』, 2006년 9월 23일자]. 또한 김구는 이승만을 통해 미국과도 외교관계를 형성하려는 노력을 기울였다는 반론도 있다. 중화민국 장제스 정부에서 임정에 대한 지원을 줄이자, 그가 이승만과 함께 임정을 미국으로 이전하려는 계획을 수립하기도 했다는 것이다.

이어 중국 신임 외교부장 쑹쯔원(宋子文; Paul Tse-Ven Soong)은 루스벨트에게 직접 한국 독립과 임시정부 승인 문제를 제출했다.

그러나 루스벨트는 한국 문제를 인도의 자치 문제와 연관 지어 해결해야 한다고 생각했다. 영국이 인도의 독립 내지는 자치 문제에 대해 아직 충분한 동의를 하지 않았으므로 한국 독립 문제 논의도 시간이 필요했다.[139] 뒤이어 5월 1일 고스는 중국에 통지하기를, 재외 한인들 사이의 분열이 심하고 해외 독립운동단체가 국내 한국인들과 연결되어 있지 못하며, 미국 내 독립운동단체와 소련의 지시를 받는 한인 단체들을 고려해야 하므로 임시정부를 승인할 수 없다고 했다. 정세의 추가적인 혼란을 피하기 위해 신중히 고려하고 있다고도 말했다.[140] 중국이 임시정부 승인을 유보한 데에는 미국의 압력이 작용했다. 중국 국민당 정부는 한국 독립 문제가 임시정부 승인 문제와 밀접한 연관을 갖는다고 보았다.

한반도 국제공동관리(국제공관)안은 1942년 4월에 『포춘(Fortune)』, 『라이프(Life)』, 『타임(Time)』과 1942년 7월 『아시아(Asia)』 잡지 등에서 보도되었고, 미국 서던캘리포니아대학교 국제협의회 토론 과정에서도 제기되었다.[141] 『아시아』에는 '한국 문제는 국제공동관리로 해결한다'는 내용이 실렸다고 한다.[142] 이러한 보도는 미국 정부가 한국에 대한 정책

---

[139] 胡春惠, 『韓國獨立運動在中國』(臺北: 中華民國史料硏究中心, 1976), 310-311쪽; 胡春惠 저, 신승하 역, 『中國안의 韓國獨立運動』(단국대학교 출판부, 1978), 273-274쪽.

[140] *FRUS, 1942, China*, p. 762; 胡春惠(1976), 위의 책, 311쪽; 胡春惠 저, 신승하 역(1978), 위의 책, 274-275쪽.

[141] 趙素昻, 「戰後韓國獨立問題不能贊同國際共管」(1943년 2월 1일), 삼균학회 편, 『소앙선생문집』 상(횃불사, 1979), 178쪽; 趙素昻, 「聲明書(駁國際共管論)」(『大公報』, 1943년 2월 1일), 310-311쪽; 이호재, 「二次大戰중 韓國人의 對外認識과 主張: 新韓民報의 내용을 중심으로」, 『아세아연구』 68(1982), 9쪽.

[142] 「재중국자유한인대회선언」, 『독립신문』 창간호, 1943년 6월 1일자.

을 공식적으로 채택하기 이전에 언론을 통해 여론의 반응을 살피기 위한 일종의 언론 플레이였다.

1942년 탁치안 구상 직후부터 제기된 한국인의 반대는 당시 김구가 영도했던 임시정부세력들이 주도했다.[143] 따라서 이들의 선구적인 혜안을 반드시 지적해야 한다.

1942년 12월 미국 국제문제연구소(The Institute of World Affairs)를 통해 신탁통치안이 알려지자[144] 충칭의 김구, 조소앙 등과 미국의 이승만은 절대적 독립을 요구하면서 즉각 반발했다.[145] 조소앙은 국제공관(國際共管; 국제공동관리)에 반대하는 성명서를 작성해 충칭에 있는 각 신문사 기자들을 초청해 발표했으며 이는 1943년 2월 1일 충칭의 신문 『대공보(大公報)』에 실렸다.[146] 또한 미국의 일부 인사들이 국제공관을 주장했다는 소문이 돌자, 임시정부는 1943년 3월 성명서를 발표해 "한인 전체는 완전한 독립을 요구하며 한인들이 피 흘려 싸우는 목적은 독립에 있지 공관(共管)에 있는 것이 아니다"라고 반박했다.[147] 이때부터 사실상 반탁운동이 시작되었다. 이렇듯 탁치안은 확정된 정책으로 구체화되기 전부터 한국인의 반대에 부딪혔다.

---

[143] 이재호, 「대한민국 임시정부의 국제공동관리안 반대운동, 1942~1943」, 『한국독립운동사연구』 48(2014), 77-91쪽.

[144] James I. Matray, "The Reluctant Crusade: American Foreign Policy in Korea 1941~50," Ph.D. dissertation, University of Virginia(1977), p. 45.

[145] *The New York Times*, 23 December 1942; "Gauss to Hull," 29 December 1942, Department of State File #895.01/207 in James I. Matray, "An End to Indifference: America's Korean Policy During World War Ⅱ," *Diplomatic History*, vol. 2, no. 2 (1978), p. 183. 당시 가우스(Gauss)는 주중대사이며 헐은 국무장관이었다.

[146] 趙素昻, 「聲明書(駁國際共管論)」(『大公報』, 1943년 2월 1일), 삼균학회 편(1979), 앞의 책, 178쪽, 310-311쪽.

[147] 趙素昻, 「聲明書(駁美國一部人士之謬論)」, 1943년 3월, 삼균학회 편(1979), 앞의 책, 314쪽.

당시 한인은 신탁통치라는 생소한 개념을 제대로 인식하지 못했지만, 독립과는 다른 국제공관, 위임통치와 같은 낡은 제도[148] 등으로 이해하여 그것이 즉시독립을 의미하는 것이 아니라면 반대한다는 태도를 명백히 했다. 해방 후 반탁운동은 충칭에서 전개된 국제공동관리 반대운동의 연장이라고 평가된다.[149] 적어도 1946년 1월까지의 초창기 반탁운동은 그렇게 볼 수 있으며 그 이후는 권력투쟁으로 변질되었다고 할 수 있다.[150]

(3) 신탁통치 구상의 후퇴: 추축국 식민지에만 제한적 적용

그러나 루스벨트의 구상은 망명정객의 반대에 아랑곳하지 않고 계속 진전되었다. 루스벨트는 아시아에 있는 영국·프랑스·네덜란드 식민지 등을 비롯해 신탁통치를 전 세계에 보편적으로 적용하려다가 전승국인 영국과 프랑스의 이익 확보를 위한 압력에 밀려 보편적인 원칙을 포기했다. 영국은 이미 1942년 11월과 1943년 3월부터 식민지에 대한 신탁통치 적용을 격렬하게 반대해[151] 루스벨트의 보편적 적용 구상은 시작

---

[148] 趙素昻, 「聲明書(駁國際共管論)」(『大公報』, 1943년 2월 1일), 삼균학회 편(1979), 앞의 책, 310-311쪽.
[149] 한시준, 「백범 김구의 신국가 건설론」, 『백범과 민족운동연구』 3(2005), 203쪽.
[150] 광복 전의 반탁운동은 '역사적 전쟁'으로 규정되었지만 광복 후에는 임정세력의 정권 획득을 위한 수단으로 그 의미가 축소되었으며 결과적으로 미군정에 의해 좌절되었다. 주도권 쟁탈을 위한 반소·반공운동이며 좌익에 대한 세력 열세 만회 수단으로 볼 수 있다는 것이다. 정용욱은 반탁운동이 반제·반외세 독립운동이 아니라 한국인 내부 세력 다툼의 일환이 되었다고 평가했다[정용욱, 「1945년 말 1946년 초 신탁통치 파동과 미군정」, 『역사비평』 62(2003), 315쪽]. 1946년 1월 초까지의 반탁운동은 즉시독립을 원하는 대중들의 감정에 영합해 반제·반외세 독립운동으로 전개된 측면이 있었지만 그 이후에는 권력투쟁의 일환으로 변질되었다고 볼 수 있다.
[151] Herbert Feis, *Churchill-Roosevelt-Stalin : The War They Waged and the Peace They Sought* (Princeton : Princeton University Press, 1957), p. 124; 진석용, 「38선은 누가 그었는가」, 『한국사회연구』 4(1986), 448쪽, 452쪽. 카이로선언을 접한 인도 독립운동 지도자 네루는 연합국이 한국의 자유독립을 보장한 반면 인도는 계속 영

부터 암초에 부딪혔다. 프랑스는 프랑스령 인도차이나에 대한 탁치 적용을 반대했다. 1945년 2월 얄타회담에서 영국이 전승국 식민지에 대한 탁치 적용 반대를 표명한 이후 루스벨트의 보편 구상은 수정되는 수순으로 들어섰다.[152] 영국은 자국 식민지 버마를 의식해 인도차이나에 대한 프랑스의 전후 복귀를 지지했다.[153] 결국 패전국[구(舊) 추축국] 영토와 식민지(예를 들면 한반도[154]), 그리고 구 위임통치령 등에만 신탁통치를 적용할 수 있었다. 프랑스가 반대했던 인도차이나와 최악의 식민통치로 간주되던 포르투갈의 식민지(동티모르, 마카오)도 신탁통치 실시

국의 위임통치·후견(British tutelage)하에 놓일 것이라는 소식을 들었다면서 부러워했다는 것이다[Jawaharal Nehru, *Nehru: the First Sixty Years*, Dorothy Norman, ed., vol. 1 (New York: John Day, 1965), pp. 101-102]. 네루는 왜 한국만 독립이 보장되고 인도는 무시되었는가를 통탄했다는 것이다. 그렇지만 인도의 위임통치와 비슷한 신탁통치를 한국에 실시한다는 것이 루스벨트 구상이었으므로 그렇게 차이가 있는 것은 아니었다. 이렇듯 영국은 인도 등의 독립을 우려해 신탁통치의 보편적 적용을 반대했다.

152 Charles M. Dobbs, *The Unwanted Symbol: American Foreign Policy, the Cold War, and Korea, 1945~50* (Kent, Ohio: The Kent State University Press, 1981), p. 58; Gabriel Kolko, *The Politics of War* (New York: Random House, 1968), pp. 607-610.

153 "Roosevelt-Stalin Meeting," February 8, 1945, 3:30 p.m., Livadia Palace, *FRUS, 1945, Malta and Yalta*, p. 770. 이후 프랑스는 이 문제를 거론하는 것조차 거부하는 인상을 남겼다. 그러나 1945년 7월 하순 포츠담회담에서는 인도차이나 북위 16도선 이남은 영국, 이북은 장제스군이 일본군의 항복을 접수하기로 합의했다[Richard whelan, *Drawing the Line: The Korean war, 1950~1953* (Boston: Little Brown, 1990), p. 28]. 이 분할선은 포츠담회담에서 결정되었지만 회의록에는 나와 있지 않으며 1945년 9월 2일 발효되는 일반명령 1호에 등장했다. 16도선은 쯔엉선(Truong Son)산맥이 위치한 곳인데 인도차이나 북부와 남부를 가르는 자연적 경계선이며 전략적 요충지였다. 뒤이어 1946년 1월 영국군은 탈식민지시대 도래로 구 식민제국으로서 동병상련을 느끼고 있던 유럽 제국주의 국가 프랑스군에게 북위 16도선 이남의 전권을 이양했다. 영·프 간 야합이었던 셈이다. 결국 인도차이나 신탁통치는 실시되지 않았다.

154 송유경, 「신탁통치를 둘러싼 미군정과 좌익세력과의 권력대결」, 『21세기정치학회보』 6(1996).

지역에서 제외되었다.¹⁵⁵

아프리카 식민지도 전승국의 영향력 아래 있던 지역은 역시 제외되었다. 또한 민족의식을 비교적 오랫동안 가지고 있던 아시아 식민지인 인도, 파키스탄, 버마, 인도네시아 등은 식민모국과의 구체적인 협상이나 전쟁을 통해 독립이 허용되거나 독립을 쟁취하는 과정을 밟았다. 또한 연합국 중 2개국 이상의 힘이 공동으로 작용하는 지역의 처리도 신탁통치 이외의 방안이 동원되었는데, 독일은 분할, 외몽골(소련, 중국)은 독립, 만주(소련, 중국)는 소련의 제한적 영향력 인정 등이다. 결국 구 위임통치지역을 제외하고는 일본 세력권인 한국(4대국 신탁통치)과 아프리카의 이탈리아령 남부 소말릴란드¹⁵⁶에서 신탁통치 실시가 결정되었다.¹⁵⁷

---

155 Secretary of State, "Memorandum of Conversation," March 27, 1943, *FRUS, 1943*, vol. Ⅲ, p. 37; Wm. Roger Louis(1978), 앞의 책, p. 26, p. 165, p. 185. 한편 1943년 4월 10일 미 국무부 전후대외정책자문위원회 정치소위원회 제51차 회의에서 연합국 식민지도 국제신탁통치의 적용 대상으로 삼았던 것은 위임통치제도 실패만이 아니라 식민지체제의 실패라는 전제에서 논의가 이루어졌다. 그런데 이에 대해 국무차관 웰스는 식민지제도의 실패는 '부분적으로 맞다'는 논리를 개진했다. 프랑스 등의 좋지 않은 시정권자도 있지만, 네덜란드 같은 '최고의 시정권자'도 존재한다는 것이었다[池上大祐, 『アメリカの太平洋戰略と國際信託統治: 米國務省の戰後構想 1942~1947』(京都: 法律文化社, 2014), 85쪽; 강성현, 「전후 미국의 '점령형 신탁통치'의 성립과 냉전적 변형: 조선, 미크로네시아, 류큐제도를 중심으로」, 『사회와역사』 112(2016), 64쪽]. 그러나 (동티모르를 통치한 포르투갈보다 서티모르의 네덜란드 통치 방식이 상대적으로 온건하기는 하지만) 인도네시아의 경우를 돌이켜보면 네덜란드가 과연 선한 제국주의일까 회의하게 된다. 웰스의 평가는 '인도네시아 독립전쟁'이 일어나기 전의 인식으로 아직 네덜란드 제국주의의 야만적 진면목을 보기 전의 것이다.

156 패전국에서 종전 직전 연합국으로 전환해 애매한 위치에 있던 식민모국 이탈리아가 소련의 참여를 막기 위한 미국의 공작으로 신탁통치 시정국이 되어 실질적으로는 식민체제가 연장되었다.

157 전쟁 전 위임통치령이었던 지역에 전후 신탁통치가 실시되었다. 그 한 축에는 미국 주도하의 유엔 신탁통치가 실시된 구 일본위임통치령 남양군도 일부가 있다. 또 다른 한 축에는 아프리카의 구 독일령 위임통치지역인 탕가니카·르완다-우룬디·카메룬·토골란드가 있다. 이외에 태평양상의 구 독일령 위임통치지역 섬나라 서사모아·뉴기니·나우루에도 신탁통치가 실시되었다.

1942년 여름과 가을에 걸쳐 신탁통치를 제도화하는 실무작업에 착수한 전후대외정책자문위원회(The Advisory Committee on Post-War Foreign Policy)를 실질적으로 주도했던 이상주의자 웰스는 한국에 대한 일본의 제국주의적 통치를 최악이라고 평가했다.[158] 일본은 총독과 고급 관리를 일본인 자신들이 직접 맡아 세계 식민사상 유례없는 직접 통치를 했다. 한국은 영국·프랑스와 같은 유럽 식민국가가 통치한 나라가 아니어서 미국이 주도적인 역할을 할 것으로 예견되었으므로 확실한 신탁통치 후보 지역이었다. 미국의 시각에서는 식민지 문제를 해결하는 데 중국과 소련이 영국보다 쉬운 상대라고 생각했던 면이 있었다. 그런데 태평양 안보를 위해 미국의 전략지역으로 고려되던 남양군도[159]는 요새화가 필요하므로 미국이 완전한 주권을 가져야 하고 신탁통치에서 제외되어야 한다고 주장되었다.[160] 이러한 남양군도에 대한 미국의 기대와는 달리 다른 더 큰 국가나 지역이 제외되어 신탁통치 실시 지역이 거의 없게 된 후 태평양의 작은 도서지역에 대한 탁치 실시로 가닥을 잡게 되었다. 그러나 남양군도에 대해서도 명목상으로만 유엔의 신탁통치였을 뿐 실제로는 미국의 식민통치였으며 이후 합병의 과정을 거쳤다고 해도 과언은 아니다.[161] 또한 괌섬은 유엔의 신탁통치도 아니었고 미국의 합

---

[158] Wm. Roger Louis(1978), 앞의 책, pp. 164-165.
[159] 서태평양 지역에 있던 제1차 세계대전 이후 일본의 위임통치령으로 마리아나제도, 캐롤라인제도, 마셜제도 등으로 구성된 미크로네시아가 중심이다. 사이판, 팔라우 등이 눈에 띈다.
[160] "The Background of Recent Department Work Regarding Dependent Areas," January 13, 1945, *FRUS, 1945*, vol. I, pp. 20-26, pp. 92-95.
[161] 전 통치국 일본도 한시적인(통상 9년이라는 견해도 있음; 일반적으로 10년을 단위로 함) 위임통치보다는 장기적인 식민화를 노리고 있었으며 네덜란드령 동인도와 같은 넓은 땅을 노리면서 일본과 가까운 사이판 대신 머나먼 팔라우에 남양청을 세웠다고 한다. 조성윤 편, 『남양 섬에서 살다: 조선인 마쓰모토의 회고록』(당산서원, 2018), 286-287쪽.

병을 거쳐 현재는 명실상부한 미국의 속령(territory)이 되었다. 역시 신탁통치를 거친 사이판 등 북마리아나제도연방(Commonwealth of the Northern Mariana Islands)도 주민의 뜻에 따른다는 명분으로 포장된 채 사실상 미국의 영토가 되었다.

결국 전승국의 이해가 맞서 정작 일본의 세력권이던 한국과 태평양 도서지역, 소말릴란드만이 신탁통치 지역으로 분류되었으나 그나마 한반도는 냉전의 출현으로 인해 실행되지 못했으므로 태평양의 섬나라를 중심으로 형식상 유엔 신탁통치(실질적으로는 미국의 식민통치)가 실시되었다. 또한 아프리카의 구 위임통치령과 이탈리아령 남부 소말릴란드, 역시 태평양상의 구 위임통치령 서사모아, 뉴기니, 나우루에 신탁통치가 실시되었다. 실제로 실시된 지역 중 주된 초점이 될 수 있는 구 남양군도지역의 신탁통치는 미국의 식민지화 수단에 불과하다는 혹독한 비판에 직면할 수 있다. 이외에 아프리카 등의 구 위임통치령에 대한 신탁통치도 역시 식민지배의 연장에 불과했다는 평가를 받고 있다. 물론 이는 루스벨트의 탈식민지적 이상과는 완전히 배치되는 것이었다. 그의 이상이 현실과 만나 순치되어 수정되고, 그의 사후에는 더욱 왜곡되었다고 할 수 있다.

루스벨트는 식민지 해방이 대영제국의 해체를 가져올 것을 우려해 신탁통치의 보편적이고 일률적인 시행을 반대하는 처칠에게 이 제도가 갖는 고귀한 의무(noblesse oblige)를 '강의'하고 미국의 필리핀 통치를 식민지 경영의 한 전형으로 내세웠다. 약육강식이 횡행하는 국제사회에서 스스로 독립할 수 없는 주민들의 복리를 보호하고 증진시키는 것은 국제사회 전체의 책임이며 이 중 강대국들은 '문명의 신성한 사명(신탁)(sacred trust of civilization)'을 담당해야 한다는 것이다. 현실적으로 '백인의 부담(white man's burden; 영국 작가 키플링이 발표한 시의 제목에서 유래한 것으로 미개한 인종을 올바르게 이끄는 것이 백인이 져야 할 짐, 백인의 의무라는 뜻)'이라는 주장이었다.[162]

루스벨트의 구상을 세력 균형에 입각한 현실주의와 전략적 입장에서 해석하면[163] 제2차 세계대전 참전 이후 세계제국으로 부상하고 있던 미국이 세력 팽창을 꾀할 수 있는 태평양 지역에서 소련과 중국을 견제함으로써 일국의 독점을 방지하고 자국의 이익을 확보하기 위한 조치로서 구상된 것이 탁치안이라고 할 수 있다.

이에 비하여 냉전수정주의자(cold war revisionist)[164]들은 탁치안이 자유주의적 외피를 가진 위장된 루스벨트식 제국주의의 한 표현 형식에 불과하다고 평가했다.[165] 그러나 윌슨 위임통치안의 원래 취지와 루스

---

[162] Korea Committee, chaired by Arnold Toynbee, "Korea's Capacity for Independence," February 14, 1945, British Foreign Office Document, FO/371/46468(2330/1394/23); 구대열, 「'자유주의' 열강과 해방 한국(1945~1950)」, 『국제정치논총』 45-4(2006), 64쪽.

[163] 반면 탁치안을 이상주의적으로 해명하는 입장에서는 유럽의 식민주의에 대한 혐오와 독립의 보장 등을 부각시킨다[Michael C. Sandusky, *America's Parallel* (Alexandria, Virginia: Old Dominion Press, 1983), p. 87; Charles M. Dobbs, *The Unwanted Symbol: American Foreign Policy, the Cold War, and Korea, 1945~50* (Kent, Ohio: The Kent State University Press, 1981), p. 58]. 한편 커밍스는 탁치안에 이상주의와 현실주의의 양가성이 존재한다고 주장했는데, 표면적으로는 이상적인 것처럼 보이나 이면적으로는 군사력의 사용 없이 미국의 이익을 확보하기 위하여 고안된 것이 탁치안이라고 설명했다[Bruce Cumings, "American Policy and Korean Liberation," Frank Baldwin, ed., *Without Parallel* (New York: Pantheon Books, 1973), p. 42]. 한편 1946년 말 당시 정치세력인 이승만계의 독촉국민회는 탁치안을 열강의 "力의 均衡"이라고 표현했다(『조선일보』, 1946년 12월 28일자).

[164] 수정주의라 함은 전통적 견해를 수정하는(revise) 학문적 입장을 말하는데, 국제정치학에서 수정주의는 전쟁의 기원에 대한 전통적 해석을 수정한 것으로서 ①제1차 세계대전 수정주의, ②제2차 세계대전 수정주의, ③냉전수정주의(좌익, 우익)로 분류할 수 있다.

[165] H. Franz Schurmann, *The Logic of World Power* (New York: Pantheon Books, 1974), p. 188, in Bruce Cuming(1981), 앞의 책, p. 103, p. 484; 진덕규, 「제2차세계대전과 한국의 해방」, 한국사학회 편, 『한국현대사와 제문제 Ⅱ』(을유문화사, 1987), 550쪽. 한편 현실주의와 수정주의 양자를 면밀하게 검토한 한 연구에 의하면, "루스벨트의 신탁 구상은 세력 균형 정책(현실주의자의 견해)과 자유주의적 제국주의 정책(수

벨트의 탁치안에 이상주의적 요소가 전혀 없었다고는 할 수 없다. 서구의 무분별한 약탈적 제국주의를 비판하고 식민지 독립을 희구한다는 점이 그것이다. 따라서 다소 모순적이지만 탁치안에는 제국주의적 측면과 탈제국주의적 측면이 동시에 내포되어 있었다. 그러나 윌슨식 민족자결주의가 강대국의 정당한 권리행사를 막지 않고 식민지 독립은 점진적으로 달성된다는 현실적 방향으로 타협했던 것과 같이 루스벨트의 구상도 현실과 점차 타협했다. 특히 트루먼에 의해 루스벨트식 탁치안에 내포된 이상주의적 요소는 대폭 희석되었다.

루스벨트가 구상한 신탁통치안에 한국 민족의 이익은 무시된 채 오히려 국제정세와 미국의 이익이 우선적으로 반영되었다는 사실은 명백하다. 즉 루스벨트의 한반도 탁치안에는 중·소의 지배 야욕을 견제하고 자국의 세력권을 넓히려는 제국주의적 측면이 분명히 있었다.

2) 미국과 영국의 한반도 신탁통치 논의와 임시정부의 반대, 1943년 3~4월

(1) 루스벨트와 이든 간 한반도 신탁통치 논의, 1943년 3월 27일

1943년에 들어와서 한반도 신탁통치 문제가 국제적으로 본격 논의되기 시작했다. 그런데 신탁통치에 관한 여러 논의 중에서 한반도 문제가 구체적으로 언급된 경우는 그렇게 많지 않았다.[166]

루스벨트는 탁치가 기존의 식민지화와는 달리 독립을 보장하는 방

정주의자의 견해)의 루스벨트적 종합(synthesis)"이라고 보았다[오재완, 「미국의 대한 정책, 1945~48: 현실주의적 관점과 수정주의적 관점」, 『한국과 국제정치』 3-1(1987), 42쪽].

[166] 이완범, 「미국의 식민지 정책: 신탁통치 구상의 기원과 실행, 1919~1994」, 서정갑 외, 『미국정치의 과정과 정책』(나남, 1994), 415-420쪽.

안이라고 누차 주장했다. 그러나 이는 수사일 가능성이 있다. 1943년 3월 12일 기자회견에서 먼저 루스벨트가 전후 해방될 지역에 대하여 언급하자, 기자들은 "한반도도 독립될 지역에 포함되느냐"라고 질문했다. 루스벨트는 성급하게 얼버무리기를 "(태국 등과 같이-인용자) 독립이 회복될 지역에 한반도는 포함되지 않는다"[167]라고 말했다. 그 직후인 3월 27일 영국 외상 이든(Anthony Eden)에게 한반도 신탁통치 실시를 제의했던 것을 보면 신탁통치안은 독립을 위한 구상이라기보다는 세력 확보에 목적이 있었던 것이라고 해석할 수 있다(그러나 1943년 11월 카이로회담 이후 루스벨트는 한국을 과도기를 거쳐 장차 독립될 지역으로 분류했다).

1943년 3월 13일부터 한국에 대한 신탁통치를 토의하기 시작한 미국의 회합(위원회)을 위해 작성된 미국 정부의 문건, 「한국의 경제발전과 전망(Korea: Economic Development and Prospects)」 제9장 '경제의 대안과 결과(Economic Alternatives and Consequences)'에는 한국의 장래에 대해 ① 한국이 일본 영토로 남았을 경우, ② 한국이 독립했을 경우, ③ 한국이 국제신탁하에서 자주적 정부를 가진 후에 자유로운 독립국이 되었을 경우가 대안으로 제시되었다. 국제신탁이 실시될 경우 한국은 새로운 시장을 찾을 것이며 경제적 원조를 받고 많은 인원이 훈련될 것이므로 새롭게 설립되는 정부가 안정될 수 있다고 적었다. 즉 보고서 작성자는 신탁통치를 식민지 경제가 가져온 폐단을 없애주고 한국을 발전도상에 올려놓는 체제라고 생각해 신탁통치의 실시를 추천한 것으로 보인다.[168]

태평양전쟁에서 연합국의 우위가 확보되었던 1943년 한반도 신탁통

---

[167] William G. Morri(1974), 앞의 책, p. 69.
[168] 이정식, 『여운형: 시대와 사상을 초월한 융화주의자』(서울대학교 출판부, 2008), 581-582쪽.

치안이 루스벨트의 개인적 구상에서 벗어나 처음으로 국제적으로 논의되었다. 1943년 3월 루스벨트가 워싱턴을 방문한 영국 외상 이든을 만난 자리였다.

　미 대통령 특별보좌관 홉킨스(Harry Hopkins)의 비망록에 의하면 1943년 3월 22일 루스벨트와 만난 이든(그런데 이든은 웰스, 홉킨스와 주로 논의했다)은 일본의 위임통치령을 미국의 지배 아래에 두어야 한다고 말했다. 이는 국제연합에 의해 동의될 것이라고도 했다. 루스벨트는 이 섬 지역은 일종의 신탁통치 아래 놓여야 한다고 말했다. 그러나 이든은 신탁통치에 대해 거의 고려하지 않았고 대신 어느 한 나라가 완전히 책임지고 이 임무를 수행하는 방안만을 염두에 두고 있었다.[169] 이때 영국에 전달된 미 국무부의 비망록에 의하면 미국은 1942년 11월(이미 많은 것을 영국에게 양보했음)과 같이 신탁통치 대상 지역을 국제연맹 위임통치령 및 추축국 식민지로 국한했으며 연합국 식민지는 영국이 원하는 대로 명목상의 통제기구인 지역위원회의 감독하에 종주국이 계속 통치하는 안을 구상하고 있었다. 1943년 3월 신탁통치안에 대한 루스벨트와 이든 간 논의가 개시될 때 영국의 반발을 미리 예단해 대상지역 축소를 기정사실로 놓고 논의하기 시작한 것이다.

　1943년 3월 27일 이든과의 면담에서 루스벨트는 일본군이 점령하고 있던 만주, 한국, 대만, 인도차이나의 전후 처리 문제를 제기했다. 인도차이나는 신탁통치(trusteeship)가 실시되어야 한다고 제안했으며, 만주·대만은 중국에 반환하고 한국에는 중국·미국 외에 1~2개국이 더 참여하는 '국제적 신탁통치(international trusteeship)'가 실시되어야 한

---

[169] "Memorandum by Mr. Harry L. Hopkins, Special Assistant to President Roosevelt," [Washington,] March 22, 1943, *FRUS, 1943*, vol. Ⅲ, p. 35.

다고 주장했다. 일본이 위임통치하고 있는 지역은 평화유지를 위해 국제화되어야 한다고(internationalized) 부언했다. 이든은 이 제안에 호의적으로 응답했다.[170] 이든은 탁치의 근거가 1945년 6월 26일 샌프란시스코회의에서 서명된 유엔헌장 77조에 기반하게 될 것이라고 예상했다.[171]

전후 식민지 독립이 인도 독립을 고취할 것을 염려한 처칠이 종전 후 한국에 완전한 독립을 승인하지 않고 신탁통치를 한다는 합의를 이든을 통해 이끌어냈다는 해석도 가능하다. 그렇지만 루스벨트의 탁치안은 독립의 유예가 아니라 완전한 독립을 위해 거치는 과정이므로 장차 독립될 것이라고 공약했다고 할 수 있다.

이러한 회담 소식이 충칭에 전해지자 임시정부세력을 중심으로 탁치 반대 여론이 다시금 조성되었다.

(2) 임시정부의 신탁통치 논의 인지와 반대

1943년 3월의 루스벨트·이든 면담에 토대하여 미국과 영국의 언론기관은 한반도에 신탁통치가 실시될 것이라는 사실을 보도했다. 『시카고 선(The Chicago Sun)』이 1943년 4월 5일과 7일자로 루스벨트와 이든이 한반도를 신탁통치하에 두기로 합의했다고 런던특파원을 통해 보도했다.[172] 이에 중국 충칭 국민당 정부기관지 『중앙일보』는 이를 번

---

[170] The Secretary of State(Cordell Hull), "Memorandum of Conversation," [Washington,] March 27, 1943, *FRUS, 1943*, vol. Ⅲ, p. 37.
[171] Anthony Eden, *Memoirs: The Reckoning* (Boston: Houghton Mifflin, 1956), pp. 377-378, 438; Cordell Hull, *The Memoirs of Cordell Hull*, vol. Ⅱ (New York: The Macmillan, 1948), pp. 1595-1596.
[172] *The Chicago Sun*, April 5, 1943; April 7, 1943; "Korean Independence," *The New Korea* (『신한민보』), April 15, 1943; "Memorandum by the Chief of the Division of Far Eastern Affairs (Hamilton) to the Secretary of State,"

역·전재하여 미국을 방문한 이든과 루스벨트 사이에 전후 한국의 독립을 연기하고 잠정적으로 '국제호위[國際護衛; international guardianship; 국제적 감호(監護)]'를 실시하기로 1943년 3월 합의했다고 1943년 4월 29일자에 보도했다.[173] 다시금 망명 한국인들은 거세게 반발했다.

또한 1943년 4월 27일 발행된『시카고 트리뷴(Chicago Tribune)』에는 '영·미, 전후 세계조직 건립계획'이라는 제호 아래 "한국이 독립을 이루기 전까지 국제감호하에 둔다"라는 단락이 있었다.[174]

전후 한반도에 '국제보호'라는 제도가 적용될 것이라는 소문이 중국에서 퍼져 망명 한인들의 반대에 부딪혔다. 국제공동관리 소식을 접한 임시정부는 이에 대한 대책을 즉각 강구했는데 1943년 4월 29일 국무위원 회의를 개최하여 다음과 같이 결의했다.

우리 외무부는 중국 외교부에 향하여 그 사실의 유무를 질문하고 아울러 반대 의사를 표시할 것.
미·영·러 각국 원수에 반대하는 전보를 보내고, 중국에는 당국자에 향하여 정식으로 그리고 신문지상에 반대 성명서를 발표하도록 요구할 것.
선전부에서는 우리 측 간행물과 외국 간행물을 이용하여 반대하는 논문을

[Washington,] April 22, 1943, *FRUS, 1943*, vol. Ⅲ, p. 1090; 이호재,「한국신탁통치안과 미소협상의 결말」,『한국외교정책의 이상과 현실: 해방8년 민족갈등기의 반성』제5판(법문사, 1986), 139-140쪽.

173 「國際監護說駁斥案」,『大韓民國臨時政府公報』第78號(1943年 8月 4日);『대한민국임시정부자료집 1: 헌법·공보』, 290쪽;『大韓民國臨時政府 外務部 政務報告』(1943年 10月),『대한민국임시정부자료집 16: 외무부』, 64-65쪽에 의하면 1943년 4월 27일『시카고 선(Chicago Sun)』에 실린「영미전후세계기구건설계획」이라는 기사에서 전후 한국에 대하여 국제적 감호(監護) 아래 둘 것을 주장했는데, 이것이 국민정부의 기관지『중앙일보』, 1943년 4월 29일자에 轉載 보도되었다는 것이다.

174 엄대형,「전후 한국문제 관한 공개서한」,『大公報』1943년 6월 11일;『대한민국임시정부자료집 40: 중국보도기사 Ⅱ』, 330쪽.

발표하고 아울러 반대하는 의사를 널리 알릴 것.

정치·경제·군사 각 수뇌자를 소집하여 그 진상을 보고하고 대책을 연구할 것.[175]

이에 따라 당·정·군 수뇌회의를 개최했고,[176] 1943년 5월 10일에는 한국독립당, 조선민족혁명당, 조선민족해방동맹, 조선무정부주의자총연맹, 한국애국부녀회, 한국청년회 등 정당 및 독립운동단체의 한인 약 300여 명이 모여 '재중국한인자유대회'를 개최했다.[177] "우리는 완전독립을 요구하며 소위 국제감호나 다른 어떠한 형식의 외래 간섭도 반대한다"라는 내용의 결의안을 채택하여[178] 열강과 전 세계 약소민족 독립운동단체들에게 보내 열강의 패권주의를 규탄했다.[179] 국제보호에 반대한다는 한국각혁명단체연합재중자유한인대회의「동맹국 영수에게 보내는 전문」이 그것이다.[180] 김규식은 국제적으로 한국을 공동관리한다는 것에는 반대하지만 미국과 영국이 한국의 우군이라는 점은 분명히 밝히면서, 한국 문제에 대한 부정확한 의견을 버리고 한국이 항일전에 나설 수 있도록 한국의 지위를 보장하고 물질적 지원을 해주기를 요청했

---

175 『대한민국임시정부공보』 제78호(1943년 8월 4일);『신한민보』, 1943년 10월 31일자;「임시정부국무위원회 중요기사」,「한국독립운동사자료』 3, 238쪽; 신용하,「열강의 한국남북분단 및 신탁통치 정책과 백범 김구의 노선」, 백범기념관 개관 2주년기념 학술회의: 광복직후의 건국운동과 백범 김구, 2004년 10월 1일, 32쪽; 신용하,「열강의 한국남북분단 및 신탁통치 정책과 백범 김구의 노선(1943~45)」,『백범과 민족운동 연구』 3(2005), 51쪽.
176 「한국임시정부소개당정군수뇌회의」,『독립신문』 창간호, 1943년 6월 1일자.
177 韓國各革命團體聯合主催,「在中國自由韓人大會宣言」, 1943년 5월 10일, 등사판 원문, 黨史會 소장자료, 胡春惠(1976), 앞의 책, 295-296쪽.
178 「대회결의안」,『독립신문』 창간호, 1943년 6월 1일자.
179 조동걸,「해방전후사 어떻게 볼 것인가: 일제 말기의 독립운동과 해방 후의 착란」, 공동선포럼, 신사회공동선운동연합, 2006년 3월 23일, 21쪽.
180 한국각혁명단체연합재중자유한인대회,「동맹국 영수에게 보내는 전문(대한민국 23년 5월 10일)」, 유광열 편,『항일선언·창의문집』(서문당, 1975), 257-258쪽. 위 대한민국 23년은 '대한민국 25년(1943년)'의 오기이다.

다. 그러나 그는 열강의 일방적인 지원만을 기대하지는 않았다. 전 민족의 통일기구인 임시정부와 한국광복군을 확대·발전시켜 대규모 항일투쟁에 나서는 것이 선결과제임을 알고 있었다. 이를 통해 열강의 지지와 원조도 가능하고 독립을 완성할 수 있다고 보았다.[181]

중경대한민국임시정부 외무부장 조소앙은 국제공관 혹은 후견제에 반대하는 뜻을 대한민국임시정부 주미외교위원부 위원장[김구가 1941년 6월 임명한 자리(주 워싱턴 전권 대표 겸임)] 이승만을 통해 루스벨트에게 1943년 5월 15일자 편지로 전달했다.[182] 이승만은 루스벨트에게 편지를 보내면서 이 문서를 첨부했다. 이승만은 루스벨트에게 러시아가 '한국소비에트공화국(A Soviet Republic of Korea)'을 세우려 한다는 정보를 인용하면서 소련의 한반도 점령을 경계하라고 말했으며 한국의 독립과 임시정부를 인정할 것을 요구했다.[183] 미국의 이승만과 재미한인들도 국제공관이 즉시독립과 상치되는 방안임을 알고 반대했다.[184]

당시 중경임시정부 요인인 조소앙이 발표한 성명에는 신탁통치라는 표현 대신에 국제공관(國際共管), 국제공영(國際共營), 위임통치(mandated control),[185] 국제적 지배(international control),[186] 후견제(guardship),[187] '국제호위(國際護衛; international guardianship),' '국제적 감호(監護)'라는 용어들이 모두 즉시독립에 대립되는 개념으로 사용되었고, 그것

---

181 金奎植, 「我們反對戰後國際共管韓國」, 『獨立新聞』(中文版), 창간호, 1943년 6월 1일자.
182 "The Chairman of the Korean Commission in the United States(Rhee) to President Roosevelt," Washington, May 15, 1943, FRUS, 1943, vol. Ⅲ, p. 1093.
183 "The Chairman of the Korean Commission in the United States(Rhee) to President Roosevelt," Washington, May 15, 1943, FRUS, 1943, vol. Ⅲ, pp. 1093-1094; 이정식, 「단독 정부론의 등장과 전개: 이승만은 역적인가, 선각자인가 "나는 역사에 책임질 것," 광복 60주년 특별기획-해방전후사의 재인식」, 『월간넥스트』 1월 (2005), 78-79쪽.
184 Star Exponent, no. 2 April 24, 1943. 이는 LA의 Korea Society of Soldier's and Sailor's Relatives and Friends에서 발행된 간행물이다.

들이 대개 혼용되었던 사실이 드러난다. 이렇게 총칭에서는 신탁통치(trusteeship) 혹은 그 약어인 탁치라는 정확한 용어를 사용하지는 않았지만 비슷한 용어나 정보가 넘쳐나는 상황이었다. 당시 루스벨트는 신탁통치라는 용어를 사용했지만, 주변에서는 그 정확한 의미를 파악하지 못했는지 '국제적 지배'라는 용어 등을 주로 사용했다. 신탁통치는 루스벨트의 아이디어였으며 그가 논의를 주도했는데 당시에는 신탁통치의 정확한 개념이 불명확하게 인식되었음을 확인할 수 있다.

특히 중국에서는 이러한 현상이 심했다. 중국에서 주로 사용된 '국제공관'은 '국제적 공동관리'의 줄임말로서 신탁통치의 유사어로 사용되었지만, 신탁통치의 동의어는 아니었다. 중국은 당시 류큐에 미국과 중국의 국제공관을 적용하려 했고, 한국도 같은 특성을 가진 지역으로 분류해 그것을 적용하려 했으므로 신탁통치를 국제공관과 혼동하는 것이 더 심화된 상황이었다. 엄밀히 말하면 신탁통치는 공동관리라는 말 중 '관리'에 대응하는 말이다. 신탁통치에는 국제적 신탁통치, 단독신탁통치, 유엔에 의한 신탁통치 등이 있을 수 있다. 따라서 당시 중국에서 주

---

185 "Memorandum by the Chief of the Division of Far Eastern Affairs(Hamilton) to the Secretary of State," [Washington,] April 22, 1943, FRUS, 1943, vol. Ⅲ, p. 1091. 조소앙, 「전후문제 중 한국에 관한 풍설을 반박함: 풍설은 한국의 위임통치」, 『신한민보』, 1943년 7월 1일에 의하면 "전후 한국은 당연히 완전독립을 가져야 하고 결코 국제공관하에 두어 위임통치를 받게 할 수 없는" 것이라고 주장되었다. 국제공관은 위임통치라는 해석이다.

186 "Memorandum by the Chief of the Division of Far Eastern Affairs(Hamilton) to the Secretary of State," [Washington,] April 22, 1943, FRUS, 1943, vol. Ⅲ, p. 1091에 의하면 미국 신문에는 한국이 국제관리나 위임통치(international or mandated control) 아래 놓일 것으로 보도되었다고 한다.

187 "The Chairman of the Korean Commission in the United States(Rhee) to President Roosevelt," Washington, May 15, 1943, FRUS, 1943, vol. Ⅲ, p. 1093에는 조소앙의 "모든 한국인들은 절대독립을 원하며 고로 전후 한국의 국제적 후견(international guardship)에 대한 어떤 의견이나 제안을 반대한다"라는 성명이 첨부되어 있다고 나와 있다.

로 쓰였던 국제공관이라는 말이 그 원조격인 루스벨트 등이 사용한 '국제적 신탁통치'에 해당하는 말이라면, 신탁통치는 국제공관보다 범위가 더 큰 개념이다. 국제적 공동관리라는 말에서 '국제'와 '共'이라는 말은 동어 반복적 성격을 가지고 있다. 한편 '공동관리'라는 용어에 들어 있는 '관리'라는 말은 보다 포괄적이고 중립적인 성격을 내포하고 있는데, 위임통치와 신탁통치, 후견제, 호위(護衛; guardianship), 감호(監護), 탁관(託管) 등이 모두 관리의 한 유형·현실태라고 할 수 있다. 따라서 관리라는 말이 신탁통치보다 더 포괄적이며 상위개념이라고 할 수 있다. 이 지점에서 점령을 통해 관리(신탁통치 포함)하는 '점령관리'라는 말을 상기할 수 있는데 탁치형 점령(남한 미군정), 점령형 탁치(오키나와, 서태평양 미크로네시아 등)를 모두 포괄할 수 있는 개념이다. 따라서 탁치형 점령과 점령형 탁치 모두는 점령관리에 포괄될 수 있는 유사개념이라고 할 것이다. 또한 1899~1902년 쿠바 미군정, 1898~1935년 필리핀 미군정, 1945~1948년 남한 미군정 모두 점령관리의 범주에 속하는 유사한 통치 양식이다. 6·25전쟁 당시 수복지역에 행해졌던 잠정적 유엔군정에다가 장차 북한 급변사태 발생 시 수복지역 관리를 위해 행해질 잠정적 북한군정도 포함될 수 있다. 외부세력에 의한 점령은 역사상 사례가 매우 많은데 이것은 모두 점령관리이며 그렇다면 신탁통치와 유사한 지배 양식이라고 할 수 있다. 따라서 1945년 광복 직후 점령 후 탁치를 상정했으므로 탁치와 점령은 잠시 배치된 개념으로 인식되었으나, 양 개념은 비슷한 지배 양식으로 공통점이 더 부각될 수 있다는 것이 필자의 주장이다.

한편 임시정부 선전부 선전위원이었던 엄항섭(가명 엄대형)은 국제공동관리안에 반대하는 의견을 널리 알리기 위해 중국 신문 『대공보(大公報)』1943년 6월 11일자에 「전후 한국문제 관한 공개서한」을 투고했다.

엄항섭은 열강이 한국을 전후에 독립할 수 없다고 보았다고 단정하면서 임시정부가 혁명을 영도하고 통솔하는 최고기구이므로 한인이 통치능력을 상실했다는 평가는 사실에 맞지 않다고 주장했다. 그는 국제공동관리안에 반대하여 한국이 독립해야 하는 이유를 제시했다.[188] 이렇듯 당시 절대독립을 주장했던 임정 요인들은 국제공관을 독립과 반대되는 의미로 받아들였다. 루스벨트는 독립으로 가는 과도기로 설정했지만 한국인들은 (을사보호조약 체결에 따른) 일본의 보호국화, 국제연맹의 위임통치를 연상해 국제공관에 대해 부정적인 인식이 고착화되었다. 이러한 고정관념은 광복 이후에도 쉽게 변하지 않았으며 김구의 임정이 반탁운동에 집착하는 배경이 되었다.

김구와 임시정부는 기존에 해오던 바와 같이 신탁통치 반대 외교활동을 계속 이어갔다. 김구는 특히 절친한 관계에 있는 장제스에게 꼭 도와줄 것을 요청했다. 마침내 카이로회담이 가시화되던 1943년 7월경 기회가 왔다.

3) 카이로회담 준비와 김구·장제스의 담판

(1) 카이로회담 개최 교섭

1943년 6월 장제스와 루스벨트 사이에 미·소·영·중 연합국 수뇌부 회담 개최 문제에 대한 교섭이 이루어졌다. 1943년 6월 4일 루스벨트는 국민정부 외교부장 쑹쯔원과의 면담에서 회담을 제안했다. 루스벨트는 버마작전으로 인한 중국에 대한 처칠의 불만을 거론하면서 이를 해

---

[188] 엄대형, 「전후 한국문제 관한 공개서한」, 『大公報』 1943년 6월 11일자; 엄대형, 「전후 한국문제 관한 공개서한(續)」, 『大公報』 1943년 6월 12일자; 『대한민국임시정부자료집 40: 중국보도기사 Ⅱ』, 328-338쪽.

소하기 위해서라도 가까운 시일 안에 4강 영수(領袖)를 초청해 회담을 개최할 것, 4강회담에 앞서 장제스와 루스벨트 양자회담을 가질 것을 쑹쯔원에게 제의한 것이다.¹⁸⁹ 이를 전달받은 장제스는 1943년 6월 7일 미국에 있는 쑹쯔원에게 전보를 보냈다. 회담 제의는 감사하지만, 일본과 중립조약을 맺고 있던 소련이 일본과 대결하기 전에 4개국 정상이 만나는 것은 스탈린을 불편하게 할 것이라며 연합국 회담 개최를 간접적으로 거절했다.¹⁹⁰ 미·영·소 정상이 먼저 만난 뒤, 그 결과를 가지고 루스벨트와 자신이 만나는 것이 좋겠다는 입장도 내세웠다.¹⁹¹

소련과의 관계를 내세운 장제스의 거절 표명 배후에는 보다 복잡한 사정이 있었다.¹⁹² 우선 그는 미국, 영국, 소련 3국 영수회담에 자신이 참여하는 것이 별 소득 없이 들러리가 되는 것에 불과할 것이라고 우려했다. 장제스는 회담 참석 거절을 통보하기 직전인 6월 6일 일기에서 자신의 참석이 "잘해야 유명무실한 결과일 것이고 사거두(四巨頭)의 하나가 된다는 것도 허영에 불과하여 실제적으로 도움되는 것이 전혀 없을 것"이라고 썼다.¹⁹³ 또한 회담 참석 거절이 (좋은) 기회를 잃어버리는 것이 될 것이라는 주위의 비판을 의식해서 "정신적·인격적 자존(自存)이라는 수확(收穫)이 그 어떤 승리보다도 더 큰 것"이라고 말함으로써 회담 거절을 "자존심을 지킨 일"로 자평하기도 했다.¹⁹⁴

---

189 『蔣中正總統檔案: 事略稿本』 53(臺北: 國史館, 2011), 567쪽.
190 "蔣委員長自重慶致外交部長宋子文請面見羅斯福總統密商在蘇·日未公開決裂以前委員長參加會議是否將使史達林感覺不便電", 1943年 6月 7日, 中國國民黨 黨史委員會 (主編)·秦孝儀 編, 『中華民國重要史料初編: 對日抗戰時期 第3編 戰時外交(3)』 (臺北: 中國國民黨中央委員會黨史委員會, 1981), 491쪽.
191 『蔣中正總統檔案: 事略稿本』 53(臺北: 國史館, 2011), 580-581쪽.
192 그 심오한 사정에 대해서는 배경한, 「카이로회담에서의 한국문제와 蔣介石」, 『역사학보』 224(2014), 305-335쪽에 잘 정리되어 있다.
193 『蔣介石日記』(스탠퍼드대학교 후버연구소 소장본), 1943년 6월 6일.
194 「本月反省錄」, 『蔣介石日記』, 1943년 6월 30일.

장제스가 회담 참석에 부정적인 입장을 가진 데는 소련, 그리고 영국과의 관계에 그 원인이 있었다. 먼저 중·소 관계는 중·일전쟁 발발 이후 충실한 지원자 관계에서 1941년 4월 일·소중립조약 체결 이후 대립관계로 급속한 변화를 겪어왔음에도 불구하고 중국으로서는 소련의 지원이나 대일전 참전에 대한 기대 자체를 부인할 수만도 없는 상황이었다. 그뿐만 아니라 신장성(新疆省) 지역과 몽골에 대한 소련의 '진출'을 둘러싸고 소련과 마찰을 빚고 있었다. 이렇듯 중·소 양국은 군사적·재정적 지원에 대한 기대, 영토 문제, 일본과의 관계, 중국공산당에 대한 지원 등을 둘러싸고 복잡한 갈등 관계에 있었다.[195]

한편 중국은 영국과의 관계 또한 복잡하게 얽혀 있었는데, 홍콩과 티베트를 둘러싼 영토 문제, 1942년 2월 장제스의 인도 방문,[196] 버마 탈환작전에서 군사적 분담 문제, 영국의 재정적 지원에 관한 협상의 난항 등이 있었다.

요컨대 장제스는 4국회담(四國會談)에 참가하는 경우에 소련과 영국은 중국에 대하여 냉담하거나 대립적인 입장을 취하리라 예측했다. 그럼에도 불구하고 장제스는 미국의 회담 제의를 완전히 거부하는 입장은 아

---

[195] 陶文釗 外, 『抗日戰爭時期中國對外關係』(北京: 中國社會科學出版社, 2009), 251-256쪽, 508-518쪽 참조.

[196] 장제스의 인도 방문은 간디를 비롯한 인도 독립운동 지도자들을 회유하여 세계대전에 참전하도록 함으로써 영국을 도울 수 있기를 바라는 영국 측의 요청으로 이루어졌는데, 많은 우여곡절 끝에 간디와의 회담이 성사되기는 했으나 참전에 대한 동의를 받아낼 수는 없었고 오히려 인도의 독립운동을 자극했다는 평가를 영국으로부터 받았다. 장제스로서도 영국 측이 간디 등과의 면담을 방해했다는 점에서 영국에 대한 불만이 커지는 결과를 가져왔다. 장제스의 인도 방문에 관해서는 陳謙平, 「1942年蔣介石訪印與調停英印關係的失敗」, 『民國對外關係史論(1927~1949)』(北京: 三聯書店, 2013), 266-279쪽; 伊原澤周, 「論太平洋戰爭中的中印關係: 以蔣介石訪問印度爲中心」, 『抗日戰爭研究』 2012-2; 肖如平, 「從日記看1942年蔣介石訪問印度: 以蔣甘會晤中心的分析」, 浙江大學蔣介石與近代中國研究中心 編, 『蔣介石與抗日戰爭學術硏討會論文集』(杭州: 浙江大學, 2014), 43-56쪽.

니었다. 이 점은 장제스가 회담 참석 제의를 거부한 이후에도 당시 미국을 방문 중이던 부인 쑹메이링(宋美齡)과 처남인 외교부장 쑹쯔원을 통해 4강회담(四强會談)에 대한 루스벨트의 진의를 파악하려는 노력을 계속했다는 사실을 통해서 짐작할 수 있다.[197] 오히려 자신이 4강회담 참석에 대한 소련과 영국의 냉담한 태도를 우려하는 상황에서 유일하게 의지할 수 있다고 본 미국의 적극적인 지지 의사를 먼저 확인하려는 것이 장제스의 실제 의도였다.

이에 루스벨트는 쑹메이링을 1943년 2월과 5월[198]에 만나 양국 정상회담을 이번 가을에 개최할 것을 제의했다면서 우리 만남이 중요하고 간절하니 양국의 수도, 즉 충칭과 워싱턴의 중간지점에서 만나는 것이 어떻겠냐고 1943년 6월 30일 장제스에게 제의했다.[199] 이 편지는 중국에 주둔한 미군을 경유해[200] 7월 4일 장제스에게 전달되었다.[201] 루스

---

[197] 6월 25일 쑹메이링이 장제스에게 보낸 전보에 따르면 쑹메이링이 루스벨트를 만났을 당시 루스벨트가 장차 장제스와 만날 때 처칠과 동석해도 좋겠느냐는 질문을 했다는 사실이 보고되어 있다. 『蔣中正總統檔案: 事略稿本』53, 667쪽.

[198] Footnote # 2 in "President Roosevelt to Generalissimo Chiang," June 30, 1943, *Foreign Relations of the United States(FRUS): diplomatic papers, 1943 The Conference at Cairo and Tehran* (Washington, D.C.: United States Government Printing Office, 1961), p. 13.

[199] "President Roosevelt to Generalissimo Chiang," June 30, 1943, *Foreign Relations of the United States(FRUS): diplomatic papers, 1943 The Conference at Cairo and Tehran* (Washington, D.C.: United States Government Printing Office, 1961), p. 13.

[200] Footnote # 1 in "President Roosevelt to Generalissimo Chiang," June 30, 1943, *Foreign Relations of the United States(FRUS): diplomatic papers, 1943 The Conference at Cairo and Tehran* (Washington, D.C.: United States Government Printing Office, 1961), p. 13.

[201] 「美國總統羅斯福自華盛頓致蔣委員長建議與委員長相見於重慶與華盛頓間之中途地點電 (譯文)」, 1943年 7月 4日, 中國國民黨 黨史委員會 主編·秦孝儀 編, 『中華民國重要史料初編: 對日抗戰時期』第3編 戰時外交(3)(臺北: 中國國民黨中央委員會黨史委員會, 1981), 491-492쪽.

벨트는 당초 쑹메이링이 미국을 방문해 백악관에서 만났을 때 중국을 지원할 뜻과 중국을 4대국의 하나로 여기고 같이 갈 뜻을 표명했다.[202] 1943년 6월 30일 이후 루스벨트를 만나고 귀국한 쑹메이링에게서 직접 보고를 듣고 비로소 루스벨트의 진심을 확인한 장제스는 1943년 7월 8일 답신을 보냈다. 그는 쑹메이링을 통해 자세한 이야기를 들었다면서 루스벨트에게 양자의 만남에 동의한다면 9월 이후 만날 것을 제의했다. 출발 2주일 전에 알려달라는 구체적인 주문도 했다.[203] 장제스가 루스벨트의 양국 정상회담 제의를 수락하게 된 데에는 미국으로부터 'P40구축기(驅逐機) 300대'를 제공받는 데 공식적으로 합의한 것도 배경으로 작용했다.[204] 군사적 실리를 챙겼던 것이다.

이후에도 회담 장소와 시간에 대해 양자 간의 논의가 이어졌다. 장제스는 1943년 7월 21일 쑹메이링에게 보낸 전보에서 루스벨트와의 회담에 집착하는 모습을 보였다. 그는 이미 7월 8일 편지에서 회담 일정을 9월 이후라고 못을 박았지만 그 이전에도 가능하다고 말했다. 만약 8월에서 9월 사이에 회담을 해야 한다면 15일 이전에만 알려주면 가능하다는 의견을 루스벨트에게 전하라고 지시했다. 회담 장소에 대해서는 미국 측에서 양국의 중간지점으로 알래스카를 제시했는데 이에 대하여 장제스는 스탈린을 만나지 않으면서 소련(시베리아)을 거쳐 알래

---

[202] 정일화(2010), 앞의 책, 60-68쪽.
[203] 「蔣委員長自重慶致美國總統羅斯福建議相晤時間以九月以後最爲適宜電」, 1943年 7月 8日, 中國國民黨 黨史委員會 主編·秦孝儀 編(1981), 앞의 책, 492쪽; "Generalissimo to President Roosevelt," undated, FRUS, 1943, Cairo and Tehran, p. 16.
[204] 秦孝儀 總編, 『總統蔣公大事長編初稿』 5(上)(臺北: 財團法人中正文教基金會, 1978), 329쪽, 330쪽, 332-333쪽; 조덕천, 「카이로회담의 교섭 및 진행에 관한 연구」, 대한민국 임시정부 수립 제95주년기념 학술회의: 대한민국 임시정부와 카이로선언, 단국대학교, 광복회, 독립기념관 주최, 백범김구기념관 대회의실, 2014년 4월 13일.

카로 가는 것이 모양새가 좋지 않다는 이유로 찬성하지 않았다.[205] 루스벨트의 특별보좌관으로 사실상 2인자였던 홉킨스(Harry Hopkins)[206]는 8월 18일 쑹메이링에게 장제스가 미국을 방문해 워싱턴으로 와서 루스벨트와 회담을 갖는 방안을 제의했으나[207] 장제스는 8월 21일 쑹메이링을 통해 완곡하게 거절했다. 그러면서 장제스는 루스벨트가 이미 자신과 "아프리카에서 회담하기로 결정하고 약속했다(羅總統必審之已熟, 彼乃決定約余在飛洲相晤)"라는 점을 분명히 밝혔다.[208] 따라서 회담 장소로 아프리카(이후 카이로)가 거론된 것은 8월 중순 이전인 것으로 보인다. 지난 5월 연합국이 북아프리카 지역을 장악해 안전을 보장받을 수 있었기 때문에 회담 장소로 고려되었던 것이다. 그런데 1943년 8월 이후 미국이 소련과의 회담 성사를 위하여 힘을 기울이느라 장제스 측과의 일정, 장소 협의는 잠시 소강 상태였다.

한편 유럽전쟁(서부전선)에 주력해야 했던 소련은 일본과의 개전(동부전선 개설; 두 개의 전쟁 수행)을 지극히 꺼렸다. 따라서 1943년 당시 소련은 일·소중립조약을 준수하려 했으며 일본과 전쟁하고 있는 중국과의 회담을 역시 피하려 했다. 1943년 1월 카사블랑카회담에서 미·영·소 3거두회담이 이미 기획되었는데, 스탈린이 나오지 않아 미·영회담

---

[205] "蔣委員長自重慶致外交部長宋子文告以與羅斯福總統相晤地點不宜在阿拉斯加電," 1943年 7月 21日, 中國國民黨 黨史委員會 主編·秦孝儀 編(1981), 앞의 책, 493쪽 "The Chinese Minister of Foreign Affairs (Soong) to the President's Special Assistant (Hopkins)," [Washington,] 21st July, 1943, *FRUS, 1943, Cairo and Tehran*, p. 17.
[206] 앨런 와인스타인·데이비드 루벨 저, 이은선 역, 『사진과 그림으로 보는 미국사』(시공사, 2004), 501쪽.
[207] "外交部長宋子文自華盛頓呈蔣委員長報告霍普金斯告以能否邀請委員長飛華盛頓晤相及宋部長之答語電," 1943年 8月 18日, 中國國民黨 黨史委員會 主編·秦孝儀 編(1981), 앞의 책, 494쪽.
[208] 秦孝儀 總編(1978), 앞의 책, 359쪽; 『蔣中正總統檔案: 事略稿本』 54, 349-351쪽.

으로 끝났다. 루스벨트가 스탈린에게 4강회담 참석을 요청한 것은 장제스에게 제의했던 것보다 한 달여 앞선 1943년 5월 초부터였다. 그러나 스탈린이 계속하여 부정적이거나 소극적인 입장을 보이고 있었기 때문에 1943년 8월 초에야 논의가 본격화될 수 있었다. 1943년 8월 7일 처칠은 스탈린에게 편지를 보내 3거두회담을 제안했다.[209] 스탈린은 8월 9일 스캐퍼 플로[Scapa Flow; 영국 스코틀랜드 북부 오크니제도 안에 있는 작은 만(灣); 군항]에서의 회담은 불가능하지만 가까운 시일 안으로("in near future") 3거두회담을 가지자고 화답했다.[210]

루스벨트는 제2차 세계대전의 마무리와 전후 질서의 구상을 위해서는 스탈린과의 협상이 반드시 필요하다고 보고, 보좌관 홉킨스를 통해 일단 스탈린이 회담에 나오는 것은 보장받은 상황이었다. 루스벨트는 카사블랑카에서 멀지 않은 지중해의 어디쯤으로 스탈린을 이끌어내는 책임을 처칠에게 맡겼다.

1943년 8월 10일 처칠에게 전달된 서신에서 스탈린은 3거두회담이 절대적으로 필요하다는 점은 동의하지만 동시에 독일과의 전투가 매우 치열하므로 한 주일이라도 자리를 비울 수가 없다고 말했다.[211] 1943년 8월 18일 캐나다 퀘벡에서 만난 루스벨트와 처칠은 스탈린에게 편지를 보내 전쟁 승리를 위해 떠나지 못하는 것을 전적으로 이해하지만 3거

---

[209] Ministry of Foreign Affairs of the U.S.S.R., ed., *Correspondence between the Chairman of the Council of Ministers of the U.S.S.R. and the Presidents of the U.S.A. and the Prime Ministers of Great Britain during the Great Patriotic War of 1941~1945*, vol. I (Moscow: Foreign Languages Publishing House, 1957), p. 387.

[210] "Personal and secret message from Premier J. V. Stalin to the Prime Minister, Mr. W. Churchill," August 9, 1943, Ministry of Foreign Affairs of the U.S.S.R., ed.(1957), 위의 책, p. 142.

[211] "Prime Minister Churchill to President Roosevelt," London, 11 August 1943, *FRUS, 1943, Cairo and Tehran*, p. 19.

두회담이 있어야 한다는 것을 다시 강조한다면서 스탈린이 만약 참가한다면 알래스카 페어뱅크스로 가서 3거두회담에 임할 수 있음을 통보했다.²¹² 이에 1943년 8월 24일 스탈린은 3거두회담의 개최에 동의하는 답장을 보냈다. 그런데 스탈린은 급박하게 돌아가는 히틀러와의 전쟁 상황에서 직접 지휘해야 하기 때문에 페어뱅크스까지 갈 수는 없다고 말했다.²¹³ 1943년 9월 4일 루스벨트는 스탈린에게 다시 편지를 보내 3거두회담을 가능한 한 빨리 가지자면서 11월 15일부터 12월 15일 사이에 북아프리카에서 개최할 것을 제안했다.²¹⁴ 1943년 9월 8일 스탈린은 루스벨트가 제안한 시기에 동의하며, 장소에 대해서는 3개국의 대표부가 다 있는 이란과 같은 곳이 좋다고 했다.²¹⁵ 이제 장소에 대한 협의만 남았다.

1943년 9월 9일 루스벨트는 스탈린에게 편지를 보내 3거두회담을 11월 말에 가질 것에 스탈린이 동의한 사실에 기쁨을 표하면서 워싱턴에서 더 먼 이란의 수도 테헤란보다는 중립지역인 이집트에서 만날 것을 제안했다.²¹⁶ 그러나 1943년 9월 12일 스탈린은 소련의 대표부가 없는 이집트보다 테헤란이 더 적당하다고 말했다.²¹⁷ 당시 테헤란은 영국

---

212 "President Roosevelt and Prime Minister Churchill to Marshal Stalin," [Quebec], 18 August 1943, *FRUS, 1943, Cairo and Tehran*, pp. 20-21.
213 "Marshal Stalin to President Roosevelt and Prime Minister Winston Churchill," Translation, [Moscow, August 24, 1943], *FRUS, 1943, Cairo and Tehran*, p. 22.
214 "President Roosevelt to Marshal Stalin," [Washington], 4 September 1943, *FRUS, 1943, Cairo and Tehran*, p. 23.
215 "Marshal Stalin to President Roosevelt," Translation, [Moscow, September 8, 1943], *FRUS, 1943, Cairo and Tehran*, p. 24.
216 "President Roosevelt to Marshal Stalin," [Washington], 9 September 1943, *FRUS, 1943, Cairo and Tehran*, p. 24.
217 "Marshal Stalin to President Roosevelt and Prime Minister Winston Churchill," Translation, [Moscow, September 12, 1943.], *FRUS, 1943, Cairo and Tehran*, p. 25.

에서 소련으로 군수물자를 수송하기 위한 '페르시아회랑'으로 영국과 소련이 분할점령하고 있었다. 3거두회담이 성사되면, 스탈린으로서는 루스벨트와의 첫 번째 만남이었다. 스탈린은 루스벨트를 자기 세력권으로 끌어들이기 유리한 첫만남을 계획하고 있었다.

9월 25일 처칠이 스탈린에게 전보를 보내(9월 27일 스탈린 접수) 숙박과 경호 등의 면에서 이집트 카이로가 테헤란보다 좋다며 이집트에서 만날 것을 제안하면서, 카이로회담이 열리기 2~3일 전부터 영국과 러시아의 군 1개 여단이 비행장을 포함해 회담장을 경계하는 것이 어떠냐고 했다.[218] 10월 3일 스탈린은 1개 여단을 주둔시키는 것은 적절하지 않다는 토를 달기는 했지만, 카이로회담 제의에 이의가 없다는 편지를 보냈다.[219] 루스벨트가 10월 20일에 받은 스탈린의 편지에 의하면, 스탈린은 독일군과의 전쟁을 계속 수행해야 하기 때문에 테헤란이 아닌 카이로로 가는 것은 어렵다고 말했다.[220]

---

[218] "Personal and most secret message from the Prime Minister, Mr Winston Churchill, to Marshal Stalin," received on September 27, 1943, Ministry of Foreign Affairs of the U.S.S.R., ed., *Correspondence between the Chairman of the Council of Ministers of the U.S.S.R. and the Presidents of the U.S.A. and the Prime Ministers of Great Britain during the Great Patriotic War of 1941~1945*, vol. I (Moscow: Foreign Languages Publishing House, 1957), pp. 165-166; "Prime Minister to Premier Stalin," 25 Sept. 43, in Winston S. Churchill, *The Second World War*, in six volumes, vol. Five: Closing the Ring (Boston: Houghton Mifflin, 1951), p. 306; 윈스턴 처칠 저, 구범모 외 역, 『윈스턴 처어칠 回顧錄: 第二次世界大戰 6: 運命의 岐路』(박문출판사, 1975), 415-416쪽.

[219] "Personal and secret message from Premier J. V. Stalin to Prime Minister W. Churchill," October 3, 1943, Ministry of Foreign Affairs of the U.S.S.R., ed.(1957), 앞의 책, pp. 170-171; "Premier Stalin to Prime Minister," 3 Oct. 43, in Winston S. Churchill, *The Second World War*, in six volumes, vol. Five: Closing the Ring (Boston: Houghton Mifflin, 1951), p. 307; 윈스턴 처칠 저, 구범모 외 역(1975), 앞의 책, 416쪽.

[220] 윈스턴 처칠 저, 구범모 외 역(1975), 앞의 책, 417쪽.

장제스도 1943년 10월 13일 루스벨트의 개인특사 헐리(Patrick Hurley)와 가진 충칭면담에서 스탈린과 만날 용의가 있느냐는 제안에 아직 시기가 되지 않았다고 답했다.²²¹

루스벨트는 아프리카로 잠정 확정된 3자회담을 당초 구상에 따라 4자회담으로 확장할 것을 희망했다. 그러나 스탈린이 아프리카가 아닌 테헤란을 고집하고 장제스가 소련과의 만남을 거부함에 따라 회담 이원화가 대안으로 떠올랐다. 10월 25일 루스벨트는 처칠에게 전보를 보내 물었다. "만일 그(스탈린-이하 괄호는 인용자)가 (테헤란을) 고집한다면, 귀하와 본인은 북아프리카(알렉산드리아로 추측) 혹은 피라미드(카이로)에서 소수의 막료를 동반해 회합을 하고, 우리들의 회담이 끝날 무렵 3일간 장제스 총통과 회합하는 것이 어떻겠습니까?" 바로 이때 루스벨트는 4국 정상회담 개최 계획을 수정해, 회담을 미·영·중 3국과 미·영·소 3국의 정상회담으로 양분한 것이다. 그는 또 처칠에게 11월 20일에 만나자고 제안했다.²²² 처칠은 10월 30일 답전을 보내, 11월 20일에 카이로에서 만나자는 루스벨트의 제안에 동의했다. 영국의 점령지역이니만큼 루스벨트에 대한 경호 및 위락(general security and comfort)에 대한 책임을 맡고 싶다고 말했다.²²³

루스벨트는 10월 30일 처칠의 전보를 받기 직전인 10월 27일 장제

---

221 "President Roosevelt to Generalissimo Chiang," October 13, 1943, *FRUS, 1943, Cairo and Tehran*, p. 30; 梁敬錞, 『開羅會議』(臺北: 臺灣商務印書館, 1973), 46쪽.
222 "President Roosevelt to Prime Minister," 25 Oct. 1943, in Winston S. Churchill, *The Second World War*, in six volumes, vol. Five: Closing the Ring (Boston : Houghton Mifflin, 1951), p. 314; 윈스턴 처칠 저, 구범모 외 역(1975), 앞의 책, 421-422쪽.
223 "Prime Minister to President Roosevelt," 30 Oct. 1943, in Winston S. Churchill(1951), 앞의 책, pp. 315-316; 윈스턴 처칠 저, 구범모 외 역(1975), 앞의 책, 423쪽; 조덕천(2014), 앞의 글, 67-69쪽.

스에게 전보를 보내 회담 일정을 통보했다.[224] 이때까지도 미국은 미·영·소·중 4국의 정상회담을 완전히 포기하지는 않았던 것이다. 그는 장제스와 처칠을 빨리 만나고 싶다면서, 11월 20일부터 25일 사이에 이집트 알렉산드리아에서 만나자고 전했다.[225] 장제스가 이 전보를 받은 날짜는 10월 28일이었다.[226]

10월 30일 루스벨트는 처칠의 전보를 받은 직후 다시 장제스에게 전했다. 비록 스탈린의 참여 확답을 받지는 못했지만, 처칠로부터는 답을 받아 페르시아만 근처에서 미·영·소 3거두회담을 열기로 거의 확정되었다면서, 11월 26일 카이로 근처에서 처칠과 함께 만나서 회담할 수 있는지를 장제스에게 묻는 내용이었다.[227] 장제스가 이 전보를 받은 날짜는 11월 1일이었다.[228] 그는 11월 2일 루스벨트에게 11월 1일 받은 전보의 제안을 수락한다고 답전을 보냈다.[229] 잠정적으로 미·영·중 3국의 정상이 카이로에서 회담을 하기로 결정된 것이다. 이때는 모스크

---

[224] "President Roosevelt to Generalissimo Chiang," [Washington], 27 October 1943, *FRUS, 1943, Cairo and Tehran*, p. 47.
[225] "President Roosevelt to Generalissimo Chiang," [Washington], 27 October 1943, *FRUS, 1943, Cairo and Tehran*, p. 47; 「美國總統羅斯福自華盛頓致蔣委員長告知與委員長會晤之時間及地點電 (譯文)」, 1943年 10月 28日, 中國國民黨 黨史委員會 主編·秦孝儀 編(1981), 앞의 책, 494-495쪽.
[226] 「美國總統羅斯福自華盛頓致蔣委員長告知與委員長會晤之時間及地點電 (譯文)」, 1943年 10月 28日, 中國國民黨 黨史委員會 主編·秦孝儀 編(1981), 앞의 책, 494-495쪽.
[227] "President Roosevelt to Generalissimo Chiang," [Hyde Park?], 30 October 1943, *FRUS, 1943, Cairo and Tehran*, pp. 55-56.
[228] 「美國總統羅斯福自華盛頓致蔣委員長希望委員長能決定於十一月二十六日與邱吉爾首相及羅斯福總統會晤於開羅鄰近之處電 (譯文)」, 1943年 11月 1日, 中國國民黨 黨史委員會 主編·秦孝儀 編(1981), 앞의 책, 495쪽.
[229] 「蔣委員長自重慶致美國總統羅斯福表示當如約前來與羅斯福總統及邱吉爾首相會晤電」, 1943年 11月 2日, 中國國民黨 黨史委員會 主編·秦孝儀 編(1981), 앞의 책, 495-496쪽.

바에서 열린 미·영·소 3국의 외상회의(1943.10.19~30.)가 끝날 무렵이었다. 미·영·중 3국 정상회담이 확정되자, 미국은 미·영·소 3국 외상회의에서 중국 대표를 포함시켜 '4국선언'이 발표되도록 하는 데 주도적인 역할을 했다. 이로써 미국은 중국을 4대강국의 지위로 올려놓았으며, 미·영·중 3국 정상회담이 진전된 배경이었다.

11월 8일 루스벨트는 중국 측과 소련 측에 회담 일정을 통보했다. 스탈린에게는 테헤란에서 11월 27일에 만나자면서 11월 22일에 카이로에서 시작될 참모들의 회담에 몰로토프와 영어로 말할 수 있는 군사대표를 참석시켜줄 것을 희망한다고 했다.[230] 참모회담만이라도 4국이 함께 모여 논의하기를 희망했던 것이다. 장제스에게는 2~3일 내에 북아프리카(北非)로 떠날 예정이며, 11월 22일 카이로에서 처칠과 함께 만나자고 전했다.[231] 앞서 제의한 일정보다 4일이 앞당겨졌다. 이때 루스벨트는 장제스에게 스탈린과의 회담 일정도 언급했다. "우리(루스벨트와 처칠)는 26일이나 27일 페르시아에서 스탈린 원수를 만나길 희망한다"라고 전한 것이다.[232] 그러자 장제스는 11월 9일 답전을 보내 스탈린을 만나기 전에 자신과 먼저 회담해줄 것을 다시 한번 강조했다.[233] 이

---

[230] "President Roosevelt to Marshal Stalin," [Washington,] 8 November 1943, *FRUS, 1943, Cairo and Tehran*, p. 72.

[231] "President Roosevelt to Generalissimo Chiang," [Washington,] 8 November 1943, *FRUS, 1943, Cairo and Tehran*, p. 72.

[232] "President Roosevelt to Generalissimo Chiang," [Washington,] 8 November 1943, FRUS, 1943, Cairo and Tehran, p. 72;「美國總統羅斯福自華盛頓致蔣委員長希望委員長能於十一月二十二日抵達開羅電 (譯文)」, 1943年 11月 9日, 中國國民黨 黨史委員會 主編·秦孝儀 編(1981), 앞의 책, 496쪽.

[233] "Generalissimo Chiang to President Roosevelt," Chungking, 9 November, 1943, *FRUS, 1943, Cairo and Tehran*, p. 73. 장제스는 루스벨트가 스탈린과 회담할 것이라는 사실을 이미 알고 있었다. 그래서 10월 30일 쑹쯔원이 서머벨(Somervell) 미 육군사령관에게 스탈린과 회담하기 전에 먼저 중국을 만나줄 것을 루스벨트에게 전달해달라고 부탁했던 것이다. "Memorandum by the Commanding General, Army Service

에 루스벨트는 11월 10일 "스탈린을 만나기 전에 우리(루스벨트와 장제스)가 먼저 만나자는 데 전적으로 동의한다"라고 확답했다.[234] 장제스가 이 전보를 받은 날짜는 11월 12일이었다.[235] 루스벨트는 11월 12일 이집트로 가는 여정 중에도 장제스에게 전보를 보내 이미 전달한 향후 일정과 회담 희망의사를 거듭 표명했다.[236] 이 무렵 처칠도 장제스에게 카이로회담에 초청한다는 전보를 보냈다.[237]

한편 루스벨트는 11월 8일 스탈린에게 보낸 편지에서 아래와 같이 일정을 통보했다. 루스벨트는 처칠과 함께 1943년 11월 26일 테헤란에 도착해 27·28·29·30일 등 스탈린이 떠나 있을 수 있는 동안 테헤란에서 스탈린과 회담한 후 처칠과 자신은 카이로에 돌아와 카이로회담을 마칠 예정이라고 전했다.[238] 11월 10일 스탈린은 일정을 수락한다고 답했다. 또한 몰로토프와 군사대표단이 11월 22일에 카이로에 도착할

    Forces (Somervell)," [Chungking, 30 October, 1943], *FRUS, 1943, Cairo and Tehran*, pp. 56-59; 梁敬錞(1973), 앞의 책, 46-47쪽.

[234] "President Roosevelt to Generalissimo Chiang," [Washington,] November 10, 1943, *FRUS, 1943, Cairo and Tehran*, p. 77. 이 전보에는 루스벨트가 서머벨이 1943년 10월 30일에 작성한 보고서를 이미 확인했으며, 또 서머벨과 함께 장시간 이야기를 나눈 것으로 기록돼 있다. 스탈린보다 먼저 회담하기를 원하는 중국 측의 의사가 적극적으로 전달되었다.

[235] 「美國總統羅斯福自華盛頓致蔣委員表示同意於會見史達林之前先與委員長會晤電 (譯文)」, 1943年 11月 12日, 中國國民黨 黨史委員會 主編·秦孝儀 編(1981), 앞의 책, 496-497쪽.

[236] "President Roosevelt to Generalissimo Chiang," [Aboard the U. S. S. "Iowa," November 12, 1943.], *FRUS, 1943, Cairo and Tehran*, p. 83.

[237] 「英國首相邱吉爾自倫敦致蔣委員長說明藉此相晤之良機得以商討如何早日克服共同敵人及策進同盟國間將來各方面之合作電 (譯文)」, 1943年 11月, 中國國民黨 黨史委員會 主編·秦孝儀 編(1981), 앞의 책, 497쪽. 그런데 秦孝儀 總編(1978), 앞의 책, 429쪽에는 11월 11일로 날짜가 명기되어 있다.

[238] "President Roosevelt to Marshal Stalin," [Washington,] 8 November 1943, *FRUS, 1943, Cairo and Tehran*, p. 72.

것이라고 통보했다[239](실제로는 몰로토프 대신 비신스키 외교담당 당 제1위원이 카이로회담에 참석해 소련의 입장을 대변했다).[240]

이로써 루스벨트가 1943년 6월부터 본격적으로 추진하기 시작한 미·영·소·중 4국의 정상회담이 두 개의 회담으로 나뉘어 개최되기로 확정됐다.[241] 미·영·중의 '카이로회담'과 미·영·소의 '테헤란회담'이다. 스탈린이 카이로로 오든가, 장제스가 테헤란으로 간다면 간단하게 처리될 수 있었지만 그렇지 못했다. 중·소 지도자 간의 보이지 않는 알력 때문이었다. 루스벨트는 4강이 단합해야 빨리 전쟁을 끝낼 수 있다고 인식했기에 단결을 도모했다. 만약 중·소가 대립한다면 소련의 주전장인 유럽전쟁은 몰라도 미국이 주도하는 태평양전쟁은 장기전으로 갈 수 있었으므로, 루스벨트로서는 스탈린과 장제스를 모두 안고 가야 했다. 루스벨트가 겉으로는 포용력을 발휘한 이상주의자인 것처럼 보이지만 현실주의적·전략적인 관점에서 보면 미국의 국익이 태평양전쟁의 조기종전에 걸려 있었기에 스탈린과 장제스를 결합시키려 했던 것이다. 루스벨트의 스탈린 포용, 즉 소련과의 연합도 역시 진보적 민주주

---

[239] "Marshal Stalin to President Roosevelt," [Moscow, November 10, 1943], *FRUS, 1943, Cairo and Tehran*, pp. 78-79.
[240] "Harriman-Vyshinsky Conversation," November 23, 1943, Forenoon, Roosevelt Villa, *FRUS, 1943, Cairo and Tehran*, pp. 309-310.
[241] 루스벨트는 카이로회담을 예정대로 해야 한다면 중국의 장제스를 끌어들여 3거두회담을 하고 여기서의 결론을 갖고 테헤란으로 넘어가는 것이 좋겠다고 생각했다. 결국 카이로회담은 루스벨트·처칠·장제스의 회담으로 이뤄졌고, 여기서 만들어진 공동선언문을 갖고 테헤란으로 넘어가 루스벨트·처칠·스탈린이 테헤란회담을 계속한 후 스탈린의 동의를 얻어 테헤란에서 카이로선언이 발표되었다(장제스는 카이로회담이 끝난 뒤 귀국했다. 테헤란회담에는 참석하지 못했다. 4명의 원수 명의로 발표하려 했던 카이로-테헤란회담의 공동성명이 공동선언으로 바뀌었고 스탈린은 빠졌다). 카이로회담은 11월 22~26일 개최되었으며 테헤란회담은 11월 27일부터 12월 2일까지 열렸고 제2차 카이로회담은 12월 2일부터 7일까지 주로 미·영 사이에 이루어졌다. 2차 카이로회담에는 튀르키예, 남아공, 소련 등의 고위직 관리 등이 참여했다.

의라는 이상을 구현하기 위한 것처럼 보이지만 당시 공동 적국이던 독일과의 전쟁을 끝내기 위한 현실주의의 발로였다. 반면 스탈린은 유럽전쟁에 주력해야 했기 때문에 일본과의 전쟁을 회피해야 했고 이로 인해 중·일전쟁의 당사자인 중국과의 회담이 부담스러워 끝까지 중국과의 만남을 기피했던 것이다. 장제스도 스탈린을 만난다면 소련과 인접한 만주에서 이권 제공이 논의될 것이 부담스러웠다. 한편 당시 소련의 2인자 베리야(Lavrentiy Pavlovich Beria; 보안 분야를 담당한 내무인민부 책임자인 내무인민위원)가 만약 스탈린이 카이로에 간다면 히틀러가 보낸 저격수의 타겟이 될 수 있다고 판단해 스탈린의 카이로행을 말린 것도 배경으로 작용했다고 한다.[242]

한편 처칠은 양자회담을 원했으나 루스벨트는 처칠과의 계속된 양자회담[대서양회담(1941. 8.), 워싱턴(1941. 11.), 워싱턴(1942. 6.), 카사블랑카(1943. 1.), 퀘벡(1943. 8.; 캐나다 총리 윌리엄 라이언 매켄지 킹이 주최자로 참여)][243]이 부담스러웠고 중국의 협조가 절실해 장제스를 포함시키려 했다. 1943년 9월 처칠은 카이로회담 준비가 잘 되어가고 있기 때문에, 스탈린 없이 미국과 영국이 먼저 카이로에서 만나 의견을 맞춘 후 테헤란으로 넘어가 스탈린을 만나자고 주장했다. 영국은 중국이 4대강국이 되는 것이 그리 탐탁지 않았으며 소련도 일본을 의식해 미국의 중국 초청에 비판적이었다. 하지만 양국은 제2차 세계대전을 물량 면에서 거의 주도하다시피 했던 미국의 뜻을 거스를 수 없었다.

카이로회담 중 정치회담의 주요 당사국은 미국과 중국, 군사회담의 주요 당사국은 미국과 영국이었다. 미국과 영국은 중국군 5개 사단을

---

[242] 새디어스 위틀린 저, 이대훈 역, 『베리아 일대기』(동화문화사, 1973).
[243] 呂芳上, 「日記·檔案中的蔣介石·宋子文和史迪威[Stilwell](1940~1944)」, 陳立文 主編, 『蔣中正與民國外交』 I (臺北: 國立中正紀念堂管理處, 2013), 309-310쪽.

동원해 버마 루트를 열고 중국군을 증모(增募)하여 버마를 점령한 일본군을 중국 전선에 묶어둔 채로 오스트레일리아에 후퇴해 있는 맥아더의 태평양군단을 반격전으로 돌릴 작정이었다. 미국은 중국의 적극적인 협조가 필요했다.[244]

미국의 배려로 4강에 합류한 장제스로서는 4강회담 참석을 통하여 전후 새로운 국제질서 수립에 참여할 수 있다는 기대에 부풀어 있었다. 그러나 한편으로는 미국과 영국의 군사적·재정적 지원에 크게 의존하고 있던 중국이 새로운 국제질서에 대해 적극적이고 주도적인 입장을 표명하기에는 매우 조심스러울 수밖에 없었다. 중국은 일본과 중립조약을 맺고 있던 소련과 군사적 협력이나 전후 처리 문제를 논의한다는 것은 사실상 불가능하다고 여겼고, 영국과도 여러 가지 문제로 불편한 관계에 있었다. 따라서 미국에 대한 중국의 의존도는 더 클 수밖에 없었다. 그런데 중국을 4강의 일원으로 초청하려는 미국조차도 중국이 아시아의 중심을 자처하는 것에는 노골적인 견제 의사를 표하고 있었다.[245]

---

[244] 신용하, 「(다시 보는 한국역사 10·끝)카이로선언과 김구」, 『동아일보』, 2007년 6월 9일자.
[245] 미국은 중국이 아시아의 영수로 자처하는 것에 대하여 외교적 경로를 통하여 노골적인 불만을 제기하기도 했다. 王建朗, 「大國意識與大國作爲: 抗戰後期的中國國際角色定位與外交努力」, 『歷史硏究』 2008-6; 劉曉原, 「東亞冷戰的序幕: 中美戰時外交中的朝鮮問題」, 『史學月刊』 2009-7, 69-71쪽. 예를 들면 1942년 8월 4일 루스벨트의 특사 커리(Lauchlin B. Currie)는 장제스에게 권고하기를, "미국의 일부 인사들은 전후 중국이 군국주의 및 백인을 배제하는 국가(排除白種人之國家)가 되어 '양호유환(養虎遺患; 호랑이를 키워 화근을 남긴다-인용자)'이 될 수 있다는 경계심"을 가지고 있기 때문에 "중국이 아시아의 영수라는 발언을 삼가"라고 했다. 또 미국은 미·중 친선만큼이나 영국, 소련과의 친선 또한 중시하고 있다고 강조하면서, 전후 문제에서 영국과 소련을 배제해서는 안 된다고 설명했다. 커리는 국제 신탁통치의 구체적인 방법에 대해 "전후 일정 기간 식민지의 인접 2~3개 국가가 공동으로 위임통치한 후 독립시키는 방안"이라고 설명하면서, "중국의 인접국은 중국을 포함한 2~3개의 국가에 의해 공동관리될 것"이라고 밝혔다. 이는 전후 한국이 중국을 포함한 2~3개 인접국에 의해 신탁통치에 놓일 것이라는 미국의 구상을 최초로 중국에 통보한 것으로 해석된다. 또한 한국 신탁통치에 인접국인 소련과 중국이 참여하게 될 것이라는 점도 암시했다. 「蔣委員長在重慶

이런 상황에서 중국의 4강 진입은 장제스의 말대로 들러리로서의 "허영"에 불과한 일일지도 모를 일이었다. 한마디로 대국의 회복을 노리는 장제스로서는 대국의 지위를 받쳐줄 만한 국력을 갖지 못한 상황에서 어떤 식이든 대국의 역할을 감당해야 하는 난국에 처했던 것이니 카이로회담에 임하는 그의 태도도 조심스러울 수밖에 없었다. 그렇지만 장제스가 조심만 한 것은 아니었다. 미국과 영국이 전쟁 수행을 위해 중국을 필요로 한다는 사실을 알고 있었으므로 장제스는 나름대로 자신감을 가질 수 있었다.

接見居里先生討論改善中英關係問題談話記錄」(1942.8.4.), 秦孝儀 主編,『中華民國重要史料初編: 對日抗戰時期」第三編, 戰時外交 1(臺北, 臺灣: 中國國民黨中央委員會黨史委員會, 1981); 박다정(2022), 앞의 글, 382쪽. 한편 박다정은 태평양전쟁이 개전된 지 얼마 되지 않아 미국이 한반도 신탁통치 실시를 시급히 결정하고 통보한 데는 장제스의 팽창주의를 억제하려는 의도가 가장 크게 작용했다고 주장한다. 이에 더하여 한반도에 대한 소련의 이익을 보장하기 위한 의도 역시 작용했다고 해석한다. 박다정(2022), 앞의 글, 384쪽. 그런데 장제스 견제는 그가 국공내전에서 수세에 몰리기 이전까지 이어졌으나 소련과의 공조는 트루먼의 승계 이전까지 시기에 국한되었다고 볼 수 있지 않을까 한다. 따라서 미국에는 중국과 소련의 변수가 변동될 수 있는 (종속)변수이며, 미국의 국익 추구는 거의 변화되지 않는 독립변수라고 볼 수 있다. 그렇다면 미국의 1945년 8월 38선 확정은 소련과의 공조를 고려한 결정이 아니라, 더 이상의 소련 남진(팽창)을 방지하려는 조치였으며, 1945년 12월 모스크바3상회의에서 한반도 신탁통치가 결정되는 과정에서도 미국은 자국의 이익을 확보하려 했다고 해석할 수 있다. 비록 모스크바3상회의에서는 주로 소련안에 따라 결정되고 미국의 국익이 선택적으로 반영되었지만 말이다[그렇다면 번스 국무장관이 모스크바에서 독단적으로 결정한 탁치안은 미·소공조의 마지막 산물(최후의 상징)이었다고 볼 수 있다]. 따라서 38선으로 잠재되었던 냉전구도가 완전히 드러난 1947년 이후, 미국은 남한정치 세력들 사이의 대립을 구실로 소련의 입장이 주로 반영된 훈정안(신탁통치안)을 버리고 1947년 가을 유엔이관을 결정하고 밀어붙여 소련이 주도한 탁치안을 폐기했다. 이로써 남북한에는 '신탁 기한 없는 독립'이 이루어졌다. 비록 신탁통치는 무산되었지만 미국의 남한 군정통치와 소련의 북한 점령통치는 결과적으로 보면 '탁치형 점령'으로 그 성격이 규정될 수 있다. 따라서 신탁통치를 의식한 점령관리는 유사신탁통치·준신탁통치라고 간주할 수 있다. 점령 시행 초기 점령과 탁치는 양립불가능한 것이며, 점령에서 탁치로 이행되어야 한다고 인식했으나 결과적으로는 점령과 탁치 모두 비슷한 식민지 관리 방식이었던 것이다. '점령관리'라는 포괄적 용어 안에 점령과 탁치가 모두 포함되었다고 할 수 있다.

(2) 김구의 장제스 면담, 1943년 7월

1943년 7월 중순 임시정부는 국제공동관리 문제에 대한 중국 측의 입장을 탐문하던 중 루스벨트와 장제스 간의 회담이 추진된다는 정보를 입수했다.[246] 이에 임시정부는 장차 있을 연합국 회담에 대비해 장제스를 만나야 한다고 판단하고, 중국 국민당 중앙당 비서장으로 한국 담당자이기도 했던 우톄청(吳鐵城)을 통해 장제스와의 만남을 요청했다. 장제스의 국민장 중앙비서처는 7월 21일 이를 결재했다.[247] 결국 7월 26일 오전 9시 장제스 군사위원장은 김구 주석 등을 비밀리에 공관으로 초청했다. 김구 외에 외무부장 조소앙, 선전부장 김규식, 광복군 총사령 이청천, 군무부장 겸 광복군 부사령 김원봉, 통역 안원생이 군사위원회 2층 접견실에서 장제스와 만났다(우톄청 배석; 의정원 의장 홍진도

---

[246] 1943년 7월 중경임시정부는 미국에 정부 승인을 호소하는 서한을 루스벨트에게 전달해줄 것을 이승만에게 위임했다고 한다. 다음은 1945년 8월 23일 소련 외무인민위원부(외무성) 제2극동부장 주코프가 외무인민위원회 부인민위원들인 비신스키와 로조프스키에게 발송한 편지에 나와 있는 이 공작에 대한 서술이다. "이승만은 위임받은 이 일을 실행에 옮기는 동시에 워싱턴의 반소집단에 호소하기 시작했다. 그는 다음과 같이 언급했다. 현재 우리는 소련이 조선에 소비에트공화국을 수립할 작정이라는 것을 가리키는 정보를 가지고 있다. 동시에 40년 전 미국이 그렇게 우려했던 극동에서 러시아의 팽창 위협이 완전히 사라지지 않았다는 것을 기억해야 한다." 그런데 이 편지에 따르면 루스벨트에게 보내는 이 호소는 답변을 얻지 못했다고 한다. 소련 외무성 주코프가 비신스키에게, 「조선정치가 이승만에 관한 평정서」, 1945년 8월 23일, АВПР, ф. 013, о п. 7, п. 4, д. 46, л. 14-16, 『동북아워치(Northeast Asia Watch)』(조선대학교 동북아연구소, 2023년 2월 21일). 한편 해방 직전인 1945년 1월 작성된 중국 내 조선 민족운동 조직에 관한 소련 국가안전인민위원부의 보고에서도 "이승만그룹은 일본 침략자들과의 투쟁을 위해 조선의 모든 민족주의세력들을 동원하는 데 조금도 신경 쓰지 않고, 주로 자신의 집단을 조선 인민의 독점적 대표로 인정받기 위해 미국 정부 집단과의 연계를 활용하려고 시도하고 있다"라고 평가되었다. ЦАФСБ, Справка о корейских националистических организациях в Китае от 17 января 1945 г., л. 11-12.

[247] 이상철, 「장제스 일기로 본 카이로 회의」, 대한민국 임시정부 수립 제95주년기념 학술회의: 대한민국 임시정부와 카이로선언, 단국대학교, 광복회, 독립기념관 주최, 백범김구기념관 대회의실, 2014년 4월 13일, 48쪽.

초청받았으나 사정상 참석하지 못함).[248]

이 자리에서 장제스는 "중국혁명의 최후 목적은 조선과 태국의 완전 독립을 돕는 데 있다"라며 "한국 혁명 동지들이 한마음으로 단결하고 분투노력하여 복국운동을 완성하기를 바란다"라고 말했다. 이에 김구와 조소앙은 "영국과 미국이 조선의 장래 지위에 대해 국제공관 방식을 채용하자는 주장이 자못 있는데["頻有"] 중국은 이에 현혹되지 말고 (한국의 완전한) 독립(을) 주장(하는 임시정부의 요구)을 지지 관철해달라"라고 요청했다.[249] 이에 장제스는 "영국과 미국 측이 이(한국에 대한 국제공관) 논조를 확실히 갖고 있으므로[250] 장래 쟁집(爭執; 爭議)[251]이 반드시 매우 많을 것이다. 그러므로 한국(독립운동세력)[252] 내부의 정성(精誠) 통일과 공작표현(工作表現)을 반드시 보여줄 필요가 있다. 그래야만 중국도 한국의 완전독립 문제를 쟁취할 수 있고 이 일에 착수하기도 쉽지 않겠는가"라고 대답했다.[253]

---

[248] 「韓國臨時政府領袖金九等六人晉見 總裁」(1943. 7. 26.), 백범김구선생전집편찬위원회 편, 『백범김구전집 5: 대한민국 임시정부 II』(대한매일신보사, 1999), 253쪽; 『대한민국임시정부자료집 22: 대중국 외교활동』, 240쪽에는 홍진까지 포함된 6인(김구, 조소앙, 홍진, 이청천, 김규식, 김약산)의 명단을 적었다가 그가 오지 않았다며 삭제했으며 김규식의 서열을 조소앙 다음으로 옮겨 적었다.
[249] 신용하(2004), 앞의 글, 33쪽.
[250] 이렇듯 중국은 미국이 한반도에 신탁통치(중국식 표현으로는 국제공관)를 적용하려 한다는 사실을 카이로회담 이전부터 알고 있었다.
[251] 이상철, 「현대사 사료발굴-〈蔣介石일기〉에 나타난 한국독립운동 관계 사료: "한국혁명당원들이 조국에 돌아가게 된 것은 내가 받들고 세워서 된 일"」, 『월간조선』 11월 (2010), 537쪽에서 이상철은 회의기록 「總裁接見韓國領袖會談紀要」을 검토해 '쟁의'로 인용했다.
[252] 이상철, 「현대사 사료발굴-〈蔣介石일기〉에 나타난 한국독립운동 관계 사료: "한국혁명당원들이 조국에 돌아가게 된 것은 내가 받들고 세워서 된 일"」, 『월간조선』 11월 (2010), 537쪽에서 이상철이 회의기록을 검토해 '독립운동세력'을 괄호 안에 첨가해 인용했다.
[253] 「總裁接見韓國領袖會談紀要」(1943. 7. 26.), 백범김구선생전집편찬위원회 편(1999), 앞의 책, 251-252쪽; 『대한민국임시정부자료집 22: 대중국 외교활동』, 165-166쪽,

8월 5일 김규식이 미주교포들(조선민족혁명당원)에게 방송으로 전파한 보고에 따르면, 장제스는 "전후 한국은 독립할 것이며, 이는 중국 정부의 일관된 정책[韓國之在戰後應予獨立, 係中國政府之一貫(決定을 一貫으로 수정-인용자)政策]이자 나의 개인적 입장"이라고 7월 26일 천명했다는 것이다.[254]

이어서 8월 4일 중화민국 정부의 외교부장 쑹쯔원도 '일본 패전 이후 동북지역과 타이완은 중국에 귀환되고 한국은 독립국가가 되기를 희망한다'는 의견을 런던에서 가진 기자회견에서 피력했다.[255]

이와 같은 약속에 의거해 장제스는 카이로회담에서 한국 독립 약속을 명문화하기 위해 노력했다.[256] 따라서 카이로회담에서 독립이 약속된 것은 김구의 노력 덕분이었던 측면이 있다. 그런데 중국 측 기록에 의하면 장제스가 한국 독립 문제를 먼저 제기한 것으로 나온다. 이에 따른다면 장제스를 면담했던 김구 등은 먼저 한국 독립 문제를 제기하지

238-239쪽. 이 자료는 한문으로 된 요약문으로 비서장 우톄청이 교열했다. 신용하, 「대한민국 임시정부와 카이로선언」, 한국근현대사학회·국가보훈처 편, 『대한민국임시정부 수립 80주년 기념논문집』(한국근현대사학회·국가보훈처, 1999); 신용하, 「백범 김구와 대한민국 임시정부와 카이로선언」, 『백범 김구의 사상과 독립운동』(서울대학교 출판부, 2003), 224쪽.

[254] "It was his own personal stand as the definite policy of the Chinese Government that Korea should be independent after the war." kiusic kimm, "Radio Broadcast Message to the Korean National Revolutionary Pe(e는 a의 오기임-인용자)rty in Hawaii and Mainland USA," Chungking, Aug. 5th, 1943, 백범김구선생전집편찬위원회 편(1999), 앞의 책, 266쪽; 「韓國宣傳部長 金奎植對旅美韓僑廣播全文(漢譯)」, 1943년 8월 5일, 中國國民黨中央執行委員會秘書處 소장 자료, 2쪽, 백범김구선생전집편찬위원회 편(1999), 앞의 책, 256쪽; 胡春惠(1976), 앞의 책, 301쪽; 胡春惠 저, 신승하 역(1978), 앞의 책, 263쪽. 김규식이 조선민족혁명당 주석이었으므로 그들에게 방송하는 형식을 취했다.

[255] 宋子文, 「중국의 한국독립에 대한 주장」, [런던에서 기자회견 중 담화(倫敦報界談話)], 1943년 8월 4일, 추헌수 편, 『資料韓國獨立運動』 I(연세대학교 출판부, 1977), 542쪽.

[256] 신용하(1999), 앞의 책.

않는 등 수동적이었다는 해석이 가능하다. 과연 그랬을까? 그렇지 않았을 것이다. 한국의 독립은 한국의 독립운동가들에게 가장 뚜렷하고 유일한 목표였다. 따라서 그들은 장제스를 만나서 한국의 독립 보장 약속을 주도적으로 설득했을 것이나 중국 측 기록에는 마치 장제스가 주도한 것처럼 기술되어 있는 것이다.

(3) 쑹메이링에게 한반도 신탁통치 실시 구상을 통보한 루스벨트, 1943년 5월

그런데 김구를 만나기 전인 1943년 5월 장제스는 루스벨트의 한국에 대한 국제공관(신탁통치) 적용 의지에 대해 쑹메이링에게서 다음과 같이 간접 통보받았으므로 이를 의식하고 있었다. 미국에 체류 중이던 쑹메이링은 1943년 5월 3일부터 며칠간 백악관에 머물면서 루스벨트와 만났다. 이 자리에서 루스벨트는 한반도를 중·미·소 3국의 공동관리 아래 놓기로 결정했다고 말했다. 쑹메이링은 5월 25일 장제스에게 전보를 보내 루스벨트가 한국 국제공관에 대해 미·영·중이 이미 합의한 사실을 말했다고 적었다.[257] 또한 쑹메이링은 1943년 6월 초 장제스에게 루스벨트와의 면담 결과를 보고하면서 "전후(戰後) 한국의 독립을 보증하기로 했던 중국과 미국 두 나라의 기존 결정에 변화의 조짐이 나타나고 있다. 루스벨트 대통령은 전후 일정 기간 동안 한국을 국제공동관리하에 두려고 한다"라고 적었다.[258] 따라서 장제스의 대한(對韓)정책이 국제공관에서 독립으로 전환된 데에는 김구를 비롯한 대한민국임시정부의 역할이 컸다고 할 수 있다.

---

[257] 이상철(2014), 앞의 글, 46-48쪽.
[258] 邵毓麟, 「使韓回憶錄」; 『대한민국임시정부자료집 25: 중국의 인식』, 266쪽.

4. 카이로회담의 한국 독립 결정과 신탁통치

1) 카이로회담 연구사

유럽과 태평양에서 제2차 세계대전이 한창 진행 중이던 1943년 11월 이집트 카이로에서 미국의 루스벨트 대통령과 중국의 장제스 총통, 영국의 처칠 수상 등 3거두가 만나서 전시 국제회담을 열었다. 이 회담이 끝난 후 1943년 12월 1일 한국의 독립이 달성될 것이라는 코뮤니케(성명)가 발표되었다. '카이로 코뮤니케(Cairo Communiqué)'로 한국 독립이 국제적으로 보장되는 등 일본의 침략으로 유린되었던 동아시아에 정의가 바로 서는 계기가 마련되었다. 1945년 8월 해방 이후 한국의 독립은 잠시 유보되었으나 우여곡절을 거쳐 결국 쟁취되었다.

그러나 카이로선언의 한국 독립 달성은 "in due course"라는 전제조건이 달린 것이었다. 이 표현은 시간적으로는 독립을 유보하며 과정적으로는 '모종의 절차'를 거친 뒤에야 독립이 달성될 것이라는 사실을 암시했다. 모종의 절차란 루스벨트의 탁치안을 의미하는 것이다. 이러한 독립 유보 조항에 대해 김구를 중심으로 한 중경임시정부세력은 격렬하게 반대했다.

일본제국주의의 식민지였던 대한(조선; 일본은 대한제국의 대한을 부정하고 조선이라 부름)의 독립이 국제적으로 약속된 것은 1943년 카이로회담이 처음이었다. 이러한 독립 약속이 공짜로 주어진 것은 아니었다. 국내외에서 간단없이 투쟁했던 우리 독립운동세력의 노력 덕분이었다.

카이로 코뮤니케의 한국 독립 조항은 김구가 중국의 장제스를 움직여 얻어냈다는 주장이 거의 정설로 여겨진다. 필자는 이 정설을 배격하지는 않지만, 미국의 루스벨트가 찬성하여 뒷받침하지 않았다면 그것이 불가능했을 것이므로 미국의 역할도 중요했다고 생각한다. 따라서 이 글에서는 한국 독립이 약속된 이유에 대해 기존의 단선론적 해석을 지양하고 임시정부(김구), 중국(장제스), 미국(루스벨트)이 모두 노력한 결과라는 시각을 제시하고자 한다. 또한 임시정부 이외의 독립운동세력의 항쟁도 역시 독립의 전제였으므로 이들도 임시정부 못지않게 중요했으나, 독립 결정 국면을 미시적으로 보면 김구 세력 이외에는 주도적 행위자라기보다는 큰 배경으로 작용했을 뿐이었다고 판단한다. 물론 김구도 장제스와 루스벨트의 결정 과정에 직접적으로 개입하지는 못했다. 그러나 장제스의 배후에 김구가 있었으므로 영향력을 행사했던 중요한 배경이었다고 할 수 있다. 한편 루스벨트의 배후에 미주 독립운동세력이 있었지만 장제스의 배후에 있던 김구만큼 직접적으로 영향을 끼치지는 못했다. 이러한 시각 아래 연합국의 카이로회담과 한국 독립 약속을 신탁통치 문제와 연결시켜 사실적으로 규명하고자 한다.

한국독립운동사와 전시회담사, 해방전후사 등에 대한 연구물에서 카이로회담은 단골 메뉴처럼 등장한다. 그렇지만 카이로회담에 대한 단독연구는 생각보다 많지 않다. 우선 선구적 업적으로는 다음이 있다.

- 조일문, 「카이로 선언의 한국조항 소고」, 『행정연구』 4(1978).
- 신용하, 「대한민국 임시정부와 카이로선언」, 한국근현대사학회·국가보훈처 편, 『대한민국임시정부 수립 80주년 기념논문집』(한국근현대사학회·국가보훈처, 1999).
- 신용하, 「백범 김구와 대한민국 임시정부와 카이로선언」, 『백범 김구의 사상과 독립운동』(서울대학교 출판부, 2003).
- 정일화, 『카이로선언: 대한민국 독립의 문』(선한약속, 2010).
- 박명희, 「카이로회담(會談)에서의 한국문제에 대한 중화민국정부의 태도」,

『동양학』 47(2010).
- 여계언(余季彦), 「카이로(Cairo) 會談 硏究: 中國 國民黨 政府와 大韓民國 臨時政府의 역할을 中心으로(1941~1943)」, 한국학중앙연구원 한국학대학원 석사학위논문(2010).

카이로선언 70주년인 2013년에는 동북아역사재단의 주최와 후원으로 관련 연구가 발표되었다. 동북아역사재단은 '카이로선언 70주년 회고'라는 특집 주제로 3편의 논문을 『영토해양연구』에 실었고,[259] '카이로선언 70주년 기념 학술회의'를 국내와 국외로 나눠 두 차례나 개최했다.[260] 국내 학술회의에서는 3편의 논문을 통해 카이로선언의 결정 과정과 현재의 실현 상태, 그리고 영토 문제에 관한 국제법적 분석을 시도했다.[261] 국제학술회의에서는 9편의 논문을 통해 동북아의 영토 문제, 동북아의 인권 문제, 동북아의 역사인식에 대해 살펴보았다.[262]

---

[259] 이석우, 「독도 문제에 관한 국제사회의 전후처리 조치와 카이로선언의 법적 효력에 대한 이해」, 『영토해양연구』 5(2013); 최영호, 「카이로선언의 국제정치적 의미」, 『영토해양연구』 5(2013); 와다 하루키 저, 박은진 역, 「카이로선언과 일본의 영토문제」, 『영토해양연구』 5(2013).

[260] 이외에도 주이집트 한국대사관의 주최로 2013년 11월 27일 이집트에서 제70주년 카이로선언기념 국제학술대회가 개최된 것으로 알려졌다. 「카이로선언, 강대국 정치 한반도에 적용된 첫 사례」, 『연합뉴스』, 2013년 11월 28일자.

[261] 국내 학술회의(제5회 역사NGO세계대회: 카이로선언 70주년 기념학술세미나)는 2013년 7월 24일 서울에서 동북아역사재단·세계NGO역사포럼·경희대학교 공공대학원의 공동주최와 (사)평화통일시민연대·(사)아시아사회과학연구원의 공동주관으로 개최되었으며, '카이로선언 정신 구현과 아시아의 평화 문제'라는 대주제로 이완범, 「카이로선언의 결정과정에 대한 고찰」; 박태균, 「카이로선언과 동아시아의 현재」; 이장희, 「국제법적 관점에서 본 카이로선언의 영토주권회복 문제」 등의 논문이 발표됐다. 한편 박태균, 「카이로 선언과 반탁운동: 그 현재적 의미」(카이로 선언 80주년 기념 국제학술회의: 카이로 선언 80주년에 다시 보는 동아시아, 백범김구기념관·김구재단 공동 국제학술회의, 2023년 8월 29일)도 있다.

[262] 카이로선언 70주년 기념 국제학술회의는 2013년 12월 2일 미국에서 동북아역사재단과 조지워싱턴대학교 시거아시아연구소의 공동주최로 개최되었다. '동북의 역사화해와

또한 대한민국임시정부 수립 제95주년 기념 학술회의: 대한민국 임시정부와 카이로선언(단국대학교, 광복회, 독립기념관 주최, 백범김구기념관 대회의실, 2014. 4. 13.)에서 정병준은 「카이로선언과 연합국의 대한정책」을 발표한 후 이를 수정해 「카이로회담의 한국 문제 논의와 카이로선언 한국조항의 작성 과정」을 『역사비평』 107(2014)에 실었다. 2014년 4월의 회의에서는 한시준, 이상철, 조덕천 등이 『한국근대사연구』 70에 다음과 같은 논문을 발표했다.

- 한시준, 「카이로선언과 대한민국 임시정부」.[263]
- 이상철, 「장제스 일기로 본 카이로 회의」.
- 조덕천, 「카이로회담의 교섭 및 진행에 관한 연구」.

또한 장박진, 「카이로선언의 기초와 한반도 독립 조항의 의미: 전후 단순 분리 독립의 기원」, 『동북아역사논총』 54(2016)도 있다. 이외에 미국에서도 카이로회담에 대한 연구가 꾸준히 진행되었다.

번영: 카이로선언 70년'이라는 대주제로 다음과 같은 논문이 발표됐다. ① 동북아의 영토 문제: 이서항, 「독도와 한일관계」; John R. Short, 「카이로 선언 전후의 동해 명칭」; 장세윤, 「한국 독립운동 지도자들의 카이로 선언에 대한 인식과 반응」, ② 동북아의 인권 문제: 하야시 히로부미, 「일본군 위안부와 동북아 국제관계」; Jennnifer Lind, 「동아시아 식민 통치 이후 희생자들에 대한 배상」; Erin A. Chung, 「변화하는 동북아 국제질서 속의 디아스포라」, ③ 동북아의 역사인식: Daqing Yang, 「동북아시아는 역사에 동의할 수 있는가? 카이로 선언과 그 이후」; Thomas Berger, 「독일과 일본의 역사 화해 비교」; John Duncan, 「서양 관점에서 본 동아시아 역사 인식」. 또한 James I. Matray, "Casualty of the cold war: the Cairo declaration and its historical legacy in northeast Asia," *The Journal of Northeast Asian History*, vol. 11, no. 1 (2014) pp. 87-113도 간행되었다.

[263] 『한국근현대사연구』 71(2014)에 실렸다. 또한 2015년 8월 29일 상하이 푸단대학교에서 열린 '일제의 침략과 한·중의 공동항전'이라는 주제의 국제학술회의에서 한시준이 발표한 「한국과 중국의 공동항전과 카이로선언」이라는 글이 단국대학교 동양학연구원 편, 『한국독립운동의 세계사적 성격』(단국대학교 출판부, 2017), 15-48쪽에 실렸다.

사료적 차원에서 이 책에서는 주로 미국 자료에 의존했던 기존의 연구 경향을 반성하고 중국과 영국 문서 등 여러 나라의 자료를 발굴해 '다국사료교차분석(Multi-Archival Cross-Check)'을 지향하려고 노력하고자 한다.

그렇지만 미국 자료를 도외시할 수는 없다. 미국 자료 역시 중요한 원천이다. 또한 미국 외의 국가에서 공개된 외교문서를 체계적으로 공간하는 경우는 많지 않다. 이 단락에서는 미국 자료 중에서 FRUS, 1943, vol. Ⅲ과 FRUS, The Conference at Cairo and Tehran, 1943을 많이 활용할 것이다. 또한 미국 워싱턴 DC 근교 메릴랜드주 칼리지파크(College Park, MD) 소재 내셔널아카이브 Ⅱ 소장 문서(Notter File; 노터파일 등)도 주된 정보원이다.

한편 『장제스일기(蔣介石日記)』 등 중국 사료도 매우 중요하며, 한국 자료로는 김구의 저작과 『신한민보』 등 당시 신문 자료가 중요하다. 또한 국사편찬위원회(대한민국임시정부자료집 편찬위원회)에서 편집·간행한 『대한민국임시정부자료집』이 특기할 만하다.

2) 카이로회담과 한반도 독립 논의

루스벨트는 1943년 10월 5일 미국 내 카이로회담(1943년 11월 말 개최 예정) 준비모임에서 신탁통치의 가능성을 매우 강조하면서 이를 모든 종류의 상황에 폭넓게 적용해야 한다고 했다. 또한 안보의 관점에서 "세계의 많은 부분을 국제신탁통치하에 두어야 한다"라는 점과 "여러 가지 상이한 신탁통치안을 식민지역에 적용할 수 있을 것"이라는 점을 그의 참모들에게 설파했다.[264] 이는 루스벨트 보편적 신탁통치 구상의 단면을 보여주는 사례이다. 이후 확정된 카이로선언의 '한국에 대한 in due course 독립 조항'은 루스벨트 탁치안이 관철된 사례였다.[265]

(1) 루스벨트 · 장제스 정상만찬, 1943년 11월 23일

한반도에 관련해서 루스벨트는 중국과 소련의 전통적인 지배 야욕을 의식했다. 1943년 11월 19일 카이로로 항진 중인 미군함 아이오와호 선상에서 그는 육군참모총장 마셜(George C. Marshall), 제독 킹(Ernest J. King)과 면담했다. 이 자리에서 루스벨트는 중국이 ① 외몽골에서 소련과 동등한 권리 행사, ② 만주의 반환, 그리고 ③ 한반도의 미·중·소 3개국 신탁통치를 원한다고 두 장군에게 말했다. 마셜과 킹은 소련의 한반도 내 제1의 이권이 부동항이라고 평가했다. 마셜은 ① 일본과 근접해 있는 쿠잔(Kuzan; 부산을 가리키는 것으로 풀이됨)을 지목했고 킹은 ② 한반도에 있는 양질의 대규모 항구와 다롄(大連) 간의 커뮤니케이션을 원한다고 각각 보고해 소련의 '야욕'을 다소 과장했다.[266] 이상의 발

---

264 "Talks with FDR, Meeting at the White House," October 5, 1943, RG 59, Records of Harley A. Notter, 1939~45, Records of the Advisory Committee on Post-War Foreign Policy, Box 54, US National Archives.
265 정용욱, 「1942~47년 미국의 대한정책과 과도정부형태 구상」, 서울대학교 박사학위논문(1996), p. 23.
266 "Minutes of the President's Meeting With the Joint Chiefs of Staff, November 19, 1943, 2 P.M., Admiral's Cabin, U.S.S 'Iowa,'" United States, Department of State, *FRUS Diplomatic Papers, 1943, Cairo and Tehran* (Washington, D.C.: United States Government Printing Office, 1961), 257쪽. 그런데 미국의 정책 결정자들은 신탁통치안과 부동항에 대한 소련의 접근이 양립 가능한 것으로 파악했다. 1943년 11월 23일 작성된 홉킨스(루스벨트 특별보좌관)의 비망록(그는 1943년 11월 23일 밤 8시부터 11시까지 열린 루스벨트-장제스 정상 만찬에 배석했다. 따라서 이 비망록에는 만찬에 대한 기록이 포함되지 않았다)에는 "부동항에 대한 보장만 있으면 소련이 4개국 신탁통치안에 대하여 반대하지 않을 것"이라고 해석되었다. Erik Van Ree, *Socialism in One Zone: Stalin's Policy in Korea, 1945~1947* (Oxford: Berg, 1989), p. 34 참조. 사실 이 당시 소련이 부산을 원한다고 공식·비공식적으로 언급한 적은 없었다. 장제스가 소련의 야욕에 대한 의구심을 미국보다 더 과대포장했을 때, 미국은 "소련의 부동항에 대한 야욕은 아직 밝혀진 바가 없다"라고 분석하기도 했다. *FRUS*,

언에서 미국의 한반도 신탁통치안은 중·소의 지배 야욕을 견제하기 위해 구상된 측면이 있다는 점을 간접적으로 확인할 수 있다.

장제스의 측근인 국방최고위원회 비서청 비서장 왕충후이(王寵惠; 1941년 7월 비서장 임명)의 한국 즉시독립에 대한 지지는 미국에 의하여 이미 1942년 8월부터 인지되었음이 노터파일에서 확인된다.[267] 장제스는 일찍이 왕충후이에게 강화회의에 관한 연구와 준비를 하도록 지시했으며 그 결과로 1941년 7월 왕충후이를 주임으로 하는 '국제문제토론회(國際問題討論會)'라는 조직이 국방최고위원회 안에 설치되었다. 국제문제토론회는 1941년 10월 이후 빈번한 회의를 가지면서 대일전후처리(對日戰後處理) 구상의 기본적 골격을 마련해나갔다. 특히 1942년 1월 국제문제토론회에 상정된 '중일문제해결(中日問題解決)의 기본원칙(基本原則)'에서는 영토 회복의 기준을 "청일전쟁 이전 상태로 돌이킨다"라는 것으로 정하고 "동북(東北), 대만(臺灣), 펑후열도(澎湖列島)의 반환과 조선의 독립"을 기본적 목표로 정하기에 이르렀다.[268] 이렇게 본다면 조선 독립은 이미 1942년 초부터 국민당의 기본정책이었다고 할 수 있다.

중국 국부당안(國府檔案)에 소장된 국방위원회(군사위원회) 참사실이

1943, Cairo and Tehran, p. 376 참조.

[267] P Minutes 21, August 8, 1942, pp. 13-14, RG 59, Records of Harley A. Notter, 1939~45, Records of the Advisory Committee on Post-War Foreign Policy, Box 55, US National Archives.

[268] 국제문제토론회의 구성과 성격, 회의 내용 등에 대해서는 陽子震, 「國民政府の'對日戰後處理構想': カイロ會談への政策決定過程」, 『東アジア近代史』 第14號(2011), 103-108쪽 참조. 한편 영토 회복 문제와 관련하여 국제문제토론회에서 특히 열띤 논쟁점이 되었던 것은 류큐 문제였다. 일본의 류큐 지배를 인정할 것인지 아니면 류큐의 독립을 요구할 것인지 혹은 중국에의 귀속을 요구할 것인지를 두고 내부적으로 격론이 벌어졌고 최종적으로는 "류큐를 중국에 귀속시키되 국제공동관리 방안과 비무장지대로 만드는 방안을 倂記한다"라는 것으로 결론 냈다. 류큐 문제에 관해서도 비교적 준비가 이루어졌던 셈이다.

1943년 11월 14일 제출한 문서에도 장제스의 의안 예정 목록의 중간 8항에 "한국독립문제(認朝鮮應予獨立)"가 명시되어 있었다.[269] 또한 군사위원회 참사실이 제출한 또 다른 의안 초안 7항에도 "승인조선독립(承認朝鮮獨立)"이 명시되어 있었다.[270]

또한 국방최고위원회 비서청이 카이로회담 준비 과정에서 장제스에게 보고한 연합국과의 군사·정치·경제 부문 합작 방안 문건(중국의 전쟁 목표 진술)에서는 조선 독립을 정치 부문 첫머리에 언급했다. "중국·미국·영국·소련이 즉시 조선 독립을 공동 혹은 개별적으로 승인하거나 전후 조선 독립을 보장하는 선언을 한다"라는 구체적인 방안을 명시했다. 그러면서 중국이 조선 독립을 단독으로 승인할 경우의 단점과 장점을 상세하게 분석했다. 중국이 먼저 단독으로 조선 독립을 승인할 경우 동맹국 분열이라는 단점이 있다. 소련이 중국보다 먼저 승인할 경우가 발생할 여지가 있으므로 중국이 소련보다 먼저 조선 독립을 승인하고 아울러 현재 충칭에 있는 조선혁명정부('임시정부'를 지칭)와 관계를 맺는 것이 유리하다고 주장했다. 따라서 적당한 시기에 먼저 승인하는 것을 고려해야 한다고 건의되었다.[271] 이와 같이 중국 국민당 정부는 한국 독립 승인을 임시정부와의 관계에서 고려했다. 또한 특히 소련을 비롯한 연합국들의 동향을 면밀히 고려한 치밀한 눈치작전을 펼치고 있었음을 알 수 있다. 이 문건에서 한국 독립 문제는 제일 먼저 나오며 두

---

[269] 梁敬錞(1973), 앞의 책, 53쪽.
[270] 「軍事委員會參事室自重慶呈蔣委員長關於開羅會議中我方應提出之問題草案」, 1943년 11月(原件日期不詳), 中國國民黨 黨史委員會 主編·秦孝儀 編(1981), 앞의 책, 498-499쪽.
[271] 「國防最高委員會秘書廳自重慶呈蔣委員長關於準備在開羅會議中應提之戰時軍事合作, 戰時政治合作, 戰時中美經濟合作 第三種方案」, 1943년 11月(原件日期不詳), 中國國民黨 黨史委員會 主編·秦孝儀 編(1981), 앞의 책, 503-505쪽.

번째는 인도 독립 문제, 제3항은 휴전, 강화조약, 제4항은 강화조약 이후 집단안전체제 건립 이전 연합국의 책임 문제였다. 이렇듯 국방최고위원회는 한국 독립 문제를 비교적 중요하게 다루었다.

그런데 장제스는 이와 같은 의견을 모두 반영해 회의를 진행하지는 않았다. 이 문건을 숙지하지 않았을 가능성이 있다. 『장제스일기』 11월 18일자에 의하면 카이로회담 중요 의제 7가지 중 여섯 번째(己)로 조선 독립을 배당했던 것이다. 첫 번째(甲)는 국제정치조직, 두 번째(乙)는 원동위원회 조직, 세 번째(丙)는 중·영·미 3국 연합참모단의 조직, 네 번째(丁)는 점령지 관리 방안, 다섯 번째(戊)는 버마 반공(反攻)을 위한 총계획, 일곱 번째(庚) 동북 및 대만의 중국 귀속 문제였다.[272] 1943년 11월 21일 카이로에 도착한 장제스는 이튿날인 11월 22일 월요일자 일기에 "금주의 주요 예정 업무 요강(本星期預定工作課目)"을 정리했다. 회의 목적의 "갑을병정(甲乙丙丁)" 중 "정(丁)"이 "전후조선독립(戰後朝鮮獨立)"이었다.[273]

미 외교문서집 *FRUS*에 수록된 중국 외무장관 쑹쯔원과 미국 국무차관 웰스 간의 1943년 3월 29일(3월 27일 이든·루스벨트 회동 직후임) 대화 내용에 의하면, 당시 미국 측이 영·미·중 간에는 한반도 독립과 신탁통치의 실시 문제에 대한 합의가 이미 이루어졌다고 판단한 상황이었다.[274] 한편 『뉴욕 타임스(The New York Times)』 1943년 3월 13일에 보

---

[272] 「於前往參加開羅會議, 宿於印度阿格拉時記」, 『蔣介石日記』, 1943년 11월 18일; 『대한민국임시정부자료집 25: 중국의 인식』, 288쪽, 550쪽. 중국으로서는 마지막 문제가 가장 중요한 것이었지만 처음부터 이러한 문제를 제기해 미국 등의 견제를 불러일으킬 필요가 없다고 생각해 뒤로 미룬 것이라고 할 수 있다.

[273] 「本星期預定工作課目」, 『蔣介石日記』, 1943년 11월 22일, 星期一; 이상철, 「윤봉길의사 의거와 장제스 카이로 선언과의 관계」, 매헌윤봉길의사의 상해의거와 국내외 영향, 매헌윤봉길의사 상해의거 85주년 기념 국제학술회의, 2016년 12월 16일, 162쪽.

[274] Sumner Welles, "Memorandum of Conversation," March 29, 1943, *FRUS, 1943*,

도된 바에 의하면 쑹쯔원은 기자의 질문에 대해 중국이 한국 독립을 원한다고 대답했다.[275] 따라서 중국이 한국 독립을 원한다는 것은 이미 공지의 사실이었다.

카이로회담에서 루스벨트는 한국 문제에 대해 미·영·중 3국 공동의 신탁통치안을 둘째 날 제안할 예정이었다. 영국의 동의는 이미 받았고, 장제스에게는 1943년 5월 통보한 상태였다.[276] 첫째 날인 11월 23일 3국 정상회담에 대한 미국 측 기록에 의하면 동남아시아 문제만이 논의된 것으로 나와 있다. 그런데 3국 정상회담을 마친 후 장제스는 루스벨트의 숙소에서 오후 8시경(7시 반경 시작) 저녁식사를 같이하면서 4시간가량 머물렀다.[277] 격식을 차리지 않은 일종의 비공식적인 양국 정상회담(루스벨트의 참모 홉킨스, 장제스의 부인 쑹메이링, 장제스의 수행원인 국방최고위원회 비서장 왕충후이 배석)[278]이었던 셈이다.

*FRUS*에 수록된 「중국 측 요약, 번역본」에 의하면 이 자리에서 한국 문제는 후반부에 비교적 주변적인 주제로 큰 비중 없이 다루어졌다고

China, p. 845; "Memorandum of Conversation, by the Assistant Secretary of State(Berle)," [Washington,] May 12, 1943, *FRUS, 1943*, vol. Ⅲ, p. 1092.
275 "Memorandum by the Chief of the Division of Far Eastern Affairrks (Hamilton) to the Secretary of State," [Washington,] April 22, 1943, *FRUS, 1943*, vol. Ⅲ, p. 1090.
276 신용하, 「(다시 보는 한국역사 10·끝)카이로선언과 김구」, 『동아일보』, 2007년 6월 9일자.
277 양지선, 「한국의 독립운동과 중국국민당」, 단국대학교 동양학연구원 제45회 정기학술회의: 한국의 독립운동과 연합국의 관계, 백범김구기념관, 2015년 11월 17일, 11쪽.
278 "Editorial Note," in "Roosevelt-Chiang Dinner Meeting: Chinese Summary Record, Translation," Roosevelt Villa, November 23, 1943, 8 P.M., *FRUS, 1943, Cairo and Tehran*, p. 323가 의존한 "Log of the Trip," Tuesday, November 23rd. (At Cairo), in "The President's Log at Cairo," November 22-26, 1943, *FRUS, 1943, Cairo and Tehran*, p. 296에는 왕충후이가 참석했다는 부분이 없다. 그런데 이 Log에는 대통령의 아들 엘리엇 루스벨트(Elliott Roosevelt) 대령이 참석했다는데 실제로 엘리엇은 참석하지 않았거나 손님으로 잠시 구경한 것으로 추정된다. 따라서 이 Log가 모든 사실을 다 반영한 것은 아니다.

할 수 있다[중국에 제일 중요한 것은 역시 만주 등의 지역에서 중국의 전후 주권이 보장되는 문제(실지회복)였으며 한국은 다른 문제에 묻어가는 부차적 문제였다]. 루스벨트가 한국과 인도차이나, 태국의 장래 문제에 대해 중국과 미국이 공동의 이해(a mutual understanding)에 도달해야 할 것이라고 말하자 장제스는 전적으로 동의한다면서 한국 독립을 허용할 필요성을 강조했다(Concurring, Generalissimo Chiang stressed on the necessary of granting independence to Korea-밑줄은 인용자).[279] 장제스는 한국에 대한 의견 제시 요청에 특별히 한국 독립이라는 표현을 적시하면서 이를 허용하자고 역설했던 것이다. 이에 루스벨트는 중국과 미국은 한국의 장래에 공감하게 되었다고 했다.[280] 장제스가 한국 독립을 주장했음이 이 문서에서 확인된다. 따라서 이미 루스벨트에 의해 먼저 제기된 한국 문제에 장제스가 독립이라는 표현을 첨가해 강조했다고 할 수 있다. 문제 제기의 당사자는 루스벨트이며, 독립의 최초 주창자는 장제스였다.

장제스의 한국 독립 언급에 루스벨트가 다소 당황했다는 평가도 있다. 당초 루스벨트는 장제스와 한국 독립이 아니라, 한국의 전후 처리 문제 중 특히 신탁통치에 대해 논의하려 했다고 한다. 신탁통치 실시 문제를 논의하려 했기에 한국 문제라고 언급했을 가능성도 있다. 루스벨트의 관심사는 신탁통치 실시였기에 독립에 방점이 찍히지 않은 한

---

[279] "Roosevelt-Chiang Dinner Meeting: Chinese Summary Record, Translation," Roosevelt Villa, November 23, 1943, 8 P.M., *FRUS, 1943, Cairo and Tehran*, p. 325. 중국 측 원본인 國立編譯館 主編·陳志奇 編, 『中華民國外交史料彙編』 第12卷 (臺北: 渤海堂文化公司, 1996)에는 "蔣謂朝鮮應豫獨立"이라고 적혀 있다.

[280] "Roosevelt-Chiang Dinner Meeting: Chinese Summary Record, Translation," Roosevelt Villa, November 23, 1943, 8 P.M., *FRUS, 1943, Cairo and Tehran*, p. 325.

국 문제를 논의하려 했던 것이 아닌가 한다.[281] 한국의 신탁통치 실시에 대해 영국과 이미 합의한 루스벨트는 중국과도 이러한 합의가 이루어졌다고 보았다. 1943년 3월 29일 쑹쯔원을 워싱턴에서 만난 웰스를 통해 이미 한국 신탁통치에 대한 중국의 동의를 얻어냈다고 판단했던 것이다. 당시 웰스는 2일 전인 3월 27일 워싱턴에서 있었던 루스벨트·이든의 협상 결과를 설명하며 "한국은 잠정적 국제신탁통치(a temporary international trusteeship)를 거친 후 독립국가가 되어야 한다"라고 말했다.[282] 미국은 영국과 논의한 지 2일 만에 중국과도 논의할 정도로 한반도 탁치 적용을 적극적으로 추진했다. 이렇게 미국은 한국에 대한 국제신탁통치가 3국 사이에 합의되었다고 결론 내렸다. 루스벨트는 1943년 11월 19일 카이로로 향하는 미 전함 아이오와호 선상에서 참모들과 가진 합동참모회의에서 "(장제스) 총통은 러시아, 중국, 미국이 수탁국으로 관할하는 한국에 대한 신탁을 희망하고 있다"라고 말하기도 했다.[283]

그런데 정일화는 중국이 작성한 미·중 정상 간의 면담록 내용이 미국 측 기록에 나타난 23일 양자회담과 여타 루스벨트-장제스 회담의 의제(일본 문제와 한국 문제는 주제로 언급되지 않음)[284]와 많이 다르다고 주장했다(그러나 이 의제 목록은 23일 회담 외에 다른 회담의 의제를 포함한 것이므로 다를 수 있다). 또한 루스벨트가 일본의 군사점령에 중국이 주된

---

[281] 물론 루스벨트의 신탁통치안은 국제연맹의 위임통치안과는 달리 추후 독립이 보장되는 구상이었다. 그러나 독립은 신탁통치 실시 후인 추후 보장되는 것이었다. 그렇지만 탁치는 독립으로 가는 수단(방략)이기도 했다.
[282] Sumner Welles, "Memorandum of Conversation," March 29, 1943, *FRUS, 1943, China*, pp. 845-846.
[283] "Minutes of the President's Meeting with the Joint Chiefs of Staff," November 19, 2 p.m., Admiral's Cabin USS Iowa, *FRUS, Cairo, 1943*, p. 257.
[284] "Editorial Note," in "Roosevelt-Churchill-Chiang Meeting," November 26, 1943, 4:30 P.M., Roosevelt Villa, *FRUS, Cairo and Tehran, 1943*, pp. 366-367.

PROCEEDINGS OF THE CONFERENCE

The Log (*ante*, p. 296) indicates that the Chiangs, together with Hopkins and Colonel Elliott Roosevelt, were dinner guests of the President. Elliott Roosevelt (pp. 142, 164–165) reproduces some of his father's remarks that pertain presumably to this discussion, but there is no indication that Colonel Roosevelt was present at either the dinner or the discussion that followed. The Log does not mention the attendance of Dr. Wang.

According to the account in Elliott Roosevelt, the conversation touched on the following topics that are not mentioned in the Chinese summary record: The formation of a coalition government in China, British rights in Shanghai and Canton, the use of American rather than British warships in future operations based on Chinese ports, and the future status of the Malay States, Burma, and India.

For references to other subjects which were discussed by Roosevelt and Chiang at Cairo and which may have been discussed in whole or in part at this meeting, see the editorial note, *post*, p. 366.

023.1/5–2157

Chinese Summary Record

Translation

(1) *On China's International Position*—President Roosevelt expressed his view that China should take her place as one of the Big Four [1] and participate on an equal footing in the machinery of the Big Four Group and in all its decisions. Generalissimo Chiang responded that China would be glad to take part in all the Big Four machinery and decisions.

(2) *On the Status of Japanese Imperial House*—President Roosevelt enquired of Generalissimo Chiang's views as to whether the institution of the Emperor of Japan should be abolished after the war. The Generalissimo said that this would involve the question of the form of government of Japan and should be left for the Japanese people themselves to decide after the war, so as not to precipitate any error which might perpetuate itself in international relations.

(3) *On Military Occupation of Japan*—President Roosevelt was of the opinion that China should play the leading role in the post-war military occupation of Japan.[2] Generalissimo Chiang believed, however, that China was not equipped to shoulder this considerable responsibility, that the task should be carried out under the leadership of the United States and that China could participate in the task in

---
[1] The United States, China, the Soviet Union, and the United Kingdom.
[2] See *post*, p. 864.

그림 1-1 카이로회담 회의록

※ 출처: FRUS, *Cairo and Tehran, 1943*, pp. 323–325.

324   II. THE FIRST CAIRO CONFERENCE

a supporting capacity should it prove necessary by that time. The Generalissimo also took the position that the final decision on the matter could await further development of the actual situation.

(4) *On Reparation in Kind*—Generalissimo Chiang proposed that a part of the reparation Japan was to pay China after the war could be paid in the form of actual properties. Much of Japan's industrial machinery and equipment, war and merchant ships, rolling stock, etc., could be transferred to China. President Roosevelt expressed his concurrence in the proposal.

(5) *On Restoration of Territories*—Generalissimo Chiang and President Roosevelt agreed that the four Northeastern provinces of China, Taiwan and the Penghu Islands [*Pescadores*] which Japan had taken from China by force must be restored to China after the war, it being understood that the Liaotung Peninsula and its two ports, Lushun (Port of Arthur) and Dairen, must be included. The President then referred to the question of the Ryukyu Islands and enquired more than once whether China would want the Ryukyus. The Generalissimo replied that China would be agreeable to joint occupation of the Ryukyus by China and the United States and, eventually, joint administration by the two countries under the trusteeship of an international organization. President Roosevelt also raised the question of Hongkong. The Generalissimo suggested that the President discuss the matter with the British authorities before further deliberation.

(6) *On Matters Concerning Military Cooperation*—President Roosevelt proposed that, after the war, China and the United States should effect certain arrangements under which the two countries could come to each other's assistance in the event of foreign aggression and that the United States should maintain adequate military forces on various bases in the Pacific in order that it could effectively share the responsibility of preventing aggression. Generalissimo Chiang expressed his agreement to both proposals. The Generalissimo expressed his hope that the United States would be in a position to extend necessary aid to China for equipping its land, naval and air forces for the purpose of strengthening its national defense and enabling its performance of international obligations. Generalissimo Chiang also proposed that, to achieve mutual security, the two countries should arrange for army and naval bases of each to be available for use by the other and stated that China would be prepared to place Lushun (Port of Arthur) at the joint disposal of China and the United States. President Roosevelt, on his part, proposed that China and the United States should consult with each other before any decision was to be reached on matters concerning Asia. The Generalissimo indicated agreement.

그림 1-2 카이로회담 회의록

※ 출처: *FRUS, Cairo and Tehran, 1943*, pp. 323–325.

PROCEEDINGS OF THE CONFERENCE

(7) *On Korea, Indo-China and Thailand*—President Roosevelt advanced the opinion that China and the United States should reach a mutual understanding on the future status of Korea, Indo-China and other colonial areas as well as Thailand. Concurring, Generalissimo Chiang stressed on the necessity of granting independence to Korea. It was also his view that China and the United States should endeavor together to help Indo-China achieve independence after the war and that independent status should be restored to Thailand. The President expressed his agreement.[3]

(8) *On Economic Aid to China*—Generalissimo Chiang pointed out that China's post-war economic reconstruction would be a tremendously difficult task which would require United States financial aid in the form of loans, etc., and also various types of technical assistance. President Roosevelt indicated that close and practical consideration would be given to the matter.

(9) *On Outer Mongolia and Tannu Tuva*—President Roosevelt enquired especially as to the present status of Tannu Tuva and its historical relations with its neighbors. Generalissimo Chiang pointed out that the area had been an integral part of China's Outer Mongolia until it was forcibly taken and annexed by Russia. He said that the question of Tannu Tuva, together with that of Outer Mongolia, must be settled in time to come through negotiations with Soviet Russia.

(10) *On Unified Command*—Generalissimo Chiang proposed the formation of a China–U. S. Joint Council of Chiefs-of-Staff or, as an alternative, China's participation in the existing Britain–U. S. Council of Chiefs-of-Staff.[4] President Roosevelt agreed to consult the chiefs of staff of the United States in order to reach a decision on the matter.[5]

---

[3] See *post*, pp. 389, 485, 864, 869; *F. D. R., His Personal Letters, 1928–1945*, edited by Elliott Roosevelt (New York: Duell, Sloan and Pearce, 1950: 2 vols.), vol. II, p. 1489; Edward R. Stettinius, Jr., *Roosevelt and the Russians: The Yalta Conference* (Garden City: Doubleday and Company, Inc., 1949), pp. 237–238.
[4] See *post*, p. 388.
[5] Roosevelt's answer was negative; see *post*, p. 748. For consideration of this subject by the Combined Chiefs of Staff, see also *ante*, pp. 305, 320.

DINNER PARTY OF THE BRITISH CHIEFS OF STAFF, NOVEMBER 23, 1943, EVENING

PRESENT

UNITED STATES	UNITED KINGDOM
Admiral Leahy	General Brooke
Admiral King	Air Chief Marshal Portal
General Arnold	Admiral of the Fleet Cunningham
	Field Marshal Dill

그림 1-3 카이로회담 회의록

※ 출처: *FRUS, Cairo and Tehran, 1943*, pp. 323–325.

역할을 해야 한다고 말했으나 장제스가 사양했다는 부분, 루스벨트가 전후 일본의 천황제를 폐지해야 하는지를 물었을 때 장제스가 일본 국민의 선택에 맡겨야 한다고 말했다는데, 과연 루스벨트가 이런 언급을 했을까 하는 의문을 가질 수 있다고도 했다. 또한 중국의 류큐(琉球) 점령 문제를 미국이 두 번이나 언급했고 장제스는 이에 대해 미국과 공동으로 점령하겠다고 말했다는 중국 측 기록은 신빙성이 없다는 것이다. 따라서 한국과 관련된 부분도 신빙성이 없다고 정일화(2010)는 추정했다.[285]

이 양국 정상회담 대화록은 미국 기록에서는 발견되지 않았다. 이에 1956년 미국의 *FRUS, Cairo and Tehran* 편집자가 회담록을 정리하다가 이 회담 기록이 없음을 확인한 후 워싱턴 주재 자유중국대사 둥셴광(董顯光; 홀링톤 통; Tung Hsien-Kaung; 선전부 부부장의 자격으로 카이로 회담에 참여)[286]에게 문의하자 자유중국 정부가 중국어로 대담 요약문을 보관하고 있음을 알려왔다. 중국 정부는 이를 영문으로 번역하여 미국 측에 제공하면서 *FRUS* 회담록(그림 1-1, 1-2, 1-3)에 수록하는 것을 허용했다.[287] 그렇다면 왜 미국 회의록에는 장제스의 한국 독립 주장 기록이 없을까? 11월 23일 루스벨트-장제스 회담이 루스벨트의 숙소에서 저녁식사 후 이루어진 비공식적인 만남이었으므로 기록자가 배석하지 않았기 때문일 것이다. 참석자는 루스벨트와 홉킨스, 장제스 부처와 왕충후이 박사 등 5인이었다. 공식 행사가 아니었고 급하게 마련되었으므

---

[285] 정일화(2010), 앞의 책, 482-483쪽.
[286] 「附一 … 政治問題會商經過: 國防最高委員會秘書長王寵惠自重慶呈蔣委員長關於開羅會議日誌」, 1943年 11月, 中國國民黨 黨史委員會 主編·秦孝儀 編(1981), 앞의 책, 509쪽; 梁敬錞(1973), 앞의 책, 101쪽.
[287] "Roosevelt-Chiang Dinner Meeting," Roosevelt Villa, November 23, 1943, 8 P.M., *FRUS, 1943, Cairo and Tehran*, p. 322.

로 서기도 참석할 수 없었으며 공식 통역도 없이 영어가 유창한 쑹메이링이 장제스의 통역을 맡았다. 중국 측은 왕충후이가 요약해서 정리했을 것으로 판단된다. 보좌역 홉킨스는 서기가 아니므로 공식 회의록을 작성할 위치가 아니었고 훗날 카이로선언 초안을 작성했다. 만약 공식 기록을 남기려고 했으면 외교를 담당하는 국무부 서기가 참석하는 것이 관례였을 텐데 10월 말에 모스크바3상회의에 참석했던 헐 국무장관을 비롯한 국무부 고위관리는 카이로에 가지 않았다. 루스벨트는 국무부 관리들이 결단력이 없고 소심하며 비밀을 잘 누설한다고 평가하면서 국무부를 신뢰하지 않았다. 또한 루스벨트는 국무장관이 수행했어야 할 외교 업무를 자신과 홉킨스, 해리먼 등 극소수의 참모들과 비밀리에 결정했다. 고령의 헐도 이를 크게 의식하지 않았으며, 대통령 일행은 국무부가 준비한 카이로·테헤란회담 관련 비망록을 읽지도 않았다는 평이 지배적이었다.[288] 루스벨트가 정식 정책 결정 라인인 국무부가 아닌 보좌진을 통한 '개인외교(private diplomacy)'를 했으므로 비공식 미·중 정상만찬의 경우 회의록을 남기지 않았다고 할 수 있다. 또한 카이로회담은 외교적 문제가 아닌 군사전략회담으로 기획되었으므로[289] 국무부

---

[288] 정병준, 「영국의 카이로회담 인식과 카이로선언 한국조항에 미친 영향」, 『역사비평』 145 (2023).
[289] 이상철, 「장제스 일기로 본 카이로 회의」, 대한민국 임시정부 수립 제95주년기념 학술회의: 대한민국 임시정부와 카이로선언, 단국대학교, 광복회, 독립기념관 주최, 백범김구기념관 대회의실, 2014년 4월 13일, 51쪽에 의하면 카이로회담의 1차적 목적은 대일본 작전 문제와 전후 처리 문제였기 때문에 참석자 모두가 군복을 입고 나타났다고 한다. 그런데 Chi-yun Chang(張其昀), *Record of the Cairo Conference* (開羅會議紀實) (Taipei: China Cultural Publishing Foundation, 1953), p. 8; 張其昀, 「카이로會議記錄」, 한국정신문화연구원 편, 『한국독립운동사자료집 (중국인사증언)』(박영사, 1983), 233쪽에 의하면 장제스는 회담 직후인 1943년 11월 28일 "정치적 수확이 으뜸이고 군사 면은 다음이며 경제 면은 또 그다음이나 다 같이 상당한 성취를 거뒀다"라고 회고했다는 것이다.

가 처음부터 적극적으로 지원할 수 없었던 측면이 있다. 그러나 식민지 독립이라는 외교적 문제를 의식했던 영국은 이든 외상과 카도간 외무차관까지 파견했으므로 루스벨트가 국무부를 의도적으로 배제하고 중요한 문제를 개인 보좌관의 기안에 의존하여 독단적으로 결정했다는 평가가 가능하다.[290]

한편 군사적이고 전략적인 문제를 토의한 대규모 회의는 서기가 배석해 정식 회담록을 작성했다. 이에 비해 대다수의 회의는 회의록이 없었다. 예를 들면 11월 25일 루스벨트 숙소에서 오후 5시에 개최된 비공식적 미·중 정상회의(참석자는 루스벨트 부자와 장제스 부처)는 그 규모가 작아서인지 역시 회의록이 없다.[291] 또한 11월 26일 루스벨트 숙소에서 오후 4시 30분에 개최된 미·영·중 정상회의(배석자는 미국 측 해리먼 대사와 영국 측 이든 외상, 카도간 경, 중국 측 쑹메이링)도 역시 회의록이 없다.[292]

외무차관 카도간과 왕충후이의 11월 22일 실무회담에서 카이로회담은 군사전략회의이므로 한국 독립 문제는 의제로 올리지 말자는 카도간의 견해에 놀란 장제스가 한국 독립을 주장하기 위해 급하게 11월 23일 미·중회담을 준비할 것을 지시해 성사되었다는 주장도 있다.[293] 그러나 카도간은 이든과 함께 11월 25일 런던에서 카이로에 도착했으

---

[290] 따라서 국무부 내의 한반도 신탁통치 기안자들은 카이로선언의 구체적인 내용을 확인한 후 놀랐다고 한다. 루스벨트 재직 시 국무장관은 얄타회담을 제외하고는 중요한 전시회담에 거의 참석하지 못했다.
[291] "Roosevelt-Chiang Meeting," November 25, 1943, 5 P. M., Roosevelt Villa, *FRUS, 1943, Cairo and Tehran*, pp. 349-350.
[292] "Roosevelt-Churchill-Chiang Meeting," November 26, 1943, 4:30 P. M., Roosevelt Villa, *FRUS, 1943, Cairo and Tehran*, pp. 366-367.
[293] 나홍주, 「이장희 교수의 '국제법적 관점에서 본 카이로선언의 영토주권회복 문제' 토론」, 평화통일시민연대 주관 카이로선언 70주년 기념학술세미나: 카이로선언 정신 구현과 아시아의평화 문제, 2013년 7월 24일.

므로²⁹⁴ 위와 같은 주장은 사실이 아니다.

둥셴광이 제공한 위 중국 측 회의록에 의하면 한국 문제는 다음과 같은 10개 의제 중 일곱 번째였으며 그것도 인도차이나, 태국 문제와 함께 다룰 의제에 불과했으므로 한국 독립이 장제스의 가장 중요한 과제는 아니었다.

① 중국의 국제적 지위 문제
② 일본 황실의 지위 문제
③ 일본의 군사점령 문제
④ 각종 배상 문제
⑤ 영토 회복 문제
⑥ 군사합작에 관한 문제
⑦ 한국(Korea), 인도차이나(Indo-China), 태국(Thailand) 문제
⑧ 중국에 대한 경제원조 문제
⑨ 외몽골(Outer Mongolia)과 탄누투바(Tannu Tuva)²⁹⁵ 문제
⑩ 통합군사령부(Unified Command) 문제

따라서 장제스가 한국 문제를 시급한 과제로 의식해 비공식회담을 성사시켰다는 것은 한국 측의 자기중심적 해석이 아닌가 한다. 장제스의 시급한 과제는 당연히 국부 중국의 위상을 높이고 일본의 침략으로 인해 빼앗긴 주권을 회복하는 것이었다.

---

294 정일화(2010), 앞의 책, 46쪽.
295 탄누투바는 1918년 러시아혁명 과정에서 러시아의 지원을 받아 중국에서 독립했다. 1926년 소련과 몽골 인민공화국은 '투바 인민공화국'의 독립을 인정하는 조약을 체결했으나, 다른 나라들은 독립을 인정하지 않았다. 1944년 소련에 합병되어 '투바자치주'가 되었고, 1961년 자치공화국으로 승격해 소연방의 '투바자치공화국'이 되었다.

중국 측 회의록은 카이로회담에서 한국 독립 조항이 들어간 후에 자국의 역할을 과장하기 위해 윤색했을 가능성이 있다는 주장도 있을 수 있다. 중국 측 기록은 사후 회의록인 데다가 후일 공개된 것이므로 중국의 입장을 반영해 가필이나 자기중심적 해석이 들어갔을 가능성도 없지 않다.

그렇다면 『장제스일기』 1943년 11월 22일자[296] "저녁에 루스벨트 대통령과 담화를 마친 뒤의 일기"에는 아래와 같이 인용되어 있는데 이를 앞의 자료와 교차 비교하면 의미 있을 것이다.

① 장래 일본의 국체 문제에 대해 루스벨트는 전쟁이 끝난 뒤 일본인들 스스로가 결정하도록 하자는 나의 주장에 동조했다.
② 공산주의와 제국주의 문제를 중심으로 대화를 나눈 결과 소련공산주의에 대한 루스벨트의 정책에 적극 찬동한다는 의견을 전했다. … 나는 여전히 소련에 대한 의구심을 떨치지 못하고 있다고 분명히 말했다.
③ 동북4성(러허성 포함-인용자)과 대만·팽호군도 등 전쟁 전 일본이 중국으로부터 빼앗은 모든 영토는 전후 마땅히 중국에 되돌려주어야 할 것이라고 영토 문제에 대해서도 분명하게 중국의 입장을 전달했다. 다만 류큐는 국제기구가 중국과 미국에 위탁하여 공동관리하는 것(중국식 표현

---

[296] 이상철은 2010·2014·2016년에 잇달아 발표한 글에서 『장제스일기』를 인용하면서 11월 23일 일기에 "7시 반에 루스벨트 총통이 베푼 연회에 가서 심야 11시가 넘도록 얘기를 나누었는데 그러고도 할 얘기가 남은 듯하여 다음 날 계속하기로 함"이라고 적혀 있으므로 국사편찬위원회 자료집의 11월 22일자는 23일의 오기일 것으로 추정된다. 이상철, 「현대사 사료발굴-〈蔣介石일기〉에 나타난 한국독립운동 관계 사료: "한국혁명당원들이 조국에 돌아가게 된 것은 내가 받들고 세워서 된 일"」, 『월간조선』 11월(2010); 이상철, 「장제스 일기로 본 카이로 회의」, 대한민국 임시정부 수립 제95주년기념 학술회의: 대한민국 임시정부와 카이로선언, 단국대학교, 광복회, 독립기념관 주최, 백범김구기념관 대회의실, 2014년 4월 13일, 51쪽; 『蔣介石日記』, 民國32年 11月 23日, 이상철(2016), 앞의 글, 163쪽.

은 '국제공관', 루스벨트의 표현은 '국제기구에 의한 양국 공동신탁통치'²⁹⁷
-인용자)이 좋겠다는 입장을 밝혔다. 이런 제안을 내놓은 이유는 첫째로
는 미국을 안심시키기 위함이요, 둘째로는 류큐는 (1894~1895-인용자)
갑오전쟁(청·일전쟁의 중국식 표현-인용자) 이전부터 일본에 속해 있었다
는 역사적인 사실²⁹⁸을 부인할 수 없었기 때문이다. 마지막으로 중국이
류큐를 독점하는 것보다는 미국과 공동관리하는 것이 바람직하다고 여겼
기 때문이다.²⁹⁹

물론 위 인용도 FRUS, Cairo and Tehran, 1943, pp. 323-325의
대화록과 같이 중국 측 기록이므로 그 차이점이 없는 것이 당연하다고
할 수 있다. 그렇지만 장제스의 개인 일기까지 날조할 정도로 중국이
역사를 위조할 큰 이유는 없다고 보는 것이 더 타당할 듯하다. 위에서
인용한 『장제스일기』 ③항에 보면 장제스는 루스벨트가 중국의 입장을

---

297 "Roosevelt-Chiang Dinner Meeting: Chinese Summary Record, Translation," Roosevelt Villa, November 23, 1943, 8 P.M., FRUS, 1943, Cairo and Tehran, p. 324에는 "joint Administration by the two countries under the trusteeship of an international organization"이라고 나온다.
298 1879년 일본이 류큐왕국을 폐하고 일본에 편입시켰다. 또한 그보다 전인 1874년 타이완 침략(臺灣侵略) 또는 모란사사건(牡丹社事件)이 일어났다. 류큐국의 표류민 54인을 타이완 토착민들(파이완 족)이 살해한 일(1871)에 대응해 일본이 침략한 사건이다. 당시 류큐왕국은 1429년 성립 이래로 명나라에 진공(조공)무역을 하던 상황에서 1609년 일본 도쿠가와 막부의 침공으로 중국에의 조공은 허락받되 일본의 지배를 받던 2중 지배하의 왕국이었다. 중국과 일본의 2중 조공국이며 강대국 간의 세력 균형적인 (변형된) 분할(사실 류큐가 분할된 적은 없으며 세력 균형만 이루어졌으므로 '변형된'이라는 수식어가 붙었음) 지배체제, 즉 양속(兩屬)체제라고 할 수 있다. 타이완 침략으로 청나라 조정은 살해된 류큐 사람들에 대한 보상금과 타이완 점령지에 일본군이 설치한 시설물의 대가를 지불하기로 했다. 이 사건은 류큐에 대한 전통적인 청나라의 종주권을 부인하고, 류큐국을 일본의 속국으로 인정한 결과를 가져다주었다.
299 「是夜與羅斯福總統商談後記」, 『蔣介石日記』, 民國32年 11月 22日 ; 『대한민국임시정부자료집 25: 중국의 인식』, 288쪽, 551-552쪽.

떠보기 위해 류큐 문제를 상의한 것으로 파악했다고 할 수 있다. 따라서 류큐 문제를 상의한 것³⁰⁰이 부자연스럽다는 정일화의 주장은 더 치밀한 검증이 필요하다. 천황제 문제에 대한 상의³⁰¹도 날조라고 확정하기는 어렵다. 위 인용을 계속하면 아래와 같다.

④ 중국의 손실에 대한 일본의 배상 문제
⑤ 신장(新疆) 및 이 지역에 대한 투자 문제
⑥ 소련의 대일작전 참가 문제
⑦ 루스벨트가 조선의 독립 문제를 중시해주기를 바라는 뜻에서 특별한 주의를 기울여 이 문제를 거론하며, 조선 인민이 속히 독립의 목적을 달성할 수 있기를 희망한다는 중국의 주장에 동조해주기를 청했다.³⁰²

---

300 FRUS, Cairo and Tehran, 1943, p. 324에 의하면 루스벨트는 한 번 이상 '중국이 류큐를 원하는지' 물었다고 한다. 보기에 따라서는 루스벨트가 중국이 원하면 류큐를 중국에 줄 것처럼 얘기한 것으로 여길 수도 있다. 전쟁 후에 오키나와는 일본에 귀속되었지만 중국도 귀속을 주장할 수 있는 애매한 위치였다. 제2차 세계대전 후 오키나와 주민들의 일본 귀속 반대 독립운동에 대해 중화민국도 관심을 가졌으며 장제스와 함께 아시아민족반공연맹(APPAC) 결성을 추진하던 이승만은 류큐 대표의 참가를 거론해 오키나와의 일본 귀속에 약간의 문제를 제기했다. 나리타 치히로, 「오키나와 귀속문제를 둘러싼 한국과 중화민국 정부의 동향: 1940~50년대를 중심으로」, 후지이 다케시 역, 『인문논총』 76-2(2019), 105-147쪽. 그러나 오키나와의 독립운동은 결국 좌절되어 장제스의 희망 사항인 미·중 공동 관리[미·중 공관(共管)]가 아닌 미국 단독관리[미국 독관(獨管); 신탁통치)]가 실시된 후 일본으로 귀속되었다.
301 이상철(2014), 앞의 글, 50쪽에 의하면 루스벨트가 일본의 전후 국체(國體)를 어떻게 하는 것이 좋겠냐고 묻자 중국의 대범함을 보여주려는 장제스가 천황제를 보존해주어야 한다고 일부러 말한 것이라고 해석된다.
302 "朝鮮獨立問題, 余爲此事特別注重引起羅氏之重視, 要求其贊助余之主張, 使朝鮮人民達成獨立之目的", 「是夜與羅斯福總統商談後記」, 『蔣介石日記』, 1943年 11月 22日; 『대한민국임시정부자료집 25: 중국의 인식』, 288-289쪽, 552쪽. 그런데 『蔣介石日記』, 民國32年 11月 24日, 이상철, 「윤봉길의사 의거와 장제스 카이로 선언과의 관계」, 매헌윤봉길의사의 상해의거와 국내외 영향, 매헌윤봉길의사 상해의거 85주년 기념 국제학술회의, 2016년 12월 16일, 164쪽에는 11월 24일로 나오는데 이것이 맞는 것으로 판단된다.

한편 스탠퍼드대학교 후버연구소에 소장된 붓글씨로 쓴 『장제스일기』 원본은 복사가 불가능한 상태였으므로 이상철은 만년필로 직접 필사했다고 한다. 그의 발표문에는 ⑦항이 아래와 같이 번역되었다.

조선 독립 문제에 대해 나는 특별히 루스벨트의 중시를 끄는 데 힘을 넣었다. 나는 루스벨트한테 (조선 독립 문제에 관한) 나의 주장에 찬동하고 도와줄 것을 요구했다.[303]

위와 같이 국사편찬위원회 번역에는 루스벨트가 먼저 한국 독립 문제를 제기했다고 명시되었으나[304] 이상철의 전재·번역본에는 장제스가 루스벨트에게 한국 독립에 대해 역설했다고 엇갈리게 해석된다. 그런데 국사편찬위원회 번역 후반부에는 "조선 인민이 속히 독립의 목적을 달성할 수 있기를 희망한다는 중국의 주장에 동조해주기를 청했다"

---

[303] "朝鮮獨立問題 余特別注重引起羅之重視 要求[零?; 其?]贊助余之主張", 『蔣介石日記』, 民國32年 11月 24日, 이상철(2016), 앞의 글, 164쪽. 한편 浙江奉化王宇高(埔伯)王宇正(垣叔)同編, 『蔣中正總統五記』, 蔣中正總統困勉記, 卷八十一, 民國三十二年十一月(210.241.75.204/drnh/index.php?option=com_content&view=article&id=3598:2016-07-12-07-59-00&catid=460&Itemid=260, 검색일: 2016년 12월 17일)에는 "朝鮮獨立問題: 余於此特別注重, 引起羅氏之重視, 要求其贊助余之主張"이라고 전재되어 있어 이상철의 전재본과는 '於此'자가 첨가된 것만 다르다. 또한 "1943年開羅會議中談琉球, 蔣介石咋想的", 『每日頭條』, Posted on 2016-01-03 in 歷史(kknews.cc/history/kx8ljyb.html, 검색일: 2016년 12월 17일)에는 "朝鮮獨立問題余特別注重引起羅之重視, 要求其贊助余之主張"이라고 나와 있어 이상철의 필사본과 일치한다. 따라서 이상철의 필사본이 국사편찬위원회의 판본보다 원본에 가까운 것이 아닌가 한다.

[304] 그런데 루스벨트가 먼저 제기한 것은 한국 등(태국, 인도차이나와 함께)의 문제였지 한국 독립의 문제는 아니었다. 일기는 대화 당시 기록이 아니라, 비록 당일일지라도 몇 시간 지난 추후의 기억에 의존한 자료이다. 한국 문제를 제기한 것을 한국 독립 문제를 제기했다고 혼동한 것이 아닌가 한다. 이는 일기와 1차 자료를 결합하면서 흔히 범할 수 있는 실수라고 할 수 있다.

로 중국이 조선 독립을 희망했다고 나오므로 전반부와 다소 모순된다. 따라서 전반부는 오역이 아닌가 한다. 원문을 보면 어느 판본에서나 '조선 독립 문제' 다음에 여백이 있어 이것을 논제로 볼 수 있는데, 국사편찬위원회 번역본에서는 이 '조선 독립 문제'를 다음 구절에 녹여서 번역한 것이 오역의 원인으로 추정된다. 그렇다면 장제스가 먼저 한국 독립 문제를 제기했다고 볼 수 있다. 위 국사편찬위원회 인용은 아래와 같이 이어진다.

⑧ 중·미연합참모회의 조직 문제
⑨ 전후 월남이 독립을 이룰 수 있도록 중·미 두 나라가 적극 지원해야 한다고 강력하게 주장했다. 아울러 영국도 월남의 독립에 찬성해야 한다고 요구했다.
⑩ 일본이 투항한 뒤 여순 군항을 일단 중국에 반환하고 중·미가 공동으로 사용하는 문제

이외에 전후 일본 본토에 군대를 주둔시켜 감시하는 문제에 대해서도 의견을 나누었다. 주둔국 문제에 대해 이는 마땅히 미국이 주관할 문제이며, 만약 필요하다면 중국도 군대를 파견하여 협조할 수 있다고 의견을 내놓았다. 그러나 루스벨트가 중국이 주체가 되어야 한다고 강력하게 주장하자 나는 가부에 대한 명확한 답을 표시하지 않았다. 오늘 저녁 루스벨트와 의견을 나눈 것은 이상이 전부이다.[305]

⑩항과 같이 루스벨트는 전후 일본 점령 문제를 자신의 우군인 장제

---

305 "是夜與羅斯福總統商談後記", 『蔣介石日記』, 1943年 11月 22日, 『대한민국임시정부 자료집 25: 중국의 인식』, 289쪽, 552-553쪽.

스와 상의했던 것으로 여겨진다. 루스벨트 사후 트루먼은 원자무기를 이용해 전후 일본 점령을 독점하려 했지만 아직 원자무기가 가시화되지 않았던 시절의 루스벨트가 이 문제를 우군인 중국 국민당 정부와 상의했다는 것이 그렇게 어색하지는 않다. 만약 장제스가 일기를 위조하고 중국 국민당 정부가 회의록을 가필했다면 이 부분에서 중국군의 일본 점령 참여에 대한 찬동 주장을 개진하는 것이 더 자연스럽다. 따라서 전반적인 사후 날조는 없었던 것으로 추정된다. 위 인용 부분 『장제스일기』의 마지막은 아래와 같이 끝난다.

> 회담 시 미국 측에서는 홉킨스 한 사람만이 배석했을 뿐이며 분위기는 매우 좋은 편이었다. 회담 말미에 루스벨트는 홉킨스에게 오늘 토론 내용을 근거로 공보(카이로선언 초안은 홉킨스가 작성했으므로, 공보는 카이로선언을 가리킴-인용자)를 기초할 것을 지시했다.[306]

이렇게 카이로선언의 초안이 작성되었으므로 전날 밤 회담의 합의 사항이 가장 큰 영향을 미쳤을 것이다. 또한 이 회담 배석자 홉킨스가 코뮤니케를 기안한 것도 역시 양 정상의 합의가 그대로 반영되었을 가능성을 높이는 부분이다. 따라서 카이로선언의 미국 측 초안은 루스벨트·장제스 만찬 회동 내용을 근거로 루스벨트의 지시에 따라 작성되었

---

[306] "是夜與羅斯福總統商談後記", 『蔣介石日記』, 1943年 11月 22日 ; 『대한민국임시정부 자료집 25: 중국의 인식』, 289쪽, 553쪽. 이상철(2014), 앞의 글, 51-52쪽에는 위 일기 전체가 축약되어 전재되어 있다. 한편 이상철, 「현대사 사료발굴-〈蔣介石일기〉에 나타난 한국독립운동 관계 사료: "한국혁명당원들이 조국에 돌아가게 된 것은 내가 받들고 세워서 된 일"」, 『월간조선』 11월(2010)에는 위 10개 항목이 11월 24일 일기에 적혀 있다고 나와 있다.

던 것이다.[307]

한편 량칭춘(梁敬錞)의 『開羅會議』에는 다음과 같이 나온다.

조선·월남·태국의 지위에 대해 루스벨트는 중·미 간에 응당 공동의 이해가 있어야 한다고 말했다. 이에 장제스 주석은 즉시 조선은 응당 독립되어야 한다고 제의했으며, 중국과 미국은 응당 각자 노력을 해야 한다고 말했다. 월남으로 하여금 독립의 지위에 도달하도록 노력하게 해야 하며, 태국은 현재 일본의 관할하에 있지만 전후 역시 응당 독립되어야 한다고 장제스 주석은 말했다.[308]

이렇듯 조선 문제는 베트남, 태국 등 식민지 문제와 같이 논의되었다. Chi-yun Chang(張其昀), *Record of the Cairo Conference* (開羅會議紀實)에는 "한국 독립 문제에 대하여 장 총통은 특별한 노력을 경주했고, 루스벨트 대통령에게 우리의 주장을 찬조해달라고 요구했다"라고 나온다.[309]

또 다른 중국 기록인 「國防最高委員會秘書長王寵惠自重慶呈蔣委員長關於開羅會議日誌(충칭에서 왕충후이 국방최고위원회 비서장이 장 위원장에게

---

[307] 정병준, 「카이로선언과 연합국의 대한정책」, 대한민국 임시정부 수립 제95주년기념 학술회의: 대한민국 임시정부와 카이로선언, 단국대학교, 광복회, 독립기념관 주최, 백범김구기념관 대회의실, 2014년 4월 13일(2014a), 104쪽.

[308] 梁敬錞, 『開羅會議』(臺北: 臺灣商務印書館, 1973), 113쪽. 이 책의 151쪽 각주에는 "루스벨트는 전후에 식민지를 廢除하는 결의를 가지고 있었는데 이에 대해서는 *FRUS, 1943, Cairo and Tehran*, p. 325와 Elliott Roosevelt, *As He Saw It: The Story of the World Conferences of F.D.R.* (New York: Duell, Sloan and Pearce, 1946), p. 164를 보라"라고 적혀 있다.

[309] Chi-yun Chang(張其昀), *Record of the Cairo Conference* (開羅會議紀實) (Taipei: China Cultural Publishing Foundation, 1953), p. 6; 張其昀, 「카이로會議記錄」, 한국정신문화연구원 편, 『한국독립운동사자료집(중국인사증언)』(박영사, 1983), 233쪽.

카이로회담 일지에 관해 올린 보고)」의 부록 일부에 "政治問題會商經過(정치 문제 회의 경과; 1943년 11월 24일자로 추정)"가 있다.[310] 이 문서의 일부 내용은 "Memorandum by the Chinese Government(중국 정부의 비망록)," [Cairo, November 24, 1943], *FRUS, Cairo and Tehran, 1943*, pp. 387-389에 실려 있는 "왕충후이가 장제스의 지시로 홉킨스를 경유하여 루스벨트에게 보낸 코뮤니케 기초 참고용 비공식 문건"[311]과 의제 분류 방식이나 일부 세부 내용 등에서 같은 부분이 있다.

"政治問題會商經過"는 왕충후이가 11월 23일 저녁 만찬이 끝난 후 회담 내용을 토대로 (이미 설정되었을 것으로 추정되는) 의제와 쟁점을 정리한 것이다. 그 일부 내용에 기초해 향후 산출될 코뮤니케 등의 작성 참고용으로 중국의 입장을 다시 정리해 홉킨스를 통해 루스벨트에게 전달한 것이 "Memorandum by the Chinese Government(중국 정부의 비망록)"로 추정된다. "政治問題會商經過"는 장제스 총통부 비밀아카이브(總統府機要檔案)에 소장되어 있던 것이다. 따라서 "Memorandum by the Chinese Government"는 중국 입장에서 코뮤니케에 담길 내용 등을 재정리한 것으로 볼 수 있다.

"政治問題會商經過"에 기반하면 1943년 11월 23일 오후 왕충후이와 구빈자(郭斌佳) 외교부 참사가 카이로회담에서 네 가지 정치 문제를 중국의 토의 주제로 설정했음을 추정할 수 있다. ① 4국(미·영·소·중) 또

---

310 "附一… 政治問題會商經過: 國防最高委員會秘書長王寵惠自重慶呈蔣委員長關於開羅會議日誌", 1943年 11月, 中國國民黨 黨史委員會 主編·秦孝儀 編(1981), 앞의 책, 527-528쪽.

311 자료 공백으로 미국 국무부의 자료 수집 협조 요청(*FRUS, 1943, Cairo*, p. 322)에 답한 1957년 5월 21일자 둥셴광 중화민국 대사의 편지에서는 자료의 성격이 참고용이라고 규정되었다. *FRUS, Cairo and Tehran, 1943*, p. 387. 이 표현에서 이미 중국 본토에서 퇴각한 1957년 대만 측의 몸을 낮추는 자세를 엿볼 수 있다. 김명구는 루스벨트가 결정을 주도했다는 주변 증거로 간주했다. 김명구(2020), 앞의 책, 18쪽.

는 연합국의 기구 설립 문제, ② 과도 기간 중 국제안전 문제, ③ 독일 항복 문제, ④ 원동 문제가 바로 그것이었다. 4번째 원동 문제의 하위 의제는 아래와 같았다.

㉠ 원동위원회 문제
㉡ 작전지휘의 통일 문제
㉢ 일본이 점령한 연합국 영토의 회복 시 임시관리 문제
㉣ 일본 궤패(潰敗) 시 일본 처리 문제

"政治問題會商經過"에 나오는 의제 설정과 내용 분류는 "Memorandum by the Chinese Government"에 나오는 것과 완전히 일치한다. 따라서 중국 측은 이러한 의제 설정에 따라 카이로회담에 임했던 것으로 여겨진다.

"政治問題會商經過"에 소재한 의제 설정 중 마지막 ㉣항[일본 궤패(潰敗) 시 일본 처리 문제] 6개의 하위 항목 중 세 번째 하위 항목은 아래와 같았다(각 하위 항목들 속에는 아래와 같은 방식으로 추가 내용을 붙였다).

丙: 중·영·미 3국은 아래와 같이 약속한다. 전후 조선의 자유독립 재건[重建]의 획득을 승인하며 동시에 어느 때라도 소련의 참가를 환영한다(由中·英·美三國約定 承認朝鮮於戰後得重建自由獨立, 並歡迎蘇聯隨時參加).

〈그림 2〉에서 보는 바와 같이, "Memorandum by the Chinese Government," [Cairo, November 24, 1943], *FRUS, 1943, Cairo and Tehran*, p. 389에 나와 있는 내용과 일치한다.

비록 후일 정리된 문건이지만 중국이 조선 독립을 최우선적인 과제는

DOCUMENTS AND SUPPLEMENTARY PAPERS 389

the army of occupation; and the powers of civil administration, by the State which rightfully has sovereignty over the territory in question, subject, however, to the control of the army of occupation. (In other words, China endorses the proposed scheme of Great Britain and the United States regarding the administration of liberated territories in Europe.[4])

IV. *Settlement with Japan upon Her Defeat.*

(A) China, Great Britain, and the United States should agree upon certain guiding principles for the treatment of Japan after her defeat—principles similar to those adopted by the Tripartite Conference in Moscow regarding the treatment of defeated Italy.

(B) China, Great Britain, and the United States should agree upon a program for the punishment of the leaders in Japan responsible for the war and of the officers and men of the Japanese armed forces responsible for the atrocities perpetrated during the war,—a program similar to the one adopted by the Tripartite Conference in Moscow for the punishment of Nazi war criminals.[5]

(C) China, Great Britain, and the United States should agree to recognize the independence of Korea after the war. The adherence of the U. S. S. R. to this agreement for the recognition of Korea's independence is welcomed at any time.

(D) Japan shall restore to China all the territories she has taken from China since September 18, 1931. Japan shall also return Dairen and Port Arthur, and Formosa and the Pescadores Islands to China.

(E) For the settlement of questions relating to territories in the Pacific, China, Great Britain, and the United States should agree upon certain basic principles and also establish a Committee of Experts to make recommendations for the settlement of these questions. If such a Committee is not established, its work shall be undertaken by the projected Far Eastern Committee.

(F) All Japanese property in China, private as well as public, and the Japanese mercantile fleet shall be taken over by the Chinese Government as indemnification in part for the losses sustained by the Chinese Government and people in the war. For the maintenance of peace in the Far East after the war, Japan's ammunition and war materials, her war vessels and her aircraft, which may still remain at the end of hostilities, shall be placed at the disposal of the Joint Council of Chiefs-of-Staff of China, the United States, and Great Britain, or in the alternative, of the projected Far Eastern Committee.

---

[4] See *ante*, p. 382, footnote 4.
[5] Declaration of German Atrocities, November 1, 1943; *Decade*, p. 13.

그림 2 중·미 정상만찬 후 작성한 중국 정부의 비망록 (1943.11.24.)
※ 출처: *FRUS, Cairo and Tehran, 1943*, p. 389.

아닐지라도 여러 의제 중 하나로 고려했음을 알 수 있다. 11월 23일 오후 7시 반(*FRUS, Cairo and Tehran, 1943*, p. 322에 전재된 중국 측 회담 기록의 번역본 표제에는 오후 8시로 나와 있다) 장제스는 이러한 4가지 정치 문제의 틀에 의거해 먼저 루스벨트에게 중국의 정치 문제를 제의했다. 미국 측은 이 날 쑹메이링과 홉킨스가 같이한 만찬 만남을 공식회담으로 간주하지 않았는지 대화록을 서면으로 작성하지 않았다. 주지하다시피 중국 측 기록도 왕충후이가 만찬이 끝난 후 작성했던 것이다.

"政治問題會商經過"에 의하면 두 정상 간의 논의는 원만히 진행된 것으로 판단된다. 마침내 루스벨트와 장제스는 정치 문제에 관해 다음의 세 가지 사안에 합의했다.

① 일본이 약탈한 중국의 영토는 응당 반환돼야 한다.
② 태평양에서 일본이 강점한 도서(島嶼)는 영구히 박탈해야 한다.
③ 일본이 궤패한 후 조선은 응당 자유와 독립을 획득해야 한다. 전후 일본의 중국 공사산업(公私産業)을 중국 정부가 완전히 접수해야 한다는 점에 루스벨트 대통령은 찬성을 표시했다. 그러나 어떻게 조선의 자유와 독립을 재건시킬 것인지에 대해서는 쌍방이 양해하기로 하고, 조선 인민이 목적을 달성할 수 있도록 중·미 양국이 서로 협조하기로 했다.[312]

위와 같이 "그러나 어떻게 조선의 자유와 독립을 재건시킬 것인지에 대해서는 쌍방이 양해하기로" 했으므로 독립 달성의 방법에 대해서는

---

[312] "附一… 政治問題會商經過: 國防最高委員會秘書長王寵惠自重慶呈蔣委員長關於開羅會議日誌", 1943年 11月, 中國國民黨 黨史委員會 主編·秦孝儀 編(1981), 앞의 책, 528쪽. 이 자료집은 총통부 기요당안에서 대일항전 시기 외교관계 사료를 총 5권으로 정리한 것인데 그중 제3권에 카이로회담 관련 자료들이 들어 있다. 그런데 바로 위 인용문은 미국 외교문서에는 수록되어 있지 않다.

이견이 있었음을 알 수 있다. 따라서 카이로회담 당시 조선에 대한 독립 부여는 즉시독립이 아닌 일정한 절차를 거치는 독립을 논의했다고 할 수 있다. 또한 11월 23일 합의에서 한국 독립 문제가 가장 긴 부분을 차지하는 논쟁적인 의제가 아니었을까 한다.

한편 한국 학계 일각에서 장제스가 한국 독립을 주장하지 않았다는 극단적 평가가 제기되기도 했다. 정일화(2010)는 장제스와 루스벨트가 1943년 11월 23일 한국 문제를 토의한 것은 확실하지만[313] 누가 한국 독립의 발안자인지는 확인해보아야 한다고 주장했다. 정일화는 장제스가 한국 독립 조항을 넣는 데 큰 역할을 했을 것이란 설에 대해 장제스는 오히려 한국 독립에 부정적인 태도를 취했다고 반박했다. 11월 23일 루스벨트가 먼저 한국 독립 문제를 제기하자(그렇지만 루스벨트는 독립을 명시하지 않은 채 한국의 전후 처리 문제를 제기했다) 장제스가 수동적·소극적으로 찬성했다고 정일화는 주장했다. 장제스는 "한국은 독립되어야 한다"라는 직접적인 말은 하지 않았고 "한국은 독립할 필요성이 있다"라고 말해 한국 독립 지지 의사를 매우 우회적이고 소극적으로 표명했다는 것이다.[314] 만약 장제스가 한국 독립에 소극적이었다면 한국 문제가 거론되지 않기를 원했을 것이다. 그러나 미국 측이 먼저 한국 문제를 제기하자, 최소한 중국이 전후에 한국을 속국으로 다시 만들려

---

313 정일화(2010), 앞의 책, 74쪽; 최종희, 「카이로 선언은 '홉킨스의 드라마' … 이승만과 통했다」, 『뉴데일리』, 2011년 9월 14일자. 오히려 루스벨트가 식민지 해방에 대해 관심을 갖는 등 철학이 있었으며 아시아에도 베트남, 캄보디아, 라오스, 인도네시아, 싱가포르, 인도 등의 식민지가 많았지만 처칠을 의식해 유럽의 식민지 대신 일본의 식민지인 한국을 거론했다고 주장했다. 한편 홉킨스는 스탈린의 대독일 전쟁 지원에 앞장섰다. 그로 인해 좌파 친소주의자라는 의심도 받았다. 박보균, 「기묘한 조합 … 루스벨트 철학·언어에 익숙 … "메모 없이 구술" 초안부터 한국독립 넣어」, 『중앙일보』, 2013년 11월 16일자.
314 정일화(2010), 앞의 책, 70-74쪽; 유영익, 「태평양전쟁 기간 임정 승인 외교 활동」, 『건국 대통령 이승만: 생애·사상·업적의 새로운 조명』(일조각, 2013), 58쪽.

한다는 다른 열강들의 우려를 불식시키고 임정과의 약속을 어느 정도 충족시켜주는 소극적인 수준에서 한국 독립을 찬성한 것이라고 볼 수도 있다.³¹⁵ 그러나 장제스는 한국 독립 문제에 소극적이지 않았다. 장제스는 한국에 대한 기득권을 지키기 위해서라도 한국의 즉시 독립이 유리하다고 생각해 독립 문제를 제기하려 했다.

다시 정일화의 주장으로 돌아오면, 장제스가 11월 23일 루스벨트와의 대화에서 "한국 독립을 허용할 필요성을 강조했다(stressed)"는 부분에 대해 정일화는 장제스가 한국 독립을 직접 주장한 것은 아니라고 애써 폄하했다. 정일화는 위 문장에서 장제스가 한국이 독립되어야 한다고 주장한 것은 아니라며 독립 허용도 아닌 독립 허용 필요성이 있다고 말했다고 부각했다.³¹⁶ 루스벨트가 한국의 장래에 대해 공동의 합의를 도출하자고 제안하자, 장제스는 한국의 독립 허용 필요성을 대꾸해 앞뒤가 맞지 않는 대화를 하는 등 일종의 동문서답을 했다는 것이다. 또한 독립 허용이 마치 중국의 권한인 것처럼 말하는 것에 한국을 중국의 세력권으로 간주하고 있다는 해석도 가능하다고 보았다.

그러면서도 정일화는 23일 장제스와 루스벨트의 만남에서 한국 문제가 토의된 것은 확실하며 만일 장제스가 오지 않았더라면 이 문제가 거론될 기회가 적었을 것이라는 점에서 장제스의 역할과 공은 인정했다.³¹⁷ 그러나 그 후 정일화는 대중 강연 등에서 장제스의 역할을 더 과소평가했다.

이에 더하여 정일화는 "기본적으로 중국은 한국의 독립을 지원하려

---

315 余季彦, 「카이로(Cairo) 회담 연구: 중국 국민당 정부와 대한민국 임시정부의 역할을 중심으로(1941~1943)」, 한국학중앙연구원 한국학대학원 석사학위논문(2010), 46쪽.
316 정일화(2010), 앞의 책, 486-487쪽.
317 정일화(2010), 앞의 책, 74쪽.

는 의도나 계획은 처음부터 전혀 없었고 독립운동가들에게 개인적인 약간의 재정지원을 하는 것을 기화로 '한반도에 대한 지배권 회복'을 위해 국내외 상황을 철저히 이용하려 했다"라고 평가했다. 정일화는 "중국 또한 영국과 마찬가지로 일본을 몰아낸 후 옛 식민지였던 한국 땅을 얻으려 했다"라면서 "일본에 빼앗긴 한반도를 청·일전쟁 이전 상태로 회복하는 것이 중국의 야심"이었다고 일축했다. 이 같은 사실은 장제스와 단독회담을 한 다음 루스벨트가 영국 대표단을 역시 단독으로 만나 "장제스의 목적은 한국의 재점령"이라고 밝힌 기록이 증명하고 있다고 정일화는 주장했다.

유영익(2013)은 장제스가 1943년 11월 22일부터 26일까지 5일간 카이로에서 열린 회담 도중 한 번도 한국 문제를 공식 거론하지 않았다고 주장한다.[318] 물론 3자회담에서 장제스가 이를 공식 거론하지는 않았으나 11월 23일 루스벨트와의 비공식 만찬 회동에서 거론했던 사실에 의해 장제스가 한국 독립을 주장하지 않았다는 평가는 반박될 수 있다. 또한 앞서 언급한 것처럼 미국은 왕충후이, 쑹쯔원 등을 통해 중국이 한국 독립을 선호하고 있음을 이미 알고 대비했으며 중국이 주장하는 한국 독립 뒤에는 장제스가 있다고 의식했다. 미국은 중국이 한국을 일본에서 독립시켜 다시 자신들의 세력권으로 만들려 한다는 의도를 가지고 있다고 의심했던 것이다.

또한『중앙일보』기자 박보균은 1943년 11월 23일 미·중 정상 간 저녁 모임에 배석했던 루스벨트의 아들 엘리엇 루스벨트가 "대통령이 한국을 포함해 일본 점령지역에 대한 전후 배치에 대해 물었다. 장제스는 한국 운명에 별로 관심이 없는 듯했다"라고 말한 부분을 인용했다. 게

---

[318] 유영익(2013), 앞의 글, 58-59쪽.

다가 카이로회담 전문가인 하이퍼만(Ronald Ian Heiferman; 미국 퀴닉피악대학교 아시아연구소장) 교수의 2011년 저서에 나오는 평가를 아래와 같이 덧붙였다.

카이로선언에 한국의 전후 운명에 대한 언급이 포함된 것은 부가물(addendum)이다. 3인회담에서 별달리 자세히 거론되지 않았다. 다만 루스벨트와 장제스의 사적 대화에서 논의되었다. 처칠은 한국 문제에 거의 관심이 없었다. 장제스는 당연히 처칠보다 관심이 많았어야 한다. 하지만 이웃나라의 운명에 대해 관심을 더 많이 표명하지 않았다.[319]

또한 중국 주재 미국대사 고스(Clarence E. Gauss)의 비밀전문도 인용했다.

나(고스)는 '임시정부' 외교부장 조소앙이 만나자고 요청했기에 비공식적임을 전제로 응했다. 조소앙은 '임정'에 대한 미국의 승인과 재정·군사적 지원을 요청하기 위해 나를 만나려 했으나 그의 '정부'를 대표한다는 보고는 매우 모호하고 불만족스러웠다. 중국 정부가 '임시정부'를 승인했냐고 물었더니 아니라면서 그는 귀엣말로 말했다. 일본 패전 후 한국을 중국의 종주권(宗主權; suzerainty) 아래 두려는 중국의 욕망(desire) 때문일 것이라면서.[320]

---

[319] Ronald I. Heiferman, *The Cairo Conference of 1943: Roosevelt, Churchill, Chiang Kai-shek, and Madame Chiang* (Jefferson, N.C.: McFarland & Company, 2011).

[320] "The Ambassador in China (Gauss) to the Secretary of State (Hull)," 895.01/81, Chungking, February 12, 1942, *FRUS, 1942*, vol. I: General; the British Commonwealth; the Far East, p. 860. 이렇듯 중국에 있었으므로 국민당에 우호적일 것이라고 간주되던 조소앙도 중국의 야욕을 감지하고 있었다.

이렇게 엘리엇의 사후 증언, 하이퍼만의 분석, 고스의 비밀전문을 토대로 박보균은 장제스가 동북아에서 중화대국의 부활을 꿈꾸었으며 그 틀에서 한국 독립 문제를 거론했다고 주장했다. 따라서 장제스가 카이로에서 한국 독립 보장을 주도했다는 주장은 대만 기록에 의거한 심한 과장이라고 결론 내렸다. 또한 박보균은 한국 독립 조항이 루스벨트의 구상이라고도 했다. 루스벨트가 주도적 역할을 했던 주연이고 장제스는 조연이라는 것이다.[321] 그런데 대만 기록이 2차적이라면, 엘리엇의 증언은 더 2차적이므로 신빙성이 더 없을 가능성이 있다. 또한 장제스가 한국 문제에 대한 관심 표명을 자제한 것은 다른 관계국들을 자극하지 않으려는 의도였으며 실제로는 한국 독립을 일관되게 추구했다고 할 수 있다. 다만 이러한 한국 독립 추구가 액면 그대로 한국 독립을 보장하려 한 것이라기보다는 독립을 통한 세력권의 부식을 노리는 속뜻(한국 지배 야욕)이 있었다고 할 수 있다. 그렇지만 이러한 중국의 속셈을 일방적으로 비난할 수는 없다. 미국이나 소련 등 관련된 국가는 모두 한국 등을 자국에 우호적인 세력권으로 만들려는 속셈을 가지고 있었으며 이것은 각국의 국가이익이 존재하는 한 버릴 수 없는 것이다.

(2) 중국의 한국 속방론

가. 장제스의 한반도 재점령 야욕에 대해 처칠에게 언급한 루스벨트

태평양전쟁 발발 이전 장제스는 한반도를 1894년 청·일전쟁 이후 중국이 상실한 세력범위의 일부로 인식했으며, 동시에 향후 중국의 안

---

[321] Elliott Roosevelt(1946), 앞의 책; 박보균, 「한국 자유·독립조항」 루스벨트가 주연 … '장제스 역할론'은 과장된 신화다」, 『중앙일보』, 2013년 11월 16일자; 박보균, 「중국의 역사 DNA: '한국인은 어린애 같다' … 그 137년 뒤 시진핑의 역사 공세」, 『중앙일보』, 2017년 12월 7일자.

전을 확보하기 위해서도 한반도에 대한 중국의 전통적 영향력을 회복해야 한다고 믿었다. 1934년 4월 23일, 장제스는 중국이 "동북 4성의 실지(失地) 수복뿐만 아니라, 조선·대만·류큐 열도와 같은 중국의 옛 영토 또한 한 치도 빼놓지 않고 되찾아야 한다"라고 강조했다.[322] 중·일전쟁 발발 이후인 1938년 4월, 장제스는 우창(武昌)에서 개최된 국민당 임시 전국 대표대회에서, 과거 일본은 "대만을 (중국) 남부지역 공격을 위한 근거지로 삼아 중국의 화남과 화동을 침략했으며, 조선과 뤼순, 다롄을 북부지역 공격을 위한 근거지로 삼아 만몽(滿蒙)과 화북을 침략했다"라고 주장했다. 장제스는 과거 쑨중산(孫中山)이 주장했던 "고려와 대만을 회복하여 중화를 공고히 한다(恢復高臺, 鞏固中華)"라는 중국의 안보 전략을 소개하면서, "조선은 본래 중국의 '속국(屬國)'이자 지정학적으로 중국의 존망과 직결된 생명선이기 때문에 중국의 국방을 공고히 하기 위해서 조선을 반드시 일본에서 분리"해야 하며, 이는 "수천 년간 아시아의 영수"였던 중국의 의무라고 역설했다.[323]

한편 1943년 11월 24일 오전 11시 루스벨트는 처칠과 영·미의 연합군 참모들에게 "(장제스 총통을 만나보니-인용자) 종전 후 중국이 한반도와 만주 재점령을 포함한 광범위한 열망(wide aspiration)을 가지고 있다는 것은 의심의 여지가 없다"라고 말했다.[324] 루스벨트는 장제스의 한국 독립 주장이 중국의 숨은 야욕을 표출한 것이라고 해석했던 것이다.

---

[322] 蔣介石, 「日本之聲明與吾人救國要道」(1934.4.23.), 『先總統蔣公思想言論總集』卷 12, 演講, 197-199쪽; 박다정(2022), 앞의 책, 355-356쪽.

[323] 蔣介石, 「對日抗戰與本黨前途蔣介石」, 『先總統蔣公思想言論總集』卷15, 演講, 186-188쪽; 박다정(2022), 앞의 책, 356쪽.

[324] "Meeting of the Combined Chiefs of Staff with Roosevelt and Churchill," November 24, 1943, 11 A. M., Roosevelt Villa, *FRUS, 1943, Cairo and Tehran*, p. 334.

주변국의 이해를 조정할 수 있는 신탁통치 대신 독립을 통한 중국의 세력권 부식을 도모했던 것이라고 판단했다[그러나 장제스는 한국 독립을 주장함으로써 오히려 이 지역에 대해 중국은 영토적 사심(야욕)이 없음을 표현했다고 믿었을 것이다. 실제로 장제스는 1943년 11월 17일 일기에서 "우리가 세계대전에서 추호의 사심도 없다는 것을 영·미가 알도록 하여 우리한테 경의를 표하도록 만들어야 한다"라고 적었다].³²⁵ 이에 따라 미·영 양국은 카이로선언에 3국이 영토적 야심이 없음을 밝히는 구절을 넣자는 데 합의했다.³²⁶ 또한 미국은 표면적으로는 장제스의 한국 독립 추진 입장에 동의하면서도 이를 중국의 재점령 기도로 해석하여 견제책을 마련하는 이면적 공작을 진행시켰다. 국무부 내에서 떠돌던 풍문에 따르면, 루스벨트는 한국에 대한 장제스의 의도를 이렇게 논박했다고 한다.

> 당신은 만주를 가질 수 있소. 당신은 팽호도를 가질 수 있고 대만을 가질 수 있지만, 한국은 가질 수 없소. 한국은 일본에서 분리해서 국제적 감독 기간을 거친 후 독립이 주어져야만 하오.³²⁷

그러나 이는 외교적 언사에서는 벗어난 투였으므로 역시 소문은 소문일 뿐임을 상기시킨다. 실제 루스벨트가 이렇게 노골적으로 말하면서

---

325 이상철(2014), 앞의 글, 50쪽.
326 조덕천(2014), 앞의 글, 87쪽.
327 원문은 다음과 같다. "You may have Manchuria. You may have the Pescadores and you may have Formosa, but you may not have Korea, which is to be detached from Japan and is to be given its independence after a period of international supervision." Xiaoyuan Liu(刘晓原), "Sino-American Diplomacy over Korea during World War II," *The Journal of American-East Asian Relations* vol. 1, no. 2 (1992), p. 227; 정병준, 「카이로회담의 한국 문제 논의와 카이로선언 한국조항의 작성 과정」, 『역사비평』 107(2014b), 316쪽.

중국의 한국 (재)점령을 견제했을 가능성은 거의 없다. 다만 당시 이런 소문이 돌았다는 사실에서 한국에 대한 중국의 야욕을 미국이 견제하고 있었다는 분위기는 읽을 수 있다.

원문 인용자인 뉴욕주립대학교 포츠담 캠퍼스 소속 류샤오위안(劉曉原)도 실제로 루스벨트가 그렇게 예의 없는 말투로 말했는지는 검증하지 않았지만 루스벨트가 아이오와함(USS Iowa)에서 그의 수행원들에게 했던 말과 일치한다고 평가했다. 류샤오위안은 장제스가 한국을 자신의 단독 영향 아래 두고자 했으나, 이를 간파한 루스벨트가 국제적 신탁통치 아래 두고자 했다고 주장했다.[328]

나. 중국 속방론에 대한 한국의 비판

1943년 11월 24일 11시 처칠과의 회담에서 루스벨트가 언급한 재점령이라는 표현은 한국이 중국에 점령당했던 적이 있다는 '중국속방론'을 연상하게 한다. 사실 중국과 국제사회는 한국이 과거 중국의 속국 내지 속방이었다고 생각한다. 중국 역사학계는 백제·신라·고려·조선 등의 나라가 '종번(宗藩; 조공 및 책봉)관계'를 맺었던 중국의 번속국(고구려와 발해의 경우는 중국 내 소수민족의 지방정권)[329]이라고 주장했다.[330]

그러나 한국의 주류 역사학자들은 과거 한국이 중국의 조공국인 것은 사실이지만 속국은 아니었다고 평가한다. 한국이 한때 중국의 속국 내지 속방이었다는 것은 한국 역사학계에서는 받아들일 수 없는 주장인

---

[328] Xiaoyuan Liu(刘晓原)(1992), 앞의 글, pp. 223-264.
[329] 여기서 '(지방)'정권'이라는 말은 '(중앙)'정부보다 한 차원 낮은 일종의 비하적 하위 범주이다. 예를 들면 대한민국(혹은 박정희) 정부보다 '박정희 정권'이라는 말이 다소 비하적인 용어라고 볼 수 있다.
[330] 이기환, 「중국 역사교과서는 고구려사를 '딱 한 줄' 썼다 ⋯ "수가 고구려를 정벌했다"」, 『경향신문』, 2022년 10월 2일자.

것이다. 조선이 중국 명나라의 조공국이기는 했지만 내치[와 외교(사대외교였지만 이도 자주를 확보하기 위한 것으로 간주)]는 자주였으므로 독립국이었다는 평가이다. 한국 역사상 자주독립국이 아니었던 시기는 원간섭기와 일제강점기 말고는 없다는 것이다.

한편 미국 정치학자 모겐소(Hans Joachim Morgenthau)는 "2000년 이상 한반도의 운명은 한반도를 통제하는 패권국의 지배력이나 그 통제를 위해 경쟁하는 강대국들 간의 세력 균형에 의해 결정되었다"라고 단정적으로 말했다.[331] 2000년 넘게 외세에 의해 한반도의 운명이 좌우되었다는 일종의 지정학적 숙명론을 개진했던 것이다.

그러나 한반도가 오랫동안 중국의 패권 아래 있었다는 이러한 평가는 중화체제 속에서도 독립을 유지했던 한국의 상황을 이해하지 못한 편견이다. 또한 모겐소의 지정학적 숙명론은 일제 어용사가들의 반도사관을 연상케 한다. 21세기 한국은 강대국 세력 균형의 일방적인 희생물이 아니라 열강들 간의 세력을 조정하는 중재자 역할을 할 수 있는 중견국으로 성장했다

중국은 한국이 속방이었다고 주장하고, 일본은 중국의 속방인 한국을 독립시켰다고 주장한다. 1876년 일본과의 강화도조약 1조에서 "조선은 자주지방(自主之邦)"이라고 규정되었는데 당시 조선은 "청의 속국이지만 내정과 외교는 자주"라는 "속국자주"를 명문화한 것에 불과하다고 생각했다.[332] 조선 조정은 중국이 우리를 부를 때 일반적으로 쓰는 속국이라는 규정을 어쩔 수 없이 쓰면서도 속국을 일종의 공수동맹처럼 유사시 보호받을 수 있는 외교적 우산으로 활용하고 청의 내정 간섭에 대

---

[331] Hans J. Morgenthau, *Politics among Nations*, 7th ed. (New York: McGrow Hill, 2006), p. 189.
[332] 그렇다면 당시 조선은 중국의 속국이었다는 평가를 수용했다고 할 수는 있다.

해서는 자주를 통해 실속을 도모한다는 입장을 가지고 있었다.

당시의 속국 내지 속방(속령)이라는 말은 주권을 제한하는 성격을 내포한 보호국(a protected state)이나 종속국(a dependent state) 등의 서구적 개념과는 그 의미가 달랐다는 해석이 있다. 사실 서구에서조차 19세기 말까지 주권 개념이 아직 완성되지 않았다고도 주장된다.[333] 20세기 중반 미국의 역사가이자 하버드대학교 교수였던 페어뱅크(John K. Fairbank)는 전통시대 중국과 그 주변국의 관계[334] 즉 '중국적 세계질서(Chinese World Order)'를 서구의 조약체제와 대비시켜 '조공체제(tribute system)'로 규정하면서 20세기 국가 간의 평등시대에는 맞지 않는 봉건적인 것으로 극복해야 할 전통적 시스템이라고 평가했다. 이에 대해 최근 중국 학계는 조공관계가 아니라 책봉[藩封]하는 종주국(宗主國)에 조공하는 번속(藩屬; 藩國) 사이의 종번체제(宗藩體制)로 봐야한다고 주장한다. Tributary라는 용어는 로마제국의 부의 교환을 뜻하는 말에서 파생되어 오로지 경제적 교역만을 연상시키기 때문에 조공(朝貢)이 가진 동아시아적인 특수성과 역사성[경제적 교역 외에도 군신관계(사대관계)를 내포함]을 반영하기 어렵다는 것이다.[335]

---

[333] 강진아, 「동아시아의 개항: 난징조약에서 강화도조약까지」, 『현대사광장』 7(2016), 77-78쪽.

[334] 오카모토 다카시(岡本隆司) 저, 강진아 역, 『미완의 기획, 조선의 독립: 글로벌 시대, 치열했던 한중일 관계사 400년』(소와당, 2009), 28-30쪽.
그런데 청나라의 속국 조선과 청나라의 藩部 몽골은 차원이 다소 다르다. 명·조선 관계는 종번관계이지만 병자호란 이후 청·조선 관계는 종속관계였다. 즉 조선은 명의 번속이지만 청에게는 번속이면서 속국이었다. 오카모토 다카시(2009), 위의 책, 63-67쪽.

[335] 조공체제는 상하 위계가 존재하는 비대칭적 관계이다. 이를 통해 주변국은 중국을 상국으로 인정하며 군사적 안전보장과 경제적 이익 및 선진문물을 얻을 수 있는 기회를 가졌다. 반면 중국은 패권국가로서의 권위를 인정받으면서 변방의 안전을 평화적으로 도모할 수 있었다. 그러나 최근 중국 학계[쑹녠선(宋念申) 칭화대학 교수와 왕위안충(王元崇) 미 델라웨어대학 교수]에서는 조공체제 대신 종번(宗藩)체제란 용어를 쓰자는 움직임이 점차 힘을 얻고 있다. 페어뱅크의 조공체제론으로 '조공체제'를 중국 중심의 국

그런데 중화체제 아래에서 중국은 주변국을 직접 지배하지 않았으며 조공과 책봉을 통해 간접적으로 통제했다. 직접 지배가 아니라는 뜻이다. 『명사(明史)』에서는 책봉받는 나라가 외국임이 명시되었다. 외국은 번국과 번국이 아닌 나라 둘로 나뉘었다. 책봉은 문서, 의관, 인장 등의 징표를 주어 국왕을 공인하는 행위이다. 그런데 책봉은 주권 상실이 아니라 중세시대에 주권을 인정받는(천자가 주권을 부여하는) 행위로 세계 전역에서 오래 지속되기도 했다. 유교문명권의 천자와 국왕의 관계, 힌두교문명권에서는 차크라바르틴(chakravartin; 轉輪聖王)과 라자(raja), 이슬람문명권에서는 칼리파(khalifa)와 술탄(sultan), 기독교문명권에서는 교황(papa)과 제왕(imperator; rex)의 관계가 그것이다. 총대주교인 교황은 문명권 전체의 황제(imperator)를 책봉하고 교황의 위임을 받아 그 하위의 대주교(archiepiscopus)가 국왕(rex)을 책봉하는 것이 특이했다.[336]

그런데 1894년 청·일전쟁이 개시되기 직전 청나라가 노골적으로 조선에 개입한 것은 사실이다. 미국 예일대학교 교수 베스타(Odd Arne Westad)는 "한반도가 중국의 여러 제국들과 관계를 맺어왔지만 오랫동

제질서가 갖는 다양한 모습을 단순화했다는 비판을 받는다. 왕위안충은 그래서 역사성을 지닌 종번체제로 조선과 청나라의 관계를 볼 것을 주장한다. 西周 시대부터 시작된 종번관계는 본래 宗은 天子를, 藩은 藩封을 받은 혈연관계의 황실 구성원을 뜻했다. 그리고 이를 아우르는 세계가 천하(天下)였다. 이처럼 국내 질서에서 발전한 종번은 이후 황제와 중원 왕조에 조공하는 국가 간의 군신관계로 확대됐다는 것이다. 유상철, 「Leader & Reader 시진핑 탐구: 왜 한국을 중국 일부라 했나…이제야 드러났다, 시진핑 속내, 제3부 시진핑의 중국 어디로 가나, 제5장 시진핑은 왜 한국을 중국의 일부라 말했을까?」, 『중앙일보 플러스』, 2023년 8월 30일. www.joongang.co.kr/article/25188213#home, 검색일: 2023년 10월 19일).

336 조동일, 「책봉 관계」, 조동일·이은숙, 『한국문화, 한눈에 보인다』(푸른사상, 2017); 조동일, 『『한국민족문화대백과사전』의 나아갈 방향』, 한국학중앙연구원 한국학지식정보센터 백과사전편찬실 주관 학술대회, 한국민족문화대백과사전 편찬 사업의 회고와 전망, 2017년 6월 22일(2017), 38-39쪽.

안 독립성을 유지했다"라면서 19세기 후반 청 제국은 전통적인 조선·청 관계를 폐기하고 새로운 형태의 종속관계를 수립하고자 했다고 평가했다.[337] 19세기 말 중국의 조선 내정에 대한 과도한 개입은 결국 조선 왕실의 반발을 불러왔으며 조선 정치 내부의 분열을 초래했다. 또한 조선 내에서 각국의 세력 균형을 붕괴시켰으며 갈등만을 고조시켰다. 1894년 청·일전쟁 발발은 청의 속국 정책이 실패로 끝났음을 보여주는 결과였다.[338] 따라서 한국의 중국속방론은 일제[관학자들의 식민사관(조선 민족의 타율성론)]-중국 역사학계 일각에서 주장되는 잘못된 역사인식이라는 평가가 한국 내에서는 주류적 견해이다.

그런데 문재인 정부가 서대문형무소에서 개최한 2018년 3·1절 기념식이 끝난 후 독립문 앞에서 만세를 불렀던 사실을 2021년 3월 4일 조선일보 주필 양상훈이 소환했다. 양상훈은 1894년 청·일전쟁에서 중국이 패하자 조선은 마침내 중국으로부터 독립을 선언했다면서 독립문은 중국의 속박에서 벗어난 역사적 순간을 기념하기 위해 1897년 영은문을 헐고 세웠다는 것을 강조했다.[339] 따라서 독립문이 반일의 상징이 아니라 반중 상징물이라고 단정적으로 평가했던 것이다(그러나 한국인들은 독립의 상징 독립문을 반중과 함께 반일 자주의 상징으로도 간주한다. 19세기 말보다 더 최근의 역사인 1945년 해방은 일본으로부터 이룬 독립이었으므로 반일 상징물로 더 기억하고 있기도 하다).

이렇듯 반중(공)적 보수주의자들 중 일부는 한국이 19세기 말까지는 중국의 속박 아래 있었다고 강조한다. 보다 자세히 보면 1880년대 민

---

[337] Odd Arne Westad(2007), 앞의 책; 오드 아르네 베스타 저, 옥창준 역(2020), 앞의 책, 12쪽.
[338] 김봉준, 「19세기 말 청 해방론(海防論)과 조선: 청의 속국 정책과 문호 인식의 변화를 중심으로」, 『한국정치외교사논총』 45-2(2024), 34-35쪽.
[339] 양상훈, 「반중 상징 독립문 앞에서 반일 만세 부른 문」, 『조선일보』, 2021년 3월 4일자.

씨 척족 정권이 1882년 임오군란과 1884년 갑신정변을 청국에 기대어 진압하면서 청나라의 속국이 되었다는 평가도 있다.[340] 이렇게 청과 결탁한 민씨 척족이었지만 척사파는 명성황후가 자신이 1874년 낳은 아들에 대한 세자 책봉(1875년 청나라의 책봉을 받음)을 도모하며 귀인(庶長子인 완화군을 1868년 낳음)에게 왕비 자리를 빼앗기지 않으려고 왜놈과 결탁했다는 거짓 소문을 믿었다.[341]

이러한 대청 의존은 1894년(청·일전쟁에서 일본 승리) 끝났으며 일본 쪽으로 기울기 시작했다. 따라서 위와 같은 견해에 동조하더라도 중국의 속국이었던 시기는 1882년부터 1894년까지 12년 동안이었으므로 그리 길지 않았다.

한편 미 대통령 트럼프는 2019년 2월 28일 베트남 하노이에서 가진 북미정상회담 합의문 작성 결렬 직후 가진 기자회견에서 미국이 한국을 'protecting'하고 있다고 말했다.[342] 그런데 'protecting'이라는 말은 보호한다는 말이지만 트럼프가 한국을 보호국(Protectorate, Protected State)으로 간주하지는 않았으므로 한국이 미국의 보호국이라고 확대 해석할 수는 없다. 트럼프가 보호국을 염두에 두었다면 이런 표현을 사용하는 데 신중했을 것이다. 그렇지만 보기에 따라서는 이 표현을 보호국으로 연결할 수 있는 여지가 존재한다. 그런데 트럼프는 2017년 4월

---

[340] 박종인, 「(땅의 역사 251)선정비에 은폐된 구한말 부패 시대: 사람들은 "왜 난리가 일어나지 않을까" 탄식했다」, 『조선일보』, 2021년 3월 17일자.
[341] 박종인, 「(땅의 역사 250)국정을 좌지우지한 왕비 민씨의 편지들: "김성근은 참찬시 켰고, 흉도들에게는 토벌대 보냈다"」, 『조선일보』, 2021년 3월 3일자.
[342] 「북미협상 결과 트럼프 대통령 기자회견: 2019 북미정상회담 베트남 둘째 날(2019 North Korea-U.S. Summit in Vietnam)」, 54분 35초, KTV, 2019년 2월 28일(www.youtube.com/watch?v=-gBs7zsP4RQ, 검색일: 2019년 3월 5일). 「(트럼프 기자회견 전문)김 위원장과 많이 가까워졌지만 이번엔 뛰지 않고 걷기로 했다」, 『경향신문』, 2019년 2월 28일자에는 "보호하고"로 번역되었다. 한편 「(전문)트럼프 美 대통령 기자회견」, 『조선일보』, 2019년 2월 28일자에는 "지켜주고"로 번역되었다.

6~7일 미 플로리다 마라라고에서 있었던 시진핑과의 회담에서 "시진핑(習近平) 중국 국가주석이 한국은 역사적으로 중국의 일부였다고 했다"라고 말했다는 사실을 단독 인터뷰를 통해 언급했다.343 미국과 중국 모두 한국을 자신들의 영향권 아래 두려 한다는 사실이 드러난다.

주한 미국대사 스나이더(Richard Sneider)는 1975년 6월 워싱턴에 보낸 보고서에서 "미국의 현 한반도 정책은 잘못된 것이며 미국은 남한이 미국의 보호국(a client state; 속국으로 번역되기도 하지만 속국이나 속방은 전근대시대의 중화체제를 연상케 하므로 근대 이후에 주로 사용된 보호국으로 번역하고자 한다)이라는 구시대적 발상을 토대로 삼고 있다"라고 지적했다.344

사실 미국은 1945년 미군정을 수립해 남한 지역을 직접 통치했으며 1948년 대한민국 정부를 만들었다. 따라서 대한민국이 미국의 보호국(속국)이라는 인식을 당시 미국의 외교정책 입안자들도 가지고 있었다고 할 수 있다. 이에 월남이 패망한 직후인 1975년 4월 워싱턴에 보낸

---

343 2017년 4월 12일 월스트리트저널(WSJ) 단독 인터뷰 당시 트럼프는 시진핑이 자신에게 북한 문제를 언급하면서 "(시 주석에 따르면) 한국은 사실 중국의 일부였다"라고 말했다는 사실을 전달했다. 이 발언은 당시 WSJ 보도에는 없었지만, 미국 온라인 매체 쿼츠(Quartz)가 이날 인터뷰 발췌본을 보도하면서 드러났다. 조의준, 「"시진핑이 '한국은 중국의 일부였다'고 하더라" 트럼프, 정상회담때 얘기 공개, 왜곡된 中華주의를 바탕으로 한반도 문제 풀어나갈 우려 "한국보다 트럼프 먼저 만난 中·日, 왜곡된 한반도 인식 심은 듯"」, 『조선일보』, 2017년 4월 20일자(www.chosun.com/site/data/html_dir/2017/04/20/2017042000287.html, 검색일: 2023년 10월 19일).

344 Don Oberdorfer and Robert Carlin, *The Two Koreas: A Contemporary History*, revised and updated third ed. (New York: Basic Books, 2014); 돈 오버도퍼·로버트 칼린 저, 이종길·양은미 역, 『두 개의 한국』(길산, 2014), 115쪽; Don Oberdorfer, *The Two Koreas: A Contemporary History*, revised and updated (New York: Basic Books, 2001), p. 65; 돈 오버더퍼 저, 이종길 역, 『두 개의 한국』(길산, 2002), 110쪽; Don Oberdorfer, *The Two Koreas: A Contemporary History* (Reading, Mass.: Addison-Wesley, 1997), p. 65; 돈 오버도퍼 저, 뉴스위크 한국판 취재팀 역, 『북한국과 남조선: 두 개의 코리아』(중앙일보, 1998), 71쪽.

전문을 통해 스나이더는 남한이 여전히 미국에 의존하고 있는 것은 사실이지만 더 이상 보호국(속국)은 아니라고 평가했던 것이다.³⁴⁵

베스타는 한반도가 단 한 번도 중국 제국의 일부가 되지 않았다고 평가했다. 티베트, 몽골, 그리고 중앙아시아의 많은 나라, 오늘날 중국의 남서부지역이 된 여러 나라는 그 기간에는 차이가 있지만 길든 짧든 중국 제국에 편입되었으나 한반도는 그렇지 않았다는 것이다.³⁴⁶

한반도가 중국의 일부가 되지 않았던 이유는 ① 한반도인이 제국인(중국인)과는 다른 정체성을 가졌다는 점과 ② 중국이 자신에 대해 알고 있는 것보다 조선의 엘리트들이 제국을 더 많이 알고 있었다는 점이다. 이러한 지식의 비판적 우위를 점한 한반도인들은 한반도를 제국으로 더 포섭하려는 제국의 기획에 '독립' 상태(전근대적 중화체제 아래서 독립이라는 단어는 없었으므로 이런 개념이 사용되지는 않았지만 근대적 의미의 독립과 유사함)를 유지하고 자주를 확보하는 방식으로 계속해 행동할 수 있었다는 것이다. 그러한 지식의 일부는 매우 깊은 이념적 차원에서 작동했고, 중국과 한반도 엘리트들이 공유한 문화적 기반을 참고했다. '의로움(righteous)'이 나름대로 기능하면서 제국의 욕망에 대항하는 한반도 보호체계의 일부가 되었다는 평가이다. 베스타는 "역사가 길잡이의 역할

---

345 Don Oberdorfer and Robert Carlin(2014), 앞의 책; 돈 오버도퍼·로버트 칼린 저, 이종길·양은미 역(2014), 앞의 책, 115쪽; Don Oberdorfer(2001), 앞의 책, pp. 64-65; 돈 오버도퍼 저, 이종길 역(2002), 앞의 책, 109-110쪽; Don Oberdorfer(1997), 앞의 책, pp. 64-65; 돈 오버도퍼(1998), 앞의 책, 71쪽.
346 고려가 잠시 원나라의 간섭을 받았지만 식민지나 원나라의 한 속현(구성원)은 아니었다. 또한 몽골제국인 원나라가 중국을 지배했지 중국이 원나라를 지배한 것은 아니므로 원나라는 중국이라고 등치할 수도 없다. 따라서 설사 원나라가 고려를 잠시 지배했다고 해도 중국이 고려를 지배했다는 것과 같다고는 할 수 없다. 중국 관변 역사가들이 왕조사의 일부로 기술하고 있는 원나라 왕조가 고려를 잠시 지배한 것에 불과하다. 몽골의 역사가들은 중국이 아닌 몽골이 고려를 잠시 지배했다고 기술할 것이며 이것이 사실에 더 가깝다고 할 것이다.

을 한다면 지금 한반도에서 바랄 수 있는 최선은 우선 군비 통제, 남북 간 긴장 완화, 마지막으로 정권이 무너지기 시작할 때 북한을 포기하겠다는 중국의 정책이다"라고 주장했다. 그는 "북핵 위기 해결을 위해 다른 국가들과 협력하겠다는 중국의 의지는 긍정적이지만, 남한을 향한 고압적인 자세와 북한의 변화를 내켜 하지 않는 태도는 좋지 않다. … 부상하고 있는 강대국인 중국은 국제사회에서의 변화하는 역할을 두려워하는 동시에, 심지어 바로 이웃에 있는 가증스러운 북한 정권을 보호하고 대중적이고 민주적인 남한 정권에 반대하고 있다. 이는 중국이 향후 세계 강대국이 되는 데에도 좋은 출발점이 아니다"라고 적었다.[347] 베스타의 『제국과 의로운 민족』을 번역한 옥창준은 '옮긴이의 말'에 다음과 같이 썼다.

> 조선은 티베트, 신장, 몽골, 대만과 달리 청의 직접 지배를 받는 지역은 아니었지만, 바로 그렇기 때문에 역설적으로 조선은 청을 제국으로 존재할 수 있게 하는 존재였다. 바로 그 이유에서 청일전쟁(1894~1895)은 동아시아 역사에서 매우 상징적인 사건이었다. 중국 제국 질서의 핵심 국가인 조선을 일본에서 지키지 못했다는 사실은 청나라의 존재 의의를 근본적으로 뒤흔들었다. 이후 청 제국이 무너지고 중화민국이라는 공화국 체제가 새롭게 등장했지만, 여전히 중국인의 관념 속에서 한반도는 중국이 지켜주어야 할 가부장적 책임감의 대상이었다. 이는 조선 독립운동을 향한 지원과 한국전쟁 당시 마오쩌둥이 북한을 지키기 위해 개입을 결정한 이유 중 하나이기도 했다. … 모든 것을 흡수

---

[347] Odd Arne Westad, *Empire and Righteous Nation: 600 Years of China-Korea Relations*(Cambridge, MA: The Belknap Press of Harvard University Press, 2021), pp. 172-173; 오드 아르네 베스타 저, 옥창준 역, 『제국과 의로운 민족: 한중관계 600년사-하버드대 라이샤워 강연』(너머북스, 2022), 9-10쪽, 209-210쪽.

하는 제국 바로 옆 한반도에서 '민족'이 형성된 것은 그야말로 놀라운 사건이었다. 하지만 베스타는 청 제국도 조선도 각자의 입장을 어느 정도 양해하면서, 청 제국을 중심으로 하는 질서가 안정적으로 작동했다는 점에 주목한다. 청 제국이 19세기 중반부터 흔들리기 시작할 때에도 조선은 청 제국으로부터의 이탈보다는 밀착을 선택했다. 하지만 이때에도 일본이 변수로 작동했다. 지금까지 조선이 청 제국 아래 누려왔던 '자주'는 사대주의로 비판받았고, 일본은 조선에게 청 제국으로부터의 '독립'을 강요했다. 하지만 조선의 독립을 주장했던 일본은 제국주의화하면서 (잠시 독립 상태에 있던-인용자) 한반도를 병합했고, 이는 한반도의 민족 개념이 강렬한 '민족주의'로 변환하는 계기가 된다.

다. 미국을 의식해 대한민국임시정부를 승인하지 않은 중국

1940년대 전반기 충칭 거주 한인은 300~400명 정도였다. 이들 대부분은 임정과 관련을 맺고 있던 독립운동가들과 그 가족이었다. 이들은 중국 국민당 정부로부터 거처와 생필품을 제공받았다. 이런 상황에서 임정이 독자적으로 사업을 벌이거나 광복군의 확대·발전을 꾀하기는 쉽지 않았다. 임정은 중국 정부의 재정적·군사적 지원에 의존하지 않을 수 없었는데, 이것이 대외적으로 임정의 위상을 약화시키는 요인으로 작용했다.[348] 특히 장제스는 김구에게 정무비 및 생활비를 지급해왔으며 귀국 전에 불화(佛貨) 1억 5000만 프랑, 미화 20만 달러 등을 지원했다. 광복 직후 김구는 우톄청(吳鐵城; 중국 국민당 중앙당 비서장)을 통해 장제스에게 임정 간부들을 중국 각지에 보내 일본군 소속 한국 청년들을 광복군으로 편성하기 위한 일을 비롯해 임정의 환국 준비와 일본

---

[348] 고정휴, 「해제」, 대한민국임시정부자료집 편찬위원회 편, 『대한민국임시정부자료집 26: 미국의 인식』, xvi쪽.

군의 항복 접수에 필요한 경비로 5000만 원이라는 거금을 차관 형식으로 지원해달라고 요청했다. 1945년 8월 29일 우톄청은 이 요청을 장제스에게 보고하면서 긴급히 답해주기를 바란다고 했다. 장제스가 과연 이 차관을 제공했는지 현재로서는 확인되지 않지만[349] 이러한 제안을 할 수 있을 정도로 임정은 평소에 장제스로부터 재정 지원을 받고 있었던 것으로 추정된다. 김구에 대한 재정 지원은 장제스가 김구를 통해 전후 한국 문제에 개입하려는 숨은 뜻을 가지고 있었음을 보여주는 부분이다.

또한 광복군이 중국 국민당 군대에 예속되어 있었다는 평가가 있다. '광복군행동준승9개조'가 그 근거이다. 실제로 국민당에서 군복, 총, 급료, 급식을 조달했주었음은 물론 국민당 군대가 훈련까지 책임졌다. 당연히 지휘권은 장제스에게 있었고 광복군의 독자적인 작전 권한은 없었다.

한편 1944년 7월 장제스는 우톄청과 외교부장 쑹쯔원에게 임정 승인을 신속히 논의해 "(연합국 중-인용자) 제일 먼저 승인하거나 사실상 승인"하라고 지시했다. 그런데 중국 외교부는 임정이 한국 내부 인민의 의사를 대표하는가 여부를 고려해야 하며 중국이 임정을 승인할 경우 영·미 양국이 그 의도를 의심할 것이라고 지적했다. 또한 카이로회담의 공동선언 중 미·영·중이 '적당한 시기'가 경과한 후에 한국을 독립시킬 것을 결정했다는 문구는 장차 한국의 독립을 승인한다고 한 것이지, 현재 충칭에 있는 임시정부를 승인하는 것과는 별개의 문제라고도 했다. 영·미 양국은 중경임정 승인의 시기가 아직 성숙되지 못했음을

---

[349] 서상문, 「중화민국의 한국임시정부 재정 지원과 백범 김구」, 『백범회보』 58(2018), 43쪽. 근거가 분명한 것만 보더라도 1941년 12월부터 1945년 8월까지 중국 화폐로 총 3158만 원이 지원되었다고 한다. 일설에 의하면 유무형 자원을 모두 화폐로 환산하면 약 15억 원이 되었을 것이라는 추산도 있다고 한다.

인정하고 즉시 결정을 원하지 않고 있다고도 지적했다. 게다가 소련은 카이로회담에 참가하지 않았음을 적시했다. 소련이 아직 태평양전쟁에 참가하지 못한 지금 중·미·영 3국이 임시정부를 승인하면 소련의 오해를 일으킬까 두렵고 영·미도 이 점을 고려하고 있으며 우리도 이를 참고해 앞으로의 소련 관계를 상당히 신중하게 전개할 필요가 있다는 의견을 첨부했다. 결국 중국은 미·영·소 3국을 의식해 부득이 한국 임시정부의 승인을 다시 잠정적으로 늦추는 고려를 해야 했다.[350]

결과적으로 장제스는 임정을 승인해달라는 김구의 수차례 요구를 선뜻 들어주지는 않았다. 한국 독립운동세력들의 분열이 승인 거부의 명분 중 하나였다. 임정을 부정적으로 본 미국이 승인하지 않기로 결정한 것을 중국이 의식했던 것이다. 1947년에 간행된 미국의 공식 역사서에 미국이 중국 단독의 임정 승인을 저지하기 위해 노력했음이 적시되어 있으므로[351] 이 문제에 대한 당시 미국의 대중(對中) 영향력을 짐작할 수 있다. 그런데 1944년 9월 5일 김구를 만난 장제스는 지금은 승인하지 않는다는 방침을 굳혔으나 "시기가 성숙되면 제일 먼저 승인하리라"[352] 하고 약속해 김구를 잔뜩 기대하게 만들었다.

1876년 일본이 조선과의 강화도조약에 '조선이 자주국'임을 제1조에 삽입했을 때는 중국으로부터 조선을 독립시켜 장기적으로는 일본 세력권에 편입하게 하려는 의도가 숨어 있었다. 1943년 중국이 카이로선언

---

350 「關於韓國臨時政府請求承認事」, 上蔣主席簽呈, 抄本, 黨史會藏, 1944년 7월; 胡春惠(1976), 앞의 책, 307쪽; 胡春惠 저, 辛勝夏 역(1978), 앞의 책, 270쪽.
351 U. S. Department of State, *United States Policy Regarding Korea, 1834~1950* (Washington, D.C.: Department of State, 1947); 한림대학교 아시아문화연구소 편, 한철호 역, 『미국의 대한 정책 1834~1950』(한림대학교 출판부, 1987), 84-87쪽.
352 이상철, 「현대사 사료발굴-〈蔣介石일기〉에 나타난 한국독립운동 관계 사료: "한국혁명당원들이 조국에 돌아가게 된 것은 내가 받들고 세워서 된 일"」, 『월간조선』 11월 (2010), 541쪽.

에 조선 독립 조항을 삽입하고자 할 때는 일본 식민지로부터 중국 세력권으로 복귀시키려는, 즉 조선을 보호국화하려는 의도가 미약하게나마 숨어 있었다고 할 수 있다.

(3) 처칠의 한국 독립 반대를 무마한 루스벨트

한편 영국 식민지 문제를 의식했던 처칠은 3자회담의 결과물인 코뮤니케(선언문)에 한국 독립 문제를 넣는 것에 단연코 반대했다. 그러나 루스벨트는 장제스의 각별한 요청에 따라 절충에 나설 수밖에 없었다.[353] 루스벨트는 장제스에게 부탁할 사항이 많아 카이로회담을 주선한 처지였으며 처칠의 희망사항이던 미·영 양자 정상회담을 회피하기 위해 장제스를 끌어들였으므로 그에게 선물을 주어야 했다. 실제로 카이로선언을 통해 청·일전쟁 이전 영토를 일본으로부터 돌려받을 수 있게 공약하는 등 큰 성과를 제공했다.

이렇듯 한반도 독립 규정은 자국 식민지 경략에 미칠 영향을 우려한 영국의 반대로 코뮤니케에는 원래 포함되지 않을 예정이었다. 그러나 11월 23일 장제스는 한국 독립을 지지했으며 그의 수행원인 국방최고위원회 비서장 왕충후이는 처칠의 수행원 외무차관 카도간 경에게 한반도 독립을 명시할 것을 강력하게 요청해 즉시독립도 식민지체제 존속도 아닌 애매한 구절로 타협했다.[354]

코뮤니케 문안 결정 과정을 보다 자세히 살펴보면 본래 루스벨트의 개인 특별보좌관 홉킨스가 루스벨트의 초안 마련 지시에 따라 1943년 11월 24일 오후에 작성한 선언문 초안에는 아래와 같이 "가능한 한 가

---

[353] 신용하, 「(다시 보는 한국역사 10·끝)카이로선언과 김구」, 『동아일보』, 2007년 6월 9일자.
[354] 장제스로서도 카이로회담 참여 자체가 중국을 강대국으로 부상시키려는 미국의 배려 때문에 가능했다는 사실을 알고 있었으므로 자신의 의사를 끝까지 고집하지는 못했다.

장 빠른 시일 안에(at the earliest possible moment)" 한반도가 독립될 것임이 명시되어 있었다.

우리는 일본에 의한 한국인의 기만적 노예상태를 유념해, 일본의 몰락 후 가능한 한 가장 빠른 시일 안에 그 나라가 자유와 독립의 국가가 될 것임을 결의한다.[355]

루스벨트가 11월 23일 장제스와의 회담에 배석했던 홉킨스에게 회담 내용에 근거해 코뮤니케 문안 작성을 지시했으므로 홉킨스의 "가장 빠른 시일 안에"가 양 정상이 합의한 내용(그리고 장제스의 독립 부여 입장)에 가장 근접한다는 주장이 있다.[356] 홉킨스의 "가능한 한 가장 빠른 시일 안에"라는 표현은 5년 이내 내지는 1951년 3월 1일까지 탁치를 종결시키는 것을 의미했다고 후일 평가되기도 한다.[357]

---

[355] 원문은 다음과 같다. "We are mindful of the treacherous enslavement of the people of Korea by Japan, and are determined that that country, at the earliest possible moment after the downfall of Japan, shall become a free and independent country." "American Draft of the Communique with Amendments by the President's Special Assistant (Hopkins)," *FRUS, 1943, Cairo and Tehran*, pp. 401-402.

[356] 배경한은 장제스가 11월 23일 루스벨트에게 한국의 즉각적인 독립을 주장했다는 해석을 내린다. 배경한, 「카이로회담과 한중관계: 충칭임시정부의 '國際共管'반대운동과 카이로회담에서의 '國際共管'문제」, 광복70년 기념 학술회의: 한국독립운동의 제 양상, 한국민족운동사학회(2015.7.21.), 103-104쪽; 배경한, 「카이로회담과 한중관계: '國際共管論'에 대한 충칭임시정부와 중국국민정부의 대응」, 『한국민족운동사연구』 85(2015), 360쪽. 그러나 즉시독립을 주장했다는 물증은 없으므로 이는 추정에 의한 확대해석일 가능성이 있다. 장제스는 독립을 주장했을 뿐 즉시독립을 천명하지는 못했다. 만약 그가 즉시독립을 주장했다면 미국이 중경임시정부를 통한 중국의 한반도 재지배 야욕을 견제하려 했을 것이며, 장제스는 이를 의식했으므로 향후 중국의 개입에 유리한 즉시독립을 원하면서도 강하게 주장하지는 못했을 것이다.

[357] C. Leonard Hoag, "American Military Government in Korea: War Policy and the First Year of Occupation, 1941~46," Draft Manuscript (Washington, D.C.:

비교적 뜻이 명료했으며 즉시독립과 가까워 한국인에게는 가장 유리했던 이 구절 등을 기안 즉시 받아본 루스벨트는 1943년 11월 24일 오후 '가능한 한 가장 빠른 시일 안에(at the earliest possible moment)' 대신 '적절한 시기에(at the proper moment)' 독립될 것이라는 표현으로 수정해[358] '독립 유보'를 명시했다.

지엽적인 수정으로 보이지만 보다 심층적으로 고찰하면 현격한 의미 차이를 간파할 수 있다. 전자는 독립이 최고의 목표이므로 하루빨리 달성되어야 한다는 것이지만 후자는 독립 이전에 어떤 다른 조치가 앞서야 한다는 것을 강조하고 있다.[359] 독립 시기 면에서도 '가능한 한 가장 빨리'에서 '적당한 시기'로 늦춰졌다. '가장 빠른(the earliest)'이란 표현을 뺀 것에서 루스벨트가 종전 후 즉각(가장 빠르게) 독립을 원하는 한국·중국과 다른 생각을 하고 있었다는 것을 알 수 있다.[360] 루스벨트는 한국의 독립을 그렇게까지 서두를 필요가 없다고 생각했던 것이다. 루스벨트는 일본의 식민지배로 자치능력이 결여된 한국에 광복과 더불어 독립을 부여할 때 정치·사회적 혼란에 빠져들고, 그러면 북방에 있는 중국과 소련이 한국 지배를 위하여 19세기 말과 같이 또다시 각축전을

Department of Army, 1970), p. 339.
[358] "American Draft of the Communique with Amendments by President Roosevelt(사진판)," *FRUS, 1943, Cairo and Tehran*, pp. 399-400; "Revised American Draft of the Communique(인쇄판)," *FRUS, 1943, Cairo and Tehran*, pp. 402-403.
[359] 한국인은 미묘한 의미 차이를 인식할 수 있었다. 『독립: The Korean Independence』, Los Angeles, 1943년 12월 8일자에는 'In due course'를 "상당한 시긔에" 혹은 "적당한 시간, 혹 과정에"라고 번역했다. 또한 이것이 전쟁이 끝나면 즉시인지 아니면 몇 해 혹은 몇십 년을 기다려야 하는지에 의문을 제기했으며 이것이 위임통치나 공동관리를 의미하는 것이라면 반대한다고 주장했다.
[360] 배영대, 「일제의 '대한' 국호 말살작전 … "한국 대신 조선으로 불러라"」, 『중앙선데이』, 2017년 12월 17일자.

벌일 것이라고 생각했다는 주장이 있다. 한국의 정치적 혼란 방지를 위하여 즉각 독립을 부여할 수는 없다고 판단했고, 상당 기간 주변 강대국들에 의한 신탁통치가 요구된다고 믿었으므로 한국의 즉각적인 독립을 반대하고 '적당한 시기'로 늦추어 독립을 유보했다는 것이다.³⁶¹

그런데 홉킨스는 태평양도서, 만주, 대만과 같은 문단에서 한국을 언급했지만³⁶² 루스벨트는 한국의 경우 문단을 나누어 배열하도록 수정했다.³⁶³ 한국이 만주나 대만과 같이 중국에 반환될 영토가 아니라 전후 독립될 지역이기 때문에 루스벨트가 별도의 단락으로 다루도록 했다는 해석이 가능하다.³⁶⁴ 그러나 최종 발표문에는 다시 단락이 합쳐졌다.

루스벨트 수정 직후인 11월 24일 오후 4시 왕충후이는 루스벨트의 수정 초안을 넘겨받았다. 이 안은 11월 25일 오전에 홉킨스를 통해 영국의 카도간에게 전달되었다. 다음 날인 11월 26일 오후 카도간과 왕충후이 등이 협의해 약간의 내용과 문구 수정 작업을 벌였다.³⁶⁵ 유영익(2013)은 이때 한국의 즉시독립을 부정하는 "적절한 시기에(at the proper moment)"라는 수식어에 대해 중국이 이의를 제기하지 않은 것에 주목했다. 그는 중국이 한국의 (즉각적인) 독립을 주장하지 않았다고 주장했다.³⁶⁶

---

361 "미국", 『한국민족문화대백과』.
362 "American Draft of the Communique, With Amendments by President's Special Assistant (Hopkins)," *FRUS, 1943, Cairo and Tehran*, p. 401.
363 "American Draft of the Communique with Amendments by President Roosevelt(사진판)," *FRUS, 1943, Cairo and Tehran*, pp. 399-400; "Revised American Draft of the Communique(인쇄판)," *FRUS, 1943, Cairo and Tehran*, p. 403.
364 최영호(2013), 앞의 글, 73쪽.
365 조덕천(2014), 앞의 글, 87-88쪽.
366 유영익(2013), 앞의 글, 68쪽. 그렇지만 즉시독립을 주장하지 않은 것은 장제스가 아니라 루스벨트였다. 또한 "적절한 시기에"라는 수식어가 들어갔다고 해서 독립이 부정된

그런데 홉킨스의 초안은 쑹메이링과 장제스가 마련해 홉킨스에게 준 것이라는 주장도 있다. 중국 측 자료에 의하면 1943년 가을 워싱턴에서 귀국한 부인 쑹메이링을 통해 루스벨트가 만나려 한다는 의사를 전달받은 장제스는 한국 독립이 포함된 '중미 선언요항(中美宣言要項)'의 초안을 작성했다고 한다. 이에 의하면 전후의 아시아는 서방과 함께 하나의 진정한 민족자유평등의 지위를 누려야 한다고 했으며 그 요점 중 하나가 바로 특별히 한국의 독립과 인도차이나 반도에서 각국의 지위 문제를 열거한 부분이었다는 것이다.[367]

카이로 코뮤니케에는 '일본이 폭력 및 탐욕으로 약취'했으며 심지어는 '일본이 훔친 모든 중국 영토'라는 표현까지 나오는데 외교문서에서 쓰기에는 매우 이례적인 표현이다.[368] 그렇지만 카이로 코뮤니케는 외교문서가 아니고 적국에 대한 일종의 선언이므로 반드시 외교적일 필요는 없으며 노골적으로 얘기하는 것이 더 효과적이라는 해석도 가능하다.

그런데 홉킨스가 메모 없이 코르넬리우스(Albert M. Cornelius) 백악관 문서기록관(해군준위)을 불러 카이로 코뮤니케를 구술해 타자를 치게 했다는 증언도 있다. 이후 아래와 같이 다섯 차례에 걸친 수정 끝에 선언문을 확정했다고 한다.[369] 따라서 쑹메이링과 장제스가 초안을 주었

것은 아니었다. 이는 독립으로 가기 전에 과도기를 거친다는 표현이었다. 물론 "적절한 시기에 독립될 것이다"라는 표현은 즉시독립은 아니었지만 독립에 대한 완전한 부정은 아니었다는 말이다.

367 張其昀 撰, 現代國民基本知識叢書編輯部 編, 『中華民國史綱』 第7冊(臺北: 中華文化出版事業委員會, 1956), 130쪽; 胡春惠(1976), 앞의 책, 314쪽; 胡春惠(1978), 앞의 책, 278-279쪽.
368 나홍주(2013), 앞의 글.
369 처칠, 장제스, 스탈린을 직접 면대하면서 카이로·테헤란회담을 실질적으로 성사시킨 홉킨스는 코르넬리우스를 루스벨트의 숙소인 알렉산더 키크 미 대사관저의 일광욕실로 불렀다. 코르넬리우스의 기록에 의하면 홉킨스는 이날 손에 어떤 서류나 메모 같은 것도 가지지 않고(그렇다고 선언문을 홉킨스가 창작했을 수는 없다. 루스벨

다는 주장은 사실이 아닐 가능성이 있으며 설령 그런 일이 있었다고 해도 카이로 코뮤니케 초안이 아닌 하나의 참고용 제안이었을 것이다.

1943년 11월 25일 오전 10시 30분 루스벨트 숙소에 가서 홉킨스로부터 선언문 초안을 전달받은 카도간은 형편없는 초안이었지만 내용은 괜찮다고 평가했다. 그는 25일 오후 미국 측 초안에서 "일부 심각한 결함들과 한 가지 결락 사항(some serious flaws and an omission)"을 발견하고 이를 수정해 영국 측 초안을 만들어 루스벨트와의 추수감사절 만찬에 참석하는 이든에게 주었다.³⁷⁰

한편 1943년 11월 25일 정오 3국 정상과 주요 수행원의 단체 사진

트의 명확한 입장과 지침을 반복적으로 들었던 홉킨스는 특유의 명석한 기억력을 발휘했던 것이다) 일광욕실로 들어와 코르넬리우스에게 카이로선언문을 구술했다. 코르넬리우스는 홉킨스가 부르는 대로 타자했다. 내용은 첫째, 일본의 잔인성을 충분히 부각시키면서 연합국은 일본이 무조건 항복을 할 때까지 싸울 것이라는 것, 둘째, 중국은 청·일전쟁 이후 일본에 뺏긴 모든 영토를 반환받는다는 것, 셋째, 한국은 일본에 의한 반역적인 노예생활을 벗어나 자유독립국가가 된다는 것이었다. 타협의 기미가 보이지 않는 유럽상륙 문제, 버마통로전쟁과 같은 군사 문제와 유럽정치 문제는 일절 언급하지 않았다. "American Draft of the Communiqué with Amendments by President Roosevelt," FRUS 1943, Cairo and Tehran, p. 399; 정일화(2010), 앞의 책, 30-33쪽; 최종희, 「카이로 선언은 '홉킨스의 드라마' … 이승만과 통했다」, 『뉴데일리』, 2011년 9월 14일자. 따라서 카이로선언문은 '일본에 관한 영·미·중 3국의 선언(Declaration of the Three Powers-Great Britain, the United States and China regarding Japan)'이라는 제목으로 불린다. 카이로회담은 중국의 참여로 인해 당시 전쟁의 중심지였던 유럽보다는 동아시아에 대해 주로 논의된 순수 군사전략회담으로 평가되기도 한다. 루스벨트는 소련의 유럽 지배를 막기 위한 의도에서였는지, 북부 프랑스에 대한 반격에 주력하자고 했으나, 처칠은 역시 소련을 약화시키려는 의도에서였는지 이탈리아와 동부 지중해에도 병력의 40%를 투입하자고 제안해 합의점을 찾지 못했다. 한편 루스벨트와 장제스가 미·영·중 3군에 의한 버마 신작전을 펼치자고 제안했으나, 처칠은 영국군 상륙용 선박을 버마 근접 인도(영국 식민지) 안다만 제도(Andaman Islands)에 파견하는 것을 반대해 결정하지 못했다. 결국 주로 일본 대응 문제에 대해서 합의했다. 루스벨트는 전통적 우방인 영국 처칠보다 장제스와 상대적으로 더 많은 합의에 도달했다.

370 David Dilks, ed., *The Diaries of Sir Alexander Cadogan, OM, 1938~1945* (London: Cassel, 1971), p. 577.

촬영 직후, 왕충후이는 홉킨스를 만나 전날 전달받은 '홉킨스 초안'에 대해 논의했다. 왕충후이는 '홉킨스 초안'의 내용에 동의한다고 전하면서, 잘못 기재된 '오가사와라제도(小笠原島; the Bonin Islands)'[371]를 '펑후열도(澎湖列島; the Pescadores)'로 수정해줄 것을 요청했다. 이에 홉킨스는 수정하겠다고 답변하며, 이와 함께 선언문에서 가장 중요한 것은 3국이 영토 야심이 없음을 밝히는 것이라는 미국 측의 뜻을 전달했다. 이에 대해서 영국은 이미 동의했다고 말했다. 전날 열린 미·영 연합참모회의에서 미·영 2국은 카이로선언에 3국이 영토 야심이 없음을 밝히는 구절을 넣자는 데 합의했는데, 이것을 홉킨스가 왕충후이에게 제안했던 것이다. 왕충후이는 중국도 영토적 야심이 없다면서 이에 동의했다.[372]

그런데 세부적으로 보면 카도간은 공동선언에 한국 독립 보장에 대한 구절 등이 들어가는 것을 반대했다. 카도간은 1943년 11월 26일 오전 11시 30분에 주소 미국대사 해리먼(W. Averell Harriman)과 만나 영국의 수정안에 대해 대화했는데, 해리먼은 영국안을 좋아하지 않았다. 그래서 더 이상 진척이 없었다.[373] 이 대목에서 영국이 미·중 양국에 의해 고립된 느낌을 지울 수 없다.

1943년 11월 26일 오후 3시 30분쯤 미국의 해리먼, 영국의 이든·카도간, 중국의 왕충후이가 한자리에 모여 선언문 채택을 위한 열띤 토

---

[371] 오가사와라제도를 영어권에서는 '보닌제도(Bonin Islands)'라고 부르는데, 에도시대에 부닌시마/부닌지마(일본어로 無人島, ぶにんしま/ぶにんじま; 무인도란 뜻)라고 부르던 데서 유래한다.
[372] "附一… 政治問題會商經過: 國防最高委員會秘書長王寵惠自重慶呈蔣委員長關於開羅會議日誌", 1943年 11月, 中國國民黨 黨史委員會 主編·秦孝儀 編(1981), 앞의 책, 529쪽.
[373] David Dilks, ed.(1971), 앞의 책, p. 578.

론에 들어갔다.³⁷⁴ 카도간은 미국 수정 초안에 나오는 "일본의 조선 인민에 대한 노예상태를 유념해 일본 궤패 후 적절한 시기에 조선을 자유 독립국가로 되게 한다(日本對朝鮮人民之奴隸待遇, 吾人初未忘懷. 日本潰敗後, 於適當時期, 吾人決定使朝鮮成爲一自由與獨立之國家)"라는 문구 대신 "일본의 조선 인민에 대한 노예상태를 유념해 일본 궤패 후 적절한 시기에 조선을 일본의 통치로부터 벗어나게 한다(日本對朝鮮人民之奴隸待遇, 吾人初未忘懷. 日本潰敗後, 於適當時期, 吾人決定使朝鮮脫離日本之統治)"라는 불명확한 구절로 수정하는 안을 올렸다. 즉 한국이 일본 지배로부터 해방되어 자유롭게 되는 것은 인정할 수 있지만, '독립'을 준다고 약속해서는 안 된다는 의미였다. 영국의 제국체제·식민체제에 미칠 영향을 우려했기 때문이다. 이렇듯 영국은 한국의 독립이 명시되는 것을 반대했지만³⁷⁵ 중국과 미국의 반대에 밀려 '독립'이라는 표현이 들어가는 상황을 막지는 못했다. 카도간은 일본이 만주, 대만, 펑후열도를 "당연히 중국에 반환해야 한다(當然應歸還中國)"라는 구절에 대해 "당연히 일본이 포기해야 한다(當然必須由日本放棄)"로 수정하는 안을 제출했으나 중국의 완강한 원안 고수 입장과 미국의 협조로 이미 원안으로 확정된 터였다(討論結果, 中·美兩方主張不改, 故維持原草案).³⁷⁶

카도간이 고수한 영국의 입장은 1902년 영·일동맹을 맺은 이래 한국의 식민지 상태에 대해 조금이라도 고려하거나 독립을 지지한 적이

---

³⁷⁴ "附一… 政治問題會商經過: 國防最高委員會秘書長王寵惠自重慶呈蔣委員長關於開羅會議日誌", 1943년 11월, 中國國民黨 黨史委員會 主編·秦孝儀 編(1981), 앞의 책, 530쪽.
³⁷⁵ 정병준(2023), 앞의 글.
³⁷⁶ "附一… 政治問題會商經過: 國防最高委員會秘書長王寵惠自重慶呈蔣委員長關於開羅會議日誌", 1943년 11월, 中國國民黨 黨史委員會 主編·秦孝儀 編(1981), 앞의 책, 531-532쪽.

없이 오직 일본의 편에 서서 그들의 지배논리를 옹호해준 영국 식민주의를 대변한 것이다. 침략당한 중국의 영토 복구를 명시한다면 영국이 조차한 홍콩도 흔들릴지 모른다고 판단해 일본의 식민지 포기만을 명시할 뿐 누가 다시 가져야 하는지는 명시하지 않으려고 했던 것이다. 영국 식민지인 인도의 독립 가능성까지 염두에 두었다고 할 수 있다.

왕충후이는 "한국은 원래 일본의 침략으로 병탄되었고 일본 대륙정책은 조선 병탄에서 시작되었는데 '일본의 통치를 벗어나게 한다'고만 하고 그 밖의 것을 말하지 않는 것은 중대한 문제를 남길 뿐이며, 반드시 계획대로 되지 않을 것(聲稱朝鮮原由日本侵略吞倂, 而日本之大陸政策卽由吞倂朝鮮而開始, 僅言「脫離日本之統治」, 而不言其他, 則祗爲將來留一重大之問題, 殊非得計)"이다, 따라서 "마땅히 지금 자유독립이라는 장래 (조선의-인용자) 지위를 결정해야 한다. 이 점(조선독립-인용자)을 공보(선언)에 적는 것은 중국 및 원동 방면으로 볼 때는 매우 중요한 것이다(宜於此時決定其將來自由獨立之地位, 並謂公報中關於此點, 在中國及遠東方面視之, 甚爲重要)"라고 주장하면서 원안을 고수했다('장래'라는 말이 암시하듯 종전이 되자마자 한국이 즉시 독립되는 것은 아니었고 약간의 시차가 필요했다. 장제스의 종전 후 '즉시독립'이 루스벨트에 의해 '장래독립'으로 수정되어 성안된 것이 아닌가 한다. 장제스는 루스벨트의 한반도 신탁통치 적용 구상을 잘 알고 있었으므로 자신의 즉시독립 구상을 고집하지 않고 루스벨트의 장래독립 구상을 받아들였던 것이다.[377] 유영익의 주장과 같이 장제스가 즉시독립을 주장하지 않은 것이 아니라

---

[377] 장제스는 1943년 11월 15일 일기에서 "류큐와 대만은 중국 역사에서 그 지위가 다르다. 류큐는 하나의 왕국으로 그 지위가 조선과 같다(琉球與臺灣在我國歷史地位不同, 以琉球爲一王國, 其地位與朝鮮相等)"라고 적었다. 『蔣介石日記』, 1943年 11月 15日. 따라서 장제스에게 류큐는 한국과 같은 범주로 분류되었다. 류큐는 조선과 같이 조공은 했지만 내치는 자주였다. 장제스는 류큐를 중·미의 국제적 신탁통치령(국제공관) 대상 지역으로 분류했고 같은 범주에 있던 한국의 경우는 즉시독립을 주장하되 루스벨트가 신탁통치를 주장하면 이를 받아들이는 방향으로 사전에 정리했다고 할 수 있

루스벨트의 주장을 추수했던 것이다).

왕충후이의 강력한 반발에 대해 카도간도 역시 강하게 대응했다. 카도간은 "영국은 내각에서 조선 독립에 대해 토론한 적이 없"으며 "소련이 조선 독립 문제에 대해 찬성하는지 아니면 반대하는지 의견을 나눈 바 없"으므로 "수정안을 조회해서 고치는 것이 불가능하다면 아예 (조선 독립에 관한 것을-인용자) 모두 빼버리는 것으로 바꾸자(故如不能照修正案更改, 轉不如全段删去也)"라고 수정을 제안했다.

이러한 대립을 수습한 것은 미국의 해리먼이었다. 그는 "루스벨트 대통령의 의견으로 볼 때 조선 독립 문제에 대해 소련은 아무런 관계가 없고, 특별히 소련과 협의할 필요도 없다(哈立曼旋謂照羅斯福總統之意見, 此一問題似與蘇聯無甚關係, 殊不必要蘇聯商量; 그러나 루스벨트가 한반도 탁치를 구상할 때 소련의 태도가 중요하다고 생각했으므로 해리먼의 발언은 카도건을 설득하기 위해 거짓을 동원한 것이다)"라고 발언했다.[378] 한시준은 '루스벨트 의견'이란 11월 23일 저녁 루스벨트와 장제스 간 합의 사항을 해리먼이 염두에 둔 것이었다고 추정했다.[379] 결국 토론은 끝나고 왕충후이의 강력한 주장과 해리먼의 지원사격으로 미국 원안대로 중국 반환 조항과 한국 독립 공약은 유지(討論結果, 維持原草案文字)하기로 합의했다. 또한 3국은 영토에 대한 야심이 없다는 구절의 추가에 합의했다.[380]

다. 그런데 오키나와는 후일 미국의 군사점령(신탁통치)지역으로 분류되었다가 1972년 일본으로 반환되었다.

[378] "附一⋯ 政治問題會商經過: 國防最高委員會秘書長王寵惠自重慶呈蔣委員長關於開羅會議日誌", 1943년 11월, 中國國民黨 黨史委員會 主編·秦孝儀 編(1981), 앞의 책, 532쪽.

[379] 한시준, 「카이로선언과 대한민국 임시정부」, 대한민국 임시정부 수립 제95주년기념 학술회의: 대한민국 임시정부와 카이로선언, 단국대학교, 광복회, 독립기념관 주최, 백범김구기념관 대회의실(2014. 4. 13.), 17쪽.

[380] "附一⋯ 政治問題會商經過: 國防最高委員會秘書長王寵惠自重慶呈蔣委員長關於開羅會議日誌", 1943년 11월, 中國國民黨 黨史委員會 主編·秦孝儀 編(1981), 앞의

이든이 오후 4시 15분에 회의장에 도착한 직후 처칠이 카도간의 안에 손을 본 새로운 개정안[381]이 도착했는데 한국 문제 조항은 이후 한 글자도 고쳐지지 않고 최종안이 된다. 처칠이 수정·가필한 영국 측 선언 초안은 루스벨트 수정안과 비교해보면, 훨씬 더 유려한 문장으로 바뀌었을 뿐만 아니라 내용이 축약되고 보다 외교적 언어로 손질되었음을 알 수 있다. 원래 미국 선언 초안은 "that"이 연이어 등장하는 등 외교 문서로서 적절한 것은 아니었다. 처칠의 수정으로 '한국 조항'은 이전의 36개 단어에서 26개 단어로 10개나 줄었다. '우리'가 '상기 3대국'으로 늘어난 부분을 제외하고는 모두 축소되어 전반적으로 군더더기가 사라졌다. 루스벨트에 의해 별도의 단락으로 나누어져 있던 한국 조항이 다시 합쳐졌다.

주요 부분에서 '일본에 의한 한국인의 기만적 노예상태'는 '한국인의 노예상태'로, '일본 패망 후 적절한 시기'는 '적당한 (시기와) 절차'로, '자유와 독립의 국가'는 '자유와 독립'으로 축소되었다. 그런데 처칠의 수정안은 원래 루스벨트 초안에 규정된 가해자에 대한 명확한 규정, 즉 한국인을 노예상태에 빠뜨린 일본("by Japan")이라는 가해 주체를 삭제했을 뿐만 아니라, 노예상태의 정도와 상황을 묘사하는 기만적(혹은 배신적·반역적; "treacherous")이라는 수식어를 삭제했고, 한국의 자유와 독립 회복은 일본 패망 후("after the downfall of Japan")라는 정확한 시점을 삭제했다. 처칠 수정안은 루스벨트 초안에 비해 '한국 조항'에 대해

책, 532쪽.
[381] "앞서 언급한 3대국은 한국인의 노예상태에 유의해 적당한 (시기와) 절차에 따라 한국을 자유롭게 독립시킬 것을 결정한다(The aforesaid three Great Powers, mindful of the enslavement of the people of Korea, are determined that in due course Korea shall become free and independent)", "British Draft of the Communique," FRUS, 1943, Cairo and Tehran, p. 404.

전반적으로 한국에 가혹한 지배를 행한 가해자의 불특정, 지배의 참혹한 정도 삭제, 독립·자유 회복 시점의 불명확이 주요 특징이었다. 이로써 카이로선언 한국 조항은 가해 주체, 독립 시점과 방법 등에서 정확한 의미가 사라진 대신 모호성과 불투명성이 강화되었다.[382] 전반적으로 일본에 우호적인 수정이었다.

한국에 가장 중요한 사항은 역시 "in due course"로 변경한 부분이었다. 문학적 소양이 풍부한 처칠식 표현[383]인 "적당한 절차에 따라"(in due course; 적절한 과정·수단으로, 마땅한 수단을 거쳐서)라는 세련된 최종안은 의미를 명료화하기보다는 좀 더 애매모호하게 했을 뿐이다.[384] 적절한 시기라는 표현보다 더 포괄적으로 서술해 시간을 더 끌 수도 있게 했으며 절차가 진행됨에 따라 독립이 유보될 수도 있는 가능성을 열어놓았다.[385] 그런데 이것은 외교적 수사였다. 연합국의 상충되는 대한 정책 목표들이 명확하지 않은 외교적 수사와 주체·시점의 불특정으로 얼버무려진 것이다.[386] 어떤 결정이 당장 시행되어야 하는 지극히 '예외적'인 상황이 아니면 '적당한 절차를 거친다'는 다소 애매한 조건을 전제

---

[382] 정병준(2014a), 앞의 글, 118-119쪽.
[383] "in due course"라는 말은 처칠이 흔히 쓰던 용어였다. 정일화(2010), 앞의 책, 49쪽. 예를 들면 그의 방대한 회고록 *The Second World War* 1~6 (Boston: Houghton Mifflin Company, 1948~1953)에는 in due course라는 용어가 다음과 같이 자주 등장한다. volume I: The Gathering Storm (1948), p. 109, p. 419, p. 432; volume II: Their Finest Hour (1949), p. 3, p. 184, p. 307, p. 315, p. 365, p. 426; volume III: The Grand Alliance (1950), p. 126, p. 214, p. 332, p. 609, p. 723; volume IV: The Hinge of Fate (1950), p. 71, p. 259, p. 286, p. 631; volume V: Closing the Ring (1951), p. 75, p. 103, p. 159, p. 298, p. 320, p. 343; volume VI: Triumph and Tragedy (1953), p. 7, p. 168, p. 209, p. 241, p. 387, p. 400, p. 660.
[384] *FRUS, 1943, Cairo and Tehran*, pp. 399-404, pp. 448-449.
[385] 인도를 식민지로 두고 있던 영국의 처칠은 자신들의 식민지에도 영향을 미칠 것을 우려해 한국 독립 조항 자체를 넣지 말자는 입장이었는데 결국 애매한 수사를 사용해 독립의 확실한 보장을 최대한 피해 가게 만들었다.
[386] 정병준(2014a), 앞의 글, 119쪽.

로 합의를 하는 경우가 비일비재하다. 한국의 독립(일본 제국으로부터 한국의 분리·독립)은 카이로선언·포츠담선언·일본의 항복수락·대일평화조약이라는 8년에 걸친 국제법적 과정(due course)을 통해 달성되었는데, 결과적으로 이 과정이 'in due course'라고 할 수 있다는 것이다.[387] 한편 당시 전황이 불확실했으므로 이를 반영해 한국 독립을 유예했다고 할 수 있다.

'in due course'라는 표현은 시간적으로는 독립을 유보하며 과정적으로는 모종의 절차를 거친 뒤에야 독립이 달성될 것이라는 사실을 암시하고 있다. 여기에서 모종의 절차란 루스벨트의 탁치안을 의미하는 것이었다. 그런데 '통상적인 과정'을 거친다는 의미를 담은 in due course라는 평범한 말에 신탁통치를 실시하겠다는 숨은 의도가 담겨 있다는 것은 일종의 음모론적 해석이라는 반박도 있다. 이러한 표현을 넣지 않았어도 루스벨트는 이미 신탁통치를 한국에 실시하려고 했으며 단지 '가능한 한 빠른 시일 안에'라는 홉킨스의 표현을 루스벨트와 처칠이 거듭 매끄럽게 손질한 것(wording)에 불과하다는 것이다.[388] 그러나 두 용어 모두 즉시독립을 유보한 것은 확실하며, in due course가 통상적이지만 '모종의 과정'을 거친다는 사실을 명백히 한 측면은 있다.

전반적으로 미국·중국·영국은 자신들이 원하는 바를 선언에 반영했고, 이는 서로 이해가 상충하고 의견이 갈렸던 한국 조항에 대해서도 마찬가지였다. 미국은 태평양전쟁기 공식 대한정책이었던 다자간 국제신탁통치라는 '합의에 의한 대한정책'을 기본 대한공약으로 관철시켰

---

[387] 이용중, 「이장희 교수의 '국제법적 관점에서 본 카이로선언의 영토주권회복 문제' 토론문」, 평화통일시민연대 주관, 카이로선언 70주년 기념학술세미나: 카이로선언 정신 구현과 아시아의평화 문제, 2013년 7월 24일, 100쪽.
[388] 구대열(1995), 앞의 책, 237쪽.

고, 중국은 '한국의 자유와 독립'이라는 조항에 강한 영향력을 반영했고, 영국은 문구 수정을 통해 식민지배의 주체인 제국주의 국가 일본 자체를 언급하지 않는 방향으로 모호성·불투명성을 강화했다.[389] 국제회의에 대한 연구를 일국사(一國史)의 관점에 한정하는 것은 바람직하지 않다. 카이로회담에서 중국과 미국은 각각 국가이익에 의거해 문제를 풀어나갔다.

한국의 독립이라는 지엽적 문제라고 할지라도 김구나 이승만의 영향력 아래 움직였다고 주장하는 것은 강대국 중심으로 움직이는 국제정치의 냉혹하고 복잡한 현실을 무시하는 지나친 단순론이므로 국내 정치와 국제정치를 복합적으로 살펴보는 종합적인 시각으로 재해석해야 한다. 중국, 미국 혹은 김구, 이승만 어느 쪽에 대한민국 독립의 공로를 돌리느냐는 편 가르기도 복잡한 역사적 판단을 단순화하려는 단견이며 이는 무엇보다도 친중적 김구주의자·친미적 이승만주의자 사이의 정치적 논쟁으로 비화될 수밖에 없으므로 학문적으로 결코 바람직한 자세가 아니다. 복합적으로 본다면 중국, 미국, 김구, 이승만 모두가 한국 독립의 유공자이다. 물론 각각의 상대적 비중은 따져봐야 하지만 말이다. 가중치를 준다든가 순서를 매긴다면 김구, 중국, 미국, 이승만의 순으로 배열할 수 있다고 생각한다. 그렇지만 이 4자는 유기적 총체였다. 만약 중국이 없었다면 김구 혼자서 독립을 보장받을 수 없었을 것이다.[390] 따라

---

[389] 정병준(2014a), 앞의 글, 119쪽.
[390] 1941년 중국 국민당 정부는 '광복군행동준승9개조'를 임시정부에 강요하여 광복군을 중국군 참모총장의 통제하에 두었다. 광복군행동준승이 상징하는 바와 같이 중국은 임시정부를 중심으로 한 한인 독립운동 세력에 대해 확고한 통제를 시도했다. 정병준(2014a), 앞의 글, 125쪽.
이에 조소앙은 주중 미국대사에게 중국이 일본 패배 후에 다시 한국을 종주권하에 두려는 의도에서 이렇게 한 것일지 모른다고 말했다. 이는 미국이 중국의 전후 한국에 대한 재점령 야욕을 우려한 근거를 제공했다.

서 떼려야 뗄 수 없는 상호 의존적 관계였으며 이들 4자 외에 다른 행위자나 국가, 그룹도 있을 수 있다.

왕충후이, 카도간, 해리먼 3인의 실무자들은 협의를 마친 후 3차 회동 중인 3국 정상들에게로 갔다. 3인의 실무자들은 루스벨트·처칠·장제스·쑹메이링 앞에서 합의된 초안을 낭독했다. 한국 독립 문제에 이르렀을 때 루스벨트는 "이 문제에 대해 소련의 의견을 헤아릴 필요는 없다"라고 잘라 말했다. 낭독 후에 3영수는 모두 찬동을 표명했다.[391] 이로써 한국 독립 문제가 포함된 카이로 코뮤니케는 11월 26일 확정되었다.[392]

중국과 한국에 관련해 보면 루스벨트와 장제스의 11월 23일 모임에서 논의된 내용을 토대로 작성된 홉킨스의 초안을 영국의 반대에도 불구하고 확정했다고 할 수 있다. 처칠은 몰타(Malta)를 거쳐 11월 21일 도착했지만 외교 실무 책임자인 이든과 카도간은 11월 23일 영국을 떠나 지브롤터를 경유해 11월 24일 늦게 카이로에 도착했으므로[393] 중국보다 늦게 전달받은 측면도 있었다. 물론 홉킨스가 작성한 초안의 원천이 루스벨트와 장제스였으므로 양인에게 먼저 보이기도 했을 것이다. 영국 측은 카이로 코뮤니케의 초안을 늦게 전달받아 기분이 좋지 않았던 데다가 코뮤니케에 영국이 주력하는 유럽전쟁에 대한 언급은 거의 없었던 점이 마음에 걸렸다. 전쟁 승리를 위해 연대가 필요했던 미국이 중국의 이권만 잔뜩 보장했으므로 영국은 중국에 주는 선물이 너무 크

---

[391] "附一… 政治問題會商經過: 國防最高委員會秘書長王寵惠自重慶呈蔣委員長關於開羅會議日誌", 1943年 11月, 中國國民黨 黨史委員會 主編·秦孝儀 編(1981), 앞의 책, 532-533쪽.
[392] "Cairo Communiqué," in National Diet Library (Japan)(www.ndl.go.jp/constitution/e/shiryo/01/002_46/002_46tx.html, 검색일: 2013년 4월 26일). 또한 미국 외교문서에 실린 최종 텍스트의 제목도 코뮤니케였다. "Final Text of the Communiqué," *FRUS, 1943, Cairo and Tehran*, p. 448.
[393] David Dilks, ed.(1971), 앞의 책. p. 577.

다고 생각해 반발했던 것이다. 영국은 "일본이 점령한 태평양 도서들을 박탈"한다는 내용을 "1914년 제1차 세계대전의 개시 이후 탈취 또는 점령한 곳"이라고 시기적으로 한정해 1914년 이전에 점령된 인도와 홍콩 등으로 확대되는 것을 방지하는 데는 성공했으나 중국과 한국 조항에서는 양보할 수밖에 없었다.

카도간은 위와 같이 미국 초안과 영국 초안을 둘러싸고 왕충후이와 논쟁을 벌였다. 또한 카도간은 미국 측이 "코뮤니케를 둘러싸고 상당히 못되게 굴었다(behaved rather badly about the communique)"라고 썼는데, 미국이 중국을 시켜 영국과 의견충돌을 벌이는 모양새를 취하게 했다는 취지였을 것이다. 한국 독립 문제에 대해서 보면 미국 초안은 중국의 의견을 토대로 작성된 것이니 미·중 연합세력과 영국 간 의견충돌이었다. 카도간은 카이로회담에서 미국 측이 장제스를 후대(厚待)하고 중국 문제에 너무 많은 시간을 할애했다고 불평했다. 코뮤니케뿐만 아니라 미국을 상대하는 데 어려움이 많았다는 것이다.[394]

중국의 적극적인 '한국 독립 사수' 덕분에 카이로 코뮤니케에서 한국 독립 조항이 살아남은 것은 부인할 수 없다. 만약 중국이 강력하게 주장하지 않았다면 역사적인 카이로회담의 결과물로 한국 독립이 보장되지 않았을 수 있다. 물론 중국만의 주장으로 그렇게 된 것은 아니다. 미국이 후원해준 측면이 있으며 무엇보다도 한국인의 독립 의지를 중국과 미국이 인식했기 때문이었다. 제2차 세계대전 당시 제국주의에 침탈당한 수많은 피식민지가 있었는데 그중에 한국만 꼭 집어서 독립을 보장한 것은 이례적이라고 주장되기도 한다.[395] 그런데 한국 독립이 열강

---

[394] 정병준(2014a), 앞의 글, 115-116쪽.
[395] 배영대, 「'한국독립' 문 연 임정 수립과 윤봉길 의거」, 『중앙SUNDAY』, 2019년 4월 6~7일자.

에 의해 카이로에서 보장되지 않았더라도 일본 패망 후 한국이 독립되는 것은 역사적 필연이었다. 따라서 한국 독립은 연합국 승리라는 '외세의 압도적인 규정력'(외인; 광복 직후의 표현인데 그렇다고 모든 것을 외세가 결정했다는 것은 아니다)에 더해 끝까지 분투한 한국인들의 독립 의지(내인)가 복합적으로 작용한 산물이었다. 한국 독립을 연합국의 단순한 선물로 보는 것은 한국인들의 투쟁을 무시한 비주체적인 역사인식이다. 1909년 안중근 의거, 1919년 거족적 3·1운동, 1932년 이봉창 의거와 윤봉길 의거 등 당시에도 큰 파장을 일으킨 한국인들의 독립을 향한 의지 표명은 한국 독립의 밑거름이었다. 따라서 한국의 해방은 한국인의 독립운동과 연합국의 전승이 복합적으로 작용한 결과로 보아야 한다.

장제스는 회담이 끝난 뒤에 적은 [11월 26일자; 이상철(2010)의 글의 문맥을 통한 추정] 일기 "11월의 반성록"에서 영국(처칠)은 조선 독립 문제를 제기하는 것 자체를 반대했으나 미국 대표의 찬동과 도움으로 조선 독립을 쟁취했다고 평가했다. 또한 11월 27일자 일기에는 "전후 조선의 독립과 자유를 승인하게 했으니 이 얼마나 대단한 일인가. 또 이 얼마나 바라고 있던 제안이었더니 그것을 오늘 3국 공동성명안에 넣어 발표했으니 고금 중에 전례가 없던 외교적 성공이 아니더냐"라고 흥분해 적었다.[396] Chi-yun Chang(張其昀), *Record of the Cairo Conference*(開羅會議紀實)에서도 카도간이 한국 독립 문제를 선언에 포함시키지 말자고 주장했으나 "왕충후이의 力爭과 미국 대표(해리먼-인용자)의 힘껏한 찬조로 원안 전문이 그대로 통과되었다"라고 나와 있다.[397] 이렇듯

---

[396] 이상철, 「현대사 사료발굴-〈蔣介石일기〉에 나타난 한국독립운동 관계 사료: "한국 혁명당원들이 조국에 돌아가게 된 것은 내가 받들고 세워서 된 일"」, 『월간조선』 11월(2010), 540쪽.

[397] Chi-yun Chang(1953), 앞의 책, 6쪽; 張其昀(1983), 앞의 글, 233쪽.

중국의 한국 독립 포함 요구를 미국이 찬조했다고 할 수 있다.

공식 3국 정상회담에서 한국 독립 문제는 정식으로 더 논의되지 않았고 다만 미국의 홉킨스가 초안을 마련해 미국과 영국이 주로 수정한 후 이를 3국이 추인하는 형식을[398] 취했다. 루스벨트는 장제스와의 토론 끝에 장제스의 주장을 받아들여 한국의 독립을 보장하고, 위와 같이 루스벨트의 '적절한 시기'가 처칠의 '적당한 절차를 거쳐서'로 수정된 후 '조건부 독립'의 형태로 11월 26일 저녁 확정되어 각국에 전달됐으나, 서명이 끝난 11월 27일 오전까지도 구체적인 공포 일정이 잡히지 않았다. 다만 공포할 때에는 반드시 3국이 같은 날 동시에 발표하기로 하고, 동시 발표 하루 전에 발표 시간을 각국에 통지하기로 돼 있었다. 확정되자마자 공포하지 않은 것은 스탈린과의 협의를 거쳐야 했기 때문이다.[399] 미국이 처음부터 추구했던 것이 미·영·소·중 4국 간의 협상과 합의였으므로, 카이로회담의 결과를 소련에 동의받을 필요가 있었다. 이에 미국과 영국 참가자들은 소련과의 회담을 위해 11월 27일 오

---

[398] 1943년 12월 4일 중한문화협회 비서장 쓰투더(司徒德)는 카이로선언의 한국 독립 보장 부분이 장제스가 누차 공개적으로 선언한 한국 독립 보장 약속의 실행이라고 평가했다. 「중한문화협회 司徒德 비서장 동맹국의 조속한 한국임시정부 승인을 요청하는 담화 발표」(1943.12.4.), 『대한민국임시정부자료집 22: 대중국외교활동』, 186쪽. 1943년 12월 13일 중국공산당의 사오리쯔(邵力子)도 카이로선언의 한국 독립 조항이 장제스가 강력하게 주장한 결과물이라고 주장했다. 「한국독립과 세계평화의 불가분성에 관한 邵力子의 강연」(1943.12.13.), 『대한민국임시정부자료집 22: 대중국외교활동』, 187쪽. 이렇듯 중국 국민당 관계자들은 장제스의 역할을 대놓고 강조했다. 윤종문, 「카이로선언의 딜레마와 한국 독립」, 독립기념관 계기 학술심포지엄: 독립운동과 국제회의, 2021년 6월 29일, 독립기념관 한국독립운동사연구소, 67-68쪽. 그런데 1945년 5월 2일 샌프란시스코회의 중국 대표단 기자회견장에서 중국 측 수석대표 쑹쯔원 외교부장은 "전쟁이 끝나는 즉시로 조선이 독립되는 것을 찬성하는가"라는 한길수의 질문에, 외교관답게 "카이로선언에 따라 적당한 시기에 독립이 될 것"이라고 응대했다. 「조선독립 적당한 시기에」, 『독립』, 1945년 5월 9일.
[399] 정병준(2014a), 앞의 글, 121쪽에서는 안전문제 때문에 테헤란회담이 끝날 때까지 카이로선언 공표가 연기되었다고 주장한다.

전 테헤란으로 떠났다.

  루스벨트는 장제스가 '한국의 자유 독립' 조항 삽입을 주장했을 때 중국의 야심이 들어 있다고 판단했지만, 한국의 자유 독립과 탁치 실시는 상충하거나 대립적 개념이 아니라고 판단했으므로 찬동했다.[400]

(4) 스탈린의 카이로선언 동의

  1943년 11월 28일 오후에 열린 테헤란회담의 첫 회의에서, 루스벨트는 즉시 스탈린과 카이로회담의 내용을 협의했다. 회의가 끝난 후 몰로토프는 루스벨트에게 스탈린이 이미 카이로선언을 읽어봤다며, 별다른 이견이 없다고 전했다. 11월 30일 미·영·소 3국 정상이 한자리에 모인 오찬 회동에서 스탈린은 카이로선언의 내용에 전적으로 동의한다고 말했다. 이날 미국 측은 이튿날인 12월 1일 밤에 카이로선언을 발표하기로 결정했다. 결국 테헤란회담이 끝난 직후 공식 발표되었으므로 루스벨트는 같은 연합국의 일원인 스탈린의 동의를 의식했음이 확인된다. 소련과 공조해 전쟁에서 승리하고자 한 루스벨트의 국제주의적 노선이 반영된 것이다. 소련은 아직 대일전쟁에 참전하고 있지 않았지만, 미국은 전후 동아시아에서 소련의 이해관계를 고려하고 있었던 것이다. 이로써 카이로선언은 12월 1일 미·영·중 3국의 수도에서 동시에 발표됐다.[401] 스탈린의 동의를 거쳤으므로 3개국 선언이 실질적으로 4개국 선언이 되었다. 따라서 루스벨트의 4개국 회담 개최 의도는 부분적으로나마 달성되었다고 할 수 있다. 다음은 그 구체적 내용이다.

---

[400] 정병준, 「카이로선언과 전후 질서에 대한 영국의 시선」, 리처드 더켓 외 저, 『한국독립운동과 영국』(국립임시정부기념관, 2023), 161쪽.
[401] 각국의 동시 발표 32시간 전에 영국의 로이터(Reuters) 통신사가 카이로선언의 내용을 이미 보도했다. 梁敬錞(1973), 앞의 책, 150쪽.

루스벨트 대통령, 장제스 대원수, 처칠 수상은 각자의 군사·외교고문과 함께 북아프리카에서 회의를 마쳤다.

아래의 일반적 성명을 발표했다.

각 군사 사절단은 일본에 대한 장래의 군사행동을 협정했다. 3대 동맹국은 해로·육로·공로로써 야만적 적국에 대해 가차 없는 압력을 가할 결의를 표명했다. 이 압력은 이미 증대되어 가고 있다.

3대 동맹국은 일본의 침략을 제지하는 동시에 이를 벌하기 위해 이번 전쟁을 수행하고 있다. 위 동맹국은 어떠한 이익을 추구하지 않으며 영토를 확장하려는 생각도 없다. 동맹국의 목적은 1914년 제1차 세계대전의 개시 이후 일본이 탈취 또는 점령한 태평양 도서 일체를 일본으로부터 박탈할 것[402]과, 아울러 만주, 대만, 펑후열도 등 일본이 중국으로부터 훔친 모든 지역을 중화민국에 반환함에 있다. 일본은 폭력 및 탐욕으로 약취(掠取)한 다른 모든 지역에서도 구축될 것이다.[403] 앞서 언급한 3대국은 한국인의 노예상태에 유의

---

[402] 독도와 관련해서 문제가 되는 것은 "1914년 제1차 세계대전의 개시 이후 일본이 탈취 또는 점령한 태평양 도서 일체를 일본으로부터 박탈한다"라는 문구인데, 일본은 독도가 1905년 시마네현 고시로 편입된 영토이므로 거기에 해당되지 않는다는 입장이다. 대만(과 펑후열도)은 1895년 일본에 점령된 영토인데도 반환에 포함되며, 대한제국은 1900년에 관보로 영토임을 밝힌 적이 있으므로 일본의 주장은 근거가 없다. 그런데 위 조항은 태평양 지역의 구 독일령으로 국제연맹의 위임에 의해 합법적으로 획득한 도서 지역(물론 국제연맹 규약에서 벗어나 군사적으로 이용한 것은 위법이기는 하다)과 그 이후 점령한 인근 도서지역을 지칭하는 것이다.

[403] "일본은 폭력 및 탐욕으로 약취한 일체의 다른 모든 지역에서도 구축"된다고 했으므로 한국은 일본이 약취한 모든 영토를 돌려받아야 하는데, 독도는 물론 포함되며 심지어는 간도까지 해당된다는 주장도 있다. 간도는 대한제국 외교권이 상실된 가운데 청국과의 협약으로 청국에 귀속된 영토이기에 약취에 포함되며, 을사조약 자체가 무효화됐으므로 간도는 조선의 영토가 된다는 것이다. 그런데 일본이 간도를 약취한 것은 아니고 청국이 가져갔기에 문제가 되기에는 어려운 점이 있다. 또한 한국 조항은 그다음에 별도의 문장으로 규정되므로 위 내용은 한국을 지칭한 것이 아니라 인도네시아 등을 염두에 둔 것이라는 주장도 있다. 그렇지만 'all'이라는 표현에 한국도 포함될 수 있다는 통설도 있기는 하다.

해 적당한 (시기와) 절차에 따라(in due course) 한국을 자유롭게 독립시킬 것을 결정한다(밑줄은 인용자).[404]

이와 같은 목적으로 3대 동맹국은 일본과 교전 중인 연합국들과 협조해 일본의 무조건 항복을 얻어내는 데 필요한 중대하고 장기적인 작전을 계속 유지할 것이다.[405]

---

[404] 최초 한글 번역본은 「Korea Shall Become Free and Independent」, 『신한민보별보』, 1943년 12월 2일자에 실린 "이상에 말한 3대국은 한국 인민의 노예적 생활을 주의하여, 당연한 순서에 따라 한국이 반드시 자유 되며, 독립되어야 할 것을 결의했다"이다. 'in due course'를 '당연한 순서에 따라'로 번역한 것이 특기할 만하다.

[405] 원문은 다음과 같다. "President Roosevelt, Generalissimo Chiang Kai-shek and Prime Minister Mr. Churchill, together with their respective military and diplomatic advisers, have completed a conference in North Africa. The following general statement was issued. The several military missions have agreed upon future military operations against Japan. The Three Great Allies expressed their resolve to bring unrelenting pressure against their brutal enemies by sea, land, and air. This pressure is already rising. The Three Great Allies are fighting this war to restrain and punish the aggression of Japan. They covet no gain for themselves and have no thought of territorial expansion. It is their purpose that Japan shall be stripped of all the islands in the Pacific which she has seized or occupied since the beginning of the first World War in 1914, and that all the territories Japan has stolen from the Chinese, such as Manchuria, Formosa(Taiwan-인용자), and The Pescadores(Penghu-인용자), shall be restored to the Republic of China. Japan will also be expelled from all other territories which she has taken by violence and greed. The aforesaid three great powers, mindful of the enslavement of the people of Korea, are determined that in due course Korea shall become free and independent.(밑줄은 인용자) With these objects in view the three Allies, in harmony with those of the United Nations at war with Japan, will continue to persevere in the serious and prolonged operations necessary to procure the unconditional surrender of Japan." ["Cairo Communiqué,"] Records of [US] Department of State, RG 59, 740.0011 European War 1939/32623, US National Archives; "Final Text of the Communiqué: Press Communiqué," *FRUS, 1943, Cairo and Tehran*, pp. 448-449.

1943년 11월 27일 카이로에서 서명하고, 1943년 12월 1일 발표한 카이로 코뮤니케(Cairo Communiqué)[406]는 후일 '일본에 관한 영·미·중 3국의 선언(Declaration of the Three Powers-Great Britain, the United States and China regarding Japan)', 일명 '카이로선언(Cairo Declaration)'[407]으로 불리는데, 영문으로 된 문서 원본은 〈그림 3〉과 같다.

공교롭게도 카이로회담 직전인 1943년 11월 5~6일 양일간 일본제국 정부는 도쿄에서 '대동아회의'라는 정상회의를 주최했다. 이 회의에는 일본제국을 비롯하여 만주국, 중국 난징의 친일 괴뢰정부, 태국, 버마, 필리핀 등 6개국(인도 임시정부의 찬드라 보세는 옵저버로 참석)의 지도자급에 해당되는 친일 인사들이 참가했다. 이 회의에서 '자주독립의 존중' 등 내용을 담은 공동선언이 채택되었다. 따라서 카이로선언은 '대동아선언'을 의식한 것이라고 할 수 있으며 선전·선동(propaganda)의 차원에서 양 선언은 공통점이 있다. 그런데 식민지인 조선과 대만은 일본

---

[406] 일본은 공동선언(declaration, proclamation)보다 한 단계 낮은 공동성명, 즉 코뮤니케로 보고 있다. "Cairo Communiqué", in National Diet Library (Japan)(www.ndl.go.jp/constitution/e/shiryo/01/002_46/002_46tx.html, 검색일: 2013년 4월 26일). 또한 미국 외교문서에 실린 최종 텍스트의 제목도 코뮤니케였다. "Final Text of the Communiqué: Press Communiqué," *FRUS, 1943, Cairo and Tehran*, p. 448.

[407] 선언(Declaration)은 세계인권선언과 같이 국제관계조약에서 가장 높은 위엄을 갖는 원칙이기 때문에 미 국무부는 포츠담, 얄타회담에 나가는 국제회담 대표들에게 회담원칙의 제1수칙으로 제공했다. 카이로선언의 한국 독립 선언은 제2차 세계대전 당시 최고의 국제권력이던 미국, 영국, 중국의 최고지도자들이 선언하고 서명한 선언서이며 스탈린이 테헤란에서 원칙적으로 동의한 선언이었고 대일전에 참전한 이후에는 완전히 서명한 것이나 다름없는 문건이었다는 평가가 있다. 도덕적인 구속력을 갖고 있으므로 코뮤니케보다 훨씬 상위의 개념이라는 것이다. 정일화에 의하면 테헤란 코뮤니케가 만들어져 카이로 코뮤니케와 함께 12월 1일 공표될 때 카이로선언이 되었다는 것이다. 정일화(2010), 앞의 책, 53쪽. 테헤란회담의 경우도 코뮤니케라는 제목으로 기안되다가 12월 1일 사인될 때에는 "Declaration of the Three Powers"라는 제목이었다(모스크바 시간으로 12월 6일 6시 발표). "Declaration of the Three Powers," *FRUS, 1943, Cairo and Tehran*, pp. 640-641.

그림 3 카이로 코뮤니케(영문 원본)

※ 출처: From Stephen Early(Secretary to the President) to Department of State, ["Cairo Communiqué"], Records of [US] Department of State, RG 59, 740.0011 European War 1939/32623, US National Archives.

448   II. THE FIRST CAIRO CONFERENCE

informed that the subject of the inquiry would be discussed with the British Minister in Jidda; and the American Minister Resident did discuss it with the British Minister on a date which cannot be stated exactly without reference to records in Jidda, but which may have been November 16 or November 17, 1943.

A noteworthy feature of Mr. Jordan's telegram is that his concern over apparent lack of collaboration did not lead him to refer to his American colleague to verify the completeness or accuracy of his information before reporting to the Foreign Office, nor did he mention it when discussing arms with the American Minister Resident on or about November 16, 1943. It is also worthwhile to note that the British Foreign Office (or Ministry of State) attributed sufficient importance to this point of procedure to refer it to the highest authority.

CAIRO, November 30, 1943.

J[AMES] S. M[OOSE] JR.

B. THE COMMUNIQUÉ AND ITS RELEASE

Cairo Legation Records

Final Text of the Communiqué [1]

PRESS COMMUNIQUÉ

President Roosevelt, Generalissimo Chiang Kai-Shek and Prime Minister Churchill, together with their respective military and diplomatic advisers, have completed a conference in North Africa. The following general statement was issued:

"The several military missions have agreed upon future military operations against Japan. The three great Allies expressed their resolve to bring unrelenting pressure against their brutal enemies by sea, land and air. This pressure is already rising.

"The three great Allies are fighting this war to restrain and punish the aggression of Japan. They covet no gain for themselves and have no thought of territorial expansion. It is their purpose that Japan shall be stripped of all the islands in the Pacific which she has seized or occupied since the beginning of the first World War in 1914, and that all the territories Japan has stolen from the Chinese, such as Manchuria, Formosa, and the Pescadores, shall be restored to the Republic of China. Japan will also be expelled from all other terri-

---

[1] This is the agreed text as it was given by Hopkins to Kirk on the afternoon of November 26, 1943; see the memorandum by Kirk, *infra*. For earlier drafts of the communiqué, see *ante*, pp. 399–404. The communiqué was released to the press by the White House on December 1, 1943, and was printed, with slight editorial variations, in the Department of State *Bulletin*, vol. IX, December 4, 1943, p. 393.

그림 4-1 카이로 코뮤니케(*FRUS* 수록본)

※ 출처: *FRUS, Cairo and Tehran, 1943*, pp. 448–449.

DOCUMENTS AND SUPPLEMENTARY PAPERS 449

tories which she has taken by violence and greed. The aforesaid three great powers, mindful of the enslavement of the people of Korea, are determined that in due course Korea shall become free and independent.

"With these objects in view the three Allies, in harmony with those of the United Nations at war with Japan, will continue to persevere in the serious and prolonged operations necessary to procure the unconditional surrender of Japan."

Cairo Legation Records

Memorandum by the Minister in Egypt (Kirk)

SECRET   CAIRO, November 26, 1943.

MEMORANDUM

On this afternoon Mr. Harry Hopkins handed me a copy of the communiqué to be issued in regard to the Anglo American Chinese talks in Cairo and asked me to hold it pending the receipt of instructions from Tehran as to its release. Mr. Hopkins said that the matter of the release had not been decided upon and that I would be given 24 hours notice so that the release by the three interested countries might be simultaneous. Mr. Hopkins added that I should notify the Chinese [1] when I got instructions from Tehran. At the conclusion of the conversation I said that it seemed that all I was to do was to see that the U. S. correspondents in Cairo got the communiqué through O. W. I. and Mr. Hopkins replied in the affirmative.

A[LEXANDER] K[IRK]

[1] i. e., the Chinese Legation at Cairo.

Roosevelt Papers : Telegram

The Minister in Egypt (Kirk) to the President's Special Assistant (Hopkins), Temporarily at Tehran [1]

[CAIRO,] 28 November 1943.

Immediate and urgent for Harry Hopkins signed Kirk.

With reference to document which you gave me for safe keeping pending instructions from Tehran I learn from Ryan of Ministry of Information that British have communicated text in code through British Embassy here to Foreign Office in London preparatory to release upon notification flash from your party. Ryan states such

[1] Sent via Army channels.

그림 4-2 카이로 코뮤니케(*FRUS* 수록본)

※ 출처: *FRUS, Cairo and Tehran, 1943*, pp. 448–449.

의 일부라는 이유로 참가 자격조차 없었다. 조선의 자주독립은 고려되지도 않았다. 당시 독립을 주장하는 인사들은 일본 정부에 의해 '불온한 조선인(불령선인; 不逞鮮人)'으로 간주되어 적대시되던 상황이었다.

미국이 발표한 위 코뮤니케 상단에는 아래와 같이 이 문건의 등급(대외비 보도의 일시적 정지)과 보도 공개 지침(여기서는 코뮤니케라고 나옴)이 수록되어 있다.

대외비
보도 보류

조기 보도 또는 출판을 하지 마십시오.
다음 코뮤니케는 1943년 12월 1일 수요일 오후 7시 30분(미국 동부 시간) 자동 보도를 위한 것입니다.
자동 해제로 설정된 시간까지 이 통신을 절대적으로 기밀로 유지하려면 특별한 예방 조치를 취해야 합니다.
어떤 암시도 그 내용을 제공받을 수 없으며, 공개 시간 전에 그 내용을 받는 사람의 입장에서 추측이나 논의의 대상이 되어서도 안 됩니다.
라디오 해설자들과 뉴스 방송사들은 특히 주의하여 공개 시간 전에 이 통신을 추측의 대상으로 삼지 말 것을 당부하고 있습니다.

스티븐 얼리
백악관 보도관[408]

---

[408] 원문은 다음과 같다.
CONFIDENTIAL　　　CONFIDENTIAL　　　CONFIDENTIAL
HOLD FOR RELEASE　　HOLD FOR RELEASE　　HOLD FOR RELEASE

또한 후일 *FRUS*에 수정 없이 실렸다(그림 4-1, 그림 4-2).

이와 같이 비록 유보적이었지만, 독립을 열망하는 100여 개 약소민족 가운데 독립을 명시적으로 약속받은 나라는 한국이 유일했다는 평가는 이후 살펴보고자 한다.

(5) 자유 독립

"자유롭게 독립시킨다(shall become free and independent)"라는 표현은 김구와 독립운동가들이 주로 사용한 '나라의 독립과 백성의 자유'라는 표현을 연상하게 한다. 일제의 강요와 일부 친일정객의 매국 행위에 의해 1907년 7월 퇴위당한 고종이 1909년 3월 15일 비밀리에 내려 보낸 밀지(密旨)「서북간도와 부근 각지 인민들에 대한 칙유」[약칭 「거의밀칙(擧義密勅)」]에 "오로지 독립이라야 나라이고, 오로지 자유라야 백성이다"라는 표현이 나온다. 고종은 이렇게 천명하면서 항일 독립전쟁을 고취했다.[409] 이러한 독립과 자유라는 표현이 역사적으로 카이로선언의 자유·독립과 연관된다는 주장이 있다. 이에 앞서 을사늑약

PLEASE SAFEGUARD AGAINST PREMATURE RELEASE OR PUBLICATION.
The following communique is for automatic release at 7:30 P.M., E.W.T., on Wednesday, December 1, 1943.
Extraordinary precautions must be taken to hold this communication absolutely confidential and secret until the hour set for automatic release.
No intimation can be given its contents nor shall its contents be the subject of speculation or discussion on the part of anybody receiving it, prior to the hour of release.
Radio commentators and news broadcasters are particularly cautioned not to make the communication the subject of speculation before the hour of release for publication.

STEPHEN EARLY
Secretary to the President

[409] 이태진, 『일본의 한국병합 강제 연구: 조약 강제와 저항의 역사』(지식산업사, 2016), 315-317쪽.

(1905.11.17.) 직후인 11월 30일 민영환이 자결하면서 남긴 유서「마지막으로 우리 대한제국 이천만 동포에게 고함」의 말미에도 '자유', '독립'이라는 표현[410]이 등장했던 것을 보면 1905년부터 고종과 근왕세력 사이에서도 광범위하게 쓰이기 시작한 표현으로 보인다. 이봉창이 1931년 12월 13일 작성한 선서문[411]과 윤봉길이 1932년 4월 29일 거사를 3일 앞두고 26일 작성한 선서문[412]에 쓰인 문구도 모두 '독립과 자유'의 회복이었다.

이렇듯 임시정부 문서와 독립운동가들의 언설 속에 '자유·독립'이란 표현이 자주 등장했다. 일반적인 상용어인 자유·독립이라는 말은 서양 자유주의자들이 먼저 사용한 서양식 표현으로 볼 수도 있지만 한국 독립운동가들의 정신이 카이로선언에 침투했다는 확대해석도 가능하다. 배영대(2017)는 자유는 대개 평등과 한 쌍으로 묶여 언급되는 것이 일반적이나 잘 쓰이지 않는 '자유와 독립'의 병렬 표기는 고종이「거의밀칙」에 사용한 이래 독립군 사이에 일종의 고유명사처럼 쓰였다고 주장했다. 자유·독립이라는 표현이 김구를 통해 장제스에게 전달되었고 결국 카이로선언에 삽입되었다는 것이다.[413] 물론 장제스가 이 표현을 흡

---

[410] "마음으로 단결하고 힘을 합쳐서 우리의 자유와 독립을 회복한다면, 죽은 자는 마땅히 저 어둡고 어둑한 죽음의 늪에서나마 기뻐 웃으리로다(決心戮力復我自由獨立即死子當喜笑於冥冥之中矣)."
[411] "나는 赤誠으로써 祖國의 獨立과 自由를 回復하기 위하야 韓人愛國團의 一員이 되야 敵國의 首魁를 屠戮하기로 盟誓하나이다." 엄항섭 편,『屠倭實記』(국제문화협회, 1946), 22쪽;『대한민국임시정부자료집 28: 한인애국단 I (활동 관련 자료)』.
[412] "나는 赤誠으로써 祖國의 獨立과 自由를 回復하기 위하야 韓人愛國團의 一員이 되야 中國을 侵略하는 敵의 將校를 屠戮하기로 盟誓하나이다." 윤봉길,「선서문」, 국회도서관 편,『한국민족운동사자료(중국편)』(국회도서관, 1976), 720쪽;『대한민국임시정부자료집 28: 한인애국단 I (활동 관련 자료)』.
[413] 배영대,「일제의 '대한' 국호 말살작전…"한국 대신 조선으로 불러라"」,『중앙선데이』, 2017년 12월 17일 자.

킨스에게 전달했다는 물적 증거는 없다. 따라서 현재로서는 자유·독립이 루스벨트의 뜻을 받든 홉킨스가 사용한 표현이라는 것이 정설로 받아들여질 수밖에 없다.

(6) 한국, 유일한 식민지?

일본군은 버마를 쉽게 장악한 뒤 인도의 수도 델리를 향해 진격한다는 과감한 계획을 세웠으나 버마와의 국경도시 임팔에서 영국군과 맞붙어서 고전하기 시작했다. 미국·영국의 연합국도 이곳에서 승리하기 위해서는 중국의 협조가 무엇보다 필요했으므로 중국에도 무엇인가를 주어야 했다. 중국을 협상 테이블에 이끌어내는 데까지는 성공했으나 더 나아가기 위해서는 과거 영토의 보존을 약속해야 했다. 게다가 중국이 한국 독립을 원하고 있었으므로 미국은 영국의 반대를 무릅쓰고 중국 편을 들어 협상의 결과물을 만들었던 것이다. 이렇듯 카이로선언은 미국, 영국과 중국의 이해가 타협한 결과였다.

그런데 다른 나라들은 포괄적으로 언급되었으나 한국의 경우 이 포괄 규정에 들어가기에는 상이한 점이 있었기 때문에 구체적으로 언급된 측면도 있다. 즉 인도 등 영국의 식민지(영연방국가)는 처칠의 반대로 포함되지 못했으며 영국이 넣기를 주장한 태평양 제도 등이 '1914년 제1차 세계대전의 개시 이후 일본이 탈취 또는 점령한 태평양 도서 일체'로 포괄되었다. 제1차 세계대전 이후라고 시기를 한정했으므로 그 이전에 취득한 영국 등 유럽 국가의 식민지는 배제될 수 있었다(물론 일본이 복속했다고 적시했으므로 유럽 국가가 복속한 식민지는 역시 제외될 수 있었지만 처칠은 확대해석을 막기 위해 1914년이라는 못을 박았다). 같은 문장에 나오는 다른 일본 점령지역의 경우는 중국의 영토(만주, 대만, 펑후열도)가 명기되었다(이 지역은 청나라가 1894년 일어난 청·일전쟁의 패배로 1895년 일본에 빼앗긴 곳이므로 1914년 이후라는 시기적 한정에서는 벗어나서 명기되었다고 할 수도 있다).

다음으로 폭력 및 탐욕으로 약취한 일본 영토에서 일본이 구축될 것이 명시되었다. 예를 들면 구체적으로 명기되지 않은 필리핀, 버마 등과 같이 한국 식민지화의 경우도 이 포괄적 규정에 해당될 수 있다.[414] 그러나 강요에 의해 한국이 병탄(강제병합)[415]된 역사적 사실에 맞선 일

---

[414] 이 구절이 한반도 독립과 관계된 규정은 아니라는 해석도 가능하다. '폭력과 탐욕'이라는 표현은 (중국 외에 다른 모든 지역이라고 해석되므로) 중국이 아니라 일본이 점유한 인도네시아(구 네덜란드 식민지)의 영토 반환 조항에 적용하려 한 어구였지, 애초부터 한반도 독립과 관련해 구상된 것은 아니었다는 것이다. 실제 한반도 독립 조항은 이 어구들의 삽입 구상 이전부터 들어가 있었으며 또한 반대로 이런 추가 삽입 구상과 한반도 독립 조항을 연결하려 한 조문상의 변화도 감지되지 않는다. 한반도는 미국 등이 승인한 조약들을 통해 병합되었다. 세계가 승인한 절차를 통해 일본이 획득한 이들 지역에 대해 'violence & greed' 같은 표현을 적용하는 것은 어려웠다. 그렇기 때문에 한반도에 대해서는 '노예상태'라는 개념을 활용했다. '폭력이나 탐욕으로 인해 약탈'했다는 조항과 한반도 자유 독립 조항은 무관하다. 따라서 카이로선언이 한반도에 대한 일본의 비합법적인 지배를 인정한 바탕에서 한국 독립을 공약하고 곧 광복을 가져다준 문서라는 기존의 통설은 문제가 있다. 그러나 카이로선언은 한반도에 대한 일본 지배를 단지 노예상태라고 규정했을 뿐 비합법적이고 부당한 것이었다고 간주하지는 않았으며 오히려 일본의 한국 식민지 획득이 적법한 절차에 따른 것이었다고 묵시적으로 전제했다. 따라서 기존의 통설은 부정되어야 하며 카이로선언의 한반도 독립 조항은 한국 광복 문건이 아니라 일본으로부터의 단순 분리를 규정한 것에 불과하다는 것이다. 따라서 태평양전쟁 종전은 곧 한국 광복이 되어야 하는지 확인해야 한다는 논의가 미국 조야에서 제기되었다. 이는 종전 전은 물론, 종전 후에도 카이로선언과 그의 이행을 규정한 포츠담선언 제8조만으로는 한반도에 대한 일본의 주권이 정식으로 종료되지 못한다고 판단했던 데서 연유했다. 따라서 한국에 대한 일본의 주권이 종료되었음을 별도로 천명하는 절차가 필요하다고 검토했으며 결국 국제법적으로는 1951년 샌프란시스코 평화조약 제2조(a)로 인해 한국이 비로소 일본으로부터 독립되는 형식을 취했다. 장박진, 「미국의 전후 처리와 한반도 독립 문제: '근거 없는 독립'과 전후 한일관계의 기원」, 『아세아연구』 56-3(2013), 35-51쪽; 장박진, 「카이로선언의 기초와 한반도 독립 조항의 의미: 전후 단순 분리 독립의 기원」, 『동북아역사논총』 54(2016), 250쪽; 정병준(2014a), 앞의 글; 정병준(2014b), 앞의 글, 307-347쪽.

[415] 일본은 류큐에 대해서는 '처분'이라 규정했다. 한편 타이완은 '할양'이라고 규정했으며 조선은 '병합'이라는 이름을 붙였다. 이렇게 각기 다양한 방식으로 수단과 방법을 가리지 않고 식민화하거나 복속시켰다.

본은 1910년 합법적 절차에 따른 합방조약이 체결되었다고 주장하므로 국제적인 논란을 야기했다.[416] 따라서 독립을 명시하지 않는다면 논란의 대상이 될 수도 있으므로 독립된 단일국가로서는 유일하게 명시된 측면이 있었다. 따라서 아시아 국가 중 오직 한국 독립만이[417] 명시적으로 약속받았다고 과장할 필요는 없다.

한편 한국은 즉시독립이 되지않고 'in due course'라는 과도기를 거칠 것이므로 별도로 기술한 측면도 있다(그런데 태평양 도서지역 일본 위임통치령도 과도기를 거쳐 독립되었으므로 한국과 유사한 점이 있다. 그러나 이 지역은 크기가 작고 아직 어떤 과도기를 거칠지 연합국 사이에서 논의되지 못했으므로 별도로 분류되지 않은 측면이 있다. 또한 버마, 말라야, 인도네시아, 필리핀 등 서구열강 전승국의 식민지는 식민모국에 돌려주는 방식이어서 영국의 뜻에 따라 독립이 명시되지 않은 채 국가명 없이 일본의 지배로부터 이탈될 지역에 포괄적으로 집어넣었다. 이에 비해 일본의 식민지 한국은 일본의 구축 이후 독립될 것이 논의되었으므로 별도로 기술한 측면이 있다). 이렇게 in due course라는 애매한 구절이 첨가되어 임시정부 세력은 만족할 수 없었다. 그런데 카이로선언에 즉시독립이 공약된 경우는 하나도 없었으므로 한국이 최선은 아니었지만 차선은 되는 것이었다고 평가될 수 있다.

'in due course' 구절에는 신탁통치안이 함축되어 있으므로 결과적으로는 루스벨트의 아이디어가 관철된 것이라고 할 수 있다. 그렇다면 '신탁통치를 거쳐'라고 직접 표현하지 않고 왜 이렇게 애매하게 적었을까? 카이로선언의 한국 조항이 독립에 방점이 있기보다는 신탁통치에

---

[416] 조선에 대한 병합과 식민지배는 당시 세력 균형 체제에서 힘의 논리로 승인되었지만, 국제법적으로 합법성·정당성 요건을 갖추지는 못했다.
[417] 박태균, 「미국의 관점에서 본 한국의 8·15」, 『군사』 96(2015), 5쪽.

주안점이 있다고 주장되기도 한다.⁴¹⁸ 그러나 이 조항에 신탁통치라는 말은 없으므로 그렇게 보기에는 부족한 점이 있으며 그 이후 탁치 문제가 제기된 상황에서 유추한 결과론적인 해석일 가능성도 있다. 만약 신탁통치에 주안점이 있다면 그것을 명시해야 마땅했을 것이지만 실제로는 'in due course'라고 애매하게 쓰는 데 그쳤던 것이다.

장제스가 의도한 대로 '즉시독립'이 공약된 것이 아니라 루스벨트와 처칠의 의도대로 '일본제국으로부터의 분리'만이 공약된 것이라고 할 수도 있다. 장제스가 주장한 독립 보장이 아니라 루스벨트와 처칠이 주장한 일본에 대한 분리에 더 중점을 두고 산출되었다는 해석이다. 독립이 공약되지 않은 것은 아니지만 적절한 과정과 시간적 유예를 거쳐 달성될 것이므로 반(半)독립이었다고 할 수도 있다. 반면 장제스의 노력을 높이 평가하는 자들은 거의 독립이 이루어졌다(준독립)고 본다.

신탁통치 자체를 전통적 유럽 식민지체제에 대한 침해라고 반발하는 영국을 의식했던 측면도 무시할 수 없다. 다른 한편 선의로 해석한다면 당시 전쟁 수행에 여념이 없던 미·영·중이 전쟁의 승리라는 보다 긴박한 문제를 논의하는 데 더 많은 시간을 보냈으므로 '적절한 과정'이라는 애매한 표현에 대해 세부적으로 검토해 구체화하지 못한 채 추상적으로 내어놓은 것으로 볼 수도 있다. 실제로 미국은 1944년 11월의 시점에서도 해방과 독립 사이의 기간이 어느 정도일지에 대하여 구체적 대안을 가지고 있지 못했으며 단지 "해방 후 6개월 정도 지나서 그 기간을

---

418 章紅, 「獨立, 托管: 美國對戰後朝鮮政治前途的擇定」, 『韓國獨立運動研究國際學術會議論文匯編』(上海: 復旦大學, 1996a); 章紅, 「獨立, 托管: 美國對戰後朝鮮政治前途的擇定」, 石源華 主編, 『韓國獨立運動血史新論』(上海: 人民出版社, 1996b); Dongyoun Hwang, 「카이로 회담과 테헤란 회담: 전시 연합국 외교, 아시아주의, 한국의 광복」, 윤해동 외, 『대한민국을 만든 국제회의』(대한민국역사박물관, 2016), 102쪽.

확정하는 것이 좋겠다"라는 구상을 검토했을 뿐이다.[419] 즉시독립 공약은 향후 복잡한 상황을 조성할 수도 있으므로 일단 독립은 유보하고 각자의 세력 확대를 도모하기 위해 시간을 벌자는 속셈이 강대국 사이에서 공유되고 있었다는 평가를 할 수도 있다.

"한국인의 노예상태"라는 표현은 일본 지배의 가혹성·무자비성을 상징했다. 그런데 여기에는 노예가 되어 있는 한국인이 자치능력을 갖기 어렵다는 의미도 내포되어 있었다. 즉 한국인이 즉시 독립할 수 있는 자치능력을 갖고 있지 않다는 연합국의 인식을 반영한 것이었다.[420] 일본은 조선을 식민지화하려고 기도하면서 자치능력이 없는 나라를 보호해야 한다는 명분을 대외적으로 선전했다. 또한 대한제국에 1905년 을사보호조약을 강제해 보호국화한 후 1910년 병합조약을 통해 식민지로 만들어 근대화시키는 노력을 경주했다고 선전했다. '자본주의적 근대화 능력이 없는 19세기 말 조선을 일본이 지배함에 따라 자본주의를 이식하고 근대화를 도모했다'는 이른바 '식민지 근대화론'의 근거였다. 20세기 초 일본에 의한 조선 식민지화를 용인했던 미국과 영국은 일본의 진주만 습격으로 일본과 적대국이 되자, 일본에 의한 근대화는 노예화(수탈)라고 인식을 바꾸었다. 일본이 조선에 대해 설령 근대화를 추진했다고 하더라도 그 기간이 40년에 불과했으며 자립하기는 어려웠다는 것이다. 이렇듯 당시 미국과 영국은 한국인들의 자치능력 결여라는 인식을 공유했다.

루스벨트는 자치능력이 부족한 한국인들이 정치력 훈련을 의미하는

---

[419] "Korea: Political Problems: Factors Determining Interval between Liberation and Independence of Korea," H-209 Preliminary, November 27, 1944, p. 6, RG 59, Records of Harley A. Notter, 1939~45, Records of Policy and Planning Committee, Box 117, US National Archives.
[420] 정병준(2014a), 앞의 글; 정병준(2014b), 앞의 글, 342쪽; 장박진(2016), 앞의 글.

신탁통치를 일정한 기간 동안 거쳐야 독립할 수 있다고 생각했다. 즉 긴 '수습기간(apprenticeship; 훈정기)'을 거쳐 준비한 후에야 비로소 독립할 수 있다는 것이다. 그렇다면 '독립'보다는 '자치'에 강조점이 있는 것으로 해석될 수 있다. 루스벨트는 필리핀의 예를 떠올리면서 자치가 독립으로 가는 과도기라고 생각했을 수도 있지만, (연변조선족)자치주, 자치령이라는 표현에서 알 수 있듯이 자치는 독립이 아니다. 일제 식민지시대 한국의 자치운동에서 볼 수 있듯이 자치는 절대독립의 부정이다. 자치 부여는 오히려 독립을 막기 위한 방책일 수 있다. 극단적인 분리운동을 탄압하는 일종의 개량적 발산책이라고 할 수 있다. 한국인들은 이러한 자치권 부여를 절대독립이 아니라고 평가해 시종일관 반대했다. 이는 전략적 지역 설정에 의한 점령형 신탁통치 실시처럼 (미국의) 안전보장에 지장을 초래할 수 있는 독립을 막으려고 자치를 강조한 측면이 있다고 할 것이다. 자치는 영향력을 확대하려는 강국이 자신들의 안전보장을 저해할 수 있는 종속지역의 독립을 막기 위해 부여한 일종의 무마책으로 볼 수 있으므로 독립과는 배치되는 측면이 있다(그렇다면 자치 부여를 거쳐 독립된 필리핀의 경우가 예외일 수 있다).

이케가미 다이스케(池上大祐)의 연구에 따르면, 1943년 3월 9일 미국이 만든 「연합국에 의한 국가독립선언」 초안에서는 '자치'와 '독립'을 분리해 '독립'을 강조했다. 그러나 1943년 가을부터는 독립보다 자치를 강조해야 한다는 논의로 이행했고, 자치가 국제신탁통치제도의 기본 목표로 정착되었다고 한다. 이러한 전개와 연동해 '종속 인민의 미래'와 '안전보장에 대한 이익'의 관계도 변화했다. 1943년 3월 9일 초안에서는 일반적 안전보장 시스템의 범위 안에서 종속 인민의 자결과 독립이 강조된 데 반해, 이후 기초된 국제신탁통치제도 초안의 모든 문서에서는 일반적 안전보장의 확보가 종속 인민의 권리보다 항상 우선되어 종속지역에 군사기지의 설치를 가능하게 하는 조항이 만들어졌다. 일반적 안전보장에 지장을 초래할 수 있는 독립을 막을 수 있도록 자치가 강조되었다는 것이다.[421]

카이로회담의 성과는 중국 외교의 승리로 기록되어 있다.[422] 중국은 카이로회담에 연합국의 일원으로 참여해 일본 제국주의자들이 빼앗은 중국 영토에 대한 원상회복을 관철시켰던 것이다. 카이로선언에서 중국의 실지수복(失地收復)을 보증해준 것은 중국 외교사상 공전(空前)의 성공이라고 평가되었다.[423] 중국 입장에서는 한국 독립이 주가 아니라 일본에 빼앗긴 영토를 다시 찾게 된 것이 가장 중요한 성과였다. 장제스는 1943년 11월 29일자 일기에서 동(북)3성과 타이완, 펑후열도의 반환과 전후 조선 독립 승인은 지금까지 중국 역사에는 전례가 없던 일이고 외교적 성공이라고 자찬했다.[424] 11월 30일자에도 아래와 같이 적었다.

영국은 조선 독립 문제를 성명문에 넣어서는 안 된다고 하며 완고히 그 입장을 고수하려고 했다. 또 동북 문제에서도 입으로는 일본이 만주를 포기해야 한다고 하면서도 만주를 중국에 반환하는 문제에 한해서는 입 밖에 내지 않으려고 했다. 그러나 우리 대표가 미국의 협조를 쟁취한 덕에 이런 내용의 선언문이 들어갈 수 있었다.[425]

---

[421] 池上大祐, 『アメリカの太平洋戰略と國際信託統治: 米國務省の戰後構想 1942~1947』(京都: 法律文化社, 2014), 72-73쪽; 강성현(2016), 앞의 글, 62-63쪽.
[422] 박명희, 「카이로회담(會談)에서의 한국문제에 대한 중화민국정부의 태도」, 『동양학』 47(2010), 130쪽.
[423] Chi-yun Chang(1953), 앞의 책, pp. 1-2; 張其昀(1983), 앞의 글, 231쪽.
[424] 루스벨트도 11월 23일 카이로회담 개회사에서 '역사적 회담'이라고 규정했다.
[425] 이상철(2014), 앞의 글, 53-54쪽. 한편 장제스는 11월 23일 루스벨트와의 만남이 카이로회담 기간 중 가장 의의가 컸다고 회고했다. サンケイ新聞社, 『蔣介石秘綠14: 日本降伏』(東京: サンケイ出版, 1977), 120쪽.

이렇듯 장제스에게 중국 국가이익에 가장 핵심적인 문제는 만주, 타이완 등의 반환이었으며 조선 독립은 부수적이었다. 또한 중국의 이익 확보와 조선 독립 문제 등에서 미국의 협조가 중요했음을 인정했다.

(7) 카이로선언은 모든 관계자의 합작품이라는 유기적 해석

"카이로선언은 대한민국임시정부가 중국의 장개석을 움직여서 얻어낸 성과였다"라는 주장이 있지만[426] 이는 단선론적 해석이다. 김구가 장제스에게 영향을 미치고 장제스가 루스벨트에게 영향을 미쳐 '카이로선언'이 나왔다는 견해도 단선론적인 해석이다. 한국 독립 보장의 성과는 김구, 장제스 양자를 뛰어넘는 복합적인 상황의 결과이므로 이 글에서 주목하는 다차원적인 국제 상황과 관련해 루스벨트는 물론 처칠까지 포함해 다음과 같이 주장하고자 한다.

1943년 11월에 열린 카이로회담 자체는 미국이 주도했지만[427] 카이로 코뮤니케에 한국 독립 조항이 들어간 것은 국내외 한국인들의 지속적 투쟁에 의해 뒷받침된 임시정부 주석 김구의 발의와 장제스의 동의, 처칠의 한국 독립 반대에 대한 루스벨트의 중재(영국의 독립 반대를 무마할 수 있는 조건부 독립안을 창안해 향후 자신의 관심사인 신탁통치를 적용할 수 있는 근거를 마련함) 등이 복합적으로 작용한 결과였다. 독립의 유공

---

[426] 한시준, 「대한민국 임시정부, 카이로회의에서 자유 독립 보장」, 동북아역사재단-폴란드 중동부유럽연구소 주최 국제학술회의: 비교사적 관점에서 본 임시정부, 공화주의, 역사화해: 한국과 폴란드, 동북아역사재단 11층 대회의실, 2018년 5월 24일, 46쪽.

[427] Herbert Feis, *Churchill Roosevelt Stalin: The War They Waged and the Peace They Sought* (Princeton: Princeton University Press, 1957), p. 251에 의하면 카이로선언이 "미국 주도, 영국 심사, 중국 환영, 소련 묵시적 동의(an American initiative, scrutinized by the British, welcomed by the Chinese, and tacitly approved by the Russians)"에 의해 산출되었다고 주장된다. 따라서 영국의 역할이 미국 못지않게 중요했다고 할 수 있다.

자는 단연 한국 독립을 관철하려고 장제스를 끌어들여 한국 독립을 발의하게 만든 김구이고, 루스벨트는 "in due course" 표현을 떠올려 도움을 준 처칠과 함께 이 구절의 창안자로서 신탁통치를 적용하려 했던 인물이었다고 할 수 있다. 즉 카이로회담에 국한하면 한국 독립은 김구의 발의로 장제스가 주도했고 신탁통치 적용은 루스벨트가 주도했다고 결론 내릴 수 있다.

(8) 'In due course' 때문에 분단되었다?

그런데 즉시독립이 아니라, 신탁통치를 포괄적으로 함의하는 in due course라고 애매하게 표기되었으므로 결과적으로 소련이 한반도 분할에 참여해 일제가 패망한 이후에도 소련이 한반도 문제에 개입하게 되었다는 평가가 있다.[428] 만약 독립만이 공약되었으면 훗날 한반도 문제에 소련이 개입할 여지가 상대적으로 적었을 것이므로 미국 대통령 루스벨트의 나이브한 낙관론에 따른 의도하지 않은 과실(過失)이라고 지적할 수 있다는 것이다. 그런데 소련의 개입은 카이로회담 자체보다는 이후 진행된 얄타회담 등에서 확정된 것이므로 카이로회담의 결과로 해석하는 것은 무리이다. 따라서 카이로회담에서 즉시독립을 공약하지 않아 소련의 개입 여지를 남겼다는 근원적이고 책임론적 지적만이 가능하다. 카이로회담이 소련 개입의 원인을 제공했다는 인과론적 해석은 전형적인 확대해석이다.

카이로선언 이전 미국은 일본의 식민지였던 한국을 따로 떼어서 고찰하지 않고 일본의 일부로 간주했다. 따라서 별도의 대한(對韓) 구상이 존

---

[428] 김학준, 「일본이 8월 7일에만 항복했어도 분할 피할 수 있었다: 김학준이 다시 쓴 현대사 결정적 장면① 한반도 분단 75년… 왜, 어떤 과정을 거쳐 분단됐나」, 『신동아』 8월 (2020).

재하지 않았으나 한국의 독립이 약속된 이후에는 별도의 지역으로 주목하는 방향으로 나아갔다. 그렇지만 미국이 명확한 대한(對韓) 프로그램을 가지고 있었던 것은 아니어서, 코민테른(Comintern)의 공작이 있었고 도쿄와 경성에 마지막까지 대표부가 주둔했던 소련과 비교할 때 상대적으로 한국에 대한 미국의 구상이 빈약했다고 할 수 있다. 이렇듯 미국이 치밀한 준비가 부족했던 점[429]이 결국 급하게 분할점령을 결정하는 원인 중 하나였다. 물론 소련도 완벽한 대한(對韓)정책을 구비했던 것은 아니었고 전략적 중요 지역인 일본과 중국에 대한 정책보다는 빈약했지만, 상대적으로 미국이 한국에 대해 아는 것보다는 그 지식의 폭이 넓고 깊이가 깊었다고 평가된다. 미국의 준비가 소련보다는 부족했지만 친미정부를 수립한다는 큰 목표는 가지고 있었으므로 세부적인 준비 부족이 그들의 정책 결정에 심각한 장애를 초래한 것은 아니었다. 다만 한국인의 입장에서는 미국의 정책 결정자(예를 들면 38선 획정자)가 한국의 지리정보 등을 세밀하게 고려하지 않고 졸속으로 결정한 결과, 도계(道界)를 무시하며 강과 산, 도로와 철길, 심지어는 하나의 마을 공동체를 갈라놓는 인위적인 분할과 분단이라는 비극을 초래했던 것이 뼈아플 따름이다.

---

[429] 해방 전후 미국의 준비 부족설은 정용욱의 서울대학교 박사학위논문(1996)과 그 단행본인 정용욱(2003), 앞의 책에서 미국 문서에 의해 비판된다.

3) 카이로선언에 대한 중국 내 독립운동세력의 반응: 독립 약속은 찬성, 유보는 반대

1943년 12월 4일 한국독립당과 조선민족혁명당 대표들은 충칭 미대사관을 찾아가 'in due course'에 대한 정확한 해석을 요구했다.[430] 그들은 전후 한국이 중국의 지배 내지는 중국 위임통치하에 놓일 것이라는 소문이 있다면서 중국 측 의도에 대한 강한 의구심과 두려움을 나타냈다.[431] 또한 대한민국임시정부 주석 김구는 한국에 대한 독립 보장을 마냥 기뻐할 수만은 없었다. 기쁨과 동시에 '적당한 절차에 따라'라는 문구가 신탁통치를 의미하는 것이 아닐까 염려했다. 김구는 1943년 12월 5일 각국 기자들을 초청해 기자회견을 열고 'in due course'가 어떻게 해석되든지 간에 이 표현을 반대하며, '일본이 붕괴되는 그 즉시 독립'을 얻지 못하면 상대가 누구든지 '역사적 전쟁'을 계속할 것이라고 말했다. 김구는 자유중국(국민당 지배하의 중국)에 있는 1,000여 명의 자유 한인은 '당연한 순서'[432](in due course의 번역)라는 발표에 격분했다면서 다음과 같이 선언했다.

---

[430] 고정휴, 「태평양전쟁기 미국의 대한민국임시정부에 대한 인식과 불승인 정책」, 『한국근현대사연구』 25(2003), 205-506쪽 각주 25.

[431] "From the Ambassador Gauss to the Secretary of State(Hull)," Chungking, December 7, 1943-11 a. m., RG 59, Internal Affairs of Korea, 1940~1944, Microfilm LM 79, US National Archives; FRUS, 1943, vol. Ⅲ, p. 1096; 『대한민국임시정부자료집 26: 미국의 인식』, 222쪽.

[432] "당연한 순서에 따라"라는 번역은 "Korea Shall Become Free and Independent"라는 제목으로 『신한민보별보』, 1943년 12월 2일자에 보도된 카이로 코뮤니케 전문에 나오는 용어이다. 실제 카이로 코뮤니케의 한국 조항 전문("The aforesaid three great powers, mindful of the enslavement of the people of Korea, are determined that in due course Korea shall become free and independent.")에도 이 표현이 나오므로 이에 의거한 것이다.

만일 연합국이 제2차 대전 끝에 한국의 무조건 자유독립을 부여하기를 실패할 때에는, 우리는 어떤 침략자나 또는 침략하는 단체가 그 누구임을 물론하고 우리의 역사적 전쟁을 계속할 것을 결심했다. 우리는 우리나라를 스스로 통치하며 우리 조국을 지배할 지력과 능력을 동등으로 가졌으므로, 우리는 다른 족속이 우리를 다스리며 혹은 노예로 삼는 것을 원치 아니하며, 또 우리는 어떤 종류의 국제지배를 원치 않는다. 우리는 '당연한 순서'라는 말을 어떻게 해석하든지 그 표시를 좋아하지 않는다. 우리는 반드시 일본이 붕괴되는 그때에 독립되어야 할 것이다. 그렇지 않으면 우리의 싸움은 계속될 것이다. 이것은 우리의 변할 수 없는 목적이다.[433]

임정 요인들은 'in due course'라는 표현에서 국제공영안을 연상해, 이의 공식적 해명을 요구하고 그것이 즉시독립을 의미하는 것이 아니라면 반대한다고 역설했다.[434] 『신한민보』 사설에서는 '당연한 순서'라고 번역하면서 이는 '적당한 순서'라는 말인데 "三대련합국은 한국인이 반드시 독립되어야 할 것을 느끼고 결의한 것이라 생각된다. 그럼으로 한국의 독립을 위하여는 세계의 평화를 속히 회복키 위하야 어떤 순서를 밟을 필요가 없는 줄 믿는다"라면서 "만일 한국을 일본의 수중에서 탈취하야 잠시일망정 다른 어떤 견제하에 둔다 하면 한인이 이에 만족해 할 듯한가"라고 반문했다. "이런 정책은 오직 현판을 바꾸어 다는 데 지나지 않는 것이다"라고 평가했다.[435]

---

[433] 「카이로회의 발표에 대한 김구씨의 성명」, 『신한민보』, 1943년 12월 9일자.
[434] 김성숙, 「오호! 임정 30년 만에 해산하다」, 『월간중앙』 8월(1968), 85-86쪽.
[435] 「카이로선언과 한국문제」, 『신한민보』, 1943년 12월 9일자; 월간신동아편집실 편, 『한국현대명논설집』(동아일보사, 1979), 171-172쪽. 한편 최서면은 대한민국 임시정부 수립 제95주년기념 학술회의: 대한민국 임시정부와 카이로선언, 단국대학교, 광복회, 독립기념관 주최, 백범김구기념관 대회의실, 2014년 4월 13일 18시 5분에 이루어진

충칭 내 한인 독립운동단체 소속 주요 인사들과 접촉했던 충칭 주재 영국대사관의 부영사 포드(J. F. Ford)는 1944년 5월 25일 그 접촉 결과를 "중국에서의 한국독립운동 현황에 대한 각서(Memorandum on the Present Situation of the Korean Independence Movement in China)"로 정리했다. 포드는 한국 독립운동가들의 궁극적 목적을 "카이로회담에서 약속되었듯이 '적절한 때가 오면' 한국이 독립하는 것이 아니라 한국인들이 일본의 지배에서 벗어나자마자 독립"하는 데에 있다고 평가했다.[436]

4) 카이로선언에 대한 미국 내 이승만 등의 반응

미 국무부는 1943년 12월 1일 수요일 오후 7시 30분 라디오 방송국 앵커의 입을 빌려 "카이로 코뮤니케"를 발표했다. 영어 방송을 들은 미주 한인들은 이튿날 『신한민보』 호외(별보)를 영문판과 국문판으로 발행해 한인들에게 알렸다. 호외의 제목은 "한국은 반드시 자유되고 독립될 것이다(Korea Shall Become Free and Independent)"였다.[437] 자유가 독립과 함께 강조되어 있는 점이 특기할 만하다. 하와이 한인신문 『국민보-태평양 주보』 1943년 12월 8일자에서는 한국이 '독립국 후보'의 자격을 얻었다고 평가했다.[438]

미국에 있던 이승만은 '적절한 시기'가 가지는 속뜻에 의구심을 가지

논평에서 광복 직후 인 듀 코스 'in due course'가 임정이 들어올 때까지 기다리는 기간이라고 오판했다고 회고했다.

[436] "Memorandum on the Present Situation of the Korean Independence Movement in China," May 25, 1944, F1573/165/23, FO 371/31824; 『대한민국임시정부자료집 24; 대유럽 외교 Ⅱ』, 258쪽, 420쪽.
[437] 윤종문, 「카이로선언의 딜레마와 한국 독립」, 독립기념관 계기 학술심포지엄: 독립운동과 국제회의, 독립기념관 한국독립운동사연구소, 2021년 6월 29일, 63쪽.
[438] 윤종문(2021), 위의 글, 64쪽.

면서⁴³⁹ 카이로선언이 한편으로는 자유와 독립을 언급해서 반갑지만, 다른 한편으로는 신탁통치를 핑계로 한국이 국제정치의 희생물이 될 수 있다고 생각했다. 이것을 피할 수 있는 유일한 길은 임시정부가 국제적으로 승인을 받아서 참전국이 되어 일본과 싸워 이기는 길이다. 그러면 전후에 곧바로 승전국으로 독립된 한국에 돌아갈 수 있는 것이다. 이승만은 이런 일을 위해서 가장 필요한 첫걸음이 바로 임시정부를 승인받는 것이라고 판단했다. 이에 이승만과 한미협회는 1944년에 들어서서 오하이오 애슐랜드에서 대규모의 한국정부승인대회를 열었다. 오하이오는 3·1운동 당시 한국 친우회가 가장 활발하게 움직이던 곳으로, 이곳의 기독교가 중심이 되어 한국의 독립운동을 도왔다. 한국에 대해서 특별한 우정을 가진 오하이오에서 1944년 1월 20일과 21일 양일간에 임시정부 승인을 위한 대규모 집회가 열렸다. 이 집회가 계획, 진행되는 가운데 또 다른 일이 벌어졌다. 이 지역의 성직자 모임인 캔턴 앤 스타크 카운티(Canton and Stark County) 교역자 회의가 1944년 1월 3일 열렸는데, '한국의 완전한 독립(the complete independent of Korea)'을 지지하는 결의를 했던 것이다. 박명수는 이것을 신탁통치 반대 표명으로 해석했다. 이 결의는 애슐랜드 집회가 끝난 다음 2월 1일 국무장관 헐에게 보내졌다.⁴⁴⁰

---

[439] 로버트 올리버, 『이승만 없었다면 대한민국 없다』(동서문화사, 2008), 30쪽; 윤종문, 「1943년 카이로선언의 방점 찾기와 한국 독립운동가들의 대응」, 리처드 더켓 외, 『한국 독립운동과 영국』(국립임시정부기념관, 2023), 60쪽.

[440] "Listen to Hull," February 1, 1944 895.01/322; 미 국무성, 『미 국무성 한국관계 문서』(원주문화사, 1993); 박명수, 「태평양전쟁 시기 기독교인친한회(基督敎人親韓會)의 대한민국 임시정부 승인 운동」, 『한국독립운동사연구』 65(2019), 270쪽.

5) 카이로선언에 대한 한국 내 반응

한반도 내에서는 일제가 엄격히 보도를 통제하면서 한국의 독립을 언급한 카이로선언을 유언비어로 매도해[441] 한국민의 귀와 눈을 속이고 있었다. 그럼에도 불구하고 단파방송이나 망명정객과 접촉했던 소수의 인사들은 한반도가 일제로부터 머지않아 해방될 것이라는 예측을 믿고 있었다. 그런데 이들은 "in due course"라는 구절을 원문으로 직접 접하지 못하고 중국어 번역에 의존해 "빠른 시일 안으로(in a few days)", "조속히(very soon; shortly)" 등으로 오해했다. 따라서 이들은 해방이 되면 즉시 독립될 것으로 기대하고 있었다.[442] 이러한 나이브한 기대에 대해 해방 후 박헌영은 '최초의 과오'라고 논평했다.[443] 즉시 독립되거나 최소한 조속히 독립될 것이라는 오해가 "1945년 12월의 모스크바결정(한반도 탁치 실시 결정)이 카이로선언(독립 약속) 위반"이라는 추론을 유발시켜 반탁운동을 엉뚱한 방향으로 부채질하기도 했다.

6) 한국 문제에 대한 4대국의 입장

중국을 포함한 4대국의 한반도 문제 해결 구상을 비교하면, 미국은 자신이 기계적 다수를 확보할 수 있는 유엔이 주관하는 신탁통치안을 입안하여 친미적 정부의 수립을 모색했고, 소련도 당시 한국 현실에 비

---

[441] 『매일신보』, 1945년 8월 3일자; 近藤釰一 編, 『太平洋戰下終末期朝鮮の治政』(東京: 朝鮮史料編纂會, 1961), 53-54쪽.
[442] United States Armed Forces in Korea, "HUSAFIK," Manuscript in Office of the Chief of Military History, Washington, D.C. (Seoul and Tokyo, 1947·1948, part I, chapter Ⅲ, p. 5; part I, chapter Ⅳ, p. 21; *FRUS, 1945*, vol. Ⅵ, p. 1049; Hoag(1970), 앞의 책, pp. 11-12; Bruce Cumings(1981), 앞의 책, p. 486.
[443] 박헌영, 「자주독립완성을 위하야(一)」, 『조선인민보』, 1946년 6월 14일자.

추어 친소적 공산주의 정부 수립이 가능하다고 판단해 즉시독립안을 원했다고 추측된다.[444] 한편 중국은 한반도에 대한 전통적 이해관계를 가진 나라로서 속으로는 재점령을 원하면서도[445] 공식적으로는 즉시독립을 선호했는데,[446] 이도 역시 친중정부 수립이라는 자국의 이익이 반영된 복안이었다. 한국 독립은 중국의 전후 지역패권 회복전략의 일부분이었다.[447] 즉시독립을 부여하면 국민당에 우호적인 중경임시정부가 나서서 이끌어나갈 것을 기대했으므로 친중정부 수립이 가능하다고 예측했을 것이다. 한국이 일본에서 독립하면 대륙의 중심국가인 중국에 의존적인 체제를 유지할 수 있다고 판단했던 것이다. 즉시독립을 선호했던 중국과 소련은 각각 다른 속셈으로 자국에 우호적인 정부 수립이 가능하다고 계산했던 것이다. 중국은 소련이 먼저 한국 독립을 승인해 한반도에서 영향력을 키우는 상황을 막기 위해 한국 독립에 적극적이었던 측면도 있다.[448]

---

[444] 미국도 한국이 즉시 독립된다면 사회주의화 가능성이 높다고 인식하고 있었다. *FRUS*, *1945*, vol. VI, p. 563.

[445] 중국의 야망에 대한 미국의 견제는 다음에 나와 있다. Tjo Sowang to Hull, 1 October 1942, RG 59, General Records of the Department of State, Decimal Files, 895.01/56, US National Archives; Gauss to Hull, 25 November 1942, RG 59, General Records of the Department of State, Decimal Files, 895.01/19, US National Archives; *New York Times*, 26 October 1942.

[446] "Memorandum by the Chinese Government," handed by Wang to Hopkins by direction of Chiang [Cairo, November 24, 1943], *FRUS, The Conference at Cairo and Tehran*, *1943*, p. 389에는 "중국, 영국, 미국은 전후 한국의 독립을 인정하는 데 동의해야 한다. 한국 독립의 인정을 위한 협정에 소련이 참여한다면 언제든지 환영한다"라고 되어 있다. 이에 대해 정일화는 중국이 한국 독립을 주장한 것이 아니라 이 문제를 협상해야 한다는 것을 주장했던 것이라고 해석했다. 정일화(2010), 앞의 책, 487쪽. 그렇지만 위 문서에는 카이로회담 참여 3국이 한국 독립을 인정해야 한다고 적혀 있으므로 정일화의 해석은 문제가 있다.

[447] Charles M. Dobbs(1981), 앞의 책, p. 203; 윤영휘, 「카이로 회담에서 연합군의 군사전략과 전후 국제질서 구상」, 『군사』 105(2017), 276쪽.

[448] 우정렬, 「카이로 선언의 '한국 독립 결의' 누가 이끌었나」, 『동아일보』, 2014년 3월

이에 비해 한국에 직접적인 이해관계가 없었던 영국은 기본적으로 소극적이며 회피적인 태도를 보였다.[449] 영국은 한국의 독립이 인도 등 자국의 식민지에도 영향을 미칠 것을 우려하여 한국이 식민지 상태로 존속하기를 원했을 것으로 추측된다.[450]

한편 한반도에 대한 신탁통치 적용이 연합국 사이에 사실상 합의된 이후 소련은 다자간 국제신탁통치 참여를 기본 전제로 군사 주둔 방안도 함께 고려했다. 소련은 대일전 참전 조건이 공식적으로 논의된 얄타회담 이후 동북아 문제에 관한 이해관계를 표명했다.[451]

4대국의 임정관을 미국의 신탁통치 입안 과정과 연결해 살펴보면 미국이 이 정책을 입안한 현실주의적 이유, 즉 세력 확보책을 간파할 수 있다. 아시아·태평양전쟁기 미국은 한국 민족운동 진영 내에서 임정의 위상이나 역할 및 역량이 구심점을 형성하여 파쟁을 극복하기에는 부족하고 일개 파벌에 불과하다면서 임정 불승인이라는 공식 입장을 표명했다. 그러나 이는 표면적인 이유일 뿐 보다 본질적으로는 일본 패전 후의 한국 문제 구상 때문이었다. 임정 승인 문제의 논의 과정에서 미국은 임정 승인을 통한 전후 한국의 즉각적인 독립보다 신탁통치(즉시독립의 부정이지만 그렇다고 식민지 유지와는 다른 독립 유예)라는 해결 방안을 고려했으므로 미국의 임정 불승인은 '즉시독립 불가-독립 유보(-신탁통치)라고 해석된다.

그리고 보다 현실적이고 본질적으로 미국은 중국의 괴뢰정권이 수립될 것을 우려했기 때문에 외면했던 것이다. 일본의 패전으로 동북아시

19일자.
[449] 정병준(2014a), 앞의 글, 126쪽.
[450] Herbert Feis(1957), 앞의 책, p. 124.
[451] 정병준(2014a), 앞의 글, 128쪽.

아예 힘의 공백이 생기면 중국과 소련이 주도권을 놓고 다툴 것이며, 이 경우 한반도가 그 지정학적 위치 때문에 곧바로 분쟁의 대상이 될 수도 있다는 것이 미국의 판단이었다.

한편 영국은 자국 식민지에 미칠 파장을 고려해 한국 독립에 시종 부정적이었으며 임정 승인에 대해서도 역시 부정적이었다.

소련은 한국 독립에 호의적이었지만 친중(다소 친미)적 성향의 임정에 대해서는 거부감을 가지고 있었다.

미국 입장에서는 대일전쟁의 효율적 수행을 위하여 연합국들의 상충하는 이해관계를 조정하는 동시에 전후 동북아시아에서 자신들의 입지를 강화할 필요가 있었다. 미국의 신탁통치안은 그러한 정책적 고려의 산물이었으므로 임정에 대해서는 불승인 정책으로 일관할 수밖에 없었다.[452] 미국의 루스벨트를 비롯한 한반도 신탁통치 정책 입안자들은 신탁통치를 통해 중국과 소련의 한반도 팽창 기도를 사전에 견제함으로써 동북아시아에서 세력 균형을 유지하는 가운데 미국의 우월적인 지위를 보장받을 수 있다고 계산했다.[453]

미국의 임정 불승인과 신탁통치 구상은 모두 자국의 세력 확보(입지 강화)를 위해 복무하는 수단이었다. 역시 국가이익 신장이라는 국제정치의 현실주의적 원칙이 확인되는 대목이다.

7) 한국인과 국제정치가 상호작용해 만든 카이로선언

1943년 11월 말 이집트 카이로에 모인 미·영·중 연합국 회담의 중심의제는 유럽전쟁이 아닌 아시아·태평양전쟁이었다. 연합국 수뇌 회

---

[452] 고정휴, 「해제」, 『대한민국임시정부자료집 26: 미국의 인식』, iv쪽.
[453] 고정휴, 『태평양의 발견 대한민국의 탄생』(국학자료원, 2021), 315쪽.

담에 새롭게 참가한 중국은 유럽전쟁의 당사자가 아니었기 때문이다. 중심의제는 전시회담답게 군사전략적인 것이었다. 즉 일본에 대한 3개국 공동의 군사행동과 일본의 항복 촉구, 그리고 일본 점령지역에 대한 전후 처리 문제가 주요 의제였다.[454] 그 결과 12월 1일 발표된 카이로선언에 의해 적절한 유예 기간과 과정을 거친 후에(in due course) 한국 독립이 약속되었다. 한국 문제가 카이로선언에 비중 있게 다뤄진 것은 다소 의외였다. 한국과 같은 아시아 국가인 중국 국민당 정부가 참여했기 때문에 한국 독립 조항이 들어갔다는 주장도 가능하다.[455] 자국식민지에 미칠 영향을 우려했던 처칠은 식민지 독립 문제에 소극적이었는데 이를 무력화한 것이 장제스였고 루스벨트는 장제스의 강력한 의지에 동조했다. 한국 독립 약속은 1945년 7월 포츠담회담에서도 재확인되었으며 마침내 1945년 8월 광복이 찾아왔다. 따라서 카이로선언은 한국 독립의 단초를 열었다는 점에서 한국인들에게 중요한 의미를 갖는다.

국내외 한국인들이 독립을 향한 의지를 투쟁을 통해 표명함으로써 독립 약속을 얻어낸 것이었다. 국내에서의 끈질긴 독립운동, 만주와 연해주지역에서의 줄기찬 항일무장투쟁, 대한민국임시정부의 외교활동과 한국광복군의 대일항전, 민족의 잇단 의거활동 등이 없었다면 연합국이 우리에게 독립을 약속했을 리가 없다. 이러한 것들이 있었기에 연합국 지도자들이 카이로회담과 포츠담회담에서 한반도의 독립을 약속했다. 따라서 위에서 열거한 모든 국내외 항쟁이 복합적·유기적으로 결합되어 광복으로 귀결되었다. 우리 민족의 간단없는 독립운동과 강렬한 독립 의지가 광복의 밑거름이 되었던 것이다.

---

[454] 장세윤, 「대한민국임시정부와 중국과의 관계」, 한국근현대사학회·국가보훈처 편, 『대한민국임시정부 수립 80주년 기념논문집』(한국근현대사학회·국가보훈처, 1999), 262쪽.
[455] 余季彦(2010), 앞의 글, 70쪽.

한국 독립을 보장한 카이로선언이 김구와 임시정부의 외교적 노력에 의해 이루어졌다고 보는 것이 한국 학계의 정설이다. 한국에 대한 열강의 국제 공동 신탁통치 합의가 전면에 등장하는 대신 한국 독립이 보장된 것은 김구와 임시정부의 외교활동이 이룩한 성과로 볼 수 있다. 물론 추후에 신탁통치가 합의되지만 만약 신탁통치부터 합의되었다면 추후에 카이로선언과 같은 한국에 대한 독립 약속이 나오기는 쉽지 않았을 것이다. 따라서 독립 보장 공약이 먼저 나온 것은 한민족에게는 다행스러운 일이었으므로 임시정부의 외교활동을 칭찬해주어야 마땅하다.

그런데 국제 학계에서는 이 문제를 보다 더 국제적인 문제로 파악하고 있다. 이 글에서는 한국 학계의 한국인 중심적 접근과 국제 학계의 국제문제로 보는 시각을 종합해 이 두 차원을 복합적으로 연결시켜 보고자 한다.

카이로선언의 한국 독립 보장이 만들어지기까지 임시정부의 지속적인 투쟁과 외교활동은 배경으로 작용했다. 그런데 중국 국민의 대일항전 기간 중 임시정부는 상하이 홍커우공원에서 폭탄을 터트려 왜적을 처단하는 등 피와 땀을 흘려 중국을 도왔다. 그 결과 김구가 장제스를 움직일 수 있는 발언권을 얻었다. 그러나 김구의 영향력은 한계가 있었으며[456] 가장 중요한 것은 카이로선언에 한국 독립 조항을 넣기로 결정한 중국과 미국의 의지였다. 장제스는 김구의 한국 독립 간청을 수용해 이를 국제회의에 반영시키는 데 제1의 공로자였다. 장제스는 한국 독립이 일본의 대중(對中) 침략을 차단하는 효과가 있다고 생각해[457] 지지했다고 할 수 있다. 또한 루스벨트를 비롯한 미국인들이 종국적으로 한국

---

[456] 胡春惠(1976), 앞의 책, 315쪽.
[457] 신용하(1999), 앞의 글; 신용하(2003), 앞의 글, 228쪽.

독립에 찬성한 것도 이 조항이 가능했던 중요한 양대 요인 중 하나였다.

루스벨트는 대서양헌장과 카사블랑카성명 등을 통해 약소국의 독립이 전쟁의 목적이라고 선언했으므로⁴⁵⁸ 카이로에서 한국 독립을 선언할 태세가 되어 있었다. 미국이 제2차 세계대전에 참전하기 몇 달 전, 뉴펀들랜드 아르젠티아(Argentia)만에 정박 중인 미국 순양함 오거스타호와 영국 전함 프린스오브웨일스호에서 처칠과 루스벨트가 극적인 회의를 가진 후 1941년 8월 14일 합의된 미·영 대서양헌장(Atlantic Charter)에는 "양국은 모든 국민이 그 속에서 영위할 정부 형태[政體]를 선택할 권리를 존중한다. 또 양국은 강압적으로 빼앗겼던 주권과 자치(自治)정부를 인민들이 다시 찾기를 원한다"라고 나와 있다.⁴⁵⁹ 김영호는 "모든 식민지의 완전 독립(전면적 해방)을 천명"했다고 평가했다.⁴⁶⁰ 이처럼 '영토불확장(No Territorial Aggrandizement)'과 정부 형태의 자유로운 선택을 보장하는 대서양헌장의 식민지 조항은 이후 1942년 1월 '연합국공동선언(Declaration by United Nations)'으로 구체화되었다. 여기서 연합국들은 모든 국가가 그 국경선 내에서 공포와 결핍에서 해방되어 안전하게 살아가기 위한 평화체제를 구축한다는 정신을 명시했다. 더 나아가 훗날 유엔의 기초가 된 1943년 3월 '민족독립에 관한 연합국 공동선언(Declaration by the United Nations on National Dependence)'은 식민지

---

⁴⁵⁸ 정일화(2010), 앞의 책, 72쪽, 464-466쪽.
⁴⁵⁹ 독립이라는 표현은 없지만 이를 식민지 독립과 연결시키는 견해가 주류를 형성하는 것은 피할 수 없었다. 처칠은 선언 이후 자국 식민지의 독립을 우려해 식민지의 독립에 끈질기게 반대 의견을 표명했다. 이 문건의 표현은 '완전독립'이 아닌 '자치회복'이며 윌슨의 민족자결주의를 연상시킨다. 다른 전시선언(戰時宣言)과 마찬가지로 대서양헌장은 조약이 아니었으며 실제적인 구속력을 지닌 것도 아니었다. 그러나 미국이 참전한 후 이 원칙이 연합국의 공동선언에 채택되어 제2차 세계대전에서 연합국의 공동 전쟁 목표의 기초가 되었을 뿐만 아니라 유엔의 이념적 기초가 되기는 했다.
⁴⁶⁰ 김영호, 『대한민국의 건국혁명 1: 이론과 역사』(성신여자대학교 출판부, 2015), 10쪽, 108쪽.

처리에 대하여 상당히 급진적인 내용을 담고 있었으며, 영국이 수락한 대서양헌장의 범위를 넘어선 세계헌장(World Charter)에 준하는 것이었다. 이 선언이 공표된 이후 헐은 선언문을 루스벨트에게 전달하면서 이를 다음과 같이 평가했다.

> 연합국은 자유, 독립, 인권, 정의의 수호를 위한 이러한 전쟁에서 완전한 승리를 공언했다. 이는 처칠 수상과 루스벨트 대통령이 마련한 대서양헌장의 원칙에 동의한다는 의사를 밝힌 것과 같다. 선언문에 헌장의 원칙을 수용함으로써 연합국은 자립의 권리를 강제로 박탈당한 국가들의 독립을 수호해야 하며 이들 국가 내 국민들의 독립 열망을 존중한다는 결의를 보였고, 이러한 노력이 곧 새로운 세계 안보체제의 창출과 유지를 위한 것임을 밝혔다.[461]

이 선언에서 미국은 독립을 열망하는 인민들에게 독립국가의 지위를 가질 수 있는 자격을 부여하는 것이 모든 유엔 회원국의 책임이라고 규정했다.

카이로회담 당시 연합국의 입장에서는 일본 패망 이후 한국이 일본에서 해방되는 것은 역사적 순리라고 생각했을 가능성이 있었다. 따라서 국내외 한국인들의 독립 의지가 배경으로 작용한 상황에서 1943년 7월 김구의 간청, 1943년 11월 장제스의 발의, 루스벨트의 동의가 복합적으로 작용해 카이로회담의 한국 독립 조항이 만들어졌다고 볼 수 있다. 한국인들의 노력과 카이로회담 현장에 있었던 중국인·미국인의 행위

---

[461] "Memorandum By Cordell Hull For the President," March 9, 1943; U.S. Department of State, *Postwar Foreign Policy Preparation*, Department of State Publication 3580 (Washington, D.C.: United States Government Printing Office, 1949), pp. 470-471; 하지은(2015), 앞의 글, 30쪽.

가 유기적으로 연결되면서 한국 독립을 결정했다. 이들은 분리할 수 없는 관계였으며 이들 외에 다른 행위자나 국가, 그룹도 있을 수 있다. 그렇지만 장제스와 루스벨트의 힘이 동등하다고 평가하는 것은 아니다. 루스벨트는 대서양헌장(1941.8.14.)을 작성함으로써 카이로회담에서 한국 독립 문제를 발의한 장제스보다 먼저 강탈당한 주권의 회복을 선언했다. 장제스가 한국의 독립이라는 특수한 사례를 논한 것에 앞서 보편론, 일반론을 펼친 루스벨트가 한국 독립의 단초를 열고 기반을 형성했다고 할 수 있다. 따라서 적어도 1941~1943년 가을 이전의 상황만 놓고 본다면 루스벨트의 기여가 더 높다고 할 수 있다. 그러나 보편적 추상성을 넘어서 보다 디테일한 특수 문제를 제기한 장제스가 있었기에 한국 독립이 확실하게 보장될 수 있었다는 주장도 가능하다. 카이로회담이 열린 1943년 11월의 시점에서는 장제스의 역할이 돋보일 수 있다. 이렇듯 각 국면마다 힘의 작용이 달랐으므로 그 우열을 가리기란 쉽지 않다.

  카이로회담 반년 전인 1943년 6월 미 육군부 일반참모부 군정보처는 한국의 역사, 정치, 경제, 사회, 지리, 문화, 방위시설, 자연환경 등 모든 분야를 망라하는 300쪽에 달하는 한국 입문 자료 "Survey of Korea"를 작성했다. 미국은 1943년 초반부터 전후 세계질서의 재편 계획을 본격적으로 입안하면서 자신의 세력권이 될 가능성이 있는 나라들에 대한 기초조사를 했다. 이 자료는 문자 그대로 '입문'이었으므로 대한정책에 대한 구체적인 설명은 없고 외국에 대한 한국인들의 태도 등이 기술되어 있다. "한국인들은 어떤 외국인보다 미국인들을 신뢰하므로 전후에 미군의 한국 점령 시 한국인들은 이를 환영할 것"[462]이라는

---

[462] "Survey of Korea," Prepared under the Direction of the Chief of Staff by the

추측에서 미국은 한국을 자신의 세력권 내지는 잠정적으로 점령 가능성이 있는 지역으로 분류했음을 간파할 수 있다. 또한 미국의 한국 점령을 운위(云謂)하는 것으로 보아 한국이 일본의 식민지에서 독립할 가능성에 대해 심각하게 고려했음을 확인할 수 있다. 따라서 장제스 혼자서 한국의 독립을 주창해서 다른 열강들을 설득한 것은 아니었다. 물론 이 기초조사가 최고 정책 결정자의 결정에 반영되었다는 증거는 없다. 그러나 이 한국 입문 자료는 지금까지 통설로 인정되어온 '일본의 항복이 너무 갑자기 이루어져서 미국은 한국을 지배하기 위해 준비할 시간적 여유가 없었다'는 미국 측의 변명(준비부족론)을 부분적으로 반박할 수 있는 자료로 평가된다.

카이로선언 중 즉시독립 유보 조항에 대한 김구의 반대는 1945년 12월 말 모스크바3상회의 결정의 '한반도 신탁통치 실시' 발표에 따른 반탁운동 주도와 연결되었다. 그는 충칭시대부터 신탁통치에 대해 사전에 알고 있었으므로 1946년의 시점에서도 이에 즉각 대처할 수 있었다. 김구는 제2의 독립운동을 한다는 자세로 반탁운동을 주도했으며 1947년 가을 미국이 신탁통치안을 파기함으로써 결국 신탁통치 없는 즉시독립을 얻어냈다고 할 수 있다.

중국 입장에서는 일본의 침략으로 빼앗겼던 자국의 실지(失地)를 회복할 수 있는 근거를 연합국으로부터 얻어낼 수 있었으므로 중국 외교사상 공전의 승리를 거두었다는 그들의 평가가 과한 것은 아니다.

Military Intelligence Service, War Department General Staff, June 15, 1943, RG 407, The Adjutant General's Office, Box 2196, p. 67, US National Archives.

8) 이승만이 카이로선언에 미친 영향에 대한 평가

이승만을 건국의 아버지로 간주하는 인사들은 이승만이 미국 여론을 바꿔놓는 외교·홍보활동을 적극적으로 펼친 결과, 1943년 카이로에서 한국을 독립시킨다는 발표가 나왔다고 주장한다.[463]

일각에서는 이승만(Syngman Rhee)이 1941년 6월 *Japan Inside Out: The Challenge of Today* (New York: Fleming H. Revell Company, 1941)[464]를 출간하자, 이에 영향받은 인사들이 한국을 일본으로부터 독립시키려 했다는 주장도 있다.[465] 유영익은 이 책이 루스벨트 대통령과 그의 부인 엘리너(Anna Eleanor Roosevelt) 여사에게 보내진 사실에도 주목했다.

유영익(2013)은 당시 국제정세를 되돌아볼 때 루스벨트나 홉킨스에게 영어로 한국 독립 의사를 전할 사람은 이승만 외에는 없었다고 주장한다. 카이로선언 이전 이승만이 적어도 세 차례 루스벨트에게 편지를 보냈다는 것이다. 유영익은 이러한 '편지 외교'에 주목했다. 그중 가장 주목한 편지는 1943년 5월 15일자다. 이 편지에서 이승만은 미국이 1882년 조선과 체결한 조·미수호통상조약을 위반해 1905년과

---

[463] 김기철, 「"이승만 외교가 獨立 보장한 카이로선언(1943년 연합국 美·英·中이 한국 독립을 보장) 이끌어" 원로 역사학자 (유영익 한동대 석좌교수) '백년전쟁 논란'에 일침… "좌파 역사가들 김일성 무장투쟁만 神話化" 인터뷰」, 『조선일보』, 2013년 3월 19일자; 「〈백년전쟁〉 대표적 5가지 왜곡」, 『조선일보』, 2013년 3월 19일자.

[464] 1954년 『일본내막기』라는 제목으로 박마리아가 번역하고 자유당선전부에서 간행했다. 1987년에는 나남에서 이종익의 번역으로 『日本軍國主義 實像』, 2007년에는 대한언론인회에서 최병진의 번역으로 『일본, 그 가면의 실체: 다시는 종의 멍에를 메지 말라』로 출간되었다.

[465] 건국이념보급회·뉴데일리이승만 포럼, "〈생명의 길〉제1부 이승만 시대 제1편 인격살인은 국사가 아니다", 2013년 4월(www.youtube.com/watch?v=gk1b4BN2DOY, 검색일: 2013년 5월 18일).

1910년 일본이 한국을 병탄하도록 도운 일을 상기시키면서, 동아시아를 시작으로 불행한 사태가 확산된 것은 독립된 한국이 동양 평화의 보루라는 사실을 인식하지 못한 데서 비롯됐다고 지적했다. 이에 대해 1943년 5월 26일 루스벨트 대통령 비서실로부터 이승만에게 대통령이 '세밀한 주의'를 보였다는 회답이 온 것으로 볼 때 루스벨트가 편지를 봤거나 아니면 적어도 홉킨스가 검토했음이 분명하고 이로써 미국이 한국의 독립 문제를 동정적으로 숙고했을 가능성이 높다고 유영익은 주장했다.466 그렇지만 백악관으로부터의 답신은 의례적인 것일 가능성이 있고 루스벨트의 동정을 이끌어냈다는 것도 역시 추정일 뿐이다.

이 편지에 앞서 1941년 펴낸 *Japan Inside Out*에서도 이승만은 미국이 1882년 조선과 체결한 조미수호통상조약을 무시하고 1905년부터 일본의 한국 병탄을 허용한 역사를 상기시키면서 일제가 105인사건(1912)과 제암리사건(1919)을 일으켜 한국의 기독교도들을 무참하게 박해한 진상을 폭로했다. 이 책이 루스벨트의 부인 엘리너 여사에게 전달되었으며 그녀가 주의 깊게 검토했을 가능성이 높다는 것이다.467 그런데 이 역시 가능성일 뿐 물증은 없다. 엘리너는 역시 감리교인으로 1940년 2월 23일자 신문 연재 칼럼 "My Day"에서 한국에 가뭄이 들어 민중들이 고통을 겪고 있다고 언급했다.468 대통령 부인의 이러한 언급에 대해 일제는 내정간섭이라며 고통을 겪는다는 사실을 부인했다고 한다. 가뭄 소식은 한국에 남아 있던 선교사들이 전해주었을 가능성이 있

---

466 유영익, 「태평양전쟁 기간 임정 증인 외교 활동」, 『건국 대통령 이승만: 생애·사상·업적의 새로운 조명』(일조각, 2013), 60-61쪽.
467 유영익(2013), 위의 글, 59쪽.
468 Eleanor Roosevelt, "My Day, February 23, 1940," The Eleanor Roosevelt Papers Digital Edition (2017)(www2.gwu.edu/~erpapers/myday/displaydoc.cfm?_y=1940&_f=md055510, 검색일: 2021년 2월 25일).

다. 김명구(2021)는 엘리너의 칼럼이 한국에 대한 관심을 보여주는 것이라고 평가했다.[469] 김명구는 1940년 11월 이후 미국인 선교사들이 한국에서 탈출하기 시작해 1942년 8월 잔류 인원이 거의 없던 상황에 주목하면서 이들이 루스벨트 등 미국을 움직여 한국 독립 공약이 가능했다고 주장했다.

1907년 평양대부흥운동(20세기 초 부흥운동)[470]이 몰고 온 영적 대각성의 결과는 미국 정부가 한국에 관심을 갖는 계기가 됐고, 1905년 가쓰라-태프트 비망록[471]으로 상징되는 미·일 우호관계에 금이 가는 단

---

[469] 김명구의 발표, 제4회 종로서평, 월남시민문화연구소, 2021년 2월 25일.
[470] 류대영은 '1903년 원산부흥,' '1907년 평양부흥' 등을 이어진 것으로 보면서 '20세기 초 부흥운동'이라고 부르자고 제안했다. 그는 '대각성'이라는 표현도 당시 한국의 부흥운동의 규모나 사회적 파급 효과를 평가할 때 어울리지 않는다고 주장했다. 류대영,『한국 근현대사와 기독교』(푸른역사, 2009), 111쪽. 이억주는 원산부흥운동을 제1차 영적대각성운동으로 평양대부흥운동을 제2차 영적대각성운동으로 규정하면서 평양대부흥 이후 전개된 '백만인 구령운동'과 기독교 사회운동에 주목했다. 그는 1903년 원산에서 발화되어 1907년 한국의 예루살렘이었던 평양에서 뜨겁게 불타오른 영적대각성운동은 한국 교회의 영적인 재탄생을 의미하는 진정 기념비적인 대사건이었고 아울러 사회변혁의 결과를 배태한 진정한 영적인 혁명이라고 평가했다. 이억주,『한국교회사 I: 1884~1945』(한국교회언론회출판부, 2010), 119-267쪽. 김명구는 1903년 10월 하디(-프랜슨)의 원산(-서울-평양)집회, 1904년 1월 원산연합사경회, 1~2월 개성사경회, 3월 서울집회, 10월 평양집회, 11월 인천집회에 주목했다. 이러한 운동이 토대가 되어 1907년 평양대각성운동이 시작되었다. 2년 후인 1909년 7월 평양영적대각성운동의 영향 아래 백만인 구령운동이 시작되었으며 1910년 일본이 한국을 강제로 병합하는 해에도 내내 지속되었다고 평가했다. 김명구,『한국 기독교사 1: 복음주의자의 시각으로 보는 한국의 기독교 역사』(예영커뮤니케이션, 2018), 260-301쪽. 2007년 7월 28일 서울 상암 월드컵경기장에서 25개 교단 10만 명에 가까운 교인들이 '한국교회 대부흥 백주년 기념대회'를 열어 한국 교회가 이룩한 기적에 가까운 업적을 찬양했다. 이 자리에서 예장 합동 측의 옥한흠이 1903년 원산에서 시작된 영적각성운동이 1907년 평양대부흥운동으로 이어졌고 성령의 역사가 개인구령과 교회 부흥에서 멈추지 않고 한국 구원의 영역으로 확장되었음을 확인했다. 김명구(2020), 앞의 책, 544-549쪽.
[471] 그 개요는 아래와 같다. ① 필리핀은 미국과 같은 친일적인 나라가 통치하는 것이 일본에 유리하며, 일본은 필리핀에 대해 어떠한 침략적 의도도 갖고 있지 않다. ② 극동의 전반적 평화의 유지에 있어서는 일본·미국·영국 3국 정부의 상호 양해(일본은 한반도와 만주, 대만에 대해, 영국은 만주를 제외한 중국 대륙에 대해, 미국은 필리핀에 대해

초가 되었다고 한국 교회는 평가했다. 미국이 파견한 2만 명의 선교사

특별한 이해관계가 있음을 서로 양해하고, 각자 상대방의 이러한 이익과 지배영역을 침범하지 않는다는 것을 의미한다. 이는 결국 영·일동맹에 미국이 참여해 동아시아 문제에 관한 한 3국 사이에 동맹 수준의 결속력이 도모되었음을 보여준다-인용자)를 달성하는 것이 최선의 길이며, 사실상 유일한 수단이다. ③ 미국은 일본이 한국에 대한 보호권을 확립하는 것이 러·일전쟁의 논리적 귀결이고, 극동지역의 평화에 직접 공헌할 것으로 인정한다. 이 합의는 러·일전쟁에서의 일본 승리가 필리핀에 대한 일본의 침략으로 이어질 것이라는 미국 내 친러파의 우려가 배경이었다. 이 우려에 대해 태프트와 가쓰라는 필리핀을 강하고 친일적인 미국이 통치하는 것이 필리핀인의 자치나 일본에 우호적이지 않은 유럽인의 통치에 비해 일본의 이익에 부합된다는 의견을 공유했다. 그런데 러·일전쟁이 진행 중이던 1905년 7월 27일 태프트-가쓰라 간에 합의하고 7월 29일자로 문건화된 내용은 서명된 문서나 협정(agreement), 조약(treaty)의 형태가 아니라 서로의 합의를 기록한 각서[비망록(agreed memorandum of conversation); "Cable from William Howard Taft(Secretary of War) to Elihu Root(Secretary of State of the Theodore Roosevelt Administration)," July 29, 1905(www.icasinc.org/history/katsura.pdf, 검색일: 2021년 6월 1일)]로만 존재하므로 흔히 알려진 바와 같이 '밀약(secret agreement)'은 아니며 '외교적 주고받기 흥정(quid pro quo)'도 아니었다. 루스벨트는 일본의 한국 지배를 지지했지만 자국 영토인 필리핀에 대한 일본의 미국 지배 양해를 대가로 한 것은 아니었다는 것이다. 태프트·가쓰라 회담 3개월 후 일본의 친정부 언론기관인 『고쿠민(國民)』은 가쓰라와 태프트의 외교적 흥정 밀약을 보도했고, 주일대사 그리스콤은 10월 4일 워싱턴으로 전문을 보내 비밀협정의 루머가 일본 언론에 회자되고 있다고 보고했다. 이 보고서를 접한 루스벨트는 "나는 미국의 영토에 간섭하지 않겠다는 것에 대한 대가로 어떠한 이에게도 무엇을 요구하거나 들어주는 일이 없다고 확인한다. 우리는 그러한 간섭을 막을 수 있는 완전한 능력을 가지고 있으며, 우리의 영토 보전과 관련한 지원에 대해 어떠한 보장도 필요로 하지 않는다"라고 언명하고, 이 문제를 일본공사 다카히라에게 추궁했다. 며칠 후 가쓰라는 다카히라를 통해 루스벨트에게 공식 견해를 표명했다. "'고쿠민'은 일본 정부기관이 아니며 그 기사는 정부가 지시하거나 정보를 제공한 것도 아니다. 일본 정부는 조선에서 직면한 문제에 대한 미국 정부의 호의적인 태도를 인식하고 이에 감사한다. 이러한 것은 자연스러운 일이며 어떠한 제안이 있었다는 사실은 없다." 이는 일본 정부의 대(對)언론 발설에 대한 일반적 부정이 아니고 '가쓰라-태프트 밀약'에 대한 루스벨트의 해석(조선과 필리핀에 관한 흥정의 부인)에 동의하는 일본 수상의 절대적인 설명이었다. '고쿠민'은 일본 지도부와 가까운 친정부 기관이었다. 따라서 당시 포츠머스 강화회담이 실패했다는 국내 여론이 비등하자 일본의 큰 외교적 성공으로 해석될 수 있는 가쓰라-태프트 메모랜덤의 정보를 일본 지도부가 밀약이라고 포장해 흘렸을 가능성이 있다. 하정인, 「가쓰라-태프트 밀약의 진실: 밀약은 단순한 '대화 기록' … 조선 병합 승인한 협약은 없었다」, 『신동아』, 12월(2005). 따라서 밀약이라는 표현은 일본이 문서를 왜곡·확대해석한 것이며 미국이 (한반도의) 식민지화 과정에 악역을 했다는 주장은 재고해야 한다는 평가도 가능하다. 일본이 역사를 조작한 것이 문제일 뿐이라는 것이다. 최덕규가 밝혀낸 바에 의

중 2,000명이 일제강점기에 파견되었다. 그런 한국 선교가 1907년 '세

하면 일본 외무성은 『일본 외교연표와 주요문서, 1840~1945』와 『일본외교문서』 38권 1책에서 장관 태프트가 1905년 7월 29일 국무장관 루트에게 보낸 면담기록을 '태프트-가쓰라 협정(Agreement)'으로 부르면서 협정문서처럼 보이도록 문안을 편집해 외교문서집에 수록했다. 일본이 이런 역사 조작 행위를 한 것은 자신들의 한반도 병탄에 미국도 관여했다는 인상을 주려는 데 있었다. 미국이 일본의 대한제국 침탈의 공모자였던 것 같은 인상을 줌으로써 자신들이 한 행동에 대한 정당성을 높이면서 다른 한편으로는 침략 행위였다는 인상을 덜 주기 위한 것이었다. 일본 측의 이런 시도는 효과를 거두었다. 무엇보다도 일·미가 한반도 문제에 관한 '밀약' 내지는 '협정'을 맺었다고 왜곡함으로써 많은 한국인들이 이를 사실로 받아들였다. 이는 한국인들의 대미 감정을 악화시키는 요인의 하나가 되기도 했다. 또한 루스벨트는 태프트-가쓰라 면담 1년 전에 이미 가쓰라에게 일본이 조선을 지배해도 좋다는 견해를 전달했으므로 밀약을 맺을 필요도 없었다고 할 수 있다. 루스벨트의 당시 정세 인식을 살펴보면 그가 왜 이런 태도를 취했는지 알 수 있다. 그는 1905년 1월 국무장관 헤이에게 "우리는 한국인들이 일본에 맞서는 일에 관여할 수 없다. 그들은 자신을 방어하기 위해 한방의 주먹도 날리지 못하는 사람들이다"라고 말했다. 대한제국을 도와주고 싶어도 스스로 할 수 있는 일이 없으니 도와준들 무슨 소용이 있겠느냐는 의미였다. 그는 또 이렇게 말하기도 했다. "1882년 조·미수호조약에 의해 조선의 독립이 엄숙히 명문화된 것은 맞다. 그러나 조선은 이 조약을 이행할 만한 힘이 없다. 조선에 이해관계가 없는 어떤 나라가 조선 스스로 하지 못하는 일을 대신해서 해줄 수는 없다." 최병구, 「코리아 패싱'의 교훈」, 『외교광장』 XVII-7(2017). 이렇듯 태프트 미 국방장관과 가쓰라 일본 수상 겸 외무대신 양인의 대화기록이었을 뿐이었는데 1924년 8월 더넷(Tyler Dennett)이 매사추세츠주 윌리엄스타운에서 열린 미국 정치학회에서 이 문서 내용을 발표했으니, 이는 1925년 『현대사(Current History)』지(誌)에 "루스벨트 대통령과 일본 간 비밀협약(President Roosevelt's Secret Pact with Japan)"이란 제목의 논문(www.icasinc.org/history/katsura.html, 검색일: 2021년 6월 1일)으로 실려 밀약으로 알려졌다. 상원의 비준을 받아야 하는 국제관계의 중요한 협약을 상원과는 전혀 협의하지 않고 대통령이 일방적으로 비밀리에 처리했다고 더넷은 루스벨트를 비난했던 것이다. 밀약이라는 규정은 1959년 미국 역사학자 에스더스(Raymond A. Esthus)가 『현대사 저널(The Journal of Modern History)』에 "가쓰라-태프트 협약, 진실인가 신화인가"라는 논문을 발표하기까지 정설로 간주되었다. Raymond A. Esthus, *Theodore Roosevelt and Japan* (Seattle: University of Washington Press, 1967). 물론 루스벨트는 러·일전쟁에 따른 일본의 제국주의적 한국 강점을 양해한 것은 사실이지만 어떤 비밀조약이나 협정에 기초한 것은 아니었다. 이우진, 「테프트-카츠라 비망록의 평가」, 『한국정치외교사학회보』 32(1993), 1-3쪽. 한편 이 비망록은 러·일전쟁이 일본과 영·일동맹의 승리로 돌아가자 미국이 일본의 팽창 위협으로부터 필리핀을 지키기 위해 취한 조치로 해석되기도 한다. 미국의 입장에서는 '한반도에 대한 일본의 지배' 인정이 아니라 필리핀에 주안점을 두었다는 것이다. 당시 세계의 패권은 영국에 있었으며 미국은 아시아 지역에서 필리핀이라는 식민지에 신경을 써야 했으므로 한국 문제에 신경 쓸 여력이 많지 않았다. 따라서 당시 국제질서에

계선교사에 보기 드문 결실'로 나타난 것은 미국 교회(와 그와 연결된 정

비추어볼 때 일본의 한국 식민화에 관한 한 영국의 묵인이라는 변수가 미국의 묵인보다 1차적이었다고 할 수 있다는 해석이다(그런데 러·일전쟁 직전 영·일동맹이 이루어지면서 일본은 영국을 과도하게 의식할 필요성도 떨어졌다). 그러나 앞서 언급한 루스벨트의 주장에서와 같이 미국은 미·비전쟁(1899~1902)의 결과로 필리핀을 이미 미국의 영토로 확보한 상태였으므로[이완범(1996), 앞의 글, 439-457쪽] 당시 필리핀에 대한 일본의 침략을 우려할 상황은 아니었다(그렇지만 이미 식민지로 확보했다고 하더라도 일본의 야욕을 견제해야 하는 불안한 상태였으므로 필리핀에 대한 미국의 지배를 일본으로부터 확인받을 필요가 있었다는 해석은 가능하다). 물론 1940년 11월 이후 일본의 필리핀 침략이 예견되었으므로(U.S. Department of State, *FRUS, 1940*, vol. Ⅳ, p. 208) 위와 같은 해석은 필리핀을 중심으로 일본과 미국이 격돌했던 1941~1945년의 상황에 입각한 결과론적 주장이다. 필자는 1905년 일본이 미국에 대한 견제로 필리핀의 독립을 은근히 지원하고 있기는 했지만 필리핀을 넘볼 입장까지는 아니었으므로 미국이 흥정할 필요가 없었다고 판단해 이를 지지하지 않는다. 따라서 이 문건은 미·일의 필리핀과 한국에 대한 지배권을 교차 인정한 밀약이 아니라 미·일의 입장을 확인한 각서에 불과하다고 생각한다. 그런데 이는 미국 학계의 주류적 사후해석만을 두둔하는 주장이므로 국가 간 상호관계의 산물인 대화를 일방적으로 해석한다는 비판에 직면할 수 있다. 만약 일본의 한국 지배에 대한 미국의 인정만을 위한 각서였다면 구태여 서두에서 필리핀을 언급할 필요가 없었을 것이다. 일본의 입장에서 해석해보면 미국이 필리핀을 계속 식민지로 점유하려면 아시아 국가인 일본을 의식할 수밖에 없었을 것이며 1905년 당시 미국이 일본의 양해를 전혀 구하지 않아도 될 정도로 필리핀에서 확고한 지배력을 소유하고 있지도 않았을 것이라고 볼 수 있다. 이에 필자는 상호교환의 '밀약'까지는 아닐지라도 일본의 한국 지배를 인정하면서 미국이 새로 얻은 식민지 필리핀에 대한 계속 지배를 일본이 이해하게 하려는 비망록이었다는 식의 절충설을 제시하고자 한다. 일본 언론에서는 3개월 후에 폭로했지만 한국의 고종 황제는 이러한 흥정을 모르고 있었으므로 미국이 자신의 편인 줄 착각하고 그 힘에 의지하려고 했다. 또한 한국의 민족주의적 자주파들의 주장처럼 미국은 일본에 한국을 팔아먹은 것이 아니라 일본의 기득권을 방관하는 방향으로 나아갔던 차원이라고 해석된다. 그러나 비망록이 작성(7.27.)된 후 4개월이 안 된 11월 17일 을사늑약이 체결되었으므로 일본은 미국을 의식했다고 추정할 수 있다. 한국·필리핀 교환이나 한국 포기가 아니라 일본의 한반도 기득권에 대한 미국의 방관·용인을 내용으로 하는 비망록이었지만 미국의 견제를 심각하게 받아들였던 일본은 비망록에 힘입어 이제 미국이 정면으로 반대하지는 않을 것으로 생각해 기득권을 확대했다. 따라서 결과적으로는 미국이 팔아먹은 것이나 다름없어졌다. 그렇지만 을사보호조약 이후에도 미국의 견제는 완전히 사라지지 않았다. 미국의 견제가 사라진 후에야 일본은 1910년 병탄조약 체결을 통해 한국 식민화를 완성할 수 있었다. 한국에서는 이 메모랜덤이 한·미수호조약의 우호적 거중조항 약속을 미국이 저버리고 한국을 일본에 팔아넘긴 것으로 상징화·신화화되어 반미주의적 의식화의 수단으로 이용되었다.

부)의 긍지이자 자랑이 되어 한국의 곤궁한 식민지적 상황을 의식하기 시작했다는 것이다. 일본에 대한 선교는 결실을 맺지 못했지만 유독 한국에서는 기적적인 성장을 이룩했다. 1941년 진주만 공습으로 비로소 미·일의 적대관계가 시작되므로 1907년부터 30여 년의 시간이 지나야 했지만 평양대부흥운동은 카이로선언과 연결되는 한국 독립의 동기가 된 것이라는 평가가 있다. 1907년의 한국 신학은 교회의 비정치화를 의미했지만, 구령(개인 구원) 지향의 교회가 식민지시대의 특성상 한국 독립으로 연결되었다. 이후 한국 교회 내부에 구령 그 자체를 한국 구원(독립운동을 통한 국가 구원)으로 여기는 의식이 강하게 자리 잡았다는 것이다. 추방당한 선교사들은 일본의 교회 핍박을 설파하는 데 적극적으로 활동했다. 이로 인해 미국의 지역교회와 정계가 한국 독립 문제에 적극적인 관심을 보이기 시작했다는 것이다. 미국 교회는 지역 여론에 영향을 미쳤고 이승만 등의 한미협회와 기독교인친한회의 적극적인 로비활동이 더해졌다.[472]

1942년 3월 6일 워싱턴 백악관 근처의 파운드리 감리교회(Foundry Methodist Church; 당시 이승만의 출석 교회)[473]의 담임목사 해리스(Frederick B. Harris)가 루스벨트와 육군장관 스팀슨(Henry L. Stimson)에게 한국 독립을 간곡히 요청하는 편지를 보냈다. 이승만이 중경임시정부 승인과 무기지원 획득을 목표로 1942년 1월 16일 미국인 친구들을 중심으로 워싱턴에서 만든 한·미협회(The Korean-American Council; '한·미협의회'로 번역하기도 함)[474]의 초대 이사장[회장은 크롬웰

---

[472] 김명구(2020), 앞의 책, 26쪽, 553쪽; 고정휴, 『이승만과 한국의 독립운동』(연세대학교 출판부, 2004), 426-441쪽.
[473] 고정휴(2004), 위의 책, 431-432쪽.
[474] 프란체스카 도너 리 저, 조혜자 역, 『프란체스카의 난중일기: 6·25와 이승만』(기파랑, 2010).

(James H. R. Cromwell)]⁴⁷⁵이었던 해리스는 차기 상원의원 원목에 임명(1942.10.10.)될 정도로 큰 영향력을 갖고 있었다. 한국 독립에 적극적인 지지를 보내고 있던 그는 특히 추방된 재한감리교 선교사 쇼(William E. Shaw)로부터 한국 상황에 대한 구체적인 정보를 듣고 루스벨트에게 편지를 보냈던 것이다.[476]

유영익과 박명수도 이승만의 외교로비에 주목했다. 중경임시정부 산하 주미외교위원부의 대표였던 이승만은 미국이 임정을 인정하지 않아 신임장 제정(提呈)에 실패했으므로 별도의 기구를 만들어야 한다고 판단했다. 그런 의도로 1942년 1월 결성한 한·미협회가 회장 크롬웰의 공격적인 임정 승인 청원으로 미 국무부의 반발을 일으켜[477] 정치단체로 간주되었다. 따라서 이승만은 이와는 별개로 추방당한 선교사들을 중심으로 기독교인 단체를 조직하여 이 문제를 풀어가려고 했다.[478]

---

[475] 박명수, 「태평양전쟁 시기 기독교인친한회(基督敎人親韓會)의 대한민국 임시정부 승인 운동」, 『한국독립운동사연구』 65(2019), 237-281쪽.

[476] 김명구(2020), 앞의 책, 24-25쪽.

[477] James I. Matray(1985), 앞의 책; 제임스 I. 메트레이 저, 구대열 역(1989), 앞의 책, 24쪽.

[478] 박명수(2019), 앞의 글, 243쪽. 존경받는 선교사 에이비슨은 79세의 고령이었음에도 불구하고 뛰어난 행정력과 추진력으로 정평이 나 있었다. 미국 FBI도 파한 선교사 출신으로 FBI에 근무하고 있던 키니(Robert A. Kinney)가 작성한 보고서를 통해 한국과 미국에 많은 친구를 갖고 있는 에이비슨의 정직성과 신뢰성은 널리 알려져 있다고 긍정적으로 평가했다. "Dr. Avison's Plans for Working with the Koreans", October 1, 1942, 국가보훈처 편, 『OSS(Office of Strategic Service) 재미한인 자료』(국가보훈처, 2005), 345쪽. 에이비슨은 기독교인친한회의 서기 겸 재무를 맡았다. 한편 그립솔름(Gripsholm)호를 타고 1942년 8월 25일 뉴욕에 도착한 전쟁포로 언더우드 2세(Horace Horton Underwood)는 기독교인친한회가 준비될 당시인 9월 22일 워싱턴에서 에이비슨을 만났으며 23일에는 이승만과 한미협회 회장인 크롬웰을 만나서 장시간 대화를 나누었고 같은 날 저녁에는 워싱턴에 있던 연희전문학교, 이화여자전문학교 졸업생들과 월라드 호텔에 모여 흉금을 터놓고 한국 사정을 토로했다. 『주미외교위원부 통신』 제3호, 1942년 9월 28일. 그러나 언더우드는 뉴욕지부 재무를 맡아달라는 부탁을 완곡하게 거절하는 등 조직에 직접 참여하지는 않았다. 『국역 이승만 일기』, 1944년 6월 13일. 당시 미국 정부와 일하며 후일을 도모했던 언더우드와 쿤스는 미국 정부가

1942년 가을 선교사 에이비슨(Oliver R. Avison)에게 기독교인친한회(Christian friends of Korea) 결성을 제안했던 것이다. 이승만은 미국 사회에서 한국을 아는 유일한 집단이 기독교이므로 이들을 통해서 미국 정계, 특히 의회에 접근하고자 했다. 에이비슨은 전쟁 후 선교사들이 다시 한국에서 활동하기를 원한다면 이승만과 함께 한국의 독립을 위해서 일본과 싸워야 하며, 임시정부 승인운동을 적극적으로 도와야 한다고 주장했다. 1942년 10월 초부터 공식적으로 활동하기 시작한[479] 기독교인친한회는 한·미협회나 주미외교위원부와 함께 미국 상하원 의원들에게 중경임시정부 승인을 위한 청원서를 보냈다.

캐나다 출신 선교사 에이비슨은 1943년 11월 미국과 캐나다 교회가 "연합국과 미국이 몇몇 유럽 국가의 임시정부를 승인하고, 이들의 신임장을 받은 대표들을 통해 거래하는 것을 인정하는 바와 같이 한국 독립의 즉각 승인과 워싱턴 내 신임장을 받은 공식 대표(이승만)를 통해 중국 충칭 내 대한민국임시정부와 거래하도록 연합국과 특히 미국에서 승인받도록 통일된 노력을 기울여야 한다"고 주장했다.[480]

임시정부의 승인을 보류하고 있는 상황에서 이것을 추진하는 단체에 들어가 활동하는 것이 부담되었을 것이다. 반면 헐버트는 적극적으로 동참했다.

[479] 박명수(2019), 앞의 글, 247쪽.

[480] O. R. Avison, "Note on objections some missionaries and some Board Secretaries make to joining in a movement to urge the United States of America to declare the immediate independence of Korea," 18 November 1943, Presbyterian Church Archives, Record Group 140, Box 16, Folder 29. Presbyterian Historical Society, Philadelphia; Kai Yin Allison Haga, "An overlooked dimension of the Korean War: The role of Christianity and American missionaries in the rise of Korean nationalism, anti-colonialism, and eventual civil war, 1884-1953," Ph.D. dissertation, College of Williams & Mary, Arts & Sciences, 2007, pp. 179-180; 카이 인 엘리슨 헤이가(奚家玹) 저, 박상명 역, 『6·25전쟁과 미국 선교사』(북코리아, 2023). 기독교인친한회의 활동에 대하여는 고정휴, 『이승만과 한국독립운동』(연세대학교 출판부, 2004); 안종철, 『미국선교사와 한미관계 1931~1948』(한국기독교역사연구소, 2010); 김승태, 「태평양전쟁기 미국 선교사와

정교분리의 원칙을 견지하는 종교인들(선교사)은 이러한 활동이 정치적이라며 거리를 두기도 했으므로 이들 친이승만 단체의 활동이 기대했던 것만큼의 역할을 하기에는 미흡한 점이 있었다. 친이승만 단체와 거리를 두는 선교사들은 미국 각 지역의 교회들을 방문하여 한국 상황을 알렸다. 일본이 한국 교회를 핍박하고 있음을 고발했고 한국이 자유와 독립을 누릴 수 있기를 간절히 염원했다. 이들의 지역교회 활동은 반일여론을 형성하는 데 적지 않게 기여했으므로 카이로선언의 한국 독립 조항이 가능했다는 주장이 있다.[481]

그런데 친이승만 단체의 의회 로비는 비교적 성공적이었다. 이미 1942년 5월 4일 공화당 출신 상원의원 토비(Charles W. Tobey)가 미 국무부의 대한민국임시정부 승인 문제를 들고 나왔고, 워싱턴주 출신 하원의원 커피(John M. Coffee)도 1943년 2월 27일 일본의 잔악한 폭정을 규탄하면서 한국 독립을 촉구하고 나섰다.[482]

1943년 3월 31일 미국 연방의회의 하원에서 미시간의 오브라이언(George O'brien) 의원의 제안으로 미국 정부가 대한민국임시정부를 승인할 것을 요구하는 결의안이 하원 합동결의안(H. J. 109호)으로 제출되었다. 바로 다음 날인 4월 1일 하원 외교위원장 블룸(Sel Bloom)은 곧바로 국무장관 헐에게 이 결의안을 보내면서 의견을 구했다. 헐은 4월 15일 다음과 같은 의견을 보냈다.

이 결의안의 의회 통과는 현 시점에서 어떤 효과적인 목적에도 들어맞지 않

그 자녀들의 대일전 참여: 미북장로회 내한 선교사를 중심으로」, 『한국독립운동사연구』 78(2022) 참조.
[481] 김명구(2020), 앞의 책, 25쪽.
[482] 김명구(2020), 앞의 책, 26쪽.

으며, 이러한 결의안이나 그 밖의 결의안이 의회에서 통과되는 것은 본국이 외교관계를 운영하는 데 있어 혼선, 왜곡, 그리고 당혹감을 안겨줄 수밖에 없다는 것이 본인의 의견이며, 귀하도 여기에 동의하리라고 생각합니다.[483]

또한 위스콘신주 상원의원 와일리(Alezander Wiley)는 하원에 제출된 결의안을 다시 상원 합동 결의안(S. J. 49호)으로 전환하여 1943년 4월 22일 제안했다. 이렇게 미국의 상하 양원에 대한민국임시정부 승인을 위한 공동 결의가 제출, 승인되었던 것이다. 미국 상원에 정식으로 제출되어 통과된 대한민국임시정부 승인 결의안은 6월 11일에야 미 국무부에 전달되었고, 이 결의안을 전달받은 헐은 6월 18일 이미 하원외교위원장에게 같은 안건에 대해서 답을 보냈다고 언급하면서 반대 의견을 보냈다.[484] 주무부서인 국무부의 반대로 임정 승인은 비록 실현되지 못했지만 의회 결의안 통과는 제한적인 성과였다.

이렇듯 미국 조야에서 한국인들의 독립 의지가 확인되었으므로 1943년 11월 카이로선언의 한국 독립 보장 조항의 성안에 간접적으로라도 영향을 미쳤다고 볼 수 있다.

이승만은 워싱턴에서 한국 독립, 중경임정 승인 요청 외에 한국인을 대일 전쟁에 참전시켜 이용하라는 백악관 로비활동도 펼쳤다. 로비스트들은 대부분 독실한 기독교인이었다. 한국 독립을 요청하는 진정서에 서명한 이들의 사회적 지위와 기독교계에서의 영향력이 고려되었을 것

---

[483] "Bloom to Hull," April 1, 1943; "Hull to Bloom," April 15, 1943, 895.01/232, RG 59, US Department of State, Decimal Files, US National Archives; 미 국무성(1993), 앞의 책; 박명수(2019), 앞의 글, 263쪽.
[484] "Connally to Hull," June 11, 1943; "Hull to Connally," June 18, 1943, 895.01/263, RG 59, US Department of State, Decimal Files, US National Archives; 미 국무성(1993), 앞의 책; 박명수(2019), 앞의 글, 266-267쪽.

이다. 특히 독실한 기독교인이었던 루스벨트와 감리교 교회에서 철저한 종교 훈련을 받고 자라나 마음 깊이 가난한 자와 억눌린 자에 대해 동정심이 많았던 홉킨스[진보적 사회복음주의(기독교 사회주의) 신학 신봉]485에게 큰 영향을 끼쳤을 가능성이 있다고 유영익(2013)은 주장했다.486 그러나 유영익이 인정하듯이, 백악관이 이에 대한 반응을 보이지는 않았으므로487 한계가 있었다. 또한 임정 승인이 영국이나 소련 같은 연합국과 갈등을 야기할 것이라는 미 국무부의 반복된 입장 표명 때문에 더 이상 진척되지는 못했다.488

한편 미국은 1942년 6월과 7월 '미국의 소리' 방송망을 통해 이승만의 목소리가 한반도 전역에 방송될 수 있게 허가했다.489 이는 식민지 한국에 일정한 영향을 미쳤으며 광복 후 이승만을 독립운동가로 각인시키는 데 기여했다. 따라서 태평양전쟁 당시 이승만의 영향력을 미국이 무시할 정도는 아니었다고 할 수도 있다.

유영익은 독립운동가로서 이승만이 비록 상하이 임시정부와 하와이 교민사회를 원만히 이끄는 데는 실패했지만, 미 행정부를 향한 전방위적인 외교 노력으로 카이로선언을 이끌어내는 데 숨은 공이 있다며 "이

---

485 정일화(2010), 앞의 책, 507쪽; 김명구(2020), 앞의 책, 28쪽.
486 "모든 인간과 국가는 신부적(神賦的) 공평한 권리가 있다"라는 사회복음주의적 평등주의는 윌슨의 경우와 같은 식민지 독립을 위한 이상으로 자연스럽게 연결되었다. 루스벨트는 서구 제국주의 식민지 확장의 이론적 근거가 된 우승열패(優勝劣敗)의 사회진화론이나 문명국가론을 극복하려 했다. 사회진화론이나 문명국가론에는 힘의 차이와 상관없이 모든 국가와 인간이 공평한 권리를 가지고 있다는 사상 자체가 없고 동등한 능력을 가졌다는 생각이 없다. 김명구(2020), 앞의 책, 28쪽. 사회복음주의적 평등주의는 이와는 반대로 국가 간의 평등과 인권을 강조한다.
487 유영익(2013), 앞의 글, 61-62쪽. 또한 감리교인인 홉킨스와 루스벨트의 부인이 해리스의 교회를 다녔다든가 아니면 직접 만났다는 증거는 없다.
488 박명수(2019), 앞의 글, 242쪽.
489 유영익(2013), 앞의 글, 63쪽.

승만이 1919년부터 1945년까지 대한민국임시정부의 대통령, 구미위원부 창설자, 그리고 중경임정의 주미외교위원부 위원장 등의 자격으로 끈질기게 전개한 모든 외교·선전활동이 상당히 중요하고 실속 있는 성과를 거둔 운동으로 높이 평가받아 마땅한 것임을 뜻한다"라고 말했다.[490]

방선주(1990)는 이승만이 의외로 미국 언론계 인사나 정부 관료들과 폭넓게 교제했으며 이런 점이 후일 미국의 대(對)한국관 개선에 기여했으므로 이승만의 공적이 실로 크다고 평가했다.[491] 그러나 고정휴(1991)는 태평양전쟁 기간 중 이승만의 대미외교 선전활동이 완전히 실패한 것이라고 평가했다.[492]

카이로회담에서 장제스가 한국 독립을 적극 주장하지 않았다고 주장하는 정일화는 이승만이 같은 감리교도인 홉킨스에게 영향을 미쳤다고 주장하나[493] 물증 없는 추정일 뿐이다. 또한 『일본내막기』와 이승만이 백악관에 직접 쓴 편지들, 한국 선교사 출신의 미국 기독교인들을 동원한 여론전이 복합적으로 작용해 카이로선언을 이끌어냈다'는 주장도 있으나 역시 근거는 확실하지 않다. 홉킨스가 당시 루스벨트의 대소정책을 보좌한 핵심 측근의 하나임에는 분명하지만[494] 루스벨트는 누구에게도 위임하지 않고 개인외교(private diplomacy; 비밀외교; 미 국무부 등 외

---

[490] 유영익(2013), 앞의 글, 64쪽; 배영대, 「한국만 콕 찍어 독립 보장 … 70년 전 루스벨트·처칠·장제스 그들은 왜」, 『중앙일보』, 2013년 5월 13일자.
[491] 방선주, 「1930년대의 재미한인 독립운동」, 국사편찬위원회 편, 『한민족독립운동사』 8 (국사편찬위원회, 1990), 438쪽.
[492] 고정휴, 「이승만은 독립운동을 했는가」, 『역사비평』(1991), 204쪽.
[493] 최종희, 「카이로선언은 '홉킨스의 드라마' … 이승만과 통했다」, 『뉴데일리』, 2011년 9월 14일자.
[494] 이주천, 『루즈벨트의 친소정책, 1933~1945: 루즈벨트의 우호적 대소관과 대소유화정책의 형성과정에 관한 연구』(신서원, 1998), 138쪽.

교정책 결정의 공식기구에 의존하지 않은 것에 빗대어 쓴 표현)를 펼친 인물이었다는 평가가 있다.[495] 루스벨트는 대소관계에서 강경책을 선호했던 당시 국무부를 회의에서 배제하기도 했다. 따라서 루스벨트가 홉킨스에게 카이로선언 기초를 위임했을지라도 모든 것을 위임하지는 않았을 것이며 한반도 독립과 같은 중요 문제에 대해서 대강의 윤곽은 루스벨트가 직접 주었을 것으로 판단된다. 루스벨트와 장제스 회담의 배석자 홉킨스는 양 거두의 뜻을 받들어 구술한 데 불과했던 것이 아닌가 한다.

미국 당국은 카이로회담 전에 이승만 등의 한국 독립과 임정 승인 요청을 받고 조사했으며 장제스보다는 한국의 현실을 잘 몰랐겠지만 이에 대해 전혀 무지하지는 않았다. 따라서 이승만이 얼마나 영향력을 행사했는지 가늠할 수는 없지만 그를 포함한 미국 내 한국 독립운동가들이 미국의 정책 결정자들에게 간접적으로나마 영향을 미치지 않았다고 단정할 수는 없다. 그렇더라도 그 영향력이 장제스를 직접 만나 움직인 김구의 영향력보다는 크지 않았다고 할 것이다.

상해대한민국임시정부의 국무령 국무위원을 역임한 김구는 1932년 4·29 윤봉길의 상하이 홍커우공원의거(虹口公園義擧) 직후인 5월부터 군무부장을 맡아 윤봉길·이봉창 의거 등의 진상 보고서 형식으로 한문판 『도왜실기(屠倭實記)』를 집필, 발간했다. 이 책을 광복 후인 1946년 2월 엄항섭이 국역하면서 김구의 전기와 한국독립운동사를 추가해 3월 국제문화협회에서 간행했다. 이승만은 '장정(長征)'이라는 제목의 서문에서 아래와 같이 적었다.

---

[495] Soon Sung Cho, *Korea in World Politics, 1945~1950: An Evaluation of American Responsibility* (Berkeley, California: University of California Press, 1967); 조순승, 『한국분단사』(형성사, 1982), 39쪽, 230쪽.

윤 의사의 장거(壯擧)가 있은 후로 중국 관민(官民)의 한인들을 대하는 태도는 우호와 신뢰로 일변하여 한중양국은 자고로 순치(脣齒)의 관계에 있음을 다시금 확인하게 되었으니, 국민정부는 물론이요, 장개석 주석 부부가 김구 선생을 절대로 신뢰하여 음으로 양으로 대한임시정부를 지원해준 것은 모두 이 때문이라고 할 것이다. 그중에서도 한국해방의 단서가 된 카이로회담에서 장개석 주석이 솔선해서 한국의 자주독립을 주장하여 연합국의 동의를 얻었다는 사실은 역시 그 원인(遠因)이 윤 의사의 장거에 있었음을 잊어서는 아니 된다.[496]

카이로회담에서 장제스로 하여금 한국의 독립을 제안하고 그 선언문에 명문화시킬 수 있었던 먼 원인[原因]은 윤봉길 의거에 있다고 평가했던 것이다.[497] 또한 1947년 4월 13일 중국 난징을 방문한 이승만은 장제스를 만나 "장 주석이 카이로회의 시 한국의 독립 주장을 적극 옹호해준 것에 대하여 재삼 감사의 예를 표한다"라고 말했다.[498] 물론 의례적인 표현일 수도 있지만 이승만도 미국보다는 중국이 독립 유공자임을 인정했다고 할 수 있다.

---

[496] 1947년 이 책은 엄항섭 저, 『金九先生血闘史』로 改題되어 중판되었다. 앞의 인용은 중판, 13쪽에 의거했다(blog.naver.com/PostView.nhn?blogId=hslee1427&logNo=221501267597, 검색일: 2019년 4월 8일).

[497] 김광재, 「윤봉길의 상해의거와 '중국측 역할'」, 『한국민족운동사연구』 33(2002), 40쪽; 한국민족운동사학회 편, 『의열투쟁과 한국독립운동』(국학자료원, 2003), 40쪽. 이는 윤봉길 의거 당시 "이런(의거) 행동은 어리석은 짓이며, 일본의 선전선동만 강화시켜줄 뿐 한국의 독립을 가져다주지 못할 것이다"["이승만 자서전 초고문서", KBS 『한국사傳-이승만』 2부]라고 비판한 것과는 사뭇 다르다. 이러한 윤봉길 의거 당시 비판이 사실이라면 이승만의 1946년 평가는 인식 전환이다.

[498] 「이승만 장주석 회견, 한국인을 대표하여 경의를 표시」, 『신보』, 1947년 4월 14일자; 대한민국임시정부 옛청사 관리처 편, 『중국언론 신보에 그려진 한국근현대사』(역사공간, 2004), 485쪽.

그렇지만 카이로회담은 미국 루스벨트가 주도했고 장제스는 최초로 국제무대에 데뷔한 손님 격이었다. 따라서 아무리 장제스가 강력하게 한국의 독립을 주장했더라도 루스벨트가 수용하지 않으면 불가능한 일이었다. 장제스의 한국 독립 제안, 김구 등 임시정부의 투쟁, 이승만 등 재미 독립운동가들의 열정, 추방된 재한 선교사들의 한국 독립을 위한 활동, 진주만 공격으로 촉발된 일본에 대한 미국인들의 적개심[499] 등이 루스벨트의 평등주의적 정치사상과 복합적으로 맞물리고 상호작용해 카이로회담의 한국 독립 조항이 만들어진 것이라고 할 수 있다. 한국 독립 공약은 장제스와 루스벨트, 김구와 이승만의 연합에 의해 만들어졌다고 할 것이다.

5. 테헤란회담의 한반도 신탁통치 문제

1943년 11월 말의 테헤란회담에서도 연합국은 대한민국임시정부 등의 자치능력과 탁치에 대한 반대를 고려하지 않았다.

1943년 11월 28일 테헤란회담 제1차 본회의 전에 루스벨트는 스탈린에게 장제스와 카이로에서 나눈 대화 내용을 공유했다. 프랑스령 인도차이나의 독립 준비를 위해 '20~30년 정도'의 기간을 부과하는 신탁통치제도의 가능성을 장제스에게 말했다고 했다. 이에 스탈린은 전적으로 동의했다.[500]

---

[499] 정일화(2010), 앞의 책, 507쪽; 김명구(2020), 앞의 책, 28-29쪽.
[500] "Roosevelt-Stalin Meeting: Bohlen Minutes," Roosevelt Quaters, Soviet Embassy, November 28, 1943, 3 P. M., *FRUS, The Conference at Cairo and Tehran, 1943*, p. 485. 그런데 이는 테헤란회담에 초청받지 못한 장제스의 제안이었다는 설이 있으나 인도차이나 탁치안은 루스벨트가 장제스에게 먼저 제안해 동의를 구한 것으로 루스벨트의 제안이 맞다. 위 회의록의 각주 7번에 루스벨트는 신탁통치의 아

이렇게 인도차이나 신탁통치안은 테헤란회담 공식 회의록에 나온다. 이와는 달리 한반도 신탁통치안에 관해서는 미국은 물론 소련이 발간한 공식 본회의 회의록에도 그 기록이 남아 있지 않다. 유일하게 남아 있는 사료는 1944년 1월 백악관에서 열린 태평양전쟁자문위원회(The Pacific War Council) 회의록인데, *FRUS* 카이로회담 편에 실려 있다. 이에 의하면 루스벨트는 테헤란에서 스탈린에게 만주, 대만, 펑후열도가 중국에 반환되어야 하고 (필리핀의 훈정 경험에 준거하여-인용자) "한국민은 독립된 정부를 보유하고 유지할 능력이 아직 없으며 40년의 후견(a 40-year tutelage)[501]이 필요하다"라고 평가했다. 이러한 구체적인 내용에 스탈린은 동의했다(had specifically agreed)고 한다[그렇다면 스탈린이 동의한 것은 탁치가 아니라 후견(опéка)일 가능성이 있다].[502] 다만, 루스벨트의 이 발언은 태평양전쟁자문위원회 회의석상에서 한 사후 연설에 나온 것이므로 공식 문서가 아니라 들은 것을 옮긴 전문(傳聞)에 불과했다.

이디어가 훌륭하다고 스탈린에게 말했다고 한다. 처칠이 이에 반대하자, 루스벨트는 "당신 처칠이 3분의 1은 졌다(you are outvoted three to one)"라면서 책망했다고 한다.

[501] tutelage는 통상 '보호'라고도 번역되지만 '보호국'이나 '을사보호조약'과 같이 우리에게는 식민통치의 전 단계로 간주되므로 이 글에서는 후견으로 번역하고자 한다. 이 구절은 '40년의 훈련 기간'으로 번역될 수도 있다. 미국은 tutelage와 trusteeship을 혼용해 특별한 차이점을 부여하지 않지만 소련은 guardianship과 tutelage를 '독립을 위한 후견(опéка)'으로 간주하고, trusteeship은 단순한 신탁통치로 간주해 '독립의 유보'를 연상시킬 정도로 다소 부정적으로 여긴다. 그런데 미국이 신탁통치라는 용어를 제시했을 때 소련은 попечительство(신탁통치) 혹은 протекторат(보호령; 보호통치; protectorate)이 아니라 опéка(아페카/후견)라고 번역했다. 소련은 1945년 12월 모스크바3상회의에서 미국안의 '신탁통치'를 '원조와 협력'으로 보다 구체화하여 훈정이 아니라 독립으로 향하는 원조와 협력으로 간주하려 했다. 즉 신탁통치안에 내포된 독립 유보와 독립 중에서 미국은 전자에, 소련은 후자에 강조점을 두려 했다.

[502] "Minutes of Meeting of the Pacific War Council," Washington, January 12, 1944, *FRUS, The Conference at Cairo and Tehran, 1943*, p. 869. 또한 소련에 다롄과 남만주철도 권익을 주며, 남사할린과 쿠릴열도를 소련에 반환한다는 것에 미·소 간에 합의했다고 한다.

테헤란회담 공식 회의록에 나오는 유일한 한국 문제 논의는 한국 독립 조항에 대한 것이다. 1943년 11월 30일 루스벨트·처칠·스탈린의 조찬 회동에서 처칠이 카이로 코뮤니케 극동 조항에 대한 의견을 묻자 스탈린은 "완전히 동의하지만 약속은 할 수 없다(although he could make no commitments he thoroughly approved the communique and all its contents)"라고 말했다.[503] 이어서 스탈린은 "특히 독립된 조선이 창설되고, 만주와 대만, 펑후열도가 중국에 반환되는 것은 올바른 것"이라고 평가했다.[504]

스탈린이 한국에 대한 40년간의 후견에 (아무런 조건 없이 순순히) 동의했다는 루스벨트의 주장과 스탈린이 "독립된 조선의 창설"을 지지했다는 말은 모순된다. 루스벨트의 주장은 공식 회의록이 아닌 사후 회의에서 나온 회고담이고 스탈린의 주장은 공식 간행물에 나오는 것이므로 후자가 더 신빙성이 있다. 따라서 당시 스탈린은 조선의 독립을 우선적으로 선호했다고 할 수 있다(비록 in due course라는 구절로 제한받기는 했지만 조선의 독립이 달성될 것이 카이로선언에 결의되었으므로 이에 대한 의견을 요청받은 스탈린이 독립에 찬성한 것이며 루스벨트가 in due course 구절에 숨겨진 신탁통치에 대해 언급하자 역시 같이 찬성했다고 하면 모순되지 않

---

[503] "Roosevelt-Churchill-Stalin Luncheon Meeting," November 30, 1943, *FRUS, The Conference at Cairo and Tehran, 1943*, p. 566. 이와 동시에 스탈린은 이 코뮤니케에 무엇인가를 덧붙일 수 있지만 극동에서 군사작전에 참가한 이후에 하겠다고 부연했다. Андрей Андреевич Громыко et al., eds., *Советский Союз На Международных Конференциях Периода Великой Отеч-ествен-ной Войны,1941~1945 г* г, Тегеранская конференция, Т. 2 (Москва : Политическая литература, 1984), p. 127. 이것은 한반도 문제에 대한 자신의 독자적인 구상이나 의견이 있지만 아직 밝힐 때가 아니라는 점을 암시하고 있다. "덧붙일 것"이란 전후 한반도에 대한 자국의 개입 방식과 범위에 관한 것일 가능성이 있지만 소련의 참전 조건과 극동에서의 이해관계, 만주 문제 등에 대한 자신의 견해일 가능성이 더 농후하다.
[504] Громыко et al., eds.(1984), 위의 책, p. 127.

을 수도 있다). 루스벨트는 한반도 신탁통치로 세력을 확보한다는 생각만 있을 뿐 구체적 실행 방법 면에서는 확고한 복안이 없었으므로 더 구체적인 논의를 하지 않았던 것으로 풀이된다(그러나 1944년부터 1945년까지 연합국 승리의 기운이 뚜렷해지며 미국의 힘이 절정에 달했던 시기가 도래하자 미국은 전후 구상을 보다 구체화했다).

Erik Van Ree(1989)는 '동의하지만 약속(서명)은 할 수 없다(approve, but not commit)'라는 스탈린의 수동적 태도를 '논객의 술수', '탁월한 기만'이라고 비판했다.[505] 카이로선언은 루스벨트·처칠·스탈린이 테헤란에 있을 때인 12월 1일 발표되었으므로 11월 30일에는 카이로선언이라는 제목은 없었으며 스탈린은 여기에 원칙적으로는 동의했지만 서명하지는 않았다. 당시 일본과 중립조약을 맺고 있던 소련은 일본 식민지인 한국의 독립을 선언한 카이로선언에 서명해 일본의 비위를 미리 거스를 이유가 없었다. 일본에 대한 도발은 일본과의 전쟁 돌입을 의미할 수도 있어 두 개의 전선에서 싸우는 결과를 초래할 수 있는 것이었다. 대독일 서부전선 하나만으로도 벅찬데, 일본을 자극하여 만일 동부전선이 형성된다면 매우 위험한 상태에 빠질 수 있다고 판단했다. 두 개의 전선을 갖는 것은 군사전략상 가장 꺼리는 일이었다. 따라서 스탈린은 서명하지 않았고 카이로선언은 3개국 선언으로 그쳤다. 카이로에서는 스탈린 대신 장제스가 자리를 차지하고 들어와 아시아 문제가 관심의 대상이 되었다는 점에서 장제스의 역할이 없었던 것은 아니었다.[506]

요약하면 한국 독립에 대해 동의하지만 공약할 수 없다는 스탈린의

---

[505] Erik Van Ree(1989), 앞의 책, p. 46, p. 139.
[506] 최종희, 「카이로 선언은 '홉킨스의 드라마' ⋯ 이승만과 통했다」, 『뉴데일리』, 2011년 9월 14일자. 카이로회담 독립 조항에 미친 장제스의 역할을 부인하는 정일화가 이 대목에서는 장제스의 역할을 인정했다.

말은 수동적 동의이며 독립과는 다소 상반되는 '40년간의 후견'에 대해서도 역시 '수동적 동의'라고 해석할 수 있다. 왜 수동적으로 동의했을까? 우선 아직 대일전에 참전하지 않았던 스탈린으로서는 한국 문제를 논의할 직접 당사자가 아니므로 공약할 수 있는 처지가 아니라고 생각했을 것이다. 또한 지배 기한을 연장하는 것처럼 여겨질 수 있는 '시한부 신탁통치'보다는 '독립이 올바른 것'이라고 말하는 등 독립에 더 관심이 있었다. 소련의 복안은 독립이었지만 미국이 신탁통치를 강력하게 주장하므로 전시 동맹관계의 순항을 위해서도 미국이 내놓은 안에 일정 정도 수렴해야 했다. 따라서 소련 나름의 신탁통치 방식이라 할 수 있는 '독립을 위한 후견[опéка; 영어의 후견(guardianship 혹은 tutelage)에 해당]'으로 변용시켜 수렴점·타협점을 가져간 것이라고 할 수 있다.

한국 탁치에 대해 스탈린은 수동적으로 동의했지만 반대 의견 표명이 아니라 일종의 동의는 분명했다. 그러므로 미국은 이를 구두합의로 간주했으며 이것이 당시 비공식적으로 이루어진 합의의 전부였다. 또한 이러한 합의는 공식적으로 문서화되지는 못한 상태였다.

종합적으로 보면 1943년 11월부터 1945년 12월 모스크바3상회의 전까지 한반도 신탁통치 논의는 미국이 주도했다고 할 수 있다.

6. 미국의 한반도 신탁통치 입안 의도

초기 구상을 중심으로 보다 구체적으로 살펴보면, 미국은 한반도가 소련의 세력권으로 분류될 가능성이 많다고 판단했으므로 이 지역에 대한 소련의 영향력을 일관되게 견제해왔다. 미국은 다국적 신탁통치안을 통해 소련을 견제하고자 이 방안에 집착했던 것이다.

전략적 지역에서 분쟁 가능성을 감소시키기 위하여 입안된 신탁통치안에 평화의 이념이 관철된 것처럼 보이지만 이는 피상적 관찰이다. 왜냐하면 신탁통치안에 대소(對蘇) 견제적 성격이 본질적으로 내재해 있기 때문이다. '권력의 공유' 이념이 관통해 있는 국제적 신탁통치안은 표면적으로는 상호 협조의 산물인 것처럼 보이지만, 본질적으로는 오히려 상호 견제의 수단이라고 이해해야 한다.

신탁통치안 외에 다른 어느 대안도 과다한 무력 개입 없이 한반도 주변의 전통적 강대국 소련과 중국을 동시에 효과적으로 제어할 수 없었을 것이다. 중국과 소련도 한반도에 대한 관계국의 일방적 지배를 견제하려 했으므로 이를 가능하게 한 신탁통치안의 적용에 대하여 만족스럽지는 않아도 안심할 수 있었다. 다국적 신탁통치안은 한반도에 대한 소련의 이해를 인정하는 듯하면서도 다국의 힘으로 소련의 팽창 충동을 저지하고 구속할 의도하에 구상된 소련 견제안이었다.[507] 미국은 한반도가 어떤 일방의 독점적 세력권이 되는 것을 견제한다는 계산을 가지고 '공동,' '다국적,' '국제,' '다자간'이라는 용어를 구사했다. 한반도에 관련해서 그 일방이 중국이었던 때도 잠시 있었으나 1940년대 중반에는 소련이었다.

위와 같은 맥락에서 종합적으로 평가하면 신탁통치안은 직접적 대결이라는 전통적 방식을 지양하고, 다자가 연루된(multilateral) 정교한 국제체제를 통하여 관계국을 제어할 수 있는 고도의 정치적 수단이라고 풀이된다. 루스벨트는 영국의 제국주의와 중국의 팽창주의, 한국의 민족주의 모두를 의식했으며 무엇보다도 소련의 공산주의를 가장 경계했다. 미국은 영·중·소가 동맹국이었으므로 전쟁 수행 과정에서 노골적

---

[507] 이동현, 『한국신탁통치연구』(평민사, 1990), 38쪽.

으로 견제할 수 없었는데 그런 의미에서 신탁통치는 다른 국가들이 의식하지 못한 상태에서 소기의 목적을 달성할 수 있는 훌륭한 복안이었다. 또한 영국의 반대로 별다른 성과를 거두지는 못했으나 탁치안은 영국과 서방 제국주의 국가들이 전쟁 이전의 식민지에 복귀하려는 의도를 제어하려는 방안이기도 했다.

또한 미국이 19세기 말 이래 대중(對中)정책으로 견지했던 문호개방정책(Open Door Policy)과 한반도 신탁통치안을 연관 지어볼 수 있다. 1898년 스페인과의 전쟁을 계기로 제국주의 대열에 본격적으로 끼어든 미국은 중국에서의 세력 분할 경쟁에서 한발 뒤진 것을 만회하기 위하여 문호개방정책을 선언하고 나섰다. 후발 선진국으로 발돋움하려 했던 미국은 남미와 필리핀을 제외한 지역에서 유럽열강처럼 직접적인 무력 개입에 의한 식민지화(colonization)를 수행할 여력이 없었다. 따라서 이미 중국과 같은 특정 식민지에 진출했던 다른 열강에 시장 개방을 통한 동등한 권리를 요구하는 문호개방정책을 추진했던 것이다. 이런 맥락에서 문호개방정책은 전형적인 미국식 정책이었다.

미 국무부의 정책 입안가들은 "문호개방의 국제적 원칙에 부합되는 신탁통치를 적용함에 있어서 한반도는 다른 어느 곳보다 적합한 지역"이라고 분석했다.[508] 한반도 신탁통치안을 문호개방정책에 근거한 미국의 주도권 장악 수단으로 볼 수 있는 근거가 여기 있다.

그런데 문호개방정책이나 신탁통치는 전 세계 약소국에 적용되는 보편적이며 인도주의적 원칙이 아니라, 중국이나 한국과 같이 미국의 세력 기반이 타국에 비하여 취약한 지역에서 적용될 수 있는 이중적이며 모순된 정책이었다. 만약 신탁통치안과 문호개방정책이 보편적 원칙이

---

[508] FRUS, *The Conferences at Washington and Quebec, 1943*, pp. 720–726.

라면 미국은 전쟁 전후의 필리핀에도 신탁통치안을 적용하거나 전후 일본에도 문호개방정책을 적용했어야 한다. 그러나 미국의 기반이 탄탄한 지역에서는 다국적 문호개방정책보다 독점전략이 적용되었다.

강대국 간 영향력의 공유와 교차 현상이 19세기 말에 이어 20세기 중반에도 한반도에 재차 도래했다. 한반도에 관한 한 미국은 직접 이해당사자인 소련·중국에 비해 후발 경쟁자였다. 따라서 미국은 후발 경쟁자로서의 이익을 확보하기 위하여 국제신탁통치안이라는 문호개방적 다자간 협상으로 영향력을 보전하려 했다. 미국이 19세기 말 중국에 적용하려 했던 문호개방정책이나 20세기 중반 한국에 적용하려 했던 신탁통치는 독립 보장을 구실로 세력을 확보하려 한 점은 같다. 그러나 20세기 중반 한반도가 19세기 말 중국과 다른 점은 ① 비록 유력한 경쟁자인 소련이 있었음에도 불구하고 미국은 어느 열강에 결코 뒤지지 않는 유리한 위치에 있었다는 사실과 ② 한반도가 중국보다 전략적 가치가 떨어지는 지역이어서 막대한 재원이 요구되는 식민지화가 바람직하지도 않을 뿐만 아니라 소련의 반대로 불가능하다고 판단되던 지역이었다는 점이다.

그런데 과다한 무력 소모 없이 개입할 수 있는 것이 신탁통치안의 특징이었으며 또한 봉쇄정책(containment policy)의 핵심적 특성이기도 하다. 케넌(George F. Kennan)이 제안한 봉쇄전략은 군사력의 무조건적인 투입을 공약하지 않고 비교적 낮은 수준의 경제·기술 및 군사원조 비용만으로도 소련의 팽창을 저지할 수 있는 수단을 제공해준다.[509] 만

---

[509] 1946년 2월 22일 모스크바에서 국제전보[The Long Telegram; Telegram, George Kennan to George Marshall ("Long Telegram"), February 22, 1946. Harry S. Truman Administration File, Elsey Papers, Truman Library (www.trumanlibrary.org/whistlestop/study_collections/coldwar/documents/pdf/6-6.pdf; www.ntanet.net/KENNAN.html, 검색일: 2016년 4월 12일]를 통해 봉쇄정책을 제안했던 케

약 약소국이 미국의 원조와 자문만으로 스스로를 방어할 수 있다면 군사적 보호라는 적극적인 보장은 필요 없어질 것이다. 이런 맥락에서 한반도에 대한 봉쇄정책은 문호개방적 신탁통치안 구상에서 이미 관철되고 있었다고 평가된다.

결론적으로 요약하면, 신탁통치안은 필리핀의 예에서 이미 확인되었듯이 자치와 독립을 부여하기 위한 인본주의적 구상이 아니라, 특정 지역에서 미국과 경쟁할 가능성이 있는 어느 일방, 특히 소련을 다국적 방식으로 견제하면서 세력을 확보하려는 목적에서 구상된 새로운 미국식 식민지배 양식에 불과한 것이라고 할 수 있다. 미국은 신탁통치를 통해 직접 개입 없이도 실속을 챙기려 했다. 결국 명분과 실리를 동시에 모두 챙기려는 전략이 신탁통치안이라고 할 것이다.

이렇듯 미국의 신탁통치 구상은 적당한 군사력을 지출하면서도 전쟁 없이[510] 세력을 확보할 수 있는 문호개방적 안이었다. 따라서 막대한 군사력이 필요한 직접 점령과는 대비된다. 미국은 일본과 같은 핵심적 중

년(1944~1946년 해리먼 소련 주재 미국대사 밑에서 부대사역임)은 1947년 7월 *Foreign Affairs*지에 Mr. X라는 필명으로 실은 논문 "The Sources of Soviet Conduct"(현실주의자의 경전으로 여겨짐)에서 계획경제와 정치적 탄압의 위험한 결합으로 이루어진 소련의 체제는 결국 자유화의 길을 걷거나 자멸할 수밖에 없다고 예측했다. 따라서 소련의 팽창정책에 적절한 역공을 취하기만 하면 미국은 군사적 대결주의를 추구할 필요가 없다고 주장했다. 그것이 전면적이고 소모적인 군사비 지출을 피하면서도 소련의 팽창을 제어할 수 있는 봉쇄정책이었다. 또한 소련이 경쟁에 참가하면 끝없는 무기경쟁으로 이어질 수 있으므로 핵무기 대량생산을 반대했다. 미국 정계의 수뇌부가 케넌의 충고를 수용한 결과, 1949년부터 1991년까지 핵 참사를 피하면서 소련의 붕괴를 유도할 수 있었다. 핵무기 사용을 자제한 정치인들뿐만 아니라 20세기 최고의 중재자 격인 케넌이야말로 칭찬받아야 마땅하다는 것이다. 로버트 댈렉, 「조지 F. 케넌, 1904~」, 앨런 와인스타인·데이비드 루벨 저, 이은선 역, 『사진과 그림으로 보는 미국사』(시공사, 2004), 582-583쪽.

510 William A. Williams, *The Tragedy of American Diplomacy* (New York: A Delta Book, 1962), p. 49; 윌리엄 애플맨 윌리엄스 저, 박인숙 역, 『미국 외교의 비극』(늘함께, 1995), 73쪽.

심(center)에는 군사적 독점전략을 채택했다. 그런데 미국은 동북아시아의 주변부(periphery) 중에서도 상대 진영의 독점적인 지배를 막아야 하는 한반도와 같은 '중간적 주변부[주변 중에서 상대적으로 중심에 가까워 준중심(semi-center)에 더 다가갈 여지가 있는 지역]'에는 '제한적 개입정책'이라고 할 수 있는 탁치를 채택했다. 그러나 개입과 방관의 중간에 있는 이러한 불명확한 정책이 급변하는 국제정세 속에서 상대 진영의 독점을 초래한다고 판단되었을 경우는 중심에 적용되는 군사적 점령정책으로 전환될 수 있는 여지가 있었다.

따라서 1945년 8월 10일 이후 한반도로 진격한 소련의 독점이 우려되자, 1944년경 잠시 존재했던 탁치와 점령의 양립 가능성이 와해될 위기에 처했다. 이에 미국은 신탁통치로부터 냉전시대 동북아시아 최초의 봉쇄정책이라고 할 수 있는 반분에 의한 한반도 분할점령으로 급격하게 전환했던 것이다.

부록 1 파한 미 선교사들의 본국 추방과 미·일 관계의 균열 심화

1937년 중·일전쟁이 발발한 다음에도 상당 기간 동안 미 국무부는 일본과 긴밀한 관계를 유지했다. 신사참배를 반대하는 평양의 북장로교 선교사들에게 일본 정책에 순응할 것을 요청하기도 했다. 그러나 1939년 9월 독일의 폴란드 침공으로 세계대전이 시작되었고, 1940년 10월 일본·독일·이탈리아가 추축국을 형성함으로써 일본은 영국과 대립하면서 영국을 지지하던 미국에 대해서도 적대감을 드러냈다. 이런 상황에서 일본의 중국 침략이 더 심화되어 1940년 여름 일본은 상하이를 침공했다. 이를 본 미국 총영사 마시(Gaylord Marsh)는 10월 둘째 주에 주한 미국인들에게 철수 명령을 내렸다. 1940년 11월 16일 마리포사호를 타고 291명(캐나다, 오스트레일리아, 영국인 포함; 미국인은 189명)의 선교사와 그들의 가족들이 인천항을 떠났다.[1]

그러나 일본에 대한 희망적인 입장을 갖고 있던 언더우드 2세(Horace Horton Underwood; 1890~1951) 가족과 선교부 재산 처리 문제 등으로 곧바로 미국으로 철수할 입장이 아니었던 애덤스(Edward Adams) 이외에 밀러(Edward H. Miller), 경신학교장이었던 쿤스[Edwin E. Koons; 1942년 8월 미국으로 돌아와 전시정보국(the Office of War Information)에 고용되어 산하 기관인 미국의 소리(Voice of America)에서 일했다] 가족과

---

[1] Donald N. Clark, *Living Dangerously in Korea: The Western Experience, 1900~1950* (Norwalk, CT: EastBridge Press, 2003); 박명수, 「태평양전쟁 시기 기독교인친한회(基督敎人親韓會)의 대한민국 임시정부 승인 운동」, 『한국독립운동사연구』 65(2019), 244쪽; 김명구, 『한국 기독교사 2』(연세대학교 출판부, 2020), 23쪽.

같은 북장로교 선교사들과 남장로교회의 탤미지(J. V. N. Talmage) 등이 철수하지 않고 남아 있었다.

그렇지만 1941년 12월 7일 진주만 공습으로 태평양전쟁이 발발해 미·일 관계가 최악으로 치달았다. 1942년 6월까지 600여 명이 한국을 떠났다.[2] 결국 한국에 남아 있던 미국인들(선교사 37명 포함)은 적성국가의 국민으로 구금되거나 자택에 억류되었으며 전쟁포로 취급을 받기도 했다.

그간 유럽전선에 병력의 70% 이상을 투입하여 승리가 쉽지 않던 미국이 일본과의 미드웨이해전에서 승기를 잡을 즈음인 1942년 6월, 미국인 포로 송환이 이루어지기 시작했다. 선교사들은 아직 한국에 남아 있던 다른 미국인들과 함께 1942년 5월 31일 이 사실을 통보받고 그 다음 날인 6월 1일 부산항을 출발해 고베를 거쳐 요코하마항으로 이송된 후 그곳에서 또 다른 미국 민간인 억류자와 함께 일본 선박 아사마마루에 올라 6월 25일 일본을 떠났다. 이들은 홍콩과 싱가포르를 거쳐 7월 11일 남아프리카 모잠비크에 이르렀고 여기에서 연합군에 잡혀왔던 일본인 포로와 교환되어 미국 선박 그립솔름에 승선해 8월 25일 뉴욕에 도착했다.

그들이 도착하기 전인 1942년 8월 15일 한국의 상황을 파악하려는 미군 정보당국이 배에 올라 인터뷰를 했다. 선교사들은 대부분 인터뷰에 응했다. 그들은 1941년 12월 초 미 대통령이 한국 독립을 약속했다는 성명을 발표했다는 루머가 돌았고 이것이 한국 독립에 대한 열정과 희망을 갖게 했다고 증언했다. 또한 현 상황에서 임시정부 승인은 한국에 큰 혼란을 일으킬 것이라고 말했다. 이 대목에서 당시 미국이 임

---

[2] 김명구(2020), 위의 책, 23-24쪽.

정 승인에 대해 어떻게 해야 할지 내부적으로 정보를 수집하고 있었다는 사실이 확인된다. 한국인이 일본인을 싫어하는 이유로 징집, 창씨개명, 초등학교에서 한국어 교육 금지, 매월 약 1,500명씩 한국 소녀들을 일본군 '위안부'로 보내는 일 등을 꼽았다. 한국인의 반일감정을 미국의 정책 결정자들도 잘 알게 되었을 것이다. 또한 모든 것을 포기하고 추방당한 선교사들도 반일적인 태도를 갖게 되었음이 확인된다. 선교사들은 소련의 영향으로 서북지방에 공산주의자가 활동하고 있다고도 했다.[3] (한국 공산주의운동에 소련이 끼친 영향이 국경을 접하고 있는 관북지방이면 몰라도 서북지방에 치우친 것은 아니었는데, 당시 선교사들의 주요 활동 지역이 서북지방이라서 이러한 평가가 나온 것으로 추정된다.) 소련이 한국인 공산주의자들을 동원해 친소정부를 수립할 것을 미국이 우려했던 점도 이후 미국이 임정을 승인하지 않았던 이유 중 하나이다.

---

3   "Interview[s]," August 15, 1942, 국가보훈처 편, 『OSS(Office of Strategic Service) 재미한인 자료』(국가보훈처, 2005), 737-740쪽; 박명수(2019), 앞의 글, 244-245쪽.

부록 2 1942년 12월 루스벨트의 '남부한국(South of Korea)' 언급

　루스벨트는 현실주의자들의 주무기인 세력 균형(balance of power)을 혐오하던 이상주의적 면모를 가지고 있었지만 일찍이 1942년 12월에 일종의 세력 균형 방안인 남북 세력 분할안을 검토했다. 남부한국은 미국과 중국의 세력권이며 북부한국은 소련의 세력권으로 하는 일종의 분할 방안을 고려했던 것이다.

　1942년 10월 4일 장제스는 루스벨트의 개인 특사 윌키(Wendell L. Willkie)[1]와의 회합에서 "전후 문제의 핵심이 극동지역에 있다"라고 주장하면서 "영국은 극동에서 멀리 떨어져 있고, 소련은 시베리아에 가로막혀 있으므로 지리적으로 극동 문제의 해결은 미국과 중국이 주도하는 것이 가장 바람직하다"라고 강조했다. 나아가 과거 피압박 민족 해방에 대한 영국과 소련의 성명이 "허위 발언"이었으며, 이를 믿었던 중국은 오랜 기간 고통을 받았고 그 결과 소련과 영국을 더 이상 신뢰할 수 없게 되었다고, 소련과 영국에 대한 불만과 불신을 표출했다. 장제스는 이러한 이유로 전후 미·중 양국이 극동지역 식민지 문제를 해결할 것을 주장했다.[2] 이튿날 속개된 면담에서 장제스는 전후 태평양 지역의 영구적 평화를 위해서 미·중 양국이 협력관계를 긴밀히 구축해야

1　윌키는 1940년 대통령 선거에서 공화당 소속으로 루스벨트에게 패한 후 루스벨트를 지지, 대통령 개인 특사로 해외 순방에 나서 국제주의 이념을 전파하려 했다.
2　「蔣委員長在重慶接見威爾基先生聽其報告對中國發展公今運動之意見及交換有關戰後問題之意見談話記錄」(1942.10.4.), 秦孝儀 主編, 『中華民國重要史料初編: 對日抗戰時期』第三編, 戰時外交 1(臺北, 臺灣: 中國國民黨中央委員會黨史委員會, 1981), 759-760쪽.

하며, 특히 전후 미국과 중국이 협력하여 소련의 공산주의 세력 확산을 방지하는 것이 극히 중요하다고 강조했다. 그는 "태평양 문제의 핵심은 중국의 소련 공격 저지 여부에 달려 있다"라고 주장하면서, 중국이 미국의 도움을 받아 "극동지역에서 민주국가들의 보호벽(屛障)이 되어야 한다"라고 설명했다. 나아가 전후에 "중국이 강해지지 못하면 공산당 세력이 만연하여 세계는 평안할 날이 없게 될 것이며, 반대로 중국이 강국으로 거듭나면 태평양 지역에서 공산주의 확산을 저지할 수 있을 것"이라고 강조했다. 장제스는 마지막으로 "전쟁 이전에 중국은 일본과 소련의 완충지대였지만 전후에는 미국과 소련 사이의 완충지대가 될 것"이라고 주장했다.[3]

당시 루스벨트를 비롯한 미국의 고위 정치가들이 아직 냉전적 사고를 하지 않을 때, 장제스가 전후 동아시아에 닥칠 냉전을 일찍부터 대비하고 있었다는 점이 주목할 만하다. 장제스가 반공·우익적 사상에 기울었던 데 비해 루스벨트는 소련과의 전시 협조를 강조하는 용공적 입장을 견지했으므로 양인의 이념적 지향이 대비된다.

이어 1942년 12월 초순 장제스는 자신의 외교 고문이자, 미국인 동아시아 전문가 래티모어(Owen Lattimore)를 워싱턴에 파견하여 루스벨트에게 중국의 전후 구상을 전달했다. 장제스는 한반도를 포함한 아시아에서 전후 소련의 영향력 배제를 전체적으로 요구했다. 먼저 대만과 만주는 중국에 반드시 반환되어야 하며, 미국은 이 지역에서 해공군 기지 이용의 특권을 가질 수 있다고 제안했다. 또 전후 인도차이나 지역

---

[3] 「蔣委員長在重慶接見威爾基先生商談印度問題, 美國援華問題, 戰後中美合作問題及英 蘇問題談話紀錄」(1942.10.5.), 秦孝儀 主編, 『中華民國重要史料初編: 對日抗戰時期』第三編, 戰時外交 1(臺北, 臺灣: 中國國民黨中央委員會黨史委員會, 1981), 761-776쪽. ##표점 확인##

의 프랑스 반환에 반대하고 독립을 주장하면서, 단, 인도차이나가 자치능력을 갖추기 전까지는 중국이 단독으로 '빅브라더(Big brother)'의 역할을 담당해야 한다고 했다. 한편 한반도는 인도차이나와 달리 소련과 인접해 있으므로, 전후 "미국과 중국 양국 보호하의 준독립국[Semi-independent under American and Chinese tutelage; 미·중 양국이 공동으로 한반도를 관리하는 일종의 미중공관(美中共管)안]"이 되어야 하며, 한반도에서 소련의 영향력은 반드시 배제되어야 한다고 강조했다.[4] 즉, 장개석은 소련과 멀리 떨어져 있는 인도차이나에 대해서는 전후 중국의 단독관리를 실시해야 하며, 소련과 인접한 한반도에 대해서는 미·중 공동 관리를 실시할 것을 주장했다. 그뿐만 아니라, 소련에 인접한 만주에서 미국의 해공군 기지 이용권을 보장해줌으로써, 미국의 힘을 이용하여 만주의 안전과 한국에서의 영향력을 확보하고자 했다.

그러나 루스벨트는 장제스의 소련 배제 구상을 반대했다.[5] 루스벨트는 한반도 등에서 소련의 이익을 무시할 수는 없다고 생각했다. 하여 장제스의 소련 배제 요구에 대해 한반도 문제 등에서 소련의 이익을 고려하지 않으면 나아가기 어렵다는 훈계조의 편지 초안을 아래와 같이

---

[4] Memorandum, "Re: Chinese post-war aims," December 4, 1942, Box 5, Lauchlin B. Currie Papers, Hoover Institution Library and Archives; Xiaoyuan Liu, *A Partnership for Disorder: China, the United States, and Their Policies for the Postwar Disposition of the Japanese Empire, 1941~1945* (Cambridge, UK: Cambridge University Press, 1996), p. 110; 박다정, 「태평양전쟁 초기 중국의 팽창주의와 미국의 한반도 신탁통치 결정(1941~1943)」, 『역사학보』 25(2022), 353쪽, 376쪽.

[5] 한편 박다정은 12월 10일 루스벨트가 래티모어를 통해 장제스에게 보낸 서신에서, 동북과 대만의 중국 반환에는 동의했지만 인도차이나와 한반도 문제 처리에는 각각 영국과 소련이 참여해야 한다고 말했다고 중국 자료를 인용해 주장했다. 「對美關係(三)」, 『蔣中正總統文物』, 國史館藏, 002-090103-00004-089; 박다정(2022), 위의 책, 377쪽.

검토, 발송했다.⁶ 이러한 경로 등으로 미국은 중국의 한국에 대한 노골화된 야욕의 실체를 확실하게 파악할 수 있었다. 래티모어는 1942년 12월 18일 루스벨트에게 비망록을 보내 장제스에게 보낼 편지안을 검토해달라고 했다. 루스벨트는 12월 22일 직접 수정했으며 23일이나 24일경에 래티모어에게 전달했다.⁷ 편지는 12월 28일 장제스에게 전달된 것으로 추정된다.

루스벨트는 이를 통해 장제스에게 신탁통치에 대해 그동안 발전시킨 개념 중 중요한 부분들을 설명했다(1942년 6월 1일 몰로토프와 만난 루스벨트는 잠정적인 국제신탁통치가 장제스의 아이디어라고 말했다.⁸ 따라서 루스벨트가 탁치안 구상 과정에서 장제스로부터 더 구체적인 아이디어를 얻었을 가능성도 있다. 이런 맥락에서 위와 같이 1942년 12월 그 구상의 진전을 편지로 알렸다고 할 수 있다). 루스벨트는 동아시아와 태평양 지역의 전후 문제를 개관하면서 몇몇 식민지는 기존 종주국들의 지배권 획득에 반대하면서 신탁통치라는 개념의 새로운 법적 적용(a new legal application of the concept of trusteeship; 새로운 개념의 신탁통치)을 통해 해결해야 할 것이라고 장제스에게 말했다. 이 제도는 1국에 위임될 수도 있고 혹은 여러 국가들로 구성된 신탁이사회(boards of trustees)에 위임될 수도 있다. 신탁통치는 "기간의 중요성과 '새로운 시기'가 도래한다는 원

---

6   "State Department official Alger Hiss to Syngman Rhee, Dec 18, 1941", D/ S File 895.01/60-5/26; 秦孝儀 主編, 『中華民國重要史料初編: 對日抗戰時期』第 三編, 戰時外交 1(臺北: 中國國民黨中央委員會黨史委員會, 1981), 747-748쪽; "Draft of Letter from Lattimore to Generalissimo," [December 22, 1942], *FRUS, 1942*, China, pp. 185-187; 박다정(2022), 앞의 책, 352쪽.

7   "Draft of Letter from Lattimore to Generalissimo," [December 22, 1942], *FRUS, 1942, China*, p. 185의 각주 55.

8   "Memorandum of Conference Held at the White House, by Mr. Samuel H. Cross, Interpreter," Monday, June 1, 1942, 10:30 a.m., *FRUS, 1942*, vol. Ⅲ, Europe, pp. 580-581.

칙(the importance of time and the principle of 'coming of age')"을 더 분명히 정의한다는 점(시정 기간을 한정하고 독립을 전제로 한다는 점)에서 국제연맹 시절의 위임통치에서 한 걸음 전진한 것(an advance over the mandate of the League of Nations)이다. 즉 "이 제도는 필리핀의 독립을 위한 미국의 일정표에 나타난 바와 같이 '자치의 연속단계 원칙과 동의어'라는 것이다[This(trusteeship-인용자) would be analogous to the principle of successive stage of self-government embodied in the American schedule for Philippine independence]." 이렇듯 루스벨트는 미국에 의한 필리핀의 자치 부여 과정을 신탁통치와 동일시했다.[9]

이 서신의 후반부에서 종전 후 중·미·영·러 4국이 세계의 4대 경찰(the four 'big policemen')로서 평화유지에 협력해야 할 것이라는 점, 그리고 한국 (독립) 문제 처리에서 소련을 배제하면 긴장을 조성하게 될 것이라는 점 등을 강조했다. 한국을 신탁통치 대상 국가로 지정하지는 않았지만 신탁통치 논의와 4대 경찰론에 뒤이어 한국 문제를 논의함으로써 한국이 바로 과거 왕조로 복귀시키지 않고 4대국이 구성할 신탁위원회가 담당할 지역 중의 하나임을 시사했던 것이다. 또한 중국과 미국은 서태평양의 광범위한 지역에서 가장 책임 있는 강국이라면서도 시베리아, 한국, 일본과 연결된 미국 영토와 인접한 북태평양 지역에서 러시아를 배제하는 것은 바람직하지 않다면서 한국 독립 문제를 예로서 적시했다(따라서 장제스는 루스벨트가 한국을 독립시키려 한다는 사실을 카이로회담 이전에 알고 회담에 임했다고 할 수 있다. 또한 한반도에 대한 신탁통치

---

9   미 국무부 극동국이 국무장관을 위해 만든 "Memorandum Prepared in the Office of Far Eastern Affairs," [Washington,] April 18, 1944, *FRUS, 1944*, vol. V, p. 1233에도 필리핀이 기존의 세력 균형적 국제질서의 관행(이로써는 평화를 달성할 수 없다고 판단됨)을 깨고 식민지인들에게 독립을 부여할 수 있는 모범사례로 간주되었다.

적용 가능성에 대해서도 인지했다고 할 수 있다). 북태평양 지역에서 소련을 고립시키면 긴장을 완화하기보다 조성할 우려가 있다고도 했다. 그러면서 장제스가 제안한[10] 중국과 미국이 서태평양의 평화를 지키기 위한 실제적 기지로서 남부한국(South of Korea)에 대해 언급하면서 이에 대한 논의는 훗날 상세히 고려할 문제 중 하나라고 적었다.[11]

그렇다면 미국(과 중국)이 이 시점부터 한반도의 분할을 고려했다고 해석하는 것은 과장일까? 현실주의자들의 주 무기인 세력 균형을 혐오하던 이상주의자 루스벨트에 의해 일찍이 1942년 12월에 남북 세력 분할안이 검토되었다고 한다면 역시 과장일까? 이는 과장이 아닌 행간의 심층적 의미를 파고드는 유추 해석이라고 생각한다. 이에 의하면 남부한국은 미국(과 중국; 장제스의 원래 제안이었으므로 중국을 염두에 두어 끼워 넣어주었지만 본심으로는 중국의 전통적 야욕을 견제하려 했음이 이후 여러 정책문서에 나와 있다)의 세력권, 북부한국은 소련의 세력권으로 하는 일종의 분할 방안이 고려되고 있었다고 확대해석할 수 있다.

이 문헌에 의하면 루스벨트는 "처칠도 신탁통치 원칙을 진심으로 환영한다"라고 래티모어에게 말했다[The President finds (tell me; 루스벨트 첨가 부분) that Mr. Churchill heartily welcomes (is interested in; 래티모어의 원래 표현을 루스벨트가 삭제함) the principle of trusteeship].[12] 처

---

10 秦孝儀 主編,『中華民國重要史料初編: 對日抗戰時期』第三編, 戰時外交 1(臺北: 中國國民黨中央委員會黨史委員會, 1981), 746-748쪽;「事略稿本」, 民國31年 12月,『蔣中正總統文物』, 國史館藏, 002-060100-00171-028; 박다정,「태평양전쟁 초기 중국의 팽창주의와 미국의 한반도 신탁통치 결정(1941~1943)」,『역사학보』 256(2022), 377쪽.
11 "Draft of Letter from Mr. Owen Lattimore to Generalissimo Chiang Kai-shek," [December 22, 1942], FRUS, 1942, China, p. 186.
12 "Draft of Letter from Mr. Owen Lattimore to Generalissimo Chiang Kai-shek," [December 22, 1942], FRUS, 1942, China, p. 186; 구대열,『한국 국제관계사 연구 2: 해방과 분단』(역사비평사, 1995), 245쪽 각주 36.

186   FOREIGN RELATIONS, 1942, CHINA

    In certain colonial areas it will hardly be desirable to restore the previous regimes in full, even if that were possible. It may be possible in many instances to find a solution through a new legal application of the concept of trusteeship. Some such trusteeship might be entrusted to a single nation, others to boards of trustees composed of nationals of several nations. These boards of trustees would represent an advance over the mandate of the League of Nations because they could be used to define more clearly the importance of time and the principle of "coming of age." This would be analogous to the principle of successive stages of self-government embodied in the American schedule for Philippine independence. The President finds [*tells me*] [58] that Mr. Churchill heartily welcomes [*is interested in*] [58] the principle of trusteeship.

    2. *Southern Pacific.* Like you, the President is convinced [*I suggested to the President*] [58] that for the western Pacific from about the latitude of French Indo-China to about the latitudes of Japan, the principal major powers concerned will be China and America.[59] After this war we shall have to think of China, America, Britain and Russia as the four "big policemen" of the world. Only if they work together can they have uniformity of practice in working out a method for the periodic inspection of the armaments of all countries in order to prevent surreptitious re-armament for purposes of aggression. China and America have obvious qualifications as the most responsible powers in a large area of the western Pacific. In the northern part of the Pacific, however, where American territory approaches closely to Siberia, Korea, and Japan, it would be undesirable to attempt to exclude Russia from such problems as the independence of Korea. To isolate Soviet Russia in this area of the world would run the danger of creating tension instead of relieving tension. South of Korea the question of actual bases from which China and America might protect the peace of the western Pacific is one of those details which may well be left for later consideration. The President is much impressed by your clear view that only bases in the two key areas of Liaotung and Formosa can effectively coordinate land, sea and air power for the long term prevention of renewed aggression.[59]

    The President is delighted by the friendship that has sprung up between his wife and Madame Chiang and is looking forward eagerly to Madame Chiang's visit to the White House.

    In conclusion, let me add that I am leaving in a few days to take [60] up my new duties in charge of the Pacific Bureau of the Office of War

[58] Bracketed revision by President Roosevelt.
[59] This sentence deleted by President Roosevelt.
[60] The words "am leaving in a few days to take" were revised by Lauchlin Currie to read "have taken."

그림 5 래티모어가 장제스에게 보낸 편지의 초안(루스벨트 검토본)

※ 출처: "Draft of Letter from Lattimore to Generalissimo," *FURS, 1942, China*, p. 186."

칠은 후일 국제적인 논의 과정에서 신탁통치에 전반적으로 반대했는데 이 편지를 작성하기 직전인 1942년 11월 처칠이 신탁통치에 반대한다는 말을 명시적으로 하지 않은 상황을 원칙적 찬성이라고 아전인수 격으로 확대해석한 것이 아닌가 한다. "진심으로 관심이 있다"라는 원안을 "진심으로 환영한다"라는 표현으로 수정했으므로 확대해석과 과장은 루스벨트 본인의 아이디어라고 할 수 있다.

래티모어는 저명한 지식인이었지만 소련 첩자로 의심받아 1950년 매카시즘의 표적이 되기도 했다. 미국 연방 상원의원 매카시(Joseph Raymond McCarthy)가 래티모어를 "미국에 있는 소련의 최고 스파이"로 규정하자, 래티모어는 매카시를 "비열한 거짓말쟁이"라고 비난했다.[13] 1948년 12월 14일 그리스 주재 소련공사 바르민(Alexander Barmine)은 FBI 조사관에게 자신이 1937년 망명하기에 앞서 소련군 정보기관(GRU) 책임자 베르진(Berzin) 장군으로부터 래티모어가 소련에 첩보를 제공하고 있다는 이야기를 들었다고 제보했다.[14] 래티모어는 증거 불충분으로 무죄판결을 받았지만, 미국을 떠나 영국으로 이주했다. 역시 저명한 학자였던 비트포겔(Karl A. Wittfogel)은 자신이 래티모어와 절연한 이유 중 하나가 1944년 '코리아'의 미래에 관해 토론하면서 "'코리아'를 소련에 넘겨주는 것이 나쁜 일이 아니라고 생각한다"라는 그의 말을 들었기 때문이라고 회고했다.[15] 래티모어는 위와 같이 1944년은 물

---

[13] 이삼성, 『동아시아의 전쟁과 평화 1: 전통시대 동아시아 2천년과 한반도』(한길사, 2009), 28쪽.

[14] FBI Report, "Owen Lattimore, Internal Security - R, Espionage - R," September 8, 1949 (FBI File: Owen Lattimore, Part 1A), p. 2 (PDF p. 7)(vault.fbi.gov/Owen%20Lattimore/Owen%20Lattimore%20Part%201%20of%202/view, 검색일: 2018년 7월 6일); Robert P. Newman, *Owen Lattimore and the "Loss" of China* (Berkeley: University of California Press, 1992), p. 52.

[15] *Washington Times-Herald*, December 8, 1950 in Anthony Kubek, *How the*

론 1942년에도 소련을 한국 문제에 끌어들이려 했고 1949년에도 자신의 동료들에게 한국이 소련의 통치에 들어가는 것이 좋다고 말하는 등 여러 차례 친소적(친공적) 발언을 한 적이 있었다. 래티모어는 마오쩌둥을 찬양했던 용공주의자이며 중국 공산화에 책임이 있다는 평가도 받았다.¹⁶ '매카시즘'이란 단어를 만든 사람도 래티모어였다. 래티모어는 1950년 『중상모략에 의한 시련(Ordeal by Slander)』이라는 책을 내 매카시가 자기에게 한 비난을 '매카시즘'이라고 지칭했던 것이다.

Far East Was Lost: American Policy and the Creation of Communist China, 1941~1949 (Chicago: Henry Regnery Company, 1963), p. 431.
16 Robert P. Newman(1992), 앞의 책.

부록 3 중국은 1943년 9월에야 루스벨트의 한반도 탁치 구상에 동의했는가

중국은 1943년 9월에 가서야 루스벨트의 한반도 탁치 구상에 동의했다고 여겨지기도 한다. 그 근거는 1943년 9월 28일 워싱턴에서 미 국무부 정치고문 혼벡(Stanley K. Hornbeck)의 요청으로 만났던 중국 외교부장 쑹쯔원과의 대화록이다.

쑹쯔원은 런던의 영국 외무부 관리에게 티베트가 중국의 일부라는 주장을 했다면서 혼벡에게도 이를 여러 번 강조했다. 혼벡이 그렇다면 중국은 한국에 대해서 어떻게 생각하느냐고 물었다. 이에 쑹쯔원은 "중국이 조선을 현재 중국의 일부 혹은 회복해야 할 영토(失地; lost part)로 보지 않으며 현재나 과거 중화제국(中華帝國)의 일부로도 보고 있지 않다(이 대목에서 한국에 대한 중국의 '재점령'이라는 루스벨트의 평가에 깔린 역사 인식의 근거가 박약함이 확인된다-인용자). 중국인들의 지배적 여론은 전후(戰後) 한국에서 국제신탁통치(international trusteeship; 중국식 번역 國際託管)를 실시하는 것이다"라고 대답했다. 인도차이나도 역시 중국의 일부가 아니며 탁치가 실시되어야 할 지역으로 언급했다.[1] 인도차이나에 대한 신탁통치안의 적용은 당사자인 프랑스와 식민지를 많이 가지고 있던 영국 등의 강한 반대로 미·중을 넘어서서 국제적으로 논의되지는 못했다.

그런데 쑹쯔원과 혼벡의 대화 내용이 미국의 한반도 탁치 실시 주장

---

[1] "Memorandum of Conversation, by the Adviser on Political Relations (Hornbeck)," [Washington,] September 28, 1943, *FRUS, 1943, China*, p. 135.

에 대한 중국의 첫 동의라고 보기에는 부족한 점이 있다. 그 전인 3월 29일 웰스와 쑹쯔원의 회동에서도 쑹쯔원이 묵시적으로 동의한 적이 있었다. 또한 혼벡은 국무부 고문이므로 그들의 만남은 공식적인 회동이라기보다는 의견 교환으로 보아야 한다. 그럼에도 불구하고 김학준(2008)은 혼벡과의 회동에 주목해 1943년 9월에야 중국이 한반도 탁치 구상에 동의했다고 평가했다.[2] 이는 중국이 한반도의 신탁통치 적용에 수동적이었다는 것을 강조하기 위한 인용으로 보인다. 또한 중국이 겉으로는 야심이 없는 것처럼 포장하지만 이는 수사일 뿐 루스벨트의 평가처럼 한국 재점령을 기도하고 있다는 것을 강조하기 위한 인용으로도 여겨진다. 물론 중국은 루스벨트보다는 덜 적극적이었지만, 미국의 동맹국이며 대일전 수행에서 미국의 지원을 받아야 했으므로 마냥 수동적일 수만도 없었다.

그런데 쑹쯔원은 1942년 4월 태평양전쟁자문위원회(The Pacific War Council; 태평양전쟁위원회, 태평양전쟁협의회, 태평양군사회의, 태평양전쟁회의로도 번역됨; 루스벨트가 의장으로 네덜란드·중국·캐나다·필리핀·뉴질랜드·영국의 대표 등이 참여; 1942년 3월 30일부터 1944년 1월까지 활동) 참석차 워싱턴을 방문한 자리에서 루스벨트에게 "미국이 중심이 될 태평양전쟁자문위원회가 적절한 시기에 한국을 종전 후 독립시킨다는 점을 천명하자"라면서 임정 승인은 이와 동시에 혹은 독립을 공약한 후 취할 수 있다고 말했다.[3] (이는 루스벨트가 "어떻게 하면 효과적으로 한인을 이용하여 적을 교란시킬 수 있을지 연구하고 다음 번 회의에 구체적인 계획을

---

[2] 김학준, 『북한의 역사 1: 강대국권력정치 아래서의 한반도분할과 소련의 북한군정개시, 1863년~1946년 1월』(서울대학교 출판부, 2008), 535-536쪽.
[3] T. V. Soong, Memo, April 8, 1942, LM 79, roll 1, 895.01/96 1/3; 구대열, 『한국국제관계사 연구 2: 해방과 분단』(역사비평사, 1995), 47쪽.

제출하도록" 지시한 것⁴에 따른 발언으로, 중국이 처음부터 적극적으로 한국 독립 문제를 제기하지는 않았다. 당시 중국은 연합국의 일원이었지만 미·영·소와 대등한 발언권을 행사할 수는 없었다. 따라서 임정 승인 문제를 제기할 때 미·영·소의 입장을 의식하면서 대책을 마련했다.)⁵ 여기서 '적절한 시기'라는 용어가 독립을 유보한다는 것인지 아니면 적절한 시기에 독립을 천명하자는 것인지 불분명하다. 그렇지만 보다 가능성이 높은 전자라면 카이로선언에 나오는 루스벨트의 탁치안 함축 표현인 'in due course' 구절의 원류를 쑹쯔원이 제공했다고 할 수 있다. 따라서 탁치안인지 국제공관인지 불투명하지만 중국이 일찍부터 탁치를 의식하고 대비한 것이 아닐까 한다.

쑹쯔원이 중국인의 주된 의견이라고 언급한 전후 한국에 대한 국제신탁통치 실시 주장은 여론조사를 거치지 않은 다소 주관적인 판단이 아닌가 한다. 또한 당시 중국에서 흔히 쓰였던 개념은 신탁통치가 아니라 국제공관이었다. 중국인은 신탁통치가 무엇인지 잘 몰랐으며 루스벨트가 이를 공개적으로 추진하기 전까지는 일반적으로 알려진 개념도 아니었다. 심지어 1943년 12월 카이로선언의 in due course 구절이 발표되었을 때 이것이 신탁통치를 의미한다고 파악한 세계인, 특히 중국인은 거의 없었다. 중국인 중 소수의 사람들이 류큐에 적용될 것이 논의된 국제공관을 유추했을 뿐이다. 물론 루스벨트와 면담했던 쑹쯔원은 신탁통치에 대해 들었으므로 1943년 9월 혼벡에게 중국인의 주된 의견 운운하면서 확대해석했던 것이다. 따라서 쑹쯔원이 말한 국제신탁통치

---

4 「태평양군사회의에서 논의될 한국문제에 대한 의견 요청」, 宋[子文]部長 → 蔣介石, 華盛頓, 機密(乙) 第39295號, 1942년 4월 1일; 대한민국임시정부자료집 편찬위원회 편, 『대한민국임시정부자료집 25: 중국의 인식』(국사편찬위원회, 2008), 48쪽, 104쪽.
5 한상도, 「중국정부의 종전 후 한반도 처리 구상과 임정 승인 논의」, 『한국독립운동과 동아시아 연대』(역사공간, 2021), 589쪽.

가 중국인 사이에서는 국제공관으로 해석되었다고 보아야 한다.

쑹쯔원 등이 미국의 한반도 탁치 제안에 동의한 데는 장차 한반도에 대한 소련의 영향력을 견제하려 했던 중국의 속셈이 작용했으며 이 차원에서 미국의 소련 견제 속셈과 통했다고 할 수 있다(미국은 탁치안으로 중국도 견제하려 했고, 장차 소련이 한반도 탁치안을 수용할 때에도 미국과 중국을 견제하려는 의도가 있었다. 따라서 열강은 서로를 견제하려는 의도에서 탁치안을 수용했다고 할 수 있다. 물고 물리는 국제정치의 현실이 극명하게 드러난다).

또한 1943년 11월 카이로회담, 테헤란회담이 열리기 전 미국이 한반도 신탁통치 실시에 대해 국제적 논의를 진행했으므로 중국과 영국, 소련은 모두 미국이 한반도 탁치안을 제기하리라고 예견할 수 있었던 상황이었다.[6] 중국의 사전 인지는 쑹쯔원의 사례에서 알 수 있으며, 영국은 1943년 3월 루스벨트·이든 대화 이래로 여러 번의 만남을 통해 숙지하고 있었다.

그런데 1943년 3월 29일 웰스와 쑹쯔원의 대화에서 웰스는 소련과 한반도 등의 지역에 대한 신탁통치 실시 문제의 협의가 필요하지만 한반도 문제는 당분간 거론하지 말자고 제안했으며, 쑹쯔원도 동의했다.[7] 그런데 '당분간'이라는 시한은 이내 해소되었다. 카이로·테헤란 양대 정상회담을 앞두고 열린 1943년 10월 모스크바 연합3국(미·영·소) 외

---

[6] 정병준, 「영국의 카이로회담 인식과 카이로선언 한국조항에 미친 영향」, 『역사비평』 145(2023).

[7] Sumner Welles, "Memorandum of Conversation," March 29, 1943, *FRUS, 1943, China*, pp. 845-846; "Memorandum by the Chief of the Division of Far Eastern Affairs (Hamilton) to the Secretary of State," April 22, 1943. *FRUS, 1943.* vol. Ⅲ, *The British Commonwealth, Eastern Europe, the Far East*, pp. 1090-1091; 구대열(1995), 앞의 책, 53쪽.

상회의에서 미국은 소련에도 알릴 수 밖에 없었다. 3상회의 출발에 앞서 루스벨트는 국무장관 헐에게 미국의 신탁통치 제안의 광범위한 적용에 관해 세계의 여론과 지지를 얻기 위해서는 계획을 공표해 영국, 중국, 소련의 동의를 얻어야 한다고 했던 것이다.[8] 이에 헐은 10월 29일 모스크바에서 종속국 인민(dependent peoples) 문제를 해결하기 위한 탁치 실시를 제안했다. 이든은 미국의 신탁통치안이 종속국의 독립을 강조하므로 동의할 수 없다고 반대 입장을 명백히 했다.[9] 반면 몰로토프는 종속국 문제는 중요하므로 연구와 토론이 필요하다며 비교적 호의적으로 반응했다.[10]

---

[8] "Memorandum of Conversation With President Roosevelt," [Washington, October 5, 1943], *FRUS, 1943*, vol. I, *General*, p. 543에 예시된 탁치 예정 지역에 한반도는 구체적으로 지칭되지 않았다. 다만 식민지에 다양한 형태의 탁치 구상이 적용될 수 있다고 했다.

[9] 제임스 I. 메트레이 저, 구대열 역, 『한반도의 분단과 미국: 미국의 대한정책, 1941~1950』(을유문화사, 1989), 31-35쪽. 이든은 1943년 3월 워싱턴에서 한반도 신탁통치에 대해 호의적으로 반응을 보였으나 신탁통치를 식민지에 보편적으로 적용하려는 루스벨트의 계획에 반대하는 입장을 1943년 8월 제1차 퀘벡회담 이후 유지했다. 퀘벡회담에서 헐 장관은 전후 신탁통치 실시 문제를 강조했으나, 이든은 문제의 토론을 두 차례 거부한 후 최종적으로 자신은 '독립'을 위한 미국 제안을 반대한다고 말했다. 일부 영국의 속국들은 언제든 독립을 요구할 자유가 있음에도 불구하고 제국적 연대(영연방으로의 결속-인용자)가 유지되기를 선호한다는 것이었다. 이에 맞서 헐은 이든에게 미국은 즉각 독립을 선호하지 않지만, 최종적 목적으로 자유를 강조할 필요가 있다고 강조했다. James I. Matray, "An End to Indifference: America's Korean Policy during World War Ⅱ," *Diplomatic History*, vol. 2, no. 2 (Spring 1978), p. 189; 정병준(2023), 앞의 글.

[10] Herbert Feis, *Churchill Roosevelt Stalin: The War They Waged and the Peace They Sought* (Princeton: Princeton University Press, 1957), pp. 214-215; "Summary of the Proceedings of the Eleventh Session of the Tripartite Conference," October 29, 4 p.m., *FRUS, 1943*, vol. I, *General*, pp. 666-667.

루스벨트의 한반도 신탁통치안 4대국 합의 노력, 1944~1945년

2장

1. 1944년, 유동적인 한반도 신탁통치

1944년 초까지 한반도 신탁통치에 대해 아직 확실하게 결정된 것은 없었다. 시정국 수는 3~5개 나라로 유동적이었으며 그 시한도 20년에서 40년까지 언급되었다. 그러나 미국은 1944년부터 1945년까지 연합국 승리의 기운이 뚜렷해지며 힘이 절정에 달하자 전후구상을 보다 구체화했다.

미국은 한반도 탁치와는 별도로 한반도 점령안을 구상하기 시작했다. 당시까지는 점령이 탁치를 실현하기 위한 수단이었으므로 탁치와 점령은 양립 가능해 보였다. 소련의 동구 점령(해방)과 위성국화로 냉전이 가시화되기 시작한 1945년 5월과 뒤이은 8월의 한반도 분할점령 확정 시점에는 이러한 양립 가능성이 점점 희박해지면서 탁치를 위한 점령이 아니라 그 자체가 목적인 점령이 단행되었다.[1] 1943년 이후 전시

---

1 이완범, 『삼팔선 획정의 진실』(지식산업사, 2001); 이완범, 『한반도 분할의 역사』(한국

회담 등에서 여러 번 논의된 '다국적 탁치'에서 1944년부터 검토된 점령안을 기반으로 남북으로 지역을 나눈 미·소의 '단독(분할)점령'으로 급작스럽게 전환된 것은 냉전출현기인 1945년 7월 하순~8월 초였다. 이 전환의 배경에는 역시 냉전의 등장이 있었다. 그러나 미군정 점령통치와 소련군 점령통치가 끝난 지 수십 년이 지난 현재의 시점에서 돌아보면, 미·소 양국은 신탁통치를 전제로 한 점령통치, 즉 '탁치형 점령'을 시행했다는 평가도 가능하다. 미국은 수탈을 목적으로 하는 단순한 군정을 시행한 것이 아니라 한국에 나름대로의 정치적 훈련(훈정)을 도모한 후 독립을 주었으므로 탁치형 점령을 했다고 할 수 있다. 또한 소련군의 점령통치도 소련의 후견(Soviet Tutelage)으로 평가하는 시각이 있다. 이런 탁치형 점령의 시각에서 보면 탁치와 점령이 양립 불가능했던 것만은 아니다.[2]

2. 얄타회담의 한국 독립과 신탁통치 문제

1943년 11월 말 루스벨트와 처칠은 스탈린의 마음을 사기 위해 런던이나 워싱턴보다는 모스크바에 훨씬 가까운 테헤란까지 고생스러운 여행을 해야 했다. 테헤란에서 3거두는 스탈린이 오랫동안 기다려온 유럽에서 제2전선을 여는 문제를 놓고 회담을 시작했다. 7개월 후 제2전선 개설은 노르망디 상륙작전으로 실현되었다. 스탈린의 소원이 이루

한중앙연구원 출판부, 2013), 361-369쪽.
2 Robert Scalapino and Chong-sik Lee, "Soviet Tutelage," *Communism in Korea*, Part I: Movement (Berkeley: University of California Press, 1972), p. 331; 로버트 스칼라피노·이정식 저, 한홍구 역, 「소련 '후견'하의 북국 공산주의」, 『한국공산주의운동사 II』(돌베개, 1986), 424쪽.

어졌으므로 1945년에는 루스벨트와 처칠이 편한 곳에서 만나는 것이 공평해 보였다. 두 지도자는 지중해 지역에서 회담을 갖자고 제안했지만, 스탈린은 소련을 벗어나 여행하기에는 자신의 건강이 너무 안 좋다고 주장했다. 스탈린은 주치의들의 권고를 내세우며 소련 국경 너머에서 회담 갖기를 거절했다. 처칠과 (특히) 루스벨트는 태평양 전장에서의 승리와 루스벨트가 세계평화 보장을 위해 새롭게 구상한 국제연합의 성공뿐 아니라 폴란드를 포함해 최근 적으로부터 해방된 국가들의 정치적 자치 실현을 위해 스탈린의 협조가 필요하다고 생각했다. 소련군이 동유럽을 장악한 상태에서 서방의 두 지도자는 전후 민주 세계의 비전에서 스탈린보다 잃을 것이 많았다. 루스벨트는 소련 주재 미국대사 애버럴 해리먼(W. Averell Harriman)에게 상대를 너무 성가시게 하지 말고 스탈린의 요청을 따르라고 비밀리에 지시를 내리면서 처칠이 더 완강히 반대하기 전에 자신과 처칠이 스탈린이 원하는 곳으로 가겠다고 확약했다.

스탈린이 서쪽으로 가장 멀리 여행할 수 있는 경계는 흑해였다. 크림반도 남부 해안의 '로마노프 길(Romanov Route)'을 따라 늘어선 휴양도시에는 과거 황실 가족과 귀족 친구들이 소유했던 많은 별장이 남아 있어서 고위 공산당 지도자들에게 매력 있는 장소였다. 소련 지도자들은 제정러시아 시대의 부패를 매도했지만, 이런 화려한 궁전을 자신들이 이용하는 데는 도덕적 거리낌이 없었다. 소련 당국과 미국의 회담 준비단은 오데사부터 바투미에 이르는 흑해 연안의 여러 장소를 후보지로 검토한 다음 얄타와 리바디아 궁전을 최선의 장소로 결론 내렸다.

처칠이 지적한 것처럼, 흑해에는 수많은 수뢰가 떠다녀서 지도자들이 배를 타고 얄타까지 가는 것이 불가능했지만 해리먼과 미국대사관은 소련의 제안을 마지못해 받아들였다. 이런 상황이었으므로 회담을 지원할 일부 인력은 위험을 무릅쓴 채 배를 타고 얄타로 갈 수밖에 없었다.

1945년 새해가 시작될 무렵 다음과 같은 여정이 결정되었다. 루스벨트와 처칠은 이탈리아 남단에서 약 96.5킬로미터 떨어진 몰타까지 배를 타고 와서 만난 후, 나머지 여정은 비행기를 타고 크림반도로 와서 차르의 여름 궁전에서 스탈린과 만나기로 했다.[3]

1945년 2월 얄타회담[4]이 열리기 직전 미 국무부가 작성한 정책건의서를 보면, 한국 문제의 해결 방안은 과도적 국제시정기구(군정)의 설치 혹은 신탁통치 실시의 양자택일적인 성격이거나 군정에서 신탁통치로 나아가는 것으로 되어 있는데,[5] 이 문서에서 신탁통치 문제가 아직 확고하게 결정되지 않았으며 또한 국무부의 조언에 의존하지 않은 루스벨트 개인외교의 산물이라는 사실을 유추할 수 있다. 이 문서의 말미에는 관계국들이 빠른 시일 내에 한국 문제에 합의하기를 건의하고 있다. 그렇게 해야만 불필요하게 한국의 독립을 지연시키는 일이 없다는 주장이었다. 이외에 ① 단일국가에 의한 군사점령은 막아야 하고, ② 국제시정기구든 탁치든 간에 중앙집권적(centralized) 형태로 행해야 하며, ③ 탁치를 행한다면 한반도에 이해관계가 있는 미·영·중·소 4개국이 피신탁국(trustee)으로 지명되어야 한다는 것이다. 여기에서 4개국이 한국 문제 해결 당사자로 부각되고 있음을 알 수 있다. 이러한 4개국 참여안은 포츠담회담 직전에 다시 구체화되었다.[6]

---

[3] 캐서린 그레이스 카츠 저, 허승철 역, 『얄타의 딸들』(책과함께, 2022), 19-20쪽.
[4] 얄타회담이 개최된 1945년 2월 4일부터 11일 사이 8일간 유럽 문제를 중심으로 한 외교전쟁에 대해서는 세르히 플로히 저, 허승철 역, 『얄타: 8일간의 외교 전쟁』(역사비평사, 2020) 참조.
[5] "Inter-Allied Consultation Regarding Korea," RG 59, Box 3, Records of the Yalta Conference, San Francisco, and Potsdam, pp. 1-4 ; "Post-War Status of Korea," [January 1945], Briefing Book Paper: Inter-Allied Consultation Regarding Korea, *FRUS, The Conference at Malta and Yalta, 1945*, pp. 358-361.
[6] "Inter-Allied Consultation Regarding Korea," RG 59, Box 3, Records of the Yalta Conference, San Francisco, and Potsdam, p. 4; "Post-War Status

그런데 얄타에서는 신탁통치에 대한 추상적 규정인 일반원칙이 입안되었으나 한국 문제에 대한 문서상 합의는 산출되지 못했다. 당시 외교관들이 분석하기를, 미국이 1945년 2월 당시 최우선 과제였던 소련의 대일전 참전을 유도하기 위해 미·소 간 의견 대립의 원인이 될지 모르는 신탁통치라는 복잡한 문제의 구체적인 토론을 소련 참전 이후로 미루었기에 더 구체적인 합의가 없었다고 한다.[7] 역시 소련의 참전이 절실했던 1944년 8·9·10월에 열린 덤버턴 오크스 회의에서도 탁치 문제와 같은 논쟁적인 문제가 소련 참전을 지체시킬 우려가 있으므로 이에 대한 구체적인 논의를 고의로 지연시켰다고 한다.[8]

---

of Korea," [January 1945], Briefing Book Paper: Inter-Allied Consultation Regarding Korea, FRUS, *The Conference at Malta and Yalta*, *1945*, p. 361. 그러나 당시 투병 중이었던 루스벨트가 이 건의서를 읽지 않았을 가능성이 있다.

[7] RG 59, Harley Notter File, Box 273, Trusteeship Folder, US National Archives; 이우진, 「독립운동에 대한 미국의 태도: 루스벨트의 신탁통치구상을 중심으로」, 한국정치외교사학회 편, 『독립운동과 열강관계』(평민사, 1985), 167-168쪽.

[8] Working Committee on Dependent Areas: Minutes 57, May 2, 1944 and Minutes 57, May 5, 1944, Harley Notter File, RG 59, Box 183: CDA Minutes 28-60, US National Archives; 李愚振, 「韓國의 國際信託統治: 그 構想 및 挫折의 記錄」, 『解放5年史의 再照明: 韓國現代史의 政治社會史的 認識』(國土統一院, 1987), 137쪽 참조.

[9] 국제사법재판소의 〈나이지리아와 카메룬 간의 육지 및 해양경계에 관한 사건 판결문: 바카시의 경계와 바카시 반도에 대한 주권 문제: 식민지배하의 권원에 대한 판결〉, 2002년 10월 10일 본안 판결, 영토해양국제사법판결선집, 사료라이브러리, 동북아역사넷(contents.nahf.or.kr/item/item.do?levelId=nj.d_0011_0020_0010_0080_0020, 검색일: 2020년 9월 15일)에 따르면 a protectorat은 보호령으로 a protected State는 보호국이라고 지칭된다. 이 판결의 제205조에는 "재판소는 당시 통용된 법에 따라 체결한 '보호조약'의 국제법적 지위는 조약의 제목 자체에서 추론될 수 없다는 사실을 유의한다. 일부 보호조약들은 국제법상 이전에 존재하는 주권을 보유한 실체들과 체결했다. 피보호 당사자는 그 이후 '보호령(protectorat)'으로 부르거나(프랑스와의 조약관계에서 모로코, 튀니지 및 마드가스카르[1885; 1895]의 경우) 혹은 '보호국(a protected State)' (영국과의 조약관계에서 바레인과 카타르의 경우) 중 하나의 경우이다." 그렇지만 보호령과 보호국 두 용어는 혼동해서 사용되기도 한다. 이 글에서 보호국은 보호 대상국에 주권이 있고 외교-국방권을 위임한 경우이며 주

얄타에서 탁치 문제가 처음으로 미·소 정상 간에 논의될 때, 루스벨트가 먼저 한반도 신탁통치 문제를 제기했다. 1945년 2월 8일 얄타에서 루스벨트는 스탈린에게 소련과 미국·중국이 참여하는 3개국 한반도 신탁통치안을 제안했다. 이에 스탈린은 "이건 보호령(protectorate)[9]이 아닌가"라고 되물었다.[10] 소련은 신탁통치를 보호령화가 아닌 후견으로 간주했으나 미국의 신탁통치안은 보호령화와 다를 바 없지 않느냐는 비판을 제기한 것이다. 스탈린이 "만약 조선인이 자치할 능력이 있다면 왜 탁치가 필요하냐"라고 루스벨트에게 의문을 제기할 만큼, 소련은 탁치안에 대하여 탐탁지 않게 생각했다.[11] 실시 기간에 대해서도 이견이 있었다. 루스벨트는 미국이 필리핀을 자립시키는 데 50년이 걸렸다고 설명하면서 "한반도의 경우는 20년에서 30년 정도의 기간이 필요할지도 모른다"라고 말했다.[12] 이에 대해 스탈린은 "짧으면 짧을수록 좋다(The shorter the period the better)"라고 대응했다.[13] 스탈린의 이러한 태도에 대해 "조속히 신탁관리를 벗기게 하여 소련의 영향권 안에 집어넣으려던 의도에서 기간의 단축을 제안"했다는 주장이 있다.[14] 이와는 정반대로 얄타의 한반도 탁치 실시 재확인을 "자기 영향력을 증대시키

권이 없으며 자치권만 있는 경우는 보호령으로 규정하여 문맥에 맞게 선택하여 사용하고자 한다. 스탈린이 사용한 'protectorate'는 한국에 주권은 없는 보호령으로 해석된다.

10 Громыко et al, eds.(1984), 앞의 책, p. 131.
11 Walter S. Millis, ed., *The Forrestal Diaries* (New York: The Viking, 1951), p. 56. 해리먼은 이 구절에 소련의 대한(對韓) 야욕이 숨어 있다고 주장했다.
12 "Roosevelt-Stalin Meeting," February 8, 1945, 3:30 p.m., Livadia Palace, *FRUS, 1945, Malta and Yalta*, p. 770; Громыко et al, eds.(1984), 앞의 책, p. 131에는 20~30년이라고 되어 있는 데 비하여 영국 외무성 문서에는 40년으로 되어 있다.
13 Mark Kramer, "Stalin's Approach to Territorial Issues at Yalta and Potsdam Conference," A Paper Presented at 2015 International Conference of the Korean War Archives Project: The Division of Korea and the Korean War, Korea University Museum, 15 August 2015, p. 4.
14 한국반탁반공학생운동기념사업회 편, 『한국학생건국운동사』(동회, 1986), 70쪽.

겠다는 미국의 속셈이 표현"된 것으로 보는 견해도 있다.[15] 또한 스탈린은 외국 군대의 주둔에 반대했다.[16] 2월 8일 스탈린의 외국군 주둔 여부 질의에 대해 루스벨트는 부정적으로 대답했으며 이에 스탈린도 동의했던 것이다.[17] 따라서 1945년 2월까지 미국과 소련이 논의했던 안은 '외국군 주둔 없는 신탁통치안'이었다. [그런데 실제로 1945년 광복 후 한반도에는 외국군이 주둔한 후 신탁통치가 실시될 예정이었다. 또한 신탁통치가 실제로 실시된 나라의 경우 군사점령 후 신탁통치가 실시된 '점령형 탁치'가 많았다. 따라서 점령과 탁치는 일견 모순되어 보이지만 실제 현실에서는 배치되지 않았다. 그런데도 '외국군 주둔 없는 탁치'에 합의한 것은 탁치 기간 중에 외국군을 철수시킨다든지 아니면 외군군이 먼저 주둔한 후에 (점령형) 탁치가 실시되든지 하는 실제 과정을 예견하지 못했던 것이 아닌가 한다.]

루스벨트의 영국배제론에 대하여 스탈린은 "영국이 초대되지 않으면 처칠이 우리를 죽이려 할지 모른다"라고 농담하며 영국의 참여를 주장했다.[18] 그런데 처칠은 1945년 2월 9일 얄타에서 신탁통치의 보편적 적

---

15 한국민중사연구회 편, 『한국민중사 Ⅱ』(풀빛, 1986), 227-228쪽.
16 Ministry of Foreign Affairs, USSR, *Sovietsskii Soiuz Na Mezidunarodnykh Konferentsiiakh Perioda Velikoi Otechestvennoi Voniy, 1941~1945* (Moscow: Politicheskaia Literature, 1984), vol. 4, pp. 130-131.
17 "Roosevelt-Stalin Meeting," February 8, 1945, 3:30 p.m., Livadia Palace, *FRUS, Malta and Yalta, 1945*, p. 770.
18 "Roosevelt-Stalin Meeting," February 8, 1945, 3:30 p.m., Livadia Palace, *FRUS, Malta and Yalta, 1945*, p. 770. 스탈린은 왜 숙적 영국을 신탁통치에 끌어들이려 했을까? 얄타회담에서 스탈린이 잠재적 적수 영국을 끌어들였으므로 그가 한반도에 대한 야욕이 없었다는 것을 증명해준다는 주장도 가능하다[오충근, 「38선 획정과 소련의 한반도 개입」, 『신동아』 10월(1985), 514쪽]. 또 소련의 입장에서는 미·소·중 3국탁치의 3분의 1 지분에서 미·소·영·중 4국탁치가 된다면 4분의 1 지분으로 줄어드므로 스탈린이 한반도 신탁통치를 심각하게 고려하지 않았기 때문이라는 주장도 가능하다. 그러나 영국과 소련은 19~20세기 초에 전개되었던 '그레이트 게임(The Great Game)'의 숙적관계를 이어가고 있었다. 볼셰비키혁명 이후 1918년 러시아가 제1차 세계대전에

용에 강력하게 반발했다. 미국의 전시 지도자들인 루스벨트, 국무장관 스테티니어스, 보좌관 홉킨스 등은 1945년 2월 얄타회담까지는 소련이 미국에 협조적이었다고 평가했다. 미국의 여론도 이 시기까지 연합국들 간의 협조에 장애가 된 국가는 소련이 아니라 영국이라고 여겼다.[19] 루스벨트 사후 트루먼이 대통령이 되고 제2차 세계대전이 끝나 동부유럽 등에서 소련의 팽창주의를 목격하여 냉전이 출현하려는 조짐이 보이자, 소련에 대항해 미·영 연합전선이 형성되는 등 상황 변화가 시작되지만

서 발을 빼자, 영국은 미국·프랑스·체코슬로바키아·일본 등을 부추겨 소비에트 러시아(소련)를 침공했다. 또한 제2차 세계대전 발발 직전까지도 영국은 독일에 유화적 태도를 보였다. 이것은 영국이 독일을 소련에 맞서는 방패로 간주하고 기대했기 때문이다. 얄타회담에서 전략적 핵심지역이 아닌 한반도의 탁치 시정국으로 영국을 끌어들임으로써 이어진 포츠담회담 당시 영국의 지배하에 있는 지중해의 이탈리아 식민지에 대한 소련의 참여 요구에 대한 반대 명분을 완화한다는 계산이 일찍부터 있었던 것으로 해석할 수도 있다. 소련이 영국에 양보함으로써 다른 곳에서 이권을 얻으려는 계산을 했을 수 있다는 것이다. 그런데 영국은 한반도에 별다른 관심이 없었다. 따라서 얄타회담에서 소련에 대한 영국의 호의를 그렇게 좋게 생각하지 않았을 것으로 추정된다. 영국은 탁치 시정국으로 끌어 들여졌음에도 불구하고 자신의 구식민지에 대한 이권을 침해하는 루스벨트의 탁치안에 대하여 시종일관 반대했으며 포츠담회담에서도 지중해 지역에 대한 소련의 요구를 거절했다. 또한 모스크바결정에 의한 한반도 4대국 탁치가 확정된 후에도 영국은 국내 사정의 악화로 한국 탁치에 참여할 여력이 없었으며 탁치안의 실현 가능성을 회의했으므로 영연방국가들에게 한국의 신탁통치에 참여할 의사가 있는 국가가 있는가를 문의했다고 한다. 이에 영국은 참여 의사를 밝힌 오스트레일리아를 시정국으로 대신 지명했다. 탁치에 관한 제안 등을 논의하는 데는 영국 스스로 참여하되 실제 통치에는 오스트레일리아가 대신 참여하기로 했던 것이다[War Cabinet: Memoranda No. 217~230 from 20 August 1945 to 30 August 1945 CAB 84/74, The National Archives; 박태균, 「미국의 관점에서 본 한국의 8·15」, 『군사』 96(2015), 18쪽; 라종일, 「한국과 영·미협동관계, 1945~1948」, 한국정치학회·재북미한국인정치학자회 편, 『제4회 합동학술대회논문집』(1985), 212-213쪽]. 여기에서 영국의 소극적 태도를 읽을 수 있다. 그런데 한반도 신탁통치는 시행되지 않았기 때문에 오스트레일리아는 이 문제에 관한 한 아무런 역할을 하지 않았다. 다만 오스트레일리아는 유엔임시조선위원단, 유엔한국위원단, 유엔한국통일부흥위원단, 유엔군 등에 참여해 영연방국가들이 미국 견제 블록을 형성하는 데 일정한 역할을 했다.

[19] John L. Gaddis, *The United States and the Origins of the Cold War, 1941~1947* (New York: Columbia University Press, 1972), p. 164; 하지은, 「국제적 신탁통치 구상과 냉전적 변형: 한국 사례를 중심으로」, 서울대학교 석사학위논문(2015), 42쪽.

말이다.

이렇게 미·소 정상 사이에 한반도 신탁통치가 논의되었으므로 루스벨트는 1943년 11월 테헤란에서와 같이 구두합의가 1945년 2월 얄타에서 재확인되었다고 평가했다. 그런데 1943년 11월 테헤란에서의 논의는 루스벨트의 1944년 1월 강연에서만 일방적으로 나오는 전문(傳聞)이므로 구두합의라고 간주하는 데 부족한 점이 있다. 따라서 얄타에서의 구두합의 재확인이라는 주장보다 얄타에서의 구두합의 도출 노력이라고 규정하는 것이 더 타당하지 않을까 한다. 신탁통치안에 관한 한 소련은 미국과 별 이견 없이 합의했다는 주장이 거의 정설로 되어 있으나[20] 위에서 확인한 바와 같이 이는 피상적인 관찰이며 구두합의 외에 문서에 의한 합의는 없었다.

루스벨트는 한반도의 전후 신탁통치 실시 구상에 대해 영국과는 이미 1943년 3월 외상 이든과 논의했고 중국과도 1943년 5월 쑹메이링에게 통보했으며(테헤란회담 직후 루스벨트는 인도·버마·중국 지역 사령관 스틸웰 장군에게 그와 장제스는 한국을 25년간 신탁통치하기로 합의했다고 말했다)[21] 스탈린과는 1945년 2월(그리고 1943년 11월)에 논의했으므로 관계

---

[20] 소련은 탁치안을 받아들이더라도 한반도에 대한 영향력 확보는 가능하다고 믿었으므로 미국의 제안에 문제 제기를 하지 않았다는 견해가 있다. James Irving Matray, *The Reluctant Crusade: American Foreign Policy in Korea, 1941~1950* (Honolulu, Hawaii: University of Hawaii Press, 1985), pp. 28-30 참조. 1977년도 버지니아대학교 사학박사학위논문을 출판한 것이다.

[21] Joseph W. Stilwell, *The Stilwell Papers*, Theodore H. White, ed. (New York: William Slane Associates, 1948), p. 253; 차상철, 『해방전후 미국의 한반도 정책』(지식산업사, 1991), 33쪽. 루스벨트와 함께 카이로회담에 참석했던 스틸웰의 위 일기 기록에 따르면 회담 중과 회담 직후 미국 측 참모들과의 회의에서 루스벨트는 한국·베트남에 대한 25년 정도의 국제공관과 홍콩, 다롄(大連)을 자유항으로 만들려는 구상을 가지고 있었다고 한다. 駱伯鴻 編譯, 『史迪威抗戰日記』(長沙: 湖南人民出版社, 2013), 103쪽, 111쪽. 따라서 루스벨트는 한국 외에 베트남도 25년간 신탁통치하려 했다고 할 수 있다. 루스벨트는 20~30년의 중간치인 25년이 적당하다고 생각했던 것으로 추정된다.

3국과의 구두합의가 이루어졌다고 판단했다.

결국 얄타회담 즈음 한반도 신탁통치에 4대 시정국(미·영·중·소)이 참여하는 것이 사실상 묵계에 이르렀다고 할 수 있다. 이후 어떤 회담에서도 이것보다 특별히 더 결정된 사항은 없었다. 이제 전쟁은 종국에 이르러 얄타회담이 유럽전쟁의 마지막 연합국 정상회담이 되었으나 한반도 탁치 문제에 관해서는 별다른 구체적 결정이 이루어지지 않아 장래에 대한 불확실성만이 남았다.

한편 얄타회담에서는 소련의 대일전 참전 조건에 대한 미국과 영국, 소련의 합의가 이루어졌다.

또한 1945년 2월 11일 서명된 미·소·영 3국 수뇌의 '얄타회담의정서(PROTOCOL OF PROCEEDINGS OF CRIMEA CONFERENCE)', '제1장 국제기구(I. WORLD ORGANIZATION; 유엔을 말함-인용자)'에는 '신탁통치령(Territorial trusteeship)'이 장차 탄생할 국제기구 유엔을 매개로 관리된다는 일반원칙이 아래와 같이 합의되었다고 나와 있다.

> 신탁통치령(Territorial trusteeship)
> 안전보장이사회 상임이사국이 될 5개국은 유엔 회의에 앞서 신탁통치령 문제를 서로 협의하기로 (얄타회담에서-인용자) 합의되었다.
> 이(렇게 만들어질 신탁통치령-인용자) 권고안의 수용은 신탁통치령이 오직 다음과 같은 경우에만 적용된다는 것을 분명히 하는 것에 달려 있다.
> (a) 현존하는 국제연맹 위임통치령
> (b) 전쟁(제2차 세계대전-인용자)의 결과로 적국으로부터 분리될 영토
> (c) (시정에 책임지는 국가가-인용자) 자발적으로 신탁통치의 대상으로 두려는 영토
> (d) 실제 영토에 대한 논의는 다가오는 유엔 회의나 예비 협의에서 고려되지

않으며, 위의 범주 안의 어떤 영토가 신탁통치 (지배-인용자) 아래 놓이게 될 것인가에 관하여는 금후의 협정에서 정한다.²²

이렇듯 미·영·소 3국 정상은 유엔 안전보장이사회 5대 상임이사국이 유엔(창립)회의 이전에 신탁통치 영토 문제에 대해 서로 협의하기로 합의했다. 다만 "(a) 현존하는 국제연맹 위임통치령, (b) 전쟁의 결과로 적국으로부터 분리될 영토(결국 얄타회담이 라는 비교적 이른 시점부터 영국과 프랑스의 반대가 반영되어 연합국 식민지는 제외되었다. 미국이 주장하는 모든 식민지에 대한 자동적이고 보편적이며 일률적인 적용은 이미 물 건너갔다고 할 것이다²³-인용자), (c) (시정에 책임을 지는 국가가 by states vesponsible for their adminstration; 유엔헌장에 첨가된 부분; 인용자) 자발적으로 신탁통치의 대상으로 두려는 영토"에만 신탁통치령이 적용될

---

22 원문은 다음과 같다. "〈Territorial trusteeship〉 It was agreed that the five nations which will have permanent seats on the Security Council should consult each other prior to the United Nations conference on the question of territorial trusteeship. The acceptance of this recommendation is subject to its being made clear that territorial trusteeship will only apply to: (a) existing mandates of the League of Nations; (b) territories detached from the enemy as a result of the present war; (c) any other territory which might voluntarily be placed under trusteeship; and (d) no discussion of actual territories is contemplated at the forthcoming United Nations conference or in the preliminary consultation(s; 추후 첨가됨; FRUS 原註), and it will be a matter for subsequent agreement which territories within the above categories will be place under trusteeship." "PROTOCOL OF PROCEEDINGS OF CRIMEA CONFERENCE," FRUS, Malta and Yalta, 1945, p. 977.

23 하지은 "(1945년 4월 샌프란시스코회의에서) 신탁통치 적용 지역과 관련하여 영국, 프랑스의 압력으로 인해 모든 식민지에 대한 일반적·보편적 적용 방침이 채택되지 않았다. 즉 일반 식민지(ordinary colonies)와 국제적 지위를 갖는 신탁통치령(trust territories with an international status)이 분리되어 후자에 대해서만 신탁통치의 관리원칙을 적용한다는 방향으로 귀결되었다"라고 주장했다. 하지은(2015), 앞의 글, 50쪽. 그러나 이미 1945년 2월, 그보다 훨씬 전인 1942년 11월과 1943년 3월에 적국의 식민지에만 적용하는 것이 결정되었다고 할 수 있다.

것이라는 일반원칙만 확정되었을 뿐이다. 실제 구체적인 적용지역 결정에 대해서는 세밀하게 합의된 바 없고 유엔의 논의 대상이 아니라 추후(상임이사국)의 논의에 따른 후속 협정으로 미루어졌다. 한반도는 (b)항 '적국으로부터 분리될 영토'에 해당되지만 역시 아직 구체적으로 지명되지는 않은 상태였다. 이러한 일반원칙 (a), (b), (c)는 1945년 4월 25일~6월 26일에 걸쳐 열린 샌프란시스코회의에서 위 (b)항의 the present war가 제2차 세계대전으로 현재화된 것 외에는 거의 그대로 유엔헌장 77조 1항 a, b, c에 실렸다.

 (d)항 말미의 "위의 범주 안의 어떤 영토가 신탁통치 아래 놓이게 될 것인가에 관하여는 금후의 협정에서 정한다(it will be a matter for subsequent agreement which territories within the above categories will be place under trusteeship)"는 부분은 유엔헌장 제77조 2항에서 "위의 범주안의 어떠한 지역을 어떠한 조건으로 신탁통치제도하에 두게 될 것인가에 관하여는 금후의 협정에서 정한다(It will be a matter for subsequent agreement as to which territories in the foregoing categories will be brought under the trusteeship system and upon what terms)"[24]로 문구 수정을 제외하고는 거의 그대로 전재되어 유엔헌장이 기안될 1945년 당시[25] '금후의 협정(subsequent agreement)'이 완결되지 않았음을 드러내고 있다. 실제 지역명과 기한 등 방책이 명시된 '금후의 협정'은 냉전 출현 이후 미·소의 대립으로 말미암아 상임이사

---

24 "Charter of the United Nations," chapter XII, article 77; "유엔헌장(영문 및 국문)", 〈외교부〉"(www.mofa.go.kr/www/brd/m_3874/view.do?seq=273324, 검색일: 2018년 11월 14일). 국문은 비공식 번역이라고 명시되어 있다.
25 유엔헌장은 1945년 6월 26일 미국 샌프란시스코에서 창립 회원국인 51개국 가운데 50개국(나머지 1개국인 폴란드는 2개월 후에 서명함)이 서명했다. 5개 상임이사국 및 나머지 서명국 대다수가 헌장을 비준한 뒤에 동년 10월 24일에 발효되었다.

국 간에 합의되지 못했으므로 미결 상태였으며, 앞의 얄타회담의정서에 나와 있는 바와 같이 유엔은 이 협정의 체결 주체가 아니었으므로 이 협정이 없는 상태에서 상황에 따라 그때그때 합의하여 서태평양 지역 구 위임통치령 등 미·소 간에 큰 이견 없이 합의할 수 있는 지역을 중심으로 신탁통치 대상 지역을 정했다.

한반도의 경우는 물론 불발된 금후의 협정에 포함되지 못했고, 1945년 12월 미·영·소 간에 합의된 모스크바3상회의 의정서의 코리아 조항(한반도의 경우는 이것이 코리아에 관한 금후의 협정으로 간주될 수도 있다. 다만 5개 상임이사국 중 중국과 프랑스가 참여하지 않았으므로 얄타회담 의정서의 내용과 다소 불일치한 면이 있으나, 미·영·소 3대국이 끼워 넣은 중국과 프랑스라는 2류 강대국의 승인이 필수적인 것은 아니었다. 그런데 모스크바의정서에서는 '최고 5개년에 달하는 미·소·영·중 신탁통치협정'만 규정되었을 뿐 그 미결의 한국 신탁통치 협정은 금후 설립될 미·소공위에서 한국 임시정부와의 협의와 미·소·영·중의 공동심의를 거쳐 미·소 정부가 최종 결정한다며 그 협정의 구체적인 내용 구성을 미루었다)이 3권에서 상술되는 바와 같이 1947년 가을 미국의 주도로 일방적으로 파기됨으로써 신탁통치 대상 지역에서 빠져 1948년 8월(대한민국)과 9월(북한) 분리 독립되었다. 따라서 신탁통치 입안 과정에서 등장한 '독립 부여의 과도기'라는 루스벨트식 이상적 원칙이 강대국 사이의 권력투쟁(power struggle)으로 인해 무시된 채 신탁통치는 냉전 출현 이후 세력 쟁탈의 현실적 수단이 되고 말았다. 이는 국제정치의 당연한 현실적 귀결이었으며 세력 확대 원칙이 엄연히 존재하고 있다는 현실을 확인시켜준 사례였다.

미국의 신탁통치를 전제한 한반도 점령 구상, 1944년 3월~1945년 7월

3장

1. 미 국무부의 한반도 점령안 조기 검토: 점령과 신탁통치가 양립된 3단계 구상, 1944년

미 국무부의 국간지역위원회(Inter-Divisional Area Committee)[1]는 1943년 12월 1일 카이로에서 미·영·중이 서로 약속한 한국 독립의 전제조건으로 언급된 'in due course'에 대해 즉각 실무적인 고려를 하기 시작했다.[2] 일찍이 한국 독립 문제는 1942년 여름과 1943년 5월에 연구되었으며 카이로 코뮤니케가 작성되기 전인 1943년 10~11월 사이

---

1 국간지역위원회는 1943년 가을 미 국무부 내에 설치되었으며 극동국에 참여한 인물은 히스(Alger Hiss), 빈센트(John Carter Vincent), 딕오버(Erle R. Dickover), 베닝호프 (H. Merrell Benninghoff) 등이다. 정용욱,「1942~47년 미국의 대한정책과 과도정부 형태 구상」, 서울대학교 박사학위논문(1996), 24쪽.
2 "Memorandum to Mr. Notter," December 4, 1943, Record Group 59(약칭 RG 59), Records of Harley A. Notter, 1939~1945, Records Relating to Miscellaneous Policy Committees, 1940~1945, Box 118. 이 문서에 의하면 전후 한국을 감독할 위원회의 구성 문제가 토의되었다.

에 신탁통치와 관련하여 집중적으로 고려되었다.³ 1944년 미국이 일본을 압도하자 일본의 항복에 대비하기 위한 계획은 하급의 지역전문가에게 각론별로 넘어갔으며, 이 과정에서 국무부의 담당자들은 한국이 독립에 이르는 장기적인 과정에 대해 입안했던 것이다.

국무부의 극동 문제 담당자들은 독립을 유보한 'in due course'이라는 구절이 대통령 루스벨트(FDR)의 신탁통치 구상을 염두에 두고 작성한 문안이었다는 상부의 설명을 접했다. 따라서 담당자들은 신탁통치 실현을 위한 마스터플랜(따라서 탁치안이 상위안임)을 입안해야 했는데 그것은 '점령 → 신탁통치 → 독립'의 3단계 구상으로 귀결되었다. 이러한 배경에서 미국은 한국에 대한 최초의 점령안을 검토했는데, 구체적 입안 과정을 살펴보면 다음과 같다.

미국의 한국 점령에 대한 준비는 일본 항복 준비의 일환으로 이루어졌다. 1944년 2월 5일 국간지역위원회는 극동지역의 군정 시행 문제를 검토했는데 이는 매우 중요한 문제이므로 새로운 기구를 설립해서 검토해야 한다고 주장했다.⁴ 아직 한국이 독립된 주제로 다루어지지

---

3   "Far Eastern Problems," P Minutes 20, August 1, 1942, RG 59, Records of Harley A. Notter, 1939~1945, Records of the Advisory Committee on Post-War Foreign Policy, Box 55, National Archives, Washington, D.C., p. 2; "Korea: Internal Political Structure," Japan Series, T-318, May 19, 1943, RG 59, Records of Harley A. Notter, 1939~1945, Box 63; "Korea: Problems of Independence," Japan Series, T-319, May 26, 1943, RG 59, Records of Harley A. Notter, 1939~1945, Box 63; "Problems of Korean Independence," PG-32, October 2, 1943, RG 59, Records of Harley A. Notter, 1939~1945, Records Relating to Miscellaneous Policy Committees, 1940~1945, Box 119; "Japan: Korea: Problems of International Trusteeship: Member-ship of the Council," H-107 Preliminary, November 30, 1943, RG 59, Records of Harley A. Notter, 1939~1945, Policy Summaries, 1943 and 44, Box 154.

4   "Military Government in the Far East," CAC(Interdivisional Country and Area Committee) 66, February 5, 1944, RG 59, Records of Harley A. Notter, 1939~1945, Records of the Policy and Planning Committees, Box 108;

는 않았지만 3월에 들어서는 이것이 가능했다. 또한 국무부 영토연구국(Division of Territorial Studies; 1944년 1월 15일 창설)⁵은 1944년 2월 8일 이 기구 최초의 보고서로「한국의 해방·점령」을 작성했다.⁶ 그만큼 한국 문제의 중요성을 인식했다는 증거이다.

국간지역위원회의 히스(Alger Hiss)와 클럽(O. Edmund Clubb) 등은 1944년 3월 한국 점령·군정(통치)의 구체적 문제를 따로 집중 검토했으며, 3월 22일 '점령군 구성(Composition of Forces)' 문제를 가장 먼저 그리고 비교적 깊이 있게 논의했다.⁷ 고도로 정치적인 세력 균형의 의미를 내포하는 점령군 구성 문제는 가장 중심적이며 중요한 과제였으므로 미국이 한국 점령을 구체적으로 검토하기 시작하면서 가장 먼저 고려했던 것이다. 또한 3월 25일과 27일에는 각각 '민간구제'와 '일본인 전문관료의 처리' 문제에 관한 보고서를 작성했다.⁸ 1944년 3월에 미국

"New Committees Needed to Consider the Problems of Military Government and Postwar Conditions in the Far East," CAC 67, February 5, 1944, RG 59, Records of Harley A. Notter, 1939~1945, Records of the Policy and Planning Committees, Box 108.

5   U.S. Department of State, *Postwar Foreign Policy Preparation: 1939~1945*, Department of State Publication 3580 (Washington, D.C.: United States Government Printing Office, 1950), p. 215.

6   "Korea: Problems of Liberation and Occupation: Evacuation by Japan (Research and Policy Papers)," TS 1, February 8, 1944, RG 59, Records of Harley A. Notter, 1939~1945, Records of the Advisory Committee on Post- War Foreign Policy, Box 71.

7   "Korea: Occupation and Military Government: Composition of Forces," CAC 128, March 22, 1944, RG 59, Records of Harley A. Notter, 1939~1945, Records of the Policy and Planning Committees, Box 109; "Korea: Occupation and Military Government: Composition of Forces," CAC 128, March 29, 1944, RG 59, Records of Harley A. Notter, 1939~1945, Records of the Policy and Planning Committees, Box 119.

8   "Korea: Occupation and Military Government: Civilian Relief," CAC 135, March 25, 1944, RG 59, Records of Harley A. Notter, 1939~1945, Records of the Policy and Planning Committees, Box 109; "Korea: Occupation and Military

이 이러한 정치적인 문제를 고려하기 시작했다는 것은 바로 한국 점령 준비를 하고 있었다는 사실을 의미한다.

위의 1944년 3월 22일자 보고서 4-5쪽에서 한국 문제 해결의 기본 도식인 '3단계 기본구상'을 도출할 수 있다.

1단계: 군사작전(military operation), 점령(occupation)과 군정(military government)
2단계: 신탁통치 혹은 감독기구(a supervisory authority) 구성
3단계: 완전 독립

이는 전후 구상안 가운데 하나였으며 논의 가능한 준거지침에 불과했으나 이후 미국은 종전 직전까지 이러한 구상을 지속해서 발전시켰고 실제로 위와 같은 3단계 이행을 시도했다. 포츠담회담을 위해 준비된 '한국 문제 처리' 계획에서 '점령 → 탁치 → 미국의 정치적 목적을 실현시키기 위한 유엔기구의 이용'이라는 3단계 도식이 검토되었던 것이다[9](유엔하의 탁치안은 한국 문제에 대한 소련의 강력한 요구를 견제하기 위함이었다). 따라서 미국의 한반도 정책은 1944년 3월에 이미 골격이 형성되었다고 해석할 수 있다. 또한 이러한 안들을 1944년 4월 영국과도 논의했다는 사실[10]에서 미국이 한국 문제에 대해 준비하려고 했다는 사실도

Government: Japanese Technical Personnel Disposition," CAC 138, March 27, 1944, RG 59, Records of Harley A. Notter, 1939~1945, Records of the Policy and Planning Committees, Box 109 ; "Korea: Occupation and Military Government: Japanese Technical Personnel Disposition," CAC 138, March 29, 1944, RG 59, Records of Harley A. Notter, 1939~1945, Records of the Policy and Planning Committees, Box 119.

9 "Memorandum," July 4, 1945, FRUS, Berlin, 1945, vol. I, p. 313.
10 구대열, 『한국 국제관계사 연구 2: 해방과 분단』(역사비평사, 1995), 71쪽.

알 수 있다. 논리적으로 볼 때 적국의 식민지였던 한국을 점령하지 않고 즉시 해방하거나 신탁통치를 실시할 수는 없었던 것이다. 따라서 한국에 대한 과도적 신탁통치 실시를 1943년 12월에 이미 정책적으로 결정한 것이나 다름없던 상황에서 군사작전과 점령을 구상한 것은 당연한 수순이었다. 신탁통치를 결정하고 점령을 고려하지 않았다면 그것은 전략적으로 문제가 있다고 할 수 있다. 따라서 위의 안을 직접 반영하지 않았다 하더라도 '3단계 구상이라는 일반론 외에 별 대안이 없다'는 인식은 광범위하게 공유되었을 것이다.

이 도식에 의하면 점령은 신탁통치 실시 전 단계에 필수적으로 실행해야 할 전제였던 것이다. 1944년 5월 4일 국무부 산하 전후계획위원회(PWC; Post War Programs Committee)가 위의 국간지역위원회의 안을 수정하면서 내린 결론은 신탁통치와 같은 '국제적 행정(an international administration)' 혹은 '국제적 감독하의 임정통치(an interim government under international supervision)'가 독립 전에 선행되어야 한다는 것이었다.[11] 따라서 국무부의 점령안은 '신탁통치에 대한 대안'[12]이 아니라 신탁통치를 보완하기 위한 구상이었다. 1944년 국무부는 점령과 신탁통치가 양립 가능하다고 생각했던 것이다. 이는 미국 점령기를 '탁치형 점령'으로 볼 수 있는 근거가 된다.

그런데 미국의 전망은 한 나라가 한국을 단독으로 점령하여 군정을 행할 가능성보다는 복수의 국가가 구역을 나누어서 작전할 가능성이 많

---

[11] "Korea: Political Problems: Provisional Government," PWC 124a, CAC 58a, May 4, 1944, RG 59, Records of Harley A. Notter, 1939~1945, Records of the Policy and Planning Committees, Box 108 and Box 142.
[12] 1945년 종전이 임박하자 신탁통치를 실현하기 위해서 구상했던 점령이 신탁통치의 틀을 벗어나 따로 고려되었다. 따라서 1945년에 작성된 군부의 점령안은 탁치에 대한 대안으로서 구상되었다.

다는 것이었다.¹³ 당시 한반도는 일본으로부터 해방되어 무주공산이 될 예정이었으며 해방 후 독점할 열강이 확정되기는 어려운 불확실한 상황이었으므로 이렇게 예견되었던 것이다. 따라서 미국은 이미 이 시점부터 다국적 점령이 피할 수 없는 일이라는 사실을 파악하고 있었던 것이다. 그럼에도 불구하고 공식적으로는 군사작전과 군정이 세력 분할을 전제로 한 것이 아니라 '연합군사작전'과 '중앙집권적인 공동군정'의 형태를 띠어야 한다고 역설했다. 또한 3~4개국의 분할점령을 달성한다고 하더라도 연합군정부가 설립되어야 하며 정책의 이질적 시행을 막기 위해 각국의 고위관리가 위원회를 구성해야 한다고 다음과 같이 제시했다.¹⁴

한국의 독립을 준비하기 위하여 군정을 행할 경우 분할점령체제(a zonal system of military government)는 피하고 가능한 한 빠른 시일 내에 연합민정(a combined civil affairs administration)으로 전환되어야 한다.¹⁵

분할작전이 분할군정으로 귀결된다면 이러한 민정 양식(this type of civil affairs administration)은 가능한 한 빠른 시일 내에 군사작전에 참가했던 각 나라의 대표들로 구성된 중앙집중적 행정(a centralized administration)으로

---

13 "Korea: Occupation and Military Government: Composition of Forces," CAC 128, March 29, 1944, RG 59, Records of Harley A. Notter, 1939~1945, Box 119, p. 3.
14 章紅,「獨立, 托管: 美國對戰後朝鮮政治前途的擇定」, 石源華 主編,『韓國獨立運動血史新論』(上海: 人民出版社, 1996판), 322쪽.
15 "Korea: Occupation and Military Government: Composition of Forces," CAC 128, March 22, 1944, RG 59, Records of Harley A. Notter, 1939~1945, Records of the Policy and Planning Committees, Box 109, p. 3; "Korea: Occupation and Military Government: Composition of Forces," CAC 128, March 29, 1944, RG 59, Records of Harley A. Notter, 1939~1945, Box 119, p. 3.

전환되어야 한다.[16]

그런데 위 구절에서도 유추할 수 있듯이 미국은 분할점령(과 분할군정)의 가능성에 대해서도 꾸준히 준비했던 것이다. 또한 같은 보고서에서 군정을 빨리 종결하는 것이 바람직하지만 시정기구의 구성에 내재한 여러 어려움 때문에 군정이 상당 기간 존속될 가능성도 언급하고 있다.[17]

국무부의 거의 모든 점령안에는 '단일단위'·'공동'·'다국적' 혹은 '연합'이라는 어휘를 전제하고 있다. 이는 '다국적 신탁통치안'에서도 전제했던 비구체적이며 모호한 수식어들로서 신탁통치안을 포함한 모든 다국적 해결 방식에 소련의 독점을 방지하려는 전략을 관철하고 있다(소련 공산주의 외에도 중국의 중화주의, 영국의 제국주의를 견제하려는 구상이 바로 신탁통치안이었다).[18] 만약 한국을 어느 특정한 한 나라의 세력권으로 분류한다면 지리적으로 인접한 소련에게 돌아갈 가능성이 가장 높았고 세력을 분할한다고 해도 소련의 영향력이 가장 우세할 것으로 예상했으므로 이를 제어하기 위하여 여러 나라가 참여하는 방식을 입안했던 것이다. 이미 1943년 10월의 시점에서도 소련의 한국 점령이 중국과 일본에 가져다줄 반향이 매우 심각하다고 지적되었던 것이다.[19]

---

[16] "Korea: Occupation and Military Government: Composition of Forces," CAC 128, March 29, 1944, RG 59, Records of Harley A. Notter, 1939~1945, Box 119, pp. 4-5. 그런데 종전이 임박해지면서 '공동' 방식이 아닌 '분할' 방식이 우세해졌다.

[17] "Korea: Occupation and Military Government: Composition of Forces," CAC 128, March 29, 1944, RG 59, Records of Harley A. Notter, 1939~1945, Box 119, p. 5.

[18] James I. Matray, *The Reluctant Crusade* (Honolulu, Hawaii: University of Hawaii Press, 1985); 제임스 I. 메트레이 저, 구대열 역, 『한반도의 분단과 미국: 미국의 대한정책, 1941~1950』(을유문화사, 1989), 40-41쪽, 43-44쪽.

[19] "Possible Soviet Attitudes toward Far Eastern Questions," October 2, 1943, RG 59, Records of Harley A. Notter, 1939~1945, Box 119.

소련에 대한 견제는 위의 1944년 5월 4일자 전후계획위원회 메모에서도 다음과 같이 확인할 수 있다.

> 만약 일국(一國)에 의한 잠정 신탁통치가 시행된다면 심각한 문제가 발생할 수 있다. … 과도기의 한반도가 소련에 의해 관리되는 것은 중대한 정치적 문제를 유발할 것이다. 중국도 한반도가 소비에트화하는 것을 우려하고 있으며, 미국도 그와 같은 전개를 태평양 안전에 대한 위협으로 간주할 것이다.

미 국무부의 정책 입안자들은 한반도에 대한 조치를 태평양의 안보와 연관 지어 생각했다. 그들은 북태평양 안보가 미국과 관련되어 있다고 생각해 한반도 전역이 소련의 수중에 들어가면 미국의 태평양 안보에 위협이 되리라고 생각했던 것이다. 후속 부분을 계속 인용하면 다음과 같다

> 미국이 과연 한반도에 대한 신탁통치를 수용할지에는 의문의 여지가 있다. … 그리고 어떤 경우라도 **미국의 단독 위임통치는 바람직하지 않다**(강조는 원문).

미국 단독으로 점유하기에는 한반도의 전략적 가치가 높지 않다고 보았고 소련과 중국의 독점을 방지하려는 목적이었기 때문에 미국의 단독 위임통치에 대하여 부정적으로 보았던 것이다. 소련과 중국의 야욕을 견제하기 위해서 그들의 단독관리를 방지하고 미국이 참여하는 공동관리의 형태를 취해야 한다는 주장은 얄타회담 대비문서[20]와 포츠담회담

---

20 "Inter-Allied Consultation Regarding Korea," RG 59, Box 3, Records of the

대비문서[21]에서도 반복되었다. 얄타회담 대비문서에서는 "한국의 군사점령과 군정에 연합국 대표가 꼭 참여하고" 미국은 "한국의 점령과 군사정부에서 주도적인 위치를 차지해야 한다"라고 주장했다.

한편 미국 대외관계협의회(Council on Foreign Relations)는 1944년 5월 22일자로 '대외비(Strictly Confidential)' 문건 「한국 독립정부 구성 문제」를 작성했다. 뉴욕 금융과두집단의 지원을 받는 이 기구는 1921년 9월 발족했으며 대통령과 국무부 등의 정부기관에 영향력을 행사했다. 이 기구가 발행하는 기관지가 유명한 『포린어페어스(Foreign Affairs)』이다. 위 대외비 문건은 거대자본가 록펠러가 재정·지원한 '전쟁과 평화 기획(War and Peace Project)'의 일환인 '전시와 평화 시 미국의 국익에 관한 연구' 시리즈 가운데 하나인데, 1943년 12월 20일부터 1944년 5월 22일 사이 네 차례의 토론을 거쳐 완성했으며 토론 요약과 함께 국무부에 즉시 제출되었다.

대외관계협의회는 러시아가 한반도를 독점할 가능성이 많으므로 이를 방지하기 위한 방안으로서 연합군의 공동점령과 유엔에 의한 10~15년의 신탁통치 등을 거론했다. 또한 최초 신탁통치의 기본연한(5년 혹은 10년)에 관하여 토론했으며 '신탁통치(trusteeship)'와 '위임통치(mandate)'를 같은 용어로 간주했다는 사실이 특기할 만하다.[22]

Yalta Conference, San Francisco, and Potsdam, pp. 1-4; "Post-War Status of Korea: Briefing Book Paper: Inter-Allied Consultation Regarding Korea," n. d., FRUS, 1945, Yalta, pp. 358-361.

[21] "Briefing Book Paper: Form of Soviet Military Participation," n. d., FRUS, Berlin, 1945, vol. I, pp. 925-926.

[22] ["On the Problem of Constituting an Independent Political Regime in Korea"], The Minutes of Forty-Fifth Meeting of the Political Group, Records of the Council on Foreign Relations, No. P-A 45, F 444, Council on Foreign Relations, March 20, 1944, p. 8; "Digest of Discussion: The Problem of Constituting an Independent Political Regime in Korea," The Minutes of Forty-seventh Meeting

결국 최종 보고서에서는 ① 연합군에 의한 군사점령과 유엔에 의한 군정 실시, ② 유엔 감독하의 판무관 정부 구성에 의한 공동민간행정,[23] ③ 독립정부의 수립 등 3단계 구상을 정책 대안으로 제시했다. 한반도 독립은 최소한 10년은 걸릴 것이며 만약 그 후에도 자치능력이 부족한 것으로 판단되는 경우 10년 정도의 준비 기간이 더 필요하다고 주장했다. 즉시독립은 불가능하다고 보았던 것이다.[24]

　또한 이 협의회는 연합국의 한국 점령 이전에 일본이 조기 항복할 가능성을 지적했다. 한편 점령군과 군사정부 구성 문제를 별개로 파악하여 한반도 점령은 지리적으로 가까운 러시아에 의하여 이루어질 가능성이 크지만[25] 일단 점령 후에 구성될 군사정부에는 미·영·중·러 등 주

---

of the Political Group, Records of the Council on Foreign Relations, No. P-A 47, F 444, Council on Foreign Relations, May 22, 1944, p. 2; ["On the Problem of Constituting an Independent Political Regime in Korea"], The Minutes of Forty-Sixth Meeting of the Political Group, Records of the Council on Foreign Relations, No. P-A 46, F 444, Council on Foreign Relations, April 17, 1944, p. 8.

[23] 최종 보고서인 David N. Rowe, "The Problem of Constituting an Independent Political Regime in Korea," Studies of American Interests in the War and the Peace, Records of the Council on Foreign Relations, No. P-B 81, F 459, Council on Foreign Relations, May 22, 1944, p. 5에서는 공동행정기구의 구성·관리·운영 문제가 중요한 쟁점으로 부각되었다. 결국 ① 수반인 한 명의 고등판무관(High Commissioner; 캐나다·스웨덴·네덜란드 등에서 선출)이 연합국에서 요원을 선발하여 시정하는 방안과 ② 제1차 세계대전 이후 국제연맹에서 파견한 사르위원단(Saar Valley Commission)과 같이 5명의 판무관 집합체로 기구를 설치, 4명의 평위원은 영·중·소·미에서 뽑고 스웨덴·스위스·네덜란드와 같은 이등국 대표를 주재관(presiding chairman; 의장)으로 지명하는 두 가지 방안을 제시했다. 한국인은 이 민간행정기구에 행정요원이나 행정 훈련을 받기 위해 참여하는 것으로 예정되었다. 구 식민제국 네덜란드를 이등국으로 분류한 것이 특이하다. 모스크바3상회의에서 미국이 제안한 한국 문제 해결 방안은 위 두 가지 안을 절충한 것이었다.

[24] 이길상, 「점령군을 점령군이라 부르지 못하는 비극: (점령군 논란에 부쳐) 75년 지나도 반복되는 오해 … 미 국립문서보관소 뒤진 학자로서 말하자면」, 『오마이뉴스』, 2021년 7월 8일자(www.ohmynews.com/NWS_Web/View/at_pg.aspx?CNTN_CD=A0002757555, 검색일: 2021년 7월 12일).

[25] ["On the Problem of Constituting an Independent Political Regime in Korea"],

변 4대국이 공동으로 참여해야 한다고 주장했다. 그런데 연합국의 협조체제가 언제까지 지속될지 모르는 상황이므로 4대국의 공동주둔은 어려움이 많을 것으로 예상했다는 사실은 주목할 만하다. 이러한 통찰력 있는 현실인식은 냉전 출현 전인 1944년이라는 이른 시점에 이미 전문가들 사이에서 공유되었다고 해석할 수 있다. 따라서 미국이 미·소 간 전시 협조체제가 전후에도 지속될 것이라는 판단 아래 38선을 군사적 편의에 따라 획정했다는 미국의 책임 회피적 논리는 위의 정책 검토 문서를 통해 부분적으로나마 반증할 수 있다. 물론 당시는 아직 냉전이 본격적으로 출현하기 전이었으므로 냉전적 시각에서 38선을 보는 것에 문제가 있을 수 있다.

구대열(1995)은 냉전적 시각으로 해방 전 상황을 고찰하는 경향을 비판하면서 이 시기는 협조의 틀에서 문제를 보아야 한다고 주장했다.[26] 1945년 8월의 38선 설정과 12월의 모스크바3상회의에 의한 한반도 신탁통치 결정은 마지막 공동작전이며 협조의 산물이라는 주장도 가능하다. 냉전의 개념이 '미·소 간의 협상 불가능성'에 주어진다면 1945년에는 미·소가 단독행동을 추구하기보다는 협상을 통해 문제를 해결했으므로 아직 냉전이 출현하기 전이었다는 것이다.[27] 그러나 냉전의 기원론적 시각에 비추어 본다면 서구제국들은 1917년 러시아혁명 이후부터 소련을 의식했으며 1945년 당시 미국이 소련의 팽창을 어느 정도 의식했다는 점을 전혀 무시할 수는 없을 것이다. 또한 신탁통치의 경우

The Minutes of Forty-Sixth Meeting of the Political Group, Records of the Council on Foreign Relations, No. P-A 46, F 444, Council on Foreign Relations, April 17, 1944, p. 5.
26 구대열(1995), 앞의 책, 295쪽, 306쪽.
27 오코노기 마사오, 「이완범의 논문 '한반도 냉전의 기원'에 대한 논평」, 한반도 냉전사를 둘러싼 한일 공동연구회, 도쿄대학 고마바 캠퍼스, 2018년 6월 29일.

는 미·소 협조의 관점에서 볼 수 있는 주제라고 할 수도 있다. 그러나 미국이 한반도 지역에서 소련의 영향력을 봉쇄하기 위한 조치가 38선이었으므로[28] 이는 냉전이 고착화되기 전에 냉전적인 틀에서 결정된 정책이었다. 따라서 38선은 협조의 관점이 아닌 냉전 기원론의 관점에서 보아야 한다. 38선은 '사실상의 봉쇄(de facto containment)' 조치라는 주장이다.

위와 같은 3단계 구상들은 이후 국무부 대한구상(對韓構想)의 기본 골격이 되었다. 얄타회담에 대비하여 1945년 1월에 작성했을 것으로 추정되는 정책건의서에서 국무부는 신탁통치와 양립하는 점령안을 구체화했다. 군정 후에 신탁통치가 실시되어야 한다는 안이었다. 또한 한반도에 대한 군사점령과 신탁통치에 어떤 나라가 참여해야 하는지를 논의했으며, 군정은 단일단위의 중앙집권적 행정원칙에 의해 구성하여야 한다고 주장되었다.[29]

그런데 소련 문서고의 중국 주재 소련대사관 관계 문서에 철해져 있는 1945년 6월 29일 주중 소련대리대사 스크보르초프(T. F. Skvortsov)가 중국공산당 왕뤄페이(王若飛)와 나눈 대담록에 따르면, 쑨원(孫文)의 장남이자 중국 국민당 고위인사인 쑨커(孫科)는 얄타회담 후 여러 문제들을 언급했는데, 얄타에서 루스벨트와 스탈린이 참전 조건 합의 이외

---

28 William Stueck, *Rethinking the Korean War: A New Diplomatic and Strategic History* (Princeton: Princeton University Press, 2002), p. 24; 윌리엄 스툭 저, 서은경 역, 『한국전쟁과 미국 외교정책』(나남출판, 2005), 41쪽.

29 "Inter-Allied Consultation Regarding Korea," RG 59, Box 3, Records of the Yalta Conference, San Francisco, and Potsdam, pp. 1-4; "Post-War Status of Korea: Briefing Book Paper- Inter-Allied Consul-tation Regarding Korea," n. d., *FRUS, 1945, Malta and Yalta*, pp. 358-361. 단일국가에 의한 군사점령은 막아야 하며, 국제시정기구든 탁치든 간에 중앙집권적(centralized) 형태로 행해야 한다고 건의되었던 것이다.

에 한반도 문제를 포함해서 별도의 합의에 도달했다고 한다. 즉 루스벨트와 스탈린은 소련군과 미군이 한국에 진주하고, 한국에서 일본을 축출한 후 소련, 미국, 중국이 한국에 대해 신탁통치를 실시한다고 합의했다는 것이다. 여기서 쑨커가 언급한 합의 내용 전체를 살펴보면 다음과 같다.

1. 소·미·영은 전시의 중국 수령으로 장제스를 인정한다.
2. 소·미·영은 중국 영토의 가치를 인정한다.
3. 소·미·영은 중국에 대한 '개방' 정책을 인정한다.
4. 소련은 대일전을 개시하고, 소련군이 만주에 진주한다. 만주는 해방 후 (중국)중앙정부에 이양된다.[30]

부록
1) 대일전 종결 후 소련군은 만주에서 철수한다.
2) 외몽골의 현상(現狀)이 유지된다.
3) 만주에서 1904~1905년 전쟁 전 제정러시아가 이용한 모든 권리와 이해관계가 소련에 부여된다.[31]
4) 남만철도와 중동철도는 소련과 중국이 공동으로 이용한다.
5) 뤼순항은 소련에 조차된다. 다롄항은 국제항으로 선포된다.

　기타 항목
1) 조선에 소련군과 미군이 진주한다. 조선에서 일본을 구축한 후 소·미·중

---

[30] 미국은 만주에 대해 소련과 일정한 타협이 필요하지만 중국에 귀속시킴으로써 소련을 견제할 수 있다고 보았다.
[31] 1944년 12월 14일 스탈린은 주소련 미국대사 해리먼과의 대담에서 "동아시아에서 러시아의 지위가 1905년 러·일전쟁 직전 상태로 완전히 회복되어야 한다"라고 말했다. 결국 이러한 스탈린의 주장은 얄타에서 연합국에 받아들여졌다.

зовывать народные массы, создавать народные комитеты, чтобы, во-первых, дать решительный отпор в случае, если ГМД развяжет гражданскую войну, а, во-вторых, чтобы дать понять Чан Кайши, что если он не пойдет на демократические реформы, то у КПК найдутся другие средства. Затем т. Ван рассказал о своей беседе с Сунь Фо.

Во время этой беседы Сунь Фо сообщил, что Сун Цзывэнь и наш Посол направились в Москву. Цель поездки китайской делегации состоит в заключении китайско-советского пакта сроком на 20 лет. По словам Сунь Фо, такой пакт будет подписан не позже, чем через неделю. Он предусмотрен во время Ялтинской конференции, где обсуждался вопрос о Дальнем Востоке в целом и о Китае, в частности. Идея заключения такого пакта была выдвинута Рузвельтом, который сделал об этом предложение тов. Сталину. По словам Сунь Фо, решение Рузвельта и Сталина было в середине июня сего года официально передано Чан Кайши советским и американским послами в Чунцине. Согласно утверждению Сунь Фо, договоренность Рузвельта и Сталина состоит из следующих пунктов:

1. Советский Союз, США и Англия признают Чан Кайши вождем Китая на время войны.
2. Советский Союз, США и Англия признают целостность китайской территории.
3. СССР, США и Англия признают политику "открытых дверей" в отношении Китая.
4. Советский Союз вступает в войну с Японией, советские войска входят в Маньчжурию. После освобождения Маньчжурия передается Центральному Правительству. // К этому соглашению имеется приложение, которое состоит из следующих пунктов:

л. 102

1) После окончания военных действий против Японии советские войска выводятся из Маньчжурии.
2) Признается статус-кво Внешней Монголии.
3) В Маньчжурии Советскому Союзу предоставляются все права и интересы, которыми пользовалась царская Россия до войны 1904-05 годов.
4) ЮМЖД и КВЖД будут эксплуатироваться Советским Союзом и Китаем.
5) Порт-Артур сдается в аренду Советскому Союзу. Дайрен объявляется международным портом.

Кроме того, между тов. Сталиным и Рузвельтом была достигнута договоренность по следующим пунктам:
1) В Корею вступают советские и американские войска. После изгнания японцев из Кореи над ней устанавливается протекторат 3-х государств – СССР, США и Китая.
2) Советские войска оккупируют северную часть Японии, а Америка – южную.
3) Советскому Союзу возвращается южная часть Сахалина.

Чан Кайши согласен с предложениями Рузвельта и Сталина, но возражает против 2-х пунктов: 1) Чан Кайши не согласен с передачей СССР в аренду Порт-Артура, так как это создает опасный прецедент. 2) Чан Кайши в принципе согласен с признанием независимости Внешней Монголии, но возражает против того, чтобы это было занесено в какой-либо документ.

По словам тов. Вана, Сунь Фо утверждал, что в Москве непременно будет в скором времени заключен советско-китайский пакт в духе ялтинско-китайской договоренности. Ван возражал Сунь Фо по двум пунктам: 1) Признание Советским Союзом Чан Кайши единым вождем Китая на время войны. 2) Вступление СССР в войну с Японией, освобождение от японцев Кореи и передача ее реакционному гоминьдановскому правительству. Ван доказывал,

70

그림 6-1 스크보르초프와 왕뤄페이의 대담록, 1945년 6월 29일

※ 출처: 1945 г., июня 29. – Запись беседы поверенного в делах СССР в Китайской Ре-спублике Т. Ф. Скворцова с представителем КПК в Чунцине т. Ван Жофэем по проблемам послевоенного политического переустройства Китая, поли-тики СССР и США в Китае, вступления СССР в войну на Дальнем Востоке. АВПР, ф. 100, оп. 33, д. 14, п. 244, л. 99-103; Русско-китайские отношения в XX веке. Документы и материалы. Т. IV. М., 2000, с. 68-71; 기광서, 「러시아문서보관소와 한국현대사」, 『동북아 워치』 1(2022.11.16.), p. 4쪽에 수록.

что без специальных оговорок и условий в смысле демократизации Китая и т.п., СССР не может принять эти два пункта.

Ван спросил, действительно ли в Москве будет заключен советско-китайский пакт, о котором рассказал Сунь Фо. Я ответил ему, что Сун Цзы-вэнь, по-видимому, поставит в Москве вопрос о заключении договора, но о каком именно договоре будет идти речь, нам здесь неизвестно.

Ван рассказал далее, что Сунь Фо в беседе с ним высказал свое мнение относительно того, // что во второй половине этого года на Дальнем Востоке произойдут решающие события. Тов. Ван заявил, что эту точку зрения выразил тов. Мао Цзэдун в своем политическом докладе на VII съезде КПК и призвал всех членов партии усиленно готовиться к этим событиям.

л. 103

Относительно все более решительной позиции ГМД в отношении КПК, тов. Ван заявил, что интенсивная подготовка ГМД к вооруженному нападению на КПК объясняется его слабостью и страхом перед возрастающей силой КПК. ГМД понимает, что если ему не удастся одолеть нас сейчас, то в дальнейшем он тем более ничего не может с нами сделать*.

Беседа состоялась в нашем Посольстве. Присутствовали тт. Ананьев и Ледовский.

Поверенный в делах СССР в Китае Т. Скворцов

АВП РФ. Ф. 0100. Оп. 33. Д. 14. П. 244. Л. 99-103. Подлинник. Машинописный экз. Публикуется впервые.

№ 654

1945 г., июня 30. – Запись первой беседы И.В. Сталина с председателем Исполнительного юаня Китайской Республики Сун Цзывэнем

Присутствуют т. В.М. Молотов и вице-министр иностранных дел Китая Ху Шицзэ[1].

Сун Цзывэнь заявляет, что он привез с собой личное письмо от Генералиссимуса Чан Кайши Генералиссимусу Сталину**.

л. 1

Тов. Сталин, принимая письмо, благодарит Сун Цзывэня и спрашивает, как прошел его перелет из Чунцина в Москву.(1)

Сун Цзывэнь говорит, что перелет прошел хорошо. Тов. Сталин спрашивает, как развиваются операции китайских войск на юге Китая.

Сун Цзывэнь отвечает, что пока операции китайских войск развивались успешно.

Тов. Сталин спрашивает Сун Цзывэня, следует ли начать деловые переговоры сегодня.

Сун Цзывэнь отвечает, что он хотел бы ограничиться общим заявлением по поводу своей миссии.

Тов. Сталин соглашается с предложением Сун Цзывэня. Сун Цзывэнь заявляет, что одним из завещаний Сунь Ятсена было установление хороших дружественных отношений между Китаем и Советским Союзом. Сейчас как Чан Кайши, так и весь китайский народ питают глубокую надежду, что меж-

---

* *На л. 99 документа пометы: над текстом, в центре: штамп: СЕКРЕТНО, с-т т. Лозовского, вх. N 2424, 31. VII. 1945 г.; ниже: штамп НКИД, 1-й Дал. Восточный отд., СЕКРЕТНО, вх. N 712 с., 1. VIII. 1945 г; на л. 99 – над текстом, справа: секретно, экз. No. 2, 9 июня 1945 г., N 66; рассекречено, 1993 г.; на л. 103 – в центре л.: подпись- автограф Т. Скворцов; в конце л., слева: материал рассылки: 3 экз. мг. (тт. Молотову В. М., Лозовскому С. А., в дело Пос-ва), 30. VI. 45 г.*
** *См. док. № 626.*

그림 6-2 스크보르초프와 왕뤄페이의 대담록, 1945년 6월 29일

※ 출처: 1945 г., июня 29. – Запись беседы поверенного в делах СССР в Китайской Ре-спублике Т. Ф. Скворцова с представителем КПК в Чунцине т. Ван Жофэем по проблемам послевоенного политического переустройства Китая, поли-тики СССР и США в Китае, вступления СССР в войну на Дальнем Востоке. АВПР, ф. 100, оп. 33, д. 14, п. 244, л. 99-103; Русско-китайские отношения в XX веке. Документы и материалы. Т. Ⅳ. М., 2000, с. 68-71; 기광서, 「러시아문서보관소와 한국현대사」, 『동북아 워치』 1(2022.11.16.), p. 4쪽에 수록.

3국의 보호관제(protectorate)가 실시된다.

2) 소련군은 일본 북부를 점령하고 미국은 남부를 점령한다.

3) 사할린 남부는 소련에 반환된다.[32]

부록의 2), 4), 5)와 기타항목의 3)은 얄타협정의 합의문에 포함된 것이며, 기타 항목 1), 2)를 제외한 나머지 항목도 모두 실제 3국이 합의한 내용이다. 따라서 쑨커가 전한 위의 내용 모두를 터무니없는 것으로 보기는 어렵다. 그렇다면 미·소 군대의 한반도 투입과 보호관제 실시, 일본의 분할점령이 나온 것은 어떠한 이유일까. 더구나 이것들이 합의 사항에 포함되었다면 미·소 양국이 그것에 동의했다는 것이다. 여기서 한반도에 미·소 양군 진주와 보호관제(신탁통치의 중국식 표현) 실시는 미국 측이, 미·소 양군에 의한 일본의 분할점령은 소련 측이 각각 제안한 것으로 유추할 수 있다. 전자는 소련이 반대했던 것이고, 후자는 소련이 간절히 원했던 것이기 때문이다. 이 합의의 실상은 향후 해당 자료의 추가 발굴과 더불어 더욱 면밀한 분석이 필요한 사안이다.[33] 이는 전문(傳聞)이므로 얄타밀약설과 관련된 1945년 6월의 소문을 혼합해서 전한 것이 아닐까 한다. 어쨌든 1945년 2월 얄타에서건 1945년 6월 중국에서건 한반도가 미국과 소련이 공동으로 관리해야 할 지역으로 간주되었다는 사실이 중요하다. 다만 한국의 분할선 획정은 구체화되어

---

32 1945 г., июня 29. - Запись беседы поверенного в делах СССР в Китайской Республике Т. Ф. Скворцова с представителем КПК в Чунциине т. Ван Жофэем по проблемам послевоенного политического переустройства Китая, политики СССР и США в Китае, вступления СССР в войну на Дальнем Востоке. Русско-китайские отношения в XX веке. Документы и материалы. Т. IV (М., 2000), p. 70; 기광서, 「해방 전 소련의 대한반도 정책 구상과 조선 정치세력에 대한 입장」, 『슬라브연구』 30-4(2014).

33 기광서(2014), 위의 글.

있지 않으며 양군이 진주한다고만 나와 있다. 신탁통치 문제는 구두합의가 되었다는 것이 문서에서도 확인되지만, 한반도에 대한 미·소 양군의 진주(와 일본의 분할점령)는 문서에 의해 실증되지 않는다. 공식문건에 따르면 한반도 문제는 얄타에서 의도적으로 회피되었건 아니면 핵심 지역이 아니었건 간에 (신탁통치 실시 이외에) 세력권에 대해서는 정식으로 논의되지 않았다. 기억에 바탕을 둔 왕뤄페이와의 대화록이므로 부정확하다고 할 수 있다. 이는 이승만과 일부 연구자들이 제기한 이른바 '얄타밀약설'의 근거가 될 수도 있으나, 위 자료에서 관련 부분의 신빙성은 의문의 여지가 많다는 것이 중론이다.[34]

한편 기광서(2022)는 "얄타밀약에서 한반도에 미·소 양군 진주와 보호관제(신탁통치) 실시는 미국 측이, 미·소 양군에 의한 일본의 분할점령은 소련 측이 각각 제안한 것을 볼 수 있다. 처음 전자는 소련이 반대했고, 후자는 소련이 간절히 원한 사안이었다. 미국의 반대로 인해 일본의 분할을 관철할 수 없었던 소련은 이 합의를 기반으로 한반도에 군대 주둔을 대안으로 삼았을 것이다"라고 주장했다.[35] 그런데 얄타(밀약)에서 미국과 소련이 각각 위와 같은 말을 했다는 주장의 근거는 빈약한 편이다. 다만 1945년 8월 중순 트루먼의 반대로 인해 일본의 분할을 관철할 수 없었던 스탈린이 한반도 반분을 받아들였다는 것이 사실에 부합한다.

한편 노경덕(2016)은 기광서가 발굴한 미군과 소련군의 한반도 분할점령 논의를 인용하면서도 이것이 대체로 사실이 아님을 시사했다. 노

---

34 이재훈, 「解放前後 蘇聯 極東政策을 통해 본 蘇聯의 韓國認識과 對韓政策」, 『史林』 20(2003), 47쪽; 임영태, 「포츠담 선언 전후 미소의 한반도 구상」, 『통일뉴스』, 2020년 9월 28일자.
35 기광서(2022), 앞의 글, 3쪽.

경덕은 얄타회담까지 한반도 문제는 신탁통치안의 틀에서 합의된 것임이 분명하다고 주장했다. 얄타회담에서 인정한 '점령주의' 원칙은 아시아에서는 적용되지 않고 오직 유럽에만 예외적으로 해당되었고, 특히 한반도에서는 신탁통치로 합의되었기 때문에 점령을 논의하지 않았다는 것이다.[36]

한편 미 해군부의 1944년 4월 11일자 보고서는 "한국은 독립될 때까지 미국에 의해 통치되어야 한다"라고 주장했다.[37]

또한 포츠담회담에 대비하여 1945년 7월 4일 국무부 전후계획위원

---

[36] 노경덕은 한반도 분단의 구체적 과정은 1945년 늦여름 이후 미·소 양국의 군대가 실제로 주둔한 이후에야 시작되었다고 주장했다. 얄타 합의 사항을 명확히 알고 있던 스탈린의 지령에 의해 움직인 38도선 이북의 소련군과는 달리, 38도선 이남의 미군은 얄타회담 현장에 없었던 트루먼 행정부 아래에 있었다. 루스벨트식 신탁통치안을 따른다면, 세계의 '경찰국'들의 감독하에 반파시즘 및 반제국주의 계열이라면 모든 정파들을 받아들여 그들에게 근대국가 통치의 학습 기간을 가지도록 해야 할 것이었다. 반대로 점령주의 원칙, 즉 이탈리아와 그리스에서의 영국군 정책 및 동유럽에서의 소련 선례를 따른다면, 점령군에 적대적인 정파들을 제거한 상태에서 그 군 당국과 정치코드가 맞는 이들이 바로 정권을 잡을 수 있도록 만들 것이었다. 1945년 가을 38도선 이남에서 예상보다 강력한 '좌익' 활동을 대면한 미군은 한반도 정책을 점차 동유럽에서의 소련 정책에 준해서 사고하게 되었다. 그들은 소련이 동유럽에서 적용하고 있는 '점령주의' 원칙이 얄타에서의 '예외'적 합의의 결과라는 점을 알지 못한 채, 이를 자신들 정책의 잣대로 삼았다. 당시 여전히 루스벨트주의자들이 많았던 미 국무부의 반대에도 불구하고, 중장 하지(J. Hodge)가 지휘하는 한반도 진주 미군은 '점령주의' 원칙을 차츰 현장에서 관철시켜나갔다. 1943년 영국이 이탈리아에서 먼저 시작하고 얄타회담에서 3대 강국이 인정한 유럽의 '점령주의'가 점차 한반도 처리의 기본원칙이던 신탁통치안을 대체한 결과가 한반도 분단이었다. 얄타회담에서 '점령주의' 원칙과 신탁통치안 양자가 모두 수용되었던 사실은 결국 향후 한반도 문제의 향방에 결정적인 것이 되었다. 즉, 얄타에서 이 두 가지 원칙의 공존을 애매하게 놔두었던 것이 결국 한반도 분단의 씨앗이 된 것이다. 얄타는 한반도 분단을 의도하지도 계획하지도 않았지만, 그 책임을 피하기는 어렵다고 노경덕은 평가한다. 노경덕, 「얄타 회담 다시 보기」, 『史叢』 87(2016), 344-346쪽.

[37] Office of the Chief of Naval Operations, Navy Department, "A Memo- randum Study of Naval Patrol and Air Surveillance to Enforce Armistice Terms upon Japan," 11 April 1944, p.2, RG 218, Geographic File, 1942~1945, CCS 388 Japan (5-29-44), Box 138.

회가 작성한 보고서 「한반도의 전후 정부」 역시 변함없이 ① 연합국에 의한 점령 및 연합군 군사정부에 의한 통치, ② 4대국에 의한 잠정적인 국제행정관리통치(신탁통치), ③ 최종 단계로서 완전한 자유, 독립국가로서의 주권행사라는 3단계 안을 구상했는데, 자기 자신의 개인외교에 치중했던 루스벨트가 서거(1945.4.12.)한 후에 작성된 이 안은 국무부 차원을 뛰어넘어서 미국의 공식 대한(對韓)정책에 부분적으로 반영될 수 있었다.[38] 루스벨트는 국무부 정책 담당자들을 신뢰하지 않았기 때문에 3단계 구상에 나타난 점령안을 정책에 반영하지 않았으나, 트루먼은 국무부의 안을 하나의 정책적 대안으로 고려했기 때문이다. 결국 1944년에 작성한 국무부의 점령안은 트루먼의 취임으로 인하여 미국 공식정책의 기본골격을 형성하는 데 부분적으로 참조될 수 있었던 것이다.[39] 이렇듯 점령과 신탁통치는 결합·연관되었던 것이다.

그런데 임시적 점령(군정)이 가능한 한 짧게 끝나 신탁통치(이것도 임시적이고 과도기적 조치임)로 이행되어야 점령(군정)과 신탁통치가 양립할 수 있다. 만약 점령이 더 길어진다면 신탁통치로의 이행 가능성도 줄어들고 군정이 종식된 후 독립될 가능성이 더 높아지는데, 이것이 한반도에서 현실화되어 결국 점령과 신탁통치가 양립될 수 없었던 결과를 낳은 것이다.

---

[38] "Briefing Book Paper: Post-War Government of Korea," July 4, 1945, *FRUS, Berlin, 1945*, vol. I, p. 314.
[39] 한편 국무부 '이민과 재식민에 관한 특별위원회'의 1944년 10월 26일자 보고서를 보면 한국의 지리, 인구 등을 비교적 세밀하게 연구했음을 알 수 있다. Department of State, Special Committee on Migration and Resettlement, "Displaced Populations and Groups in Korea," Migration D 53, October 26, 1944, RG 218, Central Decimal File, 1942~1945, CCS 383.6 (11-30-44), Box 352.

2. 힘의 공백지대화 전략 추진, 1944년 10월

　힘의 공백지대화 전략은 한반도를 어느 누구의 세력권으로 분류하지 않음으로써 소련의 야욕을 차단하려 한 미국의 구상이었다. 미국은 소련을 대일전(對日戰)에 개입시키려 했을 때부터 분할점령이 결정될 때까지 이 전략을 내부지침으로 삼아 한반도에 적용했는데, 대외적으로는 1944년 10월의 모스크바회담과 1945년 7월의 포츠담회담에서 이 전략을 확실하게 드러내어 소련에 인지시켰다. 힘의 공백지대화 전략은 직접적인 무력 개입을 담보하지 않고서도 상대방의 개입을 저지할 수 있는 문호개방적 방안으로서, 1945년 8월 미국이 별다른 무력 동원 없이 한반도의 반을 확보할 수 있는 상황을 조성하는 데 결과적으로 크게 기여했다. 따라서 우선 1944년 10월 소련과의 회담에서 대외적으로 밝힌 힘의 공백지대화 전략에 대하여 구체적으로 살펴볼 필요가 있다.

　처칠이 모스크바에 가서 개최한 영·소 정상회담에 따른 1944년 10월 17일 군사전략회의(참모총장 회의; 코드명 톨스토이)에서 스탈린(Joseph V. Stalin)은 소련 주재 미국대사 해리먼에게 동북아시아 대륙의 연합상륙작전 여부를 문의했다. 해리먼은 부정적으로 답변하면서 소련군만이 만주작전에 투입될 것이라고 말했으며 한반도에 관해서는 구체적으로 언급하지 않았다. 이에 대해 스탈린은 작전구역을 만주로 한정한 일에 문제를 제기하면서 육상작전의 경우 베이징과 장자커우(張家口)의 타격도 고려되어야 한다고 주장했다. 해상 및 상륙작전의 경우 모든 해상지역이 포함되어야 하며 한반도 북부의 항구를 만주작전의 일환으로 소련의 육·해군이 점령해야 함을 역설했다.

　우리가 정말 일본군을 격퇴하려면 만주 지역 내로만 한정할 수는 없다. 전투에서 전과를 올리려면 여러 방면에서 공격을 가해야 한다. 제대로 성과를 올리려면 다방면에서 공격을 가해야 한다. 외곽포위연동작전(outflanking movement operation)을 전개해야 한다는 것이다. 만주에 국한된 공격은 획기적인 전과를 올리지 못한다. 모든 해상의 작전태세를 증강시키고, 그 연후에 '북부조선의 (모든-인용자) 항구들'을 소련의 육군 및 해군 병력으로 점령해야 한다.[40]

그런데 해리먼은 이상하게도 한반도 관북지역 항구에 대한 소련의 육군 상륙 요구에는 특별한 반론을 제기하지 않았다. 이에 대하여 김기조(1993)는 혼자 답변하기가 어려워서 의견을 밝히지 않는(non-committal) 태도를 취했거나 '상대방의 요구를 알아들었다(duly take note)'는 침묵이라고 해석하지만,[41] 미국은 소련이 제기했던 문제들을 경시할 수 없었기 때문에 한반도가 협의 대상에서 빠진 것은 미국의 고의적인 '배제' 공작에 의한 '회피'였을 가능성이 더 크다. 따라서 이는 힘의 공백지대화 전략이 관철된 것으로 간주해야 한다. 한반도는 대륙의 한 부분이었으므로 만약 논의가 더 진전된다면 소련의 세력권에 속할 가능성이 많은 지역이었다. 따라서 미국은 한반도에 대한 소련의 접근을 봉쇄하려는 의도로 논의를 지연시켜 우선 힘의 공백지대로 만들어놓고 사태 진전에 따라 한반도를 자국의 세력권으로 확보하려 했다. 이러한 세력 확보 전략이 바로 점령안으로 구체화되었던 것이다. 이렇

40　Herbert Feis, *Churchill-Roosevelt-Stalin: The War They Waged and the Peace They Sought* (Princeton: Princeton University Press, 1957), pp. 464-466. 이러한 대화는 미 외교문서나 해리먼 대사·딘 소장의 회고록 어느 부분에도 언급되지 않으나 오충근과 김기조의 주장에 의하면 신빙성이 있다. 김기조, 「蘇聯의 對日參戰과 日本의 敗亡(2)」, 『외교』 20(1991), 104쪽 참조.
41　김기조, 「38선 획정의 주범은 일본이다」, 『신동아』 12월(1993), 504쪽.

듯 1944년 10월 17일 모스크바에서 가진 스탈린·해리먼의 만남에서 미국은 용의주도하게도[42] 소련의 대일전 전략 목표에서 만주는 포함하되 한반도는 배제하려는 힘의 공백지대화 전략을 추구했다.[43] 따라서 1945년 8월 9일 소련 참전 시 한반도가 주된 공격 목표가 되지 못했고, 만주 공격을 위한 부수적 공격 대상이 되는 데 그쳤다.

그렇지만 스탈린이 한반도 북부를 언급하는 것에 대해 미국이 전혀 문제를 제기하지 않아 결과적으로는 묵인한 것이 되었다는 평가도 있다. 김학준(2020, 2021)은 미국이 소련군의 한반도 진입에 묵시적으로 합의함으로써 결국 한반도가 미국과 소련에 의해 분할되는 단초를 열어놓았다고[44] 확대해석했다. 그러나 앞서 주장한 것처럼 묵시적 동의(오충

---

[42] 그러나 해리먼의 해석을 원용한 반 리(Erik Van Ree)는 *Socialism in One Zone: Stalin's Policy in Korea, 1945~1947* (Oxford: Berg, 1989), p. 37에서 침묵이 오히려 한반도에 대한 소련의 희망을 불러일으킨 '실수'였다고 주장한다. 또한 吳忠根, 「分斷史の起點: 米ソ分割占領過程再檢討」, 『コリア評論』第27卷(1984), 28쪽에 의하면 침묵은 곧 웅기·나진·청진 등 한반도 관북항구의 소련군 한정작전에 대한 미·소 간 묵시적 합의라고 해석했다.

[43] 진석용, 「38선은 누가 그었는가」, 『한국사회연구』 4(1986), 462쪽.

[44] 김학준, 「일본이 8월 7일에만 항복했어도 분할 피할 수 있었다」, 『신동아』 8월(2020); 김학준, 「북한은 스탈린의 주도와 후원 아래 건국된 국가」, 『신동아』 1월(2021)에 따르면 일련의 전시 연합국회담에서 특히 1943년 10월 이후 일본을 상대로 하는 전쟁, 이른바 극동전에 미국이 소련의 참가를 끈질기게 요구했으므로 한반도 분단의 뿌리를 아무리 늦게 잡는다고 해도 1943년 10월로 거슬러 올라간다. 이때 모스크바에서 열린 미국과 소련의 회담에서, 미국은 소련에 일본을 상대로 참전해줄 것을 거듭 요청했고 소련은 거기에 응하면서 자신의 작전지역에 한반도의 '북변항구들'을 포함해줄 것을 요청해 미국의 암묵적 동의를 받았기 때문이다. 이 암묵적 동의는 1944년 10월 다시 확인됐다고 주장된다.
김학준의 앞의 주장을 다시 검증하면, 모스크바외상회담의 마지막 날인 1943년 10월 30일 만찬에서 스탈린은 미 국무장관 헐(Cordell Hull)에게 "독일 패망이 이루어졌을 때, 소련은 일본을 패전시키는 데 합세할 것"이라고 말했다. 그는 루스벨트에게 자신의 뜻을 알려도 좋다고 말해 참전 의사를 비공식적이지만 확실히 했던 것이다. Cordell Hull, *Memoirs*, vol. Ⅱ, p. 1113, pp. 1309-1310; W. Averell Harriman and Elie Able, *Special Envoy to Churchill and Stalin, 1941~46* (New York: Random House, 1975), p. 243; Anthony Eden, *Memoirs: The Reckoning* (Boston:

근의 묵시적 합의)라기보다는 의도적 논의 회피에 따른 힘의 공백지대화 전략이라고 보아야 한다.

물론 결과적으로는 1945년 8월 소련이 한반도로 진격하자 소련의 개입 방지라는 목적을 가진 미국의 공백지대화 전략은 실패했으며 미국은 한반도 분할을 확정짓게 되었다. 그렇지만 1944년 10월부터 1945년 8월 소련의 참전 직전까지 미국은 한반도 공백지대화 전략을 포함해 소련 참전 이전에 조기 종전을 추구해 동북아 독점을 기도하려 했다고 보아야 한다.

3. 링컨 준장의 점령·군정안 실무 기안, 1945년 2~7월

미국은 1945년 점령과 군정이 임박해짐을 감지하고 다각도로 대비하기 시작했다. 이때부터 군사점령과 군정의 실무 담당자인 군부가 점령에 관해 검토하며 논의를 주도했다.

군부는 일찍이 1943년부터 한국 점령안을 검토했다. 미국의 육·해군은 1940년 6월 30일 초판 간행된 *Military Government and Civil Affairs*를 아프리카와 시실리, 남부 이탈리아에서의 경험을 반영하여

Houghton Mifflin, 1965), p. 418.
한편 이든은 Anthony Eden(1965), 앞의 책, p. 485에서 회의에 참석한 몰로토프가 구체적 참전 의사를 표명했다기보다는 '광의의 암시'를 했다고 주장했다. 혈과 대사 해리먼, 소련 주재 미국군사사절단장 딘 장군은 즉각 이 사실을 워싱턴에 보고했다. Herbert Feis, *Churchill-Roosevelt-Stalin: The War They Waged and the Peace They Sought* (Princeton: Princeton University Press, 1957), p. 234.
1943년 10월 당시 소련은 참전에 대한 어떠한 조건이나 단서도 붙이지 않았으며 이후 열린 테헤란회담에서 소련의 대일전 참전 대가가 확정되었다.
따라서 앞서 김학준이 1943년 10월 모스크바회담에서 소련이 한반도의 '북변항구들'을 포함해줄 것을 요청했다고 주장한 것은 1944년 10월 모스크바회담의 오기로 추정된다.

1943년 FM 27-5로 개정했다. 이 자료에서 한국의 상황에 적용할 수 있는 네 가지 형태의 정부가 상정되었다. 첫째, 오키나와와 같은 전투조직 모델이다. 둘째, 민정 전문가들이 육군 요원과 통합하여 전투부대가 군정(military government)을 수행하는 요원통합안(a staff integration plan)이다. 셋째, 단일한 군정 책임자가 자신의 지휘 아래 군정을 실시하는 것으로서 전쟁부 내에 설립된 군정중대들(the military government companies)을 활용하는 방안이다. 넷째, 전문화된 군정단체들을 활용하면서도 군사적 구조와는 독립된 한국의 기존 관료·정치 하부조직을 활용하는 방안으로서 미국의 영토에 준하는 속령제도(territorial system)이다.[45] 미국은 실제로 전후 한국에서 네 번째 안을 시행하려 했으나 한국인의 반발에 밀려 세 번째 안을 실행했다.

한편 불확실한 미래에 대응한 정치적 해결 방안인 국무부의 신탁통치 구상이 너무 막연하다고 비판했던 군부 지도자들은 군사적으로 사고하면서 좀 더 확실한 것을 원했기 때문에 군사점령을 대안으로 제시하고 있었다.[46] 전쟁장관 스팀슨(Henry L. Stimson)과 해군장관 포리스털(James V. Forrestal) 등은 1945년 초 신탁통치와 같은 막연한 계획보다 실제적 점령을 포함한 '태평양상의 방위체계'를 구축할 것을 건의했다. 그들은 한반도를 비롯하여 일본이 점령한 지역에 대해 어떠한 종류의 다국적 지배 양식 설정에도 반대하면서 가능하다면 단독으로 점령할

---

[45] "Military Government and Civil Affairs," FM 27-5, rev. ed., 1943, in C. Leonard Hoag, "American Military Government in Korea: War Policy and the First Year of Occupation, 1941~46," Draft Manuscript (Washington, D.C.: Department of Army, 1970), pp. 98-99.

[46] 그런데 군부와 국무부 간에는 방법론적인 수단에서 차이가 있었을 뿐, '세력권의 확장'이라는 목적은 일치했다.

것을 건의했다.⁴⁷ 이후 다양하게 논의되었던 군부의 단독 대한구상(對韓構想)에는 신탁통치에 대한 고려보다 점령이 강조되고 있는 것이 특징이다.⁴⁸

이처럼 군부가 한반도 점령을 검토할 것을 건의하자 전쟁부 작전국의 전략정책단은 1945년 2월부터 이를 고려하기 시작했다. 얄타회담이 열렸던 1945년 2월은 냉전이 시작될 조짐이 보이는 시점이었다. 매우 지엽적인 일화이지만 얄타에서 루스벨트의 건강이 매우 나빠져 있음을 간파한 스탈린은 오히려 회의 시간을 늘려가며 루스벨트를 지치게 하고 판단력을 흐리게 했다.⁴⁹ 과연 미·소 간의 신경전은 이미 시작되었다고 할 수 있다. 그렇다면 이렇게 냉전이 시작되는 시점에서 미국의 군부는 어떻게 대처했을까? 한반도 문제에 국한하면 한반도 점령을 검토했던 점이 부각될 수 있다. 우선 점령을 검토한 전쟁부 작전국은 어떤 기구인지 살펴보고자 한다.

전쟁부의 핵심 전략·정책부서인 작전국은 1942년 3월 전쟁계획국(War Plan Division)을 대체하여 구성되었다. 군사지식이 별로 없었던 대통령은 전략적인 문제를 결정할 때 작전국의 조언에 의존했다. 이는 제2차 세계대전에서 가장 중요한 참모집단이었으며 전쟁 수행의 중심이었고 전략기획의 '사령탑(Command Post; 애칭 워싱턴 커맨드 포스트)'이었다. 합참 산하의 위원회 조직에서 작전국은 항상 주도적 역할을 행사

---

47 "Minutes of the Eleventh Meeting of the United States Delegation," April 17, 1945, *FRUS, 1945*, vol. I, pp. 315-321.
48 군부의 이러한 경향에 대하여 국무장관 스테티니어스(Edward R. Stettinius)는 1945년 4월 루스벨트에게 보낸 메모에서 군부가 어떤 특정한 지역의 완전한 지배를 원하고 있으며 그러한 행동은 국제적 신탁통치의 모든 가능성을 위험하게 한다고 주장하여, 신탁통치에 집착하는 국무부의 입장을 대변했다.
49 마이클 돕스 저, 홍희범 역, 『1945: 20세기를 뒤흔든 제2차 세계대전의 마지막 6개월』(모던아카이브, 2018).

했다. 작전국은 300명이 넘는 민간·군 관료로 구성되었으며 초대 국장은 아이젠하워(Dwight D. Eisenhower)였고 중장 헐(John Edwin Hull)은 3대 국장(참모차장보 겸임)이었다. 아이젠하워는 1953~1961년에 미국 대통령을 역임했으며 헐은 대장으로 진급해 1953년 9월부터 1955년 3월 퇴역할 때까지 유엔군총사령관(미 극동군사령관)을 역임했다. 작전국장이 최고의 요직임을 간접적으로 확인할 수 있는 대목이다. 전후에는 기획작전국(Plans and Operation Division: G-3, 작전 담당)으로 개편되었다.[50]

작전국 내에서도 정책 문제에 대한 기안은 육군참모총장 마셜(George C. Marshall) 대장의 주요 참모집단이자 핵심 기획집단인 전략정책단(Strategy and Policy Group)이 맡아서 수행했다. 일본 항복에 대한 미국의 전략이라는 중요한 문제에 관한 실무적 준비도 역시 이 기구가 담당했는데, 당시 단장은 전략가인 링컨(George Abe Lincoln) 준장(Brig. Gen.)이었다. 링컨은 이 기구에서 군사와 정치를 접목하는 역할을 수행했다.[51] 그는 1943년 10월 23일부터 1944년 11월 29일까지 전략정책단 부단장을 역임했으며, 1944년 11월 30일 단장으로 승진한 뒤 1945년 1월 1일 38세의 어린 나이로 준장으로 진급하여 1945년 9월 2일까지 단장으로 근무했다.[52] 링컨은 1944년 11월 30일부터 합참 예

---

[50] Ray S. Cline, *United States Army in World War Ⅱ: The War Department: Washington Command Post-The Operation Division* (Washington, D.C.: Department of the Army, 1951), pp. 312-313, p. 321; John D. Millett, *United States in World War Ⅱ: The Organization and Role of he Army Service Forces* (Washington, D.C.: Department of the Army, 1954), p. 118.

[51] Roger H. Nye, "George A. Lincoln: Architect in National Security," Amos A. Jordan, Jr., ed., *Issues of National Security in the 1970's: Essays Presented to Colonel George A. Lincoln on His Sixtieth Birthday* (New York: Frederick A. Praeger, 1967), p. 5.

[52] 전략정책단은 링컨의 별명에 따라 '에이브 링컨 여단'이라고 불리기도 했다. Charles F.

하의 전쟁계획준비(the preparation of joint war plans) 기구인 합동참모기획부(JPS[53]; Joint Staff Planners; 육·해·공군의 작전단장급이 참여하는 협의체)의 육군기획관(Army Planner)이 되었으며,[54] 합동참모기획부의 상설 실무위원회(permanent working staff; Working Agency of JPS[55])인 합동전쟁기획위원회(JWPC; Joint War Plans Committee)[56]의 육군 측 대표자이기도 했다.[57] 합동전쟁기획위원회는 이후 수많은 정책문서를 기

Brower Ⅳ, "Sophisticated Strategist: George A. Lincoln and the Defeat of Japan 1944~1945," Diplomatic History, vol. 15, no. 3 (Summer 1991), pp. 318-319. 링컨은 1929년 미국 육사를 4등으로 졸업한 직후 1933년까지 로즈 스칼라로 지명되어 옥스퍼드대학교에서 유학했다. 1944년 OPD 산하 전략정책단장이 된 링컨은 육군 참모총장 마셜의 중견 전략가로 1945년 여름 일본 항복과 점령에 깊숙이 개입해 중대한 영향력을 행사했다. 링컨은 전쟁 후인 1947년 9월 1일부터 대령으로서 육군사관학교 교관을 역임했다. 1948년 9월부터 1949년 5월까지 육군차관보를 역임한 후 1969년 예편했다.

53 JCS, "Charter: Joint Staff Planner," RG 353, SWNCC, Entry 510, General Records (Miscellaneous Records), 1943~1949, Box 118. 1명의 육군 장교와 공군 장군, 그리고 2명 이하의 해군 장군으로 구성되어 있다. 합동참모기획부의 약자는 JSP라 하지 않고 JPS로 했다 한다. 김기조, 『한반도 38선 분할의 역사: 일제 15년전쟁 정전략과 미·소 외교 전략 비사』(한국학술정보, 2006), 120쪽.

54 JCS Info Memo 344, 30 November 1944, RG 218, JCS, Central Decimal Files, 1946~1947, Box 69. 이때 그는 아직 대령이었다. 한편 해군 측 기획요원인 가드너(M. B. Gardner) 제독은 1945년 6월 29일부로 합동참모기획부의 멤버로 발령받아 일본 항복 문제에 뒤늦게 관여했다. JCS Info Memo 419, 3 July 1945, RG 218, JCS, Central Decimal Files, 1946~1947, Box 69.

55 W. W. Bessell, Jr., "The Joint War Plans Committee," February 1948, RG 319, Entry 145, 2-3.7 CG5, Washington Command Post, Box 372, Folder: Comments on OPD Manuscript, p. 2.

56 이 위원회는 합동참모시스템(Joint Staff system)적 조직으로서 1943년 4월 29일 출범했으며 전쟁기획, 연구, 판단 등에 종사했다. 결정권을 가졌던 고위 멤버는 준장급으로서 육군의 전략정책단장, 공군의 기획참모차장보, 해군의 기획참모차장보(가드너 제독), 작전차장 4명이었다. 기획팀은 육군(2명), 공군(2명), 해군(3명), 해병대(1명)의 장교로 구성되었다. 합동참모기획부의 직접적인 지시를 받으며 독일 문제를 담당하는 청팀과 일본문제를 담당하는 적팀, 태평양 문제를 다루는 백팀으로 나누어져 있었다.

57 JCS, "Charter: Joint War Plans Committee," RG 353, SWNCC, Entry 510, General Records (Miscellaneous Records), 1943~1949, Box 118.

안했으므로 작전국 전략정책단과 함께 가장 주목해야 할 기관이다. 작전국 전략정책단이 결정을 실무적으로 주도한 기관이라면 합동전쟁기획위원회는 결정을 문서로 뒷받침한 자문기관이며 연구기관이었다. 또한 링컨은 육군참모총장 마셜의 참모역(staff advisor),[58] 삼부조정위원회의 전쟁부 대표[차관보 맥클로이(John J. McCloy)]의 군사고문(military advisor) 등을 맡았다.[59]

링컨은 합참과 전쟁부의 기획부서에 있었으므로 미국의 전략을 수립하는 데 일정한 역할을 수행했다. 그는 매우 세련된 전략적 관점을 견지하고 있었는데, 대사 해리먼은 후일 "그는 전쟁을 정치세계와 분리된 '작전'의 관점이 아니라 실제로 정치적 목적(political objectives)이 표현된 것으로 이해했다. 따라서 항상 정치적 목적(political aims)을 염두에 두고 행동했다"라고 평가했다.[60] 그는 수많은 문서들을 기안하고 검토했는데, 미국 내셔널아카이브는 그의 풀네임 'George Abe Lincoln'의 이니셜 'GAL'이 첨부된 문헌을 많이 보관하고 있다.

링컨은 1944년과 1945년의 퀘벡, 얄타, 포츠담회담 등 주요 전시회담에(비록 한 참모에 불과한 위치였지만) 참석했으며, 1945년 2월 얄타회담의 귀로에 워싱턴 기획장교 방문단의 일원으로 태평양의 맥아더 장군과 니미츠 제독을 면담하는 과업들을 수행했다.

---

[58] Roger H. Nye(1967), 앞의 글, pp. 4-5.
[59] "Col George A. Lincoln's Letter to Col C. H. Donnelly (GSC, Historical Section of the Joint Chiefs of Staff)," 18 July 1949, RG 319, Entry 145, 2-3.7 CG5, Washington Command Post, Box 372, Folder: Comments on OPD Manuscript, p. 1.
[60] Roger H. Nye(1967), 앞의 글, p. 9. 한편 해리먼은 1950년 나토의 미국 대표를 지낼 때 링컨에게 군사고문을 맡아줄 것을 제의했다. 링컨은 1945년 8월 17일 맥아더에게 보낸 전문에서 전후 러시아·중국 관계를 '정치적 문제'라고 평가했다. 이렇듯 그는 정치적 관점에서 문제를 고찰할 수 있었다. "Brig Gen Lincoln to MacArthur," 17 August 1945, RG 218, Entry: Geographic File, 1942~1945, Box 137, p. 2.

링컨은 1945년 2월 7일 합동참모기획부 육군 측 요원인 로버츠(Thomas D. Roberts) 대령에게 보낸 메모에서 유럽전쟁이 1945년 7월 1일경에 끝날 것이라는 견해를 비판하면서 "유럽전쟁이 언제 끝날지 모르기 때문에 오늘부터 전쟁이 끝난다는 각오로 태평양전쟁(의 종전)에 대비해야 한다"라고 주장했다.[61] 또한 전략정책단 전략과의 상급기획관인 우드(Robert J. Wood) 대령은 링컨에게 올린 1945년 2월 11일자 전문에서 일본이 갑자기 괴멸하거나 항복할 가능성이 있다고 지적하고, 그러한 사태에 대비한 사전 계획이 준비되어 있지 않다고 주의를 환기시켰다. 링컨이 관여하던 합동전쟁기획위원회는 1945년 2월부터 일본의 조기 항복에 대비한 연구를 수행했으며,[62] 이 작업을 계속 수행했다.[63] 이런 맥락에서 링컨은 이때부터 일찌감치 일본의 항복과 점령 문제에 관여할 수밖에 없었다.[64]

그런데 독일의 저항이 오래 지속되었으므로 그의 준비는 1945년 5월 독일 항복 전까지는 검토의 단계에 불과했다. 그러다가 5월 2일 소련군이 베를린을 점령하고 5월 8일 독일이 무조건 항복하여 일본의 항복 조짐이 가시화되자, 미국 군사전략가들은 좀 더 적극적으로 한국에 대해

---

[61] "Lincoln's Memorandum for Roberts," 7 Feb. 1945, RG 165, ABC 384 Pacific (1-17-1943), Sec. 7. 그러나 이는 곧 다소 이른 판단으로 판명되었다.
[62] Robert J. Wood, "Collapse of Japanese Gov't on or about V-E Day: Memorandum for Chief, S&P," 11 Feb. 1945, in JWPC 264/D, RG 165, ABC 384.1 Japan (22-8-44).
[63] GAL, "Memo for Policy Section," 14 May 1945, RG 165, ABC 387 Japan (16 Feb 45), Sec. 1-A, Box 505.
[64] 한 가지 흥미로운 사실은 맥아더를 면담했던 작전국의 프리맨(Paul L. Freeman, Jr.) 대령이 참모총장 마셜에게 맥아더의 견해에 대해 보고하면서 "맥아더는 만주 전체와 한반도, 아마도 북중국의 일부까지도 원하는 소련의 목표에 대해 이해하고 있다"라고 주장했다(Paul L. Freeman, Jr., "Summary of an Hour and a Half Conversation with General MacArthur," 13 Feb. 1945, in "Entry," p. 51). 이미 이 시점에서 미국은 소련이 한국을 원할 것이라고 예측했으며, 그런 식으로 준비되었다.

다양한 관점에서 고려하기 시작했다.[65]

일본의 항복이 급히 이루어질 경우 미국이 점령해야 할 지역을 우선순위별로 분석한 다음 보고서에 주목할 필요가 있다. 미 합동전쟁기획위원회는 하부기관인 합동정보참모부(JIS; Joint Intelligence Staff)에 전략요충지역의 우선순위에 대한 보고서(JIS 144/1)를 현실에 맞게 재평가해줄 것을 요구했다. 이에 합동정보참모부는 1945년 5월 8일자의 포괄적인 보고서 JIS 144/3에서 제1순위를 부산-진해 지역, 서울-인천 지역, 청진-나진 지역으로, 제2순위를 평양-진남포-겸이포 지역, 원산-함흥-흥남 지역, 대전-군산-전주 지역, 또한 제3순위를 대구-경주 지역, 여수 지역으로 분류하는 등 매우 구체적인 정보를 제시했다.[66] 합동전쟁기획위원회는 이를 바탕으로 5월 16일 전략요충지 점령에 관한 소견서 JWPC 264/1을 작성했다.[67] 이 자료의 부록에 나와 있는 일본 해

---

65 그렇지만 1945년 5월 하순까지도 해양(일본) 위주 전략 때문에 대륙(한국)에 대한 진격작전은 물론 점령을 위한 군사작전도 여전히 하나의 대안일 뿐이었다. 1945년 5월 하순 백악관의 대통령실 참모장 레히(William D. Leahy) 제독은 재미 독립운동가 한순교(韓淳敎; Soon K. Hahn)가 작성한 안을 접수했다. 한순교는 한국과 만주가 대단히 중요하므로 소련의 통제를 미연에 방지하기 위하여 미국의 군사력으로 영구히 점령할 것을 역설했다[The White House, "Memorandum for General McFarland," May 29, 1945, RG 218, Records of the United States Joint Chiefs of Staff, National Archives, Washington, D.C., Geographic File, 1942~1945, CCS 383.21 Korea (3-19-45), Sec. 1, Box 139 참조]. 레히는 이 안을 합참에 전달해 검토할 것을 요구했으나 합동전략조사위원회는 다수의 미군 동원이 필요하므로 한국·만주로 군사력을 전환하는 것이 당시로서는 바람직하지 않다며 거부했다[JCS, "Memorandum for the Secretary, Joint Chiefs of Staff: U.S. Occupation of Korea and Manchuria," 31 May 1945, RG 218, Geographic File, 1942~1945, CCS 383.21 Korea (3-19-45), Sec. 1, Box 139; "Memorandum for Admiral Leahy," SM-1990, 2 June 1945, RG 218, Geographic File, 1942~1945, CCS 383.21 Korea (3-19-45), Sec. 1, Box 139 참조].

66 "Occupation of Strategic Position upon Japanese Withdrawal, Collapse, or Surrender," JIS 144/3, 8 May 1945, RG 165, ABC 014 Japan, Sec. 18-A, Box 34, p. 5, pp. 22-26. 부산이 일본에 더 가까워 서울보다 중시되었다.

67 "Strategic Positions Selected for Occupation upon Japanese Withdrawal,

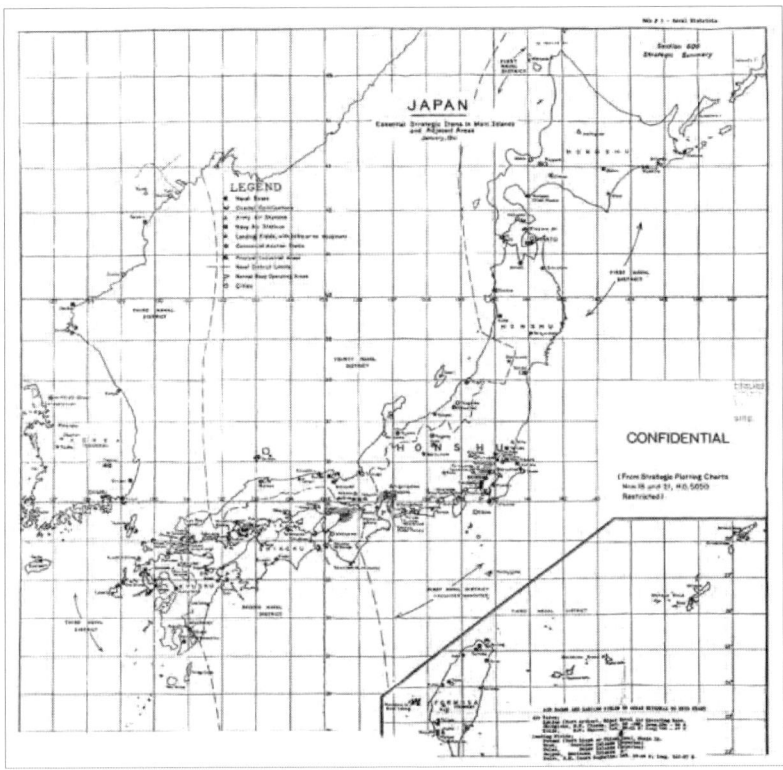

그림 7 일본 해군 관할권에 관한 합동전쟁기획위원회(JWPC)의 지도(1945.5.16.)

※ 출처: "Strategic Positions Selected for Occupation upon Japanese Withdrawal, Collapse, or Surrender," JWPC 264/1, 16 May 1945, RG 218, JCS, Geographic File, 1942~1945, Box 135, US National Archives.

군 관할권에 관한 합동전쟁기획위원회의 지도에는 비록 한국은 동쪽지역만 나와 있지만 위도가 1도 간격으로 표시되어 있어 한국의 어느 부

Collapse, or Surrender," JWPC 264/1, 16 May 1945, RG 218, JCS, Geographic File, 1942~1945, Box 135. 이 자료는 JPS의 승인과 수정을 거쳐 다음과 같이 재간행되었다. "Strategic Positions Selected for Occupation upon Japanese Withdrawal, Collapse, or Surrender," JWPC 264/1, 8 June 1945, RG 218, JCS, Geographic File, 1942~1945, Box 135.

분이 38선에 해당하며 서울이 그 아래 있는지 아닌지를 식별하는 것이 가능했다(그림 7 참조). 한편 이 문서에 있는 두 종류의 일본 지도에도 한반도 동부와 38선이 표시되어 있다.[68] 링컨은 합동참모기획부 230차 회의를 비롯한 세 차례 연속된 회의에서 이 문서를 검토했다. 그는 이 자료를 합동참모본부(JCS) 페이퍼로 만들 필요는 없어도 전후 계획을 위해 각 현지 사령부에 보내야 한다고 주장했다.[69]

JWPC 264/1에서는 부산-서울-청진이 점령지역 1순위로 분류되는 등 한반도에 대한 분할의식이 아직 없었다고 할 수 있다. 한반도 북부지역을 아직 포기하지 않았던 것이다. 또한 부산을 서울보다 우선시했던 것이 특기할 만하다. 왜냐하면 서울은 전쟁이 더욱 막바지에 달한 1945년 7월에서야 주목받기 시작했기 때문이다. 이는 대일전쟁을 수행 중인 미국이 한국을 독립적인 국가로 고려하기보다는 일본과 연관해서 파악했기 때문이다. 부산이 한국에서 가장 좋은 항구였기 때문에 점령지역 1순위로 고려된 측면도 있지만, '일본제일주의'에 입각해 있던 미국의 입장에서 일본 상륙작전의 교두보 역할을 할 수 있는 지역이기 때문에 부산을 중시한 측면도 있었던 것이다.

그런데 〈그림 7〉의 지도에서 보는 바와 같이 38선 이남 한반도 지역은 옹진반도를 제외한 거의 전 부분이 나와 있으나 38선 이북은 동해안 부분이 중점적으로 부각되어 있다. 따라서 분할의식이 아직은 없었다고 해도 미국은 이미 이 시점에 38이남(과 동해안 지역)을 38이북보다 중시

---

[68] "Occupation of Strategic Position upon Japanese Withdrawal, Collapse, or Surrender," JIS 144/3, 8 May 1945, RG 165, ABC 014 Japan, Sec. 18-A, Box 34.
[69] "A Minute of JPS 203rd Meeting," 23 May 1945, RG 218, JCS, Geographic File, 1942~1945, Box 135; "A Minute of JPS 204th Meeting," 30 May 1945, RG 218, JCS, Geographic File, 1942~1945, Box 135; "A Minute of JPS 205th Meeting," 7 June 1945, RG 218, JCS, Geographic File, 1942~1945, Box 135.

했으며 자신의 세력권으로 간주했던 것은 아닌가 하는 의구심을 가지게 한다.

한편 합동전쟁기획위원회의 상급기관인 합동참모본부도 1945년 6월 8일부터 일본의 항복 가능성을 고려하기 시작했으며 14일에는 태평양 현지 사령관들에게 일본이 급작스럽게 항복할 경우를 대비하여 일본 본토 등에 대한 점령계획을 작성한 후 본국에 제출하라고 지시했다.[70]

1945년 6월 20일 열린 합동참모기획부의 208차 회의에서 링컨은 일본과 일본 점령지역에 대한 점령정책을 수립해야 한다면서 한국 점령과 군정의 문제는 일본 점령과는 별개의 문제로 분리해서 고려해야 한다고 주장했다.[71] 이에 합동전쟁기획위원회는 1945년 6월 22일 JWPC 264 시리즈 가운데 일본 부분만 빼고 '만주-중국-한국-대만' 지역 점령에 대한 보고서 JWPC 264/5를 만들었다. 이 보고서에도 JWPC 264/1과 같이 '부산-서울-청진' 순으로 1순위 지역을 분류했다.[72]

합동전쟁기획위원회는 1945년 6월 28일 JWPC 375/2를 통해 전후 극동지역의 구체적인 세계 분할 구상을 최초로 기안했다. 한국은 중국

---

[70] "Occupation of Strategic Areas in Japan Proper in Event of Collapse or Surrender," JCS 1331/4, 8 June 1945, RG 165, ABC 384.1 Japan (22-8-45) ; JCS, "Msg for Gen MacArthur, Gen Arnold and Adm Nimitz," 14 June 1945, CM-OUT 17064, RG 165, ABC 384.1 Japan (22-8-45).

[71] Joint Staff Planners, "Minutes of Meeting held in Room 240, the Combined Chiefs of Staff Building, on Wednesday, 20 June 1945, at 1415," 208th Meeting, RG 218, Central Decimal File, 1942~1945, CCS 334 Joint Staff Planners Meetings 194-211 (3-28-45), Box 216, p. 5. 이에 JWPC는 375 시리즈를 작성하기 시작했다. "Occupation of Japan and Japanese Held Territory After Collapse or Defeat of Japan," JWPC 375/D, 22 June 1945, RG 165, Entry 421, ABC 014 Japan (13 Apr 44), Sec. 16-A.

[72] "Estimates of U.S. Forces Required for the Occupation of Strategic Positions other than in the Event of a Sudden Japanese Withdrawal, Collapse or Surrender," JWPC 264/5, 22 June, 1945, RG 218, JCS Geographic File, 1942~1945, Box 135, p. 5.

과는 달리 일제 지배하에 잘 통합된 지역이어서 점령에 큰 번거로움은 없을 것이므로 그 점령에 미국이 참여해야 한다고 주장했다. 또한 러시아가 참전한다면 만주와 사할린을 주요 공격 목표로 삼을 것이며 북중국과 한반도의 북부(northern Korea)도 부수적인 작전구역이 될 가능성이 있다고 보았다. 결국 합동전쟁기획위원회는 미·소·영·중의 전후 최초 점령지역을 다음과 같이 잠정적으로 나누었다.

미국: 일본 본토, 대만, 한국, 남서제도, 남방제도, 일본의 위임통치령
영국: 동남아시아, 남서태평양
러시아(만약 전쟁에 참가한다면): 만주, 사할린, 쿠릴, 북중국(가능성 있음)
중국: 만주를 제외한 중국, 북중국(가능성 적음)[73]

미국은 한반도 북부에 대한 러시아의 관심을 포착했지만 미국 또한 한국을 관심지역으로 고려했으므로 일단 한반도 전체를 미국의 세력권으로 분류하는 것으로 잠정적인 결론을 맺었다. 또 이러한 최초 점령지역의 구획을 다가올 포츠담회담에서 각국 정부가 서로 합의해야 할 것이라고 건의했다.

---

[73] "Occupation of Japan and Japanese-held Territories after Collapse or Defeat of Japan," JWPC 375/2, 28 June 1945, RG 165, Entry 421, ABC 014 Japan (13 Apr 44), Box 30, Sec. 16-A, pp. 5-6, p. 8; in JWPC 264/6, 10 July 1945, RG 218, JCS, Geographic File, 1942~1945, 386.2 Japan (4-9-45), Sec. 3, Box 135, pp. 2-3 ; in JWPC 390/1, 30 July 1945, RG 218, JCS, Geographic File, 1942~1945, 386.2 Japan (4-9-45), Sec. 3, Box 135, p. 8. JWPC 375/2 원안에는 '점령(Occupation)'이라는 제목 앞에 '초기(Initial)' 표현이 없었는데 상부의 검토 중에 추가되었다. Joint Staff Planners, "Minutes of Meeting held in Room 240, the Combined Chiefs of Staff Building, on Wednesday, 4 July 1945, at 1415," 210th Meeting, RG 218, Central Decimal File, 1942~1945, CCS 334 Joint Staff Planners Meetings 194-211 (3-28-45), Box 216, p. 8.

전략정책단장 링컨은 포츠담회담 개최에 대비하여 일본 세력권에 대한 포괄적 점령안을 비밀리에 검토했으며 이를 1945년 7월 4일 회람하도록 했는데,[74] 그 가운데 하나가 일본과 한반도의 4대국 4분할 점령안이었다. 이는 한반도를 미·소·영·중 4대국에 적당히 분배하기 위한 방안이었다. 이 구상의 검토 과정에서 경계선 없는(without border barrier) 점령이 선호되기도 했지만 결국 도계에 의거한 4분할안이 유력한 안으로 채택되었다. 이에 의하면 동북의 2~3개 도(道)가 러시아 지역으로, 서북의 2~3개 도가 영국 혹은 중국 지역으로, 그리고 남서의 3개 도와 제주도가 중국 지역(중국이 아닐 경우는 영국)으로 분류되었고 나머지 5개 도가 미국 지역으로 분류되는 등 아직 확실한 것은 아니었다.[75] 이는 하나의 안에 불과했지만 여기서 한반도는 어느 일방이 독

---

[74] "Lincoln's Memorandum for the Policy Section," 4 July 1945, RG 165, ABC 387 Japan (15 Feb 1945), Sec. 4A, Box 506; ABC 014 Japan (13 Apr 44), Sec. 4-A, Box 21; Wm. C. Chanler, "Memorandum for General Lincoln: Post-Defeat Control of Japan and Japanese Territory," 6 July 1945, RG 165, ABC 014 Japan (13 Apr 44), Sec. 4-A, Box 21.

[75] S&P, OPD, WDGS, "Areas of Occupation-Japan and Japanese Held Territory," pp. 4-5 in "Occupation and Control of Japan in the Post-Defeat Period," [July 1945], Records of the War Department General and Special Staffs, RG 165, National Archives, Washington, D.C., ABC 387 Japan (15 Feb 1945), Sec. 4A, Box 506. 이 문건은 링컨이 7월 4일 관련 기관에 수정을 위하여 배부했으므로, 7월 초 완성되었을 것으로 추정된다. 한편 8월 16일의 JWPC 385/1의 경우 위의 안과 비슷했는데, 소련은 청진(1~3개 사단과 공군 1개 비행단), 나진, 원산(1~3개 사단과 공군 1개 비행단)·서울(미국과 공동점령; 1-3개 사단) 지역, 미국은 서울(소련과 공동점령)·인천(지상군 2~3개 사단, 공군 2개 비행단), 부산(1~3개 지상군 사단, 공군 1개 비행단과 2개 해군비행중대) 지역, 영국은 군산(1~3개 사단과 공군 1개 비행단), 제주(1~3개 사단, 공군 1개 비행단) 지역, 중국은 평양(2~3개 사단) 지역을 점령한다는 안이었다. "Ultimate Occupation of Japan and Japanese Territory," JWPC 385/1, 16 August 1945, RG 165, ABC 014 Japan (13 Apr 44), Sec. 16-A, Box 30, p. 10; 문명호, 「미·소·영·중 4개국으로 한반도 분할통치 계획: 해방당시 미 극비문서 밝혀져」, 『동아일보』, 1982년 8월 13일자. 도시지역을 중심으로 4개국의 점령지를 할당한 것이 분할선을 설정한 7월 6일의 4분할안과 다르다. 또한 영국과 중국의 점령지가

점하기보다 강대국 간에 분배되어야 할 지역이라는 의식이 군부 내 정책기안자들 사이에서 형성되기 시작했다는 것을 알 수 있다는 사실이 중요하다. 그리고 이 문서를 작성한 정책 기안자는 한반도 도의 명칭

서로 바뀌는 등 다소 변화되었으나 미국과 소련의 점령지역은 유사하다. 그러나 미국의 한반도 38선 분할안이 소련에 의해 받아들여진 8월 16일 이후 한반도의 4국 점령안은 철회되고 9월 22일 작성된 수정안 'JWPC 385/5'에서는 영국과 중화민국을 배제하고 미국과 소련 양국의 분할점령안으로 확정되었다. 광복 직후 미·소의 분할점령이 9월 2일에 확정되었으므로 JWPC는 미·소 분할점령안에 대해 확실하게 숙지하지 못했든지 아니면 상황이 불확실하다고 생각했든지 아니면 양국 점령 이후에도 영국과 중국에게 점령지를 배분해야 할 가능성이 있다고 판단했든지 미·소 분할점령안 확정 전후에도 4국 점령안을 하나의 대안으로 여전히 검토했다고 할 수 있다. 실제로 신탁통치안의 이행이 논의되던 1946년 봄의 시점에서도 4대국 신탁통치안의 한 축이었던 영연방군이 점령이나 신탁통치의 시정국 감시단의 일원으로 참여하는 것이 검토되는 등 불확실한 상황이 이어지기도 했다. 4국 분할점령안이 검토된 것은 일본의 상황도 마찬가지였다. 미국은 우방이었던 영연방군을 이용하려 했으며 일본에서는 실제로 주고쿠·시코쿠의 비무장화 지도와 군수산업 해체에 영연방군이 참여했던 것은 후술하는 바와 같다. JWPC 385/1은 일본군의 조직적 저항이 끝난 직후부터 약 3개월간의 제1단계 기간 중에는 미·소 양국 사령부를 한반도 남과 북에 각각 설치하며, 일본군의 무장해제, 동원해제 및 비군사화 조치를 취하는 약 9개월간의 제2단계에 미국과 소련은 실제로 연합국 점령의 성격을 띠도록 하기 위해서(그리고 미·소 군의 감축을 위해) 영국군과 중국군의 진주를 용이하게 하는 조치를 취한다. 이어 연합국 점령군에 의해 일본군 무장해제 및 비군사화 완료와 연합국관리회의(일본과 한국에 별도로 설치)에 의한 관리 시기인 제3단계가 이어지는데 유엔(또는 유엔을 대리한 주요 연합국)이 일본과 한국에 대한 연합국 관리가 더 이상 필요하지 않다고 인정할 때까지 상당 기간 동안 계속된다. 미국인을 의장으로 한 연합국관리위원회가 설치되며 이 회의는 미·영·소·중 4개국의 민간대표를 포함한다. 연합국점령사령관은 연합국관리회의에 종속된다. 모든 일본군과 그 종속부대가 일본에서 철수함에 따라 한국인들이 점차 행정기구에 참여한다. 장기적으로 한국이 자치정부를 수립해 카이로선언에 명시된 대로 자유롭고 독립된 나라를 이끌어 갈 수 있을 때까지 4대국의 신탁통치가 계속될 것이라고 명시되었다. 한편 최종 수정된 385/5에서는 제1단계와 제2단계에는 미군과 소련군이 38선을 분계로 진주하는 것으로 끝나며 영국과 중국의 참여에 대한 언급이 전혀 없다. 또한 38선이 분할하고 있는 경기도와 강원도, 황해도의 분계선은 함경남도와 황해도의 도계로 분계선을 조정해야 한다고도 했다. 문명호, "「미합참본부 한반도 분할관리안 골자」 미·소군 감축때 중·영군 대체, 미소진주 → 일군무장해제 → 연합국관리회의 설치, 한국인도 행정참여, 상당기간 연합국 관리", 『동아일보』, 1982년 8월 13일자. 이렇듯 인위적인 38선 설정의 문제점을 지적했으나 이후 분계선 조정은 이루어지지 않았다.

과 구성,[76] 위치와 경계[道界]에 대하여 인지하고 있었다는 사실을 확인할 수 있다. 또한 서울-인천이 한국의 정치·경제의 중심지이며 부산도 전략적으로 중요한 지역이므로 이 지역을 미국이 점령해야 한다고 건의했다.[77] 7월 4일 회람된 문서를 자문했던 일본전문가, 스벤슨(E. H. F. Svensson) 대령은 7월 6일경 미확정된 상태였던 분계선을 확실히 해서 '경상남북-충청북-강원-경기와 원산' 지역을 미국의 지역으로, 그리고 원산 지역을 제외한 함경남북을 소련의 지역으로, 평안남북과 황해도를 영국의 지역으로, 그리고 전라남북과 충청남도를 중국의 지역으로 분류하면서 지도를 작성했다[78](그림 8 참고).[79] 이 지도상에 위도와 경도가

---

[76] S&P, OPD, WDGS, "Areas of Occupation-Japan and Japanese Held Territory," p. 4에는 한국의 도가 12개라고 나오지만 이후 문서에는 13개로 정정되었다. [S&P, OPD, WDGS], "Occupation and Control of Japan in the Post-Defeat Period," [July 1945], RG 165, ABC 014 Japan (13 Apr 44), Sec. 4-A, Box 21, p. 16.

[77] S&P, OPD, WDGS, "Areas of Occupation-Japan and Japanese Held Territory," p. 5; [S&P, OPD, WDGS], "Occupation and Control of Japan in the Post-Defeat Period," [July 1945], RG 165, ABC 014 Japan (13 Apr 44), Sec. 4-A, Box 21, p. 17.

[78] "E. H. F. Svensson's Memorandum," [6 July 1945] in "Occupation and Control of Japan in the Post-Defeat Period," [July 1945], RG 165, ABC 387 Japan (15 Feb 1945), Sec. 4A, Box 506, p. 3.

[79] "Annex: Possible Zoning of Korea," in S&P, OPD, WDGS, "Occupation and Control of Japan in the Post-Defeat Period," [July 1945], RG 165, ABC 014 Japan (13 Apr 44), Sec. 4-A, Box 21에 나오는 이 지도는 원래 "E. H. F. Svensson's Memorandum," [6 July 1945] in "Occupation and Control of Japan in the Post-Defeat Period," [July 1945], RG 165, ABC 387 Japan (15 Feb 1945), Sec. 4A, Box 506, p. 3에 인용되어 있는 부속지도 No. 2였을 것으로 추측된다(원래 파일에서 누락됨). 왜냐하면 ABC 014 Japan (13 Apr 44), Sec. 4-A의 문서에는 이 지도에 대한 인용이 원래 타이핑한 것에는 없다가 손으로 쓴 수정안에 추가되었기 때문이다. 또한 원래 내용에는 이렇게 엄밀한 분계선 설정이 없으며, 7월 4일에 회람된 S&P, OPD, WDGS, "Areas of Occupation-Japan and Japanese Held Territory," pp. 4-5 in "Occupation and Control of Japan in the Post-Defeat Period," [July 1945], RG 165, ABC 387 Japan (15 Feb 1945), Sec. 4A, Box 506의 안과 같다. 그런데 신복룡, 「한반도 분할의 결정과정에 관한 고찰」, 『사회과학』 15(건국대학교 사

정확히 1도 간격으로 구획되어 있었으므로 당시 정책 기획자들이 북위

회과학연구소, 1991), 38-39쪽에는 이 지도의 날짜가 1945년 2월 16일로 되어 있다. 신복룡은 "Occupation and Control of Japan in the Post-Defeat Period," RG 165, ABC 014 Japan (13 Apr 44), Sec. 4-A, Box 21의 1쪽에 손으로 썼다가 두 줄로 다시 지운 1946년 2월 16일이라는 날짜(16 Feb 46; 등록일자는 1946년 1월 혹은 6월 18일)와 파일의 첫 번째 문서의 발행일자를 분류상 기재하는 분류법[예를 들어 RG 165, ABC 387 Japan (15 Feb 1945)의 1945년 2월 15일]에서 1945년을 유추해 1945년 2월 16일로 이 문건의 발행일자를 명기한 것으로 판단된다. 이 문서가 그렇게 일찍 작성되었다면 상당히 획기적인 일이라고 생각한다. 그런데 신복룡의 자료집 『한국분단사자료집 Ⅳ』(원주문화사, 1991), 163-177쪽에 실린 위의 문서 3쪽에 "독일의 경우와 같이 도계에 의한 분할"이 언급되므로 이는 독일이 분할점령된 1945년 5월 이후에 나온 것이 확실하다. 그래서 필자는 주변 파일들을 뒤져보았다. RG 165, ABC 387 Japan (15 Feb 1945), Sec. 4A, Box 506에서 거의 동일한 내용과 같은 제목의 문서들이 많이 발견되었는데, 모두 1945년 7월 초순에 작성된 것이었다. 따라서 신복룡의 자료집과 논문에 발굴된 문서는 일자가 명기된 다른 문서들의 초안이라고 판단했다. 이 문서는 "D.C. Fahey's Memorandum for Colonel McCormack, Comments re: Occupa-tion and Control of Japan in the Post-Defeat Period," 9 July 1945, RG 165, ABC 387 Japan (15 Feb 1945), Sec. 4A, Box 506에 첨부된 동일한 제목의 문서에 펜으로 지적된 내용의 상당 부분과 Fahey의 타자로 명기한 내용이 부분적으로 반영되어 있으며 "T. D. Roberts (Acting Chief, S&P Group)' Memorandum for General Lincoln: Occupation and Control of Japan in the Post-Defeat Period," 15 July 1945, RG 165, ABC 387 Japan (15 Feb 1945), Sec. 4A, Box 506은 문제의 문서에 대한 전략정책단(S&P Group) 정책과(Policy Section) 등의 논평인 것으로 추정된다. 따라서 지도가 부속되어 있는 문제의 문서는 7월 9일 이후와 15일 이전에 만들어졌던 것이다. 그런데 지도 첨부 문서의 첫 번째 안(p. 14에 실림)은 일본의 세력권을 4대국이 분배하여 점령하는 방안이었다[일본 → 미국, 쿠릴열도·사할린·만주 → 소련, 한국 → 영국, 제홀(Jehol; 중화민국 시대의 성(省) 이름이었던 熱河(러허)의 영어 이명(異名); 현재의 영어명은 Rehe; 현재의 허베이성, 랴오닝성 및 내몽골 자치구의 교차 지역에 해당한다; 1933년 1월 21일 일본군에 점령되어 중화민국과 만주국의 완충 지역을 형성했다. 이후 만주국에 병합되어 행정구역의 일부가 되었다)·대만 → 중국]. 이 안은 "Memorandum for the Chief, Policy Section, OPD: International Control of the Far East Following the Defeat of Japan," RG 165, ABC 387 Japan, Sec. 4A, Box 506에 대만을 제외한 부분이 기안되어 있다. 여기서는 한국이 미·소의 독점 세력권에 포함되지 않는데, 이는 일본을 독점하기 위해 다른 지역을 희생한 안이다. 그리고 두 번째 안이 4분할안이다. 또한 신복룡이 발굴한 지도에는 양 측면에 명기된 1도 간격의 위도가 나와 있지 않으므로 필자가 미국 내셔널아카이브에서 직접 입수한 '〈그림 8〉 미 전략정책단의 한반도 4분 지도'를 참조할 필요가 있다. 지도는 원본 실제 크기의 55% 정도로 축소된 것이다.

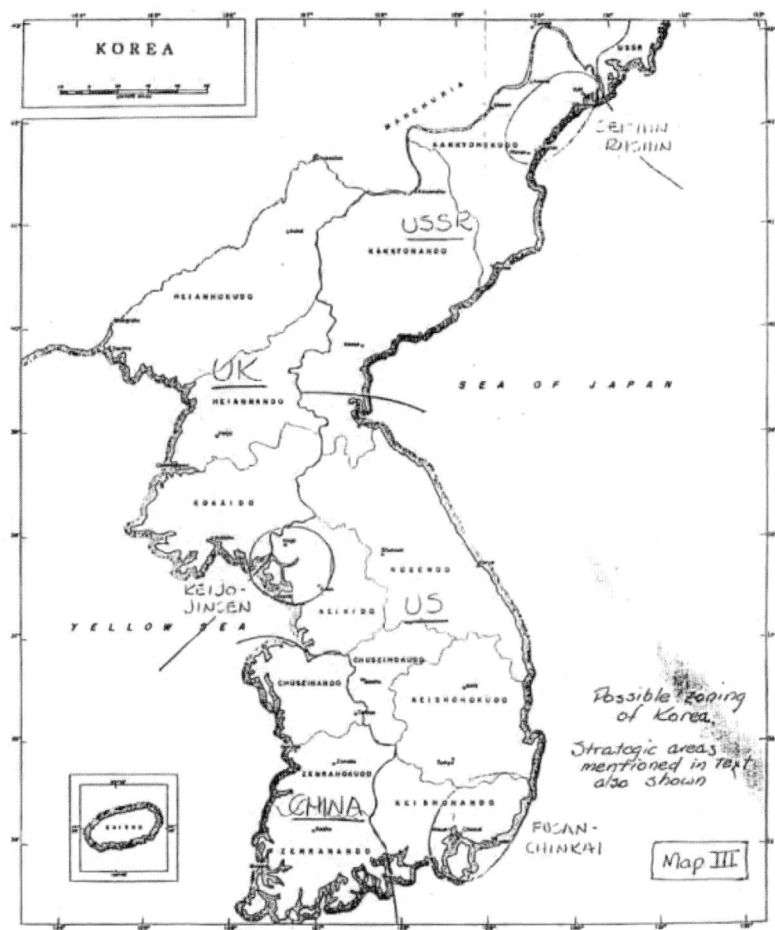

그림 8 미 전략정책단의 한반도 4분할 지도(1945.7.6.경)

※ 출처: "Annex: Possible Zoning of Korea," in S & P, OPD, WDGS, "Occupation and Control of Japan in the Post-Defeat Period," [July 1945], RG 165, ABC 014 Japan (13 Apr 44), Sec. 4-A, Box 21, US National Archives.

38도선을 명백히 인지할 수 있는 자료가 있었음을 확인할 수 있다(그런데 이 4분할안은 분계선은 있지만 장벽을 세우지는 않은 안이었다). 이 지도를 접한 전략정책단의 요원들은 한반도 지리에 관한 세밀한 정보를 가

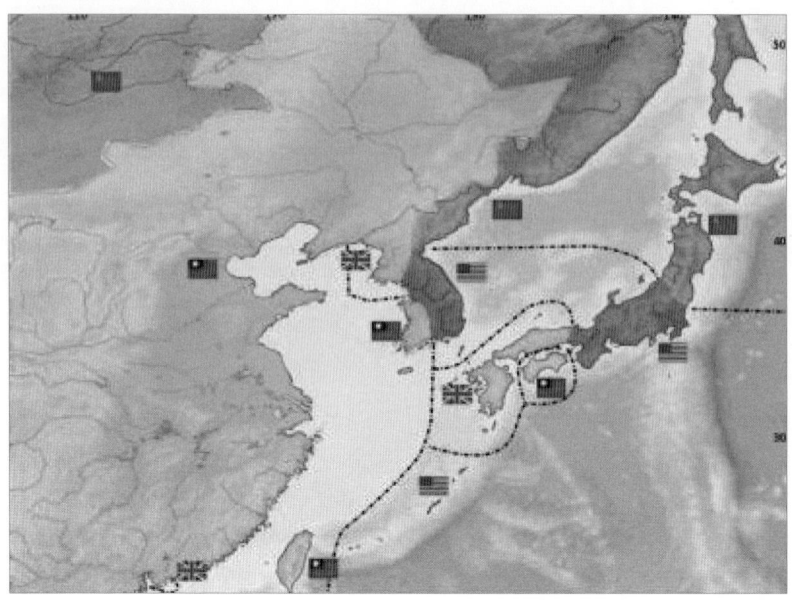

그림 9 동북아 지역의 세력 분할 지도(한반도는 1945.7. 초, 일본은 1946.8.16.)
※ 출처: 임영태, 「포츠담 선언 전후 미소의 한반도 구상」, 『통일뉴스』, 2020년 9월 28일자.

질 정도로 사전 지식을 획득했을 가능성이 있다. 정책과에서 7월 4일에 회람된 문서의 경우 7월 10일까지 회신이 요구되었다. 따라서 이 문서를 당시 정책과에 있던 본스틸이 검토했을 것이다. 링컨은 7월 18일자 다른 문서에서 전략정책단이 작성한 신탁통치의 분할구도에 관한 보고서 등을 참고했음을 시사해 〈그림 8〉의 지도가 링컨에 의해 검토되었음을 짐작할 수 있다.[80]

그런데 〈그림 9〉는 1945년 7월 초의 한국 4분할안과 1945년 8월

---

80 "Col George A. Lincoln's Letter to Col C. H. Donnelly (GSC, Historical Section of the Joint Chiefs of Staff)," 18 July 1949, RG 319, Entry 145, 2-3.7 CG5, Washington Command Post, Box 372, Folder: Comments on OPD Manuscript, p. 2.

16일의 일본 4분할안(후술함)이라는 상이한 시기의 안을 한 그림에 종합한 것이다. 만약 1945년 7월 초의 구상을 비슷하게나마 반영하려면 일본 규슈를 영국의 할당지에서 중국의 점령지역으로 바꿔야 한다. 8월 16일의 상황에 맞게 그림을 그리려면 한국의 미·소 38선 양분안과 일본 4분할안이 결합되어야 한다. 이렇듯 일본도 4분할이 검토되었으며 이는 한반도 분할안과 연관되어 변화된다는 사실이 이 책을 통해 확인될 것이다.

1945년 7월 초의 한국 4분할안은 최초 점령안(initial occupation)이라기보다는 최초 점령이 수행된 이후의 장기적인 점령안(long-term occupation)으로 기획된 것이었다.[81] 특이한 것은 이 지도에서 영국과 중국의 할당지역인 한반도 서부를 제외한 동부지역의 경우 미국의 점령지역이 북상했다는 점만 빼고는 38선 분할안과 유사하다는 것이다. 또한 부산·인천·원산의 3대 항구가 미국의 점령지역 안에 모두 포함되어 있다는 사실에 주목할 수 있다. 미국이 가급적 동북아시아 대륙에 상륙하는 것을 피하면서 해상 접근으로 이 지역을 장악해야 한다는 의지를 표현한 것이라고 할 수 있다.

또한 1945년 7월 4일 합동참모기획부 회의에서는 포츠담회담에 대비하여 소련군과의 해·공군작전 문제를 논의했는데, JWPC 378/1(제목 "Coordination of U.S. and Russian Air and Naval Activities")을 심의하는 과정에서 링컨이 필요할 때를 대비하여 "작전 분계선(a line demarking areas)을 어디에 그을지를 생각해야 한다"라고 문제를 제기했다. 이는

---

[81] S&P, OPD, WDGS, "Occupation and Control of Japan in the Post-Defeat Period," [July 1945], RG 165, ABC 014 Japan (13 Apr 44), Sec. 4-A, Box 21, pp. 18-19.

미·소 간 작전 분계선이 논의되어야 한다는 미국 측 건의였다.[82] 이러한 분계선 논의가 7월 24~26일 포츠담에서의 해·공군 작전구역 획정에 관한 미·소 간의 논의와 미국의 '헐선(線)' 획정으로 이어졌다고 할 수 있다.

위와 같은 문제를 제기한 링컨이 1945년 7월 4일 전쟁부 민정국에 일본과 한반도에 대한 전후 지배질서 구축 문제에 관련하여 문의하자, 7월 6일 민정국은 한반도가 분할점령되어야 한다고 회신했다.[83] 이렇듯 링컨은 한반도 분할점령 문제에 대하여 충분히 인식하고 있었다. 또한 위 민정국 회신에 의하면 미국이 한반도에 대해 갖는 책임과 권한은 압도적이라고 할 수는 없더라도 실제적인 권한을 행사하지 못하는 차원은 넘어서야 한다는 것이었다. 이는 미국이 한반도를 독점할 수는 없지만 어느 정도의 세력은 확보해야 한다는 인식을 표현한 것이다.

전략정책단은 1945년 7월 5일 「극동에서의 미국의 목표와 국가이익」이라는 보고서를 검토했다. 소련군이 만주와 한반도를 점령하면 이 지

---

[82] Joint Staff Planners, "Minutes of Meeting held in Room 240, the Combined Chiefs of Staff Building, on Wednesday, 4 July 1945, at 1415," 210th Meeting, RG 218, Central Decimal File, 1942~1945, CCS 334 Joint Staff Planners Meetings 194-211 (3-28-45), Box 216, p. 6.

[83] Civil Affairs Division, War Department, "Control of Japan," p. 2 in Col. Wm. C. Chanler, Actg. Director, "Memorandum for General Lincoln: Post-Defeat Control of Japan and Japanese Territory," 6 July 1945, RG 165, ABC 014 Japan, Sec. 4-A, Box 21에서 "한반도 내에 권위 있는 토착정치세력이 없으므로 초기에는 분할행정(zonal administration)이 이루어져야 한다"라고 언급되어 있다. 앞의 자료 p. 3에 의하면 이러한 인식은 소련과 중국이 후원하는 정치세력이 유입되어 친중·친소정부를 수립할지도 모른다는 위기의식에서 비롯된 것으로, 토착정부가 수립되면 분할통제(zonal control)가 종식되어 미 점령군(U.S. forces of occupation)은 철수할 것이라고 예견했다. 따라서 분할점령이라는 표현은 없지만 분할점령을 가정한 것이라고 할 수 있다. 그런데 이 문서에서 점령군의 구성 문제에 대한 구체적인 논의는 없지만 관계국으로 중국과 러시아, 미국과 영국이 언급되는 것으로 보아 4대국 분할점령을 염두에 두고 작성한 문헌으로 판단된다.

역은 미군과 연합군이 점령할 예정인 일본 본토와 그 전략적 가치에서 비견되는 지역이므로, 소련이 일본 점령에 참여하겠다고 요구할 경우 미국도 만주와 한반도를 점령하는 데 가담하겠다는 카드로 대응하자는 건의였다. 전략정책단은 세력 균형 의식에 입각하여 소련에 대해 견제 의식을 가지고 있었던 것이다. 이러한 의식이 38선안을 작성할 때 정치적 배경이 되었다고 할 수 있다.

합동전쟁기획위원회는 1945년 7월 10일 JWPC 264/6에서 "한반도 북쪽지역은 소련의 영토 및 소련의 군사작전지역인 만주[84]와 인접해 있기 때문에 미군 점령은 한반도의 남쪽에 한정되어야 한다"라고 주장했다.[85] 일본 점유지역에 대한 합의가 전제되어 있지 않으므로 미국은 우선 일본 본토를 점령해야 하며 순차적으로 한반도의 남부를 점령해야 한다는 것이다. 한국에 대한 최초 점령 1순위 지역은 한국 남부라고 분석되었던 것이다.[86] 구체적으로 일본 작전은 8월 15일에 시작될 예정인 데 비해 한국의 부산-진해 점령작전은 이보다 60일 정도 후에 가능할 것으로 평가했다. JWPC 264/1에서 초기 점령지역으로 분류되었던 지역 가운데 청진-나진은 제외되었으며[87] 부산-진해 작전을 서울-인천

---

[84] 소련의 군사작전구역이 만주를 넘어서 한반도 동북단지역까지 확장된 것은 포츠담회담부터였다.

[85] "A Plan for the U.S. Occupation of Strategic Positions in the Far East in the Event of a Japanese Collapse or Surrender Prior to 'OLYMPIC' or 'CORONET'," JWPC 264/6, 10 July 1945, RG 218, JCS, Geographic File, 1942~1945, 386.2 Japan (4-9-45), Sec. 3, Box 135, p. 30.

[86] "A Plan for the U.S. Occupation of Strategic Positions in the Far East in the Event of a Japanese Collapse or Surrender Prior to 'OLYMPIC' or 'CORONET'," JWPC 264/6, 10 July 1945, RG 218, JCS, Geographic File, 1942~1945, 386.2 Japan (4-9-45), Sec. 3, Box 135, p. 4, p. 8. 이 문서의 5쪽과 31쪽에서 미국은 전략적 우선순위를 다음과 같이 분류했다. ①일본, ②한반도 남부, ③상하이-난징 지역, ④태평양군도, ⑤대만.

[87] "A Plan for the U.S. Occupation of Strategic Positions in the Far East in the

작전보다 우선한 점은 JWPC 264/1과 같았다. 이 문서에서는 아직 부산을 서울보다 중요하게 판단했다.[88]

그런데 이는 부산과 서울 등의 요충지를 점령해야 한다는 식의 '경계선이 없는 변형된 지역분할'이었음에 불구하고(그림 10 참조) 미국이 한반도의 남부만을 점령해야 한다고 건의한 최초의 문헌이었다.[89] 물론 소련이 한반도 북쪽을 점령해야 한다는 표현은 없으며(단지 북쪽 지역은 소련과 인접해 있다고 지적하고 있다), 구체적으로 한반도를 '미·소가 양분해야 한다'는 직접적 표현도 없다. 그러나 위와 같이 한국 남부를 미국이 점령한다는 것은 그 나머지 부분을 소련에 넘겨준다는 것을 어느 정도 상정한 것이라고 할 수 있다. 이는 물론 7월 6일경의 4분할안에 의거한 것일 수도 있다. 따라서 이 안은 한반도를 남북으로 나누고 각각 미국과 소련의 세력권으로 상정한 '실질적인 양분안'으로 간주할 수 있

Event of a Japanese Collapse or Surrender Prior to 'OLYMPIC' or 'CORONET'," JWPC 264/6, 10 July 1945, RG 218, JCS, Geographic File, 1942~1945, 386.2 Japan (4-9-45), Sec. 3, Box 135, p. 30. 만약 소련이 한반도 점령에 참여한다면 청진은 소련에 넘겨주어야 한다는 견해는 1945년 7월경에 작성된 다음 보고서에서도 반복되었다. "Japanese Capitulation," July 1945, enclosed in Memorandum of Chief of Staff to President, 25 July 1945, RG 165, Entry 422, Box 12, Folder : Item #11 Exec #2, Miscellany (19 Nov 43-Dec 1945), p. 2.

88 "A Plan for the U.S. Occupation of Strategic Positions in the Far East in the Event of a Japanese Collapse or Surrender Prior to 'OLYMPIC' or 'CORONET'," JWPC 264/6, 10 July 1945, RG 218, JCS, Geographic File, 1942~1945, 386.2 Japan (4-9-45), Sec. 3, Box 135, pp. 15-17. 이 문서에 대한 회람이 8월 상순에 완료되어 JWPC는 점령우선지역에 대한 연구를 계속 진행했다. "Over-all Examination of Planning for the Occupation of Japan," JWPC 264/7/D, 4 August 1945, RG 218, JCS, Geographic File, 1942~1945, 386.2 Japan (4-9-45), Sec. 3, Box 135.

89 1942년 12월 루스벨트가 검토한 래티모어의 편지가 그 전례이프로 남과 북으로 나누는 세력 균형 의식이 갑자기 생긴 것은 아니며 비교적 뿌리가 깊은 것이다. 1945년 7월 10일의 '한국 남부'라는 식의 세력 분할 표현은 7월 24일 마셜도 사용했으며 7월 30일 JWPC 390/1, 8월 8일 Blacklist Ⅲ, 8월 10일 JWPC 264/8에도 이어졌다. 따라서 한반도 38선 분할 구상은 단속적이나마 계속 이어져온 자연스러운 미국의 세력 분할 구상이었으며 결국 38선 분할 결정으로 귀결되었다.

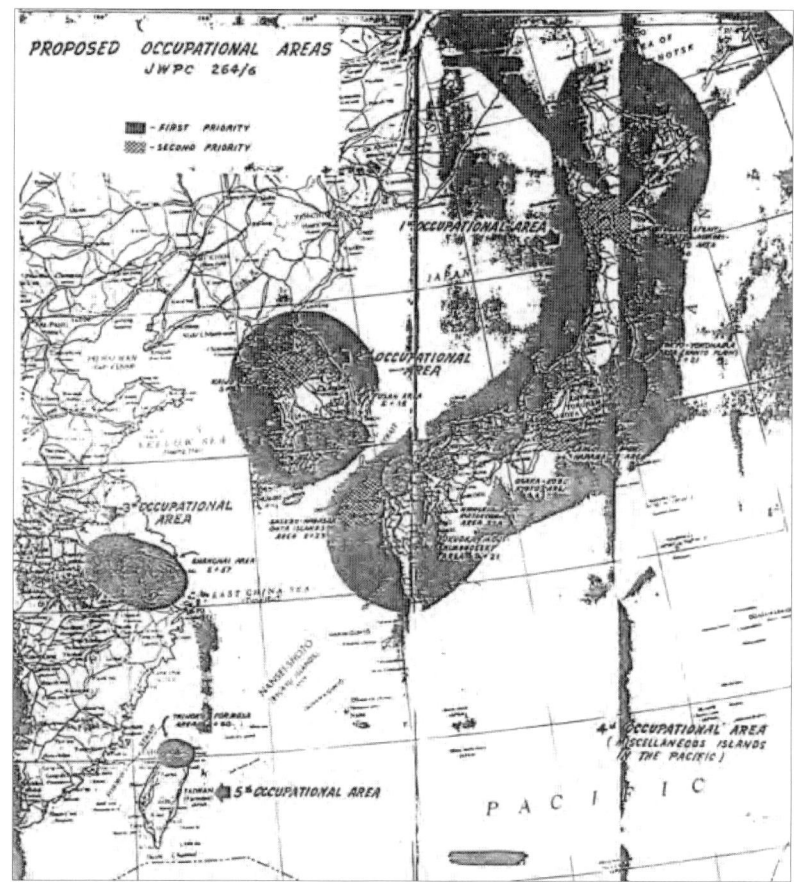

그림 10 미 합동전쟁기획위원회(JWPC)의 한반도 남부 점령안 지도(1945.7.10.)

※ 출처: "Map : Proposed Occupational Areas," in JWPC 264/6, 10 July 1945, RG 165, ABC 014 Japan (13 Apr 44), US National Archives.

다. 따라서 이 시기에 이미 남북을 분할한다는 의식이 워싱턴의 기획단 내에 존재했음을 확인할 수 있다. 김기조는 〈그림 10〉에서 미국이 점령해야 할 지역이 평양-원산선 북쪽인 북위 40도선에 근접해 있다고 평가했다.[90]

---

90 김기조, 「38선 획정의 국제적 요인」, 한국정치학회 2006 연례학술회의 발표문, 2006년

합참기구와 삼부조정위원회 내에서 만든 일본 항복과 점령에 관한 정책문서는 전략정책단장 링컨에게 보내졌다. 38선 획정 실무자들의 주장대로 이런 문서들이 일본의 조기 항복 때문에 내부 검토용으로만 사용되었다는 주장[91]은 그들의 준비를 은폐하기 위한 허위 진술이다.

또한 7월 15일 전략정책단 부단장 로버츠(Thomas D. Roberts)는 전략정책단이 1945년 7월 6일경에 제안한 한반도 4분할안에 대해 링컨에게 제출한 비망록에서 다음과 같이 주장했다.

> 한국을 분할한다면 자생적이며 중앙집권적인 정부를 수립하는 데 어려움을 초래할 것이다. 이것은 우리가 한국을 분할하려 할 때 반드시 고려해야 한다.[92]

따라서 로버츠는 비록 러시아인들에게 어느 정도의 권한이 주어질지라도 중앙집권적인 점령(centralized control of the occupation)이 이루어져야 한다고 분석했다. 그런데 위의 내용을 통해 분할에 대한 논의가 이미 상당히 진전되었음을 알 수 있다. 0순위의 흥정 대상이었던 한반도 분할을 기정사실화했다고도 할 수 있다. 또한 분할을 나중에 수립될 정부와 연결시켰으므로 미국이 분할을 결정할 때 단지 임시적이며 군사적이고 편의적 조치로만 인식하지 않고 정치적으로 숙고했음을 이 문서로 방증할 수 있다. 편의적 조치라는 설명은 사후적 변명에 불과할 가능성이 높은 것이다. 결국 링컨은 1945년 7월 포츠담회담에서 한국 문

12월 9일(2006), 40-41쪽.
[91] Paul C. McGrath, "U.S. Army in the Korean Conflict," Manuscript, Office of the Chief of Military History, Department of Defense, 1953, RG 407, p. 37.
[92] "T. D. Roberts' Memorandum for Lincoln: Occupation and Control of Japan in the Post-Defeat Period," 15 July 1945, RG 165, ABC 387 Japan, Sec. 4A, Box 506, p. 2.

제에 관련된 보고서를 작성했으며[93] 38선 획정 직후와 전략정책단장에서 물러나 아이젠하워의 참모로 근무하던 1945년 하반기에도 계속 한국 문제에 관여했다.[94] 그의 주요 업무는 일본의 항복이었지만 일본의 세력권을 포괄적으로 담당했기 때문에 일본 세력권 가운데 하나였던 한반도의 경우도 당연히 고려했을 것으로 추정된다. 결론적으로 링컨은 한반도 점령과 군정의 입안 과정에 일찍부터 참여했다고 판단할 수 있다.

4. 일본 대신 한반도 분할 검토: 한·일교환설

일본과 한반도를 어느 국가가 점령할지가 미국의 중점적인 논의 대상이 된 것은 1945년 7월 초순에서 중순으로 넘어가는 시점이다. 다양한 안들 중에서 일본과 한국에 대한 4대국 4분할 점령안이 논의되었다. 일본 분할안은 한국 분할안과 같이 논의되었으며 일종의 흥정 대상이었다. 이러한 한·일교환설은 19~20세기 열강들의 한·만교환론을 연상시킨다. 역사에는 똑같은 일이 반복되는 사례가 없지만, 한반도가 열강

---

[93] "Japanese Capitulation," July 1945, enclosed in Memorandum of Brig. Gen. G. A. Lincoln to Col. Roberts, 25 July 1945, RG 165, Box 505, ABC 387 Japan, Sec. 1-B [TS]; "Japanese Capitulation," July 1945, enclosed in Memorandum of Marshall to President, 25 July 1945, RG 165, Box 19, ABC 014 Japan, Sec. 1-A [TS].

[94] "Memorandum by JWPC to Joint Staff Planners: Ultimate Occupation of Japan and Japanese Territory (JWPC 385/1)," 21 Aug. 1945, Signed by George A. Lincoln, Army Planner, RG 165, Box 33, ABC 014 Japan, Sec. 16-A; G. A. Lincoln, "Memorandum for the Assistant Secretary of War: Allied Participation in the Occupation of Japan," 3 November 1945, RG 165, ABC 014 Japan, Sec. 4-A, Box 21; "Memorandum for General Lincoln: Conference with General Lerch and Mr. Benninghoff on Korea," 4 December 1945, RG 165, Box 33, ABC 014 Japan (13 Apr 44), Sec. 17.

들의 홍정 대상이었다는 점에서 유사하다. 약소국의 지위에서 탈출하여 지정학적 위상을 바꾸는 것이 이렇게 매우 어렵다.

독일 항복(1945.5.8.) 이후 이미 실현된 독일의 4대국 분할점령은 소련의 영토적 야욕 때문에 동·서독 분할선이 국경선으로 전화될 조짐이 보였고 동유럽에서 소련의 위성국가 수립 등으로 1945년 7월에는 이미 미·소 연합국 사이에 균열이 노출되어 냉전이 맹아적인 형태로나마 출현하고 있었다. 이러한 상황에서 미국은 미·중·소·영 연합4대국의 일본 분할안을 논의하면서도 분할을 피하고 일본을 독점하기 위해 한국 분할을 논의했다. 일본 분할안이 논의되면서 이를 회피하기 위해 한국 분할안이 논의되었던 것이다. 따라서 그 자체로서만이 아니라 한반도 분할안과 관련해서도 중요한 일본 분할안에 대해 상술하고자 한다.

1) 한국 4분할안과 일본 4분할 대안, 1945년 7월

〈그림 11〉의 일본 분할안 지도는 한반도 4분할안 지도와 같이 7월 6일경 작성되었으며, 지도가 포함된 문서는 7월 9일에서 15일 사이에 작성된 것으로 추정된다.[95]

혼슈 중 간토(關東)와 도카이는 미국, 홋카이도와 도호쿠(東北)는 소련(사할린과 쿠릴 포함), 시코쿠(四國)와 규슈(九州)는 중국, 그리고 간사이(關

---

[95] 정병호는 "7월 포츠담회담에서 미·영·중·소 연합국은 일본 분할점령에 합의했다. 미국이 간토와 간사이, 소련이 홋카이도와 도호쿠, 영국이 규슈와 주고쿠, 중국이 시코쿠를 각각 차지하고 도쿄는 베를린처럼 4개국이 분할통치하는 점령계획이 논의되었다"라고 주장한다. 정병호, 「(정병호의 기억과 미래)일본 대신 우리가 분단된 까닭」, 『한겨레』, 2020년 8월 13일자. 그런데 포츠담에서는 일본 분할선이 연합국 사이에서 논의되지 않았다(포츠담회담 전에 미국 내부에서 일본 분할선을 검토하기는 했지만 소련과는 논의를 회피했고 한국 분할선도 역시 마찬가지였다). 미국이 일본 본토에 원자폭탄을 투하해 소련 참전 전에 전쟁을 끝내고 동북아 지역을 독점하기를 원했기 때문이다.

西)와 주고쿠(中國)는 영국의 분할점령지역으로 할당했다. 이러한 일본 4분할안은 다음 4가지 방안을 논의하는 과정에서 도출되었다.

  a. 국경선을 존중하는 방안
  b. 경계에 장벽을 세우지 않는 할당[96]
  c. 중앙집권적인 하나의 사령부 아래에서 전략적 지역들(strategic areas)을 분배하되 후방(hinterland)에서는 경계선이 없는 방안
  d. 중앙집권적인 하나의 사령부 아래에서 지역을 나누지 않고 병력을 전개하는 방안

미국 입장에서 일본의 경우는 〈그림 12〉 '일본의 전략적 지역 분배안 지도'와 같이 c안을 적용하면 가장 좋으나 중앙집권적인 사령부가 각 국가의 사령부들을 통제하는 데는 한계가 있다는 단점이 지적되었다. 따라서 b안을 반영한 '일본 분할안 지도'가 대안으로 제시된 것이다.

미국 입장에서 한국의 경우는 b안(Map Ⅲ; 이 책의 〈그림 8〉 '미 전략정책단의 한반도 4분할 지도'에 Map Ⅲ라고 표기되어 있다)이 좋은데 중앙집권적인 사령부가 다루어야 할 토착중앙정부[97]가 처음부터 존재하지 않는다는 점이 지적되었다. 만약 미국이 c안을 선택한다면 러시아가 중앙집권적인 사령부를 맡을 가능성이 높다는 분석도 제기되었다. 비록 미국이 중앙집권적인 사령부를 맡는다고 해도 미국의 집행기관이 효과적으로 기능할 수 있을지는 미지수였다. 소련을 의식하던 미국이 한국에 중

---

[96] zoning without barriers. 단점으로 소련의 장벽 쌓기가 우려되는데, 유럽에서 냉전이 이미 시작되고 있음을 의식한 것이다. 그런데 할당을 하면서 장벽을 세우지 않는다는 것은 독일의 경우나 한반도의 이후 역사에서 보듯이 당초부터 현실성이 없는 것이었다.
[97] 사실 조선총독부는 있지만 패망한 일본이 물러가면 1910년에 존재했던 한국인의 중앙정부는 재건되어야 할 대상이기는 했다.

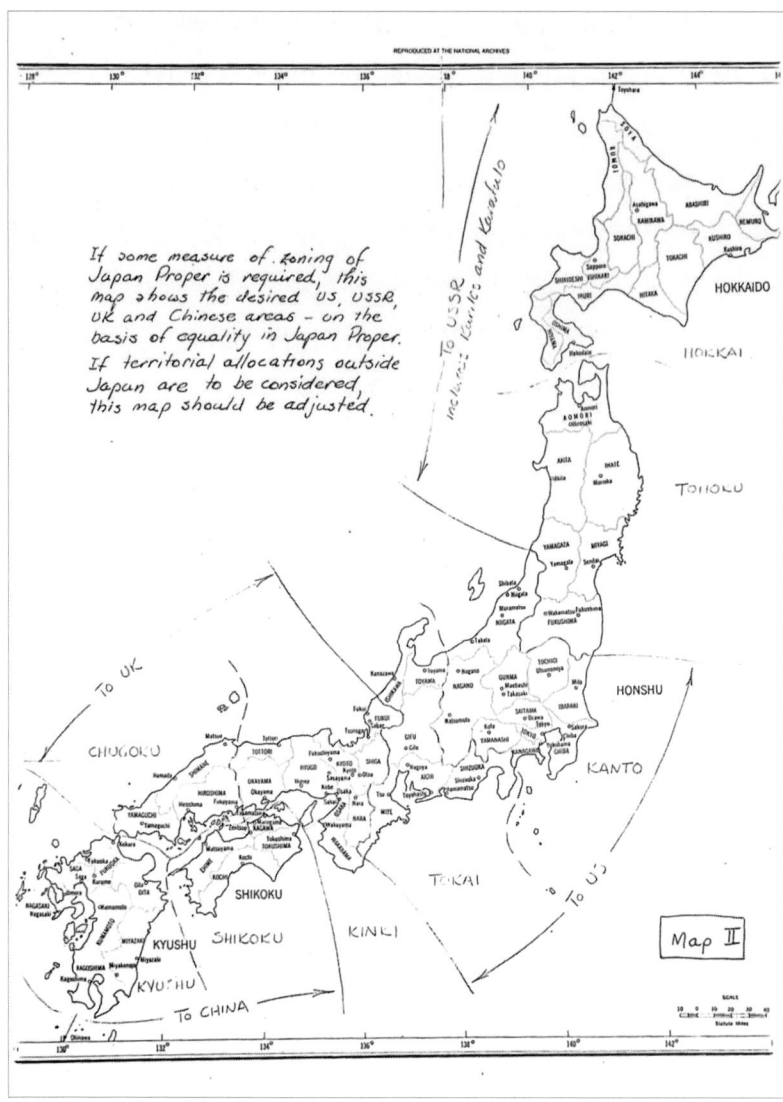

그림 11 일본 분할안 지도

※ 출처: S&P, OPD, WDGS, "Occupation and Control of Japan in the Post-Defeat Period," [July 1945], RG 165, ABC 014 Japan (13 Apr 44), Sec. 4-A, Box 21, pp. 17-18 사이의 Map Ⅱ.

앙집권적인 통일된 사령부를 구축하는 것은 무리이므로 경계선을 설정한 분할을 해야 한다는 결론을 도출하려는 듯했다. 7월 15일 로버츠의 분석에서 자연스럽게 한반도 분할 논의가 진전되었으며 이 과정에서 소련을 의식했다. 소련이 우세할 것으로 전망되는 소련의 인접국 한반도에서 어떻게 중앙집권적인 통제장치를 마련할지가 로버츠의 숙제로 남았다고 할 수 있다. 한편 일본은 (미국) 단독으로 점령해야 한다는 결론에 자연스럽게 도달하고자 했다. 또한 한국 점령에 준비 부족임을 내부적으로 인정해 버거운 과업임을 인식했다고 할 수 있다. 그렇지만 이에 더하여 미 해군이 강력한 역할을 해야 하는 일본과 같은 도서(島嶼)지역 통제에 대한 경험 부족을 지적하기는 했다.

만약 한국 이외 지역에서 지역 할당을 꼭 해야 한다면,[98] 다음과 같은 2가지 접근법이 있다고 지적했다.

a. 일본제국을 하나로 묶어서 구획하는 방안(zoning of the Japanese Empire as a whole)
b. 일본제국의 같은 지역을 다른 연합국이 분할하여 점령하는 방안(zoning within areas of the Japanese Empire)

a안은 일본 본토[99] → 미국, 쿠릴열도·사할린·만주 → 소련, 한국 →

---

[98] 이 표현에서 한국이 분할될 지역으로 최우선적으로 고려되고 있음을 알 수 있다. 이미 한국의 분할은 기정사실화된 것처럼 확대해석도 가능하다. 한국인의 입장에서 보면 한국이 희생양이 될 가능성이 높다는 말이다. 한국이 가장 만만한 흥정 대상으로 여겨졌음을 알 수 있다. 소련과의 힘 관계를 고려해 세력을 분할한다면 한반도가 영순위가 될 것이라는 불길한 표현이다. 이렇게 한반도가 흥정 대상이 된 것은 지금까지 어느 일방의 세력권으로 규정하지 않은 미국의 비교적 용의주도한 힘의 공백지대화 전략이 있었기에 가능했다고 할 수 있다.
[99] 4대 도서와 1,000개 정도의 근해 도서, 쓰시마, 류큐열도, 보닌제도(Bonins; 정확한 영

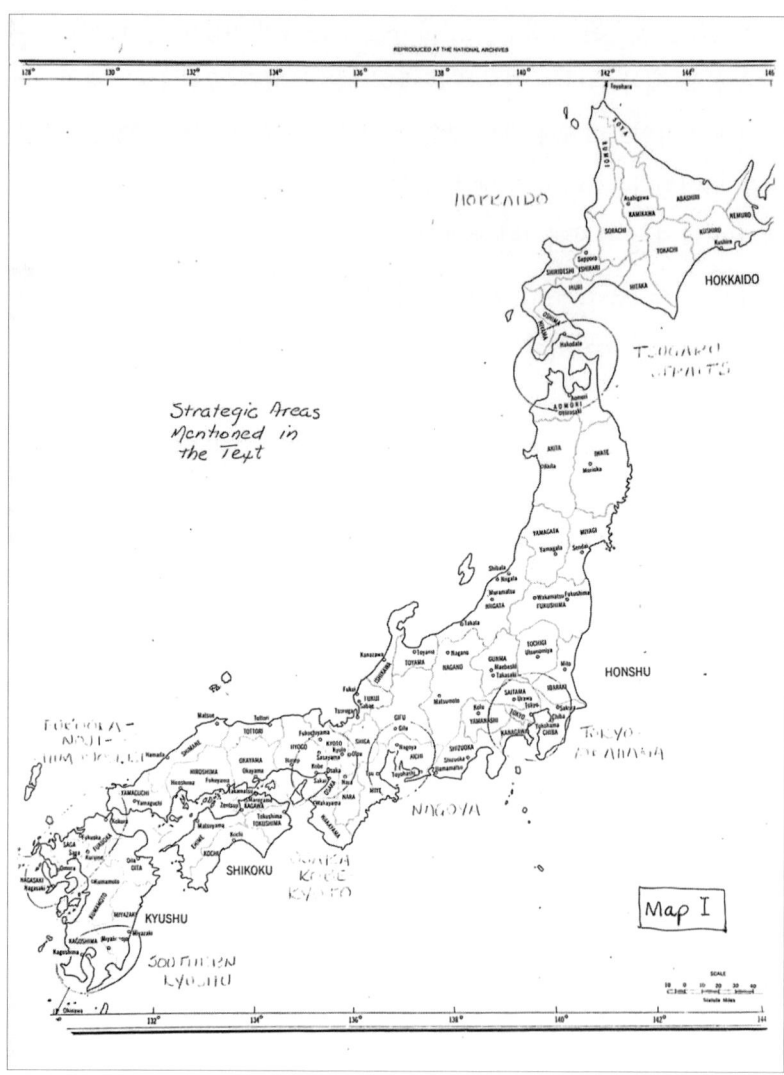

그림 12 일본의 전략적 지역 분배안 지도

※ 출처: S&P, OPD, WDGS, "Occupation and Control of Japan in the Post-Defeat Period," [July 1945], RG 165, ABC 014 Japan (13 Apr 44), Sec. 4-A, Box 21, pp. 17-18 사이의 Map Ⅰ.

영국, 제홀·대만 → 중국에 할당하는 것이다. 한국 전체가 영국에 할당된 것이 특이하다. 그런데 이 경우 홋카이도를 소련에 넘겨 균형을 맞추는 대안도 모색할 수 있다고 여지를 남겼다.[100]

그렇다면 만주를 중국에 넘기는 방안도 고려될 수 있다는 것이다. 태평양전쟁에서 큰 손실을 입은 미국은 상대적으로 적은 전리품을 챙기는 데 비해 소련과 영국이 과대하게 챙기는 것이 문제라고 지적되었다. 이어서 만약 일본이 분할되어야 한다면 바로 〈그림 11〉의 '일본 분할안 지도'가 대안이라고 했다. 또한 한국이 분할된다면 "Annex: Possible Zoning of Korea"와 같은 4분할안이 검토될 수 있다고 했다.[101] 한반도 4분할안은 이런 다양한 안 중의 하나로 검토되었다.

이와 같은 토론을 거쳐 내린 결론은 다음과 같다. 일본 본토는 구역을 설정하지 않고 전략적 지역에 병력을 전개하며 최초의 최고연합기관(Supreme Allied Authority)은 미 사령관이 맡고 미국이 일정한 권한을 계속 보유한 채 4대국연합통제위원회(Allied Control Council of the four powers)에 넘겨야 한다는 것이다. 한국의 경우는 경계 장벽 없이 지역별로 병력을 전개하되 최고연합기관은 처음부터 4대국연합통제위원회

어명은 Bonin Islands; 일본명은 오가사와라제도), 얍스, 그리고 일본의 태평양 위임통치령.

[100] 이러한 홋카이도에 대한 대소(對蘇) 흥정전략은 8월 10일 이후 확고하게 철회되며 4대 도서에 대한 독점전략이 결정되었다. 1945년 9월 12일 시작된 런던외상회의에서 일본의 홋카이도를 분할해 일부를 소련이 점령해야 한다는 소련의 제의를 미국과 영국이 거부하면서 9월 16일 교착상태에 빠진 채 회의가 끝났다. 김학준, 「(김학준이 다시 쓴 현대사 결정적 장면 3)소련은 38도선 이북을 '직접' 통치했다」, 『신동아』 10월(2020). 이렇듯 홋카이도는 미·소의 대결을 초래할 수 있는 중요한 의제였다. 홋카이도를 독점하기로 작정한 미국은 이 문제에 관한 한 타협하지 않았다. 이후부터는 미·소 대결이 더욱 심화되어 미국은 홋카이도 분할안을 테이블에 올리는 것 자체를 거부했던 것이다.

[101] "Areas of Occupation -- Japan and Japanese Held Territory," S&P, OPD, WDGS, "Occupation and Control of Japan in the Post-Defeat Period," [July 1945], RG 165, ABC 014 Japan (13 Apr 44), Sec. 4-A, Box 21, pp. 13-17.

2. Ideally, the above possibilities are attractive in reverse order as listed. Practically, it would be unwise for the U.S. to insist on the ideal, if only to avoid disillusionment of the U.S. public.

 a. In Japan proper, it is believed that solution "c" is the maximum U.S. expectation (see Map I, attached). A variation on this solution which might appeal more to Russia, and which in practice may not be very different, would be to limit the authority of the centralized command over national commanders in their areas to specific items. Examples of these items are regulation and control of through traffic; allocation of food, raw materials and Japanese-manufactured products among the areas dominated by the various nationals; and authority of the military to requisition on Japanese resources.

(Map III)

 b. In Korea, the U.S. should favor solution "b", possibly on the grounds that there will not exist initially an indigenous central government with which a central command could deal. If the U.S. were to accept solution "c" for Korea, it is probable that Russia would demand control. Even if the U.S. were offered control, it is doubtful that the U.S. Authority could be very effective; lacking insular control like that in Japan where the U.S. Navy will be a powerful factor.

3. If the U.S. is forced to accept some sort of zoning other than in Korea, there are two general approaches to a solution: zoning of the Japanese Empire as a whole, or zoning within areas of the Japanese Empire.

4. a. If the Japanese Empire as a whole is to be zoned, a solution generally along the lines of the following is as satisfactory as can be expected:

U.S.	Japan Proper (The four main islands and about 1000 immediate offshore islands plus Tsushima, Ryukyus, Bonins, Izus, and the Japanese Mandated Pacific Islands)
U.S.S.R.	Kuriles Karafuto Manchuria
Great Britain	Korea
China	Jehol Formosa

그림 13-1 일본제국을 하나로 묶어서 구획하는 방안

※ 출처: "Areas of Occupation -- Japan and Japanese Held Territory," S&P, OPD, WDGS, "Occupation and Control of Japan in the Post-Defeat Period," [July 1945], RG 165, ABC 014 Japan (13 Apr 44), Sec. 4-A, Box 21, p. 14.

b. A possible variation, which would reduce U.S. commitments for occupational forces, would be to assign Hokkaido to the U.S.S.R., balancing this additional assignment by passing some part of Manchuria to China. The grave disadvantage of such a zoning of the Japanese Empire is that should the participating nations exploit the areas under their trusteeships to their own advantage, the U.S. will have gained only a partial victory in return for its expenditures in the war, while the U.S.S.R. and possibly the U.K. will have gained greatly. The prizes for which Japan started aggression fifty years ago will simply be passed to other hands.

5. A solution preferable to the one above would be zoning <u>within areas of the Japanese Empire</u>:

 a. <u>Japan proper</u>. There are eight administrative districts in Japan. The Islands can therefore be divided neatly in four approximately equal zones from north to south. (See Map II, attached).

  (1) If this is done, interim Allied control should be established for the strategic Straits within Japan proper (Soya, Tsugaru, Kii, Bungo, and Shimonoseki).

  (2) The four zones from north to south should be in order: Russian, U.S., British and Chinese. Each of these four zones will be approximately self-sufficient economically.

  (3) The U.S.S.R. zone is nearest to Russian territory. It is larger in area, but has less industry.

  (4) The U.S. zone contains the political center of Japan and two of the main industrial centers (Tokyo and Nagoya).

  (5) The British zone contains the Osaka-Kobe industrial area and together with the U.S. zone would control the industrial areas of central and southwestern Honshu.

  (6) The Chinese zone is located relatively near the Asiatic mainland and contains the important North Kyushu area.

  (7) There are of course many possible variations on the above territorial assignments, depending on the degree of

그림 13-2 일본제국의 같은 지역을 다른 연합국과 분할하여 점령하는 방안

※ 출처: "Areas of Occupation -- Japan and Japanese Held Territory," S&P, OPD, WDGS, "Occupation and Control of Japan in the Post-Defeat Period," [July 1945], RG 165, ABC 014 Japan (13 Apr 44), Sec. 4-A, Box 21, p. 15.

physical dominance desired by the various Powers, and on the extent to which the U.S. wishes to accept them. One obvious variation would be to confine the U.S.S.R. zone to Hokkaido, Karafuto, and Kuriles. This would add approximately one-third to U.S. occupational responsibilities, and would give the U.S. physical control of the south side of Tsugaru Strait. Another possible variation would be to reduce either the British or Chinese zone to enlarge the U.S. zone. This would increase U.S. physical dominance over the strategic straits in the south, while increasing its responsibility for occupation.

(8) The minimum acceptable to the U.S. is occupation of the major portion of industrial Honshu. If it is necessary to share industrial Honshu, other nations in order of preference are: U.K., China. It would be definitely against U.S. interests for Russia to share in the occupation of the main Japanese industrial district. It is believed that physical occupation by the U.S. of strategic straits is not so vital provided it is ensured that they are not fortified, since U.S. air and naval power is really the most important consideration.

b. Korea. If zoning in Korea is to be adopted, the minimum acceptable to the U.S. is control of the strategic southern end of the peninsula. If this general area is to be shared with another nationality, the order of preference is: China, U.K. Zoning should be along the lines of administrative districts, of which there are thirteen in Korea (See Map III, attached).

(1) The best area for Russia, from the U.S. point of view, would be the two or three northeastern districts. This area is contiguous to Russia proper. It could comprise up to one-fourth of Korea's total area. It includes the ice-free ports of Seishin and Rashin, which serve as a gateway to southeastern Manchuria. It includes the newly developed industrial centers of Seishin, as above, and Konan. It is not self-sufficient in foodstuffs but is adjacent to the

그림 13-3 한반도 4분할안 검토

※ 출처: "Areas of Occupation -- Japan and Japanese Held Territory," S&P, OPD, WDGS, "Occupation and Control of Japan in the Post-Defeat Period," [July 1945], RG 165, ABC 014 Japan (13 Apr 44), Sec. 4-A, Box 21, p. 16.

가 평등한 권한을 가지고 운영되어야 한다는 것이다.[102] 요약하면 여러 안을 검토한 결과 일본 점령은 미국이 주도하여 지역분할 없이 수행되는 것이 좋고 한국은 장벽 없이 지역을 나누어 점령하는 방안이 좋다는 것이다. 이렇듯 1945년 8월 중순(통설)이 아니라 그보다 전인 7월 초·중순이라는 비교적 이른 시점에 한국의 분할안이 심도 있게 다각도로 논의되고 있었다.

이 문서에서 보는 바와 같이 미국의 입장에서는 일본제국의 영역 중에서 일본 본토와 한국이 가장 중요하게 고려되어야 할 지역이었다. 한국 입장에서는 미국이 일본을 독점하여 공산주의 침략으로부터 구하기 위해 한국의 반을 소련에 넘겨주는 희생을 한국에 강요했다는 느낌을 지울 수 없다. 이 대목에서 러스크가 1985년에 말한 "미국은 한반도의 전체를 점령할 수도 있었으나 일본의 전체 점령을 위하여 그 반을 소련에 넘겨주는 '입막음'을 했다"라는 시간과 상황에 따라 오락가락하는 술회가 떠오른다.[103]

2) 8월 16일, 여전히 미국의 대안이었던 일본 4분할안

1945년 8월 16일 작성된 JWPC 385/1(1945년 6월 5일 기안 시작), p. 15에 실린 '4대국 군대의 일본 점령안(Location of National Forces)' 지도에 따르면 일본의 경우 혼슈 주오(中央) 고지와 간토, 신에쓰(信越), 도카이, 호쿠리쿠(北陸), 긴키(近畿)는 미국, 홋카이도와 도호쿠는 소련, 시코쿠는 중국, 그리고 서일본(규슈와 주고쿠)은 영국의 분할점령지역으로 할당

---

[102] S&P, OPD, WDGS, "Occupation and Control of Japan in the Post-Defeat Period," [July 1945], RG 165, ABC 014 Japan (13 Apr 44), Sec. 4-A, Box 21, pp. 6-7.
[103] 딘 러스크, 「박한식 교수와의 인터뷰」, 『경향신문』, 1985년 8월 14일자.

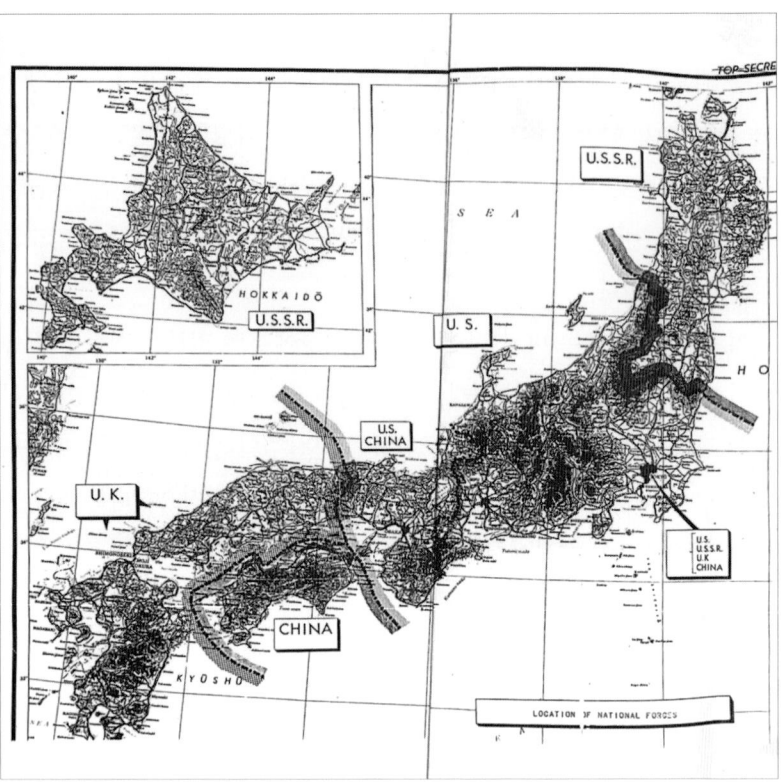

그림 14 4대국 군대의 일본 점령안(Location of National Forces)

※ 출처: "Ultimate Occupation of Japan and Japanese Territory," JWPC 385/1, 16 August 1945, RG 165, ABC 014 Japan (13 Apr 44), Sec. 16-A, Box 30, p. 15.

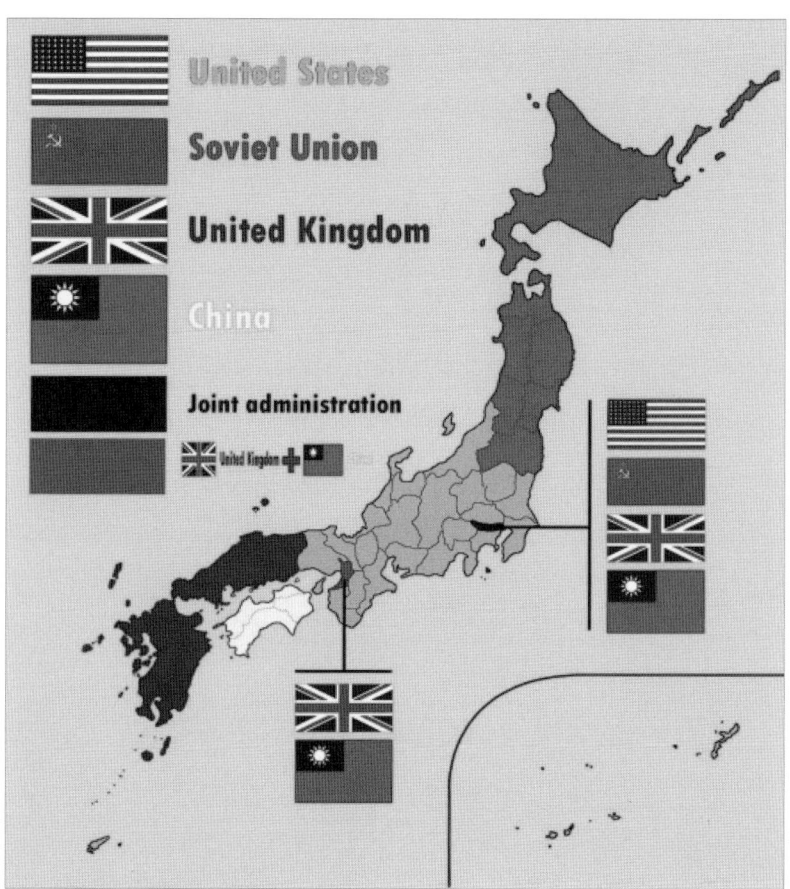

그림 15 일본 4분할 점령안
※ 출처: "일본의 분할점령", 〈위키피디아〉.

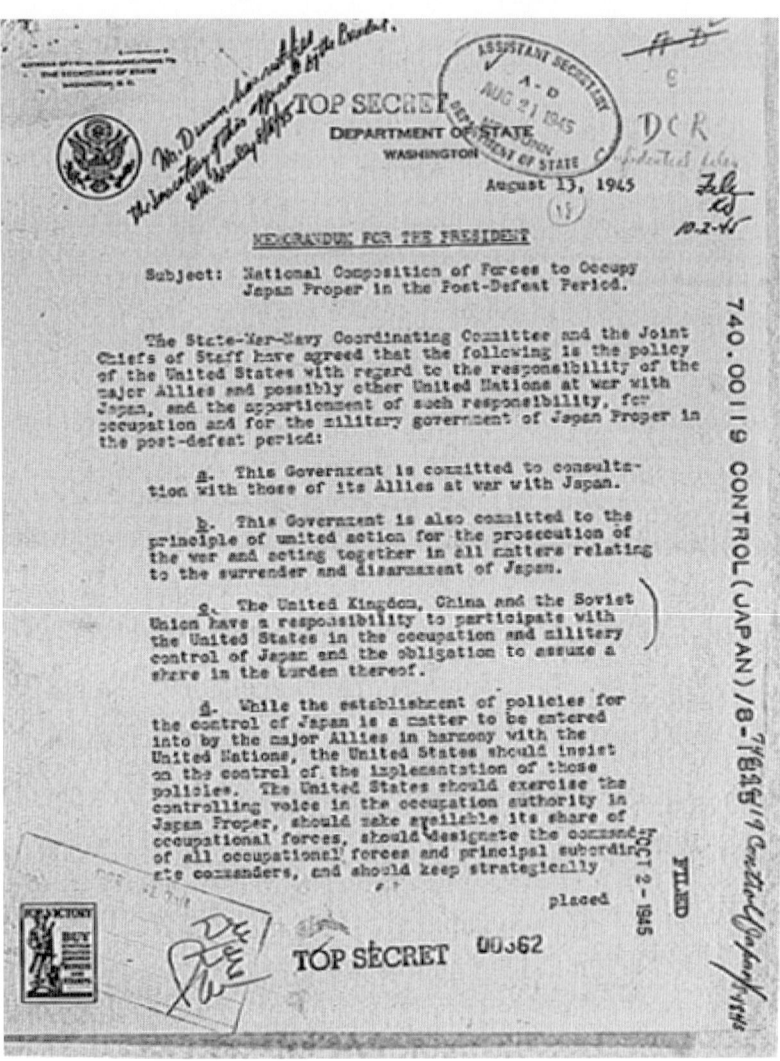

그림 16-1 일본 점령을 위한 국가별 무력 구성

※ 출처: "Memorandum for the President: National Composition of Forces to Occupy Japan in the Post-Defeat Period," August 13, 1945, 740.00119 Control(Japan)/8-1845, p. 1.

```
                    TOP SECRET
                        -2-

        placed those forces necessary to implement its
        policies. Furthermore, the occupation authority
        in Japan should be organized on the principle of
        centralized administration, avoiding the divi-
        sion of the country into national zones of inde-
        pendent responsibility administered separately.

                e. The major Allies should be called upon
        to make substantial contributions to the occu-
        pational force in conformity with their obliga-
        tions to share in the burden of controlling Japan.

                f. Participation in the occupation authority
        in Japan and in furnishing the forces of occupa-
        tion may be extended as desired to include those
        countries, other than the major Allies, which will
        have made timely request to share in such responsi-
        bilities and which have actively and substantially
        participated in the war against Japan.

                g. The interests of the United States would
        be served by the participation of Orientals in the
        occupation forces and in the occupation authority
        in Japan.

            It is requested that you indicate whether you approve
        the policy stated above.
```

그림 16-2 일본 점령을 위한 국가별 무력 구성

※ 출처: "Memorandum for the President: National Composition of Forces to Occupy Japan in the Post-Defeat Period," August 13, 1945, 740.00119 Control(Japan)/8-1845, p. 2.

됐으며 도쿄(東京)는 4대국이 공동점령하는 것으로 계획되었다.[104] 또한 오사카부는 영국과 중화민국이 공동점령하는 것으로 했다.[105] 1945년 7월 6일에서 15일 사이의 안과는 달리 규슈가 중국에서 영국으로 점령 국가가 바뀌었다. 또한 오사카부를 제외한 간사이 지방이 영국에서 미국으로 그 점령 주체가 바뀌었다.

그러나 이러한 일본 분할안은 하나의 안에 불과했다. 미국은 일본 분할은 피하려고 했으며 대신 한국을 흥정 대상으로 삼았다. 따라서 다음과 같이 미국의 일본 독점이 결정되었다. 삼부조정위원회가 합동참모본부와 논의해 1945년 8월 13일 트루먼에게 상신된 후 8월 18일 결재된 '종전 이후 일본 점령을 위한 국가별 무력 구성(National Composition of Forces to Occupy Japan in the Post-Defeat Period)'이라는 제목의 문건(그림 16-1, 16-2 참고)에 의하면 일본 점령기관(Occupation Authority in Japan)은 중앙집권적으로 운영될 것이며 4대국이 각각 독립된 지역으로 분할하는 것은 피할 것이라고 명시되었다.[106] 막대한 전비 부담에 고심하던 미국은 비용을 분담하고 연합국들에 전리품을 나누어준다는 차원에서 일본 분할점령을 추진했다. 그러나 종전 이후 처칠이 소련의 극

---

104 그런데 이러한 일본 4분할안에 대해서는 五百旗頭眞, 『米國の日本占領政策 戰後日本の設計圖 上』(東京: 中央公論社, 1985)을 비롯해 일본 연구자들이 일찍부터 당연히 주목했다. 다만 이것이 폐기된 배경에 한국의 남북 분할이 희생양으로 자리 잡고 있는 것을 애써 외면했던 것이다.

105 "일본의 분할점령", 〈위키피디아〉(ko.wikipedia.org/wiki/%EC%9D%BC%EB%B3%B8%EC%9D%98_%EB%B6%84%ED%95%A0%EC%A0%90%EB%A0%B9, 검색일: 2018년 5월 31일).

106 "Memorandum for the President: National Composition of Forces to Occupy Japan in the Post-Defeat Period," August 13, 1945, 740.00119 Control(Japan)/8-1845, pp. 1-2(www.ndl.go.jp/constitution/shiryo/01/018/018_001r.html, 검색일: 2018년 5월 31일). 그런데 정승욱, 「일본 분할 점령방안' 美 기밀문서 공개돼」, 『세계일보』, 2010년 1월 27일자에는 2009년 말 공개된 앞의 문서 등에 일본 분할점령이 논의되었다고 나와 있다.

동 교두보 확보에 대한 경고를 한 데다 미국 자체적으로도 일본을 독점하기 원했으므로 분할 통치 방안은 성사되지 않았다.

3) 영연방군의 일본 통치 참여: 분할점령은 실제로 이루어졌는가

1946년 2월 13일 일본에 도착한 영국군, 오스트레일리아군, 뉴질랜드군, 인도군 병력으로 구성된 영연방 점령군(BCOF; British Commonwealth Occupation Force)은 시코쿠와 주고쿠 지방을 통치했다. 일본 점령 당시 미군이 점령을 총괄하는 역할을 맡은 반면, 1946년 2월 21일 활동하기 시작한 영연방 점령군은 비무장화 지도와 일본 군수산업체 해체를 담당했다. 영연방 점령군은 구레시에 사령부를 두고 일본 서부의 몇몇 현을 통제했다. 병력은 최대일 때 약 4만 명이었다.[107] 1947년 영연방 점령군은 일본에서 병력을 감축하기 시작해 1952년 완전히 철수했다.[108]

이전의 일본에 대한 4분할 점령안에서 주고쿠는 대체로 영국 점령지역이었으므로 중국의 점령지역으로 할당된 시코쿠가 내전 중이었던 중국의 점령지역에서 영국 점령지역으로 변경된 것이 특기할 만하다.

미국은 일본 점령에서 단독으로 전횡하는 것이 아니라 다국적 협조를

---

[107] British Commonwealth Occupation Force 1945~52(www.awm.gov.au/articles/atwar/bcof, 검색일: 2018년 5월 31일); James Wood, "THE AUSTRALIAN MILITARY CONTRIBUTION TO THE OCCUPATION OF JAPAN, 1945~1952," Australian War Memorial(www.awm.gov.au/atwar/bcof, 검색일: 2018년 5월 31일); James Wood, *The Forgotten Force: The Australian Military Contribution to the Occupation of Japan 1945~1952* (St Leonards, Australia: Allen and Unwin, 1998).

[108] "일본의 분할점령", 〈위키피디아〉(ko.wikipedia.org/wiki/%EC%9D%BC%EB%B3%B8%EC%9D%98_%EB%B6%84%ED%95%A0%EC%A0%90%EB%A0%B9, 검색일: 2018년 5월 31일).

기했다는 명분 쌓기 내지는 구색 맞추기로 우방이었던 영연방군을 이용했던 것이 아닌가 한다. 1945년 8월 16일에는 4분할안이 여전히 대안이기는 했지만 8월 18일 트루먼은 8월 13일자 문서의 결재를 통해 분할점령을 회피하는 대신 일본 독점을 추구했다. 그런데 잠정적이며 단기적인 무장해제(1단계)가 끝나고 병력감축을 위해서건 다음 단계의 보다 체계적인 점령통치기(2단계)로의 전환을 고려해서건 미국은 4분할안 혹은 3분할안을 여전히 대안(plan B)으로 가지고 있으면서 자국에 우호적인 영연방국가를 초청해 미국이 일본을 독점하려 한다는 소련의 비난에 대처하려 했던 것이다.

실제로 1945년 8월 16일 작성된 JWPC 385/1에는 일본군의 조직적 저항이 끝난 직후부터 약 3개월간의 제1단계 기간 중에 일본군의 무장해제, 동원해제 및 비군사화 조치를 취하며, 약 9개월간의 제2단계에 연합국 점령의 성격을 띠도록 하기 위해서 영국과 중국군의 진주를 용이하게 하는 조치를 취한다고 나와 있다. 이어 연합국 점령군에 의해 일본군 무장해제 및 비군사화 완료와 연합국관리회의(일본과 한국에 별도로 설치)에 의한 관리 시기인 제3단계가 이어지는데, 유엔(또는 유엔을 대리한 주요 연합국)이 일본과 한국에 대한 연합국 관리가 더 이상 필요하지 않다고 인정할 때까지 상당 기간 동안 계속될 것으로 전망되었다.

그러나 이와 같은 단계적 시간표는 지켜지지 않았다. 더구나 미·소 냉전이 1947년 이후 보다 현실화되면서 소련의 일본 점령 참여는 미국에 의해 거부되고 영연방군은 감축하기 시작했다. 결국 영연방군의 점령 참여는 구색 맞추기에 그쳤다. 그럼에도 불구하고 미·소 협조의 여지가 아직 완전히 사라지지 않았던 1946년 2월의 시점에서 미국의 단독점령은 임시적인 성격을 가졌고 미·소 협상에 따라서는 이미 단행된 중앙집권적 미국의 단독점령에서 분할점령이나 다국적 점령으로 순차적으로 전환될 가능성이 미미하게나마 남아 있었다. 그렇다면 미·소에 의해 양분되는 것보다 영연방을 끌어들이는 것이 소련을 견제할 수 있다고 판단해 영연방군을 끌어들인 측면도 있다고 할 수 있다.

이렇듯 영연방이 일본 점령에 참여했고 내전 중인 중국은 여력이 없어 파병을 못했으므로 소련만이 배제되는 결과를 낳았다. 냉전이 시작될 당시의 시대적 상황이 반영되었다고 할 수 있다.

5. 공동점령에서 분할점령으로, 점령안의 성격과 그 변화

점령은 단일국가가 수행하는 것이 상례이다. 그러나 미국은 힘의 공백지대인 한반도를 독점할 수 있는 지역으로 간주하지 않았으며 어떤 형태로든 세력권의 분배를 전제한 점령안을 검토했다. 국무부가 처음 안을 구상했던 1944년에는 여러 국가가 참여하되 단일단위로 점령하는 중앙집권적인 형태가 우세했다. 이러한 단일단위의 공동점령은 중앙집권적 신탁통치로 가장 무리 없이 이행할 수 있는 방안이었으나 실현 가능성이 그렇게 높지 않았다. 만약 시행된다고 해도 단일 사령부는 이름뿐이며 각각의 주둔군이 지역을 분할했을 것이다. 일본의 경우 연합국사령부는 명목뿐이었으며 실제로는 미군이 전체를 점령했다. 이런 이유에서 1944년에 입안된 단일단위의 다국적 공동점령안은 1945년 이후 냉전 전조 출현이라는 현실과 만나 세력권을 분할하는 방향으로 전환되는 조짐을 보였다. 그러나 다국적 신탁통치로 이행될 가능성은 아직 열어두었다.

1945년 2월 이후에는 주로 군부를 중심으로 세력 분할 방안을 모색하기 시작했다. 국무부의 점령안이 신탁통치와 밀접한 연관 속에서 구상되었음에 비하여, 군부의 점령·분할안은 신탁통치와 연관성이 비교적 약한 편이었다.

제2차 세계대전 발발 이후 최초의 분할안이었던 전략정책단의 4분할안(1945.7.6경)은 도계에 입각한 엄격한 분할선을 포함하고 있었다. 한반도의 경우 4분할안이 아닌 미·소의 양분안이 가장 현실성 있는 대안일 수밖에 없는 조건하에 있었으므로 4분할안은 계속 검토되기는 했으나 구상 단계에서 더 이상 구체적으로 진전되지는 못했다.

그런데 초기의 양분안에는 38선과 같은 분할선이 없었다. 1945년 7월 10일의 JWPC 264/6과 같이 '경계선이 없는 변형된 지역분할'을 구상한 것이다. 따라서 1945년 7월 중순까지의 점령안은 '엄격한 지역분할선이 내포된 양분안'으로 구체화되지는 않았으며 1945년 7월 하순 이후 이 방향으로 구체화되기 시작했다.

그런데 양분선을 획정하지 않았다고 해서 한반도 지리에 대하여 구체적으로 인지하지 못했던 것은 결코 아니다. 1945년 7월의 4분할안 지도에서처럼 도계까지 정확하게 인지할 정도로 한반도 지리에 정통했으며, 이 지도를 작성했던 전략정책단의 요원들이 후일 38선을 획정한 장본인이 되었다는 사실이 중요하다.

6. 미국의 한반도 탁치형 점령

그렇다면 점령은 탁치의 전제인가, 탁치와 양립 불가능한가, 아니면 '탁치형 점령'으로 양립이 가능한가? 필자는 '탁치형 점령'이라는 개념을 설정해 점령과 탁치가 양립 가능하다고 주장했다.

이에 의거한다면 당초 1944년부터 구상된 한반도 점령은 탁치로 가는 과도기에 행하기로 예정된 것이므로 점령과 탁치가 양립 가능한 것으로 생각하고 구상된 것이었다. 그러나 미·소 냉전이 시작될 조짐이 보이면서 점령과 탁치가 양립 불가능해 보였고, 결국 냉전이 시작되어 양립 불가능한 상태에서 탁치 없는 3년간의 점령으로 종식되었다. 미국이 1947년 10월 한국 문제의 유엔 이관을 일방적으로 선언하고 탁치안을 폐기해 결국 '탁치 없는 독립'이 실현된 것이다[따라서 미국의 대한정책이 탁치에서 단정 수립으로 '전환'되었다고 할 수 있지만 미국의 국익을 극대화한다는 면에서 두 방안에 공통점(공통적 본질)[109]이 있었다고 할 수 있다].

그렇지만 미군정·소련 점령 3년간의 역사를 되돌아볼 때 이 시기가 미국과 소련이 기획했던 신탁통치(trusteeship)·아페카(опéка)의 '정치적 훈정·후견'의 요소를 갖추었던 시기가 아닌가 하는 평가가 가능하다. 미·소 대립과 좌·우 대립으로 인해 신탁통치협정이 마련되지는 못했지만 모스크바3상회의 의정서 한국 조항에 따라 미·소공동위원회가 열려 임시정부 수립을 위한 협상을 벌였다. 적어도 1946년 봄부터 1947년 가을까지는 모스크바의정서를 실천하려고 했던 시기로 '신탁통치 준비기'로 볼 수 있다. 따라서 이 시기를 '준신탁통치기'로 볼 수 있으며 미군정기·소련 점령기 3년간은 탁치 실시를 준비한 '탁치형 점령기'로 해석하는 것이 가능하지 않을까 한다.

또한 일국형 신탁통치 실시 지역에는 점령국이나 시정 당사국이 주재했으므로, '점령형 신탁통치'라고 볼 수 있다. 유일한 다국형 신탁통치령 대상 지역인 나우루도 오스트레일리아가 점령했으며 영국·뉴질랜드·오스트레일리아의 다국적 시정국 대표로 실질적으로는 일국 신탁

---

[109] 도진순, 「1945~48년 우익의 동향과 민족통일정부 수립운동」, 서울대학교 박사학위논문(1993), 11쪽.

통치가 실시된 경우이므로 다국적인 경우를 포함한 거의 모든 실제 신탁통치가 점령형 신탁통치라고 할 수 있다. 또한 유엔헌장 제81조 "신탁통치협정은 각 경우에 있어 신탁통치지역을 시정하는 조건을 포함하며, 신탁통치지역의 시정을 행할 당국을 지정한다. 그러한 당국은 이하 시정권자라 하며 1 또는 그 이상의 국가, 또는 기구(유엔-인용자) 자체일 수 있다"[110]에 명시된 '기구(유엔) 자체에 의한 신탁통치'도 실시되지 않았다.[111] 국제(다국적) 탁치나 유엔 탁치는 위임통치제도에는 없었지만[112] 결국 무늬만 다국적 탁치였던 나우루 외에는 실행되지 못했으므로 그 차별성은 희석되었다.

실제로 1994년 종식된 탁치를 21세기에 소환하는 많은 분쟁국들에 대한 시정 형태는 점령을 통한 정치적 훈정기였다. 따라서 미국 등 강대국이 주도하여 유엔이 참여한 분쟁국가의 관리 방법은 '탁치형 점령'의 하나로 간주될 수 있다.

---

110 「국제연합 헌장」, 외교부(www.mofa.go.kr).
111 이한기, 『국제법강의(수정판)』(박영사, 1983), 219쪽.
112 이한기(1983), 위의 책, 219쪽.

미 국무부의 신탁통치 구상, 1945년 5~6월

4 장

1. 미 국무부의 유엔하 신탁통치 구상, 1945년 5월 15일

1945년 5월 15일 미 국무부 내 전후계획위원회의 소위원회는 식민종속지역과 신탁통치를 주제로 한 아래와 같은 실무 보고서를 작성했다.

I. 일반정책

1. 유엔 회원국은 근대 세계의 환경과 조건 속에서 살아가지 못하는 인민들의 지역에 대한 행정의 책임을 지니고 있는바, 국제공동체 내에서 이들 지역의 주민들의 복지를 최대한 증진하는 것, 그리고 다음과 같은 궁극적인 목표를 실현하는 것이 '문명의 신성한 사명(신탁)(sacred trust of civilization)'이라는 일반원칙을 수용한다. 그것은 (a) 관련된 인민들의 경제사회적 향상을 보장하고, (b) 각 지역의 다양한 상황에 맞는 형태로 자치를 촉진시키며, (c) 더 나아가 국제평화와 안보를 발전시키는 것이다.
2. 회원국들은 이 조항이 적용되는 지역에 관한 정책이, 그 본국 지역에 관

한 정책과 마찬가지로 세계의 다른 지역의 이익과 복지가 적절히 고려되는 가운데에 사회적, 경제적 및 상업적 사항에 관하여 선린주의(good-neighborness)의 일반원칙에 기초하여야 한다는 점에 또한 동의한다.[1]

국제연맹규약 22조 위임통치 관련 조항에 나오는 '문명의 신성한 사명(신탁)'이 다시 등장하는 등 다소 이상적인 내용을 담고 있는 이 문건은 유엔을 매개로 하는 신탁통치가 구상되어 있다. 영국 등 식민주의적인 제국의 반대로 이미 보편적인 일반원칙이 와해된 상황에서 시의적절하지 않은 보고서라고 할 수 있다. 1945년 5월의 시점에서 미국은 한반도 전후 처리에 관한 한 여전히 신탁통치를 추구하고 있었으므로 이 보고서는 한국에 적용될 수 있다.

한편 1944년 7월 6일 보고서에서도 국제연맹의 위임통치와 연결시켜 새로 출범할 유엔에 신탁통치 권한을 부여해야 한다는 내용이 나온다.

1. (신탁통치의) 범위와 목적

1) 국제기구는 (a) 베르사유조약과 로잔조약에 의거하여 주요 연합국[2]과 일반연합국(principal allied and associated powers)의 권리, 권한, 이해관계와, 1919년 구 식민모국으로부터 분리된 비자치령에 관한 연맹규약에 근거하여 국제연맹의 권리와 의무를 준수하고, (b) 현 적국으로부터 분리

---

[1] "Proposed Working Paper for Chapter on Dependent Territories and Arrangements for International Trusteeship," May 15, 1945; U.S. Department of State, *Postwar Foreign Policy Preparation*, Department of State Publication 3580 (Washington, D.C.: United States Government Printing Office, 1949), pp. 688-689; 하지은, 「국제적 신탁통치구상과 냉전적 변형: 한국 사례를 중심으로」, 서울대학교 석사학위논문(2015), 34쪽.
[2] 미국·일본·프랑스·영국·이탈리아가 포함된다. 미국은 공화당이 다수당인 상원의 반대로 가입하지 않았으나 주요 연합국으로 분류되었다.

될 특정한 지역들에 대한 권한을 확보하는 목적에서 국제신탁통치제도를 확립해야 한다. 이 체제는 회원국의 요청에 따라 어떠한 지역으로든지 확대 적용될 수 있다. 이탈리아와 일본은 평화정착의 조항에 따라 현 위임통치령에 대한 그들의 모든 권리, 권한, 이해관계를 양도해야 할 것이다.

2. 구조와 구성

1) 신탁통치의 의무는 총회에 귀속되어야 하며, 신탁통치령에서의 실천은 신탁통치이사회와 관리기구를 통해 진행되어야 한다.
2) 신탁통치이사회는 (a) 관리국가와 (b) 총회가 정기적으로 지명하는 다른 국가들에서 동일한 비율로 선정된, 특별한 능력을 가진 인원들로 구성되어야 한다.
3) 신탁통치령에서 관리기구(administering authority)는 특별히 구성된 국제 행정기구(international administration)이어야 한다.[3]

위 1945년과 1944년의 문서 인용에서 나타나듯이 미국은 '문명의 신성한 사명(신탁)'과 국제연맹의 기치를 신탁통치제도에 수용, 흡수하여 이를 적국에서 분리될 지역을 포함한 식민종속지역에 실천해야 한다는 점을 명시하고 있다.

이러한 미 국무부의 방침은 또한 전쟁부와 해군부의 일정한 합의를 전제로 했다. 삼부조정위원회가 작성한 「국제적 신탁통치(International Trusteeship)」라는 제목의 1945년 2월 15일 SWNCC 27 보고서는 이 점을 다음과 같이 기술하고 있다.

합동참모본부는 1944년 12월 30일자 국무부 장관의 서신을 재차 검토한바,

---

[3] "Arrangements for Territorial Trusteeships," July 6, 1944; U.S. Department of State(1949), 앞의 책, pp. 606-607; 하지은(2015), 앞의 글, 35쪽.

군사적 관점에서 신탁통치 논의에 대한 아무런 이견이 없다는 의견을 전달했다. … 전쟁부와 해군부는 군사적, 정치적 측면을 포괄하고 있는 이것(신탁통치)이 '다른 덤버턴 오크스 회담국(other Dumbarton Oaks powers)'과의 논의를 위한 기초가 될 수 있다는 생각을 바탕으로, 가능한 한 빠른 시일 내에 이를 정식화하려는 (국무부의) 노력이 합당하다는 점에 동의하는 바이다. 만약 미국이나 여타 주요 강대국들이 안보기지(security outposts)를 직접적으로 확보(acquisitions)할 수 없다면, 다수의 합의국들의 이해관계를 보장할 수 있는 일종의 신탁통치 형태(a type of trusteeship)를 포괄한 제안이 이루어져야 할 것이다.[4]

덤버턴 오크스 회의(Dumbarton Oaks Conference)는 미국 워싱턴 D.C. 조지타운에 있는 덤버턴 오크스 건물에서 1944년 8월 21일부터 10월 7일까지 진행된 유엔 창설의 기초가 된 국제예비회의이다.[5]

---

4   "International Trusteeship," 15 February 1945, SWNCC 27, RG 353, Records of Interdepartmental and Intradepartmental Committees (State Department), 353.6 Records of the State-War-Navy Coordinating Committee 1944~49, US National Archives; 하지은(2015), 앞의 글, 36쪽.

5   1944년 8월 21일부터 9월 28일까지는 미국·영국·소련의 3개국이, 9월 29일부터 10월 7일까지는 미국·영국·중국의 3개국이 각각 회의를 열었다. 소련의 대일전 참전 전이었으므로 별도로 개최된 카이로회담 및 테헤란회담과 비슷한 상황이었다. 이 회의에서 결의된 덤버턴 오크스 제안('일반 국제기구 창설을 위한 제안')에는 강대국의 협조 아래 안전보장이사회를 중심으로 안전보장 기능을 발휘하려는 평화유지 구상이 포함되어 있으며, 유엔헌장의 원안(原案)이 되었다. 유엔(The United Nations)이라는 새로운 명칭을 정했다. 그런데 안전보장이사회의 표결 방식과 소련 내 공화국들에 대한 회원자격 조항 같은 문제에 합의하지는 못했으므로 유엔의 청사진을 완벽하게 제시하지는 못했다는 평가를 받는다. 이 회의는 국제연맹의 뒤를 이을 전후 국제기구의 필요성을 인식한 모스크바선언(1943년 10월에 열린 모스크바3개국 외상회의에 참가한 3국 외상에 더해 중국대사까지 4개국이 서명하고 루스벨트, 처칠, 스탈린 3국 수뇌도 서명하여 11월 1일 발표했다. 일반적 안전보장에 관한 4국선언, 이탈리아에 관한 선언, 오스트리아에 관한 선언, 독일의 잔학행위 및 히틀러파의 책임에 관한 선언 등이 포함되어 있다) 제4절을 이행하는 첫 단계였다.

위 SWNCC 27에서 지적한 '다른 덤버턴 오크스 회담국(other Dumbarton Oaks powers)'과의 논의는 1945년 4월 25일 개막될 샌프란시스코회의의 5대국(안전보장이사회 상임이사)과의 논의를 지칭하는 것으로 추정된다. 1945년 2월 11일 서명된 '얄타회담의정서(Protocol of Proceedings of Crimea Conference)' I장에는 미국·영국·소련·중화민국·프랑스임시정부 등 5대 안전보장이사회 상임이사국이 국제평화와 안보 유지를 위한 국제기구 헌장을 마련하기 위해 4월 25일에 만날 것이라고 되어 있었다. 또한 5대 상임이사국 명의로 4월 25일 예정된 회의 참석 초청장이 의정서에 포함되어 있다.[6] 미·영·소 3국 정상이 얄타회담의정서에 서명했으므로 '다른 덤버턴 오크스 회담국'은 덤버턴 오크스 회담에 참가했지만 얄타에는 초청받지 못한 중국일 것이다. 이 외에 얄타협정에 명기된 안전보장이사회 상임이사국 프랑스임시정부가 추가될 수도 있다.

위 초청장에 따라 1945년 4월 25일 샌프란시스코 오페라하우스에 세계 50개국 대표들이 모였다. 제2차 세계대전이 완전히 마무리되지도 않았지만, 전쟁 이후 세계가 평화로운 상태를 유지할 수 있도록 유엔 창설을 결의하는 국제회의가 열린 것이다. 얄타회담 직후인 1945년 2월 15일에 작성된 SWNCC 27에서는 얄타에서 위임통치 대체물로서 제안된 신탁통치제도와 그 일반원칙을 다가올 샌프란시스코회의 등에서 정식화·구체화하기를 제안했다. 이렇게 정식화된 제안들은 샌프란시스코회의의 협상 주제가 되었고 이로부터 1945년 6월 25일 유엔헌장이 합의되어 6월 26일 총 111조의 헌장이 서명되었다(1945년 10월

---

[6] "PROTOCOL OF PROCEEDINGS OF CRIMEA CONFERENCE," *FRUS: Malta and Yalta, 1945*, p. 976.

24일 유엔 창립).

샌프란시스코회의(1945.4.25.~6.26.)에서 소련은 구 식민지 영토 등을 대상으로 한 국제신탁통치체제의 창설에 원칙적으로 동의했다. 이는 소련이 신탁통치 실시에 가담할 것을 재차 확인시켜주는 것이었다. 신탁통치의 내용과 성격, 구체적인 지역을 합의하는 문제는 1945년 9월의 런던3국외상회의 등 차후의 과제로 남겨졌다.[7]

2. 냉전 출범기 런던외상회의에서 논의되지 못한 한반도 신탁통치 문제, 1945년 9월

1945년 9월 초순경 소련 외무부의 극동제2국은 「조선에 관한 제안」이라는 문서를 작성했다. 이 문서는 9월 12일 런던에서 열릴 미·영·소 3개국 외무장관 회담을 앞두고 소련의 입장을 점검하기 위해 마련된 문서들 가운데 하나이다. 이 문서는 소련이 한반도에 대해 매우 공세적이며 적극적인 구상을 지녔음을 보여주었다. 얄타회담과 포츠담회담에서 약속됐듯 한반도에 대한 미국·영국·중화민국·소련 등 4대국의 신탁통치가 실시돼야 하며 그 경우 소련은 부산·진해, 제주도, 인천 등 세 지역을 소련군의 관할 아래 두어야 한다고 제안한 것이 그 한 예이다.

그러나 런던외상회의는 처음부터 미·소의 갈등과 이해충돌이 표면화되면서 '음울하게' 진행됐으며 일본의 홋카이도를 분할해 일부를 소련이 점령해야 한다는 소련의 제의를 미국과 영국이 거부하면서 9월

---

[7] 기광서, 「해방 전 소련의 대한반도 정책 구상과 조선 정치세력에 대한 입장」, 『슬라브연구』 30-4(2014), 40쪽.

16일 결국 별다른 합의에 이르지 못하고 교착상태에 빠진 채 10월 2일 종결되었다. 따라서 소련은 한반도와 관련해 위 문서에 제시된 계획을 회담에 제의하지 못했다.[8] 결국 한반도 신탁통치 토의는 다음번 외상회의인 1945년 12월 모스크바3상회의로 넘어가야 했다.

3. 유엔헌장 중 탁치 목표 규정의 결정 과정

전시의 소련은 식민지 청산 문제에서 영국·프랑스와 대립했을 뿐 아니라 신탁통치의 궁극적 목표에 있어서도 '자치를 향한 점진적인 발전(progressive development toward self-government)'이라는 모호한 용어를 사용하기보다는 '독립(independence)'으로 규정할 것을 주장했다.[9] 구체적으로 스탈린이 "후견은 임시적 성격을 지니며 그것은 자결권과 독립 달성을 위한 조건을 준비해야 한다"라거나 그것이 식민화가 아닌 "독립을 향한 단계"라고 함으로써 신탁통치에 대한 구상이 미·영과 다르다는 것을 나타내려 했다. 이러한 측면에서 소련은 제국주의적인 구시대적 국제질서의 청산에 더욱 적극적이라는 인상을 주려 했다. 후견 개념에서 소련이 강조하고자 했던 것은 전시 연합국 간 협조체제의 일원으로 참여했음에도 전후 기획 면에서는 구 식민지의 독립 의지를 적극 지지하는 등 상이한 노선을 지향한다는 점이었다. 이러한 관점은 대서방관계에서 이념적, 도덕적 우위를 확보할 수 있다는 판단과 동시에, 독립의 전 단계로 위치 지운 신탁통치를 통해 향후 한국에서 친소 정치

---

[8] 김학준, 「(김학준이 다시 쓴 현대사 결정적 장면 3)소련은 38도선 이북을 '직접' 통치했다」, 『신동아』 10월(2020).
[9] 김학재, 「한국전쟁과 자유주의 평화기획」, 서울대학교 박사학위논문(2013).

세력을 확보해 육성하며 나아가 소련에 우호적인 정부 수립에 기여할 수 있으리라는 인식이 반영된 것으로 해석할 수 있다.[10]

1945년 4월 25일부터 6월 26일에 열린 샌프란시스코회의에서 중국과 소련 대표는 반식민주의 입장을 분명히 하면서 신탁통치의 궁극적 목적으로 '독립'이라는 단어가 들어가야 한다고 제안했다. 반면 영국과 프랑스 대표는 '자치를 향한 점진적인 발전'이라는 용어를 내세웠다. 혁명적인 독립 부여보다 기껏해야 점진적인 자치권 부여를 외쳤던 것이다. 독립보다는 자신들이 보유한 식민지 유지를 원했던 구 식민모국·유럽의 제국주의 국가들이 민족자결의 시대에 양보할 수 있는 마지노선은 독립이 아니라 자치를 부여한 상태에서 식민지체제를 온존하려는 것이었다. 자치를 가장한, 자치라는 당근을 부여한 현상 유지가 목표였다고 할 수 있다.

이러한 대립에 직면한 미국 대표 전 국무장관 헐(Cordell Hull; 대통령 선거 후인 1944년 11월 30일 건강상의 이유로 사임; 후임 스테티니어스는 12월 1일부터 1945년 6월 27일까지 재임)은 유럽 문제에서 영국과 프랑스의 협조가 절대적으로 필요하다는 점을 상기하면서, 구 식민제국 영·불의 입장을 부분적으로 수용하여 '자치 또는 독립을 향한 주민의 점진적 발달(their progressive development towards self-government or independence)'이라는 모호한 문구를 포함시켰다.[11] 헐은 '자치'라는 무제한적인 개념에 '독립'도 포함될 수 있다고 해명했지만, 독립의 수단으로 탁치를 간주했던 루스벨트 등의 초기 구상에서 후퇴한 것은 명백한

---

10 하지은(2015), 앞의 글, 43-44쪽.
11 "Charter of the United Nations," chapter XII, article 76; 「유엔 헌장」, 〈외교부〉(www.mofa.go.kr).

사실이다.[12] 미 국무부가 탁치를 구상했던 초기 단계에서 헐은 이를 지휘하는 책임자이자 그 중심인물이었다. 그는 식민지가 자치를 획득해야 한다는 신념을 가졌지만 그것이 독립이어야 하는지에 대해서는 다소 유보적이었으며 독립보다는 자치에 방점을 찍었다.[13] 따라서 루스벨트의 '독립을 위한 수단으로서의 탁치'와 헐의 '독립을 유보한(전제하지 않은) 자치 배양으로서의 탁치' 구상 사이에는 처음부터 차별성이 존재했다. 이제 국무부를 배제하고 개인외교를 펼쳤던 루스벨트가 사거했으므로 국무부의 영향력이 상대적으로 상승하는 상황이 조성되었다.

1945년 6월 26일 샌프란시스코회의에서 서명된 유엔헌장 77조에는 얄타회담의 신탁통치령 일반원칙이 거의 그대로 들어갔으며[14] 그 2항에는 "위의 범주안의 어떠한 지역을 어떠한 조건으로 신탁통치제도하에 두게 될 것인가에 관하여는 금후의 협정에서 정한다"라고 규정되었다. 한반도를 포함한 구체적인 신탁통치령 대상 지역에 대한 논의가 미루어졌으므로 미국으로서는 한반도 탁치에 대한 합의를 이끌어내는 것이 급선무로 다가왔다. 이렇듯 1945년 봄 한반도 탁치 문제에 대한 강대국 사이의 합의가 요구되었으므로 대통령직을 승계한 트루먼은 중국·영국과 기존에 했던 비공식 합의를 공식화하면서 소련과 합의하는 데 주력했다.

---

12 구대열, 『한국 국제관계사 연구 2: 해방과 분단』(역사비평사, 1995), 253쪽; 하지은 (2015), 앞의 글, 51쪽.

13 Wm. Roger Louis, *Imperialism at Bay: The United States and the Decolonization of the British Empire, 1941~1945* (New York: Oxford University Press, 1978), p. 175.

14 유엔헌장 77조 1항에 규정된 신탁통치령 해당 지역으로 ① 현재 위임통치(mandate) 하에 있는 지역, ② 제2차 세계대전의 결과로서 적국에서 분리될 수 있는 지역, ③ 시정(施政; administration)에 책임을 지는 국가가 자발적으로 신탁통치의 대상으로 두려는 영토 등 세 가지로 분류하고 있다. "Charter of the United Nations," chapter XII, article 77; 「유엔 헌장」, 외교부.

4대국 합의와 스탈린, 1945년 5~6월

5장

1. 미·소·영·중 4대국의 한반도 신탁통치 합의, 1945년 5월 28일

폴란드 등 동유럽에서 소련의 비타협적 태도로 인해 냉전의 출현이 예견되던 1945년 5월 15일 소련의 동북아시아 지배와 한반도 독점을 우려한 미 국무차관 그루(Joseph C. Grew)는 새로이 대통령에 취임한 트루먼(Harry S. Truman)에게 소련은 이 지역에서 야욕이 없으며 얄타협정을 이행할 것이라는 확약을 유도하고 미해결 상태인 4대국 신탁통치 실시 문제에 관하여 소련에 명백히 해두라고 건의했다.[1] 또한 5월 12일 이미 국무부는 해방 '즉시' 한반도에 4대강국에 의한 신탁통치를

---

1 Joseph C. Grew, *Turbulent Era: A Diplomatic Record of Forty Years, 1904~1945*, edited by Walter Johnson, assisted by Nancy C. Hooker (Boston: Houghton Mifflin, 1952), vol. II, pp. 1456-1457, pp. 1462-1464 ; C. Leonard Hoag, "American Military Government in Korea: War Policy and the First Year of Occupation, 1941~46," Draft Manuscript (Washington, D.C.: Department of Army, 1970), p. 35.

실시해야 하며, 신탁통치 4대 집행국이 '과도정부 선출을 위한 단 하나의 기구'를 구성하는 데 합의해야 한다고 주장했다.[2]

이에 소련과의 관계가 앞으로 더욱 순탄치 않을 것이라고 판단한 트루먼[3]은 1945년 5월 26일부터 6월 7일까지 홉킨스를 특사로 파견해 스탈린과 만나게 했다. 트루먼은 홉킨스에게 '한반도 문제 해결에 대한 기존 원칙(한반도 문제의 해결 방안은 군사점령이 아닌 신탁통치뿐이라는 것) 재확인'을 하나의 주요한 과제로 부과했다. 부임 초였던 트루먼은 한반도 문제에 대한 합의가 없음을 인지했으므로 스탈린과 루스벨트 간의 구두합의를 다시 확인하여 소련의 독점을 미연에 방지하고자 했던 것이다. 미국은 한반도 점령을 신탁통치와 함께 검토하면서도 소련의 점령을 막기 위해 점령이 아닌 신탁통치가 유일한 해결 방안이라고 강조했던 것이다. 따라서 트루먼에게 한반도 신탁통치는 소련의 점령을 막기 위한 안이었다.

결국 1945년 5월 28일 면담에서 홉킨스는 스탈린에게 "미국의 의견

---

2 "Memorandum by the Acting Secretary of State to the Secretary of Navy (Forrestal)," May 12, 1945, *FRUS, 1945*, vol. Ⅶ, pp. 869-870; "Entry," pp. 69-70. 5월 12일 열린 범부처 합동 회의에서 그루 국무차관은 소련 정부로부터 확답을 받아야 할 사안을 건의했는데, 구체적으로는 다음과 같다. ① 소련 정부가 중국공산당에 영향력을 행사하여 장제스의 국민정부를 중심으로 중국을 통일할 수 있도록 도울 것과 신장 지역의 어려움을 소련과 중국 정부의 협정으로 진정시킬 것, ② 만주의 중국 반환과 한국의 장래 지위에 관한 카이로선언을 분명히 준수(unequivocal adherences)할 것, ③ 한국 해방 이후, 미·영·중·소 4국에 의한 신탁통치를 즉각 실시하는 데 동의할 것과 과도적 한국 정부를 구성하는 데 '4개 탁치 시정국(four trustees)'이 유일한 수임자임을 협정으로 명확히 할 것, ④ 소련 정부가 쿠릴열도를 합병하는 최종 결정이 나기 전에 민항기의 비상착륙을 허용하는 것이 바람직하다는 약속을 받는 것 등이다. 1945년 4월 19일 소련주재 미국대사 해리먼은 소련이 대일전에 참전할 경우 만주와 화북에 자신들의 괴뢰 정부를 수립하기 위해 중국공산당을 지지할 것이라고 주장했으므로 이 회의에 참석해 위와 같은 건의를 통과시켰다.

3 Harry S. Truman, *Memoirs by Harry S. Truman*, vol. Ⅰ (New York: Doubleday, 1955), p. 85.

으로는 4대국 신탁통치가 바람직하고 그 기한은 25년 정도로 예견되며 경우에 따라서 단축될지 모르나 최소한 5~10년은 거의 확실하다"라고 언급했다. 이 스탈린·홉킨스 면담을 통해 트루먼은 소련이 8월 8일 대일전에 참전한다는 사실[4]과 아시아에서 미국의 주도권을 소련이 인정한다는 사실, 또한 한반도에 대한 미·소·영·중 4대국 탁치안을 구두로 지지한다는 사실 등을 결과로 얻었다.[5] 이에 만족한 트루먼은 스탈린에게 한반도 탁치안에 관한 공식 합의를 이루었다는 내용을 골자로 하는 전보를 6월 초순에 보냈다. 또한 6월 15일 트루먼은 장제스에게도 소·영·미가 4개국 신탁통치에 동의했다고 알렸다[6](트루먼은 중국 외교부장 쑹쯔원에게 4개국 신탁통치안을 설명하여 1945년 6월 그의 동의를 얻었으며, 9월 영국대사관에 구두로 알렸으나 별다른 반응은 없었다.[7] 필자는 영국의 노코멘트를 소극적 반대로 해석하고자 한다). 이렇게 되어 비로소 미·소 간에 신탁통치에 관한 공식적 합의가 일단 이루어졌으나 그 구체적인 실행

---

[4] 원자폭탄이 개발되는 포츠담회담 전까지 미국은 소련 참전을 계속 원했다. *FRUS, The Conference of Berlin(Potsdam), 1945*, vol. I, pp. 903-910. 그러면서도 1944년 10월 17일 모스크바에서 열린 스탈린·해리먼 면담에서 미국은 용의주도하게도 소련의 대일전 전략 목표에서 만주는 포함하되 한반도는 배제하려는 힘의 공백지대화 전략을 추구했다. 진석용, 「38선은 누가 그었는가」, 『한국사회연구』 4(1986), 462쪽. 따라서 1945년 8월 9일 소련 참전 시 한반도가 주 공격 목표가 되지 못했고, 만주 공격을 위한 부수적 공격 대상이 되는 데 그쳤다. 이완범, 『한반도 분할의 역사』(한국학중앙연구원 출판부, 2013).

[5] *FRUS, The Conference of Berlin(Potsdam), 1945*, vol. I, pp. 41-47. 한편 당시 국무부의 정책건의서에는 5개년의 4개국 탁치가 입안되어 있었다. *FRUS, 1945*, vol. VI, pp. 878-883. 또한 1945년 5월 스탈린이 홉킨스와의 면담에서 4개국 신탁통치에 동의했다는 사실은 Robert E. Sherwood, *Roosevelt and Hopkins: An Intimate History* (New York: Harper&Brothers, 1948), pp. 902-908에도 나와 있다.

[6] "Memorandum by the Assistant to the President's Naval Aide (George M. Elsey): Korea," n. d., *FRUS, 1945, Berlin*, vol. I, p. 310; "HUSAFIK," part II, chapter IV, p. 56.

[7] "SWNCC 79/1," *FRUS, 1945*, vol. VI, p. 1095.

방침은 아직도 불투명한 상태로 남아 있었다. 한반도 신탁통치안에 대해서 구체적으로 결정된 것이 거의 없다고 해도 과언이 아닌 상황이었다. 1945년 5월 유럽전쟁은 끝났으나 한반도 문제에 관해서는 시한도 확정하지 않은 위와 같은 합의가 미·소 간의 '유일한 공식 장전(章典)'이 될 정도로 불확실성이 지배하던 분위기였다.

그러나 한 달도 되지 않아서 소련 외상 몰로토프(V. M. Molotov)는 이런 식의 구두동의는 공식 합의가 아니라고 주장했다. 스탈린·쑹쯔원면담에 배석했던 해리먼은 1945년 7월 3일자 전문에서 다음과 같은 사실을 전했다. 1945년 6월 30일 중·소회담에서 스탈린이 쑹쯔원에게 4개국 신탁통치안에 동의한다고 말하자, 몰로토프가 끼어들어 "그러나 이것은 유례없고 흔치 않은 동의이므로(an unusual arrangement with no parallel) 차후에 자세한 논의가 있어야 한다"라고 말했다.[8] 공식적 합의가 아니라는 입장을 에둘러 말한 것이다. 그보다 전인 1943년 11월의 테헤란회담에서 스탈린은 한국 독립 약속 등을 규정한 카이로선언에 관해서 "완전히 동의하지만 약속은 할 수 없다(although he could make no commitments he thoroughly approved)"라고 말했다.[9] 또한 1945년 12월 16일 모스크바3상회의 석상에서 전후 사정을 정확히 몰랐던 영국의 베빈(Ernest Bevin) 외상이 한국의 탁치에 대한 협정문을 얻고 싶다고 말했을 때, 몰로토프는 협정(agreement)은 없었으며 "얄타회담에서 한국 탁치 수립 필요성에 대한 미국과 소련 사이의 구두 의견 교환(an exchange of views)만이 있었을 뿐"이라고 단호하게 대답했다.[10] 바로

---

8   "Harriman to Truman and the Secretary of State," July 3, 1945, *FRUS, 1945*, vol. Ⅶ, p. 914.
9   "Roosevelt-Churchill-Stalin Luncheon Meeting," November 30, 1943, *FRUS, The Conference at Cairo and Tehran, 1943*, p. 566.
10 "United States Delegation Minutes, First Formal Session," Conference of

이 '구두 의견 교환'이 소련의 입장에서는 가장 정확한 표현이었다. 공식 합의로 보는 미국과 의견 교환에 불과했다는 소련의 시각차가 극명하게 드러나는 대목이다.

트루먼의 전임자 루스벨트는 영국과 중국을 자기편에 묶어둠으로써 소련을 견제할 수 있다고 생각했다. 국제적인 협약 속에 소련을 가두어 놓는 전략이었다. 루스벨트는 동시에 소련의 진보적 사회주의(반제국주의, 반식민주의)에 대한 유화책을 통해 영국의 구 식민주의와 중국의 중화체제적 종주권 회귀를 견제하려 했다. 이것이 루스벨트의 전후 세계 질서 구상이었다. 이에 비해 트루먼은 소련과의 연대보다는 자국의 힘에 의지하는 전략으로 전환하려 했다.

위와 같이 소련은 한반도 탁치안에 대하여 확실한 합의를 기피했다.[11] 이러한 소련의 수동적 입장에 대해 리(Erik Van Ree)는 '탁월한 기만,' '논객의 술수'라는 용어를 사용해 비판적으로 인식했다.[12] 필자가 보기에는 스탈린 등 소련 지도부는 신탁통치를 미국(루스벨트)의 구상으로 파악해 적극 동조할 경우 미국의 세력 확보 의도에 말려들 수 있다고 생각했을 것으로 추정된다. 따라서 스탈린은 한반도 문제 해결 방안으로 신탁통치보다 즉시독립을 선호했다.

Foreign Ministers, Spiridonovka, Moscow, December 16, 1945, *FRUS, 1945*, vol. Ⅱ, p. 620.
11 그런데 확실한 합의를 기피한 것은 포츠담회담부터 일본 패망 전까지 핵무기를 이용해 동북아를 독점하려는 모험을 감행하기 위해 지연작전을 구사했던 트루먼도 마찬가지였다. 치밀한 신경전과 더 많은 지역을 확보하려는 전쟁이 발생했던 것이다.
12 Erik Van Ree, *Socialism in One Zone: Stalin's Policy in Korea, 1945~1947* (Oxford: Berg, 1989), p. 46, p. 139.

2. 신탁통치안에 대한 스탈린의 태도

1945년 6월 30일 중·소회담에서 스탈린은 한반도에 외국 군대가 주둔하거나 외국의 정책이 시행되어서는 안 된다고 주장했다.[13] 1945년 2월 8일 얄타에서 루스벨트와 논의한 데 이어 4개월여가 지난 상황에서 열린 쑹쯔원과의 회담에서 스탈린은 또다시 외국군 주둔안을 반대한 것인데, '외국 군대'란 바로 미군이었을 것이다. 따라서 스탈린은 미군의 단독주둔을 의식했다고 할 수 있다.

미국의 계획에서 외국군 주둔이 없을 것을 확인한 소련은 미국의 주둔과 진공을 막고 한반도를 힘의 공백지대로 만들어 시베리아 조선인을 이용한 이권 확보에 나섰던 것으로 추정된다(미국도 힘의 공백지대화 전술을 통해 소련의 개입을 막고 독점하고자 했던 것은 거의 동일하다). 후일 쑹쯔원은 소련이 신탁통치를 비판하면서 외국군 주둔이 없을 것을 강조하는 것은 외국군 주둔이 없는 상태에서 시베리아의 조선인 2개 사단을 한반도에 진공시켜 우위를 확보하려는 소련의 책략이라고 판단하여 한반도 신탁통치에 대한 소련과의 어떤 토의도 거절했다고 회고했다.[14] 얄타에서와 같이 스탈린은 루스벨트의 안인 신탁통치에 대해서는 비판적 관점을 보였다.

해리먼은 소련 언론이 탁치안을 언급하지 않고 즉시독립을 대변하고 있다고 파악했다. 그는 이러한 분석을 통해 소련이 국제적인 후견체제보다는 "독립적이고 우호적인" 한국 정부의 수립을 통하여 자신의 이권 확보가 더욱 용이하게 실현될 수 있다고 판단했기 때문에 신탁통치에

---

13 Harry S. Truman(1955), 앞의 책, pp. 316-317.
14 Harry S. Truman(1955), 앞의 책, p. 317.

반대하고 독립을 지지하는 경향을 가지고 있다고 추정했다.[15] 다국적 탁치는 소련의 절대적 우위와는 거리가 먼, 3개 내지 4개의 동등한 표결권 중의 하나만을 갖게 되는 형태의 해결책이라고 생각할 것이기 때문이었다. 이런 맥락에서 소련이 탁치안에 내포되어 있는 반소적 성격을 간파했던 것은 아닐까 하는 의문을 제기할 수 있다. 또한 해리먼이 진단한 소련의 복안은 구체적으로 다음과 같다.

> 만약 홍콩과 인도차이나가 한반도와 함께 신탁통치 실시 지역으로 제안될 경우 영국과 프랑스가 반대할 것이므로 한반도의 신탁통치도 불가능하며 따라서 소련은 단독지배를 요구할 것이다.[16]

소련은 자국이 시베리아 한인들을 이용하여 친소 '독립정부' 수립이 가능하다고 전망했기 때문에 신탁통치보다 즉시독립을 선호했던 것이다. 이러한 '독점' 전략은 소련과 접하고 있던 동구에서도 가시화했던 전략으로서, 타 강대국과 권력을 공유하는 탁치에 적극적인 동의를 표시할 수 없는 이유가 여기 있었다.[17] 그렇다면 소련이 3분의 1이나 4분의 1의 표결권만을 가질 수 있는 다국적 탁치안은 소련의 한국 지배를 견제하려는 미국의 방안이라고 할 수 있다.

전시회담 당시 스탈린의 수동적 태도와 그 외의 증거들을 기초로 한

---

15 "Harriman to SecState," 12 Nov. 1945, *FRUS, 1945*, vol. Ⅵ, pp. 1121-1122; "State Department to Atcheson and Langdon (18 Nov. 1945)," a declassified material, RG 332, Box 33.
16 Stimson Diary, July 23, 1945; James I. Matray, "The Reluctant Crusade: American Foreign Policy in Korea 1941~50," Ph.D. dissertation, University of Virginia(1977), pp. 159-160.
17 Akira Iriye, *The Cold War in Asia: A Historical Introduction* (Englewood Cliffs, N.J.: Prentice Hall, 1974), p. 92.

국 문제에 대한 소련의 정책을 추론해보면 소련은 탁치안에 대하여 그다지 열의가 없었으며 오히려 한국민의 사회개혁에 대한 열망과 해방 후 소련 내 한인 공산주의자들을 활용할 수 있다는 판단하에 자국의 우위가 보장될 수 있는 즉시독립을 선호했다고 추측할 수 있다.

한반도 탁치안에 대한 소련의 소극적인 태도는 일관되었다. 1945년 12월 말에 결정된 모스크바의정서에 의거해 개최된 1946년 1월 말 미·소 예비회담에서 38선 철폐 등을 의제로 삼았으나 이는 고사하고 자유로운 통행도 되지 못하는 등 큰 진전이 없었으며, 미·소공위가 열렸으나 역시 빠른 속도로 진행되지 못했던 1946년 3월 23일 스탈린은 주소 미국대사 해리먼과의 회담에서 다음과 같이 말했다.

> 소련 정부는 미국만큼 신탁통치를 필요로 하지 않는다. 만약 양국이 신탁통치 철폐가 바람직하다고 생각한다면, 신탁통치는 철회될 수 있다.[18]

또한 1945년 6월 29일 소련 외무성의 한반도 관련 최고 외교전문가인 제2극동부장 주코프(D. A. Zhukov)와 부부장 자브로딘(E. G. Zabodin)이 작성한 13쪽으로 이루어진 「한국(간략한 정보)」의 말미에 아래와 같이 '조선의 독립'을 전제할 정도로 이를 선호했다. 카이로선언의 조선독립 조항을 추후 승인한 것이 빈말이 아니었음이 증명된다.

---

18 W. Averell Harriman and Elie Abel, *Special Envoy to Churchill and Stalin, 1941~1946* (New York: Random, 1975), pp. 532-533. 이외에 스탈린에 대한 해리먼의 평가에서도 소련은 한반도 즉시독립을 선호했다고 나온다. Walter S. Millis, ed., *The Forrestal Diaries* (New York: The Viking, 1951), p. 36. 일본의 소련 연구가 와다 하루키는 해리먼의 분석이 대체로 정확하다고 평가했다. 와다 하루키, 「소련의 대북한정책, 1945~46」, 일월서각편집부 편, 『분단전후의 현대사』(일월서각, 1985), 286-287쪽.

이 문건은 소련 외무성이 생산한 최초의 한반도에 대한 구체적인 정책 문서이다.

2. 일본은 조선에서 영원히 구축되어야 한다. 왜냐하면 일본 지배하의 조선은 소련 극동에 있어서 지속적인 위협이 될 것이기 때문이다.
3. 조선의 독립은 일본뿐 아니라 동방에서 소련에 압력을 가하려고 시도할 다른 열강들에 의해 조선이 미래 대소 침략 근거지로 변모되는 것을 막기 위해 충분히 효율적이어야 한다.

소련과 조선 간의 우호적이고도 긴밀한 관계 구축은 조선의 독립 및 동방에서 소련의 안전에 있어 가장 실질적이고 신뢰 있는 보장이 될 것이다. 이는 미래 조선 정부의 창설 시에도 반영되어야 한다.

이렇듯 미래 조선 정부의 구성에 친소파가 들어가야 한다는, 어찌 보면 당연하지만 다소 파격적인 정책 목표라고 할 것이다. 나아가 조선이 '반소기지'가 되지 말아야 한다는 소련의 정책 목표는 이후 일관되게 설정되고 천명되었다.[19] 기광서(2022)의 해석에 따르면, 우호적 국가 소비에트 유형은 아니더라도(소비에트를 포함한) 최소한 '친소중립국'이 되어야 한다는 것이다.[20]

---

[19] 1946년 3월 20일 소련 스티코프 중장은 미·소공위 개막연설에서 "조선이 장차 소련에 대하여 우호적이며 따라서 소련에 대한 장래의 공격기지가 되지 않을 진정한 민주주의적 독립국가의 수립을 목표로 하고 있다"라고 말했다. "Hodge to the Secretary of State," [Received Mach 22, 1946], United States, Department of States, *Foreign Relations of the United States, Diplomatic Papers, 1946*, vol. Ⅷ (Washington, D.C.: United States Government Printing Office, 1969), p. 653; 『조선인민보』, 1946년 3월 21일자; 『서울신문』, 1946년 3월 21일자.

[20] 쥬코프(소련 외무성 제2극동부장 대행), 「조선(개요서)[Корея(Краткая справка)]」, 1945년 6월 29일에 대한 해제(기광서), 「러시아 소재 한국현대사 자료선 2」, 『동북아워치』 2(2022), 3쪽.

이어지는 4항에서 다음과 같이 미국과 중국이 다른 열강으로 적시됐다.

의심할 바 없이 조선 문제의 해결은 과거 조선에서의 미국과 중국의 이해관계를 고려하면 일련의 난관에 부딪힐 수 있다.

'중국의 이해관계'라는 표현에 중경임정에 대한 소련의 경계심이 스며들어 있다고 할 수 있다. 이 구절에 이어 마지막 5항에서 아래와 같이 후견제에 대한 당연한 참여를 명시했다.

조선에 대한 완전한 독립이 허용되기 이전 어떠한 형태의 후견이 이루어질(신탁통치가 실시될-인용자) 경우 소련은 여기에 당당히(주도적으로-인용자) 참여해야 한다.[21]

이렇듯 소련 입장에서 후견은 독립으로 가는 수단이었다. 친소국가가 될 가능성이 높은 독립이 신탁통치 자체보다 중요했다고 할 수 있다. 또한 후견이 이루어질 경우는 일종의 '플랜 B'(대안)로서 그렇게 바람직한 경우가 아님을 암시했다. 그렇다면 가장 선호했던 플랜 A는 역시 친소적 정부 수립이 가능한 '즉시독립'이었다고 확대해석할 수 있다. 소련이 신탁통치를 적극적으로 원하지는 않았으며 미국의 고집대로 해

---

21 D. A. Zhukov and E. G. Zabrodin, "Korea, Short Report," 29 June 1945, АВПР(러시아대외정책문서보관소), ф. 0430, оп. 2, п. 5, д. 18, лл. 29-30; 기광서, 「소련군의 북한 진주와 부르주아민주주의노선」, 『통일문제연구』 20-1(2005), 70쪽; 쥬코프(소련 외무성 제2극동부장 대행), 「조선(개요서)[Корея (Краткая справка)]」, 1945년 6월 29일, АВПР, ф. 0430, оп. 2, п. 5, д. 18, л. 18-30; 기광서, 「러시아 소재 한국현대사 자료선 2」, 『동북아위치』 2(2022), 3-4쪽; 김선호, 「1945~1946년 북한의 부르주아민주주의혁명과 혁명동력의 설정-배제」, 『한국민족운동사연구』 92(2017), 216쪽.

야 한다면 주도권을 가져야 한다는 것이었다.

이렇게 한반도 문제 해결에 관한 한 신탁통치보다 즉시독립을 선호했던 소련이 식민지 모든 지역에서 '또 다른 식민지화'를 의미하는 탁치안을 반대하고 즉시독립만을 지지했던 것은 아니다. 이탈리아 식민지의 경우는 단독신탁통치를 지지했다. 이런 맥락에서 본다면 소련은 자국의 '세력 확보'라는 차원에서 신탁통치안을 찬성하기도 하고 반대하기도 했다. 국가이익을 추구하는 현실주의적 국가가 국제정치무대에서 취할 수밖에 없는 당연한 귀결이었다고 할 것이다.

그런데 소련은 광복 직전까지도 한국에 대해 즉시독립을 선호할 뿐 미국과 영국, 중국이 합의한 신탁통치에 대한 구체적이고 뚜렷한 대안은 없었다. 소련공산당 중앙위원회 정보국이 발간한 대외정책 문제에 관한 『공보』 15호(1945.8.1.)에는 「조선의 국내 및 국제적 상황」이란 글이 실려 있다. 이 글은 결론을 대신하여 전후 조선의 운명에는 다음과 같은 현실이 가로놓여 있음을 적시했다.

> 첫째, 미국의 조선에서의 커다란 이해관계와 조선의 우월한 영향력을 보장할 제도 수립 준비.
> 둘째, 조선의 미래 운명의 결정에 스스로 적극적인 역할을 보장하려는 중국 국민당의 지향.
> 셋째, 미·영·중 지배집단에 완전 독립 이전 조선에 대한 국제 후견(신탁통치) 수립안 등의 존재.
> 넷째, 소련의 참여 없이 조선 문제의 해결은 가능하지 않음.[22]

---

22 РГАСПИ(러시아국립사회정치사문서보관소), ф. 17, оп. 128, д. 49, л. 163; 기광서 (2005), 앞의 글, 71쪽.

위 대목에서 소련은 신탁통치에 대해 적극적으로 동의하지 않았음을 확인할 수 있다. 또한 소련 참여 없이 조선 문제가 해결될 수 없다는 적극적인 개입론을 개진하면서도 다른 강대국(특히 미국)의 공세적인 신탁통치안 제시에 대해 수동적인 태도를 보이는 모순된 행태를 보였다고 할 수 있다. 또한 임정에 대한 반감을 그대로 드러냈다. 임정의 초대 대통령이던 이승만 그리고 임정의 마지막 주석이던 김구 모두를 '반동적'이라고 깎아내리고, 임정을 '장제스 정부의 보조금을 받는 보수적 성향의 세력'으로 폄하했다. 임정의 외무부장 조소앙에 대해서도 "김구보다는 덜 반동적이지만 친미적이다"라고 논평했다.[23]

---

23 김학준, 「(김학준이 다시 쓴 현대사 결정적 장면 2)미·소 점령군, 통치권력으로 자리 잡다」, 『신동아』 9월(2020).

미국의 한반도 신탁통치안 논의 유보, 1945년 7월 하순

6장

1. 루스벨트 사망과 트루먼의 대통령직 승계

1945년 4월 12일 탁치안의 일방적 주도자라 할 수 있는 루스벨트 (FDR; Franklin D. Roosevelt)가 이에 대한 공식적인 합의와 구체적인 정책지침도 없이 사망하자, 탁치 문제에 관한 미·소 간의 세부적인 합의는 더 이상 진전을 보기가 어려워졌다.

1944년 11월 7일에 이루어질 미 대통령 선거운동 국면에서 루스벨트의 건강은 좋지 않아 보였다. 실제로 1932년 이래로 4선 도전은 무리였을 수도 있다. 1882년생인 루스벨트는 만 62세의 나이가 특별히 부담되지는 않았지만, 1932년 처음 대통령에 당선될 때인 50세에 비해서는 확실히 나이가 들어 보였으며, 29세 때 발병한 소아마비는 운동 부족을 야기했다.

이러한 상황에서 특히 민주당 내 보수파는 루스벨트의 장기집권과 건강을 이유로 재지명을 추진하지 않을 수 있었다. 그렇지만 루스벨트가 대중에게 인기가 있었고 그가 시작한 전쟁이 아직 끝나지 않았으므로 리더십의 지속이 필요하다고 보아 후보 교체를 철회하는 쪽으로 기울었다. 대신 대통령 유고 시 자동으로 승계될 수 있는 부통령직에 관심이 돌아갔고, 현직 부통령 월리스(Henry Agard Wallace)의 재지명에 반대하는 여론이 있었다.

월리스는 보수파가 보기에는 너무 좌파였고 괴짜에 불과했다. 월리스의 지명에 반대한 민주당 지도자들은 미주리주 출신의 연방상원의원이자 상원 전시조사위원회 의장으로 잘 알려진 중도파[1] 트루먼(Harry S. Truman)을 새로운 부통령 후보로 루스벨트에게 천거했다. 루스벨트는 개인적으로 월리스를 좋아했고 트루먼은 거의 몰랐으므로 트루먼을 새로운 후보자로 받아들이는 것을 주저했다. 많은 혁신적인 대의원은 첫 번째 지명 투표에서 월리스에 표를 던졌다. 그러나 북부, 중서부와 남부의 큰 주 대의원이 두 번째 지명 투표에서 지명을 얻기에 충분한 표를 트루먼에게 던졌으므로 트루먼이 후보로 지명될 수 있었다.

전쟁이 끝나갈 즈음, 전후 한반도 문제에 관한 한 가장 중요한 당사자는 미국과 소련으로 압축되었다. 이러한 상황에서 미·소 간에 탁치 문제에 대한 공식적인 합의가 없는 상태로 부통령 트루먼이 대통령직을 계승하자 미국의 대소견제는 더 심화되었다. 그는 전임자 루스벨트의 대소관계에 대한 낙관적 전망을 처음부터 버렸다.[2] 1945년 4월 대통령

---

[1] 트루먼은 혁신파인 월리스보다 보수적이지만 공화당 주류와는 다소 결이 달라 당시에는 중도파로 여겨졌으나 루스벨트보다는 보수적이었으며 대통령으로 취임한 후에는 더 보수적인 방향으로 나아갔다.

[2] 트루먼이 루스벨트의 정책을 답습했다는 전통적 평가[조순승, 『한국분단사』(형성사, 1982), 40쪽]에 대해 메트레이는 트루먼이 루스벨트 구상을 역전시켜 취임 직후부터 탁치안에 대한 대소 협상을 시도하지 않았다고 평가했다. James I. Matray, *The Reluctant Crusade: American Foreign Policy in Korea, 1941~1950* (Honolulu, Hawaii: University of Hawaii Press, 1985); James I, Matray, "The Reluctant Crusade: American Foreign Policy in Korea 1941~50," Ph.D. dissertation, University of Virginia(1977), p. 76.

으로 취임한 트루먼은 소련의 의도를 의심하면서 미국의 실질적인 이권 확보에 집착했다고 평가된다. 그가 대통령에 취임한 시기에는 중국 통일 문제와 폴란드 문제 등으로 미·소 간 의견 대립이 보이기 시작했다. 따라서 냉전의 조짐을 읽을 수 있던 상황이었다.[3]

2. 포츠담에서 미국의 소련 참전 배제 노력과 38선안 검토

1945년 7월에 열릴 예정이던 포츠담회담에 대비해서 국무부 요원들은 소련으로부터 극동 지역에서 '영토적 야심이 없다는 확답과 카이로선언의 준수 서약'을 먼저 받아내라고 다음과 같이 건의했다. 1945년 6월 29일자 국무부 정책보고서 「일본의 무조건 항복과 이에 관련된 극동 해방지역에서의 정책」에서는 미·영·소 3대국 가운데 어느 일국이 극동 지역에서 자국에 우호적인 정부를 일방적으로 수립하지 못하도록 해야 하며, 이를 위하여 특히 소련으로부터 카이로선언을 준수한다는 약속을 받아내는 것이 급선무라고 지적했다.[4]

7월 4일자 정책보고서 「한반도의 잠정정부와 예상되는 소련의 태도」에서는 "중국과 소련은 지리적으로 한반도에 인접하고 있으며, 전통적 이익을 가지고 있었다"라고 전제하면서 "한반도가 어느 일국에 의한 신

---

[3] 당시 분위기를 대변하는 것으로서 대사 해리먼이 언급한 소련의 유럽 침략에 대한 경고(FRUS, 1945, vol. V, pp. 232-233)나 주소 미국 부대사 케넌(George F. Kennan)이 소련의 야욕을 견제할 것을 중국에 충고한 전문(FRUS, 1945, vol. Ⅶ, pp. 342-344) 등이 있다.
[4] "Briefing Book Paper: Unconditional Surrender of Japan and Policy toward Liberated Areas in the Far East in Relation to Unconditional Surrender," June 29, 1945, FRUS, 1945, Berlin, vol. I, pp. 928-929.

탁통치에 놓일 경우 중대한 국제 문제가 야기될 것"이라고 경고했다.⁵

또한 「카이로선언에 대한 소련의 지지」라는 일자 미상의 포츠담회담 대비 정책보고서에서도 카이로선언을 준수한다는 소련 정부의 약속은 극동 지역 및 태평양 지역에서 미·소가 취할 행동 방침에 대해 디테일한 조항을 추가해 제어할 필요가 있었다. 그러한 조항이 만주와 중국 전체, 그리고 한반도에서 '우호적' 정부를 수립하려는 소련의 기도를 방지하는 데 필수적일 것이라고 결론짓고 있다(당시 미국 조야에는 얄타에서 소련에 공여된 대일전 참전 대가가 과하다는 인식이 제기되고 있었다).⁶

---

5   "Briefing Book Paper: Interim Administration for Korea and Possible Soviet Attitude," July 4, 1945, *FRUS, 1945, Berlin*, vol. I, pp. 311-312.
6   미국의 보수주의자들은 얄타에서 미국이 소련에 배신당했다고 평가한다. 평화의 대가가 컸다는 것이다. S. M. Plokhy, *Yalta: The Price of Peace* (New York: Viking, 2010).
    폴란드 문제만 제외하면 얄타회담에서 소련과 미국의 이익이 균형을 이루었다는 평가도 있다. 데이비드 레이놀즈 저, 이종인 역, 『정상회담』(책과함께, 2009), 21쪽.
    그런데 얄타회담 당시 루스벨트는 건강이 나빠서 분별력이 없었고 얄타회담을 준비한 사람은 국무부 차관보 히스(Alger Hiss)였는데 그는 소련의 간첩이었다고 한다. 1991년 소연방이 몰락한 후 냉전시대 미·소 양국의 기밀문서 일부가 공개되었는데 특히 미국 국가안보국이 소련의 암호교신을 도청해서 해독한 베노나 프로젝트(Venona Project; 1995년 공개) 문서가 주목할 만하다. 이에 따르면 히스, 뉴딜의 공공사업을 관장하다가 루스벨트의 보좌역이 된 홉킨스(Harry Hopkins), 재무차관보 화이트(Harry Dexter White), OSS 참모장 리(Duncan Lee) 등 고위관리들이 간첩이었음이 확인된다는 것이다. Arthur Herman, *Joseph McCarthy: Reexamining the Life and Legacy of America's Most Hated Senator* (New York: The Free Press, 2000). 코드번호 19번이 홉킨스라는 주장이 있는데, *KGB: The Inside Story of Its Foreign Operations from Lenin to Gorbachev* (Christopher M. Andrew and Oleg Gordievsky, New York: HarperPerennial/HarperCollins, 1991)에 따르면 "전시 가장 중요한 미국인 소련 간첩(the most important of all Soviet wartime agents in the United States)"이 홉킨스라고 한다. "Venona project", 〈Wikipedia〉(en.wikipedia.org/wiki/Venona_project#cite_ref-38, 검색일: 2022년 5월 5일). 이는 논쟁이 분분한데 루스벨트와 공유한 홉킨스의 용공적 입장에 근거해 확대해석하고 과장한 것이 아닌가 한다.
    그런데 히스의 경우는 증거가 뚜렷하다. 얄타밀약이 사실이라고 믿는 복거일은 스탈린이 히스와 만나 조선 문제에 대한 양해를 주고받았다고 추정했다. 히스는 얄타회담에서 소련에 유리한 역할을 하고 회담이 끝난 뒤 따로 모스크바로 갔다. 복거일, 「현대사 발

국무부 당국자들은 소련이 카이로선언을 존중하는 것은 곧 한국에 대한 신탁통치를 승인하는 것과 마찬가지라고 생각했다.[7] 결국 1945년 7월 26일 발표된 포츠담선언의 8항에는 카이로선언의 조항들이 실현될 것이며 일본의 주권은 4개 섬과 주변 도서에 국한될 것이라고 규정되었다. 포츠담회담에 참여하지 않은 중국은 이 선언에 서명했으나, 참여했던 소련은 아직 일본과의 교전 당사자가 아니었으므로 서명하지 않았다. 소련이 원칙적으로 동의하기는 했으나 소련의 우호적 정부 수립을 견제하려던 미국의 목적은 성취되지 못했다.

그런데 일본은 전쟁의 종결에 대하여 다소 유화적 태도를 보이고 소련은 참전을 늦추는 상황에서, 원자폭탄이라는 가공할 무기의 개발이 미국 외교정책을 변화시켰다.[8] 즉 미국은 원폭의 위력으로 소련의 도움 없이도 전쟁을 일찍 끝낼 수 있다고 판단했으므로 소련의 대일전 참전이 미국 측에 더 이상 긴박한 문제가 아니었다. 오히려 참전 이전에 전쟁을 종결시킴으로써 소련이 참전으로 얻을 수도 있는 만주와 한국에 대한 지배 가능성[9]을 배제하고, 태평양에서 미국의 독점적 이익을 확보

굴: 이승만의 '얄타 密約說' 폭로와 에밀 구베로: 구베로 씨를 찾아서」, 『월간조선』 1월 (2020). 히스는 하버드대학교를 졸업한 엘리트로서 대공황의 비참함을 보면서 공산주의자인 아내의 영향으로 좌경화되었다. 얄타회담 당시 미국의 전략을 담은 『블랙북』을 관리하면서 소련에 정보를 누설했다. 히스는 전향한 공산주의자 체임버스(Whittaker Chambers)의 고발로 정체가 탄로나 44개월간 위증죄로 복역했다. 출옥 후 42년간 '매카시즘의 희생자'로 자신을 포장하면서 무죄라고 강변했으나 구 공산권 문서, 베노나문서 등의 공개로 소련 간첩이었다는 사실이 드러났다. 배진영, 「[잘못된 소신(所信)도 나라를 망친다 3: 앨저 히스]죽는 날까지 '매카시즘의 희생자'로 행세한 '아주 탁월한 스파이'」, 『월간조선』 5월(2018).

7 "Briefing Book Paper: Soviet Support of the Cairo Declaration," [July, 1945], *FRUS, 1945, Berlin*, vol. I, p. 927.
8 트루먼의 참모 합참의장 레히(William D. Leahy) 제독은 미국이 원폭으로 소련 참전을 배제하고 동북아를 독점하려 했던 포츠담회담을 냉전의 시발점으로 보았다.
9 Henry L. Stimson and McGeorge Bundy, *On Active Service in Peace and War* (London: Hutchinson, 1947), p. 637.

할 가능성이 커졌다.

　트루먼은 이러한 상황 판단 아래 1945년 7월 포츠담회담에 임했는데, 소련과 영국의 이탈리아 식민지에 대한 신탁통치 적용 문제를 둘러싼 대립 와중에 몰로토프가 "세 거두가 모여 한국 문제를 토의하자"라고 제의했음에도[10] 불구하고, 트루먼은 한국 문제를 본격적인 토의 대상에서 제외하고[11] 카이로선언을 재확인하는 데 그치도록 만들었다.

　미국은 방금 실험에 성공한 원자폭탄을 이용하여 소련 참전 전에 전쟁을 끝내 만주와 한반도를 독점하려고 기도했던 것이다. 앞에서 언급한, 트루먼의 특사 홉킨스(Harry Hopkins)가 1945년 5월 28일 스탈린과 면담을 가지면서 대일전(확대해석하면 일본 점령) 참여 의사를 전달받은[미·소·영·중의 4개국 탁치에 관한 (구두)합의도 이루어짐] 트루먼은 소련을 적극적으로 견제하기 시작해 포츠담에서 한반도를 포함한 소련의 전리품에 대한 협상을 회피했던 것이다.[12] 포츠담에서는 단지 "카이로선언의 조건은 이행될 것이고 또 일본의 주권은 혼슈·홋카이도·규슈·시코쿠와 우리가 결정할 소도서들에 국한될 것이다"라는 카이로선언의 한 구절만이 구체화되었으며 미·영 참모총장이 작성한 "소련의 대일전 참가는 권장될 것이며 참전전략은 관계국이 토의한다"라는 원칙만 확

10　FRUS, The Conference of Berlin(Potsdam), 1945, vol. II, p. 253.
11　Mark Paul, "Diplomacy Delayed: The Atomic Bomb and the Division of Korea, 1945," Bruce Cumings, ed., Child of Conflict: The Korean-American Relationship, 1943~1953 (Seattle: University of Washington Press, 1983), p. 81; 브루스 커밍스 편, 박의경 역, 『한국전쟁과 한미관계』(청사, 1987), 107쪽.
　　한편 전통주의자들은 한국문제보다 더 중요한 문제가 산적해 있었기 때문에 한국 문제에 대한 논의가 밀렸다고 주장한다. 조순승(1982), 앞의 책, 45쪽. 그러나 이러한 견해는 포츠담회담 문서가 광범위하게 공개되지 않은 상황에서 도출된 피상적 해석이다. 따라서 원폭 때문에 한국 문제 논의를 고의로 배제한 것으로 수정되어야 한다.
12　이완범, 『삼팔선 획정의 진실』(지식산업사, 2001), 112-118쪽; 이완범, 『한반도 분할의 역사』(한국학중앙연구원 출판부, 2013), 231-238쪽.

인되어 더 이상 논의가 진전되지 못했다.

그런데 포츠담회담에서 트루먼 등은 일본의 항복이 조만간 이루어질 것에 대해서도 우려하면서 그 경우 한반도 점령도 고려되어야 한다고 생각했다. 보다 구체적으로, 포츠담회담이 진행 중이던 1945년 7월 24일부터 26일[13] 사이 육군참모총장 마셜은 현지에서 미 전쟁부 작전국장 헐 중장과 다른 한 요원(링컨 준장으로 판단됨)에게 한반도 이동(진주)계획을 수립하라는 명령을 하달했다.[14]

7월 25일경 이에 헐은 마셜에게 메모를 제출했다. 이 메모에서 그는 8월 15일경에 이루어질 것으로 예상되는 일본의 항복을 대비한 미군의 점령계획에 한반도가 포함되어 있음을 밝히고, 구체적으로 한반도에 대한 구상을 검토하기를 요구했다.[15] 따라서 헐이 한반도 구상을 주도한 인사 중의 하나라는 사실이 확인된다. 기존의 정설은 마셜이 한반도 점령 구상을 처음 주도했다는 것인데, 헐도 마셜의 7월 24일경 지시를 받아 7월 25일부터 함께 주도했다. 헐이 적극적으로 한반도 점령에 대해 구상했다는 사실과 일본의 항복 시점을 정확하게 예언하고 대비했다는 점이 특기할 만하다.

7월 25일 마셜은 트루먼에게 한반도에 대한 구체적인 작전지침을 요

---

13 김기조, 『한반도 38선 분할의 역사: 일제15년전쟁 정전략과 미·소 외교 전략 비사』(한국학술정보, 2006), 212쪽.
14 Roy E. Appleman, *United States Army in the Korean War: South to the Naktong North to the Yalu* (Washington, D.C.: Department of the Army, 1961), pp. 2-3; 이완범(2013), 앞의 책, 248쪽. 애플만이 의존한 자료는 자신이 수행한 헐과의 1952년 인터뷰이며 1949년 인터뷰는 인용하지 않았다.
15 "Hull's Memorandum for Marshall," [25 July 1945], pp. 1-2, enclosed in Memorandum of Marshall to President, 25 July 1945, RG 165, Box 19, ABC 014 Japan, Sec. 1-A. 마셜이 7월 25일 대통령에게 보낸 메모랜덤에 헐이 마셜에게 보낸 메모랜덤이 합철되어 있는 것으로 보아, 헐의 메모가 먼저 보낸 것으로 추정된다.

구하는 즉각적인 반응을 보였다.¹⁶ 또한 같은 날 맥아더에게는 일본이 급속히 항복할 경우 일본 점령계획과 한국 상륙에 필요한 병력의 준비 상황에 관한 정보를 보고하도록 지시했다. 이에 맥아더 사령부는 워싱턴으로 불안전한 계획안을 보냈는데, 일본 점령은 항복 후 12일 후, 한국 상륙은 그보다 먼 훗날에 단행될 것이라는 내용이었다.¹⁷

핵무기를 담보로 전쟁을 조기에 끝내려던 트루먼도 즉각 반응을 보여 7월 25일자로 맥아더 장군과 니미츠 제독에게 일본 항복에 대비한 점령계획에 한반도를 포함시키라는 명령을 마셜을 경유하여 하달했다. 일본 상륙을 준비하고 한반도 점령을 다음 우선 목표로 설정하라는 것이었다.¹⁸ 이는 정치적 독점전략을 군사적으로 보완하여, 독점이 실패할 경우 점령을 최후의 보루로서 활용하고자 했던 것으로 이해된다. 워싱턴이 아닌 포츠담 현지에서 명령을 내린 사실에서 그 시급성을 감지할 수 있다.

이를 통해 트루먼 대통령을 비롯한 미국의 정책결정자들이 8월 중순이 아니라 7월 하순이라는 이른 시점에도 한반도를 점령하고자 했으며, 이를 시급한 과제로 인식했던 사실도 확인할 수 있다. 한반도 군사작전

---

16 "Marshall's Memorandum for President," 25 July 1945, RG 165, ABC 014 Japan (13 Apr 44), Sec. 1-A.

17 "Marshall to MacArthur," 25 July 1945; "H. A. Craig to John E. Hull," 25 July 1945, OPD 014.1, TS, Sec. Ⅲ, Records of the U. S. Army Staff; Harry S. Truman, *Memoirs by Harry S. Truman*, vol. Ⅰ: *Year of Decisions*, 1945 (New York: Doubleday, 1955), pp. 433-434; James F. Schnabel, *United States Army in the Korean War: Policy and Direction, The First Year* (Washington, D.C.: United States Army, 1972), p. 7; James I. Matray, "Captive of the Cold War: The Decision to Divide Korea at the 38th Parallel," *Pacific Historical Review*, vol. 50, no. 2 (May 1981), p. 161; James I. Matray(1985), 앞의 책, p. 42.

18 Paul C. McGrath, "U.S. Army in the Korean Conflict," manuscript, RG 407, Office of the Chief of Military History, Department of Defense, 1953, p. 26; James I. Matray(1985), 앞의 책, p. 161.

(진공)은 독점을 위한 수단이었고, 만약 소련 참전으로 한반도를 독점할 수 없게 되면 한반도 전체가 소련의 수중에 들어갈 것이므로, 이를 막기 위해 미국은 한반도로 빨리 진격해야 했다. 일본이 빨리 항복해 미국의 한국 진공이 안 된다면 그 다음 대안을 차선책으로 수립해야 했다. 그것은 항복 접수용 점령구역 분획으로 소련의 한반도 점령선을 가능한 한 북쪽으로 올리는 것이었다. 이것이 결국 후일에 한반도 반분안으로 실현되었다.[19]

이렇듯 육군참모총장인 마셜 장군이 트루먼에게 건의한 '한국 상륙'이 받아들여지자, 거의 동시에 헐 중장은 1945년 7월 25일경 이미 구상했을 것으로 여겨지는 38선 근처의 군사작전 분계선을 일방적으로 획정했다[20](그러나 이 한반도 분할선은 당시에는 소련과 논의하지는 않았으므로 미국 내부의 안에 그쳤다).

또한 미국은 소련 참전 전 조기 종결을 노렸으므로 대일선언초안을 서둘러 확정하려 했다. 미국은 초안을 처칠에게 보내고 장개석에게 조회시킨 후 아직 참전하지 않았던 소련을 서명에서 배제시킨 상태에서, 7월 26일 영국과 주도하여 포츠담선언을 발표했다.[21]

3. 포츠담회담의 이탈리아 식민지 논의와 자연스럽게 회피된 한반도 신탁통치 논의

1945년 7월 22일 포츠담회담 6차 확대정상회담에서 이탈리아 식민

---

19 이완범(2013), 앞의 책, 263-264쪽.
20 이완범(2001), 앞의 책, 130-142쪽; 이완범(2013), 앞의 책, 248-263쪽.
21 성황용, 『근대동양외교사』(명지사, 1992), 522쪽.

지의 신탁통치 실시 문제를 토의할 때, 소련은 한반도 신탁통치안에 대하여 문제를 제기했으나 미·영·소 간에 구체적으로 토의되지는 않았다. 소련은 어떤 맥락에서 이 문제를 제기했으며, 왜 계속 문제 삼지 않았을까? 이에 대한 해답을 얻기 위하여 먼저 논의 배경부터 살펴본 후, 당시 회의록을 면밀히 검토하고자 한다.

1945년 7월 17일 첫 번째 회담에서 소련 외상 몰로토프는 신탁통치에 소련이 참여할 가능성에 대한 문제를 제기했다. 스탈린은 아직 누구의 세력권으로도 분류되지 않았던 이탈리아의 (아프리카) 식민지를 콕 집어 말했다. 그는 다른 나라들의 권리를 반박하고 싶지 않으나 소련은 그들 지역 중 하나의 시정국에 포함되어야 한다고 말했다.[22] 이렇게 소련은 해방에 별다른 기여를 하지 않았던 아프리카 지역에까지도 지분을 요구하면서도, 자국이 단독으로 점령한 불가리아와 루마니아에 대해서는 이미 끝난 문제라고 선을 그었다고 한다[23](그런데 불가리아와 루마니아는 1944년 10월 9일 퍼센트협정에서 영국이 이미 소련에 넘긴 곳이므로 이

---

[22] "Memorandum by the Special Assistant to the Secretary of State (Bohlen): Meeting of President Truman with Generalissimo Stalin at Babelsberg, 12 noon, July 17, 1945," March 28, 1960, *FRUS, Berlin, 1945*, vol. Ⅱ, p. 1583. 이는 번스 국무장관의 특별보좌관 볼렌이 자신이 당시 배석하여 작성한 노트("Truman-Stalin Meeting, Tuesday, July 17, 1945, noon," *FRUS, Berlin, 1945*, vol. Ⅱ, pp. 43-46)를 근거로 기억을 더듬어 1960년 3월에 완성한 비공식 회의록이다.

[23] Тегеран Ялте Потсдам: сборник документов (Москва: Издательство „Международные отношения," 1967); Тегеран-Ялте-Потсдам: сборник документов, Изданче 2-е, дополненное (Москва: Издательство „Международные отношения," 1970); *The Tehran, Yalta & Potsdam Conference, Documents* (Moscow: Progress, 1969); Robert Beitzell, edited and with an analytical introduction, *Tehran, Yalta, Potsdam; the Soviet Protocols* (Hattiesburg, Miss.: Academic International, 1970); 薩納科耶夫, 崔布列夫斯基 編, 『德黑蘭, 雅爾塔, 波茨坦會議文件集』(北京: 生活·讀書·新知三聯書店, 1978), 267-268쪽; 劉彦章 外 編, 『斯大林年譜』(北京: 人民出版社, 2003), 680쪽; 박다정, 「미국의 38선 획정 원인과 목적(1943~1945)」, 『역사학보』 260(2023).

를 재확인하려고 이렇게 말했을 가능성이 높다). 만약 소련이 한반도를 폴란드, 불가리아, 루마니아와 같이 단독으로 군사점령할 경우에는 서방국가와 타협하지 않을 것이 쉽게 예견되었다.

1945년 7월 20일 아침 워싱턴 주재 소련대사 그로미코(Andrei Gromyko)는 미 국무장관 번스(James F. Byrnes)를 만나 신탁통치 문제를 논의했다.[24] 몰로토프는 같은 날 오전에 열린 3국 외상회의(해리먼과 카도간, 그로미코도 배석)에 참석해 신탁통치 문제를 논의하자고 제안했으나, 영국 외상 이든(Anthony Eden)이 안건 상정을 반대하여 오후에 열릴 정상회담으로 안건 상정이 연기되었다가 계속 연기되어 결국 7월 22일 정상회담에서 논의되었다. 신탁통치 문제 논의를 껄끄럽게 생각한 영국의 영향으로 계속 연기되었던 것이다.

7월 20일 외상회의에서 몰로토프는 신탁통치에 관한 소련의 제안서를 제출했다.[25] 소련이 신탁통치 문제에 대하여 별다른 의견이 없었던 것이 아니라 비교적 신중하게 검토했음이 이 제안서를 통하여 확인된다. 몰로토프 제안서와 7월 30일에 파일링된 '소련대표단이 제출한 포츠담협정 신탁통치령 관련 초안'을 통해서 본 소련의 준비 상태는 다음과 같다. 먼저 일반론으로서, 얄타회담의정서[26]와 1945년 6월 26일 샌프란시스코회의에서 서명된 유엔헌장 77조에 준거하면 신탁통치령 대상 지역은 ① 현재 국제연맹의 위임통치령, ② 적국으로부터 탈취한 영

---

24 미국 측 회의 기록은 남아 있지 않다. "Byrnes-Gromyko Conversation, Friday, July 20, 1945, Morning," *FRUS, Berlin, 1945*, vol. Ⅱ, p. 143.
25 "Proposal by the Soviet Delegation," July 20, 1945; "Third Meeting of the Foreign Ministers, Friday, July 20, 1945, 11:30 a.m.," *FRUS, Berlin, 1945*, vol. Ⅱ, p. 145, pp. 155-156, p. 160, p. 632.
26 "Protocol of the Proceedings of the Yalta Conference," *FRUS, Berlin, 1945*, vol. Ⅱ, p. 1568에 수록. 원문은 "PROTOCOL OF PROCEEDINGS OF CRIMEA CONFERENCE," *FRUS, Malta and Yalta, 1945*, p. 977에 나와 있다.

토, ③ 시정(施政; administration)에 책임을 지는 국가가 자발적으로 신탁통치의 대상으로 두려는 영토로 3분되는데, 소련은 그중에서 ②에 특히 주목해 아프리카와 지중해에 있는 이탈리아 식민지에 소련이 참여해야 한다고 콕 집어 주장했다. 사실 얄타회담이나 샌프란시스코회의에서도 신탁통치 실시 지역을 구체적으로 거명하지는 않았다. 또한 그로미코가 소련을 신탁통치 시정국에 포함시킬 속셈으로[27] 스테티니어스와 1945년 6월 20일과 23일에 교환한 서신에서도 구체적 지역을 명시하지 않았으며 지역명이 거론되지 않았음을 서로가 인지했다.[28] 그러나 몰로토프의 제안서에서는 아프리카와 지중해 연안지역의 이탈리아 식민지를 외상위원회에서 심의할 것과 소·미·영의 공동신탁통치나 개별 신탁통치로 하자는 등 구체적인 지역과 신탁통치 방식까지 거론되었다.

또한 소련은 신탁통치령을 설정할 때 유엔에서의 논의와는 별도로 추가적 협정[얄타회담의정서와 유엔헌장 77조 2항에 '금후의 협정(subsequent agreement)'이라고 나옴]이 있어야 한다는 것에 주목했다. 소련은 이를 외상위원회(The Council of Foreign Ministers)에서 논의하자고 제안했다. 유엔헌장 79조와 83조 1항, 85조 1항에 의거하면 1945년 12월의 모스크바 코뮤니케와 같은[29] 관계국 간의 협정이 우선시되며 이 협정이 안보리 혹은 총회가 승인하는 수순을 밟아야 한다. 따라서 미국은 1945년 12월의 모스크바3상회의에서 이 문제를 의제로서 상정했던 것

---

[27] "Memorandum by the Deputy Director of the Office of Near Eastern and African Affairs (Allen)," July 24, 1945, *FRUS, Berlin, 1945*, vol. Ⅱ, pp. 238-239 참조.

[28] "Gromyko to Stettinius," June 20, 1945 ; "Stettinius to Gromyko," June 23, 1945, *FRUS, Berlin, 1945*, vol. Ⅱ, pp. 633-634 참조.

[29] Ali Maalem, *Colonialism-Trusteeship-Indépendance* (Paris : Défense de la France, 1946), 앞의 책, p. 96 참조.

632 CONFERENCE DOCUMENTS AND SUPPLEMENTARY PAPERS

No. 733

501.BE/7-2045

Proposal by the Soviet Delegation
[Translation]

TOP SECRET

ON TRUST TERRITORIES

RUSSIAN PROPOSAL PRESENTED TO FOREIGN MINISTERS JULY 20, 1945[1]

In connection with the fact that the Charter of the United Nations Organization[2] provides for bringing into effect the trusteeship system, the Conference deems necessary to lay down in conformity with the Charter measures for settlement, in the nearest future, of the question of the trust territories. By this are understood categories of territories defined in decision of the Crimean Conference[3] and in the above mentioned Charter of the International Security Organization.

For the purpose of elaborating practical measures in order to bring into effect provisions on trusteeship system provided in the Charter the Conference deems necessary to authorize the Council of Foreign Ministers to consider in detail this question and work out practical proposals. In considering the question of preparing such proposals on category of territories which are detached from enemy states, the Council of Foreign Ministers shall be guided by the necessity of solution in the nearest future of the problem relating to the terms of trusteeship on the former colonial possessions of Italy in Africa and in the Mediterranean having in view herewith the possibility of establishing the trusteeship system exercised by individual states or by USSR, USA, and Great Britain jointly on the above-mentioned former colonial possessions of Italy.

The Council of Foreign Ministers shall also work out practical measures for reaching agreements on trusteeship system provided by the Charter of the United Nations including proposals on the further regime of territories now held under mandate of the League of Nations.

---

[1] See *ante*, p. 155. For the draft entry on this subject submitted by the Soviet Delegation for inclusion in the Protocol, see document No. 1426.
[2] Treaty Series No. 993; 59 Stat. (2) 1031.
[3] See document No. 1416, section I.

그림 17 소련대표단의 신탁통치 제안서

※ 출처: "Proposal by the Soviet Delegation: On Trust Territories," July 20, 1945, *FRUS, Berlin, 1945*, vol. II, p. 632.

1594   APPENDICES

2. Reparations shall have the purpose of aiding the quickest possible restoration of the economies of countries which suffered from German occupation, taking into account the necessity of eliminating the war potential of Germany in all ways.

3. In addition to the reparations to be taken from its own zone, the USSR shall receive additionally from the Western Zones:

(a) 15% of such usable and complete industrial capital equipment, in the first place from the metallurgical, chemical and machine manufacturing industries, which on determination of the Control Council in Germany on the basis of the report of the Commission on Reparations shall be subject to removal on reparations account from the Western Zones: this equipment shall be transferred to the Soviet Union in exchange for an equivalent value of food, coal, potash, timber, clay products, and petroleum products over a period of 5 years.

(b) 10% of the basic industrial capital equipment shall be taken out of the Western Zones on reparations account without payment or exchange of any kind in return.

Establishment of the amount of equipment and matériel to be removed from the Western Zones on reparations account must be determined within three months at the latest.

4. In addition to this, the USSR shall receive on reparations account:

(a) 500 million dollars worth of the shares of industrial and transport enterprises in the Western Zones;
(b) 30% of the external investments of Germany;
(c) 30% of the German gold which has come into the hands of the Allies.

5. The USSR itself shall assume the settlement of the reparations claims of Poland from its own share of reparations. The USA and Great Britain shall do the same in regard to France, Yugoslavia, Czechoslovakia, Belgium, Holland, and Norway.

No. 1426

740.00119 Potsdam/7-3045

Text Submitted by the Soviet Delegation [1]

[Translation]

[Undated.]

DRAFT ENTRY FOR THE PROTOCOL
REGARDING TRUSTEESHIP TERRITORIES

The Conference examined a proposal of the Soviet Government regarding the settlement of the question concerning trusteeship territories.[2] In this respect the categories of territories as they were de-

---

[1] Submitted to the Protocol Subcommittee. Cf. *ante*, pp. 550–551.
[2] Document No. 733.

그림 18-1 소련대표단이 제출한 포츠담협정 신탁통치령 관련 초안(1면)

※ 출처: "Text Submitted by the Soviet Delegation: Draft Entry for the Protocol Regarding Trusteeship Territories," [July 30, 1945], *FRUS, Berlin, 1945*, vol. II, p. 1594.

ADDENDA   1595

fined in the decision of the Crimean Conference [3] and in the Charter of the International Security Organization [4] were envisaged. In the Soviet proposals it was provided that the Council of Foreign Ministers be instructed to prepare proposals with respect to the category of territories which have been taken away from enemy states, taking as the point of departure in this respect the necessity of deciding in the near future the question of the forms of trusteeship over the former colonial possessions of Italy in Africa and the Mediterranean Sea. In the Soviet draft the possibility was foreseen of establishing a trusteeship of separate states or a joint trusteeship of the USSR, USA, and Great Britain over the aforementioned former Italian colonial possessions. The Soviet draft also provided that the Council of Foreign Ministers should work out the practical measures with respect to the concluding of definite agreements concerning territorial trusteeship in accordance with the Statute [*Charter*] of [the] United Nations, including proposals concerning the future fate of the territories, administered on the basis of mandates of the League of Nations.

After an exchange of opinions on this question it was decided to take note of the statement of the Soviet Delegation to the effect that the proposal of the Soviet Government on the question of trusteeship territories would be submitted by it to the September Council of Ministers of Foreign Affairs for consideration.

---

[3] See document No. 1416, section I.
[4] i. e., the Charter of the United Nations, signed at San Francisco, June 26, 1945 (Treaty Series No. 993; 59 Stat. (2) 1031).

No. 1427

740.00119 Potsdam/7-3045

Text Submitted by the British Delegation [1]

[Undated.]

AUSTRIA

The Conference examined a proposal by the Soviet Government on the extension of the authority of the Austrian Provisional Government to all of Austria.[2]

The three Governments agreed that they were prepared to examine this question after the entry of the British and American forces into the city of Vienna.

---

[1] This draft text constitutes the fifth part of a third draft of the Protocol prepared by the British Delegation, which bears the following notation: "Compared with U. S. Text and agreed 30.7.45." It was discussed at the Eleventh Meeting of the Foreign Ministers, August 1. See *ante*, p. 553. Cf. document No. 1428.
[2] See *ante*, p. 311.

[No. 1427]

그림 18-2 소련대표단이 제출한 포츠담협정 신탁통치령 관련 초안(2면)

※ 출처: "Text Submitted by the Soviet Delegation: Draft Entry for the Protocol Regarding Trusteeship Territories," [July 30, 1945], *FRUS, Berlin, 1945*, vol. II, p. 1595.

이다.

 소련은 이외에 국제연맹 위임통치령도 마지막에 주변적으로 언급했다. 이렇듯 자국의 안보와 직접 관련이 없는 이탈리아의 아프리카 식민지를 요구했던 소련의 야욕을 당시 번스는 충분히 인식하고 있었다.[30] 포츠담회담 이전에도 소련은 이미 이러한 야욕을 표출한 적이 있었다. 1945년 1월 13일 그로미코는 미 국무부 직원과의 대담에서 이탈리아와 일본이 탈취한 지역에 신탁통치를 실시할 경우 소련이 권한을 행사해야 한다고 주장했다.[31]

 그런데 1945년 7월 20일 몰로토프 보고서는 왜 한반도를 구체적으로 거명하지 않았을까? 만약 소련이 한반도 신탁통치에 대하여 불만을 느꼈다면 보고서에서 언급했을 것이다. 그러나 소련은 한반도 신탁통치에는 이미 참여가 보장되어 비교적 만족했기 때문에 문제를 제기하지 않고 당시까지 자신들의 참여가 보장되지 않았던 이탈리아 식민지를 확보하기 위하여 문제를 제기했던 것으로 풀이된다. 아니면 이탈리아 식민지 문제에 주력했기 때문에 한반도에 대해서는 문제를 제기하지 않았던 것으로 해석할 수도 있다. 물론 아시아에서 전쟁은 아직 끝나지 않았고 이 전쟁에 참전하지 않았던 소련은 전쟁 당사자가 아니어서 '전리품'에 관하여 논의할 처지가 아니라고 판단했기 때문에 그렇게 했을 수도 있다. 그러나 대일전에 참여하기 전인 1945년 7월 22일에도 한반도 신탁통치 문제에 대한 의견교환을 제의했던 것에 주목하면 소련은 자신

---

[30] Herbert Feis, *Between War and Peace: The Potsdam Conference* (Princeton: Princeton University Press, 1960), p. 309.

[31] Leo Pasvolsky, "Memorandum of Conversation: Second Convertsation with the Soviet Ambassador on the Dumbarton Oaks Documents," January 13, 1945, RG 59, Box 2, Records of the Yalta Conference, San Francisco, and Potsdam, p. 3 참조. 또한 얄타회담과 샌프란시스코회의에서 이 문제가 피상적으로 논의되었다.

들의 한반도 문제 해결의 당사자가 아니라고 생각한 것은 아니었다고 해석된다.

7월 22일자 회의록에는 두 가지 판본이 있다. 톰슨 회의록[32]을 저본으로 하고 코헨노트[33]를 보완본으로 간주하여 다음과 같이 정리했다.

신탁통치 문제는 7월 21일의 확대회담에서 연기된 주제였으며, 7월 22일에는 폴란드 문제에 뒤이은 두 번째 주제로 배정되었다. 의장인 트루먼은 폴란드 서부 국경선 문제에 대한 토론을 조기에 종결시키고 신탁통치 문제를 토의하려고 시도했으나[34] 영국과 소련의 열띤 토론으로 인해 계속 지연되던 중 바로 아래 내용과 같이 문제를 제기하자 소련이 주도적으로 나섰다.

신탁통치

<u>트루먼</u>: 신탁통치 문제에 대하여 토의합시다. 소련의 의견부터 듣지요.

<u>스탈린</u>: 이 분야는 몰로토프가 전문가요.

<u>몰로토프</u>: 소련의 안은 이미 제출되었소. 샌프란시스코회의의 결과로 소련 대표단의 성명이 나올 수 있었소. 신탁통치제도는 유엔헌장에 의거하여 결정되었던 것으로 알고 있소. 지금 단계에서는 (어느 지역이 신탁통치령으로 분류될지) 구체적인 영토 문제 논의가 있어야 한다고 생각하오. 본 회담에서 상세한 토의를 하는 것은 불가능하겠으나 약간의 진전은 있을 수 있다고 생각하오. 먼저 아프리카와 지중해의 이탈리아 식민지에 대하여 논의할 수 있을 것이오. 이 문제는 (포츠담에서의) 외상회의에서 논하든지 내일 이 자리에서

---

32 "Sixth Plenary Meeting, Sunday, July 22, 1945 5 p.m.: Thompson Minutes," *FRUS, Berlin, 1945*, vol. Ⅱ, pp. 252-256.
33 "Sixth Plenary Meeting, Sunday, July 22, 1945 5 p.m.: Thompson Minutes," *FRUS, Berlin, 1945*, vol. Ⅱ, pp. 264-266.
34 *FRUS, Berlin, 1945*, vol. Ⅱ, p. 247, p. 261.

논할 수 있을 것이오(보통글씨는 톰슨 회의록, 밑줄은 코헨노트 인용, 괄호 안은 인용자).

이렇게 이탈리아 식민지 문제가 제기되자, 이든은 "그렇다면 지금 당신들은 우리 세력권을 원한다는 말이오?"라며 반발했다. 지중해 지역의 이탈리아 식민지인 리비아, 트리폴리, 키레나이카에서 이탈리아군과 싸워 이를 탈취한 영국은 소련의 이탈리아 식민지 확보 기도에 대하여 "영국만이 식민지를 얻을 수 있으며 그와 별개인 신탁통치 문제는 후일의 강화회의에서 논의해야 할 문제이고 설사 신탁통치령으로 분류된다 해도 궁극적 시정(施政)은 유엔이 행할 것"이라는 기본입장을 견지하고 있었다.[35] 영국이 의외로 강력하게 반발하자 당황한 소련은 이를 무마하기 위한 발언을 했는데, 이것이 한반도와 관련되는 중요한 부분이다.

몰로토프(스탈린)[36]: (나는 꼭 당신들의 세력권인 이탈리아 식민지만 논의하자는 것이 아니라) 샌프란시스코회의에서 3거두가 합의한 원칙에 부합되는 <u>다른</u>

---

[35] 스탈린은 처칠에게 묻기를, "만일 이탈리아가 이 지역의 식민지들을 상실했다면 누가 이 식민지들을 접수했는가" 했다. 이에 처칠은 "영국 군대가 오랜 전투를 통해 막대한 희생을 치러서 이탈리아의 식민지 전체를 단독으로 점령하여 승리를 얻었다"라고 강조하면서, 소련은 이탈리아 식민지 문제 처리에 대한 발언권이 없다고 지적했다. 스탈린은 이에 연합군의 공동관할지역인 베를린은 적군이 정복했다고 반박하면서, 소련이 이탈리아 식민지의 신탁통치에 참여할 권한이 있다고 주장했다. *Тегеран Ялте Потсдам: сборник документов* (Москва: Издательство „Международные отношения," 1967); *Тегеран－Ялте－Потсдам: сборник документов, Изданче 2-е, дополненное* (Москва: Издательство „Международные отношения," 1970); *The Tehran, Yalta & Potsdam Conference, Documents* (Moscow: Progress, 1969); Robert Beitzell, edited and with an analytical introduction, *Tehran, Yalta, Potsdam: The Soviet Protocols* (Hattiesburg, Miss.: Academic International, 1970); 薩納科耶夫, 崔布列夫斯基 編(1978), 앞의 책, 352-376쪽; 박다정(2023), 앞의 글.

[36] 신탁통치 문제 전문가인 몰로토프가 이 발언을 했던 것으로 사료된다. 이 부분에만 국한해 보면 톰슨 회의록이 코헨노트보다 더 정확하다.

지역도 논의할 수 있다는 것이오. 예를 들면 한반도 문제에 관해서도 의견을 교환할 수 있다는 얘기요.

소련이 한반도 문제를 제기한 이유는 실제로 이를 토의하기 위해서가 아니라 자신들의 의도를 은폐하면서 영국의 반발을 무마하기 위했던 것으로 해석된다.[37] [그런데 모스크바 주재 미국 대사 해리먼은 7월 23일 10시 15분 스팀슨, 맥클로이, 번디와 대화하면서 아래와 같이 22일 오후 5시 회의에 대한 정보를 내놓았다. 해리먼은 "스탈린이 어제 오후 회의에서 한국 문제를 다시 제기하면서 즉각적인 신탁통치의 실시를 재차 촉구했다"라고 전했다. 또 "만일 영국과 프랑스가 홍콩과 인도차이나에 대한 국제신탁통치를 거부할 경우, 러시아인들은 자신들의 한국 신탁통치 실시 제안을 거두어들이고 한국에 대한 단독 관리(solitary control)를 계속 요구할 것"이라며 경고했다.][38] 그러나 영국의 반발은 줄어들지 않았으며 오히려 원칙적 문제를 제기하는 단계에 이르렀다. 양국 간의 상이한 세력 확보 복안이 부딪쳐 갈등이 표출되었던 것이다.

---

37 Erik Van. Ree, *Socialism in One Zone: Stalin's Policy in Korea, 1945~1947* (Oxford: Berg, 1989), p. 46에 의하면 소련이 한반도 신탁통치 문제를 제기한 것은 이 문제에 불만이 있거나 혹은 이 지역에서의 이권을 확고히 하려고 했기 때문이 아니다. 단지 미국이 주도하여 논의가 진행되던 한반도 문제 해결에서 신탁통치안을 확고히 적용해준다면 이탈리아 식민지의 신탁통치안 적용에 미국이 동의해주리라 예상했기 때문이라고 주장한다. 몰로토프의 보고서를 분석한 부분에서 지적했듯이 소련이 한반도 문제에 불만이 없었다는 것은 사실이지만 미국을 의식했다는 부분은 논리적 비약으로 판단된다. 영국의 불만을 무마한다는 의도에서 한반도 문제를 제기한 것일 뿐이다.

38 해리먼은 이 대화 서두에서 "소련인들이 영토 확장에 관심이 없다던 이전 약속을 헌신짝처럼 버렸으며" "폴란드, 오스트리아, 루마니아, 불가리아에서 영향력 확장을 추구하고 있을 뿐만 아니라, 튀르키예에서 근거지를 찾고 있으며 심지어 지중해에서 이탈리아 식민지에 대해 영토 요구를 하고 있다"라며 소련의 모든 방면(all directions)에서 팽창욕구를 전제했다. "Stimson's diary," July 23, 1945, attached in footnote # 51, "Sixth Plenary Meeting, Sunday, July 22, 1945, 5 P. M. : Thompson Minutes," *FRUS, Berlin, 1945*, vol. II, p. 260.

처칠: 나는 어떤 문제에 관해서도 논의할 수 있으나 결정을 내릴 수 없다면 이 논의는 단지 흥미로운 이야기에 불과하다고 생각하오. 현존하는 위임통치령에 대해서는 샌프란시스코회의에서 논의되었던 것으로 알고 있소.

이에 트루먼은 양국 간의 반목을 무마하기 위하여 신탁통치 문제를 외상회의로 이관할 것을 주장했다.[39]

트루먼: [유엔헌장의 77조(부터 79조까지)를 읽으면서] 위임통치권자의 동의가 없으면 위임통치령을 신탁통치령으로 분류할 수 없게 되어 있소. 소련이 논의하자는 지역은 77조 2항에 의거한 적국으로부터 분리된 지역인데 나는 이 문제를 외상회의로 넘겨버렸으면 하오.
처칠: 우리는 샌프란시스코회의에서 합의된 사항을 절대적으로 지지하오. 국제기구에 관련된 문제를 여기(포츠담)서 토의한다는 것은 문제가 있다고 생각하오.

신탁통치 문제를 논의할 자리가 아니라는 처칠의 극단적 주장에 대하여 트루먼은 영국을 무마하려고 재차 시도했다.

트루먼: 유엔헌장 79조는 당신(영국)의 위임통치령을 보호할 수 있는 근거를 제공하고 있소.

그러나 스탈린이 계속 논쟁에 참여하여 격론이 진행되자 트루먼은 영

---

39 이렇게 되어 신탁통치 문제는 외상회의의 주요 의제가 되었으며 1945년 9월 런던3국외상회의와 12월 모스크바3상회의에서 논의되었다.

국 편을 들지도 않고 소련을 비판하는 것도 아닌 애매한 중재자 역할을 할 뿐 신탁통치에 대한 구체적 안을 내놓지 않았다. 미국은 이탈리아 식민지에 대하여 여러 가지 구상을 검토했으나 '복안을 숨기면서 소련을 견제하는' 유보적 태도를 보였던 것이다. 미국은 예전에 식민제국이던 영국이 세력을 다시 회복하려는 기도를 견제해야 했으나 소련의 요구는 더욱 견제해야 할 이중적 위치에 있었다. 결국 7월 22일에는 한반도 신탁통치 문제를 더 이상 논의하지 않았다. 미국은 한반도 신탁통치 문제를 소·영 간의 대립을 핑계로 자연스럽게 회피할 수 있었다.

그러면 포츠담의 신탁통치 논의가 7월 22일 이후 어떻게 결말을 맺었는지를 살펴보고자 한다. 7월 23일 포츠담에서의 외상회의에서 몰로토프가 이탈리아로부터 식민지를 분리하여 미·영·소 3국의 신탁통치에 두자고 제안하자, 식민지를 점령하여 관리 중이던 이든은 이탈리아로부터 식민지를 박탈할지 여부는 외상위원회(별도의 외상회의)와 강화조약에서, 신탁통치 문제는 유엔에서 다룰 문제라는 종전의 입장을 되풀이했다.[40] 이에 번스도 신탁통치의 구체적 세부 논의를 반대하여[41] 이든과 입장을 같이했다. 전날 트루먼이 모호한 중립을 지켰던 것과 달리 번스는 영국과 대소(對蘇) 공동전선을 구축했다.

몰로토프는 8월 1일 공동선언을 만드는 과정에서 재차 문제를 제기했다. 공동선언에 신탁통치안의 일반규정을 삽입시키면서 이탈리아 식민지에 신탁통치안을 적용시키려고 회담 마지막까지 노력했는데,[42] 결

---

[40] "Sixth Meeting of the Foreign Ministers, Monday, July 23, 1945, 11:30 a.m.," *FRUS, Berlin, 1945*, vol. Ⅱ, p. 281-282.
[41] 메트레이는 이것을 미국이 한반도 신탁통치 논의를 지연시켰다고 보았는데[James I. Matray(1985), 앞의 책, p. 162 참조], 번스는 명백히 이탈리아 문제만을 지칭했기 때문에 이는 논리적 비약이다.
[42] "Eleventh Meeting of the Foreign Ministers, Wednesday, August 1, 1945, 11: 25

국 이탈리아 식민지는 9월 (런던) 외상위원회에서 논의하기로 규정하는 데 그쳤다.⁴³ 당시 몰로토프는 신탁통치 문제에 관한 한 이탈리아 식민지에만 논의를 집중하느라 한반도는 본격 토의 대상에서 제외되었다.⁴⁴

소련은 포츠담회담에서 신탁통치에 관한 한 이탈리아 식민지의 경우를 중점적으로 거론하면서 유엔 신탁통치 구상이 현실화될 경우 이탈리아 문제에 관련된 주요 강대국의 대열에 소련이 포함되어야 한다는 점을 각인시키는 소득은 얻을 수 있었지만(실제로 이탈리아 식민지들에서 직접 관계국은 이탈리아 정전협정에 따라 미국·영국·프랑스·소련이었으므로 소련의 참여 주장은 타당한 면이 없지 않다) 영국 등 관계국들의 견제를 유발해 결국 1950년 시작된 이탈리아 식민지 탁치 시정국에서 배제되는 역효과만 야기한 셈이 됐다. 이탈리아가 남부 소말릴란드의 단독 시정국으로 배정되어 기득권을 유지한 것은 물론 냉전 출현 이후 미국의 대소견제 봉쇄정책 때문이다. 메트레이는 지중해에 대한 영국과 소련의 전통적인 경쟁 속에서 양국이 이탈리아 식민지 문제에만 집중하느라 냉전 출현 이전 한국 신탁통치에 관련된 마지막 합의 기회가 날아갔다고 평가했다.⁴⁵

한편 포츠담회담 당시 소련과 영국의 정책을 1945년 8월 9일에 기록해놓은 미 외교문서는 영국의 신탁통치 반대 입장을 다음과 같이 정리

---

a. m.," *FRUS, 1945, Berlin*, vol. Ⅱ, p. 550.
43 *FRUS, 1945, Berlin*, vol. Ⅱ, 앞의 책, p. 550, p. 1493, p. 1510; Harry S. Truman, *Public Papers of the Presidents of the United States, Harry S. Truman, Containing the Public Messages, Speeches, and Statements of the President, April 12 to December 31, 1945* (Washington, D.C.: USGPO, 1961), p. 194.
44 한편 메트레이는 James I. Matray(1985), 앞의 책, pp. 39-41에서 '일반규정'에 소련의 한반도 신탁통치에 대한 관심이 스며들어 있다고 주장하지만 이는 지나친 확대해석이다.
45 James I. Matray(1985), 앞의 책, p. 60; 구대열, 『한국 국제관계사 연구 2: 해방과 분단』(역사비평사, 1995), 65쪽, 168쪽.

했다.

베를린회담
신탁통치
소련의 정책

… 소련은 특별히 지중해와 아프리카의 이탈리아 식민지 처분(disposition)과 국제연맹 위임통치령 처리에 관련한 자신들의 제안에 관심을 집중시켰다. 또한 소련은 한국 처분에 대해서도 언급했다. … 소련은 포츠담회담의 논의 중에 처칠이 제기했던 특정한 영토들에 대해서는 특별히 문제를 제기하지 않았으나 장차 이루어질 외상위원회에서 논의되어야 한다고 주장했다. 만약 외상위원회가 이탈리아 영토에 대해 신탁통치령으로 분류할지 결정한다면 소련은 이 지역에 대해 약간의 부담을 안을 것이라고 예측했다. …

영국의 정책

… 처칠은 이탈리아 구 식민지에 대한 신탁통치 행정에 소련을 포함시킴으로써 지중해와 아프리카에 소련의 영향력을 확대하도록 해서는 안 된다는 점을 강력하게 피력했다. 또한 영국은 영국·프랑스가 통치하는 기존 위임통치령을 신탁통치령으로 전환하는 논의에 대해서도 동조하지 않았다.[46]

포츠담회담은 독일과의 전쟁이 종결된 직후 전후 처리 문제를 논의하기 위한 회합이었으므로 신탁통치 문제는 하나의 주변 문제에 불과했다. 가장 중심이 된 문제는 전후 평화체제 구축을 위한 미·영·소 외상위원회(A Council of Foreign Ministers) 개최와 독일 문제 해결이었다.

---

46 "Memorandum by the Executive Secretary of the Central Secretariat (Yost): Berlin Conference: Trusteeship: Soviet Policy: British Policy," [Washington,] Aug 9, 1945. *FRUS, 1945, Berlin*, vol. II, pp. 636–637.

의정서와 공동선언의 거의 80% 이상이 이러한 문제를 다루었으며, 이탈리아만을 언급한 신탁통치 문제가 11번째 항목에 간략하게 기록됐을 뿐이었다.[47]

결국 포츠담회담에서 한반도 신탁통치 문제는 소련이 한번 문제를 제기했을 뿐 구체적으로 논의되지는 않았다.[48] 다른 문제가 더 시급했기 때문에 논의되지 않았을 가능성도 있지만, 회담 직전 여러 인사가 한반도에 대하여 확실히 해둘 것을 건의했던 사실에 주목한다면 트루먼이 논의를 회피했을 가능성이 더 농후하다. 한편 소련도 포츠담회담 이전에는 문서에 기반한 동의를 의도적으로 하지 않았으며 포츠담에서도 문제 제기만 했을 뿐 더 이상의 구체적인 논의를 회피했다. 즉 소련도 한반도 탁치 문제를 그렇게 적극적으로 논의하려고 하지는 않았다. 결국 한반도 탁치에 대한 확고한 정책은 전시회담에서는 마련되지 못했다. 이 문제는 그 주된 당사자인 미국과 소련이 침묵했기 때문에 논의되지 않았다고 풀이할 수 있다. 한국 문제에 대한 논의를 자연스럽게 회피할 수 있게 만든 부수적인 요인은 바로 영·소의 대립이었다.

미국은 핵무기를 사용하여 소련 참전 전에 전쟁을 종결할 수만 있다면 '한국 문제에 대한 구체적 합의=소련의 전통적 이권 인정'을 방지할 수 있다는 판단을 했던 것으로 해석된다. 신탁통치안을 구체화해 한반도를 소련의 확실한 세력권으로 만들어주는 것보다 현재와 같이 모호한 상태, 힘의 공백지대로 남겨두는 것이 낫다고 판단했던 것이다. 물론 다국적 신탁통치에 대한 논의가 구체화된다 해도 한반도가 소련의 확실한 세력권에 속하리라는 보장은 없으며, 루스벨트의 의도대로 "소련에

---

47 "Protocol of Proceedings"; "Communiqué," August 2, 1945, *FRUS, Berlin, 1945*, vol. Ⅱ, p. 1493, p. 1510.
48 *FRUS, Berlin, 1945*, vol. Ⅱ, p. 606.

대한 유일한 견제안으로서의 신탁통치안"이 작동하여 오히려 한반도에서 소련의 세력이 약화될 가능성도 있었다. 그러나 트루먼은 소련의 이익에 부합되게 작용할 가능성을 전혀 무시할 수 없었으므로 논의를 회피하면서 조기 종전과 독점을 기도하는 확실한 방법을 택했던 것으로 판단된다. 이와 같이 트루먼은 루스벨트와는 달리 신탁통치의 틀에서 벗어난 정책 지향도 가지고 있었다. 그러나 둘 사이에는 방법상의 차이만 있을 뿐이며 세력권을 확보하려 한다는 목적은 일치했다.

결과적으로 소극적이던 힘의 공백지대화 전략에서 적극적인 독점전략으로 바뀌었던 것이다. 만약 소련이 참전하여 독점전략이 실패한다 해도 소련의 작전구역에서 한반도를 배제하는 힘의 공백지대화 전략이 최후의 보루로 남아 있었기 때문에 최소한 자의적인 침범을 방지할 수는 있었다.

신탁통치에 대한 구체적인 토의를 불가능하게 만드는 지연전략을 채택함으로써 힘의 공백지대화 전략은 성공했다. 그렇지만 이 전략의 채택으로 인하여 신탁통치의 실현 불가능성은 한층 가중되었으며, 독점이 실패할 경우 점령만이 유일한 현실적 대안으로 고려될 수밖에 없었다.

미국(특히 루스벨트)은 당초 전후 세계를 미·영·소 연합국의 협조로 이끌어갈 수 있다는 이상주의적 사고를 가지고 있었다. 그러나 유럽의 두 라이벌 영국과 소련은 세계를 '세력권(sphere of influence)'으로 분할하려는 생각을 가지고 접근했다. 이러한 세계 분할에 대해 미국의 이상주의자들은 과거의 부도덕한 동맹관계나 세력 균형과 동일한 것이며 또 다른 전쟁의 원인을 제공할 것이라고 생각해 비판했다. 그러나 1944년 10월 모스크바에서 만난 스탈린과 처칠은 전후 유럽의 세력권을 퍼센트협정(Percentage Agreement)에 따라 나눌 것을 합의했다. 10월 9일 처칠은 〈그림 19〉 메모에서 보는 바와 같이 루마니아는 러시아의

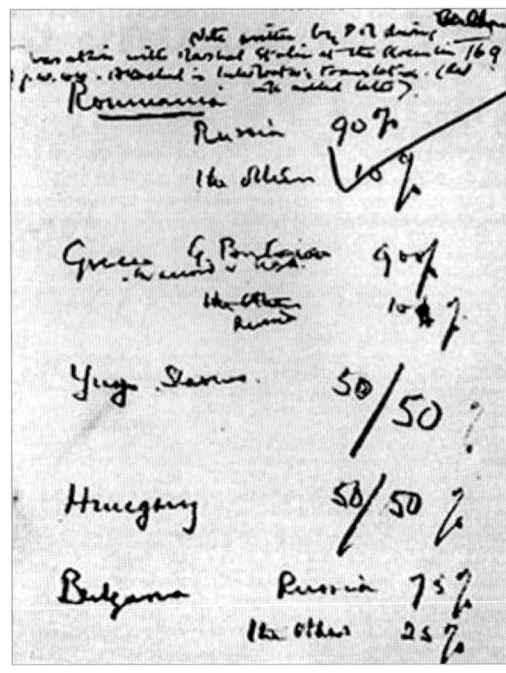

그림 19 처칠의 퍼센트협정

※ 출처: "Churchill's copy of his secret agreement with Stalin," October 9, 1944, Britain's Public Record Office, PREM 3/66/7.

90% 세력권(기타 나라 10%), 그리스는 영국(미국 포함)의 90% 세력권(러시아 10%), 유고슬라비아와 헝가리는 50% 대 50%로 나누고 불가리아는 소련의 75% 세력권(기타 나라 25%)으로 하자고 제의했다. 10월 10일과 11일 양일간 이든과 몰로토프는 불가리아와 헝가리에 대한 소련의 영향력을 80%로 올리는 데(기타 나라 20%)에 합의했다.[49]

처칠은 영국이 지원하는 군주정을 무너트리려는 그리스 공산주의자의 반란 문제를 해결하기 위하여 단독으로 모스크바를 방문했던 것이다. 처칠은 만약 소련이 공산주의자에 대한 원조를 중지한다면 발칸에 대한 영·소의 분할이 가능하다는 것을 시사했고, 결국 처칠과 스탈린은 합의에 도달하여 유럽의 이들 지역을 분할했다. 그 만남 이후 처칠은 스탈린에게 "이 기억될 만

---

[49] "Churchill's copy of his secret agreement with Stalin," October 9, 1944, Britain's Public Record Office, PREM 3/66/7. 처칠은 이 메모를 스탈린에게 보여주며 불태우자고 말했는데 스탈린은 처칠이 보관하라고 제의했다.

한 만남은 솔직하고 친밀한 토론을 통해 조정될 수 없는 문제는 없다는 것을 보여주었다"라는 편지를 보냈다.⁵⁰

처칠은 루마니아와 불가리아 대부분을 소련에 넘기는 대신 그리스의 대부분을 확보하고 유고슬라비아와 헝가리를 반분할 것을 기도했으나, 스탈린은 그리스 대부분과 유고슬라비아의 반을 제외한 발칸·흑해·중앙유럽을 자신의 영향력 아래 두는 것을 추구해 합의에 이르도록 했다. 결과적으로 처칠과 스탈린은 지중해(그리스)에서 영국의 이권을 인정해주는 대신 흑해[루마니아, 불가리아(발칸산맥이 위치해 발칸의 소국으로 간주되기도 함)]와 중앙유럽(헝가리)에서 소련의 이권을 교환하는 쪽으로 합의했다. 발칸의 중심이자 아드리아해를 접한 유고슬라비아는 예외적으로 반분되었지만 공산주의자인 티토가 승리해 반쪽 지분을 가진 영국의 영향력으로부터 벗어남으로써 전체를 통일한 예외적인 경우였다. 물론 이렇게 두 국가가 동유럽을 분할하는 방안에 비판적이었던 미국이 1945년 2월 얄타회담에서 이 협정을 부정하고 동유럽의 모든 국가는 자유선거를 통해 민족자결의 원칙하에 운명을 결정해야 한다는 내용을 넣었으므로 유고슬라비아가 통일된 것이기도 했다. 그러나 처칠과 스탈린의 퍼센트협정 합의는 유럽의 전후 위상과 어느 정도 일치하게 되었으므로 완전히 무시된 것은 아니었다. 이후 역사에서 그리스는 서방권으로 남았고, 유고슬라비아는 반소적인 공산국가가 되었으며 동부유럽은 모두 소련의 세력권으로 남았던 것이다.

---

50 "Personal Message from Mr[.] Churchill to Marshall Stalin," Received on October 21, 1944, Ministry of Foreign Affairs of the U.S.S.R., ed., *Correspondence between the Chairman of the Council of Ministers of the U.S.S.R. and the Presidents of the U.S.A. and the Prime Ministers of Great Britain during the Great Patriotic War of 1941~1945*, vol. I (Moscow: Foreign Languages Publishing House, 1957), p. 265.

그런데 동부유럽이라고 불리는 곳 중 알바니아와 헝가리의 북쪽에 위치한 체코슬로바키아와 폴란드가 흥정 대상에서 빠졌다. 유고슬라비아 공산당의 지원을 받은 호자(Enver Hoxha)의 영도 아래 1944년 11월 29일 독일로부터 독립한 알바니아는 유고슬라비아의 일부로 간주될 수 있는 복잡한 지역이었으므로 흥정에서 빠졌을 가능성이 있다. 따라서 이 흥정의 대상지역은 주로 발칸반도와 그 북부의 인접 국가(헝가리와 루마니아)라고 할 수 있다. 즉 발칸이 흥정의 중심이었다. 체코슬로바키아가 흥정에서 빠진 것은 발칸반도에서 거리가 있기도 했고 폴란드와 함께 이미 스탈린이 깊숙이 개입해 그의 세력권으로 점찍어놓았기 때문에 처칠은 회피했던 것이 아닌가 한다. 이러한 퍼센트협정을 비판적으로 보는 이들은 영국이 자의적으로 세력을 확보하기 위해 소련의 팽창에 묵시적으로 동의한 사례로 평가한다.

한편 그리스는 발칸반도 남쪽이면서도 펠로폰네소스반도에 위치한 지리적 특성 때문에 발칸의 중심으로 간주되지 않아 서방 세력권으로 분류되어 공산주의를 봉쇄하는 최전선이 되었다고 할 수 있다. 사실 발칸의 남쪽이라는 지정학적 위치에 주목한다면 공산화될 가망성이 높았던 위치였는데 그렇게 되지 않은 것이 예외적이었다고 할 수 있다. 이 점에서 그리스를 서방 세력으로 남게 한 1944년 10월의 처칠과 그 이후 1947년 3월 그리스·튀르키예의 공산화 위협에 맞선 트루먼독트린을 주도한 트루먼의 역할이 있었다고 할 수 있다. 그렇다면 퍼센트협정은 발칸과 흑해, 중부유럽 국가 중에서 그리스만을 서방 세력의 마지노선에 두고 나머지 지역은 공산권에게 넘길 수밖에 없었던 당시 상황을 반영하고 있다고 할 것이다. 그리스에 인접한 튀르키예는 트루먼이 소련의 남진 위협으로부터 구했다고 할 수 있다.

이렇듯 국제정치의 현실이 이상주의적 협조와는 동떨어지는 방향으로 흐르자, 미국도 이상주의적 협조에 기반한 공동탁치보다는 직접적인 세력권 확보로 갈 수 있는 군사점령을 더 고려하기 시작했다. 물론 강대국 간 분할점령을 거친 후에 공동탁치를 실현할 수도 있다고 생각했지만 일단 세력권이 분할되면 공동의 조치를 구현하는 것이 어려워진다는 국제정치의 엄연한 현실이 1945년 냉전의 출현 조짐으로 더욱 가시화되고 있었다. 실제로 미국은 1945년 1월 이러한 영국과 소련의 패권 쟁탈을 우려했으며 전후 미·영·소 3국의 협력체계 구축이라는 대안을 마련하려고는 했다.[51] 그러나 역시 국제정치의 냉혹한 현실에 밀려 이상적인 도상작전에 그쳤다.

한편 몰로토프는 1945년 9월 12일부터 10월 2일까지 열린 런던외상회의에서 국제적 신탁통치령 적용 지역으로 분류되었던 이탈리아 식민지 리비아에 대한 탁치 적용에 대해 "유모가 여섯인 아기는 서로 미루기 때문에 굶어죽는다"라는 러시아 속담을 인용한 후 "이사회가 어느 누구를 행정관으로 임명한다고 하지만 그 행정관은 국적이 있게 마련이 아니냐"라며 반대하면서 트리폴리타니아(지금의 트리폴리)항구를 단독으로 할양해줄 것을 요구했으나 받아들여지지 않았다.[52]

---

[51] Briefing Book Paper, "Liberated Countries: The necessity of the three principal Allies arriving common political program for liberated countries," [January 1945]; Briefing Book Paper, "American Policy Toward Sphere of Influence, Summary," [January 1945], FRUS, Malta and Yalta, 1945, pp. 102-106.

[52] 이정식 저, 허동현 편, 『21세기에 다시 보는 해방후사』(경희대학교 출판문화원, 2012), 35-50쪽; 이정식, 『여운형: 시대와 사상을 초월한 융화주의자』(서울대학교 출판부, 2008), 580쪽. 이정식은 1945년 9월의 런던3국외상회의를 미·소 대결의 중요한 계기로 간주했다. 또한 소련이 트리폴리타니아항을 상선이 정박할 수 있는 항구로 조차하면 튀르키예령이었던 보스포루스 해협·다르다넬스 해협(튀르키예와 공동 관리하고자 함) 때문에 바다로 나가는 데 제한이 있던 흑해 해군기지에서 지중해로 연결되는 세력권을 확보해 영국·미국과 같이 해양국가로 도약할 수 있다 생각했다고 이정식은 해석했다. 그러나 홋카이도 북방은 물론 트리폴리타니아 확보가 실패로 돌아가자 소련은 중국 공산당에게 기존의 국공합작 추진 지시를 버리고 1945년 10월 중순 만주 국민당에 대한

1945년 12월 20일 작성된 미국의 국제신탁통치 관련 보고서에 의하면 ① "일본의 (위임통치령 등 작은-인용자) 도서들은 안보에 대한 고려가 너무 압도적이므로 미국이 최소한 주도국이거나 단독 시정국(the sole administering authority)이 되는 것이 필요하다"라고 나와 있다. ② 한국의 경우는 "유엔의 신탁통치제도가 정비되기 전에 4국 신탁통치가 소련과 합의되었다. 따라서 (유엔-인용자) 기구가 시정주체(the administering authority)가 되지 못했다"라고 기술되어 있다. 이어서 ③ "이탈리아 식민지에 대한 신탁통치는 기구 자체(Organization itself)가 시정주체가 되어야 한다"라고 적시되었다. 이렇게 해야 분쟁의 씨앗이 발아하지 않을 것이라는 주장이다. ④ 과거 위임통치령의 경우는 기득권을 가진 과거 위임통치 수임국이 계속 통치하는 것이 주장되었다면서 이러한 방안이 유지될 것으로 예측했다. 이어서 유엔헌장 제81조에 나오는 "신탁통치지역(the trust territory; 신탁통치령) 시정당국(the administering authority; 시정권자)은 하나 또는 그 이상의 국가, 또는 기

공격을 지시하는 등 기존 정책을 180도 전환했다. 스탈린은 1945년 10월 25일 미국대사 해리먼에게 "미국이 지중해와 일본에서 소련을 제거하려 하기 때문에 독자적으로 고립정책을 택하기로 했다"라고 말했다. 1945년 9월 20일 북한에 대한 스탈린의 지령도 이러한 정책 전환의 일환이었다는 것이다. 이정식은 스탈린의 앞의 지령문이 단독정부 수립 지시라고 주장하나 이는 확대해석일 가능성이 있다. 이완범, 『한국해방 3년사』(태학사, 2007), 115-117쪽. 또한 이정식은 1945년 10월 8일 트루먼이 급격히 진행되던 감군정책을 재평가해야 한다는 성명을 발표했고 10월 27일 동유럽지역에 소련이 공산체제를 강요하는 것을 반대하며 군사적인 우월성을 유지해야 한다는 반소적인 발언을 했다면서, 이미 이 시점에 냉전이 격화되기 시작했다고 주장했다. 이정식(2008), 위의 책, 593쪽. 한편 몰로토프가 1945년 9월 24일 런던외상회의 제18차 회의에서 번스, 베빈, 왕쉬제, 비도에게 제출한 「외상회의 소련대표단의 제안: 일본에서의 연합국통제기구에 관하여」, АВПР, ф. 0431, оп. 1, п. 8, д. 52, л. 70-71, 『동북아워치』 41(2024년 6월 18일), 5-6쪽에 나타난 소련의 대일 연합국통제기구 창설(일본 점령의 최고 책임국가로서의 미국의 주도권 인정; "도쿄에 미국, 대영제국, 소련, 중국 대표들로 미국이 의장을 맡는 연합국통제회의를 창설할 것"이라는 명시적 구절 포함) 시도를 미국이 거부했으므로 동북아에서 냉전이 이미 시작되는 계기를 만들었다는 해석도 있다.

구 자체(Organization itself)일 수 있다"라는 문구를 인용하여 유엔의 중요성을 강조했다. ⑤ "미국은 적국으로부터 분리되어 신탁통치 대상 지역으로 분류된 모든 지역과 관련하여 특별한 지위를 계속 가질 것이다"라면서 "신탁통치협정의 타결에 직접 관계되는 국가 중의 하나가 될 것이다"라고 언급되고 있다.[53]

그렇다면 ③, ⑤가 모두 적용될 수 있는 소말릴란드는 적국에서 당연히 분리될 지역이어야 했다. 주지하다시피 소말릴란드는 패전국의 식민지였고 위임통치령이 아니었다. 그러나 추후 이탈리아의 단독 신탁통치령이 되고 말았다. 결과적으로는 승전국의 구 위임통치령으로 기득권을 보장해 단독 신탁통치가 단행되는 ④와 같은 양상이 구현되었다. 이렇게 모순된 상황으로 귀착된 것은 소련의 이탈리아 식민지 단독 참여가 분쟁의 씨앗이 될 것이라고 본 미국이 이를 막으려고 노력한 결과였다. 일본의 위임통치령과 일본의 식민지는 일본에서 분리되어 최소한 신탁통치령이 되었으나 이탈리아 식민지인 소말릴란드는 소련의 야욕을 막기 위해 이탈리아에서 분리되지 못했고 최악의 상황이 연장되었던 것이다.

냉전기 미국의 최고 목표는 대소봉쇄였고 해당 지역 주민들의 복리증진은 우선순위가 떨어지는 목표가 되었다. 일본의 위임통치령은 미국이 다소 무리해서라도(과다한 무력 전개를 할 필요가 없을 정도로 크기와 인구 등 그 규모가 작음) 독점적 단독 신탁통치를 할 수 있을 정도로 그 전략적 위치가 미국에 중요했지만, 소말릴란드는 일본 위임통치령보다 미국에 덜 가깝고 덜 중요했으며 이를 독점하기에는 과다한 무력 동원과 재정 지출이 부담되었다. 게다가 무엇보다도 소련의 반발이 우려되었기 때문

---

53 "Briefing Book Paper: Memorandum on United States Participation in Administration of Trust Territories," Dec 20, 1945, *FRUS, 1946, GENERAL; THE UNITED NATIONS*, vol. I, pp. 545-546.

에 차선책으로 패전국 이탈리아의 기득권을 보호하는 무리수를 감행했던 것이다. 물론 그 기득권은 10년이라는 시한이 부과됐으므로 잠정적인 것이었다. 결정적인 시기에 이탈리아를 소련의 팽창으로부터 보호한다면 아마도 장기적으로 우호적인 세력권이 될 수 있지 않을까 생각했을 것이다. 또한 신탁통치제도의 임시적인 특성상 장기적인 점유는 불가능했을 것이다.[54]

따라서 루스벨트의 이상 중에서 다국적인 특성은 구현되지 못했고 민족자결주의라는 이상도 패전국의 식민지에만 적용되었지만 독립으로 가는 과도기적 성격은 부분적이나마 구현되었다. 따라서 루스벨트의 기획이 완전히 무산되었다는 평가는 지나친 이상주의적인 평가일 것이다. 또한 영국령 소말릴란드도 이웃나라 이탈리아 신탁통치령의 독립 분위기에 영향받아 1960년 영국 보호국으로부터 같이 독립한 것도 역시 루스벨트가 원했던 탈식민주의적(반식민주의적) 이상의 부분적 구현이라고 할 것이다.[55]

그런데 영국령과 이탈리아령으로부터 통합된 소말리아에서 내전이 발생하여 결국 사실상 분단된 것에 외세의 책임이 없다고 볼 수 있을까? 영국령이었던 아덴만 연안의 북부 소말릴란드는 국제적으로 국가로 인정받지 못하지만 비교적 안정적이며, 이탈리아의 신탁통치를 거친 남부 소말리아를 지배하는 정권은 유엔에 의해 국제적으로는 승인받았지만 전란이 종식되지 못해 불안정하다. 해적이 발호하는 중부에는 푼

---

[54] 그럼에도 불구하고 미국은 신탁통치협정의 연장을 통해 비교적 장기적으로 서태평양 지역을 점유했다, 물론 1994년까지 모두 독립시키기는 했다. 그렇지만 독립 후에도 미국에 의존적인 연방이나 속령이 되게 하는 등 미국의 영향권 아래 온존시켰다.

[55] 그러나 프랑스령 소말릴란드, 즉 지부티는 1977년까지 프랑스가 점유했고, 지금도 프랑스의 영향력이 막강해 '홍해의 지브롤터'라고 불린다. 그런 의미에서 프랑스는 영국보다 더 나쁜 식민모국이라고 할 수 있다.

틀란드(Puntland), 갈무두그(Galmudug) 등 '자칭' 국가가 난립해서 소말리아는 크게 보면 북·중·남부로 3분 되어 있는 상황이다.[56]

4. 미국의 소련 배제 기도와 소련의 예견된 대일전 참전

미국은 이미 완성된 원자폭탄을 일본에 투하해 소련의 대일전 참전 이전에 전쟁을 끝내고 일본과 한국 등 동북아 지역을 독점하려 했다. 따라서 미국은 포츠담에서 한국 신탁통치에 대한 토의를 차단함으로써, 회담에 임하는 소련의 전략 목표에서 한국을 제외하게 하여 한국에 대한 정치적 욕구를 차단시키는 결과를 가져왔다. 이는 미국의 용의주도한 외교적 구상의 산물이다.[57] 그러나 결과적으로는 미·소 간에 한국 문제를 미해결 상태로 남겨놓았기 때문에 종전 후 탁치 문제에 대한 혼란이 초래될 여지를 남겼다. 여기에서 한국 분단에 대한 미국의 책임을 지적할 수 있다. 또한 소련은 얄타에서 합의한 유럽전쟁 종결 후 2~3개월 내 대일전 참전이라는 약속을 포츠담회담에서 재확인했으므로 8월 8일경 참전이 예견되었다.

한편 1945년 7월 26일 포츠담회담 중 열린 미·소 간 고위군사회담에서는 일본 동북부로부터 한반도 북단을 연결하는 공·해·잠수함 작전분계선이 획정되었으나 육군의 지상 작전 분계선은 그어지지 않았

---

56 다카노 히데유키 저, 신창훈·우상규 공역, 『수수께끼의 독립국가 소말릴란드』(글항아리, 2019).
57 吳忠根, 『朝鮮分割占領への道程: 米國の政策』, 日本慶應義塾大學 博士論文(1985); 진석용, 「분단사의 재조명: 일본학계의 한 연구」, 『사회과학과 정책연구』 7-4 (1985), 189쪽.

다.[58] 소련의 참전을 배제한 채 원자무기에 의해 전쟁을 일찍 종결하여 동북아를 독점하려는 트루먼은 스탈린과 한반도를 나누어 가질 필요가 없었으므로 소련과 38선 등 한반도 분할선을 논의하지는 않았다.

---

[58] 이완범(2013), 앞의 책, 245-246쪽.

소련의 참전과
미국의 38선 확정, 1945년 8월

7 장

1. 미국의 원폭 투하와 소련의 참전

1945년 8월 6일과 9일 미국이 일본 히로시마와 나가사키에 원폭을 각각 투하했지만, 일본은 즉시 항복하지 않았다. 원폭 투하로 인한 일본의 약화로 오히려 부담이 없어진 소련이 한국 시간으로 예정된 날짜보다 하루 뒤인 8월 9일 새벽에 한반도로 진군함으로써 미국의 동북아 독점 계획은 완전히 수포로 돌아갔다.[1] 즉 소련은 약속대로 8월 8일 선전포고하고 8월 9일 신속히 참전하여 큰 부담 없이 전투를 치를 수 있었다. 미국은 소련을 배제하지도 못하고 비도덕적 대량살상무기를 불필

---

[1] 한편 소련은 종전에 결정적으로 기여할 "소비에트 참전에 의해 일본이 항복함으로써 원폭 투하 기회를 빼앗기기 전에" 미국이 원폭을 미리 투하하여 주도권을 과시하려 했다고 비판했다. 우동수 편, 『세계현대사』(청아, 1987), 283쪽. 한편 *The New York Times*, August 3, 1989; 「소련 선전포고가 일본 항복 요인: 앨퍼로비츠」, 『한겨레』, 1989년 8월 11일자에 의하면 앨퍼로비츠는 소련의 참전이 원폭보다 더 결정적인 항복 요인이었다고 주장했다. 비인도적인 원폭 투하는 소련의 독점적 이권 확보를 견제하기 위한 조치로서 불필요한 것이었다고 평가했다.

요하게 투하했다는 비난을 감수해야만 했다. 원폭 투하는 일본(대량살상)과 소련(견제·위협) 양측의 비난 대상이 되었던 것이다. 과연 그렇다면 일본은 소련 참전 때문에 항복했을까, 아니면 미국의 원자 폭탄 때문에 무너졌을까? 이에 대하여 소련과 미국이 각각 자국의 전쟁 기여를 자기중심적으로 확대해석하고 있으나, 사실은 소련 참전과 원폭 투하 양 요인이 복합적으로 상호 작용하여 일본을 사면초가에 몰리게 한 것이라고 볼 수 있다. 일본에 치명적이었던 원폭이 몰락의 결정적인 요인임에는 분명하지만 소련의 참전도 무시할 수 없는 중요한 요인이다. 만약 소련이 참전하지 않고 일본과 중립을 유지했다면 아마 미국은 승리하기까지 더 많은 피를 흘렸을 것이다.

2. 한반도 점령안의 기원

소련의 동유럽 점령이 가져다주는 의미를 인식하고 있던 미국은 소련 진군에 대응하여 만주·화북·한국에 신속히 개입[2]할 필요성을 느꼈으

---

2   1945년 7월 16일 전쟁장관 스팀슨은 미국이 국제 신탁통치안을 더욱 적극적으로 추진하면서 신탁통치 기간 중 미 육군이나 해병대가 단지 명목상으로라도 진주해야 한다고 트루먼에게 보고했다. 스팀슨은 한국 문제를 이미 (소련의 야욕 때문에) 갈등이 표출된 폴란드 문제에 빗대어 '극동으로 이식된 폴란드 문제'라고 말했다. "Trusteeship for Korea: Stimson's Memorandum for the President," 16 July 1945, *FRUS, 1945, Berlin*, vol. II, p. 631. 폴란드는 게르만세력과 슬라브세력 사이에 놓여 있어서 두 세력의 전략적 이해가 충돌하거나 일치된 경우 두 세력에 의해 분할되기도 했고 국가 자체가 소멸하기도 했다. 따라서 한반도(해양세력과 대륙세력의 충돌지)가 폴란드에 비유되기도 했다. 만약 미군 진주 없이 소련이 한반도 전부를 점령한다면 정말 폴란드의 예를 답습할지도 모를 일이었다. 한편 미국은 즉시독립을 선호했던 소련이 군정 실시에 대해 심사숙고하지 않았으므로 소련으로서는 한반도 군정에 대해 별다른 이견이 없을 것이라고 1945년 7월 판단했다. 따라서 한반도에 대한 단일단위의 (연합국 대표부가 참여한 연합) 군정을 미국이 제안하는 것을 검토했다. 이 경우 다른 시정국이 어디든

나 미국 진군 전인 8월 15일에 이미 전쟁은 끝나고 말았다. 이러한 와중에 미국은 소련과 중국공산당의 영토적 야심을 견제하고 자국의 이익을 확보하기 위하여 일반명령 제1호(General Order No. 1)³를 기초했다. 일반명령 제1호 중 한국 관계 조항은 38선을 중심으로 북쪽은 소련군이, 남쪽은 미국군이 일본군을 무장해제시킨다는 것으로서, 미국의 전후 군사적 역량 면에서 보면 다소 무리라고 생각할 여지가 있었다.⁴ 이는 포츠담회담 이래로 미·소가 묵시적으로 동의한 한반도에 대한 남북 세력분할 의식이 결집한 것이라고 할 수 있다.⁵

한반도에 대한 미국의 군사점령은 1944년부터 국무부를 중심으로 검토되었으며 1945년에 들어와서 하나의 정책 대안으로 받아들여졌고 만약 소련이 참전한다면 분할점령이 될 것이라고 예측되었다. 이러한 세력 분할 의식에 영향받은 미국의 군사 전략가들은 1945년 7월 25일경 포츠담에서 38선 부근을 한반도 남북 분할선으로 자체 검토했다. 그러나 동북아 독점을 기도한 미국의 정책 결정자들은 분할선을 소련과

(미국이라 해도) 소련이 시정국으로 참여만 한다면 소련은 이에 반대하지 않을 것이라고 미국은 예측했다는 것이다. 신용하, 「열강의 한국남북분단 및 신탁통치 정책과 백범 김구의 노선」, 백범기념관 개관 2주년기념 학술회의: 광복직후의 건국운동과 백범 김구, 2004년 10월 1일, 15-16쪽. 미국은 '외국군 주둔 없는 신탁통치' 실시 전에 자국군을 주둔시켜 단일 단위의 군정을 실시하는 안을 별도로 구상하고 있었다.

3   FRUS, 1945, vol. Ⅵ, pp. 658-659; Ministry of Foreign Affairs of the U.S.S.R., ed, *Correspondence between the Chairman of the Council of Ministers of the U.S.S.R. and the Presidents of the U.S.A. and the Prime Ministers of Great Britain during the Great Patriotic War of 1941~1945*, vol. Ⅱ (Moscow: Foreign Languages Publishing House, 1957), p. 262.

4   Mark Paul, "Diplomacy Delayed: The Atomic Bomb and the Division of Korea, 1945," Bruce Cumings, ed., *Child of Conflict: The Korean-American Relationship, 1943~1953* (Seattle: University of Washington Press, 1983), p. 88; 브루스 커밍스 편, 박의경 역, 『한국전쟁과 한미관계』(청사, 1987), 116쪽.

5   이완범, 『삼팔선 획정의 진실』(지식산업사, 2001); 이완범, 『한반도 분할의 역사』(성남: 한국학중앙연구원 출판부, 2013), 266쪽.

상의하지 않았다.

  1945년 8월 10~11일 사이에 확정된 38선은 형식적으로는 일본군의 무장해제를 위한 편의적 군사분계선이었다. 원래 한반도는 일제 대본영의 직할지역이었으나 1945년 6월부터 함경·평안 이북은 일본의 관동군이, 이남은 남방군이 관할하고 있었다. 여기서 군사분계선 획정의 간접적 근거를 제공한 일제의 분단에 대한 책임이 지적되기도 한다. 그러나 미국의 설명에 이에 대한 언급이 없으므로 이 분계선(정확히 38도선도 아님)을 의식해 38선을 그었을 가능성은 별로 없다. 또한 8월 10일 이후 제주도를 포함해 한반도 전체가 관동군 관할이 되었으므로 6월 일본의 조치는 임시에 불과했다.

3. 미국의 분할점령 결정

  미·소 양군의 진주는 단순한 무장해제뿐 아니라 바로 점령을 의미했다. 당시 동아시아에서 세력 관계는 '군사적 승리를 얻는 측이 정치적인 문제를 지배한다'는 원칙에 따라 누가 어디서 항복을 받느냐에 따라 좌우되는 상황이었다. 실무 담당자는 몰랐다 하더라도 분할선의 획정을 지시한 정책 결정자는 그러한 의미를 분명히 알았을 것이다.

  미국의 '점령 → 탁치 → 독립' 3단계 구상에 따라 선점령 후탁치가 결정되었지만 분할점령을 결정함에 있어서 다음 단계인 탁치의 가능성을 심각하게 고려하지는 않았다. 얄타에서 구두합의된 '군사 주둔 없는 탁치안'은 그 실행 방법 면에서 결정된 것이 없었으므로 불확실한 안이었으며 만약 탁치가 실현된다면 그때 철군하면 될 것이었다. 다음은 한반도 분할을 결정한 '일반명령 제1호'의 원안과 확정안의 내용이다.

① 중국(만주 제외), 대만 및 북위 16도선 이북 프랑스령 인도차이나의 모든 일본군 고위지휘관은 장제스 총통에 항복한다.

② 만주, 북위 38도 이북의 한국, 카라후토(사할린-인용자) 및 쿠릴열도 내에 있는 일본군 고위지휘관과 모든 육·해·공군 및 그 부속군은 소련군 극동사령관에 항복한다.

③ [원안] 안다만제도, 니코바르제도, 버마, 태국, 북위 16도 이남의 프랑스령 인도차이나, 말라야, 보르네오, 네덜란드령 동인도제도, 뉴기니, 비스마르크제도와 (적도 남쪽의 일본군 점령지-인용자) 솔로몬제도의 일본군 고위지휘관과 모든 육·해·공군 및 그 부속군은 동남아시아사령부 연합최고사령관(The Supreme Allied Commander South East Asia Command) 혹은 오스트레일리아군 총사령관에게 항복한다. 추후 연합군 최고사령부(The Supreme Commander for the Allied Powers)가 세부적인 양 사령관 사이의 분계선을 논의해서 결정할 것이다.⁶

③번 원안의 경우 동남아시아사령부 연합최고사령관 마운트배튼(Louis Mountbatten)⁷ 영국 해군 제독과 오스트레일리아군 총사령관 사

---

6 원문은 다음과 같다. "The senior Japanese commanders and all ground, sea, air and auxiliary forces within the Andamans, Nicobars, Burma, Thailand, French Indo-China south of 16 degrees north latitude, Malaya, Borneo, Netherlands Indies, New Guinea, Bismarcks and the Solomons, shall surrender to (the Supreme Allied Commander South East Asia Command or the Commanding General, Australian Forces--the exact breakdown between Mountbatten and the Australians to be arranged between them and the details of this paragraph then prepared by the Supreme Commander for the Allied Powers." "General Order No. 1", 〈Wikisource〉(en.wikisource.org/wiki/General_Order_No._1, 검색일: 2018년 12월 25일).

7 이후 마지막 인도 총독이 되었다. 영국의 귀족으로 빅토리아 여왕의 증손이다. 제1대 버마 백작이다.

이의 분계선이 미정이었다가 다음과 같이 확정되었다.

[확정안] 안다만제도, 니코바르제도, 버마, 태국, 북위 16도 이남의 프랑스령 인도차이나, 말라야, 수마트라, 자바, 소순다제도(발리, 롬복, 티모르 포함), 부루, 스람, 암본, 카이, 알로르, 타님바르, 아라푸라해의 제도, 술라웨시제도, 할마헤라제도와 네덜란드령 뉴기니(서뉴기니-인용자)[8]의 일본군 고위지휘관과 모든 육·해·공군 및 그 부속군은 동남아시아사령부 연합최고사령관에게 항복한다. 보르네오, 영국령 뉴기니(동뉴기니-인용자), 비스마르크제도와 (적도 남쪽의-인용자) 솔로몬제도의 일본군 고위지휘관과 모든 육·해·공군 및 그 부속군은 오스트레일리아군 총사령관에게 항복한다.
④ 일본위임통치제도와 오키나와제도, 오가사와라제도 및 태평양 섬들의 모든 일본군 고위지휘관은 미국 태평양함대 총사령관에게 항복한다.[9]

---

8   이 최종안의 수마트라부터 네덜란드령 뉴기니는 원안에 포괄적으로 '네덜란드령 동인도제도'라고 되어 있어 별도로 분류되지 않았던 것을 구체적으로 별도 명기한 것이다.
9   원안에서 최초 분계선이 미정이었던 것은 이 지역의 일부를 지배하고 있던 프랑스와 네덜란드를 어떻게 배려할지, 그리고 보르네오섬의 경우는 영국과 네덜란드가 각각 북과 남으로 분리 지배하였던 지역이므로 조정이 필요해서였다(영국령과 네덜란드령의 국경선은 1915년 확정되었다. 따라서 영국령 북보르네오는 동남아시아사령부 연합최고사령관의 항복지역으로, 네덜란드령 남보르네오는 다른 네덜란드 동인도제도의 경우와 같이 오스트레일리아군 총사령관의 항복지역으로 분간하려는 것도 검토했을 법한데 지리적으로 보르네오섬은 하나였으므로 남부와 북부 모두 오스트레일리아군 항복구역으로 분류했다. 오스트레일리아군은 영국이 어느 정도 영향력을 행사할 수 있는 영연방의 우군이었다). 그리고 네덜란드와 오스트레일리아의 경계선을 어떻게 확정할지도 세밀한 고려가 필요했다[그런데 이미 1824년 영국·네덜란드 사이에 협정을 맺어 세력 범위를 확정했다. 이 협정에 따라 싱가포르를 중심으로 북부는 영국이, 남부는 네덜란드가 지배하도록 했는데 말라카는 영국이 가져가는 대신 자신들이 지배하던 벤쿨렌(방카홀루)을 네덜란드에 양도했다. 이후 영국의 세력 범위는 영국령 말라야라 하여 오늘날의 말레이시아와 싱가포르가 되었고 네덜란드의 세력 범위는 네덜란드령 인도라 하여 오늘날의 인도네시아가 되었다]. 프랑스령 인도차이나와 네덜란드령 동인도제도의 경우 식민모국이 모두 나치에 밀려 영국에 망명정부를 구성하는 등 힘이 없던 터라 확정안에서는 이들에 대한 배려 없이 일단 영국의 항복구역으로 분류되었다. 향후 프랑스는 유엔안전보장이사회의 상임이사국이 되어 강국 위상을 회복한다면 인도차이나의 식민모

⑤ 일본 본토 및 그 부속 소도, 북위 38도선 이남의 한국, 류큐 및 필리핀에 있는 제국총사령부, 그 고위지휘관과 모든 육·해·공군 및 그 부속군은 미국 육군 태평양총사령관에게 항복한다.

⑥ 이상에서 지적한 사령관이 항복을 받을 권한이 있는 연합군의 유일한 대표자이며 모든 일본군의 투항은 오직 이들 또는 그 대표자에게만 할 수 있다.[10]

이는 전후 아시아에서의 세력 관계에 대한 미국의 입장을 밝힌 것으로 태평양전쟁에서 가장 큰 역할을 한 미국에 의해 일방적으로 작성되어 소련과 영국에 통고된 후 승인되었다. 소련은 8월 16일 쿠릴열도가 빠진 것을 보고 추가할 것을 요구해 관철시켰으며 홋카이도 북부를 소련의 항복구역에 포함시킬 것과 자신들을 일본 점령에 참여시킬 것을 요구하고 북위 38선 이북 한반도에 대해서는 별다른 이의 제기 없이 수락했다. 구체적으로 문서화되어 드러난 것은 9월 2일 미·일 간 항복문서 조인식 때였다.

②항과 ⑤항이 우리가 주목할 만한 부분인데, 전시에 세력 분할에 관

국으로 재진입할 가능성을 열어놓았다(프랑스의 재진입 이후 공산주의 확산을 막으려는 미국이 냉전시대의 맹주로서 인도네시아를 프랑스로부터 넘겨받았다). 그러나 네덜란드는 상업부국이기는 했어도 강국으로는 부상하지 못했고 네덜란드 지배 지역이었던 동인도제도가 섬이라 그 전략적 위치가 상대적으로 낮게 평가되었다. 또한 미국은 민족주의자인 수카르노가 독립운동을 주도한 인도네시아는 공산화될 가능성이 많지 않다고 판단해 네덜란드에 포기할 것을 종용해 식민모국이 롤백(roll-back)할 수 없었다. 미국의 입장에서는 핵심지역인 서구에 집중해야 하므로 아시아 지역 모두를 관리하기에는 버겁다고 생각했다. 미국은 인도차이나가 소련의 팽창을 봉쇄할 수 있는 전략적 가치가 있는 지역이라고 판단해 자국의 세력권으로 선택했던 것이다.

10 "一般命令第一號", 〈Wikisource〉(ja.wikisource.org/wiki/%E4%B8%80%E8%88%AC%E5%91%BD%E4%BB%A4%E7%AC%AC%E4%B8%80%E5%8F%B7, 검색일: 2018년 12월 25일).

한 명확한 논의가 없었던 한반도를 제외하고는 얄타밀약에서의 흥정 범위와 일치한다. 소련에는 한반도를 제외한 만주·남사할린·쿠릴열도가 전략적 요지였으며 38선 이북의 한국은 일종의 덤이었을 가능성도 있다.

미국이 일방적으로 38선을 획정했다는 것은 부인할 수 없는 사실이다. 이미 1945년 7월 25일경 획정된 38선이 확정된 것은 8월 10~11일 사이였다. 그렇다면 38선을 확정한 실무자는 누구였으며 무슨 의도에서 했을까? 미국의 사후 변명을 보면 1명의 준장과 2명의 영관급 장교들이 군사적 편의에 따라 결정했다지만, 이들은 상부의 지시에 따라 편의주의적으로 사고할 수밖에 없는 실무 담당자에 불과하다. 이들이 국무부·전쟁부·해군부의 삼부조정위원회(SWNCC; State-War-Navy Coordinating Committee)의 위임을 받아 미 펜타곤(당시에는 전쟁부이며 지금의 국방부) 4E886호실에서 결정했다고 한다. 보다 높은 차원의 의도가 이 위원회에서 편의적으로 소화되었다고 할 수 있다.

삼부조정위원회는 전략적인 문제를 논의하기 위하여 국무부·전쟁부·해군부의 정책 담당자가 모이는 기관이다. 워싱턴 시각으로 8월 10일 밤 전쟁차관보 맥클로이(John McCloy) 방에서 국무부 대표 던(James Dunn), 해군부 대표 바드(Ralph Bard)가 참석한 가운데 일본 항복 후 극동 미군이 취할 행동을 규정하는 명령서를 기초했다. 한반도를 분할해야 한다는 것은 이미 상부에서 결정된 상태였다. 단지 어떤 선을 긋느냐 하는 것이 문제였는데 묘안이 떠오르지 않던 던은 전쟁부 작전국 전략정책단장 링컨(George Abe Lincoln) 준장에게 기안할 것을 지시했다. 링컨은 자신의 방에 걸린 지도를 보면서 38선을 구상한 다음 다시 자신의 참모인 정책과장 본스틸 3세(Charles H. Bonsteel III)대령과 정책과장보 러스크(Dean Rusk) 대령에게 이보다 더 좋은 방안이 없는

지 검토를 지시했다.[11] 후일 국무장관이 된 러스크가 차관보 시절에 당시 기억을 더듬어 1950년 7월 12일에 쓴 비망록에 의하면 "국무부 측은(번스의 견해로는) 미군이 (대륙에서-인용자; 한반도만 지칭한 것은 아니라 만주 지역도 포함) 되도록이면 북상하여 항복을 접수해야 한다는 의견을 제출했다"라는 것이었다.

여기서 번스가 결정의 배후에 있다는 사실과 38선 획정이 단순히 군사적 편의에 의해서 이루어진 것은 아니라는 증거를 포착할 수 있다. '되도록이면 북상하라'는 구절에서 이를 입증할 수 있는데, 북상의 정치적 목적은 세력 확대이지만 보다 심층적으로 보면 소련의 한반도 전체 점령을 막기 위한 소련 견제에 있다는 사실을 쉽게 알 수 있다. 편의적으로 확정한 실무자에게도 이런 정치적 의도가 지침으로 전달되었던 것이다. 그러나 태평양의 미군에게는 시간과 병력이 없었다. 군은 당장 사용 가능한 미군 병력이 부족함을 지적하기도 했다(약 965km 떨어진 오키나와에 있었음). 따라서 북상해야 한다는 정치적 희망과 미군 진주 능력의 명백한 한계를 조화시킬 안을 확정해야 했다. 본스틸은 도계(道界)가 좋겠다고 했으나 맥클로이의 부속실에서 유일하게 활용 가능한, '극동(Far East)'이라고 쓰인 스케일 큰 지도에는 도계가 나와 있을 리가 없었다고 한다.[12] 결국 38선이 최종안으로 확정되었다.

---

11   Michael C. Sandusky, *America's Parallel* (Alexandria, Virginia: Old Dominion, 1983), p. 226.
12   C. Leonard Hoag, "American Military Government in Korea: War Policy and the First Year of Occupation, 1941~46," Draft Manuscript (Washington, D.C.: Department of Army, 1970), p. 65. 러스크 등의 회고에 의하면 벽에 붙어 있던 '내셔널 지오그래픽 지도'를 활용했다고 하는데, 당시 내셔널 지오그래픽 지도에는 'Far East' 지도가 없으며, 이후 38선 등을 그려 넣은 내셔널 지오그래픽 지도는 '아시아와 그 주변'으로 스케일이 너무 커서 35도선과 40도선만 나와 있다. 따라서 서울이 38선 아래에 놓여 38선을 채택하면 서울이 미군 점령지역에 포함된다는 사실을 확인하기가 어렵다. 그렇다면 8월 11일 새벽에 이 스케일 큰 지도에서 38선을 착상했다는 것은 위증이

4. 소련의 38선 수락

이렇게 미국이 확정한 38선이 소련에 의해 즉각 수용되었다. 러스크는 소련이 보다 남쪽의 선을 고집하지 않고 수락한 것에 약간 놀랐다고 술회했다.[13] 트루먼도 그의 회고록에서 소련이 동의하지 않았다면 반도의 훨씬 남쪽에 선이 그어졌을 것이라고 평가했다. 그럼에도 불구하고 제독 가드너(M. B. Gardner)는 만주 확보의 교두보인 다롄항을 미국 점령지역에 포함시키려고 '39도선'을 대안으로 제안하여 해군장관 포리스털(James V. Forrestal)의 지지를 받기까지 했다.

그렇다면 아직 한반도에 본격적으로 공격을 가하지는 않았지만 한반도 전체도 점령할 수 있었던 소련이 왜 분할선을 수락했을까? 미국의 정치적 의도를 몰랐을까? 그럴 가능성은 없다. 소련은 태평양에서 일본 점령에 참여하거나 일본 분할점령을 도모하기 위하여, 만주에서 더 많은 이권을 확보하기 위하여, 독일을 비롯한 동유럽 지역에서 위치를 공고하게 하기 위하여 38선을 수락했을 것이다. 즉 소련 입장에서 한반도는 타 지역에서 더 많은 이권을 확보하기 위한 흥정 대상이었다.[14] 이

될 가능성이 높다. 대신 8월 11일 전에 일본과 그 주변 지도나 한국 지도 등을 보고 서울이 38선 남쪽에 있다는 아이디어를 이미 알고 있었던 것이 아닌가 한다. 38선이 표시된 1945년 7월 6일경 미 전략정책단의 한반도 4분 지도 등을 8월 11일의 38선 확정 실무자가 접했을 가능성이 높다. 또한 러스크와 본스틸은 이미 상부에서 기안된 38선을 그려 넣은 실무자에 불과했지만, 책임을 지기 위해서 혹은 공명심이 넘쳐서 자신들이 군사적 편의에 따라 획정했다고 주장했을 수도 있다. 7월 25일경 작전국장 헐 중장이 획정한 '헐선'과 확정된 38선 사이 연결고리가 있을 가능성도 있다. 이완범(2013), 앞의 책, 330-354쪽.

13 "Dean Rusk(Assistant Secretary of State for Far Eastern Affairs)'s Answer to an Inquiry from the Chief of the Division of Historical Policy Research, G. Bernard Noble, in Regard to the 38th Parallel," July 12, 1950, 740.00117 Control-(Korea)/7-1250 in *FRUS, 1945*, vol. VI (Washington, D.C: USGPO, 1969), p. 1039.

14 이정식은 만주 확보가 지상목표였던 소련이 38선 이북을 가진 것에 만족하고 있었으

러한 소련의 정치적 음모에서 프롤레타리아 국제주의적 원칙을 소비에 트기지론이라는 소련 중심의 왜곡된 일국적 관점으로 치환시킨 스탈린주의적 편향을 읽을 수 있다. 이런 맥락에서 본다면 소련도 국가이익에 따라 세력권을 확장하려는 의도를 가지고 있다는 점에서 자본주의 국가

므로 문제를 제기하지 않았으며 진주 후에도 38선 이남의 확장에 대하여 고려하지 않았다고 주장한다. 이러한 '38선 이북 만족설'은 반 리(Erik Van Ree)도 주장했다. 그에 의하면 스탈린의 의도가 '38선 이남으로의 혁명 수출'보다는 '38선 이북의 공고화'라는 소극적인 데 있었다는 것이다. 한편 커밍스는 소련이 38선 분할을 대일전 참전에 대한 적절한 보상이라고 생각했을 것이라고 주장했다. Chong-Sik Lee, "Why Did Stalin Accept the 38th Parallel?," *Journal of Northeast Asian Studies*, vol. Ⅳ, no. 4 (1985), p. 68; 이정식, 「남북의 분단과 그 현실」, 『한국사 시민강좌(제5집): 韓國史上의 分裂과 統一』(일조각, 1989), 123-124쪽; Erik Van Ree, *Socialism in One Zone: Stalin's Policy in Korea, 1945~1947* (Oxford: Berg, 1989), p. 276; Bruce Cumings, *The Origins of the Korean War: Liberation and the Emergence of Separate Regimes, 1945~1947*, vol. Ⅰ (Princeton, N. J.: Princeton University Press, 1981), p. 121.

그런데 소련 외무성 문서보관소에 소장된 작성자 불명의 "Notes on the Question of Former Japanese Colonies and Mandated Territories," September 1945, Fond 0431 Ⅰ, Opis 1, Delo 52, Papka 8, listy 40~43에 의하면 소련 외무성은 한반도 북부를 점령한 후 1945년 9월 목표를 확대·수정했다는 것이다. 이 문서에서는 약 2년 후 점령 상태가 마감될 것으로 예측하면서 이때 조선의 4대국 탁치가 실행될 때 소련은 3개 지역(부산-진해, 제주도, 인천)을 관할하도록 할당받아야 한다고 기술되어 있다. 만약 미국의 반대에 부딪혀 어려워진다면 소련과 중국이 합동으로 지배하는 제안도 생각해볼 수 있다고 첨언했다. 그러나 이러한 목표의 달성이 어려워지자 북한만의 단독정권 수립으로 나아갔다. 따라서 잠시 팽창주의적인 대안을 가진 적도 있으나 이는 탁치를 전제로 한 여러 대안의 하나일 뿐이며 안보전략 차원의 다각적인 고려일 뿐 양분의 존속에는 대체로 만족했다고 평가할 수 있다. Kathryn Weathersby, "Soviet Aims in Korea and the Origins of the Korean War, 1945~1950: New Evidence from Russian Archives," Cold War International History Project Working Paper, Woodrow Wilson International Center for Scholars, 1993, in Web Version, pp. 10-11; 캐스린 웨더스비·이정식, 「스탈린은 해방 한국의 제주도를 욕심냈다」, 『신동아』 9월 (1993), 563쪽 참조.

그런데 김영호는 이렇게 팽창주의적 정향을 가진 스탈린이 1950년 전쟁을 주도했다고 주장한다. 김영호, 「한국전쟁 원인과 국제 정치적 재해석: 스탈린의 롤백 이론」, 박지향 외, 『해방전후사의 재인식 2』(책세상, 2006). 1949년 중국 공산화 이후 변화된 시대 상황에 맞춰 팽창적 노선으로 전환되었다는 해석이 가능하다.

와 다를 바 없었다.

이미 한반도에 소련군이 진주한 상황에 비추어본다면, 미국이 가능한 한 많은 지역을 점령하려는 의도에서[15] 확정한 38선 획정안을 소련이 순순히 수락[16]했다는 사실[17]에 대해 당시 미국 당국자는 의외로 받아들였던것은 당시 미국이 소련을 과대평가한 증거이다. 한편 소련도 미국을 과대평가해 38선 이북 확보에 만족하는 등 수세적 반응을 보인 측면이 있었다. 이렇듯 미·소 양국은 상대를 과대평가하면서도 전후 세계를 양분해 냉전시대의 배타적 세력권을 형성했다.[18]

---

[15] "Dean Rusk(Assistant Secretary of State for Far Eastern Affairs)'s Answer to an Inquiry from the Chief of the Division of Historical Policy Research, G. Bernard Noble, in Regard to the 38th Parallel," July 12, 1950, 740.00117 Control-(Korea)/7-1250 in *FRUS, 1945*, vol. Ⅵ (Washington, D.C.: USGPO, 1969), p. 1039.

[16] 스탈린은 쿠릴열도와 홋카이도 북부를 소련의 항복지역으로 할 것과 일본 점령에 참여하게 해달라고 8월 16일 제안하고 나머지는 수정 없이 받아들였다. 이에 대해 트루먼은 쿠릴열도를 소련에 귀속하는 문제에만 동의했을 뿐, 소련군의 홋카이도 북부 점령 등을 언급하지 않고 우회적으로 거부하여 일본 본토 점령 자체를 대체로 거부했으며, 단지 상징적이고 잠정적인 존재에 불과했던 '일본 주둔 연합국'에 소련이 참여할 수 있다고 8월 18일자로 답신했다. Ministry of Foreign Affairs of the U.S.S.R., ed., *Correspondence between the Chairman of the Council of Ministers of the U.S.S.R. and the Presidents of the U.S.A. and the Prime Ministers of Great Britain during the Great Patriotic War of 1941~1945* (Moscow: Foreign Languages Publishing House, 1957), pp. 266-267; "The President to Generalissimo Stalin," 18 August 1945, RG 218, Entry 47 Chairman's File Admiral Leahy, 1942~1948, Folder #94 Stalin-President Message 1945; Harry S. Truman, *Memoirs*, vol. I, p. 441; "Truman to Stalin," 17 August 1945, *FRUS, 1945*, vol. Ⅵ, p. 670.

[17] Chong-Sik Lee(1985), 앞의 글, pp. 68-70.

[18] "Dean Rusk(Assistant Secretary of State for Far Eastern Affairs)'s Answer to an Inquiry from the Chief of the Division of Historical Policy Research, G. Bernard Noble, in Regard to the 38th Parallel," July 12, 1950, 740.00117 Control-(Korea)/7-1250 in *FRUS, 1945*, vol. Ⅵ (Washington, D.C.: USGPO, 1969), p. 1039.

5. 탁치에서 분할점령으로

　이렇듯 종전 직후 한국 문제의 해결 방안은 애매하고 불확실하여, 자국의 이권 보장이 불투명한 신탁통치 방식보다는 명백한 이권 보장이 가능한 군사적 점령이라는 방향으로 나아가고 있었다.[19] 결과적으로 보면 1945년 2월 얄타에서 합의되었던 '외국군 주둔 없는 탁치안'[20]이 폐기되고, 1945년 8월 '외국군 주둔하의 탁치안'이 현실론으로서 대두되었던 것이다.

　외국군 주둔[=(분할)점령]과 탁치가 양립 가능한지 아닌지에 대하여는 논란의 여지가 있지만 분할점령 결정 당시 미·소 양국은 형식적으로는 양립 가능한 것으로 설정했다. 한편 학계의 이후 평가를 살펴보면, 샌더스키(Michael C. Sandusky)는 직접 지배 양식인 분할점령이 달성된 마당에 국제적 탁치안은 의미가 없다며 양자를 대립적인 것으로 파악했다.[21] 이에 비해 커밍스는 탁치의 불투명한 이권 확보를 점령이 확실하게 했다면서 양자를 보완적인 것으로 간주했다.[22] 대립적인 것으로 보는 것이 결과론적인 면에서 통설에 가깝다.[23]

---

[19] 1946년 미군정 사가는 점령이 패권정치에 입각한 한국의 독점적 지배를 방지하고 독립을 발전시키기 위한 조치였다고 합리화했다. United States Army Military Government in Korea, "History of United States Army Military Government in Korea," Seoul, Office of Administrative Services, Statistical Research Division, 1946, Manuscript, Microfilm, Library of Congress, Washington, D.C., vol. I, part I, chapter I, pp. 1-2.

[20] "Roosevelt-Stalin Meeting," February 8, 1945, 3:30 p.m., Livadia Palace, FRUS, 1945, Malta and Yalta, p. 770; 이완범, 「한반도 신탁통치안과 국내정치, 1943~1948」, 연세대학교 석사학위논문(1985), 15쪽.

[21] Michael C. Sandusky(1983), 앞의 책, p. 328.

[22] Bruce Cumings(1981), 앞의 책, p. 113, p. 122.

[23] Gabriel Kolko, The Politics of War (New York: Random House, 1968), p. 140; 林建彦, 『韓國現代史』(삼민사, 1986), 41쪽.

그런데 분할점령은 이미 기정사실화되었기에 신탁통치의 실시 결정 및 그 구체적 절차에 관한 사항이 한국 문제 해결의 중요 쟁점으로 부각되었다. 즉 미·소 양국은 이익 확보를 위하여 일단은 분할점령을 단행했으나 탁치 문제에 대한 구체적 합의는 유보되어 있는 상태였기 때문에 만일 더 이상의 구체적 합의가 없다면 기정사실화된 분할점령은 영구화될 소지가 있었다. 그렇다면 분할점령에서 탁치로의 이행은 불가능하고 양자는 양립 가능하지 않은 것이 되고 만다. 역시 결과론적인 통설이 검증되는 대목이다.

한편 소련공산당 중앙위원회 정보국이 편집해 『공보』에 게재한 「한국의 국내외 정세에 대하여」라는 1945년 8월 1일자 보고서에서 소련은 미국의 공식 대한정책인 다자간 국제신탁통치가 미국의 영향력 보장을 위한 제도라고 판단했다. 또한 김구가 이끈 한국독립당은 중국과 미국 내 조선 망명자들 가운데 보수파들로 뭉쳐 있고, 중국 정부 내 반동집단의 지원을 받고 있다고 비판적으로 평가되었다.[24] 소련은 반동적인 김구 세력의 뒤에 장제스가 있다고 판단했다.

---

[24] "О внутреннем и международном положении Кореи," Бюллетень Бюро Информации ЦК ВКП(б): Вопросы внешней политики No.15. 01. 08. 1945. РГАСПИ, Ф. 17, оп. 128, д. 49, л. 162; 기광서, 「해방 전 소련의 대한반도 정책 구상과 조선 정치세력에 대한 입장」, 『슬라브연구』 30-4(2014).

모스크바3상회의의 한반도 신탁통치안 결정, 1945년 10~12월

8장

한반도 신탁통치안은 모스크바3상회의에서 미·소 간 타협에 의해 별다른 숙고 없이 그 자리에서 결정된 일이었다고 평가되기도 한다. 그러나 이는 오래전에 루스벨트(FDR)에 의하여 구상된 후 루스벨트 사후와 한국 광복 이후에도 미국에 의해 비교적 심도 있게 검토되었음이 확인된다.[1] 대한민국임시정부 등 해외 독립운동 세력이 꾸준히 반대했지만 미국은 이러한 반대를 전혀 고려하지 않았다.

1. 모스크바3상회의 직전까지 미국의 신탁통치 구상: 유엔하 신탁통치안

미 국무부의 탁치안 협정문 기안은 1945년 10월 8일부터 11월 8일까지 이루어졌으며 그 결과 11월 8일 'PR-30'이라는 안이 작성되었다.[2] 38개 장으로 구성된 이 문서는 탁치의 수립, 행정의 형태, 시정기구와 한국인의 관계, 유엔과 유엔 가맹국, 시정기구의 목적과 개정, 조약의

비준과 만기 등의 내용이 서술되어 있다. 이 문서는 곧 국무부 직원들에게 회람되었다.³

전쟁 중 한국 문제에 관해 미·소 간에 합의된 것은 4개국 탁치였지만 종전 이후 미국은 이 방식보다 자국의 지배가 확실시되는 유엔에 의존한 탁치에 더 집착했다. 따라서 탁치안을 결정해야 할 시점에서 미국으로서는 우선 한반도 탁치가 유엔과 분리되어야 하는지 아닌지를 자체적으로 의견을 수렴하는 것이 급선무였다.⁴

1945년 11월 7일 국무부 극동국장 빈센트(John Carter Vincent)는 전쟁부 작전과 대령 비트럴에게 보낸 공식 비망록에서 소련·영국·중국·미국이 시정권자가 되는 탁치가 군정을 대체해야 하는데 만약 유엔기구가 기능을 발휘하면 그 기구의 주도하에 탁치를 실시해야 한다고 주장했다.⁵ 그러나 유엔은 1945년 10월 24일 비로소 헌장이 발표되었으므로 아직 체제가 완비되지 못한 상황이었다. 유엔 내 하부기구인 신탁통치이사회의 경우 1947년에야 비로소 신탁통치 대상 지역과의 협정을 작성할 정도였으므로 실제로 한반도 신탁통치를 유엔 신탁통치이사회가 관장하는 것은 어려운 일이었다. 한반도 신탁통치안에 대해 곧 결정해야 하는 상황이었으므로 신탁통치이사회의 발족을 기다릴 수는 없었다. 또한 소련은 유엔기구가 관할하는 것을 전혀 고려하지 않았으므로

---

1 물론 한반도 점령안도 신탁통치와 함께 검토되었다.
2 PR Documents 23-32, especially 24-30, Records of the Executive Secretariat Lot 52-D478.
3 "Memorandum by George H. Blakeslee to Vincent: The Trusteeship Agreement for Korea," November 14, 1945, RG 59, General Records of the Department of State, Decimal File, 1945~49, 740.00119 Control (Korea), Box 3823.
4 "A Temporary International Supervisory Authority in Korea," SWNCC 101/1, 11 September 1945, RG 353, p. 12.
5 "Political Problems in Korea," November 7, 1945, RG 165, Records of the War Department, General and Special Staffs, ABC Files, 1942~1945, 014 Japan, p. 1.

미국의 유엔하 한반도 신탁 구상은 결국 실현 가능성이 높지 않게 흘러가고 있었다. 또한 얄타회담의정서에 "실제 영토에 대한 논의는 다가오는 유엔 회의나 예비 협의에서 고려되지 않으며, … 어떤 영토가 신탁통치 아래 놓이게 될 것인가에 관하여는 금후의 협정에서 정한다"라고 나와 있으므로 유엔기구의 개입 여지가 차단되었고 소련의 주장과 같이 외상위원회(The Council of Foreign Ministers)에서 한국 신탁통치 협정을 마련해야 하는 상황이었다. 이미 개최된 1945년 9월 런던외상회의는 소련과 서방진영의 의견 대립 때문에 이에 대한 결정을 내리지 못했고 결국 1945년 12월 개최될 모스크바3상회의를 기다려야 했다.

한국의 전후 장래 문제를 토의한 미국의 삼부조정위원회(SWNCC; The State-War-Navy Coordinating Committee)는 1945년 10월 13일 제27차 회의에서 '조선에서의 민사행정에 대한 초기 기본 지령'을 결의했고 곧바로 합참의 승인을 받아 맥아더 사령부에 전달했다. 여기에서 주목되는 1부 '일반 및 정치' 부분은 맥아더에게 부여된 군사적 권한의 기반과 범위, 남한 군사점령의 기본 목표, 미군 지대에서의 민사행정 확립을 내용으로 하고 있다. 특히 맥아더에게 조선에 대한 국제신탁통치 정책의 적용을 유념하라고 명시적으로 밝혔다.

2. 군사 기구의 기반과 범위(The Basis and Scope of Military Authority)
… b. 카이로선언의 조항들에 따라 귀관의 민사행정은 귀관 지휘하의 군대의 안전에 지장이 없는 한에서 최대한 조선을 해방국(a liberated country)으로 대우하는 것을 기본 원칙으로 할 것이다. … 귀관은 귀관의 모든 활동에서 조선에 대한 미국의 정책, 즉 미국과 소련에 의한 초기 과도적 민사행정(initial interim period of civil affairs administration)에서 미국, 영국, 중국, 소련에 의한 일정 기간의 신탁통치를 거쳐, 그리고 종국에는 유엔 회원국으

로서 조선의 완전한 독립까지 점진적인 발전을 고려하는 정책을 유념할 것이다.[6]

이는 점령과 군정, 민사행정 수립 등에 관한 지침이었고 이후 회의에서 한반도 신탁통치에 대한 공식적 세부 지침을 작성했다. 즉 1945년 10월 20일과 24일에 두 개의 문서, SWNCC 79/2와 SWNCC 101/4를 산출했던 것이다.[7] SWNCC 79/2에서는 분할점령과 탁치를 대립적인 것으로 인식하여, "분할점령 상태를 타개"하기 위해 중앙집권적 탁치 시행을 건의했다. 또한 탁치의 기반을 형성하기 위해 미국과 소련이 양국 군대 사이에 인위적으로 형성한 경계선을 철폐하고 군사점령을 중앙집권화하는 즉각적인 조치가 필요하다고 건의했다. SWNCC 101/4의 서두에서는 한반도에 탁치를 실시한다는 사실이 아직 구체적으로 결정되지 않았던 상태임을 지적하며 그 구체적인 제반정책 결정이 당면 과제라는 문제 제기가 있었다.[8] 그런데 SWNCC 101/4에서 "한국은 유엔에 규정된 것처럼 국제적 신탁통치가 적용될 나라이다"[9]라고 규정하고

---

[6] "John E. Hull's Memorandum to MacArthur: Basic Initial Directive to Commander in Chief, U.S. Army Forces, Pacific, for the Administration of Civil Affairs in Those Areas of Korea Occupied by U.S. Forces," SWNCC 176/8, October 17, 1945, 895.01/10-1745, *FRUS, 1945*, vol. Ⅵ, pp. 1073-1074; 강성현, 「전후 미국의 '점령형 신탁통치'의 성립과 냉전적 변형: 조선, 미크로네시아, 류큐제도를 중심으로」, 『사회와역사』 112(2016), 72쪽.

[7] "Report by the State-War-Navy Coordinating Subcommittee for the Far East," SWNCC 79/1, amended by SWNCC 79/2, October 20, 1945, *FRUS, 1945*, vol. Ⅵ, pp. 1094-1096.

[8] "Report by the State-War-Navy Coordinating Subcommittee for the Far East," SWNCC 101/4, October 24, 1945, *Foreign Relations of the United States Diplomatic Papers* (이후 *FRUS*), *1945*, vol. Ⅵ(Washington, D.C.: USGPO, 1969), p. 1096.

[9] "Report by the State-War-Navy Coordinating Subcommittee for the Far East," SWNCC 101/4, October 24, 1945, *FRUS, 1945*, vol. Ⅵ, p. 1097, p. 1099.

있다. 유엔헌장 77조 1항에 규정된 신탁통치령 대상 지역으로 ① 현재 위임통치(mandate)하에 있는 지역, ② 제2차 세계대전의 결과로서 적국에서 분리될 수 있는 지역, ③ 시정(施政; administration)에 책임을 지는 국가가 자발적으로 그 제도하에 두는 지역 등 세 가지로 분류하여 규정하고 있는데,[10] 미국은 ②항에 의거하여 한국에 유엔이 주도하는 탁치를 실시할 것을 구상해왔던 것이다.[11]

따라서 SWNCC 101/4 보고서에 첨부된 '부록 B'의 '논의사항' 여섯 번째 항목에서는 유엔하의 탁치를 기정사실화하여, 이것이 실시되면 한국민의 참여도 보장될 것이며 시정권자의 책임도 증대시킬 수 있는 이점이 있다고 평가했다.[12] 또한 열번째 항목에서는 특별히 한국민의 탁치에 대한 반대(many of the possible objections of the Koreans to a trusteeship system)를 의식하여[13] 한국인 관리를 가능한 최대한도로 등용하며(utilize Korean personnel to the fullest possible extent), 독립된

---

10 "Charter of the United Nations," chapter XII, article 77; 「유엔 헌장(영문 및 국문)」, 〈외교부〉. 이 규정에서 루스벨트식 보편적 탁치 적용원칙 이상이 현실과 만나 수정되었음을 알 수 있다. 그런데 북한에서는 국제연합헌장의 trusteeship을 '후견'이라고 번역한다. 조선중앙통신사, 『조선중앙연감』(평양: 조선중앙통신사, 1950), 120쪽. 또한 이 책 8장 각주 63 참조.

11 "HUSAFIK," part II, chapter IV, p. 57. 전시 미국이 소련, 영국, 중국 등에 한국에 대한 신탁통치 실시를 제안했으므로 ③의 경우로 분류되기도 하지만 미국이 아직 시정에 책임을 지는 국가의 자격을 얻지 못했으므로 전시의 제안은 이 경우로 보기에는 미흡하다. 다만 분할점령 후 잠정적이나마 시정에 책임을 지는 점령국이었으므로 ③의 경우로 볼 수도 있으나, ②의 경우인 패전국의 식민지로 보는 것이 더 적당하다.

12 "[Enclosure 2]Appendix 'B': Discussion," in "Report by the State-War-Navy Coordinating Subcommittee for the Far East," SWNCC 101/4, October 24, 1945, *FRUS, 1945*, vol. VI, pp. 1099-1100.

13 "[Enclosure 2]Appendix 'B': Discussion," in "Report by the State-War-Navy Coordinating Subcommittee for the Far East," SWNCC 101/4, October 24, 1945 *FRUS, 1945*, vol. VI, p. 1100. 망명정객의 일관된 반탁운동에서 예측될 수 있는 한국인의 반발을 의식한 것으로 추정된다.

국가에서 직책을 맡을 한국인을 훈련하는 데 필요한 시설을 제공하는 등 한국민의 참여를 보장하는 대책도 수립했다.¹⁴

한편 일곱 번째 항목에서는 한반도를 강대국 간 경쟁이 현실화될 수 있는 "특별 위험지역(an area of special danger)"이라 규정하며 안정을 달성하기 위해서는 "공동행동(joint action)"이 요구된다고 언급했다.[15] 더불어 네 번째 항목에서는 한반도의 지정학적 불안정성을 다음과 같이 설명하고 있다.

중국, 소련, 일본 사이에 있는 한반도의 전략적 위치(strategic position)와 일본에 의한 병합 이전 한국 정부의 불안정성은 한반도를 중국과 일본 사이의, 그리고 이후에는 일본과 러시아 사이의 '경쟁의 장(scene of rivalry)'으로 만들었다. 연합국 주요 4개국이 한국 신탁통치의 형태(the form of trusteeship for Korea)에 대한 신속한 동의를 이끌어내지 못한다면, 한국을 지배하기 위한 경쟁이 다시 가열될 수 있다(rivalry for the control of Korea may again develop).[16]

19세기 말, 20세기 초의 한반도 위기 상황이 1945년에 다시 재연될

---

14 "[Enclosure 2]Appendix 'B': Discussion," in "Report by the State-War-Navy Coordinating Subcommittee for the Far East," SWNCC 101/4, October 24, 1945, *FRUS, 1945*, vol. Ⅵ, p. 1101. 그러나 이러한 보완책은 후일 한국인에게 주지되지 못했다.

15 "[Enclosure 2]Appendix 'B': Discussion," in "Report by the State-War-Navy Coordinating Subcommittee for the Far East," SWNCC 101/4, October 24, 1945, *FRUS, 1945*, vol. Ⅵ, p. 1100.

16 "[Enclosure 2]Appendix 'B': Discussion," in "Report by the State-War-Navy Coordinating Subcommittee for the Far East," SWNCC 101/4, October 24, 1945, *FRUS, 1945*, vol. Ⅵ, p. 1099; 하지은, 「국제적 신탁통치구상과 냉전적 변형: 한국 사례를 중심으로」, 서울대학교 석사학위논문(2015), 59-60쪽.

가능성을 지적했던 것이다. 이렇듯 미국은 한반도의 지정학적 중요성을 인식했고 냉전의 첨병이 될 가능성, 전쟁 가능성까지 이른 시점부터 예견했다고 할 수 있다. 이렇게 전략적 위치에 대해서 주목하기는 했지만 제2차 세계대전 이후 시행된 미국의 태평양 전략적 신탁통치령과 같은 전략적 지역으로 분류되지는 않았다. 미국에는 강대국의 이익이 교차하는 한반도의 전략적 위치가 태평양 도서지역보다 중요했을 것이다. 태평양 도서지역을 전략적 신탁통치(속)령(Strategic Trust Territory)으로 지정하는 것이 검토·논의·확정되는 시점은 각각 1946년 6월, 1946년 11월, 1947년 4월로 한반도 신탁통치안이 점차 요원해지는 시점이었다. 그리고 앞에서 언급한 SWNCC 101/4 보고서의 작성 시점은 1945년 10월이다. 따라서 미국은 한반도를 전략적 지역으로 보고 전략적 신탁통치령 대상 지역을 적용하고 싶었겠지만 한 번도 시행되지 않았던 전략적 탁치였으므로 아직 본격적으로 검토하지 못했고[17] 무엇보다도 소련과의 논의에서 전략적 탁치를 꺼내놓기가 부담스러웠을 것이다.

한편 이승만은 1945년 7월 25일 미 국무부 극동국장 대리 록하트(Frank P. Lockhart)에게 보낸 서신에서 "조선을 위해서만이 아니라 미국을 위해서 대한민국임시정부를 지지하는 즉각적인 조치를 취할 것을 부탁"했다. 이승만은 대한민국임시정부가 자격을 갖추지 못했다는 미국 측의 입장에 대해 충분히 합당한 자격을 가졌음을 강조했다. 또한 이승만은 한국 내 분열과 관련해서 언급했는데, 한국에 다수의 민족주의자와 소수의 공산주의자가 있을 뿐이며 한국의 갈등은 다른 여타 민주주의 국가의 갈등보다 더하지 않을 것이라고 강조했다. 한국의 공산

---

[17] 물론 유엔헌장 문제를 논의했던 1945년 샌프란시스코회의를 전후로 일찍이 전략적 신탁통치 문제가 논란이 되었지만 이 시점에서 구체적 시행이 가시화되지는 않았다.

주의자들이 대한민국임시정부를 반대하는 정부를 수립할 때까지 상황을 내버려둔다면, 그 "불가피한 결과"로 한국에서는 다수의 민족주의자들과 소수의 공산주의자들 간에 유혈사태가 벌어질 것이라고 주장했다. 이렇게 유럽에서 이미 겪은 사태를 동아시아에서도 다시금 일어나게 방치할 경우, 조선 인민들이 그들 자신의 선택을 할 기회는 거의 없으리라는 지적이었다. 마지막으로 지금까지와 같이 다른 나라를 위해서 한국을 희생시키는 정책을 펼치는 것은 좋은 결과를 가져오지 못한다며 글을 마쳤다.[18]

이승만은 유럽에서 냉전이 출현하는 상황을 이미 의식했다. 또한 인민공화국 정부의 수립을 예견했다고 할 수 있다. 게다가 내전이 벌어질 것도 예측했다. 이러한 대한민국임시정부 승인 주장에 대해, 미국 내 일각에서도 "한 지도자나 단체를 승인하고 지지하는 것이 과거 미국의 입장과 위배되지만, 이에 대해 긍정적인 입장을 취해야 할" 필요성이 제기되기도 했다. 주일미군 정치고문 앳치슨(George Atcheson, Jr.)은 1945년 10월 15일 이승만·김구·김규식을 포괄하는 전한국인민집행위원회안(National Korean Peoples Executive Committee)을 제안했던 것이다.[19] 이 안은 하지(John R. Hodge)의 고문회의안(11월 5일; 이승만·김구 중심),[20] 랭던의 정무위원회안(Governing Commission; 11월 20일;

---

18 "Syngman Rhee's Letter to Frank P. Lockhart of the Department of State," July 25, 1945, 895.01/7-2545, 국학자료원 편, 『미국무성 한국관계 문서, Internal Affairs of Korea: 1945~1949』 vol. 8(아름, 1995), 376-379쪽; "The Chairman of the Korean Commission in the United States (Rhee) to the Acting Chief of the Office Far Eastern Affairs [of the Department of State] (Lockhart)," Washington, July 25, FRUS, 1945, 1945, vol. Ⅵ, pp. 1032-1036.

19 "The Acting Political Adviser in Japan (Atcheson) to the Secretary of State," Tokyo, October 15, 1945, 895.01/10-1545, Telegram, 국학자료원 편(1995), 앞의 책; FRUS, 1945, vol. Ⅵ, pp. 1091-1092.

20 "General of the Army Douglas MacArthur to the Chief of Staff (Marshall)," 5

김구 중심)²¹ 등으로 이어졌다.

주로 현지 맥아더 사령부 휘하에서 국지적으로 논의되었던 우익세력 후원안에 대해 세계정책을 신경 써야 했던 워싱턴의 국무부 생각은 달랐다. 워싱턴은 11월이 들어서면서 대통령 루스벨트가 공약한 국제신탁통치안으로 의견이 모아지고 있었다. 1945년 11월 8일 스테거스(John W. Staggers; 워싱턴의 유명 변호사로 이승만의 지인)는 트루먼 대통령에게 보낸 편지에서 "한국 문제의 보다 나은 해결책은 … 그들(한국인-인용자)이 스스로를 통치할 능력이 있는지 없는지를 세계에 납득시킬 수 있을 때까지 미국 군대의 감독하에 그 정부를 운용할 수 있게 해주는 것"이라는 의견을 개진했다.²² 결국 1945년 11월 12일 미 국무부 극동국장 빈센트가 받은 문건에 의하면 "미국, 중국, 영국, 소련 정부의 약속에 따라, 독립된 정부의 권력행사는 최대 1951년 3월 1일까지(결국 모스크바3상회의 의정서의 '5년 이내'로 귀결됨-인용자) 유예된다는 조건하에서 … 한국의 독립을 승인함을 선언한다. 이 유예 기간 동안 한국은 그러한 권력의 완전한 행사를 위해 한국 인민을 준비시킬 목적을 띤 국제신탁통치하에서 총괄 관리될 것"이라는 정책으로 집약되었다.²³ 이것이 모스크바3상회의에서 국제신탁통치로 구체화되었던 것이다. 빈센트는 1945년 10월 20일 한반도 탁치 실시 발언을 하기도 하는 등 사전에 이 문제를 공론화하려고 노력했던 담당자였다.

November, 1945, *FRUS, 1945*, vol. Ⅵ, p. 1112.
21 "The Acting Political Adviser in Korea (Langdon) to the Secretary of State," 20 November, 1945, *FRUS, 1945*, vol. Ⅵ, p. 1132.
22 "John W. Staggers to Harry S. Truman," November 8, 1945, 국학자료원 편(1995), 앞의 책.
23 "George H. Blakeslee to John Carter Vincent," November 12, 1945, 국학자료원 편(1995), 앞의 책.

미국의 현지 군부는 이승만, 김구, 김규식 등 임시정부 주도 세력인 우익을 후원하는 정책을 해방 직후인 1945년 10~12월에 잠시나마 논의했다. 그러나 현지보다 글로벌한 차원으로 생각해야 했던 미 국무부는 소련이 88여단을 내세울 것을 우려했다. 이 때문에 루스벨트의 국제신탁통치안으로 회귀할 수밖에 없었다. 결국 미국은 조악하나마 유엔 주도하의 중앙집권적인 탁치를 기본정책으로 구상하고 있던 상태에서 모스크바3상회의의 한국 문제 결정에 임했다.

1945년 11월 14일 미 국무부 극동국 내부 비망록에 따르면 국무부는 소련과 한국 신탁통치안 협정이 일련의 신탁통치 협정 중 첫 번째인 만큼 다른 협정들의 모범이 될 수 있도록 가급적 자세한 서류를 작성했다.[24]

2. 일본 항복 직후 소련 외무성의 보고서, 1945년 9월

소련 외무성은 1945년 9월경 일본의 항복 직후 대일본 구상과 정책을 본격 추진하는 시점에 한국의 해방 후 일본 식민지 및 위임통치지역 처리 문제에 대한 구상을 담은 「일본의 옛 식민지 및 위임통치 영토 문제에 대한 보고(Записка к вопросу о бывших японских колониях и подмандатных территориях)」, АВПР, ф. 0431/1, оп. 1, п. 8, д. 52, л. 42-43를 작성했다. 소련은 동아시아의 지정학적 위치상 한반도가 어느 한 국가의 독점적 영향력이 행사될 수 없고 관련 국가들의 공통 이해관계가 실현되는 지역이 되어야 한다고 보고 정책을 구상했다.

---

[24] 하지은(2015), 앞의 글, 66쪽.

이 문건에 따르면 소련은 부산, 제주도, 제물포(인천) 등 전략거점에 대한 통제력을 확보하는 데 큰 관심을 보였다. 말하자면, 한반도 내 주요 항구에 대한 통제를 통해 자국의 군사거점과 자유로운 통행을 원했다. 다만 한반도 분할에 대한 구상은 처음부터 고려 대상이 아니었는데, 이 계획이 있었다면 조선 남쪽에 전략거점을 설치할 필요를 느끼지 않았을 것이다.

한편으로 소련이 한·일 국경선 획정 시 대륙과 조선 침략의 전초기지로 이용된 쓰시마섬을 한국에 넘기기를 제안한 것은 주목할 만하다. 소련의 대일정책이 침략국으로서 일본의 부활을 막는 데 있었기 때문에 일본에 대해서도 독일처럼 영토의 축소 내지는 분할점령이 중요하다고 본 것이다. 소련이 한반도 전략거점에 대한 자신의 제의에 미국이 동의하면 남태평양 군도의 전략지역에 대한 미국의 요구를 수용할 수 있다고 한 것은 그만큼 대한반도 이해관계를 중시한 증표로 해석된다. 기광서는 "그럼에도 소련이 자신의 구상을 적극적으로 제기하지 못하고 구상에만 그친 것은 미국이 동의하지 않을 것이란 판단이 크게 작용했을 것이며, 사실상 미·소에 의한 한반도 남부와 북부의 분할점령이 이루어진 상태에서 별다른 실효성을 느끼지 못했을 것"으로 평가했다.[25]

다음은 이 문서의 전문이다.

1. 조선

38도선 이북 지역에서 소련군의 조선 점령은 조선의 나머지 지역에 대한 미

---

25 소련 외무성, 「Записка к вопросу о бывших японских колониях и подмандатных территориях(일본의 옛 식민지 및 위임통치 영토 문제에 대한 보고)」, АВПР, ф. 0431/1, оп. 1, п. 8, д. 52, л. 42-43; 『러시아 소재 한국현대사 자료선 3』, 『동북아워치』 3(2022), 3쪽에 수록.

군 점령과 같은 기간 동안 유지되어야 한다.

제주도는 중국의 점령지역으로 간주하도록 주장하는 것이 바람직하다. 이는 소·중 공동의 뤼순(旅順) 해군기지의 전략적 입지를 공고히 하는 데서 중국의 이해관계를 이유로 들 수 있다. 대략 2년 후 점령체제가 끝난 후 조선은 소련군 사령부가 통제해야 하는 ① 부산, 진해, ② 제주도, ③ 제물포 등 3개 전략지역을 분리하고 4대 열강의 위임통치 영토로 되어야 한다.

조선에서 소련을 위한 전략지역의 분리를 주장하면서 우리는 태평양에서 전략지역을 획득하려는 미국의 희망을 (역-인용자)이용하면서 그들의 입장에 압력을 가할 수 있다. 소련이 조선을 전략지역으로 확보하려는 제안이 반대에 부딪힐 때 전략지역에 대한 소·중의 공동통제를 제의할 수 있다.

일본과 조선의 장래 국경 획정 시 조선에 쓰시마섬의 양도 제안을 제기할 필요가 있을 것이다. 이는 모든 역사 기간 쓰시마섬이 대륙 국가, 특히 조선에 대한 일본의 침략기지 구실을 한 것이 이유가 된다.

2. 타이완과 평후제도

중국으로의 반환을 지지하는 것이 합목적적이다.

3. 류큐제도

점령 기간의 종결에 따라 4대 열강과 공동으로, 또는 중국 단독(미국과 중국이 논의하고 중국이 선호하는 미·중 공동 탁치안을 견제할 수 있는 안으로 보임-인용자)으로 국제 후견(신탁통치-인용자)체제를 제안할 것.

아마도 미국은 류큐에 자신의 군사기지를 설치하려고 할 것이다.

4. 오가사와라제도, 마리아나제도, 캐롤라인제도, 마셜제도

점령 기간 종결에 따라 국제 후견체제를 제안할 것. 조선에 대한 소련의 제

의에 미국이 동의하는 조건에서 전략지역에 대한 미국의 주장을 지지할 수 있을 것이다.[26]

3. 모스크바3상회의 개막 직전 소련의 입장: 말리크 보고서

1945년 12월 10일 도쿄 주재 소련대사 말리크(Yakov Alexandrovich Malik)는 보고서 「코리아[27] 단일정부 문제에 대하여(On the Question of a Single Government in Korea)」를 작성했다.[28] 이 문서에서 말리크는 코리아의 독립이 루스벨트·처칠·장제스가 서명한 카이로선언에서 이미 약속된 것이라고 적시했다. 일본 지배에서 해방된 코리아는 독립과 자치정부는 물론 단일정부 창조의 과업을 안게 되었다고도 적었다.

정치적인 견해가 무엇이든 코리아의 모든 정치적·공적 단체들은 '자신들의 전국적인 코리아 정부(their own national Korean government)'를 갖고자 하며, 동시에 그런 정부를 갖고자 노력해왔다. 말리크는 그

---

[26] 소련 외무성, "Записка к вопросу о бывших японских колониях и подмандатных территориях(일본의 옛 식민지 및 위임통치 영토 문제에 대한 보고)," АВПР, ф. 0431/1, оп. 1, п. 8, д. 52, л. 42-43; 「러시아 소재 한국현대사 자료선 3」, 『동북아워치』 3(2022), 3-4쪽에 수록.

[27] 당시 한반도를 '한국'이나 '조선'으로 부를 수도 있지만, 아직 국가 수립 전이므로 보다 중립적인 '코리아'로 호칭하고자 한다.

[28] Yakov Alexandrovich Malik, "On the Question of a Single(United; 영어 번역본의 표제가 두 가지로 번역되었는데 원문 러시아어의 ЕДИНОМ은 두 가지로 다 번역될 수 있다) Government in Korea," December 10, 1945, Archive of Foreign Policy of the USSR, f. 0102, op. 1, p. 1, d. 15. in Wilson Center, Digital Archive, International History Declassified(digitalarchive.wilsoncenter.org/document/122108, 검색일: 2020년 7월 18일).

런 정부가 바로 1945년 9월 서울에서 만들어진 '조선인민정부(People's Government of Korea; 조선인민공화국; 약칭 인공)'라고 주장했다.

1945년 12월 북한의 공산주의자들은 인공의 정통성에 집착하지도, 이를 중앙정부로 의식하지도 않았다. 1948년 북한은 국가 수립 과정에서 1945년 9월의 '조선인민공화국'과는 엄연히 다른 것으로 차별화하려고 1948년에 '민주주의'라는 말을 첨가해 '조선민주주의인민공화국'이라고 했으며, 훗날 김일성은 인공을 '소수 특권계급을 위한 반인민적 부르주아정권'이라고 매도했다. 이렇듯 김일성이 인공을 인정하지 않았다고 알고 있는 우리의 고정관념에 입각하면 인공에 대한 말리크의 긍정적 평가는 다소 의외이다. 그렇다면 김일성의 부정적 논평은 인공 수립 당시나 그 직후 발표된 것이 아니라 실패한 노선에 대한 사후적인 가혹한 평가이다.[29] 말리크는 미군정의 부인에 따라 실패하고 소멸할 게 뻔했으므로 인공을 긍정적으로 평가해도 정치적 부작용이 생기지 않는

---

[29] 1979년 『김일성저작집』에 처음으로 공개된 김일성의 보고 「진정한 인민의 정부를 수립하기 위하여」(조선공산당 북조선분국 제2차 확대집행위원회 보고, 1945년 11월 15일)에는 서울에서 창건된 인민공화국이 "반공분자이며 친미분자인 이승만을 비롯하여 친일파, 민족반역자들과 가짜 혁명가인 파벌분자들이 들어가 있으며 참다운 애국자인 견실한 공산주의자들은 들어가 있지 않습니다. … 한마디로 하여 '인민공화국'은 소수 특권계급을 위한 반인민적인 부르조아정권이라고밖에 인정할 수 없습니다"라고 공격했다고 한다. 이 회의가 개최된 사실은 1949년 발간된 『해방후 4년간의 국내외중요일지 1945.8~1949.3』에서 확인되지만 1979년 발간된 문건은 사후 가필된 왜곡 자료라고 할 것이다. 그런데 북한 공산주의자 중 일부는 처음부터 인공에 부정적 입장을 분명히 했다는 자료와 해석이 존재하기는 한다. 조선공산당 평남지구확대위원회는 1945년 9월 15일자로 "정치노선에 관하여"라는 20개조 수정강령을 제시했는데, 제1조에 "인민대표회의를 소집하야 인민공화국을 수립한다"라고 규정함으로써(『해방일보』, 1945년 10월 31일자에 소개된 재건파 버전과 『혁명신문』, 1945년 10월 16일자에 수록된 장안파 버전에 미세한 내용 차이가 있으나 인공 관련 내용에는 큰 차이가 없다) 이미 서울에서 수립된 인공을 부정하는 인식의 일단을 내비쳤다. 이어 1945년 10월 6일 열린 조선공산당 평남지구확대위원회에서 만든 강령 제1항에 "인민대표회의를 소집하야 인민공화국을 수립한다"라고 반복해서 역시 인공을 부정하는 뉘앙스를 풍겼다.

다고 판단해 큰 부담 없이 긍정 평가한 것으로 여겨진다. 미국이 부인했다는 점도 냉전 출현기 소련이 인공에 후한 점수를 주는 근거가 되었을 것이다. 또한 김일성이 확실한 이니셔티브(initiative)를 잡고 남한 공산주의자들을 압도하기 전까지는 북한 공산주의자는 서울 당 중앙의 노선(인공 선포 노선)을 추수해야 했으므로 말리크가 긍정적으로 평가했다고 할 수 있다.

보다 구체적으로 김일성이 데뷔한 정치무대였던 1945년 10월 13일 서북5도당책임자급열성자대회에서는 분국 설치 문제로 당 중앙에 일일이 승인을 요구했으며[30] 같은 날 인민공화국 만세를 마지막에 외쳤던 전력이 있다.[31] 해방 직후인 1945년 8월에서 12월까지[32] 김일성의 권위가 아직 확립되지 못했으므로 북한의 공산당은 당 중앙인 서울의 하급당부로서 조선공산당 재건파의 노선을 추수할 수밖에 없었던 것이다.

말리크는 미국이 남한의 미군정을 통해 한국 전체를 통괄하는 단일정부(a single all-Korean governing body)를 만들려고 하며, 더 나아가 코리아를 정치·경제적으로 통일하려 한다고 평가했다. 그러면서 소련이 미국의 코리아 단일정부 수립에 저항하는 것이 정치적으로는 바람직하

---

30 朝鮮産業勞動調査所 編, 『옳은 路線』(1945)(東京: 民衆新聞社, 1946), 31-32쪽.
31 朝鮮産業勞動調査所 編(1946), 위의 책, 32쪽. 그럼에도 불구하고 역시 10월 13일 발표된 조선공산당 북조선분국의 「정치노선 조직확대 강화에 관한 결정서」에서는 조선에 "통일된 주권"이 수립되지 못했다며, "통일된 유일한 인민의 의사를 대표할 인민공화국을 수립"할 것을 요구했다(『解放日報』, 1945년 11월 5일). '새로운 통일 인공'을 수립하자는 것처럼 보이기도 하지만 서울의 인공을 확대하자는 것으로 간주하는 것이 온당치 않을까 한다. 인공 만세를 마지막에 외쳤기 때문이다.
32 1945년 12월 17일 조선공산당 북조선분국 제3차 확대집행위원회에서 김일성이 이른바 '민주기지노선'을 제창하면서 북조선분국 내에서 이니셔티브를 잡기 시작했다. 민주기지노선은 10월 10일 제창되었다는 설[韓載德, 『韓國의 共産主義와 北韓의 歷史』(內外文化社, 1965), 199쪽]과 12월 17일이라는 설[朴東雲, 『北韓統治機構論』(高大出版部, 1964), 3쪽]이 있다.

지 않다는 분석을 덧붙였다.

단일정부(single government)는 단독정부(seperate government)가 아닌 연합정부(united government)를 의미한다. 1948년 2개의 단독정부가 수립되어 분단된 후에는 남북한이 통합되는 통일정부(unified government)를 단일정부라고 할 수 있다. 따라서 단일정부·연합정부·통일정부는 모두 유사한 개념으로 단독정부·분단정부와는 반대된다.

이 대목에서 소련은 미국의 코리아 연합정부(중앙집중적이고 단일적인 통일정부) 수립을 정면으로 반대하는 것을 피하고, 소련이 원하는 정부를 만드는 데 주력해야 한다는 속내를 드러낸 것이라는 박명수(2020)의 해석이 있다.[33]

말리크는 어떤 정부를 만드는가 하는 문제는 미래를 결정할 수 있는 것으로 코리아뿐만 아니라 극동에 정치·경제·안보적 이익을 가지고 있는 소련에도 매우 중요한 문제라고 분석했다. 말리크는 "소련의 주요 임무가 코리아 정부의 활동 구성과 성격을 고려하여 코리아를 극동 지역에서 소련 안보의 보루 중 하나로 만들고 코리아가 소련에 비우호적인 어떤 나라의 손에 의해 소련에 대항하는 도구로 변질되지 않도록 촉진하는 것이다"라고 부언했다. 또한 다양한 그룹이 난립하고 있으므로 명확하게 현 상황을 규정할 수는 없지만 조선공산당, 한국민주당, 인민당이 주요 3당이라고 평가했다.

말리크는 소련에 비우호적인 집단으로서 미국과 충칭에서 돌아온 임시정부 망명객들을 지목했다. 이들은 해방 이후 스스로를 중요한 정치 지도자로 부각시키려 하고 있다는 것이다.

공산당은 현 상황을 '부르주아민주주의혁명단계'로 규정했다는 사실

---

[33] 박명수, 「한반도의 분단과 모스크바 외상회의」, 『한국정치외교사논총』 42-1(2020), 175쪽.

을 적시하기도 했다. 이는 코리아의 해방이 인민들의 노력과 투쟁의 산물이 아니라 연합국이 일본제국주의를 격파한 결과라는 외세 의존적 경로 때문이기도 하다는 것이다.

여기서 만약 코리아 인민들이 투쟁으로 해방을 쟁취[전취(戰取)]하거나 (미국의 도움 없이) 소련의 도움만으로 해방되었다면 부르주아민주주의혁명단계가 아닌 부르주아에 대항하는 인민민주주의혁명단계로 바로 나아가기를 선언했을 것으로 추정할 수 있다. 부르주아민주주의혁명단계는 코리아를 해방시킨 연합국의 일원인 자본주의 국가들을 의식한 단계 설정인 것이다. 주로 소련의 힘으로 해방된 동부유럽에서 소련은 인민민주주의혁명노선을 설정하여 나아갔다. 코리아 북부의 경우 1946년 2월 구성된 북조선임시인민위원회가 1947년 2월 북조선인민위원회로 전환되는 과정에서 부르주아를 제압하고 미국과의 연합을 거의 포기하면서 인민민주주의혁명으로 나아갔다고 할 수 있다.

말리크는 공산당의 슬로건이 노동자·농민의 민주적 독재, 대중의 견인, 단일(통일)민주전선의 창조라고 명시했다. 또한 공산당의 당면과업은 완전한 민족독립과 모든 지주의 토지를 몰수해 경작자 농민들에게 분배하는 농업개혁이라고 지적했다.

이어 코리아의 해방 첫날부터 조선공산당은 빠르게 재건되었고 대중에 대한 영향력을 눈에 띄게 증대시켰다. 조선공산당은 1945년 9월 6일 수립된 조선인민공화국에서 4개 부처를 맡았다. 그런데 미군정은 인공을 승인하지 않았고 9월 16일 해산명령을 내렸다. 미군정 지역에서는 조선공산당의 정치적 활동을 제한하려는 경향이 있다고 했다.

말리크는 조선공산당 중앙위원회 내에서 당명을 노동자·농민당으로 개명하는 문제가 제기되었다고 지적했다. 미국이 장제스와 함께(그리고 가능하면 영국의 지원하에) 미국과 충칭에서 귀국한 친미 정치 망명객들을 중심으로 한 반동분자들에 의존해 단일정부를 만들려고 하고 있으며, 가능한 모든 수단을 동원하여 공산주의와 진정한 의미의 민주주의적인 요소를 제거하려고 하므로 이러한 움직임에 맞서려는 의도에서 개명이 논의되고 있다고 했다.

말라크는 위와 같은 상황 분석을 토대로 소련이 취할 수 있는 지침을 다음과 같이 열거했다.

이와 같은 상황에서 다음 결정을 채택하는 것이 바람직하다.
1. 코리아의 독립을 확인하고 재천명한다.
2. 임시정부 수립을 지지하고, 코리아의 모든 민주적인 공적·정치적 단체들과 함께 이런 정부[34]에 참여하는 노선을 채택하라.
3. 이 조직들로 하여금 임시(준비-인용자)위원회를 만들어 전국인민대표자대회를 준비하도록 한다.
4. 전국적 차원은 물론 넓은 지역(광역-인용자) 차원의 민주적 회의와 근로자·사업가·각종 대중단체들의 광범위한 토론을 거쳐 코리아의 단일정부 구성을 위한 대표자 후보를 선출한 후 전국인민대표자대회가 소집되어야 한다.
5. 이런 일들을 준비하기 위하여 미·소 대표가 공동위원회를 만들고, 여기에 중국과 영국 대표가 포함될 수 있다. 이 위원회는 만들어진 제안서를 각각 자신들의 정부에 제출한다.

---

34 박명수는 "이런 정부(this government)"라는 표현에서 소련이 기존의 중경임시정부를 무력화하고 새로운 임시정부를 만들어야 한다는 방안을 제시했다고 분석했다. 박명수(2020), 위의 글, 176쪽. 미군정이 조선공산당의 활동을 제한하면서 보수주의자들을 중심으로 단일정부를 구성하려고 했다는 것은 이 문서의 언급과 부합한다. 이에 기반해 소련이 임정 요인들을 배척하려 한다고 보는 것은 소련의 숨은 의도를 심층적으로 확대해석한 부분이다.

6. 현재 미·소 군대의 주둔으로 인해서 발생하는 당면 문제를 해결하기 위해 미·소 양군 대표로 구성된 위원회를 만든다.[35]

말리크 문건에서는 '신탁통치' 용어가 사용되지 않았다. 단일정부가

---

[35] 원문은 다음과 같다. "By virtue of all the above it would be advisable to adopt the following decisions: 1. Affirm and again declare the independence of Korea. 2. Advocate the creation of a provisional government of Korea. Choose [izbrat'] this government with the participation of all Korean democratic, public, and political organizations. 3. These organizations should elect a temporary committee to prepare for a congress of a representative people's (constituent) assembly of Korea. 4. The congress of the constituent assembly should be preceded by the holding of local broad democratic meetings and in Korea-wide [meetings] of workers, businessmen, and other population groups for a broad discussion and nomination of candidates for delegates to the constituent assembly and for a single government of Korea. 5. Form a special allied commission of representatives of the USSR and the US to carry out the preparatory work, observe, and assist the provisional government as well as the committee to prepare the convening of the Korea-wide constituent assembly. (It will possibly be necessary to also include representatives of China and Britain in this commission). The commission should submit recommendations to the governments of the USSR and US (China and Britain). 6. Create a Mixed Soviet-American Commission of representatives of the Soviet and American commands to solve all the current issues which arise from the fact of the presence of Soviet and American troops on Korean territory."
김학준은 말리크가 '북한 주둔 소련군사령부와 남한 주둔 미군사령부의 대표들로 공동위원회를 조직할 것'을 제시한 것이라고 인용했다. 미·소공동위원회를 통해 현재 전체 코리아에 걸려 있는 문제들을 해결하자는 뜻이었다는 것이다. 그러면서 말리크 구상의 핵심은 바로 미·소공동위원회 설립에 있었는데, 카이로회담에서 합의된 4대국 협의의 틀을 미·소 양대국 협의의 틀로 바꾸겠다는 뜻으로, 이것은 코리아 문제에 관해 앞으로 영국과 중화민국의 참여를 사실상 배제하겠다는 뜻을 담았다고 해석했다. 만일 그렇게 되면, 소련은 미국을 상대로 거부권을 행사할 수 있게 된다고 주장했다. 김학준, 「(김학준이 다시 쓴 현대사 결정적 장면 4 모스크바의정서 주역은 노회한 몰로토프)美대표단, '모스크바 3상회의'서 소련 계략에 말려들다」, 『신동아』 11월(2020). 그런데 말리크는 위의 인용 6번에서 보는 바와 같이 주둔국 사령부 사이의 실무적인 회담을 제안했으며 5번에서 미·소공동위원회에 영국과 중국 대표가 참여할 수 있음을 명시했다. 따라서 김학준의 해석은 위 문서에 나타난 전체적인 맥락을 간과한 것이 아닌가 한다.

주제이다 보니 언급하지 않을 수도 있지만 위 6가지 제안을 열거하는 중에 탁치를 언급할 수도 있었을 것이므로 소련이 탁치에 대해 적극적이지 않았음을 방증하는 문건이라고 할 수 있다. 미국이 주도하는 단일정부 구성에 공산당도 참여하면서 단일정부 구성을 위한 임시정부 구성을 제안하고 이를 담당하는 미·소공동위원회 설치 노선을 채택하고자 했던 것이다. 이는 '임시정부(실질적으로는 친소 인민정부) 구성을 통한 독립된 통일정부 구성'에 방점을 찍는 노선으로 모스크바3상회의에서 개진된 소련의 기본 입장과 부합한다. 또한 미·소공동위원회가 코리아의 독립 구상을 만들고 중국과 영국도 참여할 수 있는 여지를 마련해두었다.

이 같은 소련의 기본 입장인 '미·소공위가 준비하는 임시정부 구성과 독립 추구'에 더해 미국의 신탁통치 방안이 수용되어 '미·소공위가 준비하는 임시정부 구성과 신탁통치를 거친 독립'이라는 모스크바3상회의의 한국 문제 해결 방식이 나온다. 또한 말리크의 첫 번째 제안과 여섯 번째 제안은 모스크바의정서 한국 조항 1항과 4항에 각각 관철되었다.

다음 단락에 상술되는 바와 같이 모스크바3상회의에서 결정된 한국 문제 조항의 아이디어는 소련에 의해 이미 그 대강의 윤곽이 그려졌으며 신탁통치가 중심이라기보다는 '단일한 임시정부 수립과 독립'이 중심이라고 할 것이다. 이러한 소련의 (거의 즉시) 독립안에 미국의 신탁통치안이 잡종의 형태로 결합된 것이다. 따라서 전체적으로 신탁통치안은 갑자기 툭 튀어나온 듯 어울리지 않는다. 완결성과 일관성이 결여된 모스크바의정서 한국 조항은 언제라도 폐기될 수 있는 모순이 내포된 안이었다. 의원내각제와 대통령중심제가 공존하는 한국 제1공화국의 발췌개헌안을 연상하게 한다. 미국과 소련은 각자의 입장에 따라 편의적·주관적으로 모스크바의정서 한국 조항을 해석했다.

그런데 소련의 '단일임시정부 구성을 통한 독립안'은 루스벨트의 '신탁통치를 거친 독립안'과 수렴될 여지가 전혀 없지는 않았으므로 모스크바에서 '임시정부 구성과 신탁통치를 거친 독립'으로 타협되었다. 그러나 신탁통치에 과도하게 집착했던 루스벨트가 이미 세상에 없는 상태에서 루스벨트의 '신탁통치를 거친 독립안'에 집착하는 것은 미국에 의미 없는 일이 되어 '신탁통치 기한이 설정되지 않은 (친미정부 수립에 의한) 독립(유엔 이관)'을 추구하게 되었고, 소련도 신탁통치를 제거하고 본래 방식인 '임시정부[이미 구성되기 시작한 친소적 북조선(임시)인민위원회]를 거친 독립'을 추구하게 되었던 것이다.

4. 모스크바3상회의의 한반도 신탁통치안 결정 과정

미·소협조의 상징인 신탁통치안에 대한 토의는 해방 4개월 후인 1945년 12월 16일부터 25일까지 모스크바에서 열린 모스크바3상회의에서 뒤늦게 이루어졌다.[36] 이미 대립의 조짐이 보였지만 미·소가 교착을 타개하기 위해 마지막 노력을 보인 회담이 모스크바3상회의였다. 그러나 이 역시 대세를 막는 데는 실패했다. 1946년에는 더욱 큰 대립을 보여 결국 1945년 말의 타협은 일시적인 것에 그쳤다.

미국은 한반도 진주 후 분할점령 상태를 타개하기 위하여 중앙집권적 탁치를 실시하되 유엔이 주도하는 방안을 조악하게나마 결정해놓고 모

---

36 진주 직후부터 모스크바3상회의까지 하지는 분할점령으로 인하여 발생한 문제를 해결하기 위하여 소련 점령군과 협상을 시도했으나, 그들에게 협상의 전권이 주어지지 않음을 확인하고 상부에서 합의해줄 것을 요청했다. 결국 국무장관 번스는 주소대사 해리먼에게 1945년 11월 지시하여 처리하도록 했으나("Byrnes to Harriman," Washington, November 3, 1945, *FRUS, 1945*, vol. Ⅵ, p. 1106), 그러한 시도는 결실을 맺지 못했으며 1946년 1월까지 기다릴 수밖에 없었다.

스크바3상회의에 임했다. 소련은 탁치안에 수동적으로 구두합의를 해주었지만, 이것은 미국의 안이지 자신들의 안은 아니라고 인식했다.

주소 미국대사 해리먼은 1945년 11월 다음과 같이 분석했다. 소련은 국제적인 탁치보다 즉시독립을 통하여 자국의 우위가 더욱 용이하게 실현될 수 있다고 보았으며, 탁치는 소련의 절대적 우위 확보와는 거리가 멀어 3개 내지 4개의 동등한 표결권 중의 하나만을 갖게 될 것이라고 생각했다는 것이다.[37] 또한 스탈린은 이미 1945년 2월 8일 얄타에서도 "한국인들이 만족스러운 정부를 세울 수 있다면 탁치를 할 필요가 어디 있느냐"라고 물었다.[38] 그렇다고 소련이 즉시독립 외에 확고한 대안이 있었던 것도 아니었다. 이미 카이로선언의 적당한 시기와 절차가 독립을 유보시켰으므로 즉시독립은 폐기해야 했다. 따라서 단지 미국이 내는 구체적인 안을 지켜보고 이를 타협을 통해 수정하려고 했다. 즉 미국의 탁치안에 즉시독립의 요소를 끼워 넣으려고 했던 것이다. 모스크바3상회의의 한국 문제에 관한 결정은 미·소 간 타협의 산물로, 어느 한쪽의 독단에 의하여 결정된 것은 아니었다.

1945년 12월 16일부터 26일까지 모스크바에서 만난 미·영·소 3국 외상(번스, 베빈, 몰로토프)들은 한국 문제에 대한 정책을 각국의 이해관계에 따라 서로 다르게 구상하고 있었다. 협상이 시작되기 전 중국을 포함한 4국의 당초 구상을 검토하면, 미국은 자신이 기계적 다수를 확보할 수 있는 유엔이 주관하는 신탁통치안을 입안하여 친미적 정부의 수립을 모색했고, 소련도 역시 당시 한국 현실에 비추어 친소적 공산주

---

[37] "Harriman to Byrnes," Moscow, November 12, 1945, *FRUS, 1945*, vol. VI, pp. 1121-1122.
[38] Walter S. Millis, ed., The Forrestal Diaries (New York: The Viking Press, 1951), p. 56.

의 정부 수립이 가능하다고 판단해 즉시독립안을 원했다고 추측된다.[39] 한편 중국은 한반도에 대한 전통적 이해관계를 가진 나라로서[40] 중경임시정부의 역할을 기대해서인지 즉시독립을 선호했는데,[41] 이도 역시 친중국적 정부 수립이라는 자국의 이익이 반영된 복안이었다. 이에 비하여 한국에 직접적인 이해관계가 없던 영국은 한국의 독립이 자국의 식민지에도 영향을 미칠까 우려하여 한국의 식민지 상태가 존속되기를 원했을 것으로 추측된다.[42]

그런데 중국은 내전 중인 데다가 3상회의 당사자도 아니었기에 정책결정에 참가할 수 없었으며, 영국 또한 직접 점령자가 아니었기에 한국문제에 관한 한 제3자에 불과했다. 따라서 다른 의제도 대부분 그러했지만 특히 한국 문제에 관한 한 미국과 소련만이 협상 당사자였으므로 정책 결정은 미·소 양국의 타협과 양보에 의하여 이루어질 수밖에 없었다.

3상회의에서 모두 여섯 가지 의제, 즉 '① 외상회의의 재개와 그 대리인들의 활동 재개, ② 연합국회의와 극동위원회에 관한 협약, ③ 독립된 한국 정부 수립을 목표로 하는 한반도 통일시정기구의 창출, ④ 북중국 주둔 일본군의 무장해제와 그들의 일본으로의 철수, ⑤ 루마니아와 불가리아의 현존정부를 승인하는 데 관련된 조건들, ⑥ 핵에너지 문제를

---

39 미국도 한국이 즉시 독립한다면 사회주의화가 실현될 가능성이 높다고 인식하고 있었다. *FRUS, 1945*, vol. Ⅵ, p. 563.
40 중국의 야망에 대한 미국의 견제는 다음에 나와 있다. "Tjo Sowang to Hull," 1 October 1942, RG 59, General Records of the Department of State, Decimal Files, 895.01/56, US National Archives; "Gauss to Hull," 25 November 1942, RG 59, General Records of the Department of State, Decimal Files, 895.01/19, US National Archives; New York Times, 26 October 1942.
41 *FRUS, The Conference at Cairo and Tehran, 1943*, p. 325, p. 334, p. 389.
42 Herbert Feis, *Churchill Roosevelt Stalin: The War They Waged and the Peace They Sought* (Princeton: Princeton University Press, 1957), p. 124.

위한 유엔위원회에 관한 제안이 토의되었는데,⁴³ 소련에는 자국의 안보와 직결되는 일본 문제가 주된 관심사였기 때문에 한국 문제는 주변적인 것이었다.

그런데 한 가지 중요한 사실은 모스크바3상회의가 개최된 시점인 1945년 12월이 냉전의 조짐이 어느 정도 보이는 시기였음에도 불구하고, 회담에서 미·소가 적절한 선에서 양보하는 타협적 태도를 보였다는 것이다. 그런데 타협된 것은 구체적이지 않았고 애매했으며 사실상 원칙적 문제만이 타결되었을 뿐 이후 양국의 행동을 좌우할 구체적인 행동지침은 미해결의 상태로 남았다.

1945년 12월 16일 제1차 회담부터 '독립된 한국 정부의 수립을 지향하는, 통일된 한국 행정부의 수립'이라는 의제하에 한국 문제가 논의되기 시작했는데 미국은 의제 개시부터 적극적인 태도로 임했으며 소련은 비교적 소극적인 태도를 보였다.

제2차 회담이 열린 12월 17일 미국은 앞의 SWNCC 101/4와 크게 다를 바 없는 내용의 '한국에서의 통일시정기구(Unified Administration for Korea)'⁴⁴라는 메모를 제출했다. 유엔하의 탁치를 규정한 점과 분할점령의 불편함을 들어 통일된 시정기구가 즉시 수립될 필요가 있다고 기술된 점 등으로 미루어보아, 이 문서가 SWNCC 101/4와 같은 맥락에서 구상되었음을 알 수 있다.

SWNCC 문서보다 더 구체화된 점도 있었다. 즉 통치의 구체적 방법에서 "시정권자는 1인의 고등판무관이 시정권을 가진 4개국(소·중·영·미) 각 1인의 대표로 구성되는 집행위원회(Executive Council)를 통하

---

43 *FRUS, 1945*, vol. Ⅱ, p. 617.
44 *FRUS, 1945*, vol. Ⅱ, pp. 641-643; 이완범, 「한반도 신탁통치안과 국내정치, 1943~1948」, 연세대학교 석사학위논문(1985), 191-194쪽에 전재되어 있음.

여 그 권한을 수행한다"라는 구절이다.⁴⁵ 소·중·영·미 4개국이 신탁통치체제의 관리기구(administrative authority)가 되어 유엔헌장 제76조에 규정한 기본 목적⁴⁶에 따라 행동한다고도 했다. 또한 신탁통치 수행 과정에서 한국인은 행정관(administrator)이나 고문(consultant)으로 임용될 수 있다고 나와 있다.⁴⁷ 그러나 탁치 아래서 업무를 수행할 행정기구나 임시적 정부에 관한 언급은 전혀 없다.⁴⁸

한편 "우리는 4대국 탁치가 한국 독립을 위한 가장 가능성 있는 수단이라고 믿는다"⁴⁹라면서 그 기한은 "5년 안으로" 하되 시정권자와의 협약에 따라 5년이 넘지 않는 범위 안에서 연장할 수 있다고 기술하고 있다.⁵⁰ 5년 안이라는 구절의 '안'이라는 표현은 대개 무시된다. 몇십 년의 탁치를 염두에 두었던 루스벨트가 사망하고 전쟁 후의 지루한 군사점령을 감당해야 했던 미국은 탁치 기한을 되도록 짧게 기안했다. SWNCC 101/4를 기안한 국무부 극동국은 '5년 안'으로 기안했으며 SWNCC 최

---

45 *FRUS, 1945*, vol. Ⅱ, p. 643.
46 제76조 신탁통치제도의 기본 목적은 이 헌장 제1조에 규정된 국제연합의 목적에 따라 다음과 같다. ①국제평화와 안전을 증진하는 것, ②신탁통치령 주민의 정치적, 경제적, 사회적 및 교육적 발전을 촉진하고, 각 지역 및 그 주민의 특수사정과 관계주민이 자유롭게 표명한 소망에 적합하도록, 그리고 각 신탁통치협정의 조항이 규정하는 바에 따라 자치 또는 독립을 향한 주민의 점진적 발달을 촉진하는 것, ③인종, 성별, 언어 또는 종교에 관한 차별 없이 모든 사람을 위한 인권과 기본적 자유에 대한 존중을 장려하고, 전 세계 사람들의 상호의존의 인식을 장려하는 것, ④위의 목적의 달성에 영향을 미치지 아니하고 제80조의 규정에 따를 것을 조건으로, 모든 국제연합회원국 및 그 국민을 위하여 사회적, 경제적 및 상업적 사항에 대한 평등한 대우 그리고 또한 그 국민을 위한 사법상의 평등한 대우를 확보하는 것.
47 *FRUS, 1945*, vol. Ⅱ, p. 642.
48 Bruce Cumings, *The Origins of the Korean War: Liberation and the Emergence of Separate Regimes, 1945~1947*, vol. 1 (Princeton, N. J.: Princeton University Press, 1981), p. 216.
49 원문은 다음과 같다. "We believe that four-power trusteeship would provide the most feasible machinery for bringing into being an independent Korea."
50 *FRUS, 1945*, vol. Ⅱ, p. 643.

종안에는 '가능한 한 빨리'로 수정되었다가 결국 '5년 안'으로 수정된 것이다.[51]

미국안에서 특기할 사항은 탁치가 자본주의 국가들의 상대적 우위(3대 1) 아래 실시되고, 고등판무관도 미국인이 될 것으로 예상되듯이 미국 중심적으로 구상되어 있으며[52] 한국민의 참여가 매우 제한되어 있다는 점 등을 들 수 있다.[53] 이 제안에 대해 김일성은 1948년 3월 9일에 행했다고 사후(事後)에 주장되는 연설에서 "미제의 계획에 의하면 조선은 소·미·영·중 4개국 대표로 구성된 행정기관의 명의로 활동하는 어떤 최고총감(고등판무관-인용자)에 의하여 '관리'되어야 한다는 견해였습니다"라고 언급했다고 한다.[54] 김일성이 미국안 제출 당시에 이 안의 전

---

51 C. Leonard Hoag, "American Military Government in Korea: War Policy and the First Year of Occupation, 1941~46," Draft Manuscript (Washington, D.C.: Department of Army, 1970), p. 319, p. 339.
52 최상용, 『미군정과 한국민족주의』(나남, 1989), 175쪽; 최상용, 「미군정의 초기점령정책: 신탁통치안과 분할점령의 현실」, 『서울평론』 40(1974), 23쪽. 미국이 자국에 유리한 안을 제출하는 것은 당연하다.
53 그러나 미국은 소련의 12월 20일자 '자치보장'적 안에 12월 21일 전적으로 동의하면서 모스크바의정서에 합의하고 난 후, 유엔이 한국인에 대한 수탁자가 되며 4대국과 1인의 고등판무관(한국인·4대국인이 아님. 최고통치자)이 위원회를 구성하고 이 위원회와 고등판무관이 통치당국이 되어 한국인이 주요 행정부서의 장으로 임명되는 한국 행정부가 고등판무관을 보좌하는 형태에 대해 미국 내에서는 합의를 이루었다. "Appendix C: Trusteeship Agreement for Korea," in 1947, Report of the Special Inter-Departmental Committee on Korea", RG 165, ABC 014 Japan, US National Archives. 이는 모스크바의정서의 틀에서 크게 벗어나는 것이 아니었다. 따라서 미국은 유엔 동원과 고등판무관 제도 등을 제외하면 소련도 그렇게 반대하지 않을 것이라고 예견했다. 미국은 자본주의 국가의 3대 1 우위에 입각해 친미적인 인물로 고등판무관을 선임할 수 있을 것으로 예견했으므로 이 제도에 끝까지 집착했다. 그러나 모스크바3상회의에서 미국안의 '유엔하 탁치'가 소련의 주장으로 '4대국 탁치'로 대체된 상황에서 다시 유엔을 4대국 위의 군림자로 동원한 안이 과연 소련의 협조를 얻을 수 있을지는 의문이었다.
54 김일성, 「북조선민전 중앙위원회 제25차 회의에서 한 연설」, 중앙정보부 편, 『통한관계자료총집 제1권』(중앙정보부, 1973), 51쪽; 김준엽 외, 『북한연구자료집 제1집』(고려대학교 출판부, 1969), 320쪽.

모를 알았을 리가 없으므로 1945년 12월 중순의 평가일 수는 없고 대한민국 정부 수립 전에 북에서 미국을 '미제'라고 공식 지칭하지는 않았으므로 후일 개작된 것임이 확연히 드러난다. 따라서 1948년 3월 당시 김일성의 평가도 아니며 정부 수립 이후 김일성 유일체제 확립으로 입지가 확고해지는 1960년대의 평가라고 보는 게 맞을 것이다.

이렇듯 1945년 12월 17일 미국은 유엔 주도하의 4개국(미·영·중·소) 5년 내(5년 연장 가능) 탁치를 규정한 안을 제출했는데 소련은 별다른 관심을 표명하지 않았고 대신 일본 문제에 주력했다.

동북아시아에서 일본 문제는 한국 문제보다 중요한 안건이었다. 따라서 한국 문제 토의는 뒷전으로 밀려났고 1945년 12월 18일(제3차)과 19일(제4차)의 회합에서 소련은 미국의 양보를 얻어 일본 점령에 참여할 수 있는 보장을 얻어냈다.[55] 이에 소련은 보다 타협적인 자세를 견지해서 중국 문제에서 미국의 주장을 인정했다.[56] 이로써 전후 미·소협조는 극에 달한 것처럼 보였으며 냉전은 결코 시작되지 않을 것 같았다. 18일의 제3차 회담에서 몰로토프는 한국 문제에 관한 미국 측 초안에 대한 검토가 아직 이루어지지 않았으므로 이 문제는 다음 회기까지 연기하자고 요청했다.

중요한 문제에서 만족할 만한 성과를 얻은 소련은 이후부터는 한국 문제에 대해 유화적이고 능동적인 태도를 취했다. 1943년 카이로선언

---

[55] 또한 북중국에서 미 해군이 잠정적으로만 주둔할 것임을 약속하면서 몰로토프는 유화적인 태도를 보였다. Charles M. Dobbs, *The Unwanted Symbol: American Foreign Policy, the Cold War, and Korea, 1945~50* (Kent, Ohio: The Kent State University Press, 1981), p. 64. 그러나 일본 점령에 대한 소련 참여는 이후 냉전체제가 구축되면서 파기되었다.

[56] William H. McNeill, *America, Britain and Russia* (London: Oxford University Press, 1953), pp. 707-708; 최상용(1989), 앞의 책, 179쪽.

이래로 미국의 탁치안 주도에 수동적으로 대응했으며 포츠담회담에서도 미국의 한국 문제 초안 제출에 별다른 반응이 없었던 것에 비하면 큰 변화였다. 12월 20일 오후 3시부터 4시 35분까지 열린 3상 간의 제5차 회담에서 몰로토프는 애초의 의제가 한구의 독립정부에 대한 문제였다고 전제한 후 이 문제가 현재 어떻게 유효한지 물었다. 이에 대해 번스는 궁극적으로 한국에 독립정부가 수립되기를 원한다고 말했다. 번스는 몰로토프에게 '5년+5년' 기한을 명시한 미국의 한반도 신탁통치안에 대해 찬성하는지 물었다. 또한 스탈린이 이미 4개월 전에 베를린 포츠담회담에서 한반도 신탁통치안을 염두에 두었던 것으로 믿는다고도 했다. 영국 외상 베빈과는 상의하지 않았다는 사실도 명시했다. 베빈은 소련의 제안이 기다려진다고 말했다. 이에 몰로토프는 한국 문제에 대한 소련의 초안을 본 회담 말미에 제출하겠다고 대답했다.

결국 몰로토프가 4개항으로 된 아래 안을 회담 후반부에 제출하면서[57] 이후부터는 소련 측이 상당히 적극적으로 대처하기 시작했다. 12월 17일 미국안의 제목은 '한국에서의 통일시정기구(Unified Administration for Korea)'였으나 12월 20일 소련안의 제목은 '한국에 대하여(Regarding Korea)'로 간결하면서도 미국안이 제목부터 강조하려는 '통일된 시정기구'라는 측면을 희석시켜 미·소 양분체제를 유지하려는 의도를 숨겨놓았다고 할 수 있다.

코리아에 대하여

1. 코리아를 독립국가로 재건하고, 민주적 기초에 바탕을 두고 발전할 조건

---

[57] "United States Delegation Minutes, Fifth Formal Session, Conference of Foreign Ministers," Spiridonovka, Moscow, December 20, 1945, 3:00~4:35 p.m., *FRUS, 1945*, vol. Ⅱ, pp. 697-698.

을 창조함과 동시에 기나긴 일본 지배의 결과를 가능한 빨리 없애기 위하여, 산업·운수·농업문화·민족문화 발전의 모든 필요한 조치를 떠맡을 임시적인 민주 코리아 정부가 수립될 것이다.
2. 임시적인 코리아 정부를 형성하는 데 있어 원조를 표명하고 이에 적당한 방책을 미리 만들기 위해 코리아 남부의 미군사령부와 코리아 북부의 소련군사령부의 대표자들로 공동위원회가 만들어질 것이다. 그 제안들을 작성함에 있어 위원회는 코리아의 민주적 정당과 사회단체들과 협의할 것이다. 위원회가 작성한 건의서는 관계국 정부들의 고려를 위해 제출할 것이다.
3. 공동위원회는 임시적인 코리아의 민주정부와 코리아의 민주적 단체들과 함께, 코리아인의 정치·경제·사회적 진보와 민주적 자치행정부의 발전과 코리아의 독립국가 건설을 위한 협력과 원조(신탁통치)[helping and assisting(trusteeship)]의 방책을 작성할 것이다.

최고 5년간 코리아의 4개국 신탁통치(trusteeship)에 관련된 조약을 작성하기 위해 코리아의 임시 민주정부와 협의를 거친 후 미·소·영·중의 심의를 받기 위해 공동위원회의 제안이 제출될 것이다.
4. 남북과 관계되는 긴급한 문제를 고려하고, 행정·경제면에서 남북의 양 사령부 간의 영구적 협력을 위한 방책을 만들기 위해 코리아 남부의 미군사령부와 코리아 북부의 소련군사령부로 구성된 공동회의가 2주일 이내에 소집될 것이다.[58]

이를 각 조항별로 분석해보면 제1항은 미국안에는 없는 것으로 한

---

[58] "Regarding Korea," Moscow, December 20, 1945, *FRUS, 1945*, vol. Ⅱ, pp. 699-700. 모스크바3상회의에서 소련대표단이 제출한 비망록(모스크바, 1945.12.20.)이다. 영어판본은 이완범(1985), 앞의 글, 195-196쪽에 전재되어 있다.

국의 독립을 부여하기 위한 임시정부의 수립을 규정하고 있고, 제2항은 미·소공위 설치에 대한 것으로 공위가 한국의 정당 및 사회단체와 협의하여 임시정부를 만들 것을 규정하고 있다. 3항에는 탁치가 협력과 원조의 형태로 5년을 넘기지 않는 범위에서 행해진다는 규정이 있으며, 제4항은 미국의 이른바 통일시정기구안을 반영한 것으로 보이는데, 양국 사령부 사이의 긴급한 문제 해결을 위한 회의를 2주 내로 소집할 것을 규정하고 있다. 이 안의 골자는 한국인의 정당·사회단체와 협의하여 한국 임시정부를 수립한 후 이를 통하여 미·영·중·소 4개국이 원조한다는 것이다. 이는 독립 부여라는 측면(1항)과 탁치실시(3항)라는 측면이 교묘하고 다소 애매하게 타협한 양가적(ambivalent)이며 중첩적인 성격을 가지고 있다. 미국안에는 신탁통치(trusteeship)라고만 규정되어 있는 것을 소련안은 (보호가 아닌) '협력과 원조(신탁통치)[helping and assisting(trusteeship)]'라고 규정해 신탁통치가 식민지배의 연장(보호령화)이 아니라 '협력과 원조'(의 후견제)임을 분명히 하고자 했다. 소련은 미국안에는 없던 협력과 원조라는 표현을 첨가해 일방적 보호(지배)가 아닌 평등한 쌍방향의 협력과 원조를 명시하고자 했다. 한국인의 반탁감정을 의식했는지 신탁통치를 괄호에 묶고 '협력과 원조'라는 한국인이 받아들일 만한 단어를 앞에 내세웠다. 신탁통치는 도와주는 것이지 지배하는 것이 아니라는 식으로 설명하고자 했던 것이다.

 종합적으로 소련안은 '선(先) (임시)정부 수립 후(後) 후견'을 골자로 해서 '선 탁치 후 정부 수립'을 규정한 미국안과는 상당히 달랐다. 미국의 탁치는 '미국 주도하에 4강대국 공동관리'라는 점도 특기할 만하다. 소련은 미국의 '탁치'라는 용어를 러시아어 опéка[영어의 후견(guardianship 혹은 tutelage)에 해당]로 번역하여 '조선인의 자주적 정부 수립을 미·영·중·소가 원조한다'는 후견제안으로 수정했던 것이다.

소련은 미국안에 나타난 미·영·중·소의 참여가 자본주의 국가의 상대적 우세(3대 1)로 소련에 불리했기 때문에 조선인의 참여를 보장하여 우호적 정부 수립을 기도하는 실리와 조선인의 자주적 욕구를 반영한다는 명분을 살려 명분과 실리를 동시에 챙기려고 했던 것이다.

그런데 미국은 소련의 속셈을 파악하지 못했거나 혹은 타협의 분위기를 무산시키지 않으려고 해서였는지, 아니면 그 실현 가능성을 높게 평가하지 않아서였는지 소련안을 그대로 수용하는 양보를 단행했다. 소련안 제출 하루 만인 1945년 12월 21일 미국은 소련안이 받아들여질 만하다고 전제한 후 약간의 문구상의 수정만을 가했다. 거의 즉각적인 대응이었던 셈이다.

약간의 수정은 첫째, 2항 마지막 부분의 '관계국 정부'라는 표현을 미·소·영·중 4개국으로 구체화한 것으로, '양국 정부가 최종 결정을 내리기에'라는 표현을 전제해 최종 결정을 미·소가 한다고 명시했다. 결정권자 2개국과 심의권을 가진 4개국을 구체화한 것이다. 결정권자를 미·소로 단순화했다지만 소련안의 소련고립화 경향(3대 1)을 오히려 완화해준 패착이라고도 본다. 이는 국무부 국제주의에 영향을 받은 국무장관 번스가 영국과 중국의 제국주의적 개입을 견제하기 위해 두 나라를 최종 결정권자에서 배제한 것으로 풀이된다.

둘째, 3항 마지막 부분의 수식어구 위치를 바꾸었다.[59] 이에 소련이 감사의 뜻을 표하면서[60] 12월 21일로 한국 문제는 일단락되었다. 미국은 미·소관계 악화를 걱정하는 여론을 진정시키고자 중국 문제에서 소련의 양보를 받아낸 후 한국 문제는 소련의 제안을 거의 수용했다. 미·

---

59 *FRUS, 1945*, vol. Ⅱ, p. 721; 이완범(1985), 앞의 글, 198-199쪽.
60 *FRUS, 1945*, vol. Ⅱ, pp. 716-717.

소가 각각 한국 문제와 중국 문제에서 서로 조금씩 양보했던 것이다(미국이 중국 때문에 한국을 소련에 양보했듯, 한국은 희생양에 불과했다).

그런데 후일 주코프(E. M. Zhukov)는 미국안이 "구래의 위임통치제도의 변형이며 제 강국의 식민지 분할 수단"이라고 비판한 반면 소련안은 "식민지 해소의 방법"이었다고 평가했다.[61] 그러나 소련안도 자국의 세력 확장 수단이므로 이러한 비판은 일방적인 매도이다. 한편 최상룡(1983; 1988)은 미국은 간접적·기능주의적 접근을 한 데 비해 소련은 직접적·정치적 접근을 했다고 평가했다.[62]

1945년 12월 27일 모스크바3상회의가 종결되면서 조약문서가 서명되었고 그 내용은 모스크바 시간으로 12월 28일 오전 6시에 발표되었다. 코뮤니케 전문은 7개의 부분으로 되어 있는데 한국 문제는 세 번째 부분에 배치되었다. 전문을 인용하면 다음과 같다.

Ⅲ. 코리아

1. 코리아를 독립국가로 재건하고 또한 민주적 원칙에 바탕을 둔 발전을 이룩할 수 있는 여건의 창출을 위하여, 그리고 장기간의 일본 지배로 인한 참담한 결과를 가능한 한 빨리 제거하기 위하여, 코리아의 산업과 운수 및 농업 그리고 코리아인의 민족문화 발전에 필요한 모든 조치를 취할 임시적인 코리아 민주정부를 수립할 것이다.
2. 임시적인 코리아 정부의 구성을 돕기 위하여 그리고 적절한 방책을 미리

---

[61] ソ同盟科學アカデミ太平洋問題研究所-E. M. ジューコフ 編, 『植民地體制の危機(下)』(東京: 民族問題研究會, 1950), 162-163쪽; E. M. ジューコフ 外 編, 相田重夫 外 譯, 『極東國際政治史(下)』(東京: 平凡社, 1957), 342쪽; 최상용(1988), 앞의 책, 176쪽, 178쪽; 최상용(1974), 앞의 글, 23-26쪽.

[62] 최상용(1988), 앞의 책, 177쪽; 최상용, 「미군정기 한국: 아시아 냉전의 초점」, 『한국사회연구』 1(1983), 353-354쪽.

만들기 위하여, 코리아 남부의 미군사령부와 코리아 북부의 소련군사령부의 대표들로 구성되는 공동위원회를 설립할 것이다. 공동위원회가 그 제안들을 준비할 때 코리아의 민주적 정당·사회단체들과 협의할 것이다. 공동위원회가 작성한 건의서는 공동위원회에 대표권을 가진 (미·소-인용자) 양국 정부가 최종 결정을 내리기에 앞서 소·중·영·미 정부의 심의를 위하여 제출되어야 한다.

3. 임시적인 코리아 민주정부와 코리아의 민주적 단체들의 참여 아래, 코리아인의 정치·경제·사회적 진보와 민주적인 자치정부의 발전 및 코리아의 민족적 독립의 달성을 위하여 협력·원조(신탁통치)[helping and assisting(trusteeship)]63를 할 수 있는 방책을 작성하는 것이 공동위원회

---

63 북한 측 번역에는 3항 첫째 문장의 '협력·원조(신탁통치)'가 '원조협력(후견)'이라고 되어 있다. 또한 3항 마지막 문장의 '4개국 신탁통치'가 '4개국 후견'이라고 되어 있다. 북조선민주주의민족통일전선중앙위원회서기국 편, 『소미공동위원회에 관한 제반자료집』(평양: 북조선중앙민전서기국, 1947), 7쪽; 이완범(1985), 앞의 글, 203쪽. 소련외무성 문서를 번역한 『쏘련외무성 발행 쏘베트연맹과 조선문제(문헌집)』(평양: 국제문제연구회, 1949), 3쪽[Soviet Union, Ministry of Foreign Affairs, ed., *The Soviet Union and the Korean Question: Documents* (London: Soviet News, 1950)의 1949년 이전 판본 번역본으로 추정되는데, 특이하게도 이 영어 원서에서는 trusteeship으로 표기된다. 이는 영어 발표문을 그대로 전재했기 때문일 것이다]에도 '원조하며 협력하는(후견하는)'이라고 나와 있다. 소련 측이 주로 опéка를 사용하므로 이의 번역어 guardianship["HUSAFIK," part Ⅱ, chapter Ⅳ, p. 76, p. 80]을 사용한 것에서 위와 같은 번역이 나온다고 할 수 있다. 이러한 북측 全文에 대한 지적은 『조선인민보』, 1946년 1월 10일자에 나와 있다. 그런데 소련이 1945년 12월 20일 제출한 안의 영어 판본(러시아어로 된 원문을 영어로 번역한 것이 회의록에 수록된 것일 수도 있으나 회의록이나 첨부문서의 각주 등에 번역했다는 사실이 명기되지 않았으므로 소련이 영어 판본을 제출했을 가능성이 높다)에는 guardianship이 아닌 trusteeship이라고 나온다. "Regarding Korea," Moscow, December 20, 1945, *FRUS, 1945*, vol. Ⅱ, pp. 699-700. 또한 소련 측이 편집한 한국 문제 자료집 영어본인 Soviet Union, Ministry of Foreign Affairs, ed.(1950), 위의 책의 모스크바의정서에도 영어 발표문에 기반해 trusteeship이라고 나온다. 당시 소련에서 발행된 영자 신문 *Soviet News*의 1945년 12월 29일 보도에도 helping and assisting (trusteeship)이라고 나온다. William Mandel, compiled, *Soviet Source Materials on USSR Relations with East Asia, 1945~1950* (New York: Institute of Pacific Relations, 1950), p. 239 또한 중국에

의 임무이다.

공동위원회의 제안은 코리아 임시정부와 협의를 거친 후에, 최고 5개년에 달하는 코리아의 4개국 신탁통치(a four-power trusteeship of Korea for a period of up to five years)에 관한 협정(agreement)의 체결을 위한 미·소·영·중의 공동심의에 회부될 것이다.

4. 코리아의 남부 및 북부에 모두 영향을 미칠 긴급한 문제들을 심의하기 위해, 그리고 행정·경제적 문제들에서 남북의 양(미·소-인용자) 사령부[64] 사이의 영구적인 협력을 가능케 할 방책을 마련하기 위해, 코리아에 있는 미국 사령부와 소련 사령부의 대표로 구성된 회의를 2주일 내로 소집할 것이다.[65]

서 나온 연대기적 자료집 *A Chronicle of Principal Events Relating to the Korean Question 1945~1954* (Peking: Shinchieh Chihshih[World Congress], 1954)에도 모스크바의정서 영어 발표문 그대로 trusteeship으로 표기되었다.

[64] 북한 측 번역에는 '사령부'가 아니라 '管區'라고 되어 있으며, 같은 문장 뒤에 나오는 '사령부'는 같이 '사령부'로 번역했다. 북조선민주주의민족통일전선중앙위원회서기국 편(1947), 위의 책, 7쪽. 영어로는 command로 같으나 러시아어로는 차이가 있거나 아니면 북한 번역자가 보다 매끄럽게 하거나 같은 말의 반복을 피해 다른 용어를 선택하는 등 의역했던 것으로 추정된다.

[65] *FRUS, 1945*, vol. Ⅱ, General, Political and Economic Matters (Washington, D.C.: United States Government Printing Office, 1967), pp. 820-821.
원문은 다음과 같다. "〈Ⅲ. KOREA〉 1. With a view to the re-establishment of Korea as an independent state, the creation of conditions for developing the country on democratic principles and the earliest possible liquidation of the disastrous results of the protracted Japanese domination in Korea, there shall be set up a provisional Korean democratic government which shall take all the necessary steps for developing the industry, transport and agriculture of Korea and the national culture of the Korean people. 2. In order to assist the formation of a provisional Korean government and with a view to the preliminary elaboration of the appropriate measures, there shall be established a Joint Commission consisting of representatives of the United States command in southern Korea and the Soviet command in northern Korea. In preparing their proposals the Commission shall consult with the Korean democratic parties and social organizations. The recommendations

이 문서를 살펴보면 12월 20일에 제출된 소련안과 약간의 문구 수정만 빼고는 내용상 거의 같다. 따라서 소련안을 기초로 작성되었음을 알 수 있다. 대통령이 되려는 희망을 가지고 있던 미 국무장관 번스가 모스크바3상회의 당시 큰 성과를 보이려고 소련에 필요 이상의 양보를 했다는 후대의 평가가 있다. 스스로 루스벨트 이후 유력한 대통령 후보라고 자임했던 번스는 자신을 국무장관으로 임명한 대통령 트루먼을 무시했으며 모스크바3상회의에서도 대통령과 상의하지 않은 채 독단적으로 결정해 '대통령이 신문을 보고서야 알았으니 이게 말이 되느냐'는 트루먼의 핀잔을 받았다는 일화가 있다. 번스가 트루먼과 협의하지 않은 채 몰로토프의 제의를 받아들였다는 해석이 가능하다. 만일 이 해석이 정확하다면, 모스크바회담에서 미국 대표단은 대통령과 협의 없이 한국의 운명에 매우 크고 직접적인 영향을 주게 되는 합의를 성사시켰으므로

---

worked out by the Commission shall be presented for the consideration of the Governments of the Union of Soviet Socialist Republics, China, the United Kingdom and the United States prior to final decision by the two Governments represented on the Joint Commission. 3. It shall be the task of the Joint Commission, with the participation of the provisional Korean democratic government and of the Korean democratic organizations to work out measures also for helping and assisting (trusteeship) the political, economic and social progress of the Korean people, the development of democratic self-government and the establishment of the national independence of Korea. The proposals of the Joint Commission shall be submitted, following consultation with the provisional Korean Government for the joint consideration of the Governments of the United States, Union of Soviet Socialist Republics, United Kingdom and China for the working out of an agreement concerning a four-power trusteeship of Korea for a period of up to five years. 4. For the consideration of urgent problems affecting both southern and northern Korea and for the elaboration of measures establishing permanent coordination in administrative-economic matters between the United States command in southern Korea and the Soviet command in northern Korea, a conference of the representatives of the United States and Soviet commands in Korea shall be convened within a period of two weeks."

무책임하게 처신했다는 비난을 받을 만하다.

  트루먼의 불만은 다른 형태로도 나타났다. 1946년 1월 5일 번스에게 쓴 편지에서 트루먼은 "귀관이 한국에 강력한 중앙정부를 세울 것을 요구했어야 한다"라는 취지로 나무란 것이다. 그러나 트루먼은 이 편지를 보내지는 않았다고 한다.[66] 김학준(2020)은 번스가 몰로토프의 계략에 말려들었다면서 그 이유를 아래와 같이 추정했다.

첫째, 번스는 한국 문제에 대해 지식도 관심도 없었다. 이 점은 그때 주소련 미국대사관 대리대사로 이 회담에 참석했던 조지 케넌의 일기에서 확인된다. 케넌은 1945년 12월 19일 일기에서 "번스는 이 회담의 대상인 코리안에 대해 아는 것도 없었고 … 코리안은 그에게 관심이 되지 않았다"고 쓴 것이다.

둘째, 번스의 관심은, 다시 케넌에 따르면, 모스크바에서 자신의 행적이 국내에서 어떤 평가를 받을 것이냐에만 집중됐다. 로버트 매시 교수가 지적했듯, 연방하원의원과 연방상원의원을 거쳐 연방대법관까지 역임하고 연방정부의 국무장관이 된 번스는 행정·입법·사법 3부 모두에서 고위직을 지낸 정치인은 미국 역사에서 자신뿐이라는 자부심을 강하게 갖고 있었다. 그러했기에 그는 연방상원의원과 부통령 경력밖에 없으며 전임자의 사망으로 선거를 거치지 않은 채 대통령이 된 트루먼을 얕잡아보면서, 자신이 1948년 실시될 대통령선거에서 현직 트루먼을 제치고 민주당 후보로 공천을 받아 백악관에 입성하겠다는 정치적 야심을 갖고 있었다.

따라서 9월 런던 외무장관회담이 결렬된 마당에 모스크바 외무장관회담마

---

[66] 김학준, 「옛 소련 문서와 김일성 문서로 입증된 반탁과 단독정부 수립 지지의 타당성」, 『신동아』 11월(2011), 582쪽; 김학준, 「(김학준이 다시 쓴 현대사 결정적 장면 4 모스크바의정서 주역은 노회한 몰로토프)美대표단, '모스크바 3상회의'서 소련 계략에 말려들다」, 『신동아』 11월(2020).

저 결렬된다면 자신의 진로에 큰 장애가 될 것이라는 계산에서 어떻게든 합의를 이끌어내고자 했던 것이다. 그래서 다시 케넌의 일기에 따르면, 번스는 '명백하거나 확정된 계획 없이, 명백한 목적이나 한계 없이' 회담에 임했을 뿐이었다. 이 점을 몰로토프는 잘 알고 있었으며 철저히 이용했다.[67]

미국의 최초안은 한반도 전체에 대한 자국의 지배권 확보를 목표로 하고 있으며 소련안은 미국의 영향력을 약화시키는 것이었다. 그런데 약간의 수정은 있었지만 소련안의 골격을 토대로 결정됐으므로 미국이 소련에 양보한 것은 사실이다. 이러한 대소 유화적 태도는 미·소협조를 신뢰한 번스의 독단이 어느 정도 작용한 것으로 추측되는데, 그가 트루먼의 대소 견제책을 무시했던 면이 있었다고 평가된다.[68] 이렇게 양보한 번스(국제주의자)를 민족주의자(애국주의자 혹은 지금 식으로 말하면 미국 우선주의자) 성향을 가진 트루먼 등이 비판했다고 한다.[69] 국무부는 전통적으로 대개 국제주의적 태도를 견지했고 트루먼과 군부는 민족주의적 태도를 견지했는데, 이러한 시각차와 관점 차이가 대립을 결과했다고 할 수 있다. 1945년부터 1948년까지 국무부와 미군정이 보인 대립의 원형이라고도 할 수 있다.

그런데 탁치안을 구상한 것이 미국이므로 미국안의 중요성을 강조하면서 양국안의 상호보완적 측면을 지적하는 견해도 있다.[70] 미국은 신

---

[67] 김학준, 「〈김학준이 다시 쓴 현대사 결정적 장면 4 모스크바의정서 주역은 노회한 몰로토프〉美대표단, '모스크바 3상회의'서 소련 계략에 말려들다」, 『신동아』 11월(2020).

[68] 번스와 트루먼의 대립은 다음에 나와 있다. John Lewis Gaddis, *The United States and the Origins of the Cold War, 1941~1947* (New York: Columbia University Press, 1972), p. 283.

[69] 최봉대, 「분단책임은 누구에게 있나」, 『신동아』 8월(1988), 364쪽.

[70] 이호재, 「한국신탁통치안과 미소협상의 결렬」, 『한국외교정책의 이상과 현실: 해방8년 민족갈등기의 반성』 제5판(법문사, 1986), 149-151쪽.

탁통치 실시를 구상했고 즉시독립을 선호했던 소련은 그것이 불가능하다고 판단해 임시정부 수립을 삽입했는데, 결국 양국의 입장이 타협에 이르러 모스크바의정서가 산출되었다고 할 수 있다. 이렇게 미·소의 두 방안(탁치와 임정 수립)이 무원칙하게 절충된 결정의 내용과 구조는 처음부터 실현 불가능한 무책임한 것이라는 평가를 받기도 한다.[71] 모스크바결정 중 한국 문제 조항은 당시에 조성된 한시적인 미·소협조의 상징이었으나 매우 포괄적이고 애매했다. 모스크바 의정서의 한국 조항이 한시적이었다고 표현하는 것은 결과론적인 해석이며 어찌되었건 당시 이 조항은 얄타회담 이래로 있어온 미·소협조의 상징이기는 했다.[72] 미·소 양국이 보다 중요한 문제에서 합의에 도달하기 위해 조금씩 양보한 것이라고 해석되기도 한다.[73] 그런데 당사자 간 협조가 불가능하다면 그 문구가 해석상의 논란 없이 치밀하게 구성되지 않은 한 실현 가능성이 떨어질 수도 있었다.

이렇게 구체적이고 세부적인 계획의 미비가 미·소의 협조를 불가능하게 만들 원인 중의 하나가 될 수 있다는 예측이 이후 역사에서 여지없이 실현되었던 것이다.

그런데 이러한 비판적 평가는 아직 냉전이 본격적으로 출현하지 않은 시점이었던 당시의 상황을 냉전시대적 관점에서 평가한 결과론적인 관점이 아닌가 한다. 또한 유사 신탁통치가 실시된 오스트리아의 경우처럼 통일과 독립으로 이어진 경우도 있었으므로 타협 불가능과 분단의

---

[71] 정병준, 「(평론가 레터)한국의 분단, 분단의 한국」, 태광그룹 선화예술문화재단, 2013년(www.seonhwafoundation.org/ArtLetter/youngArtistView.jsp?pNo=72&page=1, 검색일: 2016년 2월 1일).
[72] Bruce Cumings(1981), 앞의 글, p. 216; 최상용(1988), 앞의 책, 179쪽.
[73] Charles M. Dobbs(1981), 앞의 책, p. 56; Gregory Henderson, *Korea: The Politics of the Vortex* (Cambridge, MA: Harvard University Press, 1968), p. 131.

책임을 냉전의 출현에 돌리는 것은 전형적인 외인 결정론적 시각이다. 한국이 분단으로 치닫게 된 현실은 외인이 압도적으로 우세한 상황에서 내인이 개재된 복합적인 국면이었으므로 외인이 내인을 압도해 중요했지만 외인이 유일한 결정 요인은 아니었다고 할 수 있다. 따라서 한국 분단은 '외인이 압도적으로 우세한 복합형'이라고 할 것이다.

소련의 임시민주정부 설립 방안은 동유럽 방식이라는 설도 있다. 또한 선행 과정이라고 할 수 있는 임시민주정부가 수립되지 못한다면 신탁통치는 실시될 수 없다. 따라서 분할관리(분할점령)가 연장될 가능성이 있었다.[74]

그런데 반 리는 "스탈린과 몰로토프는 신탁통치의 실현 가능성을 믿지 않았으며 실현되기를 원하지도 않았다. 만약 몰로토프가 탁치를 동의하지 않았다면 한반도에 관한 협상은 깨졌을 것이며 소련은 한반도에서 미국에 우호적인 정부가 수립될 가능성이 있다고 생각했기에 미국에

---

[74] 또한 1946년 2월 설립된 북조선임시인민위원회가 소련이 만든 임시민주정부라는 해석도 있다. 김일성이 이 조직을 통해 토지개혁을 하면서 남쪽에도 이러한 개혁을 해야 한다고 말했다는 것이 소련식 구상을 뒷받침한다는 것이다. 그러나 이는 모스크바의정서에 의해 만들어진 임시정부는 아니며 이의 구상을 의식해 만든 준비조직이라는 것이 필자의 해석이다[오코노기 마사오,「38선 설정의 국제무대」, 제14회 외교사 브라운백세미나, 국립외원 4층 세미나실, 2016년 10월 27일(2016)].
한편 북조선임시인민위원회가 소련의 지령에 따른 후광이나 조종에 의해 만들어진 조직이라는 남한 및 국제학계의 평가를 의식해 북한은 『한 권으로 보는 북한현대사 101장면』과 『해방전후사의 인식』 3권을 인용하면서 다음과 같이 반박했다. "인민의 대표들을 선거하고 그들로 각자에 지방인민위원회들을 조직하고 그에 토해(대-인용자)하여 강력한 중앙정권기관인 북조선림시인민위원회를 수립했다"라는 주장인 것이다. 위대한 김일성 동지를 수반으로 하여 주체적으로 수립한 '자주적인 중앙주권기관'이라고도 했다[『조선전사』 23권(평양: 과학, 백과사전출판사, 1981), 116쪽; 정치건(김일성종합대학교 력사학부 교수, 박사),「북조선림시인민위원회와 민주개혁」, 민족연구원 설립 10주년 기념 제6차 중·조·한 공동 주최 국제학술회의: 동북아지역 력사문화교류의 현황과 전망, 중국 연길시 백산호텔, 2006년 11월 2~4일(2006), 4-5쪽]. 그렇다면 북한이 먼저 단독조치를 한(단독정권을 수립한) 사실을 인정한 격이다.

동의해준 것"이라고 주장했다. 이를 리는 '몰로토프의 뛰어난 사기술'이라고도 표현했다.[75] 김학준(2020)은 소련이 실현 가능성 낮은 제안을 통해 자신이 한국의 임시정부 수립과 그것에 근거한 독립에 매우 열성적인 듯한 외양을 갖추면서 사실상 거부권 확보를 통해 적어도 북한을 자신의 세력권 안에 확실하게 포함해놓고 거기에 친소적 정부를 세울 장치를 마련해놓은 셈이 됐다고 해석했다. 이러한 맥락에서 리는 몰로토프가 '속임수의 뛰어난 수완'을 발휘했다고 논평했으며 이를 김학준이 인용했다.[76] 그런데 리의 평가는 결과론에 치중한 해석이다.

한편 모스크바 주재 미국대사 해리먼은 1945년 11월 12일 본국 정부에 보고서를 보내 소련은 한국에 대한 미국의 신탁통치 구상이 3분의 1 혹은 4분의 1의 발언권만 보장하므로 이에 집착하고 있지 않다고 평가했다.[77]

그러나 김성보(1995)는 이 시점에 소련 정부가 북한에 '분단국가'를 수립하려는 구상을 갖고 있었다고 보기는 어렵다고 평가했다. 그는 "(소련은 여전히) 미국과 소련의 영향력이 유지되는 속에서 (코리아의) 단일정부의 창출을 모색했다"라고 봤다. 그러나 김성보는 "소련 (정부가 모스크바에서 합의된) 방안의 실현을 낙관적으로 인식하거나 또한 그 실현에 강한 의지를 갖고 있었는가 하는 점은 여전히 의문으로 남는다"라고 덧붙였다.[78]

---

75 「(광복 5년사 쟁점 재조명)에릭 반 리 인터뷰」, 『동아일보』, 2004년 12월 19일자.
76 김학준, 「(김학준이 다시 쓴 현대사 결정적 장면 4 모스크바의정서 주역은 노회한 몰로토프)美대표단, '모스크바 3상회의'서 소련 계략에 말려들다」, 『신동아』 11월(2020).
77 "The Ambassador in the Soviet Union (Harriman) to the Secretary of State," Moscow, November 12, 1945~6 p.m., FRUS, 1945, vol. Ⅵ, p. 1122; "주소 대사(해리만)가 국무장관에게"(1945.11.12.); 미 국무성 저, 김국태 역, 『해방 3년과 미국』 1(돌베개, 1984), 138-139쪽.
78 김성보, 「소련의 대한정책과 북한에서의 분단질서 형성, 1945~1946」, 역사문제연구소

5. 주도자의 관점에서 본 신탁통치안의 형성 과정

앞에서 언급한 탁치안의 형성 과정을 요약하면서 신탁통치안을 주도한 국가나 개인이 누구였는지를 분석해보고자 한다. 탁치안의 기본적 발상은 1919년 미 대통령 윌슨의 위임통치안에서 찾아볼 수 있다. 윌슨의 위임통치안은 민족자결주의 원칙에 준거하여 모든 식민지의 독립을 위한 절차인 것처럼 보이기도 했으나, 실제 현실세계에서는 제국주의 열강의 식민지 재분할 수단으로 이용되고 말았다. 1942년 이후 루스벨트가 주도한 신탁통치 구상도 식민지의 독립이라는 이상과 제국주의 식민정책의 미국식 변형이라는 현실이 교묘하게 타협된 것이었다. 그러나 결국 시간이 지남에 따라 이상적 요소는 현실세계에서 멀어지게 되는바, 모든 식민지에 보편적으로 적용되어야 할 원칙이 전승국들의 반대로 말미암아 포기되었고 전승국의 기득권과 밀접히 관련되지 않은 한반도 등 패전국의 식민지에만 탁치가 적용되는 데 그쳤다. 엄밀히 말해서 루스벨트의 구상에는 미국의 세력 확보라는 현실이 개재되어 있었기 때문에 1943년 3월 이후 연합국들이 이를 논의하게 되었을 때 한국인의 반발이 전혀 고려되지 않았다.

미국 CIA의 전신인 OSS(Office of Strategic Services)가 1945년 5월 발간한 보고서에는 재미 한국 문제 관련자(한국인 7명, 미국인 14명, 영국인 2명) 23인의 인터뷰가 나온다. 여기에서 한국인들은 과도적 시정기구안보다 즉시독립을 선호했다.[79] 이렇게 한국인들의 즉시독립 열망이

편, 『분단 50년과 통일시대의 과제』(역사비평사, 1995); 김학준, 「(김학준이 다시 쓴 현대사 결정적 장면 4 모스크바의정서 주역은 노회한 몰로토프)美대표단, '모스크바 3상회의'서 소련 계략에 말려들다」, 『신동아』 11월(2020).

[79] Office of Strategic Services, Research and Analysis Branch, "Expressions of Attitudes toward Post-War Problems," R&A no. 3082, 8 May 1945.

확인됐지만 정책에 반영되지는 못했다.[80]

　한반도 문제는 당사국의 하나인 영국에는 자국의 기득권과 밀접하게 관련된 것이 아니었고 중국은 내란 중이었기에, 미·소가 주요 당사자였다. 미국은 탁치안을 대소견제 정책의 하나로 이용하려 했다.[81] 그러나 루스벨트가 구두합의만을 이룬 채 1945년 4월 사망했고 후임자 트루먼은 원자탄 개발을 염두에 두어 가장 결정적 시점인 종전 직전까지 한국 문제에 관한 일체의 결정을 미루어오다가 전쟁이 예상 밖의 시점에서 끝나자, 탁치안은 보류된 채 힘(군사력)에 의한 분할점령이 단행되었다. 결국 탁치안에 대한 결정은 전쟁이 끝난 후 이미 한반도에서 미·소의 세력권 확보가 어느 정도 이루어진 시점인 1945년 12월 모스크바3상회의로 미루어졌다. 미국 측은 번스가 유엔하의 탁치안을 내놓았고 소련은 임정 수립하의 후견[82]안을 제시했는데, 소련안을 토대로 한국 문제 해결 방안이 결정되었다. 미국이 전후 식민지 및 종속국에 대해 신탁통치(trusteeship) 실시를 제기했을 때 소련은 이 용어를 'попечительство(신탁통치)' 혹은 'протекторат(보호령)'이 아니라 'опéка(아페카/후견)'로 번역하여 사용했다. 따라서 러시아어에서 후견과 탁치는 유사어지만 엄연히 다른 단어임이 확인된다.

80　그렇다면 미국이 한국 해방을 맞이할 준비가 없었다는 주장은 설득력이 약한 부분도 있다. 그러나 비슷한 시기에 행해진 국무부 연구를 보면 한국민에 대한 인식이 빈약함이 확인된다. U. S. Dept. of State, Office of Intelligence Research, "Questions on Korean Politics and Personalities," R&A no. 3083, 16 May 1945. 보다 세계적인 문제 차원에서 사고하는 국무부와 보다 지엽적인 문제까지도 세밀하게 짚어야 할 정보 부서의 시각차가 아닌가 한다.

81　"United States Policy Regarding Korea," declassified materials, part Ⅱ, 1941~1945, Research Project No. 158 (Washington, D.C.: Department of State, 1950), p. 76.

82　1946년 1월 11일 인민위원회 각도대표자대회에서 공산주의자들은 '탁치'라는 말 대신 '후견제'라는 용어를 사용하기로 결의했다. 『서울신문』, 1946년 1월 15일자.

이상의 전개 과정에서 신탁통치안 주도자와 그 구상을 정리하면, 첫째 월슨의 위임통치안, 둘째 루스벨트의 탁치안, 셋째 번스의 유엔하의 탁치안, 넷째 스탈린의 후견안으로 분류할 수 있다. 이러한 구상은 시간 순서로 전개되는데, 1919년부터 1945년 12월 20일까지는 미국이 주도한 시기이며 1945년 12월 20일 모스크바3상회의에서 소련안이 제출된 시점 이후(소련 내부적으로는 12월 10일 말리크의 '임시정부 구성을 통한 독립' 구상이 계기가 됨)부터는 소련이 탁치안을 주도한 시기이다.[83] 미국 주도의 시기는 3개의 시기로 구분할 수 있는데 ① 1919년에는 월슨의 주도기이며 이후의 공백기를 거쳐, ② 1942년부터 1945년 4월까지는 루스벨트의 주도기이고, ③ 1945년 4월부터 12월 20일까지는 미 국무장관들(특히 번스)이 주도한 시기이다.

요컨대 주도자가 '미국(월슨 → 루스벨트 → 번스) → 소련'으로 변화되었다는 사실에서 탁치안은 미·소 양자가 확고하게 견지하려는 정책이 아니었으며 또 루스벨트의 탁치와 스탈린의 후견이 내용상 큰 차이를 갖는다는 것은 구상안 자체가 크게 변했다는 것을 의미한다. 또한 탁치가 이전의 역사에서 실행된 적이 없어서 명백히 어떤 것이라고 규정하기는 어려웠다. 그러나 이러한 가변성과 규정 곤란성에도 불구하고, 탁치란 미·소 간 권력 각축장에서 구상된 새로운 지배전략이었다는 심층적 의미는 시종 변하지 않고 있었다.

---

[83] 1946년 1월 이후 미국이 탁치에 대한 집착에서 점점 후퇴하는 기미를 보이자 1월 23일 스탈린은 해리먼을 만난 자리에서 "소련 정부는 미국만큼 탁치를 필요로 하지는 않는다. 만약 양국이 바람직하다고 생각한다면 탁치는 철회될 수 있다"라고 말했다. *FRUS, 1946*, vol. Ⅷ, p. 622. 소련이 당초에는 즉시독립을 지지했음을 알 수 있는 구절이다.

결론

흔히 모스크바의정서의 한국 조항은 임시정부 수립과 신탁통치 실시에 관한 결정으로 간주되며 이 의정서대로 따랐으면 통일민족국가가 건설되었을 것이라고 아쉬워하기도 한다. 그렇지만 그 조항을 면밀히 검토하면 한국에서 탁치를 실시하기 위해서는 외상회의에서 '한국 탁치협정'을 만드는 것이 필수적인 수순이었다. 그런데 모스크바3상회의는 이 협정을 산출하는 대신 미·소공동위원회에서 만든다고만 규정했다. 이렇게 한국 탁치 협정의 구체적 내용이 결정되지 않아 미·소가 대립한다면 모스크바의정서가 결국 휴지조각에 불과하게 될지도 모른다는 결과론적 판단이 이미 결정 시점부터 내포되어 있던 것은 아닐까 하는 생각이 든다.

1. 모스크바3상회의 의정서 분석

우여곡절을 거친 끝에 작성된 모스크바3상회의의 '코리아'에 관한 의정서를 분석함으로써 그 결정의 의미를 재검토하고자 한다. 모스크바의 정서의 한국 관계 조항은 4개 항[1]으로 이루어져 있다. 먼저 첫 번째 항부터 인용하여 분석하면 아래와 같다.

> 1. 코리아를 독립국가로 재건하고 또한 민주적 원칙에 바탕을 둔 발전을 이룩할 수 있는 여건의 창출을 위하여, 그리고 장기간의 일본 지배로 인한 참담한 결과를 가능한 한 빨리 제거하기 위하여, 코리아의 산업과 운수 및 농업 그리고 코리아인의 민족문화 발전에 필요한 모든 조치를 취할 임시적인 코리아 민주정부를 수립할 것이다.

위 첫 번째 항은 미국안에는 없던 다소 선언적인 내용으로서 탁치가 실시된다는 언급 없이 단도직입적으로 '독립을 위하여 임시정부가 수립된다'고 적시하여 조선 민족에 호의적인 내용을 전제하고 있다. 따라서 첫 번째 항을 과대평가한다면 모스크바결정은 탁치에 관한 의정서가 아니라 독립의 실현 방법을 규정한 것으로 해석될 여지가 있다. 당시 좌파들은 모스크바3상회의에서 주안점은 탁치가 아니라 독립을 위한 임시정부 구성이라고 주장했다.[2] 그렇지만 위 조항은 하나의 선언적 수사

---

[1] *FRUS*, 1945, vol. Ⅱ, pp. 820-821.
[2] 당시 신문들은 모스크바결정 전문을 접하기 전에 탁치를 3상결정으로 등식화해 즉각 보도함으로써 대중들의 반탁감정 조성에 기여했다. 따라서 첫째 항은 무시되었다. 모스크바결정은 탁치와 임정 수립이 양대축이다. 그런데 탁치는 독립의 유보 조치이며 임정 수립은 독립을 위한 조치였다. 따라서 상호 모순되는 것이 한 결정에 녹아 있다고 볼 수도 있지만 탁치를 독립을 위한 한 과정으로 볼 수도 있으므로 독립과 탁치 간의 조화로운 타협도 가능하다. '3상결정=독립을 위한 과도기로서 탁치를 설정한 안'으로 합리적으로 인식할 수도 있다. 그런데 이미 반탁감정과 탁치에 대한 편견(독립을 가로막는 것이며 식민통치가 변형된 것이 바로 탁치안)이 대중들의 뇌리에 고착화된 상태였다. 이런 상황에서 좌익들은 후견제가 원조이며 식민지화가 아니라는 인식을 대중들에게 계몽하려 노력했다. 그러나 대중들은 이 노력이 소련에 나라를 팔아먹는 매국적 행위

(rhetoric)에 불과한 것으로 평가할 수 있다. 따라서 다음의 두 번째 항과 같이 탁치안도 확정된 것이 아니었으므로 모스크바의정서의 3대 축인 탁치와 독립, 임시정부 구성 등에 관해서 아무것도 결정되지 않았다는 해석도 가능하다.

2. 코리아 임시정부의 구성을 돕기 위하여 그리고 적절한 방책을 미리 만들기 위하여, 코리아 남부의 미군사령부와 코리아 북부의 소련군사령부의 대표로 구성되는 공동위원회를 설립할 것이다.

두 번째 항에서 보는 바와 같이 첫 번째 항에서 규정된 임시정부의 구성이 즉각 이루어지는 것은 아니었다. 미·소공동위원회(약칭 공위)라는 기관이 설립된 후 공위의 도움으로 구성된다는 수순이 규정되어 있다. 그렇다면 공위의 임무는 무엇인가? 세 번째 항의 규정이 이를 설명하고 있다.

3. 임시적인 코리아 민주정부와 코리아의 민주적 단체들의 참여 아래, 코리아인의 정치·경제·사회적 진보와 민주적인 자치정부의 발전 및 코리아의 민족적 독립의 달성을 위하여 협력·원조(신탁통치)[helping and assisting(trusteeship)]할 수 있는 방책을 작성하는 것이 공동위원회의 임무이다.

신탁통치에 대한 언급이 최초로 나오는 세 번째 항에서 신탁통치는 '독

내지는 자파세력 부식 기도의 표출로 인식하기도 했다. 좌익의 선전선동은 결국 도로(徒勞)에 그쳤다.

립 달성의 수단'이라고 해석되고 있다. 독립이 목적이고 탁치는 수단이라는 것이다. 공위의 주된 임무는 '신탁통치 방책의 작성'이며 두 번째 항 서두에 나와 있는 '임시정부 구성을 돕는 것'도 부차적 임무라고 할 수 있다. 그런데 탁치 실행안의 작성 과정에 대한 기술이 이 의정서의 중요한 줄기를 이루고 있다. 그 첫 번째 과정은 결정의 주체인 공위가 코리아 임시정부 및 정당·사회단체와 협의하여 탁치 방안을 작성한다는 것으로, 두 번째 항의 둘째 문장과 세 번째 항의 첫째 문장 서두와 둘째 문장 서두에 나온다. 이는 코리아인을 단지 행정관(administrator)이나 고문(consultant)으로 임용할 수 있다는 미국안의 규정보다 코리아인 대중의 참여가 보장된 것으로서 소련 측에 유리한 규정이다.

두 번째 항 둘째 문장: 공동위원회는 그 제안들을 준비할 때 코리아의 민주적 정당·사회단체들과 협의할 것이다.

두 번째 과정은 공위가 작성한 '최고 5개년에 걸친 4개국 탁치 협정'안을 4개국 정부가 심의한다는 것인데, 세 번째 항 둘째 문장과 두 번째 항의 셋째 문장의 규정이다.

세 번째 항 둘째 문장: 공동위원회의 제안은 코리아 임시정부와 협의를 거친 후, 최고 5개년에 걸친 코리아의 4개국 신탁통치(a four-power trusteeship of Korea for a period of up to five years)에 관한 협정의 체결을 위한 미·소·영·중의 공동심의에 회부될 것이다.

두 번째 항 셋째 문장: 공동위원회가 작성한 건의서는 공동위원회에 대표권을 가진 양국 정부가 최종 결정을 내리기에 앞서 소·중·영·미 정부의 심의를 위하여 제출되어야 한다.

마지막 과정은 바로 위의 문장에서 본 바와 같이 4개국 심의를 거친 탁치협정안을 미·소 정부가 최종적으로 결정하는 것이다. 따라서 미·소 합의만이 통일에 대한 유일한 길이라는 해석이 가능하다.

이상과 같이 탁치 실행안의 작성 과정에 대한 기술이 이 의정서의 중요한 줄기를 이루는데, 이를 크게 도식화하면 다음과 같다. ① 미·소공위가 민주적 정당·사회단체와 협의해 임시정부를 만들고, ② 공위가 임시정부와 민주적 정당·사회단체와 협의해 '최고 5개년에 걸친 4개국 탁치협정'안을 만들어, ③ 이 안을 4개국 정부가 심의한 후, ④ 탁치협정안을 미·소 정부가 최종 결정한다는 것이 그 수순이다. 임시정부를 구성하기 위해서는 우선 협의 대상이 될 민주적 정당·사회단체를 선정해야 했다. 정당·사회단체가 선정되면 이들과 미국 및 소련이 협의하여 임시정부를 구성하여 탁치안을 만들고, 영국과 중국의 승인을 얻어야만 되었다. 이런 절차는 매우 험난한 과정이었다. 후대 역사학자 박찬승(2020)은 그런 복잡한 절차를 거치는 신탁통치가 과연 가능했겠는가 하는 의문을 제기했다.

그러나 당시 미국은 그러한 문제 제기를 하지 않았다. 미국은 소련과의 협의에 대해, 정당·사회단체와의 협의에 대해 너무 낙관적으로 생각하고 있었다. 결국 1946년과 1947년에 각각 열린 두 차례의 미소공동위원회는 첫 번째 단계인 정당·사회단체 선정 과정에서 결렬되었다.[3]

---

3   박찬승, 「역사 속의 정치갈등을 읽는 방법: 해방 직후 한국의 정치갈등을 중심으로」, 제63회 전국역사학대회: 역사상의 사회갈등과 통합, 전국역사학대회협의회·역사학회 주최, 한국연구재단·국사편찬위원회 후원, 공동주제 제1부 기조발제, 2020년 10월

박찬승(2020)은 미국 측이 너무나 안이했다고 결과론적으로 평가했다.

1946년 미소공위에 미국 측 실무자로 참석한 로버트 A. 키니에 의하면, 미국 측은 미소공위에서 소련 측에 정당·사회단체와의 협의 대신 선거를 통하여 임시정부를 구성하자는 안을 여러 차례 제시했다고 한다. 미국 측은 선거를 하게 되면 우파 중심의 임시정부를 구성할 수 있다고 보았다는 것이다. 그러나 소련 측은 이를 매번 거부했고, 결국 미소공위는 휴회에 들어가고 말았다고 한다.[4] 미·소·영·불 등 4개국 군의 점령하에 있던 오스트리아에서는 1945년 11월 선거를 통하여 우파와 좌파가 내각의 각료 자리를 분점하면서 거국내각을 출범시킬 수 있었다. 미국 측이 오스트리아의 사례를 참고하여 비슷한 안을 내놓았다면 어찌 되었을까?[5]

그런데 제2차 세계대전 이후 독일과 분리된 오스트리아는 수도 빈에 오스트리아인에 의한 중앙정부 수립이 허용됐음에 비해, 한국과 독일은 중앙정부 수립이 허용되지 않았다. 오스트리아는 자신의 중앙정부를 갖고 있었기에 그것에 기초해 1955년 5월 15일 연합국과 조약을 맺고 분할점령을 종료시키면서 주권을 회복했다. 이러한 배경에서 오스트리아인은 오스트리아가 10년 동안 분단국가였다는 외부자의 지적에 동의하지 않는다(그렇지만 한때 분할점령된 것은 사실이므로 분단을 극복한 훌륭한 모범 사례로서는 부족한 점이 없다).[6] 한국도 오스트리아와 같이 내부 정치 세력들이 합의하여 서울에 중앙정부 혹은 모스크바의정서에 따른 임시

30일, 6쪽.
[4] 송남헌, 『한국현대정치사 I』(성문각, 1978), 294-295쪽.
[5] 박찬승(2020), 앞의 글, 6쪽.
[6] 김학준, 「(김학준이 다시 쓴 현대사 결정적 장면 6·끝)북한은 스탈린의 주도와 후원 아래 건국된 국가」, 『신동아』 1월(2021).

정부를 수립했다면 분단을 피할 수 있는 일말의 가능성이 있었을 것이다. 그러나 당시 국내 정치에 압도적인 규정력을 행사하고 있던 미국과 소련, 특히 소련이 이를 허용하지 않았을 가능성이 매우 높으므로 역시 이 대목에서도 외인이 주도적으로 작용했다는 사실을 확인할 수 있다.

거국내각 출범과 연관해서도 다음 모든 절차에 합의해야 하는 지난한 과정을 거쳐야 했다. ① 공위가 한국의 민주적 정당·사회단체 선정, ② 공위가 한국인으로 임시정부를 구성해 ③ 탁치안 작성에 합의한 후 ④ 미·소·영·중이 심의하여 ⑤ 미·소 정부가 최종 결정한다는 것이다. 실제로 이상의 단계 중 ①에서 ②로 나아가지 못한 채 멈추었으므로 모든 수순이 쉽지 않았다. 박찬승(2020)은 위와 같이 미국이 소련안의 복잡성을 모르고 덥석 합의해주었다고 평가했다. 이렇듯 미국이 나이브하게 보였을 수 있다. 그렇지만 이러한 안이한 결정은 미국 외교정책 결정의 실용주의적 특성이라고 할 수도 있다. 소련안에 토대를 두어 최종 결정 과정과 확정된 의정서를 통해서 볼 때 소련안은 복잡하고 세밀하다고 볼 수 있다. 따라서 미국의 안이함과 소련의 치밀함이 대비된다. 그러나 미국은 세밀한 전술 부분에서는 안이했을지 몰라도 전략적 목표에 따라 일단 38선을 획정해 동북아 지역에서 소련의 팽창을 성공적으로 막았다. 미국은 일단 임기응변적 결정을 내렸던 것처럼 보이지만 전략적으로는 자국의 세력권을 확대하려는 국가이익에 충실하게 결정했다고 평가된다. 보다 큰 차원에서 보면, 너무 심사숙고하기보다는 일단 결정해놓고 보자는 식으로 나름의 합리성에 토대를 두어 실용적으로 결정한 후 추후 과정 또한 상대방의 행동을 보아가며 유연하게 결정했다고 평가될 수 있다. 따라서 미국의 안이함은 전술적 차원이었고 전략적 차원에서는 소련과 같이 국가이익 확보(세력권 확장)라는 목표를 흔들리지 않고 일관성 있게 추구했다고 볼 수 있다.

의정서의 마지막 항인 네 번째 항은 미·소 사령부 간 긴급회담이 2주일 내로 개최된다는 것으로, 이것 외에는 무엇이 모스크바의정서의 확실한 결정인지 알기 어려울 정도로 의정서 자체는 구체적이지 않은 모호한 내용으로 채워져 있다. 모스크바회의에서는 "최고 5개년에 걸친 4개국 탁치"가 실시될 것이라고 막연히 결정되었을 뿐인데, 이의 구체적 실행 방법은 미·소가 주체가 되어 조선인 및 영·중과 단지 협의만 하여 결정한다는 것이다. 이것이 모스크바회의의 한국 문제 해결 방식의 요점이다. 즉 미·소가 결정 당사자라는 점을 명확히 했던 것이다.

이 의정서를 탁치에 관한 의정서라고 하지만 탁치실시의 구체적 실행 방법을 결정했다기보다는 '탁치실시 방안의 결정 수순'을 대략적으로 규정한 문서에 불과하다. 원래 탁치를 실시하려 했다면 그 구체적인 실행안이 분할점령 전에 나왔어야 했다. 그러나 구체적인 지침이 없어 곧바로 실행하지도 못하고 미·소는 분할점령을 단행했다. 따라서 모스크바3상회의에서 당장 실행에 옮길 수 있을 정도의 구체적 안(한국 탁치협정)을 결정해야 했다. 그러나 단지 '5개년 이내 4개국 탁치안'을 미·소가 조선인·영·중과 협의하여 결정한다는 것 외에는 결정된 것이 없었다. 물론 이것이 제일 중요한 결정이었다고 할 수도 있지만 그 구체적 지침 없이 실행한다는 것은 불가능한 일이었다. 공위가 열렸으나 앞의 4~5단계 수순 중 1단계에서 전혀 나아가지 않았다는 것이 이 문서의 구속력에 의문을 제기할 수 있는 근거이다.

가장 중요한 문제는 미국과 소련이 탁치를 다르게 규정하고 있었다는 점이다 한 번도 실행된 적이 없었던 탁치(trusteeship)를 미국은 불평등한 '지배'의 의미가 부각된 '정치훈련'의 의미로 받아들인 반면, 소련은 후견(опéка; 아페카)을 평등한 '도와줌'의 의미가 부각된 '협력·원조'의 의미로 받아들였다. 기본적인 명칭 면에서도 탁치와 후견으로 다르게 표기했으며 동일한 하나의 협정 안에 서로 다른 뜻을 가진 두 개념인 'helping and assisting'과 'trusteeship'이 'helping and assisting (trusteeship)'이라는 방식으로 함께 묶여 기술된 것이다. 또한 한국 측 번역문에서는 영어 trusteeship에 기반해 협력·원조(신탁통치)라고 되어 있으나 북한 측 번역문에서는 러시아어 опéка에 기반해 '원조협력(援助協力)[후견(後見)]'으로 나와 있다.

이처럼 개념 규정마저 일치되지 않은 상태에서 실제 실행 방식에 관한 모든 번거로운 결정을 이후 개최될 공위에 떠넘겨버렸으니, 한국 문제에 관한 한 아무것도 결정되지 않은 회의였다고 할 수 있다. 미국 조지아대학교 석좌교수 스툭(William W. Stueck Jr.)은 "미국과 소련이 본질의 해결을 외면한 채 적당히 타협함으로써 비(非)구체성과 애매함을 남겼다"라고 논평했다.[7] 그런데 미·소협력이 공고하다면 결정이 유보된 문제를 해결한다는 것이 그리 어려운 일은 아니었을 것이다. 그러나 간신히 합의된 결정이 향후 미·소 간의 불화로 인해 실행되지도 못한 채 파기되고 마는 결과에 이르렀다. 이 과정에서 세계적 냉전 출현의 국지화에 또 한 가지 보탠 것이 반탁·모스크바결정 지지라는 국내 세력의 대립이었다(불완전한 타협이었기 때문에 국내 정치세력이 활용하기에 따라서는 오히려 국가 수립에 대한 선택의 폭을 넓힐 수 있었는데 아쉬운 대목이다).

그렇다면 미·소는 왜 이렇게 명확한 것 하나 없이 비정상적인 합의에 도달했을까? 거기에는 나름대로 계산이 있었을 것이며 그에 의거하여 합리적인 판단을 했을 것이다. 오늘날 그들의 숨겨진 의도를 규명한다는

---

7 김학준, 「(김학준이 다시 쓴 현대사 결정적 장면4 모스크바의정서 주역은 노회한 몰로토프)美대표단, '모스크바 3상회의'서 소련 계략에 말려들다」, 『신동아』 11월(2020).

것은 거의 불가능하지만 두 가지 추론을 하는 것이 이해에 도움이 될 것이다.

첫째, 미·소 양국은 탁치의 실시가 자국에 우호적인 정부 수립을 가능하게 할 것이라고 속단했을 가능성이 있다. 이런 맥락에서 본다면 탁치는 (3상 결정문 세 번째 항에 의지해 당시 좌파들이 주장하는 것처럼 독립이라는 목적을 구현하는 수단이 아니라) 우호적인 정부 수립이라는 목적을 달성하기 위한 수단 외에 아무것도 아니었다. 비구체적인 탁치안은 미국의 이익에 합치되는 동시에 소련의 이익을 침해하지 않는 선에서 미국의 속셈을 충족하는 것이었다. 어느 한쪽의 배타적 이익 보장이 규정되지 않은 모호한 안이 이 탁치안이었다. 또한 그것이 위임통치처럼 식민지의 변형이 될지, 아니면 소련의 주장처럼 독립의 지름길이 될지 아무도 모를 일이었다.

미국 입장에서 탁치안은 식민지의 혁명적 민주주의에 정면으로 반대하는 것이 아니라 그것을 온건하게 발산시키면서 자국의 영향력을 확대하려는 제국적·반식민주의적 정책이었다. 제1차 세계대전 후 아시아·아프리카 지역의 패전국 식민지에 적용되었던 식민지 재분할을 위한 '국제연맹의 위임통치'안을 미국의 이익에 맞게 변형시킨 것이라 할 수 있다. 위임통치나 탁치는 모두 세력 확보를 위한 제국주의 정책이라는 면에서는 다를 바 없지만 다음과 같은 점에서 다르다.

문호개방적 탁치안은 ① 식민지의 혁명적 기운을 의식하여 위임통치의 구식민주의적 특성을 신식민주의적으로 변화시켜 식민지 민중의 요구에도 타협하면서 ② 동시에 구 식민세력(영·불·독)을 견제하려는 의도에서 구 식민지적 방식을 사용하지 않고, ③ 무장력이 필요한 구 식민지적 방식과 달리 탁치는 별다른 무장력의 지출 없이 보다 넓은 지역을 확보하려는 방안이다.

미국은 자본주의 국가의 상대적 우세를 보장하여 우호적 정부 수립을 기도한 반면 소련은 한국 내 정치세력을 끌어들여 우호적 정부 수립을 기도했다. 탁치는 소련에 의하여 독립의 수단으로 규정되었으며 미국에 의해 독립으로 가는 과도기로 규정되었으나, 이는 모두 자신들의 진짜 의도를 은폐하기 위한 위장일 뿐이며 실질적으로는 우호적 정부 수립을 위한 수단 외에 다름 아니었다. 독립이라는 목적을 위한 수단으로서의 탁치는 모스크바의정서의 형식 논리로나 가능했으며 실제로는 미·소 양국이 우호적인 정부 수립이라는 목적을 위한 수단으로 탁치를 채택했을 뿐이라는 점은 아무리 반복해도 지나치지 않다.[8] 따라서 미·소 모두 탁치를 통해 우호적 정부 수립이 불가능하다고 판단되면 언제라도 가차없이 파기하고 다른 수단을 택할 가능성이 애초부터 있었다. 미·소가 서로 양보하여 타협하지 않는 한 '조선을 위한 통한안(統韓案)'은 존재하지 않을 가능성이 있었는데, 1947년 10월 미국의 일방적 파기에 의하여 이것이 현실화되었다.

둘째, 어느 한쪽도 그 실현 가능성을 높게 보지 않으면서도 지엽적인 한국 문제를 합의해주고 보다 중요한 중국·일본 문제에서 많은 것을 얻거나 미·소 화해 분위기를 먼저 해쳤다는 비난을 듣기 싫어 큰 고려 없이 합의했다는 설명이다. 만약 그렇다면 미·소는 각각 실현 가능성 있는 대안을 가지고 있었다는 말인데, 이것은 미·소 합의가 전제되지 않은 단독행동으로서 '단정수립'(미국)안과 '양군철퇴, 즉시독립'(소련)안이라고 할 수 있다. 이것 역시 이후에 그대로 실현되었다. 또한 미국의

---

[8] 미국의 제국주의적 탁치안과 소련의 진보적 후견제안을 대비시켜 소련안이 관철된 모스크바결정을 진보적이라고 평가하는 견해는 모스크바결정의 모호성과 양면성을 간과할 뿐만 아니라 한국인에게 미국과 같은 외세로 간주될 수밖에 없는 소련의 '야욕'을 의도적으로 사상시키는 편협한 해석이다.

경우 탁치안을 주도했던 루스벨트가 1945년 4월 12일 미·소 간 공식 합의가 없는 상태에서 세상을 뜨고 이 문제에 별 관심이 없던 트루먼이 승계한 상태에서 정책 결정을 주도했던 국무부는 루스벨트의 탁치안을 무시하면서 탁치안과 모순되는 분할점령을 결정했다. 번스는 1945년 12월 모스크바에서 미·소협력을 위하여 탁치안을 받아들였지만 트루먼과 마찬가지로 자신의 아이디어도 아니었으므로 실현 가능성에 큰 비중을 두지 않았을 것이다. 따라서 이후부터 논의를 주도한 국무부는 탁치에 그다지 집착하지 않는 일관적인 행태를 보였다.

첫째와 둘째 가설을 종합하면, 미·소 양국은 그 실현 가능성을 높게 보지는 않았으나 탁치안이 실현된다면 자국에 우호적인 정부 수립이 가능할 것이라고 속단하여 별 다른 고려 없이 합의했다는 설명이다. 다소 수사적으로 규정한다면 탁치안은 '동상이몽의 세력 확보책'이었다. 형식적으로 탁치안은 통일된 자주독립국가 수립 구상이었지만, 본질적으로 미국 입장에서는 친미정부 수립 구상이었으며, 동시에 소련 입장에서는 친소정부 수립 구상이기도 했다. 탁치안의 결정 과정부터 미·소는 그 실현 가능성을 높게 보지 않았다. 그렇지만 실현을 가로막고 미·소대립을 조장한 한 요인은 탁치안의 규정이 각자 다르게 해석할 여지가 있을 정도로 애매모호하여 미·소에 구속력을 주지 못했던 점이다. 즉 동상이몽의 불확실성이 국내 정치세력의 좌우대립과 어우러져 탁치안의 폐기를 가중시킨 요인으로 작용했다.

물론 실현 가능성을 믿지 않았고 장차 일어날 대결을 미·소가 준비했기에 그 결정을 모호하게 한 측면도 있다. 따라서 결정의 모호성과 실현 불가능성 사이에는 인과관계까지는 아니어도 상호적 상관관계가 성립될 수 있다.[9]

그렇다면 탁치 실현 가능성을 높일 여러 요인 중에서 ① 미·소 양국이 구속력을 가질 규정의 명확성, ② 미·소협조, ③ '모스크바결정 지지' 노선으로의 좌우통합 등 세 가지 변수를 들 수 있다. 그런데 우리 역사에서는 세 가지 중 어느 하나도 구현되지 못하여 분단구조가 성립되었다고 할 수 있다. 역사에서 반사실적 가정이 무의미하지만 세 가지 변수의 조합을 통해 서로 다른 상황을 가정하는 것은 미래 세대에게 분단 극복의 통찰력을 제공하는 데 기여할 수 있다.

첫째, 세 요인 모두가 구현되었다면 통일민족국가가 수립되었을 것이다(이는 분단의 내외 요인이 모두 없는 경우이다).

둘째, ①, ②만이 구현되었다면 ③은 두 가지 경우를 가정할 수 있다. 지지·반탁으로 대립했을 경우(외인 무, 내인 유)에는 내전 후 통일되었을 것이며, 반탁으로 뭉쳤을 경우(외인 무, 내인 무) 탁치 없는 통일이 실현되었을 가능성이 높다.

셋째, ①, ③은 구현되었으나 미·소협조가 깨진 경우로 오스트리아·독일과 같이 외인은 있으되 내인은 없었던 경우와 흡사하다. 강대국들이 전략적으로 제일 중요하다고 생각했던 독일의 경우 강대국의 분단 의지가 국내인들의 통일 의지를 압도하여 분단된 경우이지만 오스트리아의 경우는 그 전략적 가치를 독일보다는 낮게 평가하여 통일을 용인한 경우이다. 한국의 경우는 그 전략적 가치 면에서 연합국이 분단을

---

9 그런데 구체적 시행방침이 결정되었다면 미·소가 대립하지 않았을 것이라고 단언할 수는 없다. 물론 안이 구체적이라면 불필요한 논쟁이 불식되고 더 높은 단계로 논의가 진전되었을 가능성이 있지만 그렇다고 모든 문제가 해결되었다고 보는 것은 냉전이라는 결정적인 외압을 무시하는 순진한 견해이다. 대립의 근본 원인은 구체적 규정성의 결여가 아니라 구체적 규정을 불가능하게 한 미·소의 상황 인식에 있었다. 만약 미·소가 의견 대립을 하지 않았다면 논의를 계속 진행시켜 구체적으로 규정했을 것이고 문제는 해결되었을 것이다. 따라서 구체적 규정의 결여는 대립의 遠因일뿐 직접적 原因은 아니다. 따라서 비구체성과 실현 불가능성 사이의 인과관계는 성립할 수 없으며 냉전 출현이 이들 문제를 보다 높은 차원에서 규정하고 있었다.

강요한 유럽의 중심국 독일보다는 유럽의 주변국인 오스트리아에 더 유사하므로 통일되었을 가능성이 높다. 미국뿐 아니라 전 세계적으로 동아시아의 중심국 일본과 달리 한반도는 동아시아의 핵심·중심이 아니라 주변국이었다(따라서 중심부 일본은 미국이 독점하고 주변부 한반도는 소련과 반분했다. 따라서 한반도 38선 분할에서 일본은 중요한 요인이었다).[10]

넷째, ①은 없으되 ②, ③이 있었다면 구체적 지침을 작성하여 탁치 실시 후 통일되었을 것이다.

다섯째, ①, ②는 없으되 ③이 있는 경우 월남의 경우와 같이 반외세 전쟁을 거쳐 통일되었을 것이다.

여섯째, ①, ③은 없으나 ②가 있었을 때의 가정은 역시 두 경우로 나눌 수 있다. 좌우가 대립하여 내인이 있었다면 내전 후 통일되었을 것이며 반탁으로 통일했다면 내·외인 모두 없는 경우이므로 탁치 없는 통일이 달성되었을 것이다.

일곱째, 탁치 규정의 명확성은 있었지만 ②, ③이 없었을 때로 여섯 번째와 함께 현실성이 떨어지는 가정이다. 만약 좌우가 대립한 경우라면 당연히 분단되었을 것이며, 반탁으로 통합되었다면 반외세전쟁의 홍역을 치른 후 통일되었을 것이다.

여덟째, ①, ②, ③ 모두 없지만 반탁으로 통일되어 내인이 없는 경우이다. 이는 당시 우익이 노선을 전환한 좌익에게 분단 책임을 전가할 때 인용되는 논리로서 탁치에 집착한 소련과의 투쟁이 벌어진 후 통일되었을 가능성이 있다.

---

10 그러나 커밍스는 한국이 냉전의 중심에 있다고 평가했다. Bruce Cumings, "Korea's Centrality to the Cold War," 한국의 냉전연구: 관점과 전망, 한국냉전학회 창립 국제학술회의 발표문, 2015년 2월 13~14일, pp. 13-14; 브루스 커밍스, 「냉전의 중심 한국」, 나지원 역, 『아시아 리뷰』 5-2(2016), 185쪽.

표 1 신탁통치 실현 요인의 변화를 둘러싼 가정들

구분	①탁치 규정의 명확성	②미·소 협조	③'지지'로의 좌우통합		외인	내인	결과
현실	무	무	무	경우 1 좌우대립	유	유	탁치 없이 분단
가정 1	유	유	유		무	무	탁치 후 통일
가정 2	유	유	무	경우 1 좌우대립	무	유	탁치실시 → 내전 → 통일
				경우 2 반탁통합	무	무	탁치 없는 통일 가능
가정 3	유	무	유		유	무	탁치 후 통일 가능
가정 4	무	유	유		무	무	탁치 후 통일
가정 5	무	무	유		유	무	반외세투쟁 후 통일
가정 6	무	유	무	경우 1 좌우대립	무	유	내전 후 통일
				경우 2 반탁통합	무	무	탁치 없는 통일
가정 7	유	무	무	경우 1 좌우대립	유	유	탁치 없이 분단 가능
				경우 2 반탁통합	유	무	반외세투쟁 후 통일
가정 8	무	무	무	경우 2 반탁통합	유	무	반외세투쟁 후 통일

이와 같은 가정들을 도식화하면 〈표 1〉과 같다.

이미 ①은 존재하지 않는 상황에서 미·소는 다양한 안을 검토했을 것이다. 이를 표의 매트릭스와 연결하고자 한다. 미·소는 '현실'과 가정 4, 5, 6, 8 등의 대책을 마련했을 수 있다. 그러다가 미·소협조가 깨지기 시작하는 조짐이 보이자 '현실'과 가정 5, 8을 대안으로 검토하면서 좌우익의 분열을 조장하는 '현실'을 가장 현실적인 안으로 선택하여 단독행동을 입안하는 등 준비했을 수 있다.

한국 분단사에서 통일의 교훈을 얻기 위하여 〈표 1〉의 분단의 '내·외인' 부분과 '결과' 부분을 단순화하여 도식화하면 〈표 2〉로 정리할 수 있다.

〈표 2〉에서 보는 것처럼 외인이건 내인이건 어느 한쪽만이라도 없었

표 2 분단과 통일의 조건

구분	외인	내인	결과	해석	비고
현실	유	유	분단	한반도 분단은 국제적 성격이 강한 복합형임.	
가정 1	무	유 (가정 1-1)	통일	내인론자들은 분단의 경우를 상정하겠지만 지리적으로 고립되어 있지도 않으므로 내전을 거쳐 통일될 가능성이 많음	만약 외인이 없었다면 내인의 유무에 관계없이 통일됨
		무 (가정 2-2)		당연히 통일됨	
가정 2	유 (가정 2-1)	무	통일	외인론자들은 독일(중심부)처럼 분단된 경우를 상정하겠지만 한반도의 경우 오스트리아(주변부)의 예와 같이 강대국의 분단 의사가 강하지 않으므로 통일될 가능성이 많음	만약 내인이 없었다면 외인의 유무에 관계없이 통일됨
	무 (가정 2-2)			당연히 통일됨	

다면 우리 민족은 통일되었을 것이다. 초기의 분단은 물론 외세가 가져다주었지만 여기에 영합한 내인 또한 무시할 수 없다. 만약 민족 내부가 단합했다면 강요된 외인을 투쟁을 통해 극복할 수 있었을 것이다. 해방정국 이후의 역사적 변화를 돌이켜볼 때 이제 한반도 분단을 강요했던 냉전체제는 한반도 외에는 더 이상 존재하지 않는다. 따라서 이제 외세는 분단 극복 문제에 대해 '민족 내부의 대화(남북대화)'를 강조하면서 분단의 책임을 민족 내부로 전가하고 있다. 이러한 책임 회피적인 태도의 무책임성은 비난받아 마땅하지만, 국제체제가 민족 내부에 유리한 쪽으로 점차 작용하고 있다는 사실은 우리 민족의 '자주적 공간' 확보라는 면에서 긍정적으로 평가할 수 있는 부분이다. 따라서 해방정국

의 상황에서 얻을 수 있는 교훈은 외세에 영합해서 분단구조를 강화할 것이 아니라 민족 내부의 불신과 반목을 해결해야 통일의 길이 열릴 수 있다는 것이다.

그런데 내인이 없는 가정 2의 경우에 통일의 가능성이 있음은 〈표 2〉와 같다. 따라서 분단체제 구축에 내인이 차지하는 비중은 무시할 수 없는 정도로 존재한다. 그렇다고 필자가 외인의 존재를 무시하는 것은 아니다. 왜냐하면 외인이 없었다면 아무리 내인이 강해도(가정 1-1의 경우) 내전 상태를 거쳐 통일민족국가 완성으로 극복될 수 있을 것이며 따라서 외인이 없었다면(가정 1의 경우) 통일로 귀결되었을 것이다. 한반도의 경우 내인보다 외인이 먼저 표출되어 더 큰 작용을 했으며, 내인은 주도적인 역할을 한 것이 아니라 단지 외인에 종속적으로 결합했을 뿐이다. 기존의 내인론자들도 외인의 중요성을 결코 무시하는 것은 아니며 단지 외인론의 외세결정론적 시각[11]을 비판하는 경우가 많다.[12] 즉 외세

---

[11] 외인론자로 간주되는 국제정치학자 오코노기는 분단이 미·소 냉전체제가 만들어낸 국제정치의 산물이었기 때문에 불가피했다면서 독립운동이나 해방 후 국내 정치가 끼어들 여지가 없었다고 주장했다(이정민, 「적격인터뷰: 한반도 분단의 기원 펴내는 오코노기 마사오 교수」, 『중앙일보』, 2019년 7월 12일자). 그러면서도 한국 지도자들이 국제 정치에 무지했고 내부 대립 때문에 통일을 못한 것이라고도 볼 수 있다면서 국내 정치의 분열을 지적했는데, 이는 자칫 내인론자들의 주장처럼 읽힐 수 있다. 이렇게 모순적으로 보이지만, 분단의 근본적 원인은 미·소 냉전에 있고, 탈냉전 후 통일을 달성하기 위해서는 남남갈등을 해소해야 한다는 주장으로 해석할 수도 있을 것이다. 오코노기는 미국이 윌슨의 민족자결주의 원칙을 적용한다는 생각에 따라 조선의 자유 독립을 목표로 했음에 비해 소련은 한반도에 친소정권 수립을 원했다고 주장했다. 유럽과 아시아에서 두 개의 적과 싸웠던 스탈린이 독일과 일본이 다시 일어나 폴란드와 한반도를 대소련 공격의 우회로로 이용하는 것을 두려워했고 이를 막기 위해 한반도에 친소련 정권 수립을 원했다는 것이다. 그런 면에서 오코노기는 소련에 대해서는 현실주의적 해석을 가하고 미국에 대해서는 다소 이상주의적 해석을 가하는, 대미 편향적인 입장을 가진 것으로 보인다. 그런데 루스벨트가 겉으로는 독립을 추구한 것은 맞지만 트루먼이 38선 획정 당시 소련을 봉쇄하기 위해 남한에 대한 교두보를 확보하고 1947년 가을 이후 친미정부 수립을 추구하면서 그 정책이 변했으므로, 1948년 분단 당시에는 미·소가 공히 친미·친소정부 수립을 추구했다고 할 수 있다. 또한 루스벨트의 탁치안도 독립 추

결정론자들은 가정 2-1의 경우에도 통일의 가능성은 없다고 주장한다.

1948년 분단의 경우 먼저 외인이 먼저 존재했을 때(분단의 필요조건)에 내인이 존재한 경우(분단의 충분조건)(외인〉분단〉내인)라는 박태균의 가정이 있다.[13] 이 가정 중 필요·충분조건[14]을 뺀다면 현실과 부합된다. 이에 반해 내인이 먼저 존재했을 때(분단의 필요조건)에 외인이 존재한 경우(분단의 충분조건)(내인〉분단〉외인)[15]에 분단이 일어날 수 있다는 가정을 할 수 있다. 내인론자들이 바라본 현실인식을 반영하고 있는 가정이다. 그렇지만 이렇게 분단의 경우를 충분조건과 필요조건으로 파악한 규정은 모두 부분적 착각을 반영하고 있다. 외인과 내인이 각각 분단과 통일을 내포하고 있으므로 각각의 외연이 모두 분단보다 넓다(외인〉분단〈내인). 따라서 외인과 내인의 존재는 각각 분단의 필요조건이며 선후를 떠나 양 조건의 병존이 분단체제 구축의 필요충분조건(분단=외인 유 ∩내인 유)이다.[16] 외인 및 내인의 유무 차원에서 분단이라는 집합을 바라봤을 때 '외인 유 내인 유 병존' 외에 다른 것은 존재하지 않는다는 말이다. 반면 나머지 경우는 3가지인데 모두 통일이다. 즉 '(외인 무∩내인 무)∪(외인 무∩내인 유)∪(외인 유∩내인 무)=통일'이라고 할 것이다. 즉 분단의 필요충분조건은 외인도 있고 내인도 있는 경우이다. 양 조건 중 하나라도 없으면 분단이 성립하기 어렵다.

이렇게 우리 민족 내부의 이데올로기 분열은 분단의 필요조건이며 국

구라는 이상으로 포장되었지만 소련의 독점을 견제한다는 문호개방적 대소 견제안이었으므로 통일을 추구하는 안이라고만 볼 수는 없다. 루스벨트나 트루먼 모두 근본적으로는 미국의 국가이익을 추구했으며 냉전 출범이라는 상황 변화에 맞추어서 소련을 봉쇄하는 경향이 더 짙어진 것으로 보아야 한다.

12 이호재, 『새로운 한민족 외교』(나남, 1987), 132쪽. 신복룡은 "건강한 나라가 외침으로 멸망한 역사적 사례는 없다"라고 주장해 외인론을 비판했다. 신복룡, 「서평: 도진순(탈초·교감), 정본(定本)』, 『백범일지』(돌베개, 2016, 463쪽)」, 『한국정치외교사논총』 40-2(2019), 120쪽. 내인을 근본적인 동인으로 간주하고 있는 것이다.

제정치적 냉전도 역시 분단의 필요조건이었다. 서로 다른 차원의 분열과 갈등이 거의 동시에 결합하여 한반도 분단을 결과했으며 만약 이렇게 절묘하게 결합되지 않았다면(외인이 있을 때 내인이 없었다든가 아니면 내인이 있었을 때 외인이 없었다면) 통일되었을 가능성이 대단히 높으므로 양자는 분단에 필수적인 필요조건이었다.

역사적으로 봤을 때 외인은 분단을 결정한 선행 요인이었으며 결정적인 요인이었고 물론 없어서는 안 되는 필수적 요인이었다. 한편 내인은 역사적으로 봤을 때 일제강점기부터 있었으므로 먼저 있기는 했지만 그것은 하나의 맹아였고 국가 내 분열이었을 뿐 분단을 결과할 정도로 심각한 것은 아니었다. 사회주의가 비교적 세력이 강했던 프랑스, 이탈리아 등의 유럽 국가들에서 확인되는 바이다. 따라서 내인은 분단에 부차적인 요인이었다. 그렇지만 내인 역시 없어서는 안 되는 필수적 요인이었으므로 그 중요성을 간과할 수는 없다. 분할점령(외인)이 분단의 결정

---

13 외인이 있는 경우 내인이 있으면 분단이며, 내인이 없으면 통일이다. 따라서 외인이 먼저 있는 경우가 내인의 유무 두 경우로 가정될 수 있으므로 외인의 외연에 분단과 통일이 모두 들어가 있는 것처럼 착각해 외인이 큰 것처럼 오인한다. 박태균은 『한국전쟁』(책과함께, 2005), 80-81쪽에서 분단의 결정적인 요인은 분할점령이었으며 이것이 없었다면 분단(과 전쟁)은 일어나지 않았으므로 분단의 필요조건이라고 주장한다. 그러나 분단을 하려면 외세의 힘만으로 가능하지 않으며 내부의 힘이 있어야 하므로 이 내인은 분단의 충분조건이라고 주장한다. 그렇다면 내인이 존재할 때 외인의 존재와 관계없이 모두 분단이 되어야 함에도 불구하고 통일과 분단이 모두 가능하므로 내인도 분단의 필요조건이다.
14 동물과 사람이 있을 때 동물이 사람보다 외연이 크다. 즉 '동물〉사람'인데 동물이라는 것은 사람이 되기 위해서는 필수적인 것이므로 '동물은 사람의 필요조건'이며, 사람이라면 모두 동물이므로(사람은 동물이기에 충분하므로) '사람은 동물의 충분조건'이다. 즉 '필요조건〉충분조건'으로 도식화할 수 있다.
15 내인이 있는 경우 외인이 있으면 분단이며, 외인이 없으면 통일이다. 따라서 내인이 선행된 경우는 외인의 유무 두 경우로 가정될 수 있으므로 내인의 외연에 분단과 통일이 모두 들어와 있어 내인이 외인보다 큰 것처럼 착각이 일어난다.
16 분단은 '내인 유' 경우의 충분조건이며, '외인 유' 경우의 충분조건이기도 하다.

적 계기였음은 분명하지만 만약 냉전적 질서가 내적 균열과 매개되지 않았다면 분단과 전쟁은 일어나지 않았을 것이다. 분단은 외세가 주도했지만 분단정부 수립과 고착화 과정에서 국내 정치세력들 간의 갈등과 대립이 한몫을 했던 것이다.[17]

외인은 내인에 비해 힘이 강했다. 외인은 그리 심각하지 않았던 내인을 견인하여 양극화했다. 국내 정치세력 중 극단적 세력이 외세에 영합하여 분단구조가 산출되었다. 이렇게 외인이 국내 정치세력 간 통합을 무력화했으므로 외인은 내인을 압도적으로 규정하며 조종했다고 할 수 있다.

한편 유나영은 국제정치학자 월츠(Kenneth Neal Waltz)의 『인간, 국가, 전쟁(Man, the State, and War)』(New York: Columbia University Press, 1959)에 나타난 개인(정책 결정자), 국가(이념), 국제체제라는 세 차원의 이미지 이론에 토대하여 한반도 분단의 원인을 고찰했다. 첫째 차원인 정책 결정자 면에서는 스탈린의 영향이 루스벨트보다 더 컸으며, 둘째 차원인 이념이 스탈린·이승만(첫째 차원인 정책 결정자)과 미·소의 상호관계(셋째 차원)에 영향을 주었다고 평가했다.[18]

그런데 현 단계에서 통일을 이루기 위해서는 민족 내부를 단합시키는 것이 필수적이다. 통일의 주체는 민족 내부에 있을 수밖에 없다는 평범한 진리를 다시 한번 확인할 수 있다. 분할 그 자체는 외세가 가져다주었지만 분단 고착화는 우리가 자초했다는 견해에 귀를 기울일 필요가 있다.

---

17 김계동, 『한반도 분단, 누구의 책임인가』(명인문화사, 2012).
18 유나영, 「월츠의 세 가지 이미지와 한반도 분단의 원인에 관한 연구」, 『국제정치논총』 55-2(2015), 34-35쪽.

2. 모스크바의정서 한국 조항의 단계화

다시 종합적으로 모스크바의정서 각 조항의 핵심 내용을 단계로 도식화하기 위해 분석하면, 첫 번째 항은 임시민주정부가 수립된다는 조항이며 두 번째 항은 미·소공동위원회가 설치된다는 조항이다. 세 번째 항은 공위가 임시민주정부와 합의해 최고 5개년의 신탁통치 방책을 작성한다는 것이며, 네 번째 항은 양국 사령부가 조속한 시일 내에 회합한다는 규정이다. 이상의 조항에 나타난 한국 문제 해결 방안을 단계적으로 종합하면 다음과 같다. 이는 앞서 4~5단계로 구성한 수순의 앞에 2~3단계를 추가하여 중간 단계를 세분화하고, 마지막 두 단계를 추가해 총 11단계로 만든 것이다.

제1단계: 미·소사령부 대표자 회합[2주 내에 긴급한 문제(38선의 자유로운 통행 등)의 심의를 위하여]
제2단계: 미·소공위 설치(원조·탁치 협정을 만들기 위하여)
제3단계: 미·소공위가 협의의 대상이 될 민주적 정당·사회단체 선정
제4단계: 미·소공위가 민주적 정당·사회단체와 협의(원조·탁치의 방책을 준비하기 위하여)[19]
제5단계: 통일임시민주정부 수립(독립을 위하여),[20] 군정 종결

---

[19] 달린은 모스크바결정에 의거한 독립안이 미국식 총선이 아닌 동구식 정당연합이므로 소련에 유리하다고 평가했다. David J. Dallin, *Soviet Russia and the Far East* (New Haven, CT: Yale University Press, 1948), pp. 266-267; 이인수, 「우남 이승만」, 한국사학회 편, 『한국현대인물사론 I』(을유문화사, 1987), 44쪽. 임시정부 구성은 상의해서 결정될 것이지만 총선을 거친다는 규정이 없고 임시정부가 곧 독립정부로 직결되는 것도 협의사항이라 알 수 없지만 연결이 거의 안 될 가능성이 높지는 않으므로 이러한 해석에 타당성이 없지는 않다.

[20] 이러한 통일안으로서 모스크바결정안이 결과론적으로는 통일 노력에 이득보다는 해를 끼쳤다는 지적도 있다. 최봉윤·노승우, 『민중주체중립화통일론』(전예원, 1988), 68-

제6단계: 양군 철수(38선 철폐)[21]

제7단계: 미·소공위가 원조·탁치의 방책 작성(임시정부와 정당·사회단체의 참여 아래서)

제8단계: 원조·탁치 방책을 소·중·영·미 정부가 심의

제9단계: 미·소 양국 정부가 탁치협정을 결정[22]

제10단계: 탁치실시

제11단계: 독립

이러한 단계를 보다 장기적인 상황과 연결하면 '분할점령 → 공위 설치 → 임시정부 수립 → 양군 철수 → 신탁통치협정 작성 → 국제시정기구 구성 → 신탁통치실시 → 독립의 단계'를 거쳐 한국 문제가 해결된다는 것이다.

그런데 이러한 모스크바의정서는 '공위 설치 → 임정 수립 → 신탁협

69쪽; 최봉윤, 『민족통일운동사』(한백사, 1988), 70쪽.

[21] 의정서 자체에는 양군 철수에 대한 규정이 없지만 미·소 양국은 미·소공동위원회에서 임정을 수립하면 군정이 종식되고 양군이 철수하는 것으로 알고 있었으며, 하지의 1946년 4월 2일자 전문에 따르면 이것이 늦어도 1947년 1월 1일까지 실행될 줄 예상했다고 한다. Radio TFGOG #333, CG USAFIK to SCAP, O22313/I, Apr. 1946; "HUSAFIK," part Ⅱ, chapter I, p. 31.
38선 철폐는 의정서 4항의 미·소예비회담으로 실현될 것으로도 예상되었지만 예비회담이 성과 없이 끝나자 물론 긴급한 문제인 자유로운 통행도 되지 않았으므로 기약이 없어졌다. 그러나 임정이 수립되고 군정이 종식되면 역시 38선도 자연스럽게 없어질 것으로 예견되었다. 그러나 이러한 예견은 한국인들의 공위 참여 대상에 대한 미·소 합의 실패로 임정 수립이 무산되고 공위가 무기휴회되면서 희망사항이 되었을 뿐이다.

[22] 그러나 실제로 총 11단계 중 제3~4단계도 완료하지 못하고 미·소 간 협의 대상 설정을 둘러싼 '민주'의 의미에 대한 견해차로 모스크바의정서가 파기되었다. 결정 자체가 애매했기에 연구자가 임의적으로 단계를 분류할 수밖에 없었다. 만약 명확했다면 모든 연구자가 통일적으로 단계를 구분했을 것이다. 그런데 규정 자체의 애매성 때문에 협정이 파기된 것이 아니라 미·소 간 권력투쟁 과정에서 발생한 이해 대립 때문에 파기되었다. 물론 규정이 명확했다면 파기하기가 더 어려웠을 가능성이 있었지만 말이다.

정 작성'까지의 보다 단기적인 단계만을 규정한 것으로 그 중심 내용이 신탁통치에만 있었다기보다는 독립을 위한 임정 수립(의정서의 1항)과 탁치 방안의 작성을 위한 공위 수립(의정서의 2·3항)의 두 가지 내용이 어느 정도는 타협적으로 두 중심축을 이루고 있다. 따라서 모스크바결정을 곧 탁치안이라고만 규정할 것이 아니라 포괄적으로 '한국 문제 해결안,' 좀 더 세부적으로는 독립의 실천 방법에 대한 안으로 규정할 수도 있다.[23]

또 한 가지 특기할 사실은 이 의정서에 '한국에는 신탁통치가 실시될 것이다'라는 명시적 조항은 없으며 단지 "신탁통치에 관한 협정을 임시정부와 협의를 거쳐 미·소가 만들 것이다"라는 규정만이 있다는 점이다. 이것은 모스크바결정의 비구체성과 애매성을 반영하는 것으로,[24]

---

[23] 그러나 심지연은 탁치 실시와 임정 수립을 구분할 수 없다고 주장했다. 동아일보사 편, 『현대사를 어떻게 볼 것인가 I』(동아일보사, 1987), 263쪽.
[24] 스툭은 모스크바결정이 탁치안의 본질 문제를 해결하지 않은 타협안이었기에 미·소 연기 전술의 산물이라고 주장했다. 이렇게 된 이유에 대해 그는 미·소 양국이 동구·일본·중국 문제와 핵문제 같은 핵심적인 쟁점에 치우쳐져 있어서 한국 문제와 같은 주변적인 문제로 모험하려고 하지 않았기 때문이었다고 설명했다[William Whitney Stueck, Jr, *The Road to Confrontation: American Policy toward China and Korea, 1947~1950* (Chapel Hill: University of North Carolina Press, 1981), p. 24]. 또한 이인수는 모스크바결정의 실현 과정에서 정부 수립을 위해 민주정당·단체를 선택하는 데 합의하기 어려웠을 것이므로 최종 합의가 아닌 해결 기간을 연장한 것에 불과하다고 주장했다[이인수(1987), 앞의 글, 42쪽]. 이기택은 모스크바에서 어떤 문제도 해결하지 못하고 단지 일시적 타협에 그쳤다고 평가했다[이기택, 『국제정치사』(일신사, 1983), 450-451쪽]. 오재완은 모든 복잡한 문제를 조선에 진주한 미·소 양군 사령관에게 넘겼다고 주장했다[오재완, 「미국의 대한정책과 한국전쟁의 배경」, 『현대사회』36(1990), 27쪽].
이렇게 비구체적이고 비현실적인 성격을 가졌기에 국내 정치세력의 대립이 보다 중요한 문제로 부각될 수 있었다. 즉 신탁통치안이 미·소 합의하에 완벽하게 규정되어 한반도에 주어졌다면 국내 정치세력들의 대응은 훨씬 단순한 문제로 축소되었을 것이다[그런 의미에서 국제정치적인 미·소 갈등(냉전의 출현)이 국내 정치의 좌우대립에 먼저 영향을 미쳤고 좌우대립이 냉전의 출현을 가속화해 상호작용(상호상승)한 측면이 있다]. 그러나 탁치안이 국내 정치세력의 작용을 허용하는 일정 부분의 여백을 갖고 있었기에

해석에 따라서는 협의 여하에 기초하여 탁치를 실시하지 않을 수 있다는 해석도 가능한 것이다.[25] 그러나 '탁치에 관한 협정'을 만들어야 한다는 것은 명백한 규정이므로 새로 만들 탁치에 관한 협정문에서 "탁치는 실시되지 않을 것"이라고 못 박기는 어려웠을 것이다. 즉 결정문 자체에서는 탁치가 실시되지 않을 수도 있다는 단서를 발견하기는 어렵다.

그런데 협정을 만들어 최종적으로 결정할 당사자는 누구인가? 그것은 미·소로 명시되어 있는데, 비록 코리아인과 협의하고 중국·영국의 심의에도 부치지만 신탁협정 문안의 작성이나 결정 등 최종 단안(斷案)은 (이미 공동위원회를 구성해 논의를 개시한) 미·소가 내리는 것이다. 탁치협정에 따라 구성될 국제시정기구는 미·소가 시정국의 중심으로 참여할 것이며 영·중은 미·소와 함께 지역위원회 수준에서 심의 및 자문하는 역할에 국한될 것으로 전망되었다[따라서 4대국 민정이 아닌 미·소 연합군정으로 갈 가능성이 높았다.[26] 한반도 신탁통치는 비록 미·소 양국의 주력군이 철군한 상태에서 시정되겠지만 '점령형 신탁통치'가 될 가능성이 높았다. 서태평양제도와 오키나와에 실제 시행된 점령형 신탁통치와 비슷한 형태를 가졌을 것이다. 그러나 1947년 9월 미국에 의해 신탁통치안이 폐기되면서[27] 3년간의 점령만이 실행되었는데, 전반기 2년은 신탁통치 실시를 전제로 시행되었으므로 '신탁통치형 점령'이라고 규정할 수 있다. 초기의 이상적인 비군사화·탈식민화 신탁통치 구상에서는 탁치와 군정이 동시에 양립할 수 없지만(군

국내 정치세력들의 정확한 인식과 대처가 중요한 의미를 갖는다고 할 수 있다.
25 미국은 국내 우익 반탁진영에 대한 무마책으로 이러한 리버럴한 해석을 유포했다.
26 강성현(2016), 앞의 글, 76쪽.
27 1947년 7~8월 제2차 미·소공위 결렬로 조선 문제의 유엔 이관과 남한만의 단독정부 수립 방침을 지시했던 「미국의 대한정책」이 입안되면서 신탁통치를 통한 독립 프로세스는 완전히 포기되었다. "U.S. Policy in Korea," SWNCC 176/30 August 4, 1947; 강성현(2016), 앞의 글, 78쪽. 그러나 이 점령형 신탁통치 메커니즘은 1947년 6월 서태평양에서 부활했다.

정 → 탁치라는 순차적 이행·양립은 가능하다) 1947년 이후 현실에 적용된 미국의 전략적 지역 구상에서는 탁치와 점령(군정)이 양립 가능하다. 이런 양립은 두 가지 형태로 개념화할 수 있는데, 탁치에 강조점을 두는 '점령형 탁치(오키나와 서태평양제도)'와 점령에 강조점을 두는 '탁치형 점령(한국)'이 그 것이다].

따라서 한국·중국·영국은 단지 협의자일 뿐 결정자는 아니었다. 이것은 중요한 사실로 현실적으로 미·소 합의만이 통일의 유일한 길이라는 해석을 가능케 한다. 이점에서 자국이 한국의 독립을 더욱 고려했으며 또한 한국민의 참여를 보장했다는 소련의 후일 선전이 가지는 한계는 명백하다.

다시 '신탁통치'라는 문제에만 국한하여 모스크바결정을 분석해보고자 한다. 루스벨트의 탁치안은 자치능력이 결여된 식민지 해방 민족이 거쳐야 할 하나의 과정이었다. 그러나 모스크바결정을 보면 모두(冒頭)에 소련안의 영향을 받아서였는지 "독립국가로 '재건'"한다는 구절이 나온다. 이것은 코리아가 독립국가였다는 사실을 인정한 것이므로 코리아인의 자치능력을 인정했다는 확대해석도 가능하다.

그렇다면 자치능력을 가진 한국민에게 왜 강대국이 신탁통치 문제를 협의해야 하는가? 자치능력의 인정은 소련 측 입김이 작용한 것인데, 자치능력을 인정한다면 왜 즉시 자주독립을 하도록 하지 않았는지 일견 모순처럼 보인다.[28] 그것은 장기간의 일본 지배가 있었기 때문이며 탁치는 바로 일본 지배로 인한 참담한 결과를 없애기 위한 것이라는 점이다. 따라서 탁치는 식민지였던 한국이 독립하기 위한 수단이었다. 즉

---

28 오누마는 '소련의 이익 확보'라는 시각에서 이러한 모순을 해명하려 했다. 大沼久夫, 「朝鮮の解放·分斷と國內勢力」, 『朝鮮史硏究會論文集』, 第21輯(1984), 126-127쪽.

탁치를 실시하는 목표는 탁치 자체가 아니라 독립에 있었으며, 탁치는 곧 독립에 종속되는 수단이었다.[29] 탁치는 자치와 독립이라는 목표를 달성하려는 하나의 과정에 불과했다는 해석도 가능하다.[30] 이런 시각에서 본다면 이 결정서가 곧 '탁치에 관한 의정서'라기보다는[31] '독립에 관한 의정서'일 수도 있다. 그러나 이러한 분석은 1945년 말 결정서 전문(全文)을 접한 후에야 일부 인사들에게만 받아들여졌고 대다수의 한국 민중들은 왜곡되거나 부분적인 보도로 인하여 모스크바결정을 오로지 탁치에 관한 의정서로만 인식하는 상황이 조성되었던 것이다.

3. 신탁통치안에 숨겨진 의미

탁치안에 숨겨진 의미를 알기 위하여 먼저 미국과 소련의 모스크바결정 전의 의도와 결정에서 나타난 양국의 타협성을 비교하여 살펴봄으로써 모스크바3상회의 결정의 의미를 검토해보고자 한다.

1) 미국의 한반도 신탁통치 입안 의도

탁치가 결정되기 전 세계제국으로 부상하고 있던 미국이 다국적 신탁통치안을 구상할 때 그 근저에 깔린 기본 의도는 한반도에 대한 일국의

---

[29] 그러나 독립이 목적이라는 해석은 결정서에 나타난 문구 자체에 치중하는 견해이며, 미·소의 심층적 의도 면에서 본다면 독립은 우호적 정부 수립이라는 목적에 종속되는 것일 수도 있다.
[30] 1946년 1월 19일 국무부 방송 프로그램을 통해 빈센트는 피셔스에게 위와 같이 해석했다. "HUSAFIK," part Ⅱ, chapter Ⅳ, p. 81.
[31] 커밍스는 모스크바협정이 탁치에 관한 협정이 아니라고 해석했다. Bruce Cumings(1981), 앞의 책, p. 217.

독점을 방지하여 자국의 이익을 확보하고 나아가서 대소 우위권을 실현하는 데 있었다. 어떤 일방(소련과 중국)에 의한 독점적 지배를 저지하기 위해 한국 문제를 국제화한 것이다.[32] 이러한 숨은 의도는 "신탁통치는 세계경제에 중요할지도 모르는 한국의 자원을 어느 한 나라가 독점하는 것을 방지할 것이다"라는 국무부 산하 '전후대외정책자문위원회' 내 영토소위원회(Subcommittee on Territorial Problems) 위원장 보튼(Hugh Borton)의 메모가 뒷받침한다.[33] 이 메모에서 탁치안이 가지는 경제적 측면을 부각시켜 볼 수 있는데, 커밍스는 탁치 구상이 "전후 미국 자본주의의 시장 재편의 구도"라고 말하고 있으며,[34] 손영원도 "자유주의 자본주의 세계체제(world-system)에의 통합원리"라고 규정하고 있다.[35]

그런데 위 메모의 "어느 한 나라"는 소련 혹은 중국을 지칭하는바, 루스벨트 행정부시대에는 대중·대소 견제안이었던 것이 냉전의 조짐이 보이는 트루먼 행정부시대에는 대소 견제책으로 전환되었다.[36] 이에 대해 후일 역사가 호그(C. Leonard Hoag)는 탁치안이 소련의 지배를 막는

---

[32] 정용석, 「카이로-얄타-포츠담회담」, 『한미수교100년사』(국제역사학회의 한국위원회, 1982), 282쪽.

[33] "Hugh Borton Memo," T 317, May 23, 1943, RG 59, Records of Harley A. Notter, 1939~1945, Box 34, US National Archives; Charles M. Dobbs(1981), 앞의 책, p. 58. 따라서 돕스는 탁치안이 경제적인 것이며 미국의 국가의식과 소명의식이 결합된 '뉴딜적인 온정주의(New Deal Paternalism; 뉴딜적인 간섭주의)'의 표현이라고 평가했다.

[34] Bruce Cumings, "Introduction," Bruce Cumings, ed., *Child of Conflict: The Korean-American Relationship, 1943~1953* (Seattle: University of Washington Press, 1983), p. 6; 브루스 커밍스 편, 박의경 역(1987), 앞의 책, 16쪽.

[35] 손영원, 「분단의 구조」, 김홍명 외, 『국가이론과 분단한국』(한울, 1985), 60쪽. 이러한 정치경제적 시각들은 미국의 의도를 설명하는 데는 유용성이 있으나 소련과의 관계를 무시하는 약점이 있다.

[36] 포츠담회담을 위해 작성된 문서에 의하면 한국 문제에 대한 소련의 강력한 요구들을 견제하기 위해 유엔하의 탁치안이 바람직하다고 주장된다. "Memorandum," July 4, 1945, *FRUS, 1945, Berlin*, vol. I, p. 313.

유일한 방법이었는지 모른다고 평가하기도 했다.[37] 또한 미국이 자본주의 국가들의 대거 참여로 자신의 기계적 다수를 확보할 수 있는 유엔하의 탁치라는 형식을 주장하는 이면에는 미국에 우호적인 국가를 수립하려는 의도가 숨어 있는 것이다.[38]

2) 소련의 친소정부 수립 구상

탁치가 결정되기 전에 소련은 왜 즉시독립을 구상했을까? 여기에도 친소정부 수립이라는 의도가 내재되어 있다.[39] 즉시독립이 소련이 목표로 하는 공산화와 연결될 수 있다는 판단은 다음의 현실에 기초했다고 볼 수 있다.

첫째, 국내적 차원에서 볼 때 친일파의 것을 제외한 거의 모든 땅과 자본을 일본이 고스란히 버리고 갈 수밖에 없었던 무주공산 한반도에서 대중들은 모든 부의 균등한 재분배를 주창했던 사회주의적인 개혁을 원하고 있었다. 항일운동의 과정에서 공산주의자들이 조직 면에서 우세했으므로 당시 정치세력의 조직된 역량은 대체로 좌익 쪽이 상대적으로 강했다. 대다수 대중은 유산자들이 친일의 대가로 부를 얻을 수 있었으며 이는 죄악이므로 유산자들의 재산을 재분배해야 한다고 생각했다.

둘째, 국제적 차원에서 지정학적 위치로 보아 한국은 소련과 직접 접하고 있으며 소련 내 한인 공산주의자들이 귀국하면 더욱 한반도의 공

---

37 Hoag C. Leonard(1970), 앞의 글, p. 57.
38 주한미군사에는 "대한정책의 기본원칙상 … 우호적인 한국을 만드는 것이 모든 한국인들의 열렬한 협력을 얻고 그들을 만족시키는 것보다 중요하다"라고 쓰여 있다. "HUSAFIK," part Ⅱ, chapter Ⅱ, p. 10.
39 이러한 우호적 정부 수립 기도가 사회주의 국제주의의 원칙에 벗어나는 스탈린의 왜곡된 일국사회주의의 표현이라는 견해가 있다.

산화가 용이할 것으로 판단할 수 있는 상황이었다.

3) 미·소 양국의 타협안으로서의 신탁통치안

이렇듯 미국과 소련은 각각 자국의 이익을 기초로 하는 안을 구상했는데, 모스크바3상회의 결정 과정에서 타협했다.[40] 모스크바에서 결정된 한국 문제 처리 방안의 골자는 '한국 임시정부의 참여하에 미·소·영·중 4개국이 주도하는 신탁통치협정을 미·소가 체결한다'는 것인데 한국 임시정부의 참여라는 원칙은 소련안의 요소이고 미·소·영·중 4개국 주도의 신탁통치라는 원칙은 미국안의 요소이다.

미국은 탁치라는 자국의 기본의도를 관철시키는 가운데 유엔 주도하의 탁치를 4개국 주도 형식으로 양보하면서도 탁치 주도 4국(trustee)에 비교적 친미적 국가(영국과 중국)를 포함시켜 자본주의 국가의 수적 우위를 확보했다. 소련은 즉시독립안을 양보하고 탁치안을 받아들이면서 한국의 혁명적 의사를 반영시키는 것이 현 상황으로 보아 소련에 유리하다는 판단하에 한국 임시정부 수립 조항을 첨가함으로써 탁치의 성격을 "강대국의 영향이 비교적 약하고 국내 정치세력의 참여가 보장된 후원제"로 규정하는 데 성공했으므로, 3대 1의 불리한 조건을 수락했다. 최종 결정은 미·소가 내리므로 3대 1의 의미를 희석시키는 소련의 의도는 성공했다고 할 수 있다. 번스가 중국과 영국의 제국주의적 개입을 견제하기 위해 의도적으로 이들 국가를 최종 결정국에서 빼고 미·소공동위원회를 구성한다고 결정한 것이 의도하지 않게 오히려 소련에 유리

---

[40] Hoag C. Leonard(1970), p. 357에서 모스크바결정을 타협(compromise)으로 간주했다.

한 쪽으로 조정된 것이다. 이는 소련안의 소련 고립화 경향(3대 1)을 오히려 완화해준 번스의 독단적이고 치밀하지 못한 실책이었다는 평가를 아무리 강조해도 지나치지 않다. 영국은 한국 문제에 관한 한 핵심적인 이익이 걸려 있지 않았으므로 큰 관심을 보이지 않았고 중국은 장제스 정부가 국공내전으로 점점 여력이 없어지고 있었으므로 핵심 개입국가에서 제외될 수밖에 없었다. 따라서 영·중의 배제는 어찌 보면 자연스러운 측면도 있었다.

양측의 타협으로 결정된 신탁통치안은 결정 당시의 시점에서 볼 때 미·소 양국이 공히 받아들일 만한 것이었다. 그렇지만 기본명칭부터 신탁통치와 후견제로 다르게 표기하고 있었고 그 구체적 실행 방침과 코뮤니케의 문구를 확고하게 정의하고 있지 않아서 이후 미·소 대립의 소지를 남기고 있었다. 또한 한 번도 실제로 시행되어본 적이 없는 탁치가 구체적으로 어떠한 것인지 1945년 모스크바3상회의에서 결정된 지 2년이 다 돼가는 1947년까지도 미 당국자는 모른다고 무책임하게 언급했을 정도이다.[41] 그러나 탁치라는 형식이 결의된 데에는 모종의 또 다른 계산이 내재되어 있는데, 이를 규명할 필요가 있다.

기본적으로 신탁통치라는 것은 전쟁 전에 식민지였던 지역에 적용하는 새로운 지배 형태이다. 즉시독립도 아니며, 그렇다고 식민지화도 아닌 것으로 그 중간 어딘가에 있는 것이다. 일정 기간 탁치가 실행된 후 독립이 보장되므로 식민지화인 위임통치와는 다소 다르다. 그러나 위임통치제가 가지고 있는 '열강들의 이권 확보'라는 식민지적 요소가 탁치안에 남아 있는 것은 사실이다. 즉 식민지에 정치적이며 형식적인 독립은 부여하되 시간적 여유를 두고 미·소 강대국이 자국에 우호적인 정

---

[41] 『서울신문』, 1947년 8월 10일자.

부를 수립해 이익을 계속 보장하려는 숨겨진 의도가 탁치안에 있는 것이다. 미국 입장에서 보면 탁치안이 식민지의 혁명적 민주주의에 정면으로 반대하는 것이 아니라, 그것을 온건하게 발산시키면서 자국의 영향력을 확대하는 정책이었다. 따라서 탁치는 자국에 우호적인 정부 수립이라는 목적 달성을 위한 수단 외에 아무것도 아니었다. 모스크바결정 자체에 형식적으로 나타난 바에 의하면 독립이 목적이요 탁치가 수단이었지만, 이는 형식적 위장일 뿐 목적은 독립이 아니라 우호적인 정부 수립이었다. 즉 소련은 탁치에 한국 내 정치세력을 끌어들이고 미국은 자본주의 국가의 상대적 우세를 확보하여 각각 자국에 우호적인 정부를 수립하려 한 것이었다. 이렇게 미·소 간 국제정치적 권력투쟁의 관점에서 탁치안의 성립을 조망해보는 것이 가능하다.

결정 당시에 탁치라는 방안은 미국의 이익에 합치하는 동시에 소련의 이익을 침해하지 않을 수 있는 소지를 가졌으므로 양국의 입장에서 볼 때 각각 자국의 이익만을 꾀하는 방안으로 결정되었던 것이다. 그러나 신탁이 현실화된다면 어느 쪽이 정말로 유리할지는 전혀 알 수 없었다. 즉 어느 한쪽의 배타적 이익이 보장되지 않는 애매한 안이었다.

탁치가 시행된다면 친미정부·친소정부·중립정부 수립 등 3가지 가능성이 열려 있었다. 우호적 정부 수립이라는 목적에 종속되는 수단으로서 탁치안은 열린 가능성 때문에 미·소 합의를 얻어냈지만, 사태 진전에 따라 이러한 합의는 충분히 변화 가능했다. "신탁이 아니더라도 조선이 미국 식민지로 나갈 수 있다면 신탁은 미국의 손(損)이다"[42]라는 당시 지적과 같이 미·소 어느 한쪽이라도 손해라고 판단될 때는 모스크바3상회의 의정서가 아무 구속력도 갖지 공약(空約)이 될 가능성이

---

[42] 유봉영, 「조선독립과 미소공위」, 『대조』 2-2(1947), 5-7쪽.

'처음부터' 있었던 것이다.⁴³ 즉 탁치안은 외교적 타협에 불과했다. 미·소가 서로 이익을 양보하지 않는 한 조선을 위한 통한안(統韓案)이라는 명분으로서의 탁치안은 존재하지 않을 가능성이 있었다. 미국은 탁치안을 통해 친미정부를 수립할 수 없다고 판단하자, 대소 협상을 포기하면서까지 이 안을 폐기시키는 과정이 이후 현실화되었다. 따라서 모스크바3상회의의 한국 신탁통치 실시 결정은 다분히 원론적이었으며 아무것도 확실하게 결정하지 않은 채 미·소공동위원회 이후로 시간을 미루었다는 비판을 받을 만했다. 또한 탁치안은 미·소 협조를 전제로 한 안이었기 때문에 만약 협조가 되지 않으면 언제든 깨질 가능성이 있었다. 협조 파기는 곧 분할선이 고착화된 분단으로 귀결될 가능성이 있었다. 따라서 탁치안 그 자체로는 통한안이었지만⁴⁴ 그 부정(탁치안 파기=분단)으로서 분단도 내포할 수 있는 유동적 안이었다고 할 수 있다.

다국적 탁치안은 미국 루스벨트의 구상이었다. 미국의 미·소·중 3대국안에 소련의 주장에 따라 영국이 추가되었다. 영국은 소련의 잠재적 적수인 자본주의 국가이기 때문에 소련을 견제하려는 미국에는 유리한 요소로 작용했다고 할 수 있다. 자본주의 국가와 사회주의 국가의 비율이 3 대 1로 조정되면서 미국은 소련을 견제할 수 있는 장치를 마련했다. 따라서 미국은 한국인의 참여를 보장하려는 소련의 요구를 수용할 여유가 생겼다고 할 수 있다. 최초 3대국으로 구상한 데에는 한반

---

43 김종규, 『한국근현대사의 이데올로기』(논장, 1987), 123-125쪽. 이 책에서는 탁치를 강대국 패권정치의 산물로 파악해 당연히 거부했어야 할 것으로 주장한다. 이런 맥락에서 처음부터 실현 가능성이 없는 탁치에 찬성하여 대중적 지지를 잃은 찬탁노선의 오류를 지적했다.

44 오코노기는 미국이 제안한 신탁통치 정책의 핵심은 소련과의 공동행동이었다면서 한반도를 4대국의 신탁통치하에 두고 장래의 독립을 준비시키자는, 분단이 아닌 통일을 전제로 한 것이라고 주장했다. 이정민, 「적격인터뷰: 한반도 분단의 기원 펴내는 오코노기 마사오 교수」, 『중앙일보』, 2019년 7월 12일자.

도에 대한 잠재적 이해 당사자인 중국과 소련의 단독지배를 막고 견제하기 위해 다국적 탁치의 시정국 일원으로 끌어들인 측면이 있다.

미국은 1942년 4월 8일 이래로 계속된 중국의 한국 임시정부 승인 요구[45]를 거절했고,[46] 중국에 구체적 결정을 늦추라고 권유하기까지 했다.[47] 미국은 중국의 요구를 중국 주변지역에 대한 소련 세력의 침투를 저지하기 위한 시도로 인식했다. 또한 1942년 봄 이래로 계속된 중국의 한국 독립승인 요구에 대하여도 미국은 소련과 영국의 반응을 의식하면서 1943년 11월 카이로에서 "적당한 절차를 거친 독립"이라는 변형된 행태로 중국의 요구를 수정했다. 그런데 중국이 국공내전으로 약화되자 이제 소련의 한반도 독점 가능성이 우려되었다. 소련이 미국의 제1의 경쟁자로 등장하자 결국 한반도 탁치안은 소련의 단독지배를 방지하기 위한 방향으로 구상되었다.

따라서 한반도 다국적 탁치안은 미국이 한반도 주변의 미묘한 세력관계를 고려하면서 자신들의 우위를 확보하고자 하는 방안이었다. 한반도를 단독으로 확보하려고 할지도 모르는 소련과 중국을 시정국으로 끌어들여 그들의 단독지배를 견제하며 미국의 우위를 확보하는 일거양득의 효과를 거둘 수 있는 안이었다. 이를 '4대 시정국의 국제정치학(The International Politics of Four Power Trustees)'이라고 명명할 수 있다.

---

45 *FRUS, 1942*, vol. I, pp. 868-869.
46 *FRUS, 1942*, vol. I, p. 873.
47 James I. Matray, *The Reluctant Crusade: American Foreign Policy in Korea, 1941~1950* (Honolulu, Hawaii: University of Hawaii Press, 1985); 제임스 I. 메트레이 저, 구대열 역, 『한반도의 분단과 미국: 미국의 대한정책, 1941~1950』(을유문화사, 1989), 26쪽.

참고문헌

1. 자료

1) 한국어

국가보훈처 편, 『OSS(Office of Strategic Service) 재미한인 자료』(국가보훈처, 2005).
국방대학교 PKO 센터 편, 『UN 평화유지활동 원칙과 지침』(국방대학교, 2019).
국방대학교 편, 『유엔 평화활동 관련 주요 문서』(국방대학교, 2019).
국학자료원 편, 『미국무성 한국관계 문서, Internal affairs of Korea: 1945~1949』 vol. 8(아름, 1995).
김준엽 외, 『북한연구자료집 제1집』(고려대학교 출판부, 1969).
대한민국임시정부자료집 편찬위원회 편, 『대한민국임시정부자료집』 1~45(국사편찬위원회, 2005~2011).
미 국무성, 『미 국무성 한국관계 문서』(원주문화사, 1993).
백범김구선생전집편찬위원회 편, 『백범김구전집 5: 대한민국 임시정부 II』(대한매일신보사, 1999).
삼균학회 편, 『소앙선생문집 상』(횃불사, 1979).
신복룡, 『한국분단사자료집 IV』(원주문화사, 1991).
처칠, 윈스턴 저, 구범모 외 역, 『윈스턴 처어칠 回顧錄: 第二次世界大戰 6: 運命의 岐路』(박문출판사, 1975).

북조선민주주의민족통일전선중앙위원회서기국 편, 『소미공동위원회에 관한 제반 자료집』(평양: 북조선중앙민전서기국, 1947).
『조선전사 23』(평양: 과학, 백과사전출판사, 1981).

2) 중국어
『大公報』.
『蔣介石日記』.

3) 영어
Department of State, Division of Political Studies, P Minutes 47, March 13,

1943, RG 59, Records of Harley A. Notter, 1939~45, Records of the Advisory Committee on Post-War Foreign Policy.

Dewey, George, *Autobiography of George Dewey, Admiral of the Navy* (New York: Charles Scribner's Sons, 1913).

Dilks, David, ed., *The Diaries of Sir Alexander Cadogan, OM, 1938~1945* (London: Cassel, 1971).

"Draft of Letter from Lattimore to Generalissimo," [December 22, 1942], *FRUS, 1942, China*.

Eden, Anthony, *Memoirs: The Reckoning* (Boston: Houghton Mifflin, 1956).

Enosawa, G. H., *Manuel L. Quezon: From Nipa House to Malacanan* (Tokyo: Japan Publicity Agency, 1940).

"Far Eastern Problems," P Minutes 21, August 8, 1942, RG 59, Records of Harley A. Notter, 1939~45, Records of the Advisory Committee on Post-War Foreign Policy, Box 55, US National Archives.

FBI Report, "Owen Lattimore, Internal Security – R, Espionage – R," September 8, 1949 (FBI File: Owen Lattimore, Part 1A).

"FE Memo," 17 March 1942, attached in "The Ambassador in China (Gauss) to the Secretary of State (Hull)," 895.01/81, Chungking, February 12, 1942.

"Generalissimo to President Roosevelt," undated, *FRUS, 1943, Cairo and Tehran*.

Grew, Joseph C., *Turbulent Era: A Diplomatic Record of Forty Years, 1904~1945*, edited by Walter Johnson, assisted by Nancy C. Hooker (Boston: Houghton Mifflin, 1952).

Harriman, W. Averell and Elie Abel, *Special Envoy to Churchill and Stalin, 1941~1946* (New York: Random, 1975).

JANIS # 75: Joint Army-Navy Intelligent Study of Korea (Including Tsushima and Quelpart), April 1945, RG 407 Box 2101, chapter X: People and Government, p. 21, US National Archives.

Hoag, C. Leonard, "American Military Government in Korea: War Policy and the First Year of Occupation, 1941~46," Draft Manuscript (Washington, D.C.: Department of Army, 1970).

Hull, Cordell *The Memoirs of Cordell Hull*, vol. II (New York: The

Macmillan, 1948).

"Korea: Capacity for Independence," H-204 Preliminary, November 27, 1944, RG 59, Records of the Office of the Assistant Secretary and Under Secretary of State Dean Acheson, 1941~48, 1950, Box 12, US National Archives.

"Korea: Capacity for Independence: Liberty and Education," November 27, 1944, H-204 Preliminary, RG 59, Records of Harley A. Notter, 1939~45, Records of Policy and Planning Committee, Box 117, US National Archives.

"Korea: Internal Political Structure," T 318, May 19, 1943, RG 59, Records of Harley A. Notter, 1939~45, Records of the Advisory Committee on Post-War Foreign Policy, Box 63.

"Korea: Problems of Independence," T 319, May 26, 1943, RG 59, Records of Harley A. Notter, 1939~45, Records of the Advisory Committee on Post-War Foreign Policy, Box 63.

"Korea: Territorial and Frontier Problems," T 316, May 25, 1943, RG 59, Records of Harley A. Notter, 1939~45, Records of the Advisory Committee on Post-War Foreign Policy, Box 63.

Langdon William R, "Memorandum: Some Aspects of the Question of Korean Independence," 20 Feb. 1942, Internal Affairs of Korea, 895.01/79, RG 59, General Records of the Department of State, Box 5292, US National Archives.

"Memorandum by Mr.Harry L. Hopkins, Special Assistant to President Roosevelt," [Washington,] April 22, 1943, *FRUS*, 1943, vol. Ⅲ.

"Memorandum by the Chief of the Division of Far Eastern Affairs(Hamilton) to the Secretary of State," [Washington,] April 22, 1943, *FRUS, 1943*, vol. Ⅲ.

"Memorandum of Conference Held at the White House, by Mr. Samuel H. Cross, Interpreter," Monday, June 1, 1942, 10:30 a.m., *FRUS, 1942*, vol. Ⅲ, Europe.

"Memorandum Prepared in the Office of Far Eastern Affairs," [Washington,] April 18, 1944, *FRUS, 1944*, vol. V.

"Occupation and Control of Japan in the Post-Defeat Period, 16 Feb 1945," Declassified Material in National Archives, ABC 014, RG 165.

P Document 31, August 6, 1942, RG 59, Records of Harley A. Notter, 1939~45, Records of the Advisory Committee on Post-War Foreign Policy, 1939~45, Box 54.

P Minutes 21, August 8, 1942, RG 59, Records of Harley A. Notter, 1939~45, Records of the Advisory Committee on Post-War Foreign Policy, Box 55.

"President Roosevelt to Generalissimo Chiang," June 30, 1943, *Foreign Relations of the United States(FRUS): diplomatic papers, 1943 The Conference at Cairo and Tehran* (Washington, DC: United States Government Printing Office, 1961).

Secretary of State, "Memorandum of Conversation," March 27, 1943, *FRUS, 1943*, vol. Ⅲ.

Soviet Union, Ministry of Foreign Affairs, ed., *The Soviet Union and the Korean Question: Documents* (London: Soviet News, 1950).

Stilwell, Joseph W., *The Stilwell Papers*, Theodore H. White, ed. (New York: William Slane Associates, 1948).

Truman, Harry S., *Memoirs by Harry S. Truman*, vol. I (New York: Doubleday, 1955).

"Tentative Views of the Subcommittee on Political Problems: March 7-October 10, 1942," P Document 121, October 22, 1942, RG 59, Records of Harley A. Notter, 1939~45, Records of the Advisory Committee on Post-War Foreign Policy, Box 54.

["Tentative Views of Each of the Subcommittees"], P Document 151, December 7, 1942, RG 59, Records of Harley A. Notter, 1939~45, Records of the Advisory Committee on Post-War Foreign Policy, Box 54.

"The Acting Political Adviser in Korea (Langdon) to the Secretary of State," 20 November. 1945, 740.00119 Control (Korea), RG 59, General Records of the Department of State, US National Archives.

"The Ambassador in China (Gauss) to the Secretary of State (Hull)," 895.01/81, Chungking, February 12, 1942, *FRUS, 1942*, vol. I:

General; the British Commonwealth; the Far East.

"The Background of Recent Department Work Regarding Dependent Areas," January 13, 1945, *FRUS, 1945*, vol. I.

"The Chairman of the Korean Commission in the United States(Rhee) to President Roosevelt," Washington, May 15, 1943, *FRUS, 1943*, vol. Ⅲ.

The Secretary of State(Cordell Hull), "Memorandum of Conversation," [Washington,] March 27, 1943, *FRUS, 1943*, vol. Ⅲ.

"Trusteeship: Third Draft," [1946], RG 332, Records of the United States Theaters of War, World War Ⅱ, Box 29, p. 6, US National Archives.

U.S. Department of State, *Postwar Foreign Policy Preparation*, Department of State Publication 3580 (Washington, D.C.: United States Government Printing Office, 1949).

Winston S. Churchill, *The Second World War, in six volumes, vol. Five: Closing the Ring* (Boston: Houghton Mifflin, 1951).

2. 연구

1) 한국어

강성현, 「전후 미국의 '점령형 신탁통치'의 성립과 냉전적 변형: 조선, 미크로네시아, 류큐제도를 중심으로」, 『사회와역사』 112(2016).

강준만, 『미국은 세계를 어떻게 훔쳤는가』(인물과사상, 2013).

강진아, 「동아시아의 개항: 난징조약에서 강화도조약까지」, 『현대사광장』 7(2016).

강택구, 「19세기 말 20세기 초 미국 제국주의의 역사적 성격과 동향」, 『경주사학』 26(2007).

게레로, 밀라그로(Milagro C. Guerrero), 「필리핀 식민지의 민족주의자들과 독립운동(1895~1935)」 광복60주년 기념 국제학술회의: 세계 식민지 해방운동과 한국독립운동, 독립기념관 한국독립운동사연구소, 서울 한국언론재단 국제회의장, 2005년 8월 11일.

고정휴, 「이승만은 독립운동을 했는가」, 『역사비평』(1991).

고정휴, 『이승만과 한국의 독립운동』(연세대학교 출판부, 2004).

공제욱 외, 『필리핀 2월혁명』(민중사, 1987).

구대열, 『한국 국제관계사 연구 2: 해방과 분단』(역사비평사, 1995).

구에레로, 아마도 저, 정종길 역, 『필리핀 사회와 혁명』(공동체, 1987).
구대열, 「"자유주의"열강과 해방 한국(1945~1950)」, 『국제정치논총』 45-4(2006).
권오신, 「미국에 의한 필리핀 植民化의 初期政策: 태프트(William Howard Taft)의 政策과 役割을 중심으로」, 『강원사학』 8(1992).
권오신, 「미국·필리핀전쟁(The American-Philippine War, 1899.2.~1902.4.)에 관하여」, 『강원사학』 9(1993).
권오신, 「미국·필리핀 간의 군사기지협정 개정문제: 아이젠하워 대통령 재임기간(1953~1961)을 중심으로」, 『강원사학』 11(1995).
권오신, 『미국의 제국주의: 필리핀인들의 시련과 저항』(문학과지성사, 2000).
권오신, 「외세지배에 대한 필리핀인들의 시련과 저항」, 『의암학연구』 2-2(2004).
권오신, 「스페인지배 말기의 필리핀 독립운동: 미완의 혁명(1896~1898)」, 『아시아연구』 11-3(2009).
기광서, 「소련군의 북한 진주와 부르주아민주주의노선」, 『통일문제연구』 20-1(2005).
기광서, 「해방 전 소련의 대한반도 정책 구상과 조선 정치세력에 대한 입장」, 『슬라브연구』 30-4(2014).
기광서, 「러시아문서보관소와 한국현대사」, 『동북아워치』 1(2022).
김경일 저, 홍면기 역, 『중국의 한국전쟁 참전 기원』(논형, 2004).
김계동, 「한반도 분단·전쟁과 한미관계의 새로운 지평」, 김계동 외, 『한미 관계론』(명인문화사, 2012).
김계동, 『한반도 분단, 누구의 책임인가』(명인문화사, 2012).
김광재, 「윤봉길의 상해의거와 '중국측 역할'」, 『한국민족운동사연구』 33(2002).
김기조, 「38선 획정의 국제적 요인」, 한국정치학회 2006 연례학술회의 발표문, 2006년 12월 9일.
김기조, 『한반도 38선 분할의 역사: 일제 15년전쟁 정전략과 미·소 외교 전략 비사』(한국학술정보, 2006).
김명구, 『한국 기독교사 1: 복음주의자의 시각으로 보는 한국의 기독교 역사』(예영커뮤니케이션, 2018).
김명구, 『한국 기독교사 2: 복음주의자의 시각으로 보는 한국의 기독교 역사』(연세대학교 출판부, 2020).
김선호, 「1945~1946년 북한의 부르주아민주주의혁명과 혁명동력의 설정-배제」, 『한국민족운동사연구』 92(2017).
김영호, 「한국전쟁 원인과 국제 정치적 재해석: 스탈린의 롤백 이론」, 박지향 외,

『해방전후사의 재인식 2』(책세상, 2006).
김영호, 『대한민국의 건국혁명 1: 이론과 역사』(성신여자대학교 출판부, 2015).
김종규, 『한국근현대사의 이데올로기』(논장, 1987).
김진웅, 「서평: 권오신, 미국의 제국주의: 필리핀인들의 시련과 저항」, 『미국사연구』 12(2000).
김진희, 「백인의 의무: 19세기 미국 오리엔탈리즘과 미국의 정체성」, 『미국사연구』 19(2004).
김학재, 「한국전쟁과 자유주의 평화기획」, 서울대학교 박사학위논문(2013).
김학준, 『북한의 역사 1: 강대국권력정치 아래서의 한반도분할과 소련의 북한군정 개시, 1863년~1946년 1월』(서울대학교 출판부, 2008).
나리타 치히로 저, 후지이 다케시 역, 「오키나와 귀속문제를 둘러싼 한국과 중화민국 정부의 동향: 1940~50년대를 중심으로」, 『인문논총』 76-2(2019).
나홍주, 「이장희 교수의 '국제법적 관점에서 본 카이로선언의 영토주권회복 문제' 토론」, 평화통일시민연대 주관 카이로선언 70주년 기념학술세미나: 카이로선언 정신 구현과 아시아의평화 문제, 2013년 7월 24일.
다카노 히데유키 저, 신창훈·우상규 공역, 『수수께끼의 독립국가 소말릴란드』(글항아리, 2019).
단국대학교 동양학연구원 편, 『한국독립운동의 세계사적 성격』(단국대학교 출판부, 2017).
대한민국임시정부 옛청사 관리처 편, 『중국언론 신보에 그려진 한국근현대사』(역사공간, 2004).
댈렉, 로버트, 「조지 F. 케넌, 1904-」, 앨런 와인스타인·데이비드 루벨 저, 이은선 역, 『사진과 그림으로 보는 미국사』(시공사, 2004).
도진순, 「1945~48년 우익의 동향과 민족통일정부 수립운동」, 서울대학교 박사학위논문(1993).
돕스, 마이클 저, 홍희범 역, 『1945: 20세기를 뒤흔든 제2차 세계대전의 마지막 6개월』(모던아카이브, 2018).
라종일, 「한국과 영·미협동관계, 1945~1948」, 한국정치학회·재북미한국인정치학자회 편, 『제4회 합동학술대회논문집』(1985).
레이놀즈, 데이비드 저, 이종인 역, 『정상회담』(책과함께, 2009).
로체스, 알프레도·그레이스 로체스 저, 이은주 역, 『필리핀: 지구촌 문화충격 탈출기』(휘슬러, 2005).
메트레이 제임스 I. 저, 구대열 역, 『한반도의 분단과 미국: 미국의 대한정책,

1941~1950』(을유문화사, 1989).
류대영, 『한국 근현대사와 기독교』(푸른역사, 2009).
미 국무성 저, 김국태 역, 『해방 3년과 미국 1』(돌베개, 1984).
朴東雲, 『北韓統治機構論』(高大出版部, 1964).
박명수, 「태평양전쟁 시기 기독교인친한회(基督敎人親韓會)의 대한민국 임시정부 승인 운동」, 『한국독립운동사연구』 65(2019).
박명수, 「한반도의 분단과 모스크바 외상회의」, 『한국정치외교사논총』 42-1(2020).
박명희, 「카이로회담(會談)에서의 한국문제에 대한 중화민국정부의 태도」, 『동양학』 47(2010).
박찬승, 「역사 속의 정치갈등을 읽는 방법: 해방 직후 한국의 정치갈등을 중심으로」, 제63회 전국역사학대회: 역사상의 사회갈등과 통합, 전국역사학대회협의회·역사학회 주최, 한국연구재단·국사편찬위원회 후원, 공동주제 제1부 기조발제, 2020년 10월 30일.
박태균, 『한국전쟁』(책과함께, 2005).
박태균, 「미국의 관점에서 본 한국의 8·15」, 『군사』 96(2015).
방선주, 「1930년대의 재미한인 독립운동」, 국사편찬위원회 편, 『한민족독립운동사』 8(국사편찬위원회, 1990).
배경한, 「카이로회담에서의 한국문제와 蔣介石」, 『역사학보』 224(2014).
배경한, 「카이로회담과 한중관계: '國際共管論'에 대한 충칭임시정부와 중국국민정부의 대응」, 『한국민족운동사연구』 85(2015).
배경한, 『카이로회담과 한중관계: 충칭임시정부의 '國際共管'반대운동과 카이로회담에서의 '國際共管'문제』, 광복70년 기념 학술회의: 한국독립운동의 제 양상, 한국민족운동사학회, 2015년 7월 21일.
베스타, 오드 아르네 저, 옥창준 역, 『냉전의 지구사: 미국과 소련 그리고 제3세계』(에코리브르, 2020).
서상문, 「중화민국의 한국임시정부 재정 지원과 백범 김구」, 『백범회보』 58(2018).
손영원, 「분단의 구조」, 김홍명 외, 『국가이론과 분단한국』(한울, 1985).
송남헌, 『한국현대정치사 I』(성문각, 1978).
송유경, 「신탁통치를 둘러싼 미군정과 좌익세력과의 권력대결」, 『21세기정치학회보』 6(1996).
스칼라피노, 로버트·이정식 저, 한홍구 역, 「소련 '후견'하의 북국 공산주의」, 『한국공산주의운동사 Ⅱ』(돌베개, 1986).
스툭, 윌리엄 저, 서은경 역, 『한국전쟁과 미국 외교정책』(나남출판, 2005).

신용하, 「대한민국 임시정부와 카이로선언」, 한국근현대사학회·국가보훈처 편, 『대한민국임시정부 수립 80주년 기념논문집』(한국근현대사학회·국가보훈처, 1999).
신용하, 「백범 김구와 대한민국 임시정부와 카이로선언」, 『백범 김구의 사상과 독립운동』(서울대학교 출판부, 2003).
신용하, 「열강의 한국남북분단 및 신탁통치 정책과 백범 김구의 노선」, 백범기념관 개관 2주년기념 학술회의: 광복직후의 건국운동과 백범 김구, 2004년 10월 1일.
신용하, 「열강의 한국남북분단 및 신탁통치 정책과 백범 김구의 노선(1943~45)」, 『백범과 민족운동 연구 3』(2005).
신윤환, 「인도네시아와 필리핀의 독립운동」, 국사편찬위원회 편, 『한민족독립운동사 10』(국사편찬위원회, 1991).
余季彦, 「카이로(Cairo) 회담 연구: 중국 국민당 정부와 대한민국 임시정부의 역할을 중심으로(1941~1943)」, 한국학중앙연구원 한국학대학원 석사학위논문(2010).
오버도퍼, 돈 저, 뉴스위크 한국판 취재팀 역, 『북한국과 남조선: 두 개의 코리아』(중앙일보, 1998).
오버더퍼, 돈 저, 이종길 역, 『두 개의 한국』(길산, 2002).
오버도퍼, 돈·로버트 칼린 저, 이종길·양은미 역, 『두 개의 한국』(길산, 2014).
오재완, 「미국의 대한정책, 1945~48: 현실주의적 관점과 수정주의적 관점」, 『한국과 국제정치』 3-1(1987).
오재완, 「미국의 대한정책과 한국전쟁의 배경」, 『현대사회』 36(1990).
오충근, 「38선 획정과 소련의 한반도 개입」, 『신동아』 10월(1985).
오카모토 다카시 저, 강진아 역, 『미완의 기획, 조선의 독립: 글로벌 시대, 치열했던 한중일 관계사 400년』(소와당, 2009).
오코노기 마사오 저, 현대사연구실 역, 『韓國戰爭: 美國의 介入過程』(청계연구소, 1986).
오코노기 마사오, 『38선 설정의 국제무대』, 제14회 외교사 브라운백세미나, 국립외교원 4층 세미나실, 2016년 10월 27일.
오코노기 마사오, 「이완범의 논문 '한반도 냉전의 기원'에 대한 논평」, 한반도 냉전사를 둘러싼 한일 공동연구회, 도쿄대학 고마바 캠퍼스, 2018년 6월 29일.
와다 하루키, 「소련의 대북한정책, 1945~46」, 일월서각편집부 편, 『분단전후의 현대사』(일월서각, 1985).
와다 하루키 저, 박은진 역, 「카이로선언과 일본의 영토문제」, 『영토해양연구』 5(2013).

요시다 유타카 저, 최혜주 역, 『아시아·태평양전쟁』(어문학사, 2012).
우동수 편, 『세계현대사』(청아, 1987).
올리버, 로버트 T. 저, 박일영 역, 『이승만비록』(한국문화출판사, 1982).
윌리엄스, 윌리엄 애플맨 저, 박인숙 역, 『미국 외교의 비극』(늘함께, 1995).
유광열 편, 『항일선언·창의문집』(서문당, 1975).
유나영, 「월츠의 세 가지 이미지와 한반도 분단의 원인에 관한 연구」, 『국제정치논총』 55-2(2015).
유봉영, 「조선독립과 미소공위」, 『대조』 2-2(1947).
유영익, 「태평양전쟁 기간 임정 승인 외교 활동」, 『건국 대통령 이승만: 생애·사상·업적의 새로운 조명』(일조각, 2013).
윤영휘, 「카이로 회담에서 연합군의 군사전략과 전후 국제질서 구상」, 『군사』 105(2017).
이기택, 『국제정치사』(일신사, 1983).
이동현, 『한국신탁통치연구』(평민사, 1990).
이삼성, 『동아시아의 전쟁과 평화 1: 전통시대 동아시아 2천년과 한반도』(한길사, 2009).
이상철, 「장제스 일기로 본 카이로 회의」, 대한민국 임시정부 수립 제95주년기념 학술회의: 대한민국 임시정부와 카이로선언, 단국대학교, 광복회, 독립기념관 주최, 백범김구기념관 대회의실, 2014년 4월 13일.
이상철, 「윤봉길의사 의거와 장제스 카이로 선언과의 관계」, 매헌윤봉길의사의 상해의거와 국내외 영향, 매헌윤봉길의사 상해의거 85주년 기념 국제학술회의, 2016년 12월 16일.
이석우, 「독도 문제에 관한 국제사회의 전후처리 조치와 카이로선언의 법적 효력에 대한 이해」, 『영토해양연구』 5(2013).
이억주, 『한국교회사 I: 1884~1945』(한국교회언론회출판부, 2010).
이완범, 「한반도 신탁통치안과 국내정치, 1943~1948」, 연세대학교 석사학위논문(1985).
이완범, 「미국의 식민지 정책: 신탁통치 구상의 기원과 실행, 1919~1994」, 서정갑 외, 『미국정치의 과정과 정책』(나남, 1994).
이완범, 「국제정치 속의 필리핀: 필리핀과 미국, 1896~1946」, 한국정치학회 연례학술대회 발표문, 지역정치연구위원회 패널 1, 1995년 12월 9일.
이완범, 「미국의 38선 획정과정에 대한 연구(1944~1945)」, 한국국제정치학회 연구발표회 발표문, 1995년 3월 18일.
이완범, 「필리핀혁명과 미국, 1896~1902」, 『한국정치학회보』 30-1(1996).
이완범, 『삼팔선 획정의 진실』(지식산업사, 2001).

이완범, 『한국해방 3년사』(태학사, 2007).
이완범, 『한반도 분할의 역사』(한국학중앙연구원 출판부, 2013).
이용중, 「이장희 교수의 '국제법적 관점에서 본 카이로선언의 영토주권회복 문제' 토론문」, 평화통일시민연대 주관, 카이로선언 70주년 기념학술세미나: 카이로선언 정신 구현과 아시아의평화 문제, 2013년 7월 24일.
이우진, 「독립운동에 대한 미국의 태도: 루스벨트의 신탁통치구상을 중심으로」, 한국정치외교사학회 편, 『독립운동과 열강관계』(평민사, 1985).
李愚振, 「韓國의 國際信託統治: 그 構想 및 挫折의 記錄」, 『解放5년史의 再照明: 韓國現代史의 政治社會史의 認識』(國土統一院, 1987).
이우진, 「테프트-카츠라 비망록의 평가」, 『한국정치외교사학회회보』 32(1993).
이인수, 「우남 이승만」, 한국사학회 편, 『한국현대인물사론 I』(을유문화사, 1987).
이정식, 「남북의 분단과 그 현실」, 『한국사 시민강좌(제5집): 韓國史上의 分裂과 統一』(일조각, 1989).
이정식, 『여운형: 시대와 사상을 초월한 융화주의자』(서울대학교 출판부, 2008).
이정식 저, 허동현 편, 『21세기에 다시 보는 해방후사』(경희대학교 출판문화원, 2012).
이주천, 『루즈벨트의 친소정책, 1933~1945: 루즈벨트의 우호적 대소관과 대소유화정책의 형성과정에 관한 연구』(신서원, 1998).
이태진, 『일본의 한국병합 강제 연구: 조약 강제와 저항의 역사』(지식산업사, 2016).
이한기, 『국제법강의』(수정판)(박영사, 1983).
이호재, 「二次大戰중 韓國人의 對外認識과 主張: 新韓民報의 내용을 중심으로」, 『아세아연구』 68(1982).
이호재, 「한국신탁통치안과 미소협상의 결렬」, 『한국외교정책의 이상과 현실: 해방 8년 민족갈등기의 반성』 제5판(법문사, 1986).
이홍주, 『한국군의 해외파병활동(1991~2016)』(국방부 군사편찬연구소, 2018).
林建彦, 『韓國現代史』(삼민사, 1986).
張其昀, 「카이로會議記錄」, 한국정신문화연구원 편, 『한국독립운동사자료집(중국인사증언)』(박영사, 1983).
장박진, 「미국의 전후 처리와 한반도 독립 문제: '근거 없는 독립'과 전후 한일관계의 기원」, 『아세아연구』 56-3(2013).
장박진, 「카이로선언의 기초와 한반도 독립 조항의 의미: 전후 단순 분리 독립의 기원」, 『동북아역사논총』 54(2016).
정병준, 「카이로선언과 연합국의 대한정책」, 대한민국 임시정부 수립 제95주년기념 학술회의: 대한민국 임시정부와 카이로선언, 단국대학교, 광복회, 독립기념관 주최, 백범김구기념관 대회의실 2014년 4월 13일.

정병준, 「카이로회담의 한국 문제 논의와 카이로선언 한국조항의 작성 과정」, 『역사비평』 107(2014).

정용석, 「카이로-얄타-포츠담회담」, 『한미수교100년사』(국제역사학회의 한국위원회, 1982).

정용욱, 「해방 이전 미국의 對韓構想과 對韓政策」, 『한국사연구』 83(1993).

정용욱, 「1942~47년 미국의 대한정책과 과도정부형태 구상」, 서울대학교 박사학위논문(1996).

정용욱, 『해방 전후 미국의 대한정책』(서울대학교 출판부, 2003).

정용욱, 「1945~1950년대 국내 정치에 대한 미국의 개입: 1947년 김규식 대통령 옹립계획과 한국전쟁기 이승만 제거계획을 중심으로」, 『현대사연구』 14(2005).

정일화, 『카이로선언: 대한민국 독립의 문』(선한약속, 2010).

정치건, 「북조선림시인민위원회와 민주개혁」, 민족연구원 설립 10주년 기념 제6차 중·조·한 공동 주최 국제학술회의: 동북아지역 력사문화교류의 현황과 전망, 중국 연길시 백산호텔, 2006년 11월 2~4일.

정토웅, 『세계전쟁사 다이제스트 100』(가람기획, 2010).

조덕천, 「카이로회담의 교섭 및 진행에 관한 연구」, 대한민국 임시정부 수립 제95주년기념 학술회의: 대한민국 임시정부와 카이로선언, 단국대학교, 광복회, 독립기념관 주최, 백범김구기념관 대회의실, 2014년 4월 13일.

조동걸, 「해방전후사 어떻게 볼 것인가: 일제 말기의 독립운동과 해방 후의 착란」, 공동선포럼, 신사회공동선운동연합, 2006년 3월 23일.

조동일, 「책봉 관계」, 조동일·이은숙, 『한국문화, 한눈에 보인다』(푸른사상, 2017).

조동일, 「『한국민족문화대백과사전』의 나아갈 방향」, 한국학중앙연구원 한국학지식정보센터 백과사전편찬실 주관 학술대회, 한국민족문화대백과사전 편찬사업의 회고와 전망, 2017년 6월 22일.

조병욱, 『역사와 문화를 알면 필리핀이 보인다』(해피&북스, 2008).

조성윤 편, 『남양 섬에서 살다: 조선인 마쓰모토의 회고록』(당산서원, 2018).

조순승, 『한국분단사』(형성사, 1982).

진덕규, 「제2차세계대전과 한국의 해방」, 한국사학회 편, 『한국현대사와 제문제 Ⅱ』(을유문화사, 1987).

진석용, 「분단사의 재조명: 일본학계의 한 연구」, 『사회과학과 정책연구』 7-4(1985).

진석용, 「38선은 누가 그었는가」, 『한국사회연구』 4(1986).
차상철, 『해방전후 미국의 한반도 정책』(지식산업사, 1991).
최문형, 『列强의 東아시아政策』(일조각, 1979).
최병구, 「'코리아 패싱'의 교훈」, 『외교광장』 XVII-7(2017).
최봉윤, 『민족통일운동사』(한백사, 1988).
최봉윤·노승우, 『민중주체중립화통일론』(전예원, 1988).
최상용, 「미군정의 초기점령정책: 신탁통치안과 분할점령의 현실」, 『서울평론』 40(1974).
최상용, 「미군정기 한국: 아시아 냉전의 초점」, 『한국사회연구』 1(1983).
최상용, 『미군정과 한국민족주의』(나남, 1989).
최영호, 「카이로선언의 국제정치적 의미」, 『영토해양연구』 5(2013).
추헌수 편, 『資料韓國獨立運動 I』(연세대학교 출판부, 1977).
커밍스, 브루스 외 편, 박의경 역, 『한국전쟁과 한미관계』(청사, 1987).
콘스탄티노, 레나토·레티샤 콘스탄티노 저, 김호철 편, 『필리핀 민중운동사』(동녘, 1985).
하지은, 「국제적 신탁통치구상과 냉전적 변형: 한국 사례를 중심으로」, 서울대학교 석사학위논문(2015).
한국민족운동사학회 편, 『의열투쟁과 한국독립운동』(국학자료원, 2003).
한국민중사연구회 편, 『한국민중사 II』(풀빛, 1986).
한국반탁반공학생운동기념사업회 편, 『한국학생건국운동사』(동회, 1986).
한림대학교 아시아문화연구소 편, 한철호 역, 『미국의 대한 정책 1834~1950』(한림대학교 출판부, 1987).
한상도, 「중국정부의 종전 후 한반도 처리 구상과 임정 승인 논의」, 『한국독립운동과 동아시아 연대』(역사공간, 2021).
한시준, 「백범 김구의 신국가 건설론」, 『백범과 민족운동연구』 3(2005).
한시준, 「카이로선언과 대한민국 임시정부」, 대한민국 임시정부 수립 제95주년기념 학술회의: 대한민국 임시정부와 카이로선언, 단국대학교, 광복회, 독립기념관 주최, 백범김구기념관 대회의실, 2014년 4월 13일.
한시준, 「대한민국 임시정부, 카이로회의에서 자유 독립 보장」, 동북아역사재단-폴란드 중동부유럽연구소 주최 국제학술회의: 비교사적 관점에서 본 임시정부, 공화주의, 역사화해: 한국과 폴란드, 동북아역사재단 11층 대회의실, 2018년 5월 24일.
韓載德, 『韓國의 共産主義와 北韓의 歷史』(內外文化社, 1965).

헌트, 마이클 H. 저, 권용립·이현휘 역, 『이데올로기와 미국외교』(산지니, 2007).
胡春惠 저, 신승하 역, 『中國안의 韓國獨立運動』(단국대학교 출판부, 1978).
Hwang Dongyoun, 「카이로 회담과 테헤란 회담: 전시 연합국 외교, 아시아주의, 한국의 광복」, 윤해동 외, 『대한민국을 만든 국제회의』(대한민국역사박물관, 2016).

2) 중국어

國立編譯館 主編·陳志奇 編, 『中華民國外交史料彙編』第12卷(臺北: 渤海堂文化公司, 1996).
陶文釗 外, 『抗日戰爭時期中國對外關係』(北京: 中國社會科學出版社, 2009).
駱伯鴻 編譯, 『史迪威抗戰日記』(長沙: 湖南人民出版社, 2013).
梁敬錞, 『開羅會議』(臺北: 臺灣商務印書館, 1973).
王建朗, 「大國意識與大國作爲: 抗戰後期的中國國際角色定位與外交努力」, 『歷史研究』 2008-6.
劉曉原, 「東亞冷戰的序幕: 中美戰時外交中的朝鮮問題」, 『史學月刊』 2009-7.
張其昀 撰, 現代國民基本知識叢書編輯部 編, 『中華民國史綱』第7冊(臺北: 中華文化出版事業委員會, 1956).
章紅, 「獨立, 托管: 美國對戰後朝鮮政治前途的擇定」, 『韓國獨立運動研究國際學術會議論文匯編』(上海: 復旦大學, 1996a).
章紅, 「獨立, 托管: 美國對戰後朝鮮政治前途的擇定」, 石源華 主編, 『韓國獨立運動血史新論』(上海: 人民出版社, 1996b).
中國國民黨 黨史委員會 主編·秦孝儀 編, 『中華民國重要史料初編: 對日抗戰時期』第3編 戰時外交(3)(臺北: 中國國民黨中央委員會黨史委員會, 1981).
陳謙平, 「1942年蔣介石訪印與調停英印關係的失敗」, 『民國對外關係史論(1927~1949)』(北京: 三聯書店, 2013).
陳立文 主編, 『蔣中正與民國外交 I』(臺北: 國立中正紀念堂管理處, 2013).
秦孝儀 總編, 『總統蔣公大事長編初稿 5(上)』(臺北: 財團法人中正文教基金會, 1978).
肖如平, 「從日記看1942年蔣介石訪問印度: 以蔣甘會晤中心的分析」, 浙江大學蔣介石與近代中國研究中心 編, 『蔣介石與抗日戰爭學術研討會論文集』(杭州, 2014).
胡春惠, 『韓國獨立運動在中國』(臺北: 中華民國史料研究中心, 1976).

3) 일본어

近藤釗一 編, 『太平洋戰下終末期朝鮮の治政』(東京: 朝鮮史料編纂會, 1961).

大沼久夫, 「朝鮮の解放・分斷と國內勢力」, 『朝鮮史研究會論文集』, 第21輯 (1984).

ソ同盟科學アカデミ太平洋問題硏究所-E. M. ジューコフ 編, 『植民地體制の危機(下)』(東京: 民族問題硏究會, 1950).

陽子震, 「國民政府の'對日戰後處理構想': カイロ會談への政策決定過程」, 『東アジア近代史』第14號(2011).

五百旗頭眞, 『米國の日本占領政策 戰後日本の設計圖 上』(東京: 中央公論社, 1985).

吳忠根, 「分斷史の起點: 米ソ分割占領過程再檢討」, 『コリア評論』第27卷(1984).

吳忠根, 『朝鮮分割占領への道程: 米國の政策』, 日本慶應義塾大學 博士論文(1985).

伊原澤周, 「論太平洋戰爭中的中印關係: 以蔣介石訪問印度爲中心」, 『抗日戰爭研究』 2012-2.

ジューコフ E. M. 外 編, 相田重夫 外 譯, 『極東國際政治史(下)』(東京: 平凡社, 1957).

池上大祐, 『アメリカの太平洋戰略と國際信託統治: 米國務省の戰後構想 1942〜1947』(京都: 法律文化社, 2014).

4) 영어

Agoncillo, Teodoro A., *Filipino Nationalism, 1872~1970* (Quezon City: R. P. Garcia Publishing, 1974).

Agoncillo, Teodoro A. and Oscar M. Alfonso, *A Short History of the Filipino People* (Quezon City, Philippines: University of Philippines, 1960).

Allen, James S., *The Radical Left on the Eve of War* (Quezon City: Foundation for Nationalist Studies, 1985).

Andrew, Christopher M. and Oleg Gordievsky, *KGB: The Inside Story of Its Foreign Operations from Lenin to Gorbachev* (New York: HarperPerennial/HarperCollins, 1991).

Carlson, Keith T., *The Twisted Road to Freedom: America's Granting of Independence to the Philippines* (Quezon City: University of Philippines Press, 1995).

Chang, Chi-yun(張其昀), *Record of the Cairo Conference* (開羅會議紀實) (Taipei: China Cultural Publishing Foundation, 1953).

Cho, Soon Sung, *Korea in World Politics, 1945~1950: An Evaluation of American Responsibility* (Berkeley, California: University of California Press, 1967).

Chung, Henry, *The Russian Came to Korea* (Seoul: The Korea Pacific Press, 1947).

Churchill, Bernardita Reyes, *The Philippine Independence Missions to the United States: 1919~1934* (Manila: National Historical Institute, 1983).

Clark, Donald N., *Living Dangerously in Korea: The Western Experience, 1900~1950* (Norwalk, CT: EastBridge Press, 2003).

Cline, Ray S., *United States Army in World War II: The War Department: Washington Command Post-The Operation Division* (Washington, D.C.: Department of the Army, 1951).

Cumings, Bruce, "American Policy and Korean Liberation," Frank Baldwin, ed., *Without Parallel* (New York: Pantheon Books, 1973).

Cumings, Bruce, *The Origins of the Korean War: Liberation and the Emergence of Separate Regimes, 1945~1947*, vol. 1 (Princeton, NJ.: Princeton University Press, 1981).

Cumings, Bruce, "Introduction," Bruce Cumings, ed., *Child of Conflict: The Korean-American Relationship, 1943~1953* (Seattle: University of Washington Press, 1983).

Cumings, Bruce, "Korea's Centrality to the Cold War," 한국의 냉전연구: 관점과 전망, 한국냉전학회 창립 국제 학술회의 발표문, 2015년 2월 13~14일.

Constantino, Renato, *The Making of A Filipino: A Story of Philippine Colonial Politics* (Quezon City: Malaya Books, 1969).

Dallek, Robert, *Franklin Roosevelt and American Foreign Policy, 1932~1945* (London : Oxford University Press, 1979).

Dallin, David J., *Soviet Russia and the Far East* (New Haven, CT: Yale University Press, 1948).

Dobbs, Charles M., *The Unwanted Symbol: American Foreign Policy, the Cold War, and Korea, 1945~50* (Kent, Ohio: The Kent State University Press, 1981).

Esterline, John H. and Mae H. Esterline, *How the Dominoes Fell: Southeast Asia in Perspective* (Lanham, MD: Hamilton Press, 1986).

Esthus, Raymond A., *Theodore Roosevelt and Japan* (Seattle: University of Washington Press, 1967).

Feis, Herbert, *Churchill Roosevelt Stalin: The War They Waged and the Peace They Sought* (Princeton: Princeton University Press, 1957).

Fernandez, Alejandro M., *The Philippines and the United States: The Forging of New Relations* (Quezon City: NSDB-UP Research Program, 1977).

Friend, Theodore, *Between Two Empires: The Ordeal of the Philippines, 1928~1946* (Manila: Solidaridad, 1969).

Gaddis, John L., *The United States and the Origins of the Cold War, 1941~1947* (New York: Columbia University Press, 1972).

Gleeck, Lewis E., Jr., *The American Governors General and High Commissioners in the Philippines: Proconsuls, Nation-builders and Politicians* (Quezon City: New Day, 1986).

Heiferman, Ronald I., *The Cairo Conference of 1943: Roosevelt, Churchill, Chiang Kai-shek, and Madame Chiang* (Jefferson, N.C.: McFarland&Company, 2011).

Henderson, Gregory, *Korea: The Politics of the Vortex* (Cambridge, MA: Harvard University Press, 1968).

Herman, Arthur, *Joseph McCarthy: Reexamining the Life and Legacy of America's Most Hated Senator* (New York: The Free Press, 2000).

Iriye, Akira, *The Cold War in Asia: A Historical Introduction* (Englewood Cliffs, N.J.: Prentice Hall, 1974).

Karnow, Stanley, *In Our Image: America's Empire in Philippines* (New York: Random House, 1989).

Kolko, Gabriel, *The Politics of War* (New York: Random House, 1968).

Lande, Carl H., "The Philippine Political Party System," *Journal of Southeast Asian History*, vol. 13, no. 1 (1967).

Lande, Carl H., "Parties and Politics in the Philippines," *Asian Survey*, vol. 13, no. 9 (1968).

Lee, Chong-Sik, "Why Did Stalin Accept the 38th Parallel?," *Journal of Northeast Asian Studies*, vol. IV, no. 4 (1985).

Liu, Xiaoyuan(劉曉原), "Sino-American Diplomacy over Korea during

World War Ⅱ," *The Journal of American-East Asian Relations*, vol. 1, no. 2 (1992).

Louis, Wm. Roger, *Imperialism at Bay: The United States and the Decolonization of the British Empire, 1941~1945* (New York: Oxford University Press, 1978).

Mandel, William, compiled, *Soviet Source Materials on USSR Relations with East Asia, 1945~1950* (New York: Institute of Pacific Relations, 1950).

Matray, James I., "The Reluctant Crusade: American Foreign Policy in Korea 1941~50," Ph.D. dissertation, University of Virginia (1977).

Matray, James I., "An End to Indifference: America's Korean Policy During World War Ⅱ," *Diplomatic History*, vol. Ⅱ, no. 2 (1978).

Matray, James I., *The Reluctant Crusade: American Foreign Policy in Korea, 1941~1950* (Honolulu, Hawaii: University of Hawaii Press, 1985).

Matray, James I., "Casualty of the Cold War: The Cairo Declaration and its Historical Legacy in Northeast Asia," *The Journal of Northeast Asian History*, vol. 11, no. 1 (2014).

McCune, George M., "Korea: The First Year of Liberation," *Pacific Affairs*, vol. 20 (1947).

McLaine, Ian, *A Korean Conflict: The Tensions Between Britain and America* (London: I.B. Tauris, 2015).

Millett, John D., *United States in World War Ⅱ: The Organization and Role of he Army Service Forces* (Washington, D.C.: Department of the Army, 1954).

Morgenthau, Hans J., *Politics among Nations*, 7th ed. (New York: McGrow Hill, 2006).

Morris, William G., "The Korean Trusteeship, 1941~47: The United States, Russia, and the Cold War," Ph.D. dissertation, The University of Texas at Austin (1974).

Nye, Roger H., "George A. Lincoln: Architect in National Security," Amos A. Jordan, Jr., ed., *Issues of National Security in the 1970's: Essays Presented to Colonel George A. Lincoln on His Sixtieth Birthday*

(New York: Frederick A. Praeger, 1967).
Oberdorfer, Don, *The Two Koreas: A Contemporary History*, revised and updated (New York: Basic Books, 2001).
Oberdorfer, Don and Robert Carlin, *The Two Koreas: A Contemporary History*, revised and updated third ed. (New York: Basic Books, 2014).
Oliver, Robert T., *Syngman Rhee and American Involvement in Korea, 1942~1960* (Seoul: Panmun, 1978).
Orders, Paul, "'Adjusting to a New Period in World History': Franklin Roosevelt and European Colonialism," in David Ryan and Victor Pungong, eds., *The United States and Decolonization: Power and Freedom* (New York: St. Martin's, 2000).
Plokhy, S. M., *Yalta: The Price of Peace* (New York: Viking, 2010).
Ree, Erik Van, *Socialism in One Zone: Stalin's Policy in Korea, 1945~1947* (Oxford: Berg, 1989).
Salamanca, Bonifacio S., *The Filipino Reaction to American Rule, 1901~1913* (Quezon City: New Day, 1984).
Sandusky, Michael C., *America's Parallel* (Alexandria, Virginia: Old Dominion Press, 1983).
Scalapino, Robert and Chong-sik Lee, "Soviet Tutelage," *Communism in Korea*, Part I: Movement (Berkeley: University of California Press, 1972).
Schurmann, H. Franz, *The Logic of World Power* (New York: Pantheon Books, 1974).
Sherwood, Robert E., *Roosevelt and Hopkins: An Intimate History* (New York: Harper & Brothers, 1948).
Shirmer, Daniel B. and Stephen Rosskamm Shalom, eds., *The Philippines Reader: A History of Colonialism, Neocolonialism, Dictatorship, and Resistance* (Boston: South End Press, 1987).
Steinberg, David J., *The Philippines: A Singular and a Plural Place*, 3rd ed. (Boulder: Westview, 1994).
Stueck, William, Jr., *The Road to Confrontation: American Policy toward China and Korea, 1947~1950* (Chapel Hill: University of North Carolina Press, 1981).
Stueck, William, *Rethinking the Korean War: A New Diplomatic and*

Strategic History (Princeton: Princeton University Press, 2002).

Tuchman, Barbara W., *Stilwell and the American Experience in China, 1911~1945* (New York: Bantam, 1971).

Warshaw, Steven, *Southeast Asia Emerges: A Concise History of Southeast Asia From Its Origin to the Present* (Berkeley: The Diablo, 1975).

Westad, Odd Arne, *The Global Cold War: Third World Interventions and the Making of Our Times* (Cambridge, UK: Cambridge University Press, 2007).

Williams, William A., *The Tragedy of American Diplomacy* (New York: A Delta Book, 1962).

Zaide, Gregorio F. and Sonia M. Zaide, *History of the Republic of the Philippines* (Manila: National Book Store, 1987).

Zaide, Gregorio F., ed., *Documentary Sources of Philippine History*, in 12 volumes (Manila: National Book Store, 1990).

Zaide, Sonia M., *The Philippines: A Unique Nation* (Quezon City: All-Nations, 1994).

5) 프랑스어

Maalem, Ali, *Colonialism-Trusteeship-Indépendance* (Paris: Défense de la France, 1946).

3. 기타

『동아일보』.

The New York Times.
The Chicago Sun.
Star Exponent.

찾아보기

ㄱ

고스(Clarence E. Gauss) 45, 47, 101, 174
공동점령 311, 364, 367
공산주의자 78, 80, 269, 392, 424, 425, 457, 458, 464, 465, 524
국간지역위원회(Inter-Divisional Area Committee) 303, 304, 305, 307
국립문서보관소(NA; National Archives) 23, 25
국무부 23, 25, 27, 42, 43, 52, 53, 58, 92, 95, 96, 98, 101, 157, 230, 249, 251, 252, 267, 279, 290, 303, 314, 321, 326, 367, 371, 373, 375, 381, 385, 401, 403, 437, 442, 451, 460, 487, 508, 522
국무부 일반 자료군(General Records of the Department of State: RG 59) 25, 27, 93, 98, 212, 252, 290, 304, 305, 473
국무·육군·해군 조정위원회(State-War-Navy Coordinating Committee; SWNCC) 27, 375, 377, 454, 475
국사편찬위원회 25, 145, 163
국제공관(國際共管) 103, 118, 138, 140, 281

국제공영(國際共營) 118, 229
국제적 신탁통치(international trusteeship) 17, 114, 119, 178, 261, 375, 427, 454
군정 32, 54, 74, 89, 119, 184, 288, 290, 304, 306, 308, 314, 321, 325, 349, 369, 454, 517, 520
그리스 277, 424, 425, 426, 467
그루(Joseph C. Grew) 385
김구 47, 101, 102, 104, 120, 137, 138, 140, 141, 187, 203, 216, 225, 228, 237, 241, 255, 448, 458, 460
김규식 116, 137, 139, 458, 460
김일성 464, 465, 476, 477
김원봉 47, 137

ㄴ

남부한국(South of Korea) 270, 275
내인론자 512, 513
냉전 12, 109, 271, 287, 298, 313, 327, 367, 378, 385, 429, 446, 458, 474, 488, 505
냉전수정주의자(cold war revisionist) 110
네덜란드 44, 52, 105, 280, 440

ㄷ

다국적 신탁통치(탁치) 86, 97, 99, 261, 262, 288, 309, 367, 370, 391, 422, 522, 528, 529
단독정부(seperate government) 12, 466

단일정부(single government) 463, 465, 466, 468, 470, 490
대만(타이완) 113, 139, 147, 175, 193, 211, 224, 258, 462
대서양헌장 43, 44, 238, 239
대소견제 95, 96, 262, 400, 420, 492, 523
대외관계자료집(FRUS; Foreign Relations of the United States, Diplomatic Papers) 23
대외관계협의회(Council on Foreign Relations) 23, 311
대한구상 14, 15, 314, 327
대한민국임시정부 101, 117, 140, 144, 187, 225, 228, 236, 251, 252, 257, 451, 457, 458
대한정책 14, 99, 201, 202, 240, 369, 448
덤버턴 오크스 회의(Dumbarton Oaks Conference) 291, 376, 377
독립 41, 43, 46, 48, 50, 58, 64, 70, 79, 84, 94, 98, 100, 112, 138, 141, 145, 151, 159, 171, 190, 216, 220, 223, 226, 228, 232, 236, 242, 257, 274, 288, 303, 369, 379, 390, 438, 463, 470, 478, 491, 498
독일 60, 107, 126, 134, 267, 331, 350, 421, 502, 509
동유럽 289, 350, 385, 425, 436, 489

ㄹ

래티모어(Owen Lattimore) 271, 272, 277
랭던(William R. Langdon) 42, 53, 54, 458
런던외상회의 378, 427, 453
로버츠(Thomas D. Roberts) 331, 348, 353
로하스(Manuel Roxas) 71, 76, 77
루스벨트(Franklin Delano Roosevelt) 13, 9, 51, 59, 100, 111, 140, 146, 175, 190, 270, 285, 399, 528
루스벨트(Theodore Roosevelt) 41
류큐 118, 156, 161, 281, 462
링컨(George Abe Lincoln) 325, 328, 330, 334, 337, 342, 348, 442

ㅁ

마셜(George C. Marshall) 146, 328, 405, 407
만주 44, 107, 114, 134, 146, 176, 193, 211, 224, 258, 272, 315, 332, 345, 402, 439
말리크(Yakov Alexandrovich Malik) 463, 465, 466, 467, 493
말리크 보고서 463
맥아더 75, 76, 135, 330, 406, 453,
모스크바3상회의 12, 20, 449, 451, 459, 463, 471, 474, 525, 526, 527
모스크바의정서 299, 369, 392, 470, 488, 497, 498, 507

모스크바회담 322, 325, 485
몰로토프(V. M. Molotov) 57, 100, 131, 208, 283, 388, 409, 416, 419, 427, 477, 478, 485, 489
무장투쟁 69, 70, 236
미국 14, 17, 37, 41, 59, 62, 70, 95, 111, 187, 261, 301, 346, 367, 380, 397, 422, 427, 431, 435, 438, 492, 503, 506
미·서전쟁 64, 67, 80, 82, 87, 88, 91
미·소 공동위원회 13, 369, 468, 470, 479, 483, 497, 500, 501, 517
민사행정 453, 454
민족자결주의 43, 58, 111, 430, 491
민족주의자 458, 487

ㅂ

반 리(Erik Van Ree) 19, 259, 324, 389, 445, 489
반식민운동 87
베를린회담 421
보튼(Hugh Borton) 98, 523
부르주아민주주의혁명단계 466
북한 31, 34, 119, 186, 464, 490, 505
분단 11, 40, 226, 510, 512
분할점령 15, 128, 227, 266, 287, 308, 318, 332, 365, 367, 438, 447, 508
비망록(memorandum) 42, 53, 113, 167, 273, 348, 443, 460

ㅅ

4강회담 122, 123, 126, 129
4대국 232, 274, 285, 313, 337, 349, 359, 364, 383, 385
4대국연합통제위원회(Allied Control Council of the four powers) 355
3거두회담 126, 127, 129, 130
삼부조정위원회 27, 330, 348, 364, 375, 442, 453
38선 341, 41, 433, 444, 503
샌프란시스코회의 114, 298, 377, 380, 381, 410, 416, 418
서북간도와 부근 각지 인민들에 대한 칙유(擧義密勅) 216, 217
선교사 243, 248, 250, 267
소련 261, 385, 401, 410, 417, 421, 427, 431, 435, 444, 460, 463, 477, 489, 503, 507
상해임시정부 253, 255
속방론 175, 178, 182
쉬언쩡(徐恩曾) 47
스벤슨(E. H. F. Svensson) 339
스탈린(Joseph V. Stalin) 123, 125, 126, 132, 133, 208, 257, 258, 288, 292, 319, 322, 327, 383, 385, 390, 408, 415, 424, 472, 493
스페인 60, 62, 68, 70, 87, 362
식민지 41, 44, 57, 60, 82, 87, 100, 105, 113, 190, 218, 233, 297, 379, 392, 395, 407, 415, 429, 460, 491, 506, 526
식민통치 59, 61, 66, 67, 80, 86

신탁통치 12, 14, 56, 92, 100, 114, 140, 141, 257, 261, 287, 288, 301, 303, 371, 373, 378, 386, 415, 418, 421, 423, 451, 500, 511, 519, 526
신탁통치안 40, 42, 397, 449, 471, 491, 493, 497, 525
쑹메이링(宋美齡) 123, 124, 125, 140, 194, 295
쑹쯔원(宋子文) 47, 103, 121, 149, 152, 279, 282, 388, 390
스크보르초프 314, 316, 317

ㅇ

얄타밀약설 318, 319
얄타회담 106, 211, 234, 288, 294, 296, 310, 337, 409, 425, 453
연합국 17, 101, 113, 121, 137, 148, 201, 233, 235, 257, 287, 312, 364, 466, 502
연합정부(united government) 466
영국 105, 111, 418, 421, 427, 473, 492
영국배제론 293
영연방 점령군(BCOF; British Commonwealth Occupation Force) 365
오가사와라제도(小笠原島) 196, 440, 462
오스트리아 488, 502, 509, 512
왕뤄페이(王若飛) 314, 316, 317, 319
왕충후이(王寵惠) 147, 157, 167, 196, 206

외상회의 131, 355, 376, 378, 409, 418, 427, 453, 473, 497
외세결정론 513
우톄청(吳鐵城) 137, 187
워싱턴국립기록센터(WNRC; Washington National Records Center) 23
원폭 403, 435
웰스(Sumner Welles) 43, 48, 52, 92, 95, 108, 152, 280
영토소위원회(Subcommittee on Territorial Problems) 98
위임통치 36, 60, 100, 117, 118, 228, 274, 374, 414, 429, 493, 506
위임통치령 429
위임통치안 493
유엔 98, 108, 232, 297, 312, 366, 369, 373, 410, 420, 451, 471
유엔하 신탁통치 373, 451
유엔하 탁치 306, 451, 455, 474, 476, 492, 524
유엔헌장 114, 297, 379, 409, 418, 428, 455, 475
은혜로운 동화정책(Benevolent Assimilation) 63, 81
의용대(Korean volunteers) 45
이든(Anthony Eden) 100, 111, 114, 152, 200, 282, 409, 424
이승만 104, 117, 203, 230, 242, 248, 252, 457, 516
이탈리아 60, 407, 428
인민당 466
일반명령 제1호(General Order No.

1) 437, 438
일본 41, 75, 162, 331, 349, 350, 365, 429, 435, 460, 477
일본 4분할안 343, 350, 359
임시민주정부 489
임시정부 42, 45, 99, 101, 111, 114, 137, 142, 189, 217, 470, 480, 489, 497

ㅈ

자유 독립 208, 216
자치능력 39, 41, 42, 53, 55, 59, 84, 92, 101, 192, 222, 257, 312, 521
잠정적 국제신탁통치(a temporary international trusteeship) 152
장제스(蔣介石) 44, 47, 51, 92, 120, 137, 146, 175, 190, 221, 240, 257, 272, 387, 526
전략정책단(S&P; Strategy and Policy Group) 27, 97, 327, 341, 348, 351, 368, 442
전한국인민집 행위원회안(National Korean Peoples Executive Committee) 458
전후계획위원회(PWC; Post War Programs Committee) 307, 320, 373
점령 303, 325, 438, 454
政治問題會商經過 167, 168, 170
제1차 세계대전 59, 205, 218, 506
제2차 세계대전 12, 14, 28, 34, 59, 76, 83, 92, 110, 126, 141, 205, 237, 298, 327, 368, 377, 502

조선공산당 466
조선민족혁명당 47, 116, 139, 228
조소앙 101, 104, 117, 137, 174, 396
중간적 주변부 265
중경임시정부 47, 117, 141, 248, 394
중국 92, 95, 160, 175, 179, 187, 228, 473, 492
중·소회담 388, 390

ㅊ

처칠(Winston Churchill) 121, 126, 141, 175, 190, 200, 277, 289, 322, 418, 424, 425, 463
추축국 105
친소정부 269, 508, 524

ㅋ

카도간(Alexander Cadogan) 158, 190, 200, 206
카이로선언 141, 165, 208, 225, 228, 230, 235, 242
카이로회담 52, 96, 112, 120, 128, 132, 133, 135, 141, 145, 188, 208, 225, 242, 282
코리아 단일정부 문제에 대하여(On the Question of a Single Government in Korea) 463
코뮤니케 141, 165, 190, 211, 303, 410, 482

ㅌ

타이딩스–맥더피법(the Tydings–

McDuffie Act) 71, 72
탁치 12, 13, 14, 20, 34, 39, 42, 57, 86, 104, 110, 118, 279, 390, 438, 447, 451, 491, 493, 504, 506, 509, 511, 525
탁치 논쟁 12
탁치 목표 379
탁치형 점령 89, 119, 288, 368, 307, 368, 370, 521
태평양전쟁 45, 51, 73, 103, 175, 234, 268, 355, 441
태평양전쟁자문위원회(The Pacific War Council) 258, 280
태평양전쟁협의회(Pacific War Council) 47
테헤란회담 133, 157, 194, 208, 257, 282, 295, 388
통일민족국가 497, 509, 513
통일정부(unified government) 466, 470
트루먼(Harry S. Truman) 25, 111, 165, 294, 319, 364, 385, 399, 400, 404, 415, 426, 486, 508

ㅍ

퍼센트협정(Percentage Agreement) 408, 423, 424, 425, 426
펑후열도(澎湖列島) 147, 196, 224, 258, 462
포츠담회담 211, 236, 322, 336, 401, 404, 407, 420, 431, 478
푸빙창(傅秉常) 48
프랑스 60, 105, 279, 379, 438,

프래트(W. Spencer Pratt) 64
필리핀 39, 59, 60, 62, 67, 79, 80, 86, 265

ㅎ

하와이 합병 66, 67
한국 남부 345, 346
한국 독립 43, 46, 50, 59, 98, 101, 139, 141, 148, 160, 190, 274, 288, 303
한국독립당 47, 116, 228, 448
한국 문제 12, 50, 103, 117, 148, 232, 274, 290, 305, 349, 404, 447
한국민주당 466
한국 분할 349
한국인 11, 41, 42, 53, 115, 235, 451
한국 점령 240, 304, 309, 325, 335, 353
한반도 독립 96, 145, 190, 219, 254, 312
한반도 분할 226, 266, 287, 319, 325, 343, 349, 353, 438, 461
한반도 4분할 337, 341, 343, 349, 350,
한반도 신탁통치 14, 39, 41, 56, 92, 111, 257, 261, 287, 378, 385, 407, 451, 454, 471, 522
한반도 점령 117, 287, 303, 368, 405, 436
한반도 탁치 14, 20, 37, 39, 85, 111, 152, 199, 279, 287, 368, 385,

389, 392, 407, 422, 452, 529
한·일교환설 349
합동전쟁기획위원회(JWPC; Joint War Plans Committee) 329, 330, 335, 345
합동참모본부(JCS; Joint Chiefs of Staf) 27, 335, 364, 375
해리먼(w. Averell Harriman) 157, 196, 289, 322, 330, 388, 390, 417, 472, 490
해밀턴(Maxwell Hamilton) 42
해방 11, 53, 105, 141, 287, 385, 460, 467, 471
핵심적 중심 265
홉킨스(Harry Hopkins) 113, 125, 165, 167, 191, 202, 242, 254, 386, 404

후견안 493
훈정(정치적 훈련) 39, 57, 59, 80, 100, 288, 369
힘의 공백지대 234, 322, 367, 390, 422, 423

기타

in due course 99, 141, 201, 220, 226, 232, 281, 303
JWPC 264(시리즈) 332, 334, 335, 345, 368
JWPC 375/2 335
JWPC 378/1 343
JWPC 385/1 359, 366
RG 59 25, 26, 27